한스 로왈드 정신분석

한스 로왈드 정신분석

프로이트주의 정신분석의
새로운 지평을 넓힌 목소리

한스 로왈드 지음 I 김승업 옮김

Hans W. Loewald's PSYCHOANALYSIS

圖書出版 하나醫學社

목차

제1권 한스 로왈드 논문집

제1부 개념과 이론

제2부 정신분석 과정

제2권 승화, 이론 정신분석에 관한 질문들

제3권 정신분석과 개별 인간의 역사

역자 서문

개인적인 경험에 비추어 보면 한글로 번역된 정신분석 저작을 읽는 건 매우 어렵다. 첫 번째 이유는 대부분의 정신분석 저작은 번역 이전에도 이미 어렵기 때문이다. 기초적인 개론서나 대중 교양서적을 제외한 본격 정신분석 저작들은 대부분 전문가 독자를 상정하고 쓰였다. 그래서 얼마간의 정신분석적 사고와 경험을 전제로 한다. 이때 번역문이기 때문에 생기는 어려움이 가중된다. 원어로 읽었으면 자연스러웠을 단어와 용어는 억지로 한글화한 탓에 처음 가졌던 분명한 의미를 잃고, 급기야 이상한 한국어가 되어 버리는 경우가 많다. 또한 관계 대명사로 연결된 복문을 그대로 번역하는 바람에 주어와 술어가 서로 호응하지 않고 수식 관계는 혼란스러워지기 일쑤다.

로왈드의 글도 아주 예외는 아니었다. 장점부터 꼽자면 그가 자의적인 개념과 용어를 남발하지 않은 탓에 억지 한글 용어를 만들 필요가 거의 없었다. 아마 책 전체를 통틀어 한 손으로 셀 수 있을 정도라고 생각한다. 아마 새로운 개념을 만들기보다 기존 개념을 새롭게 해석하는 것이 더 중요하다는 본인의 말에 충실한 것으로 보인다. 그래서 독자들은 책을 읽으면서 특정 용어에 너무 집착하지 않아도 될 듯하다. 물론 중간중간 중요해 보이는 용어들이 나오기는 하겠지만 맥락에 따라 이해하는 것으로 충분하다. 내가 기억하는 한에서 이 책을 통틀어 로왈드가 완전히 새로 고안해 낸 용어는 분별conscient 정도가 전부다. 그 외에는 로왈드가 완전히 새로 만든 용어는 거의 없다고 봐도 무방할 것이다. 가령 그의 이론에서 핵심적인 지위를 차지하는 내면화internalization도 용어 자체는 로왈드가 처음 고안한 것이 아니다. 그의 내면화 개념이 색다른 이유는 그가 내면화를 심리구조의 일반적인 생성 원칙으로 확장해서 해석했기 때문이다. 즉 시공간 안에서 경험한, 나와 나 아닌 것 사이의 관계가 내면화되어 마음의 구조물이 만들어진다는 것이 그의 중심 주장 중 하나다.

하지만 그의 만연체는 번역하기가 아주 힘들었다. 이는 영어의 언어적 특성 때문에 생기는 현상인 동시에 그의 사고방식을 보여 주기도 한다. 로왈드는 기존에 알려진 주요 의견들을 취사선택의 문제로 대하기보다는 모순되어 보이는 의견을 통합하려는 자세를 취한다. 그래서 그의 글에는 일정 수준의 추상화와 변증법적 사고가 항상 수반되는데, 이것이 문장을 더 어렵게 만든다. 그리고 비록 스승의 변절로 인연을 끊었다지만 그의 글에는 현상학과 실존 철학의 흔적이 너무나 뚜렷해서 어쩔 수 없이 하이데거의 영향이 짙다. 그러나 이로 인해 독자가 겪는 고생스러움은 충분한 보상을 받는 듯하다. 자신의 바람처럼 철학의 영향으로 인해 그의 이론은 공허하기보다는 풍요해진 듯하고, 자신의 지적, 직업적 정체성을 규정하는 세 개의 이질적인 학문인 철학, 의학, 정신분석을 통합해내는 데 상당 부분 성공한 것으로 보인다. 역자의 개인적 의견으로는 이 점이 단연 로왈드의 이론을 어렵고도 매력적이게 만드는 이유라고 생각한다. 번역 과정에서는 문장을 잘라 가능한 단문으로 만들고, 다양한 부사와 서술어를 동원하여 좀 더 구어체적인 느낌을 살리려고 노력했다. 사실 로왈드의 저작은 상당히 난해해서 영어권 독자들도 어려워한다. 문장을 곧이곧대로 옮기면 원문에 충실할 수는 있겠으나 끝까지 읽을 마음이 전혀 들지 않는 책이 될 것 같았다. 그래서 본문의 분위기에 아주 충실한 번역을 추구하기보다는 문장의 분위기를 약간 바꾸더라도 한국어에 가까운 경험을 추구했다. 그 결과로 좀 더 나은 가독성을 얻는다는 장점과 함께 번역자의 개성이 좀 더 가미된다는 단점도 있겠다.

살아생전 로왈드는 한 권의 논문집과 두 권의 짧은 단행본을 출판했다. 이 책은 그 세 권을 번역해 한 권으로 묶은 것이다. 제일 먼저 실린 논문집은 출판 연도로는 두 번째지만 시기적으로는 그전 30년에 가까운 시간 동안 쓴 글을 모아 놓았다는 점에 착안해 첫 번째로 수록했다. 논문집은 크게 개념과 이론, 정신분석 과정의 두 부분으로 나뉘어 있고, 각각 연대순으로 엮여 있다. 읽는 방법은 독자 개인의 자유겠으나 이 책을 여러 번 읽은 사람으로서 드릴 수 있는 조언도 있다. 서문은 꼭 읽기 바란다. 모순과 갈등의 삶을 통합 · 승화하기위해 분투한 사람의 목소리를 들을 수 있다. 이론이 너무 딱딱하다면 2부에서 시작해도 무방할 것이다. 논문집이라 해도 이 책은 전체가 몇몇 주제의 변주라서 어디서 시작하든 서로 연결된다. 유명한 것부터 읽는 것도 괜찮은 방법이다. 1부에서는 6, 8, 10, 12장이 소위 메이저 이론 논문들이다. 이 논문들에서 로왈드는 내면화, 본능과 욕동, 지각과 기억, 언어 등 주요 정신 현상을 다룬다. 14장은 로왈드의 논문 중 아마 가장 유명할 것이다. 비록 임상 논문으로 분류되었으나 임상에 관한 이론적 논문이라 보는 게 더 옳을 듯하다. 1부는 대체로 어려울 것이고, 2부의 대부분은 위에서 열거한 장들보다 쉽게 읽힐 것이다. 참고로 2부의 구석구석에는 치료에 관한 그의 소신과 기법에 관한 이야기가 담겨 있다. 임상 실제와 관련한 고민이 많았던 독자들에게는 천금 같은 조언이 되리라 믿는다. 적어도 나에게는 그랬다. 두 번째로 실린 단행본은 승화에 관한 이론서로, 상당히 추상적이고 무거운 주제들을 다룬다. 하지만 이런 주제들이 왜 하필 승화라는 맥락 안에서 다루어지는지에 대한 질문을 놓치지 않는다면 마냥 지루하지만은 않을 것이다. 참고로 당대를 지배하던 하트만의 자아심리학의 중심 이념은 '적응'이었다. 본능에서 만들어진 정신이 구현할 수 있는 가장 큰 기능은 환경에 적응하는 것이며, 승화 또한 방어를 통한 적응의 한 형태가 된다. 하지만 로왈드의 생각은 조금 다른 것 같다. 그가 보는 인간은 적응을 넘어선 무언가를 할 수 있는 존재로, 승화는 단순한 방어 이상일 수 있다. 마지막에 실린 예일 대학교의 프로이트 강의는 출판 연도로 보면 가장 먼저다. 정신분석가나 수련생이 아니라 일반 청중을 대상으로 한 강의라서 비교적 쉽고 편안하게 읽힌다. 물론 편안하게 읽힌다고 내용이 가볍다는 뜻은 아니다. 참고로 세 권의 책은 미국에서 『The Essential Loewald』라는 제목으로 묶여 출판되어 있으니 필요하면 원문을 구해볼 수 있다. 로왈드의 글은 일견 난해하나 자세히 들여다보면 전체 저작을 관통하는 아주 일관된 시각을 발견할 수 있다. 부디 독자들이 그 씨줄과 날줄을 발견하길 바란다.

책을 번역하는 데 여러 사람의 도움을 입었다. 돈이 안 될 줄 알면서도 출판을 결정해 준 하나의학사가 없었다면 이 책은 세상에 나올 수 없었다. 오랜 친구인 김경나 선생과 이역만리 타지에서 힘이 되었던 동료들, 강은호, 김승룡, 백준혁 선생님들이 원고를 점검해 줬다. 축하의 글을 써 준 Neal Vorus에게도 감사를 드린다. 내가 로왈드에 대해 처음 쓴 글은 그가 내 준 숙제를 하기 위해서였다. 나를 가르친 선생님들, 내 이야기를 들어 준 치료자들께도 깊은 감사를 드린다. 그분들이 없었으면 이 만만찮은 작업을 할 수 있는 힘은 애초 생겨나지 않았을 것이다. 그리고 내게 자신들의 이야기를 해 주신 환자들께 깊은 감사를 드린다. 내가 이 책을 열심히 읽고 번역한 이유가 되는 분들이다. 마지막으로 이 모든 과정을 처음부터 지켜봐 준 아내에게 감사와 사랑을 전한다.

번역상의 누락과 오역은 모두 역자의 잘못이다. 부디 독자들이 번역본에 머물지 않고 원저를 접할 수 있다면 그보다 큰 보람은 없겠다.

2022년 9월

김승업

출판을 축하하며

Neal Vorus, Ph.D.

한스 로왈드 논문집의 한글 번역본에 서문을 쓰게 되어 개인적으로 매우 기쁘다. 내게 이 글을 요청한 번역자는 내가 몇 년 전 뉴욕의 IPTAR에서 가르쳤던 '현대 프로이트주의 이론' 수업에서 만난 영민한 학생이었다. 그 수업에서 우리는 로왈드를 미국 정신분석의 중요 인물 중 하나로 다루었다. 내 생각에 로왈드는 미국 정신분석의 지적 조류를 완전히 새로운 프로이트주의 이론과 임상으로 이끄는 데 누구보다 크게 공헌했다. 그리고 그 덕택에 치료자들은 하트만의 자아심리학, 그리고 Arlow와 Brenner의 근대 고전주의 이론이 남긴 답답한 한계를 넘어설 수 있었던 것 같다. 한편 로왈드는 프로이트의 저작과 사고에서 그동안 상당히 무시되어 온 부분들을 엄밀하게 살피고 다듬어 내며 이러한 작업을 해 왔다. 이제부터 나는 로왈드의 공헌에서 중요하게 여겨지는 부분, 즉 그의 작업으로 새롭게 발굴된, 그동안 숨겨졌던 보물이 무엇이었는지 간략하게 설명하도록 하겠다. 하지만 그전에 나는 먼저 김승업 선생에게 감사를 전하며 그에게 빚진 고마움에 대해 말하고 싶다. 정신분석을 가르치는 선생으로서 내가 늘 가지는 바람이 있다. 그것은 내 학생들이 내 수업을 통해 정신분석에 대한 이해를 조금이라도 더 키우고, 자신의 환자들을 조금이라도 더 깊게 이해하고 도울 수 있게 된 상태로 나를 떠나는 것이다. 그런데 김승업 선생은 로왈드에 관해 우리가 나눈 토론에 큰 영향을 받았다고 말하며, 나아가 로왈드를 한국어로 번역해서 자신의 동료들에게 알리는 만만찮은 임무를 자청했다. 이렇게 보면 나는 그로부터 선생이 학생에게 받을 수 있는 최고의 영예를 얻은 셈이다. 로왈드에 대한 짧은 개괄을 통해 부디 내가 이러한 영광에 합당한 몫을 해내길 희망한다.

나는 오랫동안 로왈드를 사후死後에야 비로소 정신분석을 각성으로 이끈, 일종의 휴면 세포 같은 존재라 여겨 왔다. 논문집의 서문에서 그가 직접 밝히듯, 정신분석에 대한 로왈드의 핵심적 관점에는 "상호 작용"이 포함된다. 그가 말하는 상호 작용은 개별 정신 내의 상호 작용과 정신들 사이의 상호 작용, 상호 작용의 당사자인 쌍방 모두를 포함한다. 그에 따르면 정신분석에서 이 같은 "상호 작용은 그 자체로 매우 중요한 주제"다. 이상의 용어들과 간략한 선언을 통해 로왈드가 전달하려는 메시지를 이해하려면 이어지는 논문들을 자세히 읽는 수밖에 없으며, 여기서는 아주 간단하게만 언급할 수 있을 뿐이다. 첫 번째 논문 「자아와 현실」(1950)의 서두에서 로왈드는 그가 말하는 "상호 작용"이 분리된 개별 인간 사이의 단순한 교환 이상임을 분명히 한다. 이어서 그는 『Civilization and Its Discontents』의 첫 번째 장을 언급하는데, 거기에서 프로이트는 개인과 세상 사이의 관계에 통상적으로 가정되는 의견과는 다른 생각에 대해 자세히 쓴다. 이 책에서 프로이트는 아기에게 세상은 애초 자신과 분리되어 존재하지 않았고 외려 세상은 원초적 단일성으로부터 생겨나는 것이라고 말한다. "성인의 자아 기분ego feeling은 환경과의 단일성이, 즉 서로 가깝게 연결되어 하나로 아울러지는 느낌이 쪼그라든 흔적 같은 것이다"(본문 중). 로왈드는 이상의 다소 모호한 구절에 대해 자세히 설명하며 당시 표준처럼 여겨지던 상호 작용 개념을 교정한다. 그가 그리는 상호 작용은 분명히 서로 분리된 두 개별 인간 사이에서 일어나는 것보다는 좀 더 복잡하다. 그의 생각에 의하면 우리는 서로 분리되어 있지만 좀 더 근원적인 수준에서는 잠재적으로 연결된 상태다. 한편 개별 인간을 항상, 그리고 원래 분리되고 구분된 무엇으로 경험하는 건 우리가 처한 방어적 위치를 드러내는 것으로, 원초적 동일성으로의 회귀에 대한 상상 속의 위험으로부터 자신을 보호하려는 시도다. 하지만 이 같은 세상과의 끈끈한 원초적 결합은 정서적 성장과 심리적 성숙을 위한 열쇠가 되기도 한다. 첫 번째 논문의 말미에서 그는 이렇게 말한다. "소위 충분히 발달하고 성숙한 자아는 아마도 (…) 가상적인 최상, 최후 단계에 이른 자아만 남아있는 상태가 아닐 것이다. 오히려 발달 초기의 자아-현실 통합 수준이 한 단계 높은 수준의 자아 조직화를 위한 역동적 원천으로 작용하여 현실을 생명력 있는 그 무엇으로 통합하는 자아가 진정 성숙한 자아일 것이다"(본문 중).

로왈드의 작업 전반을 꿰뚫는 핵심을 발견할 수 있는 곳이 바로 여기 첫 번째 논문의 마지막이다. 그가 하려는 작업은 우리 안의 좀 더 근원적인 무언가를 발견해서 그것과의 접촉을 다시 수립하는 것, 즉 현실과 끈끈한 원초적 결합을 이루는 동시에 좀 더 성숙하고 개별화된 인격이 역동적 균형 안에서 공존하도록 하는 것이다. 로왈드의 관점으로 볼 때 정신분석의 잠재력은 이처럼 좀 더 근본적인 수준의 연결을 다시 이루어 낼 (그의 표현으로는) '통합'의 가능성에 놓여 있다. 인간의 성장은 개별 인간의 외부에 존재하는 현실에 대한 적응이 아니라 좀 더 잘 분화된 고차원적 현실 통합이 반복해서 일어날 때 가장 크게 이루어진다는 뜻이다. 두 번째 논문인 「방어의 문제와 현실의 신경증적 해석」에서 로왈드는 상호 작용의 두 번째 측면인 발달의 과정에 대해 논한다. 자아-현실이 구분되지 않은 원초적 단일성에서 조금씩 분화하고 있는 아이의 관점에서 볼 때, 일차적 대상의 역할은 "인도channeling", 즉 복잡한 세상과 아이의 통합능력 사이에 다리를 놓는 것이다. 그리고 부모가 이런 기능을 적절히 제공하지 못할 때 신경증적 방어가 생긴다. "그래서 개개인의 필요와 환경으로부터 제공되는 지지 사이의 불일치, 개인의 성숙 정도와 환경으로부터 주어지는 성숙에로의 인도 사이에 존재하는 불일치가 기본적인 위협이 된다. 성장하는 아이가 이러한 불일치 속에서 발달하면 할수록 불안과 갈등이 생길 가능성이 커진다"(본문 중).

로왈드가 생각할 때 부적절한 인도가 초래할 수 있는 결과 중 하나가 인간이 세상으로부터, 동시에 자기 자신으로부터 소외되는 현상이다. 현실과의 통합이 좀 더 잘 분화된 높은 수준에서 지속되지 못하고, 대신 기본적으로 적대적인 현실에 대한 굴종적 적응만이 이루어지는 것이다. 그리고 이 같은 세상과의 관계는 내면화를 통해 한 인간의 내면에 그 자신과의 내적 관계 양상을 만들게 된다. "환경에 대한 적대적, 굴복적/반항적 대응, 그리고 내적 필요에 대한 억압적-반응적reactive 대응이, 자신의 복잡한 문화와 보조를 맞추지 못하는 인간의, 혹은 그 인간적 기원을 잃은 문화의 특징이자 필수 요소이며 신경증이 발달하는 영역이다"(본문 중).

정신분석의 치료적 작용에 대한 로왈드의 거의 혁명적이랄 수 있는 관점은 바로 이상의 이론적 배경에 근거해 이해할 수 있는데, 이에 대한 논문이 바로 가장 유명하고 널리 인용되는 「정신분석의 치료적 작용」이다. 이 논문에서는 위에서 언급한 기초적 생각들, 즉 성장은 현실로부터의 분화이자 현실과의 통합 과정이며, 아이가 성장하기 위해서는 일차적 대상이 좀 더 높은 수준의 분화를 매개할 필요가 있다는 견해에 기반해 정신분석의 치료적 과정에 대한 정교한 이해를 도모한다.

이 논문에서 가장 유명한 메시지는 치료과정에서 분석가는 “새로운 대상”으로 기능한다는 생각이다. 중요한 것은 여기서 새로움은 역설적으로 정의되어 이전의 것을 의미하지, 최근의 것이 아니라는 점이다. “새로운 대상 관계의 본질은 초기 대상 관계 발달 과정의 재발견을 위한 기회이기 때문이다. 그리고 이를 통해 대상과 새로운 관계 맺음, 새로운 나, 그리고 나 자신과도 새로운 관계 맺음이 가능하다”(본문 중). 이러한 역설은 전체 논문을 통해 해소되는데 이 과정에서 로왈드가 그리는 분석가의 모습이 분명하게 드러난다. 분석가는 매개의 주체로서 좀 더 높은 수준의 조직화와 분화 수준에서 환경과의 통합을 매개한다. 애초 부모가 발달 과정에서 제공했던 기능을 하는 셈이다. 로왈드는 이 과정을 “통합의 경험”이라고 부르는데, 이를 위해서 분석가는 환자의 진정한 퇴행 수준에 조율함으로써 경험의 동일성(공감적 연결)을 이루어야 한다. 그리고 일단 이 단계에 이르면 동일시 상태 안에서 언어를 사용해 분화 수준을 고양할 수 있다. 이때 언어는 환자의 경험을 분명하게 만들고 각 경험을 서로 연결하게 된다. 로왈드의 표현을 빌리자면 환자와 분석가 사이에는 동일시와 분화가 동시에 일어나는데, 이때 두 사람의 차이가 다양한 수준의 조직화와 분화 수준에서 통합되고 내면화되는 것은 바로 이같이 상당히 모순적인 양상의 관계 맺음을 통해서이다.

이 부분이 해석의 치료적 원리에 대한 로왈드의 핵심적 견해다. 그리고 논문을 통해 분명히 알 수 있는 것은 이러한 과정이 기본적으로 관계를 맺어 가는 과정이며, 거의 십여 년 이전부터 묘사되어 온 부모의 인도 기능에 근거한 모형이라는 점이다. 해석은 치료자가 새로운 대상으로 이용 가능할 때 치료적이다. 즉 치료자는 환자의 실재적이고 비-방어적인 경험(“진정한 퇴행 수준”)에 조율하는 것으로 경험될 수 있는 사람이어야 한다. 해석이 치료적 효과를 가지려면 분석가는 환자가 스스로와 유사하게 느낄 수 있는 수준의 범위 안에 머물 필요가 있다는 뜻이다. 그리고 분석가의 언어는 이제 환자를 위해 조직화를 하게 되고 "해석을 통해 환자는 예전에 미처 조직화하지 못했던 것을 조직화하게 되고, (…) 보고, 이해하고, 말하고, 다룰 수 있게 된다"(본문 중). 이 정도 수준의 치료 기술은, 즉 치료자가 환자의 의식과 무의식에 동시에 조율하며 치료하는 수준은 가히 정신분석적 예술이라 부를 만하다. 그리고 이는 기본적으로 발달의 과정이며 엄마와 아이 사이에서 일어나는 일과 유사하기도 하다. 엄마 또한 아이를 돌보면서 자라나는 자기self의 구조와 방향을 매개하기 때문이다.

물론 우리는 분석 과정에서 항상 저항에 봉착하기 마련이다. 로왈드는 저항을 "오래된 대상"이 전이 안으로 들어오는 현상이라고 재해석했다. 즉 폐쇄계를 표상하는 대상이자, 동일시와 조율의 가능성이 없는 관계 맺음의 형태로 본 것이다. 오래된 대상은 이미 닫혀 버린 관계 맺음의 기억이자 반-통합적 기억이다. 이런 저항 현상은 전이 현상과 교대로 일어나는데, 전이 현상에서 환자는 분석가를 새로운 대상, 즉 개방계의 이어진 관계 맺음이자 성장을 가능하게 하는 대상, "초기 대상 관계 발달 과정의 재발견을 통해 대상과 새로운 관계 맺음, 새로운 나, 그리고 나 자신과도 새로운 관계 맺음을 가능하게 만드는" 대상으로 여기게 된다.

로왈드는 미국의 고전적 정신분석이 전성기에 달했을 때 이 글들을 썼다. 그 시기 정신분석에서는 분석가와의 관계 맺음이라는 측면은 경시되거나, 언급되더라도 치료과정 바깥의 무엇 정도로 취급되기 일쑤였다. 즉, 제대로 된 분석작업이 어려울 것 같은 환자들을 위한 보조적 · 지지적 역할로만 여겨졌다(Eissler나 Greenson의 저작을 보라). 하지만 로왈드는 환자와 분석가의 실질적 관계를 분석작업의 핵심에 두었고, 실제로도 이를 중심으로 해석했다. 그에 의하면 진정한 치료적 해석은 오로지 환자의 경험에 대한 감정적 동질성을 통해서만 가능하다. 이때 감정적 동질성은 차이를 견디는 환자의 능력을 세밀하게 포착하는 치료자의 능력과 동반되며, 마치 시가 그러하듯 언어적 의사소통을 통해 환자가 자기 자신의 마음과 더 또렷하고 미세하게, 그리고 곰곰이 소통하게끔 돕는 능력을 포함한다. 내 생각에 로왈드를 우리 영역에서 전무후무한 인물로 만드는 것은 친밀함을 전달해 내는 그의 능력, 그리고 분석 과정을 인간적인 어떤 것으로 만드는 그의 능력이다. 아이러니한 것은 그가 이론적 글쓰기를 통해 자신의 글에 이러한 성격을 부여했다는 점이다. 그의 글에는 임상 증례가 거의 없다. 하지만 그 속에는 어쩌면 솜씨 없는 사람의 손이었더라면 이미 바스러져 버렸을, 혹은 아주 비인간적인 경험으로 보였을 생각들이 생명을 얻어 숨을 쉬고 있다. 로왈드는 이론적 글쓰기를 통해 우리를 인간 경험의 심장부로 이끌고, 마음의 경험으로 인도한다.

부디 이상의 짧은 개괄을 통해 우리 시대 프로이트주의 정신분석에서 왜 로왈드가 중심적 인물이 되는지에 대해 희미한 윤곽이나마 제공할 수 있었기를 바란다. 수련이나 경험의 수준을 막론하고 한국의 모든 정신분석가가 그의 아이디어를 적극적으로 이용하면 좋겠다. 내 생각에 로왈드를 읽기에 너무 이르거나 늦은 수련의 시점은 없는 것 같다. 최고의 정신분석 저작이 늘 그러하듯 항상 새롭게 배울 무엇이 있을 뿐이다. 로왈드 본인의 말을 빌리자면 이렇게 말할 수도 있다. 그의 글을 반복해서 읽음으로써 이미 알고 있던 무언가를 새롭게 배우는 것은 늘 가능하다고. 로왈드 한글 번역판의 서문을 쓰게 되어 감사의 마음을 전하는 지금, 나는 자부심과 겸손이라는 상당히 드문 조합의 감정을 느끼고 있다. 이렇게라도 작게나마 출판 작업에 참여할 영광을 허락해 준 김승업 선생에게 다시 한번 고마움을 전한다.

제1권

한스 로왈드 논문집

Papers on Psychoanalysis

저자 서문

이 책에 실린 글들은 삼십여 년에 걸쳐 쓰였다. 모두 1951년에서 1979년 사이에 쓰인 글로, 이번 출판을 위해 본문이나 참고문헌상 몇 군데 수정된 부분이 있다. 이 책은 존경하는 동료들의 간곡한 요청으로 출판하게 되었다. 개인적으로도 이렇게 한 권의 책으로 편집하는 건 즐거운 일이었는데, 아무쪼록 독자들에게도 쓸모가 있길 바란다.

필요해 보이는 몇몇 논문에는 시대적 정보나 맥락을 제공하는 차원에서 간단한 개요를 썼다. 책은 임의에 따라 개념과 이론, 그리고 정신분석 과정의 두 부분으로 나누었다. 하지만 딱히 둘 간의 분명하고 고정된 구분을 의도한 것은 아닐뿐더러 그게 별로 가능할 것 같지도 않다. 그래서 어떤 논문이 왜 저쪽이 아니고 이쪽에 속해 있냐는 건 다소 자의적인 결정이다. 아마 여기 실린 글은 대부분 그 요지가 깔끔하게 정리되기 어려울 것이다.

이론과 개념, 그리고 그와 관련된 경험치들은 밀접하게 서로 얽혀 있다. 그것이 개별 정신 내의 상호 작용이든, 정신들 사이의 상호 작용이든, 아니면 상호 작용의 쌍방에 대해서든, 상호 작용의 과정들은 최근 정신분석 연구의 주요한 대상이며, 또한 정신분석 과정에서 그 얼개가 그려지고 강조된다. 이런 이유로 상호 작용은 그 자체로 매우 중요한 주제다. 상호 작용은 경험적 토대와 이론적 검증을 위한 최고의 시험대를 제공한다.

정신의 상호 작용 과정이 정신분석 연구에서 점점 중요해지고 있다는 건 우리의 이론과 개념이 변하고 있다는 말이다. "대상관계이론"이 이런 발전을 분명히 드러낸다. 이런 변화는 단순히 연구 대상의 변화에 따라 결정되는 게 아니다. 또한 역으로 연구의 대상이 이론의 변화에 따라 오롯이 결정되지도 않는다. 둘은 서로 영향을 주고받는다. 그래서 순수하게 이론적 논의처럼 보이는 글도 사실 그 목적은 정신분석적 관찰, 치료기법상의 변화 양상과 강조점에 내재한 모호성의 정리에 있다.

출판 과정에 많은 사람의 덕을 입었다. 가족, 친구, 환자들, 선생님들, 학생들, 동료들, 그리고 관련 영역의 많은 저자들이 그들이다. 상호 작용, 영향력, 협동, 교육, 동일시, 그리고 이별과 치유는 삶의 다른 영역과 마찬가지로 여기에서도 자기 몫을 했다. 더불어 개인사적 영향도 매우 중요하다. 정신의학 혹은 정신분석 수련과 별개로 철학과 의학 공부에 많은 영향을 입었다. 의학 공부를 언급하는 특별한 이유는 근래 의학이 정신분석가가 되는 데 하등 소용이 없는 것으로 취급되기 때문이다. 내 경험으로는 그렇지 않다. 오히려 의학 공부는 여러모로 탄탄하고도 필수적인 기초가 되었다. 기초과학의 엄정성, 생물학에서 배운 생명 과학의 발달적 관점, 진단과 예후를 결정하는 기준을 배우고 치료기술을 연마한 것, 환자에 대한 책임감과 관심, 타인의 통증, 고통, 죽음 그리고 기쁨에 친숙해지는 것, 자연이 가진 파괴력과 치유력에 대한 깨달음 같은 것들 말이다. 또한 의학을 공부한 덕에 정신신체질환psychosomatic illness의 모호함을 알게 되었다. 나아가 무엇보다 중요하게도 의학을 수련한 덕에 환자를 보고 매 순간을 살아갈 때 실용적이고 상식적이어야 한다는 것을 배웠다. 이건 모든 치료자에게 꼭 필요한 덕목이다.

철학은 내 첫사랑이다. 나는 철학이 내 사고방식에 끼친 영향을 기쁘게 인정하는 동시에 철학적 경향으로 인해 자칫 뜬구름 잡는 소리를 하게 되진 않을까 걱정된다. 내게 철학을 가르친 선생님은 마르틴 하이데거M. Heidegger였다. 그가 나치 지배 시절 저지른 가슴 아픈 배신, 그리고 그로 인해 맞이한 결별에도 나는 선생님으로부터 배운 것들에 깊이 감사하고 있다.

개인적으로 만나본 적은 없으나 프로이트는 내가 자라고 정신과 의사가 되는 동안 우리 세대에 아주 강력한 영향을 미쳤다. 그는 내게 있어 여전히 글을 통해 살아 있는 존재이다.

Robert P. Knight Fund와 Wood Kalb Foundation에서 연구비와 집필을 위한 재정 지원을 받아 왔다. 그리고 이 책을 만드는 과정에서 예일대학교 출판사 편집부의 지원을 받았다는 점을 감사히 밝힌다.

제1부 | 개념과 이론

01

자아와 현실

(1951)

정신분석 이론에 따르면 자아와 현실의 관계는 순응과 적응의 문제로 이해할 수 있다. 소위 성숙한 자아는 쾌락원칙을 포기하고 이를 현실원칙으로 대체한다. 성숙한 자아는 즉각적인 본능의 충족을 좇지 않으며, 결과에 연연하지 않고, 현실의 요구를 따르며, 소망 성취의 환각에 빠지지 않고, 외부현실을 따져 그에 걸맞게 행동하고, 생각과 행동을 현실의 요구에 적응시킨다. 한편 이러한 개념화는 자아와 현실 사이의 근본적인 상호 대립 관계를 전제하며, 현실에서 생존하기 위해서 이 대립 관계는 어떻게든 극복되어야 하는 것이 된다.

프로이트는 『The ego and the Id』에서 자아에 관해 "세상과 이드를 연결하며, 이드를 세상에 맞추고 (…) 세상도 이드의 소망을 충족하게끔" 시도하는 "경계-산물frontier-creature"이라고 설명했다(S.E. 19:56). 주지하는 바와 같이 프로이트의 최초 자아 개념에서 자아는 심리 기관psychic

1949년 6월 볼티모어 정신분석학회에서 발표함.

apparatus 안에서 억압과 방어를 일으키는 주체agency였으며, 프로이트가 자아의 합성기능synthetic function을 강조한 것은 나중의 일이었다. 후에 그는 자아가 "통일과 합성을 지향하는 경향이 매우 뚜렷한 조직organization" 이라고 했다(S.E. 20:196). 하지만 아직 자아의 합성기능 그 자체를 방어로 여기는 것처럼 보인다. 『The ego and the Id』에서 그는 자아의 고단한 역할을 생생히 묘사하고 있는데, 그에 따르면 자아는 이드와 바깥 세계(그리고 초자아) 사이에 끼어서 이 주인들을 타협시키고 만족시키는 동시에 그들의 요구로부터 자신을 보호해야 한다. 자아의 방어기능은 프로이트의 자아 개념에서 항상 지배적이었으며, 이후의 정신분석적 사고에서도 자아의 다른 기능을 항상 압도해 왔다. 이에 당연한 귀결로 바깥 세계는 주로 적대적이고 위협적인 힘으로 여겨져 왔다.

프로이트는 또한 자아를 "이드의 허울, 말하자면 바깥쪽의 외피cortical layer 같은" 것으로 특징지었다. "외피가 가지는 특성은 그것이 면해 있는 바깥 세계의 영향을 받게 된다는 점이다. 그래서 우리는 자아가 바깥(현실) 세계에 의해 영향을 받는, (이드라는) 정신기관의 한 층위라 가정할 수 있다"(S.E. 20:195, 『The problem of lay analysis』).

이를 바탕으로 자아에 대해 아래와 같은 그림을 그릴 수 있다. 자아는 외부세계와 내부세계 사이의(세상과 이드 사이의) 중재자로서 무언가를 만드는 주체이며, (이드의 "산발적", 개별적 성향에 반하여) 합성과 통일을 지향한다. 발생적으로 보면 자아는 외부세계에 의해 수정되며 이드로부터 분화되어 나온다. 생물학적인 용어를 사용하면 자아는 이드 바깥의 외피이고, 그 자체로 내부의 층들과는 다르게 변해 온 것이다. 한편 자아를 있게 한 외부현실은 필연적으로 적대적이고 위협적인 것으로 여겨진다. 따라서 자아의 기본 기능은 현실, 그리고 현실을 무시하는 내부의 이드에 대한 방어기능이 된다. 세 방향의 위협(외부현실, 이드, 초자아)에 처해 있는 이

런 위태로운 입장 때문에 자아는 내적 갈등과 혼란을 쉬이 초래한다.[1)]

현재까지 자아의 형성에 대한 유일한 설명은 이드의 바깥층이 자신과 접해 있는 외부세계의 영향을 받아 자아로 분화되었다는 것이다. 이런 수정은 어떻게 이루어지고, 자아는 어떻게 발달하는가?

이를 이해하기 위해 『Civilization and Its Discontents』의 구절을 요약하는 것이 도움이 될 것 같다. 프로이트는 책의 첫 장에서 성인의 자아 기분ego feeling에는 틀림없이 재구성할 수 있는 발달 과정이 있을 거라고 말했다. 신생아는 아직 자아와 바깥 세계를 구별할 수 없다. 나중에 자신의 신체 기관으로 파악될 몇몇 장소에서는 항상 자극이 전해지지만 다른 장소에서는 자극이 올 때도 있고 안 올 때도 있다. 후자 중 가장 중요한 것은 젖가슴이다. 젖가슴은 항상 사용할 수는 없기 때문이다. 이런 식으로 최초의 "대상"이 형성되고, 내부와 외부, 그리고 둘 사이의 경계가 만들어진다. 이때 중요한 건 지금 우리가 논하고 있는 대상과 자아는 나중에 그렇게 명명될 것들의 매우 원시적인 초기 상태라는 점이다. 요컨대 자아, 이드, 외부현실은 최초의 원시적 상태에서 조금씩 서로 구분되기 시작한다. 이는 "자아가 자신을 외부세계로부터 떼어낸다"라고 표현할 수도 있고, 혹은 보다 정확하게 자아가 바깥 세계를 자신으로부터 분리한다고 말할 수도 있다. 즉, 최초의 자아는 모든 것을 포함한다. 프로이트가 말하듯 성인의 자아 기분은 환경과의 단일성unity, 즉 서로 가깝게 연결되어 하나로 아울러지는 느낌이 쪼그라든 흔적 같은 것이다.[2)]

1) 이 글에서 "현실"은 "외부세계"를 의미하며, 이는 곧 "외부대상들"의 세계다. 『The Ego and the id』에서 프로이트는 "이드는 [자아의] 두 번째 외부세계다"라고 말했다(S.E. 19:55). 이렇게 놓고 보면 자아는 두 개의 현실이자 외적 세계인 이드와 외부세계 사이에 존재하며, 자아 그 자체는 현실이 아니게 된다(왜냐하면 프로이트에게 현실과 외부세계는 동의어이므로). 결과적으로 자아는 (모종의 철학적 선입견 때문에) 비현실이 되어 버리는 문제가 생기는데, 그로 인한 이론과 임상에 초래되는 광범위한 문제는 여기서 다루지 못한다.

2) S. Freud, S.E. 21:66-68. 프로이트는 Ferenczi와 Federn의 공헌을 언급했다. 이 점은 분명한 것 같다.

다른 말로 하면 자아와 외부세계의 심리학적 구성은 나란히 이루어진다. 입과 젖가슴의 구분을 포함해 어떤 경계도 없는 신생아의 일차적 자기애primary narcissism가 모든 것을 집어삼켜 하나로 만들어 버리는 한, 어떤 것도 다른 것과 구분되지 않으며 대상이 될 수도 없다. 다른 한편 이드와 외부세계가 구분되지 않는 상황에서는 두 세계의 중재자인 자아 또한 엄밀히 말해 존재할 수 없다. 신생아는 최초 자기의 일부로 여겨지던 어떤 것을 항상 사용할 수 없다는 경험을 반복한다. 이런 반복된 분리의 경험이 조직하고, 중재하고, 통일하는 자아의 성장을 이끈다. 프로이트는 자기애에 관한 논문에서[3] "자아의 발달은 일차적 자기애에서 벗어나는 과정에서 형성되고, 자아의 발달로 인해 일차적 자기애를 회복하려는 격렬한 시도가 생긴다"라고 언급했다(S.E. 14:100).

그러면 이제 일차적 자기애 상태의 일차적 자아, 말하자면 전-자아pre-ego에 대응하는 일차적 대상과 일차적 현실이라는 개념이 만들어진다. 이러한 일차적 현실과 그 이후 단계들은 이후 "성숙한" 자아가 관계하게 되는 최종 산물인 "현실"과는 매우 다르다.

현재의 정신분석 이론에서 자아의 발달을 이해하는 경향은 아래와 같다. 자아는 심리 기관의 표피층으로 묘사된다. 이 층은 유기체의 심리 기관, 그리고 나중에 외부세계로 경험되는 것 사이의 점증하는 긴장을 통해 만들어진다. 생물학적 관점으로 보면 세포막을 사이에 두고 두 개의 생화학 시스템이 면하고 있는 셈이다. 여기서 세포막은 면해 있는 두 힘 간의 역동적 상호관계의 결정체이자 구조적 표현이 된다. 심리학적 용어를 빌리자면 발달의 매 시기 아이는 자신과 "외부세계"의 구분이 없는 일차적 자기애에서 멀어진다. 그래서 비록 엄마가 아이에게 유일

3) S. Freud (1914) 『On Narcissism: An introduction』.

한 "외부"인 기간이 아주 길지는 않더라도 모자 관계의 발달은 전체 발달 과정의 표상이 된다. 생물학적으로도, 심리학적으로도, 엄마로부터의 분리는 지속적인 긴장의 증가를 초래한다. 엄마와 아기가 분리되면 될수록 각각은 더 구분된 존재들이 되며, 이 두 "시스템" 사이에는 더 활발한 상호 작용이 발생하게 된다. 엄마가 외부가 되면 이와 더불어 아이는 내부가 되고, 두 체계 사이에는 긴장이 발생한다. 다른 용어로 말하면 아이와 엄마 사이에 리비도가 생기게 된다. 한편 아기(입)와 엄마(젖가슴)가 같은 것이 아닐수록, 즉 한 덩어리가 아닐수록 둘 사이에는 다시 한번 원래의 단일성을 회복하려는 리비도가 생겨 흐른다. 이것이 리비도 대상이 만들어지는 과정이다. 엄마로부터의 분리는 아이와 엄마 사이에 자장磁場을 만들고, 양쪽 모두에게 서로를 향하는 리비도를 초래하는 것이다. 이런 분리와 긴장은 정신성적 발달 중 남근기에서 최고조에 달하게 되고, 나아가 오이디푸스 상황과 초자아의 형성에 이르게 된다.

일차적 자기애에서 벗어나는 발달 과정, 즉 자아의 발달은 거세 콤플렉스를 통한 오이디푸스 갈등의 해소에 이르러 최고조에 달한다. 거세 위협은 엄마에게 향하는 리비도 만족을 겨냥하므로 결국 아이는 리비도 대상으로서 엄마를 단념하게 된다. 이 거세 위협은 현실적 요구의 표상으로, 따라서 거세 위협에 대한 굴복이 현실원칙에 근거한 자아 수립의 결정적 단계가 된다.

정신성적情神性的 발달에 대한 개략적 설명은 당장은 이 정도면 충분하다. 하지만 반드시 알아둘 것은 오이디푸스 콤플렉스, 거세 콤플렉스라는 용어 등으로 축약된 것들이 사실 단순한 하나의 사건이나 갈등이 아니라 오랜 시간 동안 벌어지는 일이라는 점이다. 자아, 현실 같은 개념뿐만 아니라 오이디푸스 갈등, 거세 콤플렉스 같은 개념도 그 시간적 차원의 중요성이 제대로 언급되지 않거나 심지어 생략되고 있다. 영국 정신분석학계, 특히 멜라니 클라인의 연구는 오이디푸스 콤플렉스, 거세 콤플렉스, 초자아가 프로이트의 애초 가정보다 훨씬 이전의 발달 단계 혹은 전구체를 가진다고 말한다. 페렌치도 이 사실을 이미 알고 있어서 괄약근 도덕성sphincter morality 개념에서 같은 생각을 말하고 있다. 오이디푸스 콤플렉스나 거세 콤플렉스를 말할 때 나는 이것들을 하나의 구분된 사건이 아닌 일련의 과정으로 이해하고 있다. 한편 각각의 이름들은 그 과정의 표상이라고 할 수 있는 "외상 사건"에서 유래한다고 볼 수 있다.

오이디푸스 콤플렉스와 거세 위협을 현실적 요구의 원형으로 이해한다면 프로이트의 현실 개념이 아버지와 얼마나 밀접한 관련이 있는지 알 수 있다. 프로이트에게 아버지는 기본적으로 맞서 싸우거나 굴복해야 할 적이다. 그리고 이런 생각이 종교의 기원을 다루고 있는 후기 저작들(『The Future of an Illusion』, 『Civilization and Its Discontents』)과 『Totem and Taboo』의 저변에 깔려 있다.

이제 낯설고 적대적이며, 엄마와 아이의 관계를 시기하는 아버지로 표상되는 현실은 아이에게 굴복을 요구하고, 그로 인해 아이는 아버지의 보호를 바라게 된다. 적대적인 현실에서 아이는 비록 일시적이라도 현실의 요구에 굴복해 엄마를 리비도 대상에서 배제하고 아버지의 권위를 받아들인다. 실제 부모의 역할은 이보다 덜 분명하고, 반대로 엄마가 권위와 현실적 요구를 표상할 수 있지만 그런 것들은 이 글의 목적상 별로 중요하지 않다.

이 논의에서 중요한 것은 프로이트의 이론에서 현실은 외부의 힘으로 인식되고, 특히 아버지상으로 표상된다는 것, 현실의 방해로 인해 자아는 발달 과정에서 필연적으로 방어적 위치에 처하며, 결국 방어적 심리 기관이 된다는 것이다. 현실의 방해는 엄마에게 향하는 리비도 충동을 겨냥하여, 현실(아버지)의 공격 아래 심리 기관의 기본적 성향에 일련의 수정, 억압, 편향이 일어나게 된다. 그리고 이것이 구조적으로 표상된 것이 자아다.

하지만 우리가 자아의 발달을 일차적 자기애로부터 멀어지는 과정이라고 이해한다면, 최초의 현실은 자아의 바깥이 아닌 일차적 자기애 상태의 전-자아 안에 있으며, 프로이트의 말처럼 점차 자아로부터 분리된다. 따라서 발생적으로 말하자면 현실은 원래 자아의 외부에 있는 것이 아니고 자아에 적대적이거나 낯설지 않다. 오히려 자아와 밀접히 연결되어 있으며 애당초 둘 사이에는 구분도 없었다.

프로이트는 위와 같이 자아와 현실에 대해 두 가지 의견을 가졌는데, 이 두 생각은 그다지 잘 어울리는 것 같지 않다. 하지만 분명한 건 프로이트에게는 전자의 생각이, 즉 현실을 기본적으로 적대적인 (부성적) 힘으로 이해하는 관점이 우세하게 남았다.

적대적 현실을 견디기 위한 신앙심의 기원을 토론하는 과정에서 아버지와의 갈등, 그리고 아버지의 보호에 대한 필요와 갈망이 전면에 드러난다. "신앙의 유래가 유아기의 무기력함과 그로 인해 생기는 아버지에 대한 갈망에서 비롯된다는 점은 이론의 여지가 없어 보인다. 왜냐면 유아기의 무기력감이 단순히 지속되는 게 아니고, 오히려 운명의 압도적인 힘에 대한 두려움으로 평생에 걸쳐 유지되기 때문이다. 내 생각에 유아기 시절 아버지의 보호보다 더 절실히 필요한 것은 없어 보인다"(S.E. 21:72). 『Totem and Taboo』에도 이런 구절이 나오는데, 여기엔 아버지에 대한 갈망이 "모든 종교의 근원"이라 기술되어 있다(S.E. 13:148). 이어서 말하길 "발전과정 중 정확하게 어느 지점에서 위대한 어머니-여신이 발견되는지는 잘 모르겠다. 대체로 아버지-신보다 앞서는 것 같기는 하다"(S.E. 13:149). 그리고 다시 『Civilization and Its Discontents』에서는 이렇게 말한다. "이제 광활한 느낌oceanic feeling이 하는 역할, 즉 끝없는 자기애를 회복하려는 시도가 하는 역할은 일단 전면에서 물러난다. 유아의 무력감에 관한 한 신앙심의 기원은 꽤 명백하다. 아마 그 너머 무언가 더 있을 것 같은데 아직은 잘 모르겠다"(S.E. 21:72).

이제 신앙심은 적대적 현실을 감당하기 위한 시도로 이해된다. 아버지-신을 만든 것은 아버지로 표상되는 거세 위협으로부터 회피하기 위해 아버지의 도움과 보호가 필요하다는 표현이다. 그래서 아버지에 대한 갈망, 즉 그의 도움과 보호를 구하는 것은 압도적이고 적대적인 힘과 화해하기 위한 방어적 타협이다. 따라서 신앙심이 일차적 자기애, 즉 일차적 자아와 일차적 엄마가 만드는 현실을 포함하고 있다는 의견은 딱히 틀렸다고 말할 수는 없으나 아직 불명확하고, 맞다 치더라도 가장 중요하지는 않은 듯하며 반박의 여지도 남아 있다.

여러 저자가 인용했듯[4] 『Civilization and Its Discontents』의 한 구절에서 프로이트는 일차적 자기애와 관련한 원시적 심층심리, 혹은 그와 결부된 것에 별로 빠져들고 싶지 않다고 고백한다. 『The Interpretation of Dreams』에서 보여 준 '하늘의 뜻을 굽히지 못한다면, 저승의 힘이라도 빌리겠다Flectere si nequeo superos, Acheronta movebo'라는 호기롭고 도전적인 구호와 대조적으로, 여기서는 깊고 어두운 바다로 뛰어드는 대신 "장밋빛 하루를 살아가는 이의 기쁨[5]"을 외치고 있다. 하지만 같은 책에서 같은 문제를 다루면서 그는 "심리적 보존이라는 좀 더

4) Paul Federn(1931) 「Die Wirklichkeit des Todestriebes」, Almanach der Psychoanalyse, Vienna. (translated: Psychoanalytic Review 19: 129-51 (1932). Fritz Wittels (1949) 「A Neglected Boundary of Psychoanalysis」, Psychoanal. Quart. 18:47.

5) 같은 책, p. 73. 쉴러의 시 「잠수부」에서 인용되었는데, 정신분석적으로 이해할 때 분명 자궁을 향한 원초적 불안을 상징한다. 내용은 이렇다. 기사들에게 바다 밑에 있는 잔을 찾아오라고 명한 왕은 성공한 사람이 그것을 가질 것이라고 말했다. 한 귀족이 성공했고, 그는 돌아와 왕에게 바다의 공포에 대해 말하며 아직 도달하지 못한 더 깊은 바다가 있다고 했다. 왕은 더 깊은 곳을 탐험하고 돌아오면 자신의 딸을 주겠다고 약속했다. 하지만 그 귀족은 두 번째 잠수에서 돌아오지 못했다.

일반적인 문제, 이 문제는 여태 별로 연구되지 않았다"라고 말한다(S.E. 21:69). 여기서 심리적 보존의 문제는 원초적 심리 발달 단계가 이후의 발달 단계와 공존하는 현상을 가리킨다. 나아가 "만약 이러한 일차적 자아-기분의 심리상태가 다소나마 지속되는 사람이 많다고 가정한다면, 그들의 마음 안에는 이에 대응하여 좀 더 분명히 경계 지워진 성숙한 자아-기분도 병존하고 있을 것이다. 그런 경우 전자에 해당하는 관념의 내용은 무한함 혹은 삼라만상과의 연결 같은 것임이 분명하다"(S.E. 21:68).

그렇다면 현실이라는 문제를 좀 더 명료히 해 보자. 아마 서로 뚜렷이 구분되는 두 개의 개념을 이을 수 있을지도 모른다.

주지하듯 일차적 자기애의 시기에는 아직 대상과 마주할 자아가 없다. 아이와 세계는 아직 분화되지 않았기 때문에 하나이며, 겨우 조금씩 분화가 되는 단계인지라 심리 기관 자체의 분화도 아직은 휴면 상태다. 자기애에 관한 논문에서 프로이트는 이렇게 묻는다. "우리의 마음이 자기애의 한계를 넘어 대상에게 리비도를 부착하기 위해서는 무엇이 필요한가?" 프로이트의 잠정적인 대답은 이렇다. "자아에 부착된 리비도의 양이 일정 정도를 넘을 때"(S.E. 14:85). 그러나 일차적 자기애의 상황에는 아직 그런 대상이 없다. 그래서 자기애의 한계를 넘어 대상으로 리비도가 전해진다는 식으로 설명하기는 곤란하다. 오히려 일차적 단일성 혹은 동일성으로부터 이드-자아, 대상의 분화를 이야기해야 한다. 프로이트 자신이 말하듯 (일차적) 자아는 바깥 세계를 자신에게서 떼어내기 때문이다.

두 종류의 리비도, 즉 자아 리비도와 대상 리비도는 아, 타의 구분이 없는 일차적 자기애 단계라는 점에서 같은 기원을 가진다. 프로이트는 종종 이 일차적 자기애 단계의 리비도를 자아-리비도라고 불렀다. 오이디푸스 시기 이후의 성숙한 자아, 그리고 원초적이고 아직 분화되지 않은 자기애적 시기의 심리 기관 둘 모두에게 자아라는 이름을 붙이는

건 혼란스럽다.[6]

이제 아래와 같은 설명이 타당해 보인다. 현실에 대한 자아의 기본적인 관계는 관련 없던 자아에 억지로 침입하려는 외부의 힘에 대한 방어적 관계가 아니다. 자아와 현실, 혹은 자아와 대상의 관련성은 애초 연결 없이 따로 존재하던 두 존재가 만남으로서 발전하는 것이 아니다. 반대로 하나였던 전체가 별개의 부분으로 분화되면서 발달한다. 엄마와 아기는 만나서 관계를 발전시키지 않는다. 반대로 아기가 태어나면서 엄마에게서 떨어진다. 그런 식으로 원래 하나였던 두 부분의 관계 맺음이 가능해지는 것이다.

물론 이 말이 자아와 현실의 생성에 고통과 불안이 무관하다는 이야기는 아니다. 저항이 없다는 이야기도 아니고, 개체에 자극을 보내는 객관적인 세계와 환경이 없다는 소리는 더더욱 아니다. 단지 우리의 심리적 세계가 어떻게 만들어지는지가 관심사일 뿐이다. 강조하고 싶은 부분은 애당초 심리학적으로 경계와 구분이 없던 상태에서 자아와 외부현실 사이의 경계가 발달한다는 점이다.

바로 이 지점에서 자아의 합성 · 통합integrative 기능이 중요하다. 자아가 중재하고, 통일하고, 통합하는 이유는 더 복잡한 수준의 분화와 객관화 상태에서도 원초적 단일성을 유지하는 것이 자아의 본질이기 때문이다. 외부세계와 점차 분리되는 와중에도 단일성을 유지하고 재건하기 위해 자아는 자아로부터 멀어지고 떨어져 나가는 부분들을 합성하고 통

6) 여기서 반드시 알아둬야 할 부분이 있다. 프로이트가 원초적 자기애 개념을 도입한 것은 "조현증을 (…) 리비도 이론 아래 (…) 포괄"하려는 시도였고(S.E. 14:74), 이는 대상으로부터 리비도가 철수되는 현상과 정신병이나 원시인, 혹은 아이들의 전능감을 설명하는 데 목적이 있었다. "그래서 최초로 자아의 리비도 카텍시스라는 개념이 생기는데, 여기서 후에 리비도 일부가 떨어져 대상으로 향하게 되나 근본적으로는 지속되어, 마치 아메바의 몸에서 위족이 뻗어나가는 것처럼 대상-카텍시스와 연관된다"(S.E. 14:75). 프로이트는 자아 리비도와 대상 리비도의 이원론(자아 본능과 성 본능)의 문제와 씨름했으나 만족스러운 결론을 내리지 못했다(「On Narcissism: An Introduction」).

합해야 한다. 이것이 조직하는 주체로서 자아가 하는 역할이다.

오이디푸스 콤플렉스는 개인이 환경에서 분리되는 데 매우 결정적인 단계이다. 이런 관점에서 볼 때, 아이와 엄마 사이의 중력장은 아버지의 거세 위협을 통해 새로운 단계의 통합으로 이행한다고 볼 수 있다.

이상의 생각을 고려할 때 이제 자아의 방어기능은 완전히 다른 관점에서 이해될 수 있다. 자아는 현실로부터 자신을, 혹은 심리 기관을 보호하려는 것이 아니라 현실의 상실, 현실과의 통합을 상실하는 것으로부터 자신을 보호한다. 오이디푸스 상황에서 현실과의 통합은 엄마와의 애정 관계로 인해 상실의 위기에 처하고 아버지가 이 관계를 방해하는 것처럼 보인다(거세 위협).

그렇다면 이제 현실이라는 개념이 아버지에서 엄마로 옮겨 가는 것인가? 이쯤에서 엄마와 아이의 관계를 조금 새롭게 고려할 필요가 있다. 여태까지는 주로 둘 사이의 긍정적인 리비도만을 고려하면서 둘 사이의 관계는 아버지의 거세 위협을 비롯해 여러 요소에 의해 방해받는다고 말했다. 그리고 한편으로는 이런 거세 위협이 "현실"의 원형이 될 수 없다고 주장했다. 여기서 한 가지 덧붙여야 하는 것은 거세 위협은 그 자체로 현실은 아니지만, 현실을 구성하는 한 요소라는 점이다. 질문은 다음과 같다. 만약 거세 위협이 마냥 적대적이고 거세에만 관심이 있어서 그 결과로 자아가 방어만 하게 만드는 것이라면, 과연 어떤 식으로 이 요소들을 적절히 기술할 수 있나?

보아 왔듯 자아와 현실은 서로 맞물려 진화한다. 심리 기관은 거세 위협의 방해 속에서 환경(엄마)과의 일차적 자기애 상태의 회복, 혹은 단일성과 동일성의 회복이라는 원초적 경향에 일련의 수정, 억압, 편향을 겪어나간다는 뜻이다. 그리고 이런 발달의 결과가 자아와 현실이라고 불리는 구조다.

하지만 분명한 건 "방해" 없이는 자아, 현실 모두 어떠한 발달도 가능하지 않다는 점이다(아버지의 거세 위협은 표상일 뿐이다. 방해는 젖을 빨고 싶을 때 빨지 못하는 경험, 젖 떼기와 대소변 가리기 등 모두를 포함한다).

아버지의 거세 위협은 (넓은 의미에서) 일차적 자기애 상태, 즉 자아와 현실의 명료한 구분이 없는 상황에 대한 방해, 그리하여 발달을 위한 자극으로 기능하는 방해를 표상한다. 따라서 거세 위협은 현실(과 자아)의 한 요소가 된다. 그래도 이 방해가 단순히 "적대적"인 요소일 뿐인가?

여태 이 논문이나 다른 정신분석 저서에서 명시적 혹은 암묵적으로 전제되어 온 것은 거세 위협이 기본적으로 아버지에게서 온다는 점이었다. 심지어는 거세의 모성적 측면이나 그 표현인 자궁에 대한 두려움도 일반적으로 질과 자궁 안에 들어온 아버지의 음경에 대한 두려움으로만 이해된다.[7] 예외적으로 Horney는 다른 입장을 비쳤는데, Jones의 인용에 의하면 "음문vulva에 대한 두려움은 아버지의 음경에 대한 것보다 오래되었을 뿐 아니라 더 깊고 중요하다. 여기서 아버지의 음경이 보이는지 아니면 질에 감춰져 있는지는 중요하지 않다. 기실 아버지의 음경에 대한 두려움은 음문에 대한 강렬한 두려움을 감추기 위해 인위적으로 만들어졌다".[8]

소년의 음문에 대한 두려움이 "자기의 고추가 엄마를 만족시킬 만큼 크지 않다는 것을 알게 되면서 입게 될 자존감의 상처에 대한 두려움"[9] 이라는 호나이의 의견에 대한 동의 여부와 상관없이 (내 생각엔 놀라울 만큼 문제의 본질을 전혀 건드리지 못하는 것 같다), "음문에 대한 두려움"이 아버지의 음경에 대한 두려움에 무관하게 존재하고 오래되었다는 주장

---

7) Jones, 「The phallic phase」 in Papers on Psychoanalysis, 5판(1948), 452쪽부터.

8) Jones가 Horney를 인용, 「The Dread of Women」, Int. J. Psycho-Anal. 13(1932).

9) 같은 책.

을 뒷받침할 만한 임상적 근거들이 있는 것 같다. 환자들은 여성에 대해 이러한 두려움을 느낄 때 익사하거나 빨려 들어간다, 혹은 사로잡힌다는 식으로 표현하는데, 이는 비단 성행위만이 아니라 엄마와의 관계에도 마찬가지인 듯하다. 아버지가 부재하거나, 있더라도 유약한 인물일 경우에 특히 더 그런 것 같다.[10)]

만약 이상과 같이 거세 위협의 일부가 엄마에 기인한다고 가정할 때, 이 부분이 일차적 자기애 상태를 방해한다고 묘사하는 것은 적절치 못한 것 같다. 반대로 이 두려움은 일차적 자기애로 되돌아가는 것, 그리고 자라나는 자아를 다시 원초적 단일성으로 삼켜 버리는 것에 대한 두려움이다.

여기서 우리는 모자간의 단일성을, 그리고 나중엔 모자간의 애정 관계를 방해하는 "아버지의" 위협과는 정 반대편에 있는 "거세 위협"을 만난다. 아버지가 행사하는 모자간 애정 관계에 대한 거부권은 삼키고 사로잡는 자궁의 위협에 맞서기 위한 것이다. 여기서 아버지가 점하는 위치는 또 다른 위협과 위험이 아니라 강력한 지지인 셈이다.

실제로 자아는 항상 강력한 힘으로부터 자신을 보호하기 위한 전투태세에 있다. 하지만 일차적 자기애 상태 혹은 그 유전적 파생물, 즉 엄마에게 향하는 리비도에 가해지는 좌절과 위협만 위험한 것은 아니다. 위험은 정 반대편에, 즉 무력하게 사로잡는 엄마에게도 그만큼 존재한다. 포괄적으로 말하면 심리 기관과 환경이 제대로 분화되고 구조화되지 못한 원초적 단일성과 동일성은 그 상태를 완전히 포기하라고 윽박지르는 "아버지의 거세 위협"만큼이나 자아에 위협적이다. 즉, 자아가 이

10) 이 논문에서는 더 깊은 논의를 할 수는 없다. 하지만 임상경험에 비추어 볼 때, 비록 환자의 무의식에서 쉽게 혼동되나 한쪽 끝에는 남성적이고 거세하는 엄마가 있고 다른 한쪽 끝에는 모든 걸 집어삼키는 자궁의 엄마가 있는 게 확실한 듯하다.

제 겨우 빠져나온 무형의 단일성으로 회귀할 위험에 맞서는 것이 아버지의 강력한 힘이다. 오이디푸스 콤플렉스에 선행하는 동시에 오이디푸스 콤플렉스를 준비하는 초기의 동일시는 바로 이 힘에 대한 동일시다. 프로이트는 동일시에 대해서 "초기 오이디푸스 콤플렉스 시기에도 역할을 한다. 어린 소년은 아빠에게 특별한 관심을 드러낸다. 아빠처럼 자라고 아빠처럼 되고 싶어 한다. (…) 이런 행동은 아버지(혹은 남성 일반)에 대한 수동적이고 여성적인 태도와 상관이 없다. 반대로 매우 남성적인 태도이다. 오이디푸스 콤플렉스와도 잘 맞아떨어져서 긍정적으로 작용한다"(S.E. 18:105). 나아가 소년은 "뚜렷한 두 가지 심리적 애착을 보인다. 엄마로 향하는 노골적인 성적 대상-카텍시스와 아버지를 모델로 하는 동일시", 이 두 가지 흐름이 상호 작용해서 오이디푸스 콤플렉스를 만든다(S.E. 18:105).

앞서 프로이트의 동의를 얻은 바와 같이, 아버지는 기본적으로 적대적이지 않다. 아버지는 아이가 그의 거세 위협에 수동적으로 굴복하고(혹은 굴복하거나) 반발해야 하는 존재에 그치지 않는다. 그 이전에, 내 생각엔 이 부분이 자아의 발달에 더 핵심적인데, 아버지는 능동적 동일시의 대상이며, 이 동일시는 굴복과 반발 이전에도, 그리고 이후에도 존재한다.

여타 관찰을 살펴보면 정신분석의 발달 과정에서 강조점은 늘 이 두 번째, 위협적인 아버지상에 맞춰져 있었던 것 같다. 그리고 나아가 아버지상의 위협적 성격이 요컨대 현실의 의인화로 여겨졌다. 그래서 자아는 이 현실에 일부 순종하고 일부 저항하면서 발달하는 것으로 이해되었다.

지금까지의 분석에 의하면 부모 각각에 대해 두 종류의 관계를 가정할 수 있다. (1) 엄마와는 일차적 자기애에서 비롯된 애정적 관계, 그리고 원시적 미분화 상태의 동일성으로 회귀에 대한 두려움에서 비롯된 방어적 · 부정적 관계 (2) 아버지와는 자궁의 위협에 맞서는 데 강력한

지지가 되는 "전형적인 남성적" 동일시, 그리고 거세 위협과 관련된 방어적 관계.

엄마에 대한 긍정적 애정 관계와 아버지에 대한 거세 공포만큼이나, 그 이전 시기의 아버지 동일시와 엄마의 지배력에 대한 두려움도 오이디푸스 콤플렉스의 구성 요소가 된다. 여태 오이디푸스 콤플렉스에서 아버지의 거세 위협이라 불렸던 것은 이제 두 가지 구성 요소를 가지는 것으로 이해할 수 있는데, 발생적으로 나중에 해당하는 적대적 (거세) 위협과 좀 더 이른 시기의 "이상"과의 동일시가 그것이다. 마찬가지로 엄마로 향하는 애정적 관계로 불리던 것도 두 가지 구성 요소, 즉 합일union에 대한 요구와 합일에의 두려움을 가진다. 그래서 자궁에 대한 두려움이 일차적으로 아버지의 음경에 대한 두려움으로 설명되는 것이 아니며, 마찬가지로 아버지와의 동일시가 거세 위협에 대한 굴복으로 환원되지는 않는다.[11]

우리는 앞서 자아가 중재하고, 통일하고, 통합하는 이유는 더 복잡한 수준으로 분화되고 객관화되는 와중에도 일차적 자기애에서 유래한 단일성을 유지하는 것이 자아의 본질이기 때문이라고 말했다. 오이디푸스기 이후의 현실 수준은 오이디푸스-이후의 자아가 통합과 조직화를 거치며 발달시키는 특성, 분화, 객관성으로 구성된다. 부모와의 관계는 자아 발달의 경험적 기초를 표상하며, 이런 측면에서 보면 원래의 동일성이 엄마와 아이라는 리비도 중력장으로 분화하는 것이다. 아버지와의

11) 남성 동성애의 정신분석에서 자주 보이는 소견은 그들의 동성애적 성향이 두 가지 기원을 가진다는 점이다. 즉, 여성에 대한 두려움과 남성적 동일시의 기회 부족이다. 여성에 대한 두려움은 집어삼켜지는 것에 대한 두려움과 음경을 가진 여성에 대한 두려움이 섞여 있다. 이런 경우에 동성애는 엄마와의 여성적 동일시의 일환이기도 하고, 초기 아동기에 가지지 못했던 전-오이디푸스기 남성적 동일시에 대한 끊임없는 시도를 표상하기도 한다. 내 인상으로는 아버지가 적당히 약하지 않고 지나치게 압도적인 경우에도 동일시 과정이 불가능하다. 이 경우 훗날 거세 위협과 쉽게 겹쳐지는 측면이 있다.

일차적 동일시, 그리고 "자궁에 대한 두려움"은 서로를 증폭시키며 이 중력장을 한층 더 구조화한다. 이를테면 엄마에게 향하는 끊임없는 갈망 때문에 유지되는 조직화인 셈이다. 그리고 이후 아버지의 거세 위협은 한층 더 분화를 부추겨 애정 대상 그 자체를 수립하게 한다.

이런 관점에서 볼 때, "자아"와 "현실"이 구분되지 않아서 초래되는 무형의 공허는 아버지의 거세 위협만큼이나 깊고 당혹스러운 위협을 표상한다. 이 위협은 모든 것을 삼켜 버리는 자궁의 위협이다. 자궁에 대한 두려움과 거세 위협은 둘 다 방어의 강력한 동기가 되지만 단순히 현실에 대한 방어는 아니다. 이들은 현실을 상실할 거라고 위협하기도 한다. 자아가 대상에서 잘려 나가면(거세 위협) 현실을 놓친다. 그리고 자아와 현실의 경계가 사라지면(자궁의 위협) 또한 현실을 놓치게 된다. 현실이 없으면 자아도 없다. 여기서 상실은 (다른 부분은 유지된 채) 현실의 "일부"가 없어진다는 것을 의미하지 않는다. 자아-현실의 통합이 침몰하고 퇴행해서 예전 상태로 돌아간다는 이야기다. 퇴행의 임상적 · 실험적 관찰 소견은 대상이 없어지는 것이 아니라 덜 객관적인 대상이 되는 것이다. 강박 신경증의 경우 자아와 현실은 마술적 통합으로 퇴행하고, 조현증에서는 더 심하게 퇴행한다.[12] 기존의 자아-현실의 통합에 위협이 가해지면 자아가 그들을 다른 수준에서 재통합하는 것이다.

자아와 현실의 통합은 대상-관계 상실의 위험과 자아-현실 경계 상실의 위험 사이에서 이루어진다. 엄마와의 일차적 자기애적 동일성은

---

12) 강박적 성격장애의 경우 다분히 "지식적" 차원의 (나름대로) 현실 적응에 머물러 있는 자아-현실 조직화를 좀 더 높은 수준으로 올리는 것이 어려운 치료적 임무가 된다. 사실 이런 식의 적응은 최선의 경우라 해 봐야 적대적인 세계를 조종하려는 성공적인 속임수에 불과하기 때문이다. 적대적인 현실에 대응하는 방어 주체라는 자아 개념 뒤에 있는 것이 이와 같은 현실에 대한 착각이다.

13) 페렌치는 전능한 사고에 앞서 "전능한 행동"에 대해 이야기했다. O. Fenichel 참고 (1937), 「Early stage of ego development」, Collected Papers of Otto Fenichel, W. W. Norton & Co., New York, 1954, p. 34.

자아와 현실의 가장 깊은 무의식적 기원을 형성하는 층위이고, 그래서 자아가 "통일과 통합을 향한 부단한 노력을" 하게 만드는 추동력이 된다. 하지만 동시에 원초적 동일성은 가장 뿌리 깊은 두려움의 원천으로, 아버지와의 동일시를 통해 자아의 점진적인 분화와 현실의 구조화를 촉진한다.

따라서 자아와 현실의 형성에는 부모에 대한 뿌리 깊은 양가적 태도가 존재한다. 기존의 정신분석 이론은 자아의 형성과 발달을 설명할 때 엄마에 대한 애정적 관계와 아버지에 대한 적대적-순종적 관계가 일방적으로 강조되고, 자궁에 대한 두려움과 아버지에 대한 일차적 긍정적 동일시는 상대적으로 간과하는 경향이 있다. 일차적 자기애의 도입과 초기 자아 발달 과정에 대한 연구가 진행되었지만 현실의 개념화에서는 아버지의 거세 위협이 우세하게 강조되었다. 지금까지 나는 자아와 현실에 대해 보다 깊이 이해하기 위해서는 초기 자아 발달이 갖는 함의를 반드시 고려해야 한다는 것을 보여 줬다. 자아와 현실은 자아-현실 통합의 매 시기마다 더불어 발전하므로 따로 분리되어 생각될 수 없다.

자아-현실 문제에 대한 이런 식의 접근은 아래와 같은 의미를 지닌다.

분명히 이해해야 할 것은 위와 같은 자아-현실 발달의 이해가 자아와 현실의 형성에 있어 유아적 공격성, 불안, 죄책감 등의 핵심적 역할을 부정하거나 무시하는 게 전혀 아니라는 점이다. 반대로 이상에서 제시된 맥락에서 고찰할 때 위 현상들의 역할에 대해 보다 깊이 이해할 수 있다는 말이기도 하다. 유아적 공격성의 여러 과정, 그리고 함입incorporation과 투사projection의 여러 단계는 초기 자아의 활동으로 이해할 수 있으며, 이때 초기 자아의 합성과 분화는 성숙한 자아의 좀 더 추상적인 활동과 비교했을 때 아직은 훨씬 경직된 수준이다.[13] 내사introjection와 투사는 그런 초기 단계의 자아 활동이다. 발달의 초기 단계에서는 정신병적 상태에서처럼 "내부"와 "외부"의 경계가 아직 흐릿하고 유동적이기 때문에 내사와 투사를 구분하기가 매우 어렵다. 그래서 두 단어는 서로 다른 두 과정을 의미하기보다는 같은 과정의 두 방향을 의미한다.

이는 정신병적 현상과 연관된다. 자아 심리학과 조현증의 심리학적 측면에 아주 중요한 공헌을 한 Federn은 조현증에서는 자아의 경계가 사라진다고 말했다.[14] 그는 현실의 상실이나 현실로부터의 철수withdrawal가 아니라 자아 경계의 상실을 조현병의 기본적 과정으로 이해했다. 조현병 환자는 현실로부터 자신을 보호하기 위해 현실에서 멀어지는 것이 아니다. 자아와 현실의 경계가 유동적으로 변하고 사라지면서 현실이 퇴행적으로 변하는 것이다. 즉, 좀 더 원시적인 수준의 자아-현실 통합으로 퇴행하는 셈이다. 이는 조현병 환자들의 전이 현상에도 실마리를 제공한다. 프로이트는 조현병 환자들은 전이를 발달시킬 수 없으므로 정신분석이 불가능하다고 이야기했었다. 전이를 대상과의 관계로 이해한다면 맞는 이야기다. 하지만 조현병 환자가 종종 보이는 급격하고도 극단적인 사랑과 미움의 전이, 예를 들어 현실 상황을 건너뛰고 무시하는 것 같은 모습은 사실 대상 관계가 아니다. 이것은 대상 관계 이전의 관계 맺음 양상으로, 일차적 자기애이자 마술적인 동일성 혹은 상호 작용이다. 그들의 극단적인 감수성, 즉 분열성schizoid 환자들이 타인에 대해 가지는 "육감sixth sense"과 공감이 띄는 특징들은 유동적이고 덜 분화된 자아-현실의 통합에 기인하는 것으로, 발달의 초기 상태와 비슷하다.

이러한 조현병의 자아-현실 통합의 의미를 이해하기 위해서는 자아의 측면뿐 아니라 현실에도 마술적 성격이 있다는 것을 꼭 알아두어야 한다. 이 단계에서는 자아뿐만 아니라 현실도 마술적이다. 그러니까 아

14) 「Psychoanalysis of Psychoses」, Ego Psychology and the Psychoses, Basic Books, New York, 1952.

기와 엄마 사이의 공감 능력은 쌍방향으로, 즉 아기만 엄마에게 공감적 소통을 하는 게 아니라 엄마도 아기에게 그렇게 하는 것이다. 하지만 관계의 마술적 양상은 마술적 동일성 혹은 긍정적 소통인 동시에 위협적이고 압도적인 힘으로도 경험된다. 전능함은 자아가 내부에서 경험하는 그 무엇에 그치지 않고 현실 또한 전능해지는 것이다("객관적"으로도 그러한가는 상관없다). 그리고 이 전능한 현실에 대해 자아는 완전히 무력해지게 된다. 신경증과 정신증의 퇴행적 현상에 대해 보다 깊이 이해하기 위해서는 이 점을 반드시 고려해야 한다.

자아의 형성과정에서 리비도는 이미 리비도가 오기를 기다리고 있는 준비된 대상에게 향하는 것이 아니다. 발달 과정에서 현실은 최초에는 자아와 전혀 경계가 없는 상태로, 이후에는 마술적 소통의 형태로, 최종적으로는 객관적인 현실로 변한다. 자아가 원시적 초기 상태에서 점진적으로 변화하듯이, 리비도와 현실 또한 변화를 겪는다. 그들은 자아가 "충분히 발달해서" 자기로부터 분리된 객관적 현실을 자기 안이 아닌 바깥에 가지고, 동시에 합성을 통해 현실과의 관계를 유지할 수 있을 때까지 변화의 단계를 겪어 나간다. 그리고 그때가 되어서야 자아의 리비도는 비로소 대상과 관계를 맺고, 자아는 객관적인 현실에서 살게 된다. 자아 형성 초기에 자아는 현실을 객관적으로 경험하지 못하며, 다양한 수준의 자기애적 · 마술적 현실 안에서 살아가고 경험한다.

앞서 프로이트가 제기했던 심리적 보존의 문제를 언급했다. 이 현상은 초기 발달 단계의 자아가 후기 발달 단계의 자아와 공존하는 현상으로, 프로이트는 아직 충분히 연구되지 않았다고 말했다. 하지만 유심히 관찰하다 보면 이 현상이 단순히 초기 단계의 자아-현실이 훗날까지 남아 있고 말고의 문제가 아니라는 점을 알 수 있다. 사람들은 날마다, 혹은 인생의 다양한 순간, 기분, 상황마다 이 단계에서 저 단계로 옮겨

다닌다. 사실 좀 더 활기 넘치는 사람들이 (반드시 더 안정적이지는 않더라도) 좀 더 넓은 자아-현실 범위를 갖는다고 볼 수 있다. 그래서 소위 충분히 발달하고 성숙한 자아는 아마도 모든 발달 단계를 거친, 가상적인 최상, 최후 단계에 이른 자아만 남아 있는 상태가 아닐 것이다. 오히려 발달 초기의 자아-현실 통합 수준이 한 단계 높은 수준의 자아 조직화를 위한 역동적 원천으로 작용하여 현실을 생명력 있는 그 무엇으로 통합해 내는 자아가 진정 성숙한 자아일 것이다.

02

방어의 문제와 현실의 신경증적 해석

(1952)

정신분석의 초기부터 쌓아 온 정신병 환자의 분석 경험, 그리고 특히 취리히 학파의 영향 덕에 프로이트도 초기 자아 발달과 일차적 자기애 개념에 이전보다 더 많은 관심을 가지게 되었다. 그리고 정신병적 상태에 관한 연구와 몇몇 성격장애에 대한 반복된 관찰 덕분에 신경증적 방어보다 더 심각한 자아 구조 결핍과 변형이 이상의 장애들을 이해하는 데 아주 중요하다는 것을 알게 되었다. 프로이트가 자기애적 신경증과 전이 신경증을 구분한 것도 이 같은 인식을 반영한다.

하지만 갈등과 방어를 임상적 연구의 가장 중심에 두고 이를 바탕으로 심리 기관과 그 역동적 · 경제학적 이론을 구성하고, 방어의 관점으로 발달 과정을 이해하는 것이 최근의 두드러진 경향이다. 즉, 불안과 갈등, 갈등에 대한 방어와 같은 심리학적 현상에서 보이는 신경증적 증상 형성의 구조와 기능에 관심의 초점이 맞춰져 있다.

1951년 암스테르담에서 열린 제17차 국제 정신분석 대회에서 발표함. 출판을 위해 약간의 수정과 문헌 목록을 더함.

갈등, 불안, 방어는 정상 혹은 병적 심리 과정을 구체적으로 이해하는 데 매우 중요하다. 이들은 인간의 성장 과정에 존재하는 특이한 양상에 근거한다. 태어날 때부터 이미 환경과 균형을 유지하기 위한 모종의 자동장치를 갖고 태어난 아이는 갈수록 복잡한 외부 상황에 봉착하게 된다. 이런 복잡한 외부 상황은 단순히 일련의 "생물학적" 사건일 뿐만 아니라 우리가 심리, 문화, 사회라고 부르는 다양한 질서의 집적물들이 초래하는 사건이기도 하다. 이러한 사건들과 과정들은 확실히 아이의 통합 기능보다는 통합과 분화의 정도가 높다. 그래서 아이의 발달을 위한 적절한 심리적 여건을 만들기 위해서는 환경적으로 특별한 노력이 필요하다. 넓은 의미에서 문명과 그 복잡성은 어떻게 인간이 문명의 한 부분이 되는지, 즉 어떻게 문명 속에 편입되고 나아가 그 발전에 공헌하게 되는지에 대한 질문을 던진다. 여기서 신경증적 · 정신증적 발달은 한 인간이 소위 심리적 기능이라 불리는 통합행위를 적절한 수준으로 성취하지 못하거나 적절한 수준으로 유지하지 못하는 현상을 의미한다.

다양한 종류의 일탈, 무능함, 발달장애, 병적 방어는 한편으로 아이가 태어나서 속하게 되는 "외부현실"의 통합 수준, 다른 한편으로 아이가 태어난 이래 오랫동안 얻게 되는 통합 수준과 능력의 수준 차이 때문에 생긴다. 우리 문화에서 보통 부모와 가족으로 대표되는 환경은 아이의 심리적 생존과 발달을 위한 여건을 만들고 유지하는 역할을 한다.

부모, 특히 엄마는 일찍이 필요와 지지에 만족을 제공하고 아이를 통합 과정으로 인도channeling한다. 이 과정은 부모의 퇴행을 초래하고, 결과적으로 통합의 객관적 수준차를 최소화함으로써 아이가 환경의 한 부분이 될 수 있게 만든다. 능동적인 지지와 인도 덕택에 환경은 아이가 통합해 낼 수 있을 만큼 퇴행적이고 기초적인 수준으로 구조화된다. 이상적으로 말하면 성숙해 가는 아이의 생물학적 · 심리학적 구조와 기능,

필요, 그리고 부모로부터 받는 지지가 균형을 유지한 채 지속되어야 한다.[1] 하지만 실상은 그렇지 않다. 특히 우리 문화에서는 이 관계의 현실적 불균형을 요구하는 기회와 여건이 매우 많다. 너무 적거나 많은, 혹은 너무 이르거나 늦은 지지와 인도, 그리고 부모들 사이의 지지 능력의 차이로 인해 빚어지는 다양한 갈등이 무수한 불균형의 가능성을 만들어 낸다. 게다가 문명이 복잡해질수록 부모 이외의 중요한 존재들이 생기고, 따라서 성숙에 필요한 기간도 늘어난다.

이제부터 인간의 성장 중 특정 상황과 그것이 신경증의 형성에 얼마나 중요한지에 대해 이야기하겠다. 일단 『Inhibitions, Symptoms and Anxiety』의 마지막 장에서 프로이트가 시도한 묘사를 살펴보자. 그는 신경증의 원인으로 세 가지 요인을 꼽는다. 먼저 방금 언급한 장기간의 의존성, 그리고 그가 계통 발생적 요인이라 불렀던 이상적$_{\text{diphasic}}$ 정신성적 발달, 세 번째로 "심리적" 요인이다. 여기서 심리적 요인은 심리기관이 자아와 이드로 분화하는 것과 관련이 있으며, 기실 외부현실에 존재하는 위험 때문에 내부의 어떤 충동이 위험하게 느껴지기 때문에 생긴다. 자아는 이드에서 도망칠 수 없으므로 자신을 무력하게 만들고 증상을 형성함으로써 본능의 위험으로부터 자신을 보호하게 된다.[2]

그래서 개개인의 필요와 환경으로부터 제공되는 지지 사이의 불일치, 개인의 성숙 정도와 환경으로부터 주어지는 성숙으로의 인도 사이에 존재하는 불일치가 기본적인 위협이 된다. 아이가 이러한 불일치 속에서 성장하고 발달할수록 불안과 갈등이 생길 가능성이 커진다. 혹여 이때 불일치를 환경에 특별히 적대적인 힘이 존재해서 누군가를 방해한다는

---

1) 이런 이론적 관점은 예로 Margaret E. Fries에 의해 개발되었다. 「The Child's Ego Development and the Training of Adults in his Environment」, 『The Psychoanalytic Study of the Child』, vol.2(1946).

2) 프로이트. 『Inhibitions, Symptoms and Anxiety』. S.E. 20:154-156.

식으로 이해하지 않길 바란다. 물론 그런 적대적인 힘 역시 존재하겠지만, 여기서는 개인과 환경 사이의 통합 수준 차이를 의미한다. 환경이 제공하는 퇴행적 지지 덕택에 이 차이가 극복되는 한 아이는 방해 없이 환경과의 통합을 진전시키며 위협받지 않은 채 발달을 진행할 수 있다.

한편, 신경증의 메커니즘에서 보면 방어는 심리 기관 내의 특별한 구조물인 자아의 발달, 그에 상응하는 애정 대상의 형성, 그리고 그 대상과의 상호 작용에 기초한다. 그래서 방어가 작동하려면 일정 수준의 자아 구조화와 대상 구조화가 선행되어야만 한다. 합성-통합 과정이 상기에 묘사한 불일치에 어느 정도 방해를 받는가에 따라 자아의 구조화와 대상의 성공적 형성 여부도 결정된다. 평균적인 상황에서는 자아와 상당 수준의 응집력을 가진 현실이 점진적으로 형성된다.

방어와 신경증의 형성이 가능하기 위해서는 초기 통합 과정에서 투사, 내사, 동일시를 통해 자아와 대상이 먼저 형성되어야 한다. 정신증에서는 자아 구조의 결핍과 현실 조직화의 부족 때문에 방어가 형성되지 못하거나 붕괴한다. 그리고 정도의 차이는 있지만 성격장애에서도 마찬가지다.[3)]

방어는 *퇴행*과 밀접한 관련이 있다. 그러나 퇴행은 방어 기제 중 하나가 아니다. 방어는 통합의 실패로, 퇴행적 수준에서 재통합을 시도하는 것이다. 방어의 과정 중 자아는 예전에 쓰던 방법으로 후퇴해 좀 더 원시적인 수준의 통합을 대체물로 삼는다. 따라서 적절히 통합되지 못

---

3) Ives Hendrick는 「Early Development of the Ego: Identification in Infancy」. Psychoanal. Quart.20(1951)에서 비슷한 관점을 제시했다. "(…) 정신증과 성격장애는 보통 자아 기능의 일부로 알려진 기능의 결함에 기인한다. 이런 성격들은 정신신경증과는 핵심 역동에서 차이가 있다. 기본적으로 증상은 해소되지 않은 유아기 갈등에 대한 건강한 자아의 방어 때문이 아니라 핵심적인 자아 기능의 근본적 부적절함 때문이다. 연구가 제시하는 것은 이런 기능상의 결함들이 그동안 정신분석을 통해 알고 있던 것보다 더 미숙한 자아 발달 단계의 실패로 인한 결과물이라는 점이다." 그는 그런 성격장애들을 "자아 결함 신경증(ego defect neuroses)"이라는 그룹으로 구분 짓는다(p. 44).

했던 측면의 현실에 대해 제한된 수준의 "적응"이 이루어지고 유지된다. 이 같은 관점에서 보면 방어는 경험을 통합하기 위한 퇴행적 시도로서, 자아의 다른 영역에서는 이보다 나은 수준의 현실 통합을 성취한다. 하지만 어떤 경우에서는 방어가 다른 영역의 통합을 촉진하기도 한다.

가령 "신경증의 핵"인 오이디푸스 콤플렉스는 갈등의 원형으로서 우리와 유사한 모든 문화 안에서 생활하는 모든 인간에게 일어난다. 이것은 일시적 패배의 형태로 종결되고, 또 당분간은 위에서 언급한 제한된 적응으로 끝나기도 한다. 방어 과정 중에 일어나는 퇴행은 다른 영역의 발달을 돕기도 하는데, 오이디푸스 콤플렉스에서 보이는 억압이 그 훌륭한 예라고 할 수 있다.

오이디푸스 콤플렉스가 충분히 발달할 무렵 자아는 상당한 힘을 가지게 된다. 그리고 사실 오이디푸스 콤플렉스의 발달은 자아와 애정 대상의 견고한 분화와 상호관계 속에서만 만개하므로 전형적인 신경증적 방어 구조는 오이디푸스기, 혹은 오이디푸스기 이후의 발달로 이해될 수 있다. 정신병적 상태나 관련 현상을 이해하기 위해서는 아직 자아와 현실이 방어를 가능하게 할 정도로 충분히 조직되고 분화되지 않은, 오이디푸스 이전 시기에 기댈 수밖에 없다.

다시 정리하면, 신경증에서 방어는, 그리고 정상 발달에서도 어느 정도 그러한데,[4] 개인-환경의 관계가, 즉 자아-현실의 관계가 조직화한 자아와 현실로 충분히 서로 분화한 수준에 이르러야 가능하다. 여기서 조직화한 현실은 무엇보다 뚜렷이 구분되고 애정이 담긴 부모상의 확립을 의미한다. 그리고 이 부모들은 서로서로, 그리고 자아와 상호 관계를

4) 유념해야 할 사실은 신경증적 과정, 즉 오이디푸스 갈등이 유아 신경증의 원형으로서 "정상" 발달을 구성한다는 것이다.

한다. 오이디푸스 상황에서 바로 이러한 모습이 만들어진다. 여기에 이르러서야 자아와 현실의 구성이 특정 단계에 이르렀다고 말할 수 있고, 이제부터 자아와 "외부" 대상 세계 사이에서 방어가 작동하고, 이렇게 생긴 방어가 이드의 충동에 저항할 수 있다. 정신병적 상태는 발달의 오이디푸스기 이전 수준에 머무는데, 여기서는 아직 환경과의 관계가 원시적이어서 이드, 자아, 초자아로 구조화된 개인이 외부세계와 관계를 맺지 못한다. 오이디푸스기 이전 수준의 통합 과정은 앞서 언급한 구조화 이전의, 여전히 자기애적이고 마술적인 내사-투사적, 동일시적 상호 작용이라고 할 수 있다. 정신병이나 성격장애의 정신분석에서 치료의 주된 주제이자 어려움은 통합 수준이나 환경과의 관계 맺음, 모두 전-방어적인 수준에서 이루어지고 있다는 점이다.

전-오이디푸스기의 자기애적-마술적 통합에서는 아직 외부현실이 충분히 수립되어 있지 않았다. 그리고 갈등이 숙달되지 않으면 않을수록 전-오이디푸스기 양상의 통합이 "대상들"과의 좀 더 성숙한 관계를 대체하게 된다. 여기에 방어 과정의 퇴행적 요소가 있다. 즉, 방어 과정에서 현실도 자아와 마찬가지로 퇴행해서 덜 객관적이게 변한다는 말이다. 그러니까 신경증에서는 현실의 *조직화* 그 자체가 타격을 입는 셈이다.[5] 내가 아는 한에서 이런 사실의 임상적 · 이론적 중요성은 정신분석가들에게 별로 알려지지 않고 있다. 성격 신경증에서 관찰된 압도적인 임상적 증거가 있는데도 말이다.

정신증이나 성격장애에서는 퇴행이 좀 더 완전히 이루어진다. 즉, 신경증에서처럼 자아의 성숙한 부분에 방해받지 않는다. 프로이트는 강

5) 이때 통합 이후 단계의 요소들이 퇴행 과정에 연루되어 보다 원시적 수준에서 재통합된다. 그러다 보니 이것이 도리어 성숙한 통합을 향한 자극이 된다. 상황이 복잡해지는 셈이다. 이러한 성숙한 삶을 향한 자극이 아마 성격 신경증의 정신분석에서 보이는 가장 뚜렷한 특징일 것이다.

박적 성격과 강박 신경증에 대해 논하면서 둘 사이의 차이를 이렇게 정리했다. "두 경우 모두 퇴행은 명백하다. 그러나 전자의 경우 퇴행이 좀 더 완전하다. (…) 신경증의 경우에는 갈등이 존재하는데, 이 갈등은 퇴행을 막는 노력이며, 퇴행에 대한 반동-형성이자 적대적 쌍방 간의 타협에 의한 증상 형성이다"(S.E. 12:324).

지금까지 통합 과정 그 자체와 방어의 차이점에 대해 이야기했다. 방어는 어느 정도 수준의 통합이 이루어져 자아와 외부현실 사이의 분화가 충분한 경우에만 가능하다. 그리고 개체와 환경 사이의 상호관계 그 자체는 방어가 아니라는 점을 강조해 두고 싶다. 신경증과 정상적 적응에서 관찰되듯이 방어는 상대적으로 나중에 특정 영역에서 발생하는 과정으로서 어딘가 잘못된 퇴행적 통합이며, 개인의 통합 능력과 외부세계의 통합 수준 사이에 생긴 불일치에 대한 반응이라고 할 수 있다. *방어는 자기 자신, 그리고 자신과 상호 작용을 하는 외부세계 둘 모두를 인식하는 오이디푸스 단계에 도달한 이후에 생긴다.* 적극적 지지와 성숙으로의 인도는 자아 구조와 그에 상응하는 현실이 만들어진 *이후에도* 여전히 중요하고, 우리 문화권에서는 더더욱 중요하다. 이것이 우리 삶에 있어 방어가 중요한 핵심적 이유다. 지지와 인도가 실패하면 불일치가 계속 생겨나고 신경증적 적응이 불가피하다. 초기 아동기의 지지와 인도가 적당해야만 아이가 오이디푸스 시기에 도달하고 방어를 발달시킬 수 있다. 즉, 좀 더 앞선 시기의 통합 메커니즘으로 후퇴할 수 있다. 이 같은 초기 통합 과정이 지지와 인도의 부족으로 심각하게 방해받는 경우, 방어가 아닌 자아 결핍과 기형이라는 결과를 낳을 수 있다.

한편 신경증의 역동이 주로 심리구조 사이의 갈등에 대한 방어적 관점에서 이해된 이후로 심리 내적 역동 그 자체, 개체와 환경 사이의 모든 상호 작용, 심리 기관과 "현실" 간의 모든 상호 작용, 그리고 특히 전-

오이디푸스기의 역동과 그 임상적 표현 또한 방어의 관점에서 해석하는 경향이 생겼다.

이런 천편일률적인 방어 개념의 사용은 신경증과 신경증의 정신분석적 치료에 필요한 방어 기제를 구체적으로 이해하는 데 방해가 된다. 또한 이로 인해 초기 자아 발달과 정신병적 자아 결함의 이해에도 오류가 생긴다. 정신분석 이론은 처음부터 심리 기관의 조직을 방어의 관점에서 이해되어왔다. 이를테면 현실원칙은 쾌락원칙, 궁극적으로 니르바나 원칙Nirvana principle의 방어적 수정으로 여겨진다.[6] 이 때문에 오이디푸스기나 그 후 여러 시기에 발생해 방어 기제 형성의 원천이 되어 신경증을 만들게 되는 갈등 상황들은 뚜렷이 구분되는 특성을 잃게 되었다.[7]

정신분석학에서 개체와 환경, 넓게 말해 개인과 현실의 관계는 기본적으로 대립적이다. 자극은 개체와 신경계에 적대적인 그 무엇이라는 것이 프로이트의 "생물학적 가정"이었다. 따라서 궁극적으로 본능은 자극 제거의 필요나 충동으로 이해된다.[8] 모든 자극은 자극이므로 위협이고 방해인 셈이다. 심리학적 층위에서 프로이트는 최초의 현실 자아original reality ego 단계에서 "애초 외부세계, 대상, 싫은 건 모두 같은 것 같다"라는 결론에 도달했다(S.E. 14:136).

---

6) 이미 초기의 이론적 정식화에서 "신경학적" 심리학과 관련해서 프로이트는 "신경계의 구조를 지배하는 경향은 뉴런으로부터 에너지를 점증적으로 떼어내는 것이다. 그래서 신경계의 구조는 뉴런으로부터 에너지를 떼어내려는 목적에 관여하고, 그것의 기능은 에너지를 방출하는 것이다"라고 말한다(『Project for a Scientific Psychology』, S.E. 1:306). 다른 말로 하면 자극에 대한 방어가 신경계의 목적이고, 자극의 제거가 신경계의 기능인 셈이다.

7) 여기서 제시된 관점을 Hartmann의 conflict-free sphere와 혼동하면 안 된다. 내가 제대로 이해했다면 그의 개념은 주로 갈등이 아닌 다른 요인들에 의해서 촉진되고 복잡해지는 자아 발달의 기능적 영역을 의미한다. 지금의 논의는 이와 달리 갈등과 방어의 발생적 문제를 다룬다. 나아가 자아-현실 발달의 어느 시기부터 갈등과 방어를 소위 신경증의 정신분석학적 이론에서 흔히 이해되는 것처럼 논할 수 있냐는 문제에 대답하려 하고 있다.

8) "본능은 유기체에 내재한 욕구로 개체가 외부 환경의 방해 탓에 포기할 수밖에 없는 이전 시기의 어떤 상태를 회복하려고 하는 것 같다"(S.E. 18:36).

이상의 개념들은 현대 생물학과도 맞지 않고 일차적 자기애의 초기 단일성으로부터 자아와 외부 현실이 분화되어 간다는 프로이트 본인의 통찰과도 일치하지 않는다.

오히려 본능은 외부자극과는 상반되게 안으로부터 유기체와 신경계에 부과되는 것으로 이해되며, 마찬가지로 개별 인간도 기본적으로는 외부세계와 문화적 발전에 대립하고 그 부담을 떠안는 존재로 이해된다. 경험적 용어로 말하자면 오이디푸스 콤플렉스와 거세 위협에서 가장 중요한 아버지의 적대적 역할은 이들이 의인화된 것이라 볼 수 있다.

이런 생물학적 · 문화적 · 이론적 틀 자체는 대개 역사적 경험에 따라 만들어진다. 하지만 다른 사람들과 마찬가지로 프로이트도 자신의 경험에 지대한 영향을 받았기 때문에 그의 생각은 그가 겪은 압도적인 사회 · 경제 · 문화적 변화의 영향을 받은 것이다. 일견 우리 문명의 높은 분화 수준과 복잡함은 인간적인 기원에서 이미 멀어져 자신만의 경로를 선택해 버린 것 같다. 그리고 우리는 그것을 미처 제대로 이해하고 숙달할 겨를도 없이, 문화와 현실 전체가 기본적으로 정의상 개개인에게 적대적이라는 관점을 갖게 된 듯하다. 프로이트가 개인, 그리고 개인이 현실과 맺는 관계의 심리적 구조에 대한 개념을 수립하게 된 정서적 · 지적 토양이 있다. 그건 인간이 그 문화로부터 소외되고 적당한 비-방어적 퇴행마저도 두려워하고 억누르는 현상이었다. 여기에는 그동안 우리의 행동을 규정해 온 탓에 이제 적대적인 부담으로 경험되는 도덕적 · 종교적 문화 규범도 포함된다. 이는 신경증이 생기는 환경이기도 해서 여기서 우리는 신경증적 갈등 상황을 다시 한번 보게 된다. 즉, 환경에 대한 적대적, 굴복적/반항적 대응, 그리고 내적 필요에 대한 억압적-반응적reactive 대응 방식은 복잡한 문화와 보조를 맞추지 못하는 인간의, 혹은 그 인간적 기원을 잃은 문화의 특징이자 필수 요소이며 신경증이 발달하는 영역이다. 이는 상기한 불일치 상황으로, 다양한 층위에서 반복되고 재연re-enact된다.

이런 역사적 경험이 아마 역동 심리학이 발생되고, 그 과정에서 방어 개념이 지나치게 확대된 주된 이유일 것이다. 즉 개인의 통합 능력, 그리고 문화적 환경과 발전에 소외되지 않기 위한 통합 수준의 불일치는 계속 증가해 왔다. 하지만 우리가 역동, 즉 숨어 있는 힘의 상호 작용을 감지한 것도 이 불일치와 긴장, 갈등 덕이긴 하다. 그리고 정신분석과 정신분석치료 또한 이 둘 사이의 숨겨진 의사소통 경로를 다시 발견하고 활성화할 필요성과 그 실천으로 이해할 수 있다. 이 의사소통의 경로는 한편으로는 이제 자신만의 비인간적 경로를 따르는 것 같은 경직되고 소외된 행동 양식, 자동적인 태도와 반응, 문화적 제도, 관습과 신념, 신경증과 방어 체계와 우리 삶의 근원을 잇는다.

이처럼 정신분석학은 세 가지 층위(생물학, 심리학, 문화적 층위)에서 신경증적 현실 왜곡을 당연한 것으로 여겨 왔다. 따라서 정신분석적 현실 개념도 주로 현실의 방어적 통합으로 이해하는 것이 당연시되어왔다. 그래서 자극, 외부 세계, 문화는 이렇게 서로 다른 세 가지 과학적 접근에서 소위 현실의 표상이 되었고, 이 표상은 의심의 여지 없이 적대적-방어적 (혹은 퇴행적-반응적) 자아-현실의 통합이라는 틀 안에서 사고하고, 지각하고, 경험하는 것으로 이해되어왔다. 사실 이런 현실 개념은 너무 흔해서 심지어 정상 신경증이라 불리는 강박적 성격 신경증에서 전형적으로 나타난다.

정신분석은 강박증, 그리고 강박적 성격 형성의 신경증적 구조와 방어적 기능을 가장 면밀하게 분석하고 드러냈다. 하지만 그 자신이 부지불식간에 강박적 경험과 현실 개념을 물려받았고, 그들을 "객관적 현실"로 여기는 경향이 있다는 점은 간과되어왔다. 이 글에서 강박적 성격이 경험하는 현실과 정신분석 이론이 암묵적으로 전제하는 현실 개념의 사이에 존재하는 유사성을 자세히 설명할 수는 없으나 하나쯤은 짚어 보고 싶다. 그것은 프로이트의 종교 이해로, 우리가 알고 있듯 그는 기본적으로 종교는 아주 복잡한 마술적 보안 장치라는 점에서 정확히 강박 신경증의 등가물이라는 입장을 취했다. 현재 논의되고 있는 관점에서 보면 프로이트가 고려한 종교의 측면은 분명 강박증의 치료 경험에서 밝혀진 것이지만 별로 핵심적이지 않은 부분이다. 분명 종교의 이 같은 측면은 강박 증상과 그 구조, 기능, 발생에서 여러 가지 유사성을 보인다. 하지만 우리의 논의 맥락에서 중요한 지점은 프로이트 자신이 종교의 의미와 기능이 대체로 이러한 마술적-강박적 측면으로 졸아든 사회에서 살았다는 점이다. 그래서 그는 이런 측면을 종교의 "객관적" 모습으로 받아들이게 되었다.

방어와 통합을 명료하게 구분하지 못하는 상황과 관련해 조금 더 언급할 것이 있다. 억압은 현실과의 애정적 통합이라는 전향적 경향과 관련이 있다. 하지만 억압과 리비도의 배출은 확실히 구분되어야 한다. 통합을 방어의 관점으로 해석하는 바람에 혼란스러워진 것은 비단 전-오이디푸스기의 통합 과정에 그치지 않는다. 이후 발달 과정에 대해서도 마찬가지로 혼란을 초래한다. 예를 들어 일차과정에서 이차과정으로의 전환에 대한 문제가 그렇다. 이 문제는 프로이트의 초창기 편지에서도 보이고,[9] 이후 『The Interpretation of Dreams』과 「The Unconscious」에서도 언급된다. 말하자면 무의식을 전의식의 언어로 "번역"하는 문제에 관한 것이다. 그리고 승화라고 불리는 속성들도 여전히 불투명하다.[10]

---

9) S.E. 1:230.

개체-환경, 자아-현실 개념은 대립적 관계에 있는 적대자들, 혹은 고립된 시스템들로 이해된다. 그에 따라 현실원칙은 방어적-적응적 원리가 되고, 이에 따라 쾌락원칙은 억압적으로 수정된다. 그리고 환상은 쾌락원칙의 고립된 찌꺼기가 된다. 현실 검증 과정과 현실원칙의 수립 과정에서 환상은 완전히 분리되는 것으로 여겨진다. 이런 과정이 방어적-반응적으로 일어나면 일어날수록 환상은 뒤에 남겨지거나 성기기 이전의 소망들과 함께 억압되어야 한다. 하지만 이는 동시에 자아와 현실의 운명이기도 하다. 그래서 환상이 분리되는 정도가 크면 클수록 자아와 현실의 통합은 제한되고 빈약해지는데, 이러한 현상은 강박적 · 히스테리적 증상형성과 성격장애에서 관찰할 수 있다.

투사적-내사적 과정은 우리가 환상이라고 부르는, 아직은 다소 불분명한 복잡한 통합 활동의 한 요소이다. 이것은 좀 더 잘 분화된 형태로 평생에 걸쳐 현실의 발달과 정교화에 계속해서 작동한다. 그렇지 않으면 현실은 정지된다(실제로 정신분석 이론은 이런 식으로 존재를 이해해 왔다). 인생이 오로지 방어적-반응적 분투가 되면 될수록 현실은 정지되고 적대적으로 변한다. 우리 모두에게 이토록 파괴적인 힘을 행사하고 동시에 정신분석적 현실 개념의 근간이 된 것은 바로 이렇게 신경증적으로 피폐해진 현실이다.

앞으로 자아 발달과 구조에 관한 정신분석적 연구와 이해가 깊어지면 현실의 역동적 이해에 대해서도 기초를 제공할 것이다. 통합 그 자체와 방어적 유형의 통합이 좀 더 선명히 구분될수록 (의심 없는 아기에게

---

10) Fenichel은 승화에 대해 말하면서 인도(channeling)와 배출(canalization)을 언급한다. 그는 승화를 방어 개념 아래 포함하고 있고, 실패한 병적 방어에 대비하여 성공한 방어라 부른다. 그도 솔직하게 인정했듯이, 승화와 관련된 용어와 개념상의 혼돈, 소위 성공한 방어에 대한 이해의 부족이 논의 과정에서 드러났다(『The Psychoanalytic Theory of Neurosis』, New York, 1945, 141-67).

평생토록 부여될 최종 결과물인) 낯설고 적대적인 현실과 우리가 평생을 통해 공들여 만들어 갈 (영원히 끝나지 않는) 통합적 · 역동적 현실의 차이도 명료해질 것이다.[11)]

11) 「The Superego and the Theory of Social Systems」(1951)에서 Talcott Parsons는 현실의 역동적 구조와 현실 통합에 대해 비슷한 입장을 보였다. 그는 주로 초자아에 대해 언급했지만, 분명히 현실과 자아의 관계를 상호 관계적 시스템으로 개념화했다. 특히 현실과의 정서적 · 도덕적 통합만이 아니라 소위 "인지적 틀" 또한 내사적-투사적 그리고 동일시적 상호 관계에 근거한다고 강조했다.

03

최면양 상태, 억압, 정화 그리고 상기

(1955)

프로이트는 히스테리 연구를 통해 정신분석의 근간이 되는 발견을 했다. 이 글에서 나는 히스테리의 기전에 대한 프로이트의 초기 생각을 재검토하고, 그의 초기 저작에서 잠시 보였다가 이내 흐릿해진 통찰을 명료히 드러내려 한다. 특히 최면양 상태에 대한 초기 이해와 억압과의 관계를 다시 살펴볼 것이다.

프로이트는 방어의 기초적 현상을 발견한 이후, 히스테리에 대한 Breuer의 의견을 좇아 수립했었던 최면양 히스테리 개념을 버렸다. 「On the Psychical Mechanism of Hysterical Phenomena」(1893)에서 그는 최면양 상태에 대해 다음과 같이 말한다. "최면 상태에서는 히스테리 증상의 원인 중 하나인 어떤 관념idea들을 발견할 수 있다. 그 관념들은 그 자체로는 별 의미가 없지만 가령 두려움 같은 압도적인 감정 상태, 혹은 백일몽이나 자가최면 같은 유사-최면 상태 등의 비정상적인 정신상태에서 만들어졌기 때문에 없어지지 않고 지속된다. 이런 상태에서는 사건에 반응하지 못한다"(S.E. 2:11). 다른 말로 하면 이런 상태는 "기억의 내용에 의해서가 아니라 문제의 경험을 받아들이는 환자의 정신상태에 의해 결정된다"(S.E. 2:11). 같은 논문의 조금 뒤에서는 이렇게 말한다. "(…) 연상적 재처리associative working-over 작용이 일어나지 않는데, 그 이유는 정상 각성 상태와 관념들이 만들어진 병적 정신상태 사이에 광범위한 연결이 없기 때문이다." 알다시피 프로이트는 이 논문에서 어떤 경험에 대한 반응이 정상적으로 일어나려면 (1) 정서적 경험을 한 시점에서의 직접적인 감정 표출(정화)과, (2) "다른 경험들과 맥락을 이루는 복잡한 연상" 안에서 이루어지는 연상적 흡수가 중요하다고 지적했다. 하지만 그는 「The Aetiology of Hysteria」(1896)에 이르러 최면양 히스테리 개념을 거의 버리고 방어 기제, 그리고 병인으로서의 성적 외상에 집중하게 된다.

하지만 프로이트가 최면양 히스테리를 버리고 성적 병인론을 가정하는 바로 그 순간, 최면양 상태는 다시 뒷문으로 슬그머니 돌아오는 것 같다. 심지어 프로이트도 깨닫지 못하고 있던 정당한 이유와 함께 말이다. 「The Aetiology of Hysteria」에서 그는 "유아기의 성 경험이 나중에 기억의 형태로 병적 효과를 만들기 위해서는 **유아적** 신체 성 발달만이 아니라 **유아적** 정신기능도 필요하다"라고 말한다(S.E. 3:213, 볼드체는 프로이트). 나아가 「Further Remarks on the Neuro-Psychoses of Defense」(1896)의 중요한 각주에서는 유아기 성 경험의 필요성과 억압에 대한 심리학적 이론의 연관성에 대해 자세히 기술했다. 각주에 대해 자세히 토론하기 전에 일단 "최면양 상태"의 심리학적 특성은 "유아적 상태의 정신기능"과 밀접하게 관련된다는 점을 강조해 두고자 한다.

방어는 무엇보다 외상 경험에 대해 심리적 반응을 보일 수 있다는 점을 가정한다. 하지만 최면양 상태에서는 외상 사건에 대한 방어가 불가능하다. "성적으로 미숙한 시기"에 생기는 성적 외상도 마찬가지이다.

만약 성적 자극이 "성적으로 미숙한 시기", 즉 "유아적 상태의 신체적 성 발달만이 아니라 유아적 정신기능 상태"를 가진 시기에 발생하면 정신적 정교화 혹은 연상적 흡수는 불가능하다. 대신 기억 흔적memory trace이 남게 되고, 이는 후에 정신기능과 성 발달이 성숙해지고 성적 자극에 대한 반응이 가능해지는 시점에 다시 활성화된다. 그 시점에서 오래된 기억의 흔적은 의식에 떠오르지 않은 채로 새로운 자극이 경험되는 방식에 영향을 미친다. 말하자면 정신기능과 신체적 성 발달이 새로운 자극 경험도 여전히 감당할 수 없는 것처럼 경험되는 것이다. 이것이 우리가 억압이라고 부르는 현상이다.

혹자는 이 당시 프로이트가 유아의 성욕을 인지하지 못했으며, 유아의 성욕을 인지한다면 성적 미숙함을 주장할 수는 없다고 주장하기도 한다(Jones, 1953). 그래서 이들의 주장에 따르면 일단 프로이트가 여러 증례를 통해 초기 아동기의 성적 외상이 실제로 일어난 일이 아닌 유아의 성욕에서 기원한 환상이라는 것을 분명히 깨달았다면 성적 미숙함이 억압에서 하는 역할은 더 이상 옹호될 수 없다는 것이다. 하지만 이런 주장이 간과하는 측면이 있다. 즉, 신체적 성 발달과 정신기능의 미성숙으로 인해 유아 성욕이 유아 신경증으로 귀결된다는 점이다. 초기 아동기의 성적 자극은 본능적이며, 따라서 전적으로 외부 요인에, 이를테면 유혹에 의존하지 않는다는 새로운 관찰이 이 시기가 성적으로 미숙한 시기라는 사실을 바꾸지는 않는다. 『Inhibitions, Symptoms and Anxiety』(S.E. 20)에서 프로이트는 신경증의 세 가지 주요 요인 중 하나가 성 발달의 이상성diphasic이라고 강조했다. 이것 없이는 성적 억압은 일어나지 않는다는 뜻이다.

앞서 언급한 각주에서 프로이트는 "실제 경험과 기억 사이의 전도inverted된 관계가 억압이 발생하는 심리적 조건인 것 같다"라고 말한다

(S.E. 3:167). 실제 경험과 기억의 전도는 무슨 뜻인가? "(…) 성적으로 미숙하던 시기의 성적 경험과 기억이 성숙한 이후에 떠오르면 그 기억은 실제 경험했던 당시보다 훨씬 강한 흥분 효과를 만든다"(S.E. 3:167). 보통은 실제 성적 자극 때문에 생기는 성기의 흥분이 경험을 상기recollection함으로써 얻는 성기의 흥분에 비해 훨씬 강하다. 하지만 성적으로 미숙하던 시기에 겪은, 혹은 요즘 말로 유아 성욕 시기에 겪은 성 경험이 미숙했던 당시의 성 발달과 정신에 미치는 영향은 성숙한 이후 이 경험을 상기함으로써 정신과 신체에 미치는 영향에 비할 수 없이 적다. "아동기의 외상은 뒤늦게 작동하며 마치 생생한 경험인 양 느껴진다. 단, 무의식에서"(같은 책).[1] 이제 우리는 후에 성숙한 몸과 마음에 의해 생생한 경험으로 인식될 무의식적 기억에 대해 논하게 되었다. 분명히 하고자 "상기"라는 단어의 사용을 의식적 기억이라는 의미에 양보한다면, 억압에서 작동하는 것은 무의식적 회상reminiscences, 탈-억압de-repression에 관여하는 것은 의식적(혹은 전의식) 상기이다. "성인기의 불편한 성적 경험의 기억이 억압되려면 이 경험이 아동기 외상 경험의 기억 흔적을 활성화할 수 있어야 한다"(S.E. 3:166). 유아의 성욕을 인정함으로써 이 문장에서 바뀌는 것은 억압이 실제 아동기 유혹을 경험했던 사람들에 국한되지 않고 오히려 보편적인 현상이라는 점이다.[2]

정리하자면, 억압은 무의식적 기억 흔적이 재활성되었을 때 일어난다. 그러나 기억의 흔적이 갖는 본래의 무의식적 경향은 그 자체로 이미 "억압"이 아닌 정신기능과 성 발달의 유아적 상태 때문에 생긴 것이다.

---

1) 독일어의 nachträglich를 "in a deferred fashion"으로 번역했다. 처음 발표한 논문에서는 "belatedly"로 번역했었다. Deferred action에 대해 참고하려면 J. Laplanche and Pontalis, 『The Language of Psychoanalysis』, New York: W. W. Norton, 1973, pp. 111ff.

2) 1924년 추가된 각주에서 프로이트는 유아 성욕의 재검토에도 불구하고 "유혹은 여전히 중요한 원인"이며, 관련한 토론 일부는 오늘날에도 유효하다고 말했다(같은 책 p. 168).

이제 최면양 상태는 엄밀히 말해 "비정상적 정신상태"라기보다는 발생적으로 초기 아동기의 "정신상태", 혹은 요즘 말로는 초기 자아 상태의 퇴행적 등가물이 되었다. 지금까지 해 온 토론의 핵심을 아래와 같이 정리할 수 있다. 프로이트는 처음엔 브로이어의 의견을 좇아 히스테리의 생성에 있어 최면양 상태의 중요성에 동의했으나 나중에 방어 이론을 선호하게 되며 이 개념을 폐기했다. 그의 관찰도 초기 성적 외상이 히스테리의 발생에 필수적이라는 가정으로 이끈다. 나중에 그는 이 관점을 수정해 반드시 실질적인 성적 유혹이 있어야만 하는 건 아니고, 외부자극과 무관한 본능적 자극과 환상, 즉 유아 성욕이 존재한다고 결론지었다. 그렇다면 이제 최면양 상태는 불명료한 정신상태라는 기존의 단순한 의미에서 벗어나 유아 성욕 시기의 자아에 해당하는 등가물이 된다. 이 상태는 중요한 두 가지 특성을 가진다. (1) 심리기능의 미숙함으로 인해 본능적 성 경험의 연상적 흡수 혹은 연상적 재처리가 아직 불가능하고, (2) 그 당시 발달 단계의 "외상" 경험은 "무의식적 기억", 주로 신체적인 "기억 흔적"으로 남는다는 점이다.

프로이트가 히스테리 환자는 기본적으로 회상 때문에 고통받는다고 했을 때, 그는 상기가 아니라 병이 발생한 시기에 다시 활성화된 무의식적 기억을 말하고자 했다. 정신분석의 임무는 이런 무의식적 기억 흔적을 상기로 바꾸는 것이고, 이것들을 무의식적 · 신체적 기억에 근거한 신체 반응의 영역 밖으로 옮겨서 "다른 경험과 맥락을 이루는 복잡한 연상" 안으로 통합하는 것이다. 자아가 연상적 재흡수를 할 수 있을 만큼 충분히 성숙하면 이 시기의 경험은 단순히 무의식적 기억 흔적으로 남는 게 아니라 "정화"되거나 "복잡한 연상의 일부가 될 것이다". 그래서 "외상"은 아직 정화나 연상적 흡수를 통해 대응할 능력을 갖추지 못한 미숙한 자아가 겪는 모든 경험(조금 후에 프로이트의 초기 정식들을 통해 이 용어들을 더 명료히 하겠다), 혹은 흥분의 적절한 분출을 위해서는 위에 기술한 자아의 반응이 필요한 경험이라고 말할 수 있다. 외상 경험은 그저 무의식의 기억 흔적으로 남을 수밖에 없다. 방어로서 억압은 이런 실패한 의식화의 퇴행적 반복이라고 할 수 있다. 그러나 최초의 의식화 실패가 미숙한 자아 때문이라면 나중의 실패는 좀 더 성숙한 자아의 활동으로, 초기의 원시적인 작동 기전을 방어적으로 이용한 것이다. 좀 더 통합되고 분화된 기능 단위인 자아가 초기 작업을 반복하는 셈이다. 즉, 무의식적 기억 흔적이라는 중재되지 않은 힘은 애초의 경험을 연상적 흡수를 통해 처리하지 못했기 때문에 성숙한 자아에도 강력한 영향력을 행사한다. 그래서 자아를 다시 예전 단계의 미숙함으로 끌어들이고 부분적으로나마 굴복시키는 것이다. 이렇게 되면 새로운 경험도 무의식적 기억 흔적을 통해 유아적 경험을 연상시키므로 자아는 새로운 경험도 억압하게 된다.

만약 우리가 이해한 대로 “최면양 상태”가 일종의 초기 자아의 위장된 모습이라면, 이제 최면양 히스테리와 방어 히스테리는 서로 대립하지 않는다. 오히려 억압과 “최면양 상태” 모두 히스테리의 기전에 핵심적인 요소가 된다. 나아가 억압 현상을 이해하기 위해서는 억압이 정신-신체 기관의 원시적 기능에서 좀 더 잘 통합된 쪽, 그러니까 좀 더 성숙한 자아를 표상하고 있다는 점을 잊어서는 안 된다. “최면양 상태”와 억압의 관계는 본능적인 이드 불안과 자아에 의해 사용되는 신호 불안의 관계와 비슷하다고 볼 수 있다.

내가 이해한 바로는 프로이트의 후기 반복강박 개념도 인생의 나중 경험을 자신의 영역 안으로 끌고 들어가는 무의식적 힘에 대한 통찰을 보여 준다. 여기에는 자아의 방어적-거부적 경향도 함께 작동한다. 프로이트는 반복강박이 그 자체로 전이 현상의 중요한 요소라고 이해했다. 이러한 반복강박 개념은 무의식의 기억 흔적이 자아의 방어 능력 전후에서 발휘하는 막대한 힘에 대한 인식을 표상한다. 프로이트가 처음 억압을 방어의 일종으로 이해했을 때, 그는 무의식 시스템과 의식을 서로 반대되는 힘으로 이해했던 것 같다. 후에 그가 자아라고 부르게 될 것 또한 일정 정도 또 다른 무의식적 언어로의 번역(일차과정을 이차과정으로 변환하는)이라는 생각도 차차 들었다. 『The Interpretation of Dreams』 7장 이후로 가장 중요한 이론적 저작인 『The Unconscious』(1915)에서 그는 무의식 시스템Ucs.과 전의식 시스템Pcs.의 관계라는 관점에서 이 문제를 토론한다.

모든 정신분석에서 우리는 심리학적 역동의 두 가지 근본 문제에 동시에 봉착한다. 자아는 "통찰"에 저항한다. 자아는 무의식적 과정과 "내용"이 의식에 침투하는 것으로부터 자신을 방어, 즉 이차과정으로의 변환에 저항하고(전의식 시스템의 anticathexis), 많은 경우 이미 변환된 것들도 전의식에서 쫓아내고 무의식으로 억압한다. 그러나 다른 한편으로는, 이 부분이 아직 충분히 밝혀지고 이해되지 않는 부분인데, 무의식이 이차과정으로의 변환에 저항하고 이미 변환된 것들을 다시 자신의 영역으로 끌어들인다(무의식 시스템의 cathexis). 이 부분은 방어가 아니라 반복강박이다. 이것이 분석작업에서 의미하는 바는 방어의 분석과 필수 불가결하게 엮인 것이 훈습working through이라는 것이다. 『Inhibitions, Symptoms, and Anxiety』의 「Modifications of Earlier Views」에서 프로이트는 이렇게 말한다. "우리가 스스로 물어봐야 하는 것은 그것(자아 저항)이 정신분석에서 문제가 되는 전부인가 하는 점이다. 왜냐하면 자아가 저항을 포기하기로 한 이후에도 억압을 걷어내기는 어려워 보이기 때문이다. 그래서 자아가 큰 결심을 한 이후에 따르는 이 기간을 '훈습' 시기라고 부른다. 이런 식의 훈습을 필요하게 만들고, 또한 이해할 수 있게끔 하는 역동적 요소는 멀리 있지 않다. 자아의 저항이 제거된 이후에도 반복하려 하는 강박적 힘을, 무의식적 원형이 억압된 본능적 과정을 끌어당기는 힘을 극복해야 한다. 이런 요소를 **무의식의 저항**이라고 하는 수밖에 달리 부를 길이 있겠나"(S.E.20:159-60, 볼드체는 프로이트).

여기서 훈습은 무의식의 저항, 즉 반복강박이 극복되는 과정으로 이해된다. 훈습은 억압이나 다른 저항을 걷어내는 과정이 아닌 무의식적 과정을 새로운 수준의 통합으로 견인하는 끊임없는 과정으로 이해된다. 이 임무는 그 자체로 매우 어렵다. "양육"의 과정이 부모나 아이 모두에게 힘들고 보람 있는 것처럼 말이다. 만약 환경적 미비함으로 인해 이런 무의식적 과정 혹은 경험이 새로운 수준으로 견인되기 어렵다면, 다시 말해 이런 경험이 "유아적 상태의 정신기능과 신체적 성 발달의 시기" 혹은 프로이트의 예전 표현대로 "최면양 상태"에서 이루어진다면 훈습은 훨씬 더 어려워진다.[3]

이쯤에서 명료화를 위해 「On the Psychical Mechanism of Hysterical Phenomena」로 돌아가는 것이 좋을 것 같다. 앞서 프로이트가 강조한 정상적인 경험 처리에 중요한 기전 둘을 언급했다. 그것은 (1) 정서적 경험을 한 시점에서의 직접적인 감정 표출(정화)과 (2) 연상적 흡수다.[4] 히스테리에서는 두 가지 모두 일어나지 않는 것 같다(예로 히스테리 발작에서는 불수의적 운동 표출은 있어도 감정표출은 없다). 프로이트는 행동에 의한 감정표출과 "행동의 대체물"인 언어에 의한 표출도 구분했다(S.E. 2:8). 오늘날 방어를 다루고 해석하는 것이 분석의 주요 관심사가 되면서

3) 내사와 동일시, 자아 통합, 일차과정의 이차과정에로의 전환에 이들이 차지하는 극히 중요한 역할의 문제는 이 논문에서 다루기 힘들다. 그리고 "반복강박"이 실상 다양한 현상을 포괄하며, 무의식의 저항도 그 현상 중 하나에 불과함은 잘 알고 있다.

4) "associative absorption"은 독일어 assoziative Verarbeitung(Gesammelte Werke 1:90)의 번역으로 표준판에서는 "associative working-over"라는 좀 더 직접적 표현으로 번역되어 있다. "Verarbeitung"에는 "working through(durcharbeiten)"에서도 사용된 동사 "arbeiten"이 사용되었다. 이 같은 동사의 사용을 봤을 때 분명한 점은 associative working-over와 나중의 "working through" 사이에 밀접한 관련이 있다는 것이다.

"정화"를 통한 "카타르시스"는 별 대단치 않은 것이 되어 버렸다. 하지만 카타르시스 방법과 감정 경험의 정상적 처리에 관한 프로이트의 토론을 자세히 보면 정화와 연상적 흡수가 정신분석의 필수적 요소라는 것을 알 수 있다. 이들은 방어나 본능 파생물의 해석으로 보충되고 때로는 해석 덕택에 가능해지기도 하지만, 결코 해석으로 대체될 수 없는 요소이다.

이상의 초기 저작에 따르면 사건이 명료하게 상기되면서 더불어 동반된 감정이 일어나고, 그래서 환자가 이 사건에 대해 자세히 말하고 자신의 감정을 말로 표현하게 된다면 치유가 이루어진다. 프로이트가 **"히스테리 환자는 기본적으로 회상으로 인해 고통받는다"**라고 말한 부분은 바로 이 논문의 약간 뒷부분이다(S.E. 2:7, 볼드체는 프로이트). 위에 묘사된 치료법은 "정화"에 의한 카타르시스 방법이다. 정화는 "강력한 반응"인 직접적인 감정 표현 덕택에 생긴다. "여기서 '반응'은 (눈물에서 복수행위에 이르는) 모든 종류의 수의적 · 불수의적 반사를 포괄하는 것으로, 알다시피 이를 통해 감정이 표출된다"(같은 책:8). 그러나 정화는 "행동의 대체물"인 말에 의해서도 가능하다. 위에 묘사한 카타르시스 방법은 감정의 각성과 감정의 언어적 표현, 그리고 동시에 문제의 사건이 명료하게 상기될 것도 주문하고 있다.

지금까지의 토론에 의하면 상기, 감정적 분출, 그리고 언어화를 통한 정화에는 억압을 취소하는 것보다 더 큰 의미가 있다. 즉, 이들은 무의식 과정(무의식적 기억 흔적)을 좀 더 높은 수준의 통합으로 견인하는, 다시 말해 일차과정을 이차과정으로 변환하는 과정이라고 할 수 있다. "회상"이 "상기"가 되는 셈이다. 상기 과정과 연상적 흡수는 함께 이루어지고, 상기된 사건은 "다른 경험과 맥락을 이룬 복잡한 연상" 속으로 들어가게 된다. 이것이 훈습이라 부르는 과정의 중요한 요소이다. 유아기 기억(물론 "객관적 사건"이 아닌 "주관적 경험"의 상기다)의 진정한 재생이 사건의 정확한 복제가 아니라 오래된 기억이 새로운 모습으로 드러날 때 이루어진다는 점은 정신분석에서 반복적으로 관찰할 수 있는 현상이다. 똑같은 과거 경험이 점점 높은 통합과 통찰의 수준에서 구현되는 것을 분석 과정에서 흔히 볼 수 있다. 소위 유아기 기억의 회복 과정에서 우리는 종종 잊어버린 기억의 회복이 아닌 처음으로 언어적 표현을 얻은 새로운 사건과 마주치는 경험을 한다. 분명히 그것들은 여태 한 번도 말로 표현된 적이 없었던 것 같고, 그래서 어쩌면 아마도 원래의 경험이 전의식 혹은 의식적 통합이 가능하지 않은 수준에서 일어난 탓에 애초 말로 표현할 수 없었던 것은 아닐까 싶기도 하다. 이 논문에서 프로이트의 표현인 회상에 대비되는 상기는 재기록re-recording이 아니라 새로운 것의 창조다. 과거에 만들어졌으나 개체 안의 무의식적 기억 흔적(신체 기억)으로 기록되는 바람에 예전에는 그런 식으로 존재할 수 없었던 것들이다.

정화와 밀접한 연관이 있는 것이 바로 프로이트가 연상적 흡수 혹은 재처리, 그리고 연상적 교정이라 불렀던 것들이다(S.E. 2:17). 이런 단어들은 나중에 그가 자아의 합성기능이라 부르는 것들의 초기 표현이다. 미숙한 심리적 기능으로 인해 외상 경험들은 아직 연상적으로 재처리되거나 흡수되지 않았다. 즉, 자아가 미숙한 이유로 아직 통합되지 않았다는 말이다. 정신분석에서 훈습은 "정화"의 과정으로 이루어진다. 특히 언어적 상징과 그에 기초한 "연상적 교정"의 층위에서 말이다.

참고문헌

Freud, S. (1893): On the psychical mechanism of hysterical phenomena. S.E. 2:3-17

Freud, S. (1896): The aetiology of hysteria, S.E. 3:191-221

Freud, S. (1896): Further remarks on the neuro-psychoses of defense. S.E. 3:162-85

Freud, S. (1915): The Unconscious. S.E. 14:166-204

Freud, S. (1926): Inhibitions, Symptoms, and Anxiety. S.E. 20:87-172

Jones, E. The Life and Work of Sigmund Freud, vol.1. New York: Basic Books, 1953

04

초자아와 시간

(1962)

이 글에서 나는 초자아에 대한 의견을 하나 제시하려고 한다. 따라서 나의 접근은 일방적일 것이다. 사고상의 실험인지라 그 자체로 받아들여져야 마땅하다. 그동안 초자아에 이론에 관심을 가지다 보니 자연스레 심리구조의 문제에 이르게 되었다. 심리구조란 무엇인가? 물리적 구조는 공간 안에 존재하는 일련의 배열, 좀 더 정확하게는 공간적 배열이다. 그러면 심리구조에 내재하는, 혹은 구조 사이에 있는 배열의 원리와 그것들의 관계는 어떠한가? 분명 공간적인 것으로 개념 지을 수는 없을 것이다. 만약 공간적인 무엇으로 이해한다면 심리학과 심리의 영역을 벗어나게 되어 심리구조 그 자체가 아닌 심리적 구조물의 물리적 층위를 논하게 된다. 하지만 자아와 초자아의 관계, 자아 안의 다양한 요소 사이의

이 논문에서는 초자아의 미래와 시간의 정신분석학적 개념화를 다룬다. 이상의 생각들은 내 글 「내면화, 분리, 애도, 그리고 초자아」(본서 15장)에서 처음 다루어진 것들이다. 두 글은 같은 해(1962)에 발표되었지만, 「내면화, 분리, 애도, 그리고 초자아」는 「The Superego and the Ego-Ideal」(제22회 국제정신분석학회, Edinburgh, 1961)의 패널 발표를 위해 썼던 것이고, 「초자아와 시간」은 이보다 2년가량 늦게 쓰였다.

관계는 분명 공간적인 것이 아니다. 그러나 여전히 이들을 구조 혹은 구조적 관계의 관점에서 생각하는 한, 구조적 관계로 이해할 수 있는 모종의 배열 원리를 따라야 한다. 나는 이 원리가 시간이라고 생각한다. 즉, 심리적 구조물들은 속성상 시간적일 것이다.

심리적 구조물은 시간 안에 존재하고 시간 안에서 발달한다. 그러나 내가 말하는 시간은 연속된 기간continuum of duration 혹은 객관적 외부 현실 안에서 관찰할 수 있는 물리적 시-공간 안에서 벌어지는 사건의 나열이 아니다. 여기에서 말하는 시간 개념은 심리적 시간, 즉 과거, 현재, 미래라는 시간 양식mode들 사이의 능동적 관계다. 정신분석이 심리적 과거와 심리적 현재 사이의 역동적 상호관계라는 점은 익숙한 이야기다. 가령 전이에서 보이는 심리적 과거는 객관적 시간의 관점에서 볼 때 "과거에 속하는" 게 아니라 현재에 속한다. 지금 생생한 일이지만 심리적 과거로서 생생하여, 전이는 과거 경험의 실재성actuality인 셈이다. 무의식의 기억 흔적과 낮의 잔여물 사이의 관계도 같은 이치가 적용된다. 여기에서도 전이 현상과 마찬가지로 심리적 과거는 현재에, 즉 물리적 현재와 심리적 현재에 작동한다. 다른 한편 심리적 현재 또한 심리적 과거에 영향을 준다. 심리적 현재가 심리적 과거를 활성화하는 것이다. 그리고 기억은 심리적 시간의 움직임을 보여 준다. 상기recollection가 그 예로, 상기는 과거를 현재로 만든다. 그리고 예상anticipation은 미래를 현재로 만든다. 우리가 대상 표상representation, 대상 제공presentation, 욕동drive 표상 등을 이야기할 때, 여기에 포함된 시간 개념은 능동적 과정인 "현재present", 무언가를 제시하는to present 현재다. 표상 혹은 제공한다는 것은 무언가를 현재에 있게 한다는 의미이고, 있음presence을 표현하고, 유지하고, 재창조한다는 뜻이다. 히스테리 환자는 회상으로 인해 고통받는다는 프로이트의 말처럼, 회상은 객관적 현재에서 벌어지는 일이지만 심리적 현재를 심리적 과거로 끌고 간다.

능동적 의미의 시간은 능동적 의미의 조직화에 비견될 수 있다. 자아를 조직이라 말할 때 이는 단순히 자아의 구성 요소들이 서로, 혹은 전체와 상호 의존적이라거나 상호 의존적인 기능 체계라는 의미만 담고 있는 것이 아니다. 더불어 자아의 통합, 분화 기능을 의미하기도 한다. 달리 말해 자아는 조직하는 주체agency라는 뜻이다. 자아의 제공 · 표상 기능, 혹은 존재를 창조 · 재창조하는 기능을 합성기능의 시간적 측면으로 이해하는 건 꽤 유용하다.

마음의 구조에서 시간이 핵심적 역할을 한다는 건 당연하게도 정신분석적 이론과 임상에서 암시적 · 명시적 핵심 가정이다. 몇몇 예로 꿈과 신경증, 유아 발달의 중요성, 퇴행의 현상과 개념, 고착, 전이, 반복강박을 들 수 있다. 위 예들에서 작동하는 시간 양식은 과거와 현재다. 마음의 세계에서 과거, 즉 심리적 과거가 (객관적) 과거에 있지 않고 과거로서 현재에 살아 있으며, 심리적 현실이 심리적 과거에 작동한다는 점은 놀라운 사실이다. 객관적 현재에 생생히 작동하고 있는 심리 시스템, 주체, 구조 안에서 심리적 과거와 심리적 현재가 표상된다. 내 생각에 구조 무의식Ucs. 개념과 나중의 이드 개념은 심리적 과거와 밀접히 관련된다. 비록 그 관련이 무엇인지 명확하지는 않지만 말이다. 마찬가지로 구조 전의식Pcs.-의식 개념과 역시 나중의 자아 개념은 심리적 현재와 주로 관련되는 것이 분명하다. 자아의 표상 기능과 별개로, 구조 전의식-의식이 지각이나 운동과 맺는 연관, 자아와 외부 세계의 밀접함, 그리고 자아의 현실 지향적 기능에 대해 생각해 보면 금방 알 수 있다.' 여기서도 역시 심리적 현실과의 관계는 불명확하다. 언급해 둘 만한 것은 비록 비유적으로 정신의 위치성을 논했으나 프로이트는 정신의 구조를 딱히 공간적인 것으로 가정할 필요는 없다고 생각했다는 점이다. 오히려 그가 말한 대로 "모종의 정신적 과정에서 흥분은 특정한 시간적 순서로 일어난다"라고 가정하는 정도로 충분하다(S.E. 5:537). 여기서 시간은 객관적 시간으로, 심리적 · 능동적 시간은 아니다. 그래도 모종의 시간적 배열이 가정된 건 맞다.

서두에 밝힌 대로 나의 관심사는 심리적 구조물로서 초자아다. 그 중에서도 초자아의 형성과 관련해 미래라는 시간 양식의 중요성이다.

초자아는 내적 기준의 주체로서, 자아와 관계된 내적 기준, 요구, 이상, 희망, 걱정, 보상, 처벌을 관장한다. 따라서 초자아는 자아의 미래라는 관점(자아가 도달해야 하거나, 도달하는 중이거나, 혹은 좌절되고 폐기되어야 할 미래라는 관점)에서 기능한다. 초자아로 내면화된 부모나 여타 권위상은 아이에게 미래, 요구, 희망, 의혹, 좌절의 표상이다. 초자아는 자아를 관찰하고, 감시하고, 위협하고, 징벌하고, 경고하고, 훈계하고, 보상하며 자아를 사랑하고 미워한다. 이 모든 일은 우리가 우리를 앞서가면서 희망과 절망의 가능성으로 우리 자신을 돌아보기 때문에 일어난다. 양심은 내적 미래의 시점에서 미래에 무엇을 하고 어떻게 행동해야 할지, 혹은 그리고 과거와 현재의 행동, 생각, 느낌을 어떻게 평가할지 결정한다. 과거의 생각과 행동이 자신의 기대에 미치지 못하면 자책을 하고 기대치에 이르면 인정을 준다. 우리는 오직 우리가 자신을 앞질러 있어 긍정적이든 부정적이든 관계없이 자신의 현재와 비교할 수 있을 때만 초자아를 논할 수 있다. 비현실적인 기대와 가능성에 대한 잘못된 판단과는 별개로 말이다. 초자아의 대변인인 양심은 우리가 유능한지 아닌지, 양심에 근접하는지 아닌지를 지켜보는 내적 미래의 이름으로 명령한다. 이를테면 부모가 자녀의 발전, 성장의 가능성과 준비 여부를 가늠하는 모습과 마찬가지인 셈이다. 정신분석적 자기self 개념이 향후 좀 더 발전되고 명료화되면 이드, 자아, 초자아의 상위 개념으로서 이 같은 내적 관계를 정립하는 데 도움이 될 수 있다.

프로이트는 차례대로, 때로는 섞어서 아래의 세 가지 용어를 썼다. 이상적 자아ideal ego, 자아-이상ego-ideal, 초자아superego. 의미의 유동성을 손상할지도 모르겠지만 나는 위의 세 용어가 초자아 형성의 각 발달 단계에 해당한다고 생각한다. 간략히 말하면 이상적 자아는 아이가 전지전능한 부모와의 원시적 동일시를 통해 구현한 일차적 자기애의 전지전능한 완벽함을 표상한다. 이는 환경과의 근원적 동일성 혹은 단일성을 재정립하려는 동일시이며, 환각적 소망 충족과 유사하다. 초기의 박탈과 환멸이 이후 일어나는 분리와 포기의 미분화된 전구체이듯, 초기의 소망-환각은 이후 일어나는 내면화와 소위 "자아 안의 대상 복원"의 미분화된 전구체다. 이상적 자아는 지금 그저 상상할 뿐 미래에도 결코 다다르지 못할 원초적 완벽함으로의 귀환을 표상한다. 이상적 자아는 여태 이드나 자아가 분화되지 못한 채 이상화된 미분화의 단계로, 점차 소망이 되어 간다. 이것이 좀 더 분화되고 세밀해지면 부모의 모습을 띤 자아-이상이 된다. 아직은 내부와 외부, 자아와 부모상이 확실히 분화되지 않았기 때문에 완벽함은 부모의 완벽함과 전능함에 참여함으로써 구현된다. 여전히 마술적 참여인 셈이다. 여기서 미래는 자아를 위한 미래지 아직 자아의 미래가 아니다. 이때 미래는 대상과의 마술적 결합으로 획득된다. 자아의 자기-초월성을 표상하는 안정적인 내적 구조가 존재하지 않기 때문이다. 이 시기의 자기-초월은 내부와 외부의 중간에 있는 이상적 권위상과의 마술적 융합에 의존한다. 자아의 미래가 자아에 명령하기 위해서는 여전히 외부의 구체적 존재가 필요하다.

다음은 초자아, 다시 말해 자아의 내적 미래다. 초자아는 오이디푸스 대상의 일부가 포기되었을 때, 즉 오이디푸스 시기 동안 발달한 외부 대상인 오이디푸스 대상에 대한 애정적-적대적 관계가 부분적으로 포기되고 그것이 내적인 관계로 재정립된 이후에 만들어진다. 그때서야 자아는 자신의 미래를 만나고 초자아는 자아의 미래로 표상된다. 주지하듯 세상에는 안정적인 초자아 형성의 단계에 이르지 못한 사람이 많다. 더구나 초자아는 늦게 만들어진 만큼 퇴행에 취약해서 쉽게 다시 외부화되거나 위태롭게 경직된다. 그래서 보통 내적 성숙을 위해 보조적 초자아 역할을 하는 주변 사람들에게 많이 의존하게 되는데, 그렇지 않으면 폭넓은 시야를 갖지 못하고 좁은 자기 한계에 갇혀 버리게 된다. 말하자면 시간이 멈추는 셈이다. 초자아는 후기의 구조물인 만큼 개인별 차이와 변동이 크고, 개인 안에서도 인생의 시기별로 변동이 크다. 최후의 분화 단계로서 초자아는 연약하고 탈분화와 퇴행의 경향이 크지만 동시에 인간의 발전 방향을 가리킨다고 볼 수도 있다.

앞서 자아의 시간 양상에 대해 언급한 바 있다. 자아는 조직하는 기관으로서 정적인 현재가 아니라 동적인 현재다. 즉, 자아는 현재를 만든다. 유사하게 초자아의 시간인 미래 또한 정적인 것이 아니라 동적인 것으로 이해되어야 한다. 개념적으로 심리적 구조물들은 활동-패턴의 시스템으로 이해되어야 한다. 그래서 자아와 초자아의 관계는 심리적 현재와 심리적 미래의 관계가 된다. 이 관계에 대해서는 조금 뒤 다시 논하겠다. 발생적으로 이야기한다면 초자아는 단순히 외부의 권위상과 그들의 요구, 기대, 금지와 유혹만을 표상하는 것이 아니다. 초자아는 이드의 표상이기도 하다. 지금 이드와 초자아 사이의 복잡한 관계를 다루기는 불가능하다. 하지만 하나 강조하고 싶은 것은 초자아를 구성하는 오이디푸스 내사물introject이 반드시 현실에 있는 외적 전형prototype을 표상하지는 않는다는 점이다. 오히려 초자아의 성격은 오이디푸스 콤플렉스의 애정적 · 적대적 욕동에 의해서도 질적 · 양적으로 규정되므로 내사물은 대상만큼이나 욕동도 표상하는 것이다. 프로이트의 말처럼, "초자아는 이드와 외부세계 사이의 대략 중간쯤 되는 위치를 점유한다"(S.E 23:207). 이 말은 초자아는 내사된 "대상들"의 체계가 아니라 이드-자아와 외부세계의 상호 작용이 내사된 체계라는 것을 뜻하며, 현재 맥락에서는 상호 작용의 이드 쪽이 강조되고 있다. 심리 기관, 외부세계의 대상들, 그리고 자아 사이에서 이루어지는 초기 상호 작용에서 이들은 점차 서로 분화된다. 자아의 형성에 동원되는 투사 작용과 내사 작용이 바로 이런 상호 작용에 해당한다. 초자아 형성의 관점에서 보면 이 작용들은 초자아 형성의 전구체 혹은 전형으로도 이해할 수 있다. 아직 이드-자아와 대상의 상호 작용을 표상한다고 보기에는 다소 덜 분화된, 좀 더 유동적인 체계들 사이의 상호 작용인 셈이다. 프로이트가 명료히 관찰했듯 심리적 구조물로서 초자아는 자아에서 분화한 것이다. 이 분화는 심리 기관과 외부세계의 상호 작용에서 비롯되는 것으로, 자아와 대상의 조직화가 완성되기 전보다 높은 수준에서 이루어진다. 그러나 이 체계는 상호 작용의 내재화지 대상의 내재화가 아니다. 즉, 초자아의 요소는 이드와 자아로 분화된 심리 기관과 대상들로 분화된 외부세계 사이에서 일어나는 상호 작용이 내재화되며 만들어진다.

초자아의 성격에서 이드의 요소가 그렇게 두드러지는 이유는 오이디푸스 대상 관계가 매우 강렬하기 때문이다. 후에 오이디푸스 콤플렉스가 적절히 해소되면 초자아의 수정이 일어나 이런 열정적 경향이 약해진다.

여기서는 이드와 과거라는 시간 양식 사이의 관계에 대해서만 언급하겠다. 프로이트가 말하길 이드는 "그 타고난 경향성으로 볼 때" 유기체의 과거를 표상하고, 초자아는 "무엇보다도 문화적 과거"를 표상한다고 했다. 그러나 초자아는 "이드와 외부세계 사이의 대략 중간쯤 되는 위치를 점유하므로, 현재와 과거 모두로부터 받은 영향을 그 안에서 통합한다"(S.E. 23:206). 그러나 여기서 프로이트는 내가 묘사하려는 심리적 시간에 대해 말하고 있지는 않다. 같은 구절에서 그는 말하길 외부세계는 "현재의 힘"을 표상하는데, 이는 말하자면 "아이가 부모에게서 떨어진 이후에 노출된 외부세계"다(같은 책). 이 맥락에서 자아와 미래에 대한 언급은 발견할 수 없다. 예외가 있다면 초자아와 관련해서 괴테Goethe의 『파우스트Faust』를 인용한 것이다. "그대가 그대의 아버지로부터 받은 것, 그것을 얻어서 그대의 것으로 만들지어다"(S.E. 23:207). 이드가 물려받은 과거를 표상한다면 그건 우리가 태어날 때부터 가지고 있는 조직화의 수준과 질을 말하는 것이고, 이것이 미래가 된다는 뜻은 우리가 그것을 우리의 것으로 만들고 그 위에 자아의 조직을 각인한다는 뜻이다. 이 과정이 끝나지 않은 임무인 한, 그리고 우리가 그것을 미완의 것으로 경험하면 할수록 우리의 초자아는 발달한다. 이때 초자아는 미래에서 돌아본 과거, 장차 *조직화될* 이드를 표상하고, 반면 자아 그 자체는 현재 조직되는 이드를 표상한다. 이러한 세 단계의 조직화는 기억하고, 현재를 창조하고, 미래를 예상하는 존재의 세 가지 시간 양상을 표상한다. 세 단계의 조직화는 이드, 자아, 초자아의 모습으로 공존하며 동시에 연속된다. 이들은 공존하며 서로 소통하고, 서로를 규정하고, 서로를 변화시킨다. 의식에 대한 보다 깊은 이해와 자기에 대한 정교한 개념화가 여기서 도움이 될 것 같다.

심리적 과거와 미래를 좀 다른 각도에서 고려해 보자. 미래의 완벽함은 초자아의 관점으로서, 이것을 기준으로 우리는 우리를 가늠하고, 사랑하고, 미워하게 된다. 이 미래의 완벽함은 과거의 완벽함이 다시 한 번 포착된 것이다. 그것은 지금은 오직 흐릿하게 기억날 뿐이거나 우리 안에 유물처럼 간직하고 있는 것으로서, 갈등과 고민이 없는 유년의 순진무구함에서 그 흔적과 표식을 볼 수 있다.

이제부터 오이디푸스 관계, 혹은 오이디푸스 이후 관계가 내면화된 심리구조인 초자아에 대해 짧게 토론하겠다. 비록 그 성분인 초자아 내사물이 (그 내용물을 이루는 자아와 대상의 관계가 좀 더 구조화된 관계로) 자아 내사물에 비해 더 구조화되어 있어 더 뚜렷이 보이는데도 자아보다 나중의 구조물인 초자아는 좀 더 유동적이고 덜 안정적이다. 나는 초자아를 그 내용물이 자아나 외부대상으로 향할 수 있는, 내사물이 만드는 내구력 있는 구조-패턴으로 이해한다. 따라서 내사물은 초자아로서 성격을 잃고 자아와 합쳐지거나 대상의 성격을 다시 얻을 수도 있다. 혹은 새로운 요소가 이 구조-패턴의 부분이 될 수도 있다. 이런 식으로 개념을 짓다 보면 내면화나 외면화의 정도degree라는 개념이 생긴다. 분석가로 향하는 투사를 통해 환자는 자신의 초자아 일부를 다시 외면화하고 분석가의 일부를 내면화한다. 좀 더 정확히 말하자면 분석가와 환자가 맺는 관계를 내면화한다. 환자들의 보고에 따르면 그들은 일상의 어떤 순간에 모호한 형태로나마 마치 분석가가 자신을 주의 깊게 "바라보고 있는 듯한" 느낌을 받는 경우가 종종 있는 것 같다. 이런 경우 아직 초자아의 형성에는 이르지 못한 내면화라고 할 수 있다. 오히려 상상의 대상에 가깝다. 경계선 혹은 정신병적 환자가 종종 묘사하는 환각적 경험은 외면화가 한 걸음 더 나아간 것으로, 다른 각도에서 보면 내면화가 아직 충분히 이루어지지 않은 것으로 이해할 수 있다. 이런 경우 외부 대상은 완전히 포기되지 않은 것이다. 구조-패턴으로서 초자아의 성립은 오이디푸스 콤플렉스가 해소되는 만큼 이루어진다. 그리고 인생의 여러 시점, 특히 가장 뚜렷하게는 사춘기 동안 새로운 요소가 초자아에 편입되어 구조-패턴의 부분이 된다. 이때 새로운 요소들 역시 자아의 미래를 표상하는 구조-패턴의 부분이 되는데, 그러기 위해서는 새로운 요소가 기존 구조와 잘 맞고 그 패턴에 잘 녹아들 수 있어야 한다. 한편 초자아의 요소는 포기되거나 버려지기도 한다. 만약 외부세계의 어떤 인물이 버려진 요소를 표상한다면 그 사람은 초자아에 거부감을 일으킬 것이다. 이런 사실로 보아 버려진 요소들도 초자아 안에 잔재를 남긴다는 것을 알 수 있다.

자아의 발달이 이루어지며 초자아의 요소가 자아와 합쳐질 수가 있다. 그러나 자아는 스트레스나 갈등 아래서 그 요소와의 결합을 다시 잃을 수 있고, 그렇게 되면 그 요소는 다시 초자아 구조로 돌아간다. 내 설명 방식 때문에 어떤 파편들이 자아, 초자아, 환경 사이를 이리저리 돌아다닌다는 인상을 주게 될까 우려스럽다. 내가 강조하려는 건 내면화와 외면화가 수동적인 심리구조에 가해지는 조작은 아니고, 구조들이 무언가를 이리저리 움직이는 것도 아니라는 점이다. 내면화 혹은 내사의 과정은 요소들의 내적 조직화에 변화를 초래하는 과정이다. 정확하게 개념화하기 어렵지만 이건 매우 중요한 지점이다. 대상 관계의 어떤 측면이 분명하게 내면화되면 될수록, 가령 부자 관계가 아들의 내적 세계의 일부가 되면 될수록 그 대상 관계적 성격을 잃는다. 다르게 설명하면 내면화는 중성화 과정을 포함한다. 관계가 일단 내면화되면 (비교적) 탈-성애화, 탈-공격성화된다. 초자아 요소가 자아 요소로 변할 때도 이러한 탈-성애화, 탈-공격성화가 포함된다. 내면화를 통해 이루어지는 내사물의 수정과 재조직화의 정도는 내면화의 정도에 따라 달라진다. 불충분하거나 병적으로 왜곡된 초자아 발달에서는 대개 내면화된 요소들의 성애적-공격적 성격이 뚜렷하다. 애도는 잃어버린 대상을 포기하고 관계를 내면화함으로써 초자아를 풍요롭게 만든다. 오랫동안 관찰한 바에 의하면 이 같은 내면화는 마침내 초자아 요소가 자아와 융합되어 자아의 요소가 되고, 내적인 명령이나 이상이 아닌 자아의 특성이 될 정도에까지 이른다.

심리적 시간이라는 관점에서 자아와 초자아의 관계는 심리적 현실과 심리적 미래의 상호관계로 이해될 수 있다. 초자아 안에서 자아는 자신의 미래와 만난다. 초자아의 수립은 과거, 현재, 미래라는 시간 양상을 모두 갖춘 내적 구조의 완결을 의미한다. 그들은 다른 정신적 현상들처럼 단순히 관찰된 특성이 아닌 능동적 양상으로 이해되어야 한다. 우리는 초자아를 자아의 미래를 표상하는 심리구조로, 그래서 그것의 기준에 맞추어 자아가 사랑 또는 미움을 받는 것으로 이해할 수 있다. 그렇게 보면 내면화 정도는 초자아와 자아의 거리에 의해 측정될 수 있는데, 내면화가 진행되면 될수록 심리적 미래에서 심리적 현재에 가까워지는 것이다.

이 글이 파편적이고 다소 사변적이라는 것을, 그래서 문제를 해결하기보다는 제기하는 편이라는 것을 잘 알고 있다. 그러나 정신분석적 접근은 기본적으로 발생학적이고, 정신병리를 정신 발달의 역사적 관점에서 이해하며 그 역사를 재생시킴으로써 치료를 도모하려는 시도인 까닭에 기억을 그 주된 도구로 사용한다. 따라서 시간은 소위 정신이라고 부르는 것을 관통하는 그 무엇이 된다. 내부와 외부의 분화, 그리고 그들의 연관성에 대한 인식은 좀 더 높은 수준의 정신적 조직화의 분수령이 된다. 그리고 과거, 현재, 그리고 미래의 분화와 그들의 연관성에 대한 인식도 그러하다.

참고문헌

Freud, S. The Interpretation of Dreams. S.E. 5
Freud. S. An Outline of Psychoanalysis. S.E. 23

05

서평과 토론

『Psychoanalytic Concepts and the Structural Theory』, By Jacob A. Arlow and Charles Brenner

(1966)

이 책은 구조이론이 『The Interpretation of Dreams』에서 프로이트가 제시한 지형이론보다 더 우월하다는 것을 증명하려 하고 있다. 저자들은 후자를 포기하고, 전자와 후자의 용어를 뒤섞어 쓰지 않기를 강력히 주장한다. 그들은 일목요연하게 정리된 프로이트의 정식에 따라 두 이론을 기술하고 비교한다. 그리고 구조이론에 근거해서 꿈 이론, 정신증, 퇴행, 일-이차과정, 무의식과 전의식 개념을 재구성하고 있다. 두 이론은 비록 많은 점에서 유사하지만 양립할 수 없고, 구조이론이 지형이론보다 설명

Jacob Arlow and Charles Brenner, 『Psychoanalytic Concepts and the Structural Theory』, New York: International Universities Press, 1964, 201 pp.

력과 논리적 일관성에서 우월하다는 것이 그들의 결론이다.

무의식 시스템과 전의식-의식 시스템으로 마음을 바라보는 관점에서 행해진 많은 정신분석적 연구와 이론적 정식은 아직 구조이론에 충분히 통합되지 못했다. 그리고 이드, 자아, 초자아의 개념으로 충분히 재구성되지도 못했다. 이 책은 Merton Gill의 책과 더불어 그런 시도를 한 결과물 중 하나다.[1] 두 책을 나란히 펼쳐 보고 싶지만 간략한 검토 정도로는 이 주제에 대해 포괄적으로 이해하고 세세하게 토론하지는 못할 것이다.

사실 나로서는 알로우와 브레너의 책을 어떻게 논해야 할지 조금 난감하다. 나는 구조이론에 근거해서 정신분석 이론을 명료화하고 견고하게 만들자는, 그리고 중요하고 익숙한 이론적 개념과 이슈들을 구조이론의 관점에 맞춰 재정립하고 재정의하자는 그들의 목적에는 동의한다. 하지만 내가 우려하는 바는 그들이 작업하는 방식과 그들의 지나치게 말끔한 결과물이다. 그들은 서문에서 "우리가 여기서 제시하는 관점들은 고정불변하거나 완전무결, 교조적인 것이 아니다. 이들은 정신분석의 기본 개념의 관계에 대해 현시점에서 우리가 이해한 것이다"라고 말한다. 당연하다. 책은 그들의 관점을 명료하고 간결하게 드러내며, 그들의 입장에 대해 별 의혹을 남기지 않는다. 그러나 독자들은 이슈가 정리되고 문제가 해결되어 말끔하게 정의되었으니 추가적인 의문은 필요하지 않다는 인상을 받게 된다. 그러나 대부분의 문제는 저자들의 설명처럼 그렇게 무 자르듯 해결되거나 간단하게 일차원적으로 이해될 수 없다. 가령 일-이차과정 대한 논의, 전의식과 초자아, 정신증에 대한 부분들이 그 예다.

1) Merton Gill, 『Topography and Systems in Psychoanalytic Theory』. Psychological Issues, vol. 3, no. 2, monograph 10. New York: International Universities Press, 1963.

이 책을 읽으면서 종종 나는 이 책이 상정하고 있는 독자는 과연 어떤 사람들일까 자문해 봤다. 책은 가장 기초적이면서도 복잡한 정신분석 이론의 이슈에 대해 넓고 깊은 이해를 시도하고 있다. 따라서 이 책의 잠재적인 독자는 그들 스스로 이런 문제들과 씨름하고 있을 뿐 아니라 지형이론과 구조이론의 이론적 · 임상적 중요성을 비교할 때 대등한 처지에 있는, 말하자면 임상경험도 있고 이론적으로도 세련된 집단인 것 같다. 하지만 내 생각에 그런 사람들에게 저자들의 의견은 너무 간단하며 기초적이다. 그래서 어쩌면 이 책은 아직 경험도 별로 없고 이론적 배경이라 할 것도 없는 초심자들을 향하는 것 같기도 하다. 만약 그렇다면 정신분석 초심자들은 사실과 개념을 마치 해부학 배우듯 이미 확정되어 주어진 것처럼 받아들여야만 하나? 그들도 역시 문제를 관찰하고, 질문하고, 여러 논란에 대해 열린 태도로 더 많은 이해를 구하며, 그 자신의 신선한 시각으로 관찰 자료를 바라보며 배워야 하지 않을까? 물론 이때도 더 많은 경험과 통찰을 가진 선생으로부터 많은 것들을 배우지만 말이다. 이 책에서 내 우려는, 이슈들은 열리기보다는 닫히고, 던져진 질문들이 과학적 정신으로 토론되기보다는 일방적으로 대답이 주어져 버릴까 하는 것이다. 이 책의 토론과 논쟁 방식은 마치 논의의 종결 같은 느낌을 준다. 그래서 새로운 접근과 이해의 길을 닫아 버리는 것처럼 보이며, 빈번하게 과잉 단순화함으로써 그들의 관점과 주장을 기만적이리만큼 단순명료하게 만든다.

내 생각엔 "지형이론"에 녹아 있는 프로이트의 초기 개념과 관찰, 연역, 생각 들이 이 책에서는 실제보다 더 경직되고 완결된 도식으로 환원되어 버리는 것 같다. 교육적 목적으로는 정당하게 여겨질지 몰라도 두 이론의 신중한 토론과 비교를 위해서는 그렇지 않다. 같은 이치에서 그들이 우월하게 여기고 있는 구조이론에 대한 설명도 역시 경직되어 있으며, 과잉 단순화되고 마치 논의를 종결지어 버리는 듯한 느낌을 준다. 열려 있는 결말도, 논란이 될 만한 이슈도, 진정 모호한 현상과 의미도 없어 보인다. 하지만 대부분 정신분석적 개념들은, 그리고 그 개념이 기초적일수록 항상 재검토와 재정의의 대상이자 확장과 심화, 새로운 이해 과정의 대상이 된다. 그런 과정을 통해서야 비로소 오래된 개념의 새로운 정의가 드러나고 둘 간의 예상치 못한 연관을 보게 된다.

나는 저자들과 마찬가지로 구조이론이 여러모로 지형이론보다 발전된 이론이라 확신한다. 하지만 정신분석의 많은 문제는 여전히 무의식과 전의식의 구분 없이는 다룰 수 없다고 믿는다. 이런 구분은 두 카테고리의 정신 현상들 사이의 본질적인 차이를 보여 주는데, 이 차이는 무의식과 의식의 구분보다 여러모로 더 근원적이다. 그것은 각각의 심리작용이 일어나는 두 개의 심리구조에 대비되는 두 심리 과정의 차이를 보여 준다. 만약 전의식이라는 단어를 폐기한다면 우리에겐 순수하게 경제적 의미로서 일-이차과정의 속성만 남는다. 일차과정과 이차과정 사이의 상호 작용, 그리고 일차과정이 이차과정으로 변환되는 과정에 관한 연구는 주로 구조이론 이전의 이론에 도움을 받아야 한다. 비록 우리는 아직 답을 잘 모르지만, 이 문제는 세 구조 사이의 연결에 대해 중요한 함의를 갖는다. K. R. Eissler는 "현재의 (…) 자아, 초자아, 이드의 구분은 어떤 근본적 질문에 대해서는 상당 부분 속수무책이다. 그것은, 말하자면 '인격의 세 영역은 어떤 경로를 통해 서로 소통하는가'라는 질문"[2] 이라고 말하며 같은 문제를 제기했다. 새로운 구조이론의 지향 아래서 이 문제는 별로 관심을 받지 못하고 있다. 즉, 정신적 기능에 대해 점점 관심

2) K. R. Eissler, 「On the Metapsychology of the Preconscious」, 『The Psychoanalytic Study of the Child』. vol. 17. New York: International Universities Press, 1962, p. 13.

이 몰리는 것에 비해 정신적 과정에 대해서는 오히려 관심이 줄고 있다. 예외가 있다면 경제학적 관점 정도다. 알로우와 브레너는 Beres 같은 이들처럼 심리구조를 기능적 그룹으로 정의하고 싶어 한다. 그렇게 되면 심리 과정 자체, 그리고 심리구조의 형성과 유지에서 심리 과정이 갖는 역할에 대해서는 별 설명을 할 수가 없다. 기능을 수행하는 여하한 구조 없이 기능을 이해할 수 있나? 그리고 그러한 구조를 만드는 것은 나름의 속성이 아닌 그저 일련의 기능들의 조합일 뿐인가? 이런 이슈들과 질문들은 일견 단순 명료하고 상식적으로 보이는 정식화의 허울 이면에 얼마나 많은 문제가 해결되지 않은 채 남아 있는지를 보여 준다.

프로이트가 처음 심리 기관apparatus을 여러 개의 시스템 혹은 주체들agency로 나누었을 때(말하자면 구조적 구분을 시도했을 때) 그가 사용했던 구분의 기준은 무의식과 전의식 과정의 차이였다. 그리고 저자들이 명료하게 보여 주는 것처럼 이러한 그의 시도는 실패했는데, 왜냐하면 이런 식의 구분은 구분을 위한 적절한 기초를 제공하지 못할 뿐 아니라 정신적 갈등의 많은 부분을 설명하지도 못하기 때문이다. 전의식 과정, 무의식 과정이라는 두 개의 서로 다른 심리적 과정이 각각 다른 심리적 하위구조에 존재하거나 위치한다는 말은 별로 설득력이 없다. 오히려 서로 다른 심리적 하위구조들이 만들어지는 것은 이 두 가지 과정이 다양한 수준으로 서로를 조직하고 통합하기 때문인 것 같다.

또 하나 중요한 것은 두 개의 이론이 정신분석에 있어 두 개의 서로 다른 일반적 이론 구성을 보여 준다는 것이다. 지형이론이 마음을 반사궁reflex arc이나 현미경 같은 기관, 혹은 장치로 본다면 구조이론은 마음을 유기체 같은 조직으로 이해한다. 내 생각에 저자들이 구조이론의 장점으로 정당하게 꼽는 여러 측면은 (예컨대 퇴행에 관해 쓴 장을 읽어 보길 바란다) 이런 차이에 연유한다. 아마 가장 중요한 변화는 프로이트가 동일시에 대해 점점 많은 이해를 하면서 이루어졌을 터인데, 이때 동일시는 단순한 방어 기제일 뿐 아니라 자아와 초자아 형성에서 결정적인 역할을 하는 것이다. 이로써 대상 관계의 역할은 단순한 만족의 제공에서 심리구조의 형성으로 옮겨 가게 된다. 자기애 이론의 발달, 그리고 저자들이 말하는 자기-지향적 욕동의 문제도 모두 동일시 이론과 밀접하게 관련되어 있다. 그들은 리비도와 공격성의 이원적 본능 이론과 관련해서 자기-지향적 욕동의 중요성을 언급하며 공격성과 초자아 이론의 발달이 나란히 이루어지고 있다고 강조하고 있다. 나는 그들의 의견에 동의한다. 하지만 나는 구조이론과 자기애의 관계, 즉 초자아와 자아의 형성과 관련한 자기-지향적 욕동의 애정적 요소를 강조하고 정교하게 다듬는 것 또한 중요하다고 생각한다. (카텍시스가 여전히 대상을 지향하는 상태인 억압에 반해) 심리구조의 형성을 위해 동원되는 것, 그리고 정신증에서 뚜렷하게 관찰되는 심리구조의 병리적 발달에 관련된 것이 바로 "자기-지향성"이다. 그리고 자기애 이론이 구조이론의 발달과 가장 밀접히 연관을 맺는 지점도 바로 이 부분이라고 할 수 있다.

구조이론이 임상 정신분석의 문제에 미치는 영향에 많은 관심을 두는 바람에 동일시가 임상 정신분석에서 가지는 중요성에 대해서는 별로 언급되지 않은 점은 안타깝다. 방어와 갈등의 역할은 당연하게도 모든 임상적 · 이론적 정신분석의 중심 관심사다. 하지만 내 생각에 우리는 정신분석의 문제에 대해 더 많이 이해할수록 구조들 사이의 갈등과 갈등에 대한 방어의 문제를 넘어 심리구조 그 자체의 결핍과 변형의 중요성을 더 많이 실감하게 된다. 저자들이 이런 이슈들을 좀 더 고려했더라면, 그리고 어쩌면 구조이론은 바로 이런 이슈들을 좀 더 잘 이해한 결과인 동시에 좀 더 나은 이해를 위한 길잡이일 수도 있는데, 어쨌든 그랬더라면 아마 구조이론의 "우월성"에 대해 좀 더 공정했을 수 있었을 것 같다.

그리고 정신증의 병리에 관해 쓴 부분은 아주 많이 달라졌을 것이다.

요약하면, 『Psychoanalytic Concepts and the Structural Theory』는 임상적 적용과 관찰 내용의 개념화에서 구조이론이 지형이론보다 우월하다고 이야기하고 있다. 그들은 임상 · 이론 정신분석의 가장 기본적인 개념들과 이슈들을 세세하게 논증함으로써 매우 효과적이고 신속하게 그 임무를 해냈다. 하지만 그 대가로 이 변화의 가장 중요하고도 까다로운 여러 부분과 몇몇 함의들이 충분히 다뤄지지 않은 채 남았다. 교조적이며, 때로는 너무 초보적이고, 가르치는 듯한 설명과 논쟁의 방식은 나로서는 꽤 충격적이었다. 정신분석 이론에서 아직 해결되지 못한 많은 질문이 마치 말끔히 해결된 것처럼 보였다. 이런 접근법은 이론을 단순화해 간결함을 얻었으나 그 정도가 지나쳐 너무 많은 것을 잃었다.

「The Regulatory Principles of Mental Functioning」, By Max Schur

(1971)

Schur의 글은 광범위하고 탐색적이며 촘촘한 논증으로 짜여 있다. 게다가 정신분석의 가장 추상적인 이론적 이슈들을 다루기 때문에 상당한 집중력을 요구하며 토론하기도 만만치가 않다. 나는 조만간 나오게 될 그의 책을 일부 미리 읽어 볼 기회가 있었는데, 오늘 그가 한 발표는 그 일

이 부분은 1966년 2월 12일 뉴헤이븐의 서부 뉴잉글랜드 정신분석학회에 발표된 슈어의 원고에 대한 나의 토론에 약간의 추가 사항을 더한 것이다. 몇 달 뒤 『The Id and the Regulatory Principles of Mental Functioning』이 출간되었다. 당시 그의 원고는 책의 2장이 요약된 것이었다.

부이며 그나마도 시간 관계상 요약된 것이다. 그의 책에는 많은 수고와 깊은 통찰이 녹아 있어 짧은 토론으로는 충분치 않아 보인다. 나는 그중 특별히 흥미 있는 주제에 대해 논하고, 물론 그도 잘 아는 것일 테지만 정작 책에서는 특별히 강조되지 않은 몇몇 문제에 대해서만 짧게 언급하려고 한다.

그의 책은 이드 개념의 재검토에 대한 것이고, 오늘 발표에서는 그 두 번째 장을 다뤘다. 그가 발표 주제로 선택한 조절원리, 즉 쾌락-불쾌 원칙과 반복강박은 이드, 그리고 본능적 욕동과 특별한 연관이 있다. 이는 현실원칙이 자아와 특별한 관련이 있는 것과 마찬가지다. 물론 쾌락-불쾌 원칙 혹은 반복강박은 이드, 현실원칙은 자아와 일대일의 연관을 맺는다는 뜻은 아니다. 조절원리가 정신기능 혹은 정신 전체를 조절하는 광범위한 원리로 이해되는 한, 조절원리는 정신의 모든 기능과 차원에 적용될 수 있어야 마땅하다. 오직 현실원칙만이 덜 포괄적인 것 같은데, 그 이유는 현실원칙은 현실적 다급함으로 인해 쾌락원칙이 변한 것이기 때문이고, 자아도 이런 다급함으로 인해 생겨났기 때문인 것 같다.

추측해 볼 수 있는 건, 프로이트가 말한 조절원리의 *서열hierarchy*이 결국 그가 쾌락-불쾌 원칙 위에, 혹은 그것을 넘어 반복강박을 상정하게 만든 게 아닐까 하는 거다. 그는 세 개의 원리를 말하려고 했지만 여기서 가장 포괄적이고 기초적인 첫 번째 원리는 반복강박으로서 나머지 두 원리의 기초가 된다. 그리고 나머지 두 원리는 무생물이 생물을 거쳐 정신 현상에까지 이르는 진화를 이룬 덕에 생겨났다. 현실원칙은 고차원적 심리 현상에 적용되지만 결국 쾌락-불쾌 원칙의 변형일 뿐이고, 쾌락-불쾌 원칙 또한 반복강박의 변형일 뿐이다. 가령 쾌락-불쾌 원칙에 어긋나 보이는 현상에서 우리는 반복강박의 증거를 볼 수 있다. 마찬가지로 현실원칙에 어긋나 보이는 현상에서 쾌락-불쾌 원칙의 증거를 볼 수 있다.

분명히 말하고 싶은 건 나는 그런 관점에 완전히 동의하지는 않으며, 프로이트 또한 그랬던 것 같지는 않다는 점이다. 프로이트가 말한 조절원리의 서열에 대해 이런 식으로도 이해할 수도 있다 하는 정도로 받아들이길 바란다.

슈어는 쾌락-불쾌 원칙에서 시작한다. 그에 앞서 그는 논문을 통해 여러 번 강조하고 있는 하나의 구분, 즉 조절원리 개념에서 이용되는 쾌락-불쾌의 의미, 그리고 감정 혹은 "경험"으로 쾌락-불쾌의 구분을 강조한다. 사실 쾌락, 불쾌라는 단어가 의식 수준의 감정 상태만 지칭한다면 쾌락-불쾌 원칙의 다양한 관점과 의미를 다루는 것은 불가능하다. 쾌락 원칙의 적용 여부가 쾌감과 불쾌감으로 정해진다면 혼란은 불가피하고, 실제 프로이트의 글에서도 그런 경향을 발견할 수 있다. 나아가 쾌락을 "경험"하는 게 자아인가 아니면 이드인가 하는 질문에 이르면, 혹은 성취되고 좌절되는 소망이 자아의 것이냐 아니면 이드의 것이냐 하는 질문에 이르게 되면 혼란은 가중된다.

프로이트는 초기 저작에서 불쾌 원칙 혹은 쾌락-불쾌 원칙이라는 단어를 자주 썼다. 이 원리가 중요한 이유는 이것이 그의 가장 기본적인 이론적 가정이기 때문이다. 마지막 본능 이론인 삶과 죽음의 본능을 제외하면 그는 이 가정에서 떠난 적이 없다. 이 가정에서는 자극과 불쾌가 동의어가 된다. 좀 더 정확히 이야기하면, 정신이라는 시스템 내에 자극된 흥분이 쌓이면 그 결과는 불쾌가 되고 시스템 내에 긴장과 불안정을 초래한다. 그리고 정신은 어떻게든 빨리 영零이나 최소한의 자극 상태로 돌아가려 한다는 것이다. 심리 기관이라는 시스템의 수준에서 자극과 흥분의 축적은 그 자체로 불쾌가 되고, 흥분의 여하한 감소는 쾌락으로 나타난다. 불쾌는 그렇게 기관의 작동을 조절하고 기관의 추동력이 된다. 물론 여기서 쾌락과 불쾌는 일상적인 쾌락과 불쾌를 의미하지 않는다.

심리 기관에 대해서 논하고 있는 한, 쾌락과 불쾌는 흥분의 축적 혹은 감소가 심리적으로 표상된 것으로 이해되어야 한다. 식물이나 하등 동물과 같이 순수한 생물학적인 현상과도 구분되어야 한다는 뜻이다.

여기서 제기되는 또 다른 문제는 무의식적 정서affect를 논할 수 있는지, 만약 있다면 어떻게 논할 수 있는지에 대한 것이다. 다른 말로 정신분석 이론에서 정서는 불확실한 위치에 있다. 왜 무의식적 정서(그 자체로는 "경험"되지 않는)라는 개념이 무의식적 사고 과정이나 관념(역시 그 자체로는 "경험"되지 않는)보다 더 우려스러운 건지 나는 잘 모르겠다. 내 생각에 쾌락-불쾌 원칙 개념에서 쾌락과 불쾌가 그저 단순한 생물학적 혹은 경제적 용어로 환원되어서는 곤란하다. 그리고 이차적인 경우를 제외하고는 의식-전의식의 정서 상태를 나타내는 것으로 이해해서도 곤란하다. 오히려 소망의 발달을 설명하기 위해 개발된 모델인 '만족 경험' 모델에서 보듯, 비록 무의식적이라 할지라도 경험적인 어떤 것이 이와 관련된다는 것을 드러내고 있다.

프로이트는 죽음의 본능과 반복강박을 연결했다. 내 생각에 조절 원리로서 반복강박은 쾌락-불쾌 원칙만큼 광범위하게 적용되지는 않는 것 같다. 물론 예외적으로 반복강박이 좀 더 일반적으로 적용 가능할 때도 있다. 예컨대 생물학적 시스템이나 무생물의 기본적 조절원리에 대해서 말할 때다. 이쯤에서 강조될 필요가 있는 건 프로이트가 삶과 죽음의 본능에서 말하는 "본능" 개념이 그가 이전에 이야기한 "본능"Trieb, 욕동과는 사뭇 다르다는 점이다. 나는 이 지점에서 슈어에게 매우 동의한다. 그의 마지막 본능 이론인 삶/사랑의 본능과 죽음의 본능Eros-Thanatos에서 본능은 우주적 차원의 진화를 관장하는 두 개의 양쪽 극단의 힘을 의미하는데, 프로이트의 초기 저작에서 본능은 이런 뜻을 가지고 있지 않았다. 삶과 죽음의 본능에서 본능은 이전처럼 심리 기관에 와서 부딪히는 자극이 아니다. 이전 모델에서 심리 기관은 자신의 바깥에서 오는 자극을 제거하려고 했다. 「Instincts and their vicissitudes」(Freud, 1915)에서 본능(자극)을 다루는 심리 기관의 임무가 『Beyond the Pleasure Principle』(1920)에 이르러서는 본능의 정의가 되어 버린 셈이다. 그리고 같은 문장에서 썼던 것처럼 프로이트가 본능을 "생물에 고유한 무감각inertia의 표현"이라 부른다면, 항상성 원리 혹은 무감각원리, 다시 말해 쾌락-불쾌 원칙의 기초였던 것이 이제 본능이 된다.[3] 조절원리였던 것이 본능이 되어 버린 것이다. 내 생각에 이것은 심리 기관의 정체와 역할에 대한 모든 개념과 관련이 있고, 이 관련성 덕택에 구조이론이 수립되었다. 이때 구조이론은 조직을 형성하고 구성하는 갈등과 힘이 조직 내에서 일으키는 상호 작용에 관한 이론으로, 외부에서 생겨 기관에 부딪히는 자극과 기관에 대한 이론과는 다르다. 한편 프로이트로서는 삶의 본능을 새로운 본능 정의에 끼워 맞추는 것이 불가능했다. 본능을 정의하는 방식이 달라졌으나 그 정의에는 여전히 이전에 수립된 기본적인 이론적 가정이 포함되어 있기 때문이다. 무감각원리, 항상성 원리, 불쾌 원칙, 니르바나 원리에서 반복강박은 최초의 상태로 돌아가려는 경향을 표현하는 좀 더 광의의 용어일 뿐, 죽음의 본능과 완벽하게 맞아떨어진다. 이렇게 본다면 죽음의 본능은 전혀 새로운 것이 아니며 분석가들이 충격적으로 받아들일 개념도 아니다. 그저 발전을 직선보다는 곡선이나 나선형으로 이해하는 정도의 개념인 것 같다. 정작 새로운 것은, 그리고 무감각원리와 잘 들어맞지 않는 것은(Freud, 1940, 2장에서 분명히 인정하고 있다)

3) 해당하는 문장은 이렇다. "신경계는 도달하는 자극을 없애는 역할을 하는 기관이고, 가능한 최저의 수준으로 자극을 줄이고, 혹은 가능하다면 전혀 자극이 없는 상황을 유지한다"(Freud, 1915. p. 120). "본능은 유기체에 내재한 요구로서, 생명이 태초의 상태, 즉 유기체가 외부의 교란 때문에 포기해야 했던 상태를 회복하려는 요구인 것 같다. 말하자면 그건 유기체의 탄력성, 혹은 다른 식으로 말하자면 생물에 고유한 무감각의 표현이다"(Freud, 1920, p. 36).

오히려 삶의, 혹은 사랑의 본능이다.

그래서 나는 "『The Ego and the Id』(Freud, 1923)에서 에로스의 역할은 분명히 쾌락원칙의 방해다(당시 프로이트는 쾌락원칙을 죽음본능의 지배 아래 있는 항상성 원리나 니르바나 원리와 같은 것이라고 말했다)"라는 슈어(1966)의 말에 동의한다. 그는 『The Ego and the Id』, 「The Economic Problem of Masochism」(1924)에서 프로이트가 "완전히 죽음본능에 부합하는" 항상성 원리, 니르바나 원리와 구분해서 에로스를 설명했던 것에 주목한다. 그리고 후자의 논문에서 프로이트는 자신의 에로스 개념에 맞춰 쾌락원칙과 리비도 개념에 새로운 의미를 부여한다. 그래서 나는 슈어가 제안한 것처럼 쾌락원칙과 불쾌 원칙을 구분하는 것이 유용하다고 생각하고, 그런 구분이 프로이트가 나중에 제시한 설명과 더 부합한다고 생각한다.

슈어는 프로이트가 초기 저작에서 말했던 불쾌 원칙의 의미는 너무 강한 자극으로부터의 회피였다고 설명한다. 하지만 이 주장에는 동의하기 어렵다. 어떠한 자극이라도 불쾌를 일으키고, 불쾌는 *과잉* 자극이 아니라 여하한 자극으로 정의된다는 것이 내 생각에 프로이트의 기본적 가정이다. 이런 관점이 프로이트가 생각한 심리 기관의 작용에 대한 이론에 필수적이다. 하지만 그가 말한 삶의 본능, 에로스 혹은 리비도, 그리고 「The Economic Problem of Masochism」(1924)에서 재정립된 쾌락 원칙들은 이 이론과 맞지 않는다. 그리고 『Beyond the Pleasure Principle』에서 프로이트는 필사적으로 이것을 바로잡으려고 했다. 『The Interpretation of Dreams』(1900)에서 정립된 이론에 따르면, 만족했던 경험의 기억이 중요한 이유는 그것이 본능 자극의 제거로 이어지기 때문이지 기억에 내재한 자극 그 자체가 추구되기 때문은 아니었기 때문이다. 여기서 진실 하나. 만약 삶의 본능이 의미가 있다면 그것은 생명에 내재한 긴장과 흥분이 추구된다는 의미이지 제거되거나 회피된다는 뜻이 아니다. 삶의 본능은 자극을 추구한다는 뜻이다. 슈어가 말하는 "접근 반응approach response" 또한 이런 의미일 것이다. 나는 이 같은 삶의 본능 개념에 동의한다. 하지만 이런 개념은 슈어가 제시했던 "정신기관의 발달, 기능, 방어, 그리고 그것의 '조절원리'를 설명하기 위해 암묵적, 명시적으로 동원된" 프로이트의 모델들과 양립하지 않는다. 이 모델 중 다섯 번째는 만족의 경험, 소망, 그리고 본능적 욕동에 관한 것이었다. 프로이트식으로 말하면 자극이 포함된 기억에 다시 정신적 에너지를 붙이려는 소망은 그 자극에 내재한 불쾌에 근거한다(이 맥락에서는 본능적 자극에 의한 자극이다). 그의 이론에 따르면 만족의 경험은 흥분의 감소와 제거로 인한 것이다. 『The Interpretation of Dreams』 7장을 인용해 보자. "(…) 흥분이 쌓여가면 (…) 불쾌로 경험되고 (…) *만족의 경험을 반복하기 위해 기관을 작동시키고,* 이 과정에서 흥분은 감소하고 쾌락이 경험된다. 기관에서 일어나는 일련의 흐름, 불쾌에서 시작해서 쾌락을 지향하는 흐름을 우리는 '소망'이라 부른다"(Freud, 1900. p. 598, 강조는 저자). 여기서 쾌락은, 다시 말해 만족의 경험은 자극의 감소를 의미한다. 프로이트가 같은 맥락에서 논의한(같은 책, p. 600) 외적 공포의 경험을 인용하며 슈어는 프로이트가 불쾌 원칙을 이야기할 때 의미한 자극은 과도한 자극이지 자극 그 자체가 아니라고 말한다(p. 133-34). 하지만 내 생각에 프로이트는 만족의 가능성이 전혀 없을 때 만족 경험의 중요한 대체물에 대해 말하려 한다. 즉, 흥분과 불쾌가 만족 경험, 혹은 기억에 또 한 번 카텍시스를 부착하는 과정을 통해 해소되지 않는다면 그때는 다른 메커니즘이 작동되는 것이다. 말하자면 고통스러운 기억에서 멀어지고 회피하려는 것으로, 이것이 억압의 원형이라고 할 수 있다(Freud, 1900, p. 600). 프로이트가 외적 공포의 경험을 논하며 말한 것은 지나치게 강렬한 자극에 대한 것이 맞다. 하지만 이 역시도 특정 경우에 있어서 불쾌 원칙에 의한 조절에 대한 설명에 불과하다. 그러니까 궁극적으로는 만족 경험을 통해 감소하는 자극은 불쾌감이고, 이 과정 역시 불쾌 원리에 의해 "조절"된다는 점을 부정하지는 않는 것이다.

하지만 이런 주장에도 다른 한편으로 분명하게 드는 생각이 있다. 프로이트가 이 시기에도 자극 추구, 자극 갈망, 접근반응 같은 용어로 표현될 수 있는 현상들을 알았고, 이 현상들이 만족 경험의 범주 안에 들어간다는 사실 또한 알았다는 것이다. 하지만 적어도 이 시기 그의 개념은 항상성 원리와 반사 생리학에 굳건히 기반하고 있었고, 심리적 기관의 기능과 목적은 가능한 자극을 없애는 것이라는 가정 위에 있었다. 이런 관점은 「Instincts and Their Vicissitudes」(Freud, 1915, pp. 118-120)의 서문에도 잘 드러난다. 그는 서문의 말미에서 약간의 의심을 보이지만 자세히 말하지는 않는다. 이 의심들은 후에 『Beyond the Pleasure Principle』, 그리고 「The Economic Problem of Masochism」의 서문 말미에서야 분명히 드러난다(Strachey의 주석 참고). 하지만 나는 구조이론과 삶의 본능이 대두됨에 따라 인해 쾌락, 리비도, 그리고 쾌락원칙이 새로운 함의를 가지게 되었다는 슈어의 의견에는 전적으로 동의한다. 내 생각에 이 부분은 프로이트의 생각에 생긴 중대한 변화와 관련이 있다. 바로 넓은 뜻(환경적 "자극"이라는 의미)에서 대상 관계의 중요성, 그리고 동일시와 내면화라는 중요한 심리적 현상의 등장에 관한 것이다.

슈어의 반복강박에 대해서는 더 자세히 고찰하지 못할 것 같다. 다만 반복강박과 죽음본능 개념은 어렵고, 모호하며, 논란이 많은 관계로 내 생각엔 그냥 내버리기보다는 좀 더 많은 논의를 하는 것이 좋을 것 같다. 그가 설득력 있게 보여 주고 있듯이 이드 개념이 지금보다 좀 더 잘 이해될 가치가 있다면 더더욱 그렇다. 이런 맥락에서 귀기鬼氣, the demonic

에 대해 조금만 이야기하겠다.

슈어는 프로이트가 귀기에 대해서 기본적으로 "결과와 관계되지, 작용하는 힘과는 무관"하다고 말했다고 주장한다(1966, pp. 168-69). 나는 슈어의 주장에 동의하지 않는다. 『Beyond the Pleasure Principle』에 일 년 앞서 발표된 「The Uncanny」(Freud, 1919)를 보면 반복에 관한 토론의 와중에 프로이트는 분명 귀기에 관해 이야기한다. 이때 귀기는 좋든 나쁘든 무관하게 어린 시절의 원초적 힘과 경험이 인생 전반에 영향을 미친다는 뜻으로, 그것이 감지되면 으스스한 느낌uncanny을 받게 된다. 웹스터 사전에 따르면 귀기는 그리스 신화에서 "인간이 아닌 초자연적인 힘. 그래서 결코 분명하게 인격화되지는 않아도 인간의 삶과 운명에 결정적 힘을 갖는 신성神性"이다. 내 생각에 프로이트는 우리가 어쩔 수 없이 따르게 되는 그 무엇을 이드라고 개념 지었고, 그것이 귀기에 관한 관심으로 드러난 것 같다. 이드는 우리가 어쩔 수 없이 그 힘에 따라 살아가게 되는 어떤 것으로, 우리로서는 결코 제대로 조절 혹은 숙달할 수 없으므로 비인간적인 힘이다. 그것은 소위 자아의 힘이라고 부르는 것보다 시간적으로도 이전에 생겼으며, 어떤 면에서 보면 이후 성취하게 되는 모든 의지와 조절 위에 군림한다. 그래서 마치 우리의 의지와 조절은 최근에 만들어진 인격의 표피일 뿐 핵심적 알맹이가 아닌 것처럼 보인다. 슈어는 이드 개념을 자세히 논하며 이드 개념이 순전히 경제적인 것으로 축소 이해되고 있는 작금의 경향을 오류라 지적한다. 사실 프로이트 자신이 이런 경향에 일조한 것도 맞다. 더해서 광의의 이드 개념에서 이런 힘들은 인간의 가장 창조적이고 파괴적인 잠재적 본성을 나타내기도 한다. "귀기", 에로스, 죽음의 본능 같은 단어들 또한 이런 의미로 이해되어야 한다. 이런 잠재성, 귀기의 핵, 이드(전능성의 정신분석적 개념과 관련이 있다) 같은 것들이 인간의 삶에 도움이 되기 위해서는 제약과 훈육이 필요하다. 하지만 결국 인간의 삶은 질병과 쇠약을 통해 종말에 이르게 되고, 그런 의미에서 보면 우리는 결국 자멸한다고도 말할 수 있다. 우리가 조절할 수 없는 어떤 힘 때문에 삶과 죽음의 순환을 반복하는 셈이다. 이 같은 관점으로 죽음의 본능과 반복강박을 생각한다면 아직 할 이야기가 더 있을 것이다. 나는 프로이트가 이런 생각들과 씨름했으나 결과적으로 이 생각을 상당히 시대착오적인 과학적-경제적 개념과 공식에 밀어 넣는 바람에 그다지 훌륭하지 않은 결과물이 만들어졌다고 확신한다.

프로이트는 모든 것을 아우르는 "비인간적" 원리인 반복강박이 작동하는 여러 현상의 예를 들었다. 내 생각에 그는 이 예들을 새로운 이론에 대한 "과학적 증거"라기보다는 옛날 이론으로는 잘 설명되지 않는 어떤 찌꺼기가 포함된 현상으로 여겼고, 그래서 색다른 설명을 시도한 것처럼 보인다. 그 찌꺼기는 꿈에서의 반복된 외상 사건에 대한 슈어의 설명만큼이나 암시적인 것 같다. 그리고 내 생각에 이 암시성은 반복강박과 밀접한 관련이 있는 "이드 저항"에 대체로 적용된다. 그렇다고 꿈에서 외상이 반복되는 현상에 있어 자아의 측면을 무시하거나 축소하는 것은 전혀 아니며, 사실 이 부분은 슈어가 설득력 있게 보여 주고 있다.

내가 말하고 싶은 마지막 주제를 프로이트식으로 말하면, 이드 저항의 형태로 드러나는 반복강박이다. 즉, 이드 저항과 훈습 간의 관계다. 훈습은 자아가 오래된 갈등 경험과 그것들의 "강박적" 반복을 현재의 삶, 특히 전이 상황에서 다루고 연습하는 것이다. 비록 의식 수준이 아니더라도 말이다. 내가 다른 데서 언급했듯(1955), 훈습이라는 용어는 일차적으로 억압을 걷어내고 자아의 방어를 해석하는 분석작업과 관련이 있는 게 아니다. 좀 더 정확하게는 이드 저항, 즉 임상적 의미에서 반복하려는 강박, 다시 말해 "무의식적 원형이 억압된 본능에 행사하는 유혹"(Freud, 1926, p. 159)과 관련이 있다고 생각한다. 고통스러운 감정과 갈등을 반복하려는 강박 안에, 꿈을 통해 트라우마를 반복하려는 강박 안에, 전이 신경증과 "운명 신경증" 안에 다소간 "과거를 지우고 싶은 소망"적 요소가 있다는 것은 분명하다(p. 189). 그리고 슈어의 말처럼 과거를 반복하고 싶은 소망도 있을 것 같다. 즉, 둔감한 부모와 저주받은 운명에 의해 저질러진 일을 없애 버리고 싶은 소망만이 아니라 더불어 다른 방법으로 그 일을 처리해 보고 싶은 소망도 있다는 이야기다. 이 소망은 "무의식적 원형이 억압된 본능에 행사하는 유혹"에 의해 좌절되는 경향이 있다. 이 소망은 반복하려는 강박의 자아 쪽 모습이되 원초적 자아와 그의 마술적 작동이 아니라 좀 더 고차원적 수준에서 반복하려는 성숙한 측면일 것이다. 반복은 추가적인 명료화가 필요한 개념이다. 단순한 되풀이의 의미로 국한되어서는 안 된다.

환자들이 외상 경험에 집착하고 그 경험을 반복하려는 이유는 단지 그 세월 *때문이라는*, 그러니까 단지 그 경험의 강도와 원시적 특성, 다른 말로 귀기 때문이 아닐까 하는 인상을 자주 받는다. 혹자는 여기서 피학성을 말하고 싶을 텐데, 느슨하게 말하면 자아가 이드에 피학적 투항을 했다고 볼 수도 있겠다. 일군의 젊은 환자들에서 이런 특징을 특히 많이 발견할 수 있다. 무언가 귀한 것을 포기하지 못하는 저항, 이 경우 귀한 것은 고통스러운 것일 수도 있고 환희에 가득한 것일 수도 있으나 그것은 그 강도나 특별함에 있어 매우 귀하다. 처음 경험한 것이어서 더욱 특별하고, 그 경험의 통절함이 지극하여 다시 겪을 수 없이 느껴지므로 영원히 그리워하게 된다. 훈습은 무엇보다 이 저항과 씨름하는 것이다. 만약 여러분이 듣기에 내가 지금 프로이트의 죽음본능에 관해서 이야기하는 것이 아니라 이드가 이끄는 강렬함 속에서 자신을 소모케 하는, 지극한 기쁨과 고통에의 충동을 말하고 있는 것 같다면 제대로 이해한 것이다. 절정은, 그것이 신앙에 의한 것이든 약에 의한 것이든, 아니면 섹스를 통한 것이든, 이렇게 사랑과 자기-파괴 혹은 에로스와 타나토스가 하나가 되는 매혹을 포함한다. 프로이트가 죽음본능, 리비도와 공격성의 융합fusion과 해리defusion, 그리고 일차적 자기애와 일차적 피학성, 반복강박 같은 것에 대해 곱씹고 있었을 때 그의 마음 안에는 아마 이런 것들이 있었을 것이다.

훈습은 자아가 "수동적"으로 경험한 것들을 "능동적"으로 반복하되 한 차원 높은 수준에서 반복하는 현상으로 보인다. 이때 한 차원 높은 수준의 의미는 더 많은 차원으로 이루어진, 더 잘 분화되고 통합된 경험과 기능의 수준이다. 훈습은 분명 과거를 다시 겪음redoing과 연관되지 겪음의 취소undoing와는 무관하다. 여기서 반복은 되풀이나 재생이 아니라 재-창조다. 이러한 재-창조적인 반복을 "강박"이라 칭하는 것은 자기self의 바깥에서 바라보고, 이드, 자아, 초자아를 벗어나서 바라보며, 쾌락원칙과 현실원칙을 넘어서는 관점이라 할 수 있다.

참고문헌

Freud, S. (1900): The Interpretation of Dreams. S.E. 5.

Freud, S. (1915): S.E. 14.

Freud, S. (1919): S.E. 17

Freud, S. (1920): S.E. 18.

Freud, S. (1923): S.E. 19.

Freud, S. (1926): S.E. 20.

Freud, S. (1940): S.E. 23.

Loewald, H. W. (1955): Hypnoid state, Repression, Abreaction and Recollection. JAPA 3:201-10. 이 책 3장.

Schur, M. (1966): The Id and the Regulatory Principles of Mental Functioning. New York: International Universities Press.

06

내면화

(1973)

마음에 관해 이야기할 때 제일 중요한 건 어떤 관점을 취하냐는 것이다. 이드 심리학처럼 성적 혹은 공격적 욕동drive의 관점에서 목표aim를 이루지 못하거나 즉각적인 만족을 얻지 못한 모든 경우는 좋게 말해 우회적 만족이고 나쁘게 말하면 실패일 뿐이다. 이렇게 보면 인간의 마음은 죄다 우회적 만족이나 실패에 그치고, 인간은 그저 아픈 짐승일 따름이다. 이런 관점에서는 대상 관계 또한 욕동의 표현에 불과하다. 그래서 자기애, 심리구조의 형성, 내면화 같은 것은 좌절과 실망, 두려움에 대한 차선책으로, 현실로부터의 방어적 도피거나 효과가 미심쩍은 적응일 뿐이다.

한편 내적 세계의 관점에서 보면 그것이 필사적으로 회피하거나

이 논문은 1937년에 처음 발표되었지만 1965년 샌프란시스코에서 짧은 형태로 발표된 적이 있다. 1965년에서 1966년까지 서부 뉴잉글랜드 정신분석연구소의 후원으로 뉴헤이븐에서 내면화에 대한 세미나가 진행되었다. 내가 제안을 했고 Roy Schafer와 내가 토론을 이끌었다. 많은 이가 초대되었다. Edith Jacobson, Heniz Kohut, Heinz Lichtenstein, Samuel Novey, Talcott Parsons, Max Schur 같은 이들이 발표를 했다. 첫 시간에는 내 논문을 토론했고, 토론 덕분에 관련 이슈들이 명료해지고 확장될 수 있었다. 같은 주제에 대한 좀 더 야심 찬 글을 써 보려고 했으나 아직은 진행 중이다. 그래서 나는 1972년에 이렇게라도 발표를 하기로 마음을 먹었다.

적응하려고 하는 외적 현실이 오히려 환영illusion 같아 보인다. 외적 대상을 잃어버리거나 거기서 멀어지면 반드시 내면의 대체물을 요구하게 된다. 하지만 내면의 입장으로 보면 외려 외적 대상이란 것이 내적 대상의 대체물 같고, 견고한 내적 현실에 비해서 덧없고 허망해 보일 뿐이다.

심리구조psychic structure의 관점에서 보면 본능적 욕동은 인간 심리의 요소들, 혹은 그들의 흔적이나 그 원초적 표현으로 볼 수 있다. 다시 말해 시간이 지나면서 결국 방어나 건강치 못한 형태의 심리적 현상으로 전락해 버리게 될 생물학적 현상이 아니란 이야기다. 마찬가지로 초기 대상과의 애착도 나중에 가지게 될 내적 관계와 심리구조, 인격, 외부현실과의 상호 작용을 예고하고 암시하는 필수적 전조가 된다.

이상의 관점을 오가다 보면 여러 가지 이야기를 할 수 있고, 이들을 병치하고 섞으면서 인간이라는 갈등적이고 모호한 존재에 대해 좀 더 성공적으로 이해할 수 있게 될 것이다. 정신분석적 심리학이 풍요롭고 모호한 이유는 대부분 암묵적으로 인정되고 있는 이 같은 관점의 유동성 때문이다. 정신분석의 또 다른 특징은 개인의 내적 삶을 따로 떼어서 생각하는 게 아니라 사회문화적 관점 혹은 신체생물학적 관점과 연결해 다중적으로 사고하는 데 있다. 정신분석의 관점에서 보면 사회, 문화, 육체는 개인의 심리와 영향을 주고받으므로 모두 정신분석의 연구 대상이다. 그렇지만 과학으로서 정신분석의 최후 임무는 인간의 심리적 구조와 기능, 그리고 그것들의 발달과 변화를 연구하는 것이다. 물리학의 주제가 우주를 이루는 물체들의 성격에 관한 것이고 생물학의 주제가 생명 현상이라면, 정신분석의 주제는 개별 정신의 성격이다. 이런 의미에서 정신분석은 물리학이나 생물학보다 훨씬 협소한 과학이고 정신 현상 일반을 다루는 심리학보다도 더 협소하다.

내면화라는 개념은 심리구조와 심리기능이 어떻게 형성되고, 유지되고, 발달하는지에 대해 생각하는 데 도움이 된다. 여기서 우리의 질문은 기본적으로 심리구조가 어떤 기능과 목적을 가지는가 하는 것이 아니다. 즉, 자아나 초자아의 기능들, 그것들이 어떤 하는 일에 대해 논하는 것이 아니다. 우리는 그것들이 어떻게 형성되고 유지되고 발달하며, 어떻게 기능하게 되는지 묻고 있다. 여기에는 일정한 발생적 · 역동적 원리가 있을 것이고, 그 기능과 목적이 위 주제들에 대한 이해를 도울 것이다. 미리 말하자면 내면화는 마음의 여러 기능 중 하나가 아니라 마음이 작동하는 기초적 기능 방식이라고 할 수 있다.

그동안 내면화를 비롯한 다양한 용어들이 사용되어 왔다*(internalization, internalize, inner world, internal world 등)*. 프로이트에게 여러모로 직간접적인 영향을 준 니체는 그의 책 『The Genealogy of Morals』에서 죄책감과 양심을 진화론적으로 고찰하던 중, 내면화에 대해서 이렇게 말한다.

> 바깥으로 분출되지 못한 모든 본능은 안으로 향한다. 이것이 내가 말하는 인간의 내면화다. 여기서 나중에 인간의 "영혼Soul"이 생긴다.

이 정식과 프로이트가 말한 "자신을 향하는 본능"의 "변천"을 비교해 보라(1915). 니체의 주장에 따르면 내면화는 계통발생적으로 새로운 생물학적, 혹은 사회화 조건의 압박 아래서 발달한다. 하지만 그는 내부로 향한 본능은 외부의 압박에 의한 직접적 결과물이 아니라 간접적 결과물이라고도 한다. 변화된 환경과 새로운 문화-사회적 발달은 본능을 단순히 억제하지 않는다. 오히려 본능의 외적 분출을 별 소득 없는 것으로 만들어 버린다. 니체에 따르면 내면화를 일으키는 것은 억압을 초래하는 외부의 압도적이고 적대적인 힘이라기보다는 외부와의 상호 작용을 박탈당한 내적 · 본능적 힘이다. 니체는 본능을 심리 기관에 부딪히는 내적 자극으로 이해하지 않고, 내부를 향하고 내부에서 배열되어 영혼과 "심리 기관"을 생성케 하는 심리적 힘으로 이해했다. 정신분석적 용어를 쓰자면 니체가 묘사하고 있는 것은 리비도와 공격적 카텍시스가 자기애적 · 피학적 카텍시스로 변환되는 모습으로, 인용된 문장에서는 공격성이 강조된다. 그의 논의는 급격하고도 의식적인 관점의 전환을 보이는데, 처음에는 억제되지 않는 본능을 가진 한 동물의 불행한 운명에 관해서 이야기하다가 갑자기 인간을 인간으로 만드는 영혼의 생성에 대한 "경이로운" 묘사로 옮겨간다. 이 책에서 니체가 매우 강조하며 논하고 있는 개념은 Hartmann(1939)이 말한 "기능변화change of function"와 유사한 것으로 상기한 관점의 이동과도 관련이 있다.

프로이트는 "내면화"라는 단어를 거의 사용하지 않았지만, 문명의 발달에 따른 공격적 성향의 내면화에 관해서는 이야기한 바 있다(1933b, 1937). 그는 이것이 아마도 내적 갈등이 잘 생기는 경향과도 관련이 있고 죽음본능과도 연관이 있을 거라고 말했다(1937). 그는 『Group Psychology and the Analysis of the Ego』(1921)에서는 "안으로 들어오는 외부의 방해물"을, 『New Introductory Lecture』에서는 외적 속박의 내면화를(1933a), 『Inhibitions, Symptoms and Anxiety』에서는 위협의 내면화를 언급했다(1926). 마지막으로 언급한 책에서 프로이트는 내면화의 정도라는 개념을 이야기하는데, 여기서 내면화의 정도는 거세불안에서 시작해 사회적 불안과 양심에 대한 두려움에 이른다. 한편 프로이트에게 "내적 세계"라는 용어는 동일시와도 관련이 있지만 사고 과정(관념적 표상)과도 역시 관련이 있다.

Hartmann과 Loewenstein은 내면화를 좀 더 자세히 정의했다(1939, 1962). 그들은 내부 혹은 내부세계라는 용어를 프로이트처럼 넓은 의미로 사용하면서 주로 적응이라는 관점에서 고찰했다. 그들은 내면화를 동일시identification, 합입incorporation, 내사introjection 등과 구분하려 했으나 알다시피 그 토론은 결론이 나지 않았다. 이상의 세 사람은 기본적으로 내면화에 대해서 그 형태나 기전과는 무관하게 "외부 세상과의 상호관계를 (…) 조절"하는 작용이 심리 내부로 들어온 것이라고 말한다(1962). 슈어는 하트만보다 한 걸음 더 나아가서 내면화를 광의의 진화적 · 생물학적 개념으로 이해한다(1966). 그의 이해는 나와 딱히 충돌하지는 않으나 나의 개념보다 훨씬 넓은 의미이며 정신분석에만 한정되지 않는다.

Rapaport(1957)와 Sandler(1960)가 특별히 구분하려고 한 지점이 있다. 바로 inner model 또는 schemataSandler, 혹은 외부세계에 대한 inner mapRapaport이라고 부르는 것들과 동일시, 내사 등의 용어로 표현되는 "수용과정"의 차이다. 라파포트는 "외부세계의 방향성을 조정하는 inner world, 즉 inner map"과 "동일시, 방어, 자아, 이드 같은 중요한 구조들"이 만드는 internal world를 구분했다. 그는 하트만이 이렇게 서로 다른 두 가지 현상을 한데 뭉뚱그려 내면화로 정의해 버렸다고 타당한 비판을 가한다. 그리고 "인간의 inner map은 (…) internal world가 조직하는 역학적 공간 안에 있다"(1957)라고 말한다. 내 생각에도 이 구분은 중요하다. 내가 쓰는 내면화라는 단어의 의미는 위에서 말한 internal world의 형성 과정과 그 구조적 결과물 모두를 의미한다. 하지만 inner model이나 schemata, 혹은 inner map을 의미하지는 않는다. 이것들은 대상, 그리고 그들과의 관계로 이루어지는 외부세계의 표상일 뿐이다. 이것들은 internal world가 생성되며 가능해진 정신적 기능인 듯하다.

Melanie Klein의 내면화와 internal object는 비록 중요한 주제이지만 여기서 다루지는 않겠다. 그리고 Schafer의 중요한 논문(1968),

그리고 내 글에 대한 그의 비평도 마찬가지로 다루지 않겠다.[1)]

내면화와 억압-방어

당분간 나는 "내면화"라는 용어 아래 여러 가지 서로 다른 과정들을 포함하겠다. 예를 들어 심리적 함입, 내사, 동일시, 자신을 향하는 본능, "자신을 향하는 욕동"(Arlow and Brenner, 1964) 등이 그것이다.

앞서 나는 심리적 발달을 논할 때 어떤 관점을 취하느냐가 중요하다고 말한 바 있다. 항상성 원리의 관점에서 생명 현상과 정신 현상은 휴식으로 가는 길에서 이탈하거나 우회하는 상태이며, 궁극적으로는 태초의 휴식 상태를 방해하는 힘에 대한 방어로 이해될 수밖에 없다. 그래서 방어는 심리작용의 필수적 기능이자 목적이 되어 버리고, 발달 과정에서 보이는 그들의 고차원적이고 복잡한 조직화 또한 역시 지속적인 방어적 전투의 증거가 된다. 마치 프로이트가 말한 공포증이 만들어지는 원리와 유사한 셈이다. 혹여 억압이 실패해서 억압된 것이 귀환해 버리면 억압은 성공하지 못한 방어가 되어 버리고, 이제 신경증의 형태로 발현된 억압물은 마냥 배척되기보다는 어떻게든 자아에 포섭되어야 한다. 그래서 자아는 억압을 통해 불편함을 물리치는 대신 그것들을 받아들여 그 자신의 조직화에 포함할 수 있어야 하는데, 특히 정신분석에서 이런 일이 벌어진다. 이런 수용은 여러 형태로 일어난다. 하지만 우리는 여기서 잠시 멈추고 지금 방어 개념에 무슨 일이 생기고 있는지 물어봐야 할 것 같다. 비록 복잡한 우회로를 통할지라도 태초의 휴식을 방해하는 자극을 막고

---

1) W. W. Meissner가 연이은 발표를 통해 내면화와 동일시 개념의 명료화에 공헌했다(1970, 1971, 1972, 1974). 하지만 내가 이 글을 쓸 당시 그의 글들은 아직 발표되지 않았다.

없애는 것으로 자아의 기능과 목적이 정의된다면, 지금 우리가 방어 대신 수용을 이야기하는 것은 자아의 기능을 포기하자는 뜻이 되는가?

아니다. 우리의 관점이 달라졌을 뿐이다. 우리가 방어로서 억압을 이야기하고, 자아의 조직화는 억압된 것을 배척하기보다는 수용해야 한다고 말할 때, 우리는 자아의 관점에 서게 된다. 항상성 원리나 니르바나 원리에서 보면 자아가 억압된 것을 수용하는 것은 억압보다 약간 더 고차원적인 방어일 뿐이다. 하지만 자아의 관점에서 보면 방어는 수용으로 대체되었고, 그렇게 자아는 풍요로워진다. 자아의 입장에서 이것은 구성과 기능 면에서 이득이다. 심리적 관점에서 봤을 때는 높은 수준의 풍요로운 조직화로 보이는 것이 항상성 원리의 입장에서는 휴식을 향한 길이 좀 더 복잡해지고 지연된 것으로 보이는 셈이다. 억압은 성공하면 할수록 정신을 피폐하게 만들어 결과적으로 휴면 상태를 향하는 직접적인 경로가 되어 버린다. 어쩌면 그런 목적으로는 선호되는 방법이라고도 할 수 있다. 자아가 더 넓고 고차원적으로 조직화되면 거기엔 휴면과는 거리가 먼, 더 많은 삶이 있다.

일단 우리가 자아의 입장에 서게 되면, 혹은 심리적 조직화의 입장에 서게 되면 우리가 다루는 방어의 개념은 자아의 입장에서 방어이고 자아에 도움이 되는 한에서만 유용한 것이다. 자아는 자신을 교란하는 힘에서 자신을 보호하지만, 그러는 와중에 그 자신의 영역을 좁힐 우려가 있고 자칫 방어가 실패하면 더 교란되는 경향이 있다. 내면화를 프로이트가 『The Ego and the Id』의 세 번째 장에서 말한 동일시의 뜻으로 이해했을 때, 내면화는 억압과는 전혀 다르다. 억압은 자아의 방어 기제로, 자아는 억압을 통해 자신을 보호하지만, 내면화에서 자아는 자신을 드러내고 성장을 도모하기 위해 스스로 자신의 조직화 정도를 느슨하게 만든다. 비슷하게 자아의 관점에서 보면 초자아의 형성도 오이디푸스 콤플렉스에 대한 성공적, 비-성공적 방어나 억압이 아닌 다른 무엇으로 이해해 볼 수 있다. 프로이트도 이런 생각을 제시했으나 더 파고들진 않았다. 초자아의 형성이 성공적이면 성공적일수록 오이디푸스 콤플렉스에 내재한 충동은 억압되지 않고, 프로이트의 표현대로 파괴되고 소멸한다. 대신 오이디푸스 콤플렉스의 요소로부터 심리구조가 형성되는데, 여기서 내가 내면화라고 부르는 작용이 일어난다. 「The Dissolution of Oedipus Complex」(1924b)에서 프로이트는 "그 과정은 (…) 억압 그 이상이다"라고 했다. 만약 그렇지 않다면 오이디푸스 콤플렉스는 "이드 안에서 지속되고 나중에 병적 효과를 드러낼 것이다". 그러니까 정상적으로 초자아라는 심리구조가 유동적이고 연약하다는 것을 인정한다면 억압과 내면화 모두 오이디푸스 콤플렉스의 "해소resolution"와 관련된다는 사실을 알 수 있다.

여기서 분명히 하고 싶은 것은 초자아의 형성은 특별히 관찰 가능한 내면화의 한 예에 불과한 것으로, 내면화가 초자아 형성에만 관여하는 건 아니라는 점이다. 내면화는 자아의 형성에도 필수적이다. 하지만 이 논문에서 나는 내면화의 분명한 예인 초자아 형성에 대해 주로 논할 것이다.

오이디푸스 콤플렉스의 파괴는 어떤 속성을 가지는가? 잠복기가 시작되면서 사라진 콤플렉스는 사춘기 시작 이후, 비록 다른 수준이지만 다시 나타나기 때문에 프로이트는 "자아가 콤플렉스에서 멀어져 간다"라고 말할 수 있었다(같은 책). 그런데 만약 콤플렉스가 파괴되어 "잠복기로 들어"간다면 그때도 멀어진다고 말할 수 있나? 콤플렉스가 많이 파괴되면 될수록 자아는 콤플렉스로부터 멀어지거나, 콤플렉스를 자신으로부터 떼어놓거나 억압하는 대신 콤플렉스로 다가가 그것을 "헐어 버리거나demolish" 흡수해 버린다. 생물학적 대사 기능에 비유하자면 흡수는 관계와 구조를 요소들로 분해하고, 이 요소들이 또 다른 조직화의 과정에서 다시 구조화되는 과정을 수반한다. 이런 식으로 여전히 연관을 지닌 새로운 구조가 발전하는 것이다.

나는 억압과 내면화에 대해서 프로이트가 했던 구분보다 훨씬 엄밀하고 견고한 구분을 짓는 것이 이론적으로나 임상적으로 아주 중요하다고 믿는다. 내면화는 정신 전체를 보다 일관되게 통합하고 짜임새 있게 만든다. 하지만 억압은 일련의 정신적 작용을 조금 덜 짜임새 있게 만들고, 좀 더 원초적인 상태 또는 이드 상태로 돌려 정신을 일관된 조직으로 만드는 과정에 역행한다. 이때 오이디푸스 콤플렉스의 애정적-공격적 대상 카텍시스는 억압되어 대상을 통해 해소되지 못하는 상태로 유지된다. 그들은 통합된 자아에 의해 "파괴"되거나 흡수되는 대신 억압되어 낮은 수준의 정신적 조직화 정도에 머문다. 그래서 억압은 대상 표상과 대상 관계를 유아적 수준에 머물게 하는 경향이 있다. 하지만 초자아 형성에서 볼 수 있듯 내면화의 경우에 오이디푸스 관계 그 자체는 포기되고 파괴되며, 그 요소들은 고차원의 정신적 구조를 형성하고 높은 조직화 수준의 대상 관계의 발달로 이끈다. 우리가 아는 한, 억압과 내면화가 각각 이 과정에 기여하는 정도에 대한 문제는 환경적 조건에 상당 부분 달려 있다. 다시 말해 오이디푸스 상황에서는 결정적인 상호 작용을 하게 되는 부모에게 달린 셈이다. 오이디푸스 콤플렉스가 포기되고, 파괴되고, 초자아의 형태로 재구성되려면 오이디푸스 관계가 적당해야 한다. 즉, 너무 압도적이거나, 방해되거나, 금지되어서는 안 된다.

방어적 조직화(억압)에서 대상 카텍시스는 유아적 수준으로 유지된다. 그에 비해 내면화에서는 대상 카텍시스가 자기애적 카텍시스로 변환된다. 즉, 조금 더 복잡한 자아 조직으로 변환되는 것이다. 오이디푸스 콤플렉스가 파괴되면 오이디푸스 대상 관계가 포기되고, 오이디푸스 대상 카텍시스는 소멸해서 그 잔재들이 자기애적 카텍시스, 즉 심리구조를 만들고 유지하는 카텍시스로 변하게 된다. 나는 여기서 자기애적이란 용어를 임상적-묘사적 의미가 아닌 메타심리학적 의미로 쓰고 있다. 이 과정은 다른 논문에서 내가 묘사했던 애도의 과정과 유사하다(1962).

억압에서는 다르다. 오이디푸스 대상 카텍시스는 부모로부터 분리된 채 무의식적 대상 관계의 환상 안에서 지속된다. 그에 반해 진정한 초자아의 형성은 무의식적 대상 관계 환상이 아니라 추상적인 심리적 재구성의 형태를 띤다. 여기서 추상은 구상 미술에 반대되는 의미에서 추상이라는 뜻과 같다. 추상 미술에서는 대상 및 대상과의 통상적 관계가 파괴되고 새로운 원리에 의해 재구성된다. 추상 미술은 그런 식으로 새로운 구조화를 통해 새로운 차원의 현실 조직화를 만든다. 내면화 과정도 마찬가지다. 대상 관계는 내면화를 통해 얻은 새로운 고차원의 심리구조에 의해 새로운 차원으로 격상된다. 그리고 대상 역시 한 차원 높은 수준의 통합을 얻는다. 초자아를 예로 들면, 오이디푸스 대상 관계의 포기와 내면화로 인해 새롭고 성숙한 대상 관계가 만들어진다. 아이가 부모와 맺던 미숙하고 원초적인 대상 관계는 비-근친상간적일 뿐 아니라 성숙한 대상 관계로 대체되는 것이다. 아이가 성숙해지며 부모와 여타 대상들도 바뀌게 된다. 고정불변의 대상을 다른 방식으로 대하는 것이 아니라는 말이다.

어떤 환경에서는 내면화에 의한 심리구조의 형성이 어느 정도 가역적이다. 이는 어떤 환경에서는 억압이 가역적이란 말과 같은 이치다. 정신분석에서 그런 일이 벌어진다. 그리고 내면화로부터의 귀환이라고 불리는 현상도 분석 기간 내내 초자아의 변화 양상을 통해 익숙하게 관찰된다. 정신증의 정신분석에서는 심리구조의 취약성 때문에 내면화의 가역성이 특히 중요한 역할을 하지만, 지면 관계상 여기서는 상론하지 않겠다.

내면화를 통한 심리구조 형성의 예인 "오이디푸스 콤플렉스의 파괴"로 돌아가 보자. 물론 콤플렉스의 파괴 자체는 심리적 구조물을 만드는 한 과정에 불과하다. 내가 여기서 파괴라는 측면을 강조하는 것은 초자아 형성에 관여하는 것은 억압이 아니라는, 좀 더 정확히는 억압만으로 충분하지 않다는 것이다. 억압된 것은 억압될 뿐 부서지지 않는다. 억압된 것의 구조는 보존이 된다. 다만 그 위치가 변하고 구조가 느슨해지거나 조여질 뿐이다. 크게 변하는 것은 억압된 것과 자아의 관계다. 자아는 억압된 것을 자신에게서 멀리 떨어뜨리거나, 그 자신이 억압된 것에서부터 물러난다. 프로이트는 『Beyond the Pleasure Principle』의 세 번째 장 첫머리, 『The Ego and the Id』의 첫 번째 장 마지막에서 신경증적 갈등에 대한 자신의 의견을 수정했다. 즉, 구조이론의 관점에서 갈등은 의식과 무의식 사이가 아닌 "일관된 자아와 억압된 것 사이"에 있다는 것이다. 여기서 강조는 억압된 것의 특징은 그 무의식적 속성에 있는 것이 아니라, (비록 무의식은 맞지만) 억압된 것이 일관된 자아로부터 동떨어져 있다는 사실에 있다. 내가 말하는 의미의 내면화는 일관된 자아에서 분리되는 과정이 아니라 그 자아의 주요 부분이 되는 과정을 뜻한다. 내면화되는 것과 억압되는 것은 모두 (역동적 의미에서) 무의식적이지만, 전자는 일관된 자아의 구조적 구성 요소가 되고 후자는 그렇지 않다는 차이가 있다. 초자아는 "자아 안에서 분화된 것"으로, 다시 말해 일관된 자아에서 분리된 것이 아니라 그 안에서 분화한 것이다. 즉, 오이디푸스 콤플렉스의 해소에 따라 가능해진 자아의 추가적인 조직화인 셈이다. 탈-성애화나 중성화는 내면화에 따른 이화catabolic 과정으로, 동일시나 승화 같은 단어는 같은 과정의 동화anabolic 과정으로 이해할 수 있다.

억압이 특정 환경에서 내면화로 가는 중간 기착점일 수 있냐고 질문할 수 있다. 억압된 것들은 궁극적으로 일관된 자아에 의해서 처리될 수 있다고 할 수 있는데, "무의식을 의식으로" 만드는 과정이 아니라 분리를 취소하는 무의식적 자아 기능에 의해 처리되는 것이다. 하지만 억압이 능동적인 과정인 만큼, 즉 교란에 대항해서 자아가 현재 자신의 조직화 수준을 보호하려는 특징을 가지는 만큼 억압은 내면화와 반대된다. 억압은 내면화를 막고 바깥 세계와의 적절한 상호 작용도 방해한다.

마지막 본능 이론을 발전시키면서 프로이트는 항상성 원리와 쾌락-불쾌 원칙, 니르바나 원리와 죽음본능에 관한 입장을 수정하려 했었다. 이 주제는 여기서 상론하기에는 너무나 복잡하다. 슈어는 그의 책 『The Id and the Regulatory Principles of Mental Functioning』(1966)에서 이 주제를 명료하게 정리했다. 지금으로서는 이 정도만 말하면 될 것 같다. 에로스와 타나토스, 즉 삶과 죽음의 본능은 메타심리학적 가정으로서, 물론 가정에 불과하지만, 최초로 항상성 원리나 니르바나 원리를 따르지 않는 상호 독립적인 정신적 힘이 된다. 과거 쾌락원칙에서 쾌락의 메타심리학적(경제적) 의미는 절대적 안정과 "죽음"을 추구하는 과정으로, 불쾌 혹은 "자극"의 소멸이나 감소를 의미했다. 이제부터 이런 경향은 죽음의 본능이라 불린다. 이런 의미에서 죽음의 본능은 전혀 새롭지 않은, 항상성 원리의 새로운 이름일 뿐이다. 프로이트의 마지막 본능 이론에서 정작 새로운 것은 독특한 경향이자 힘으로서 삶의 본능인데, 삶의 본능은 과거의 쾌락-불쾌 원칙으로 환원되지 않는다. 지금 나의 진술은 「The Economic Problem of Masochism」에서 프로이트가 제시한 간략한 설명에 근거한다(1924a). 쾌락원칙은 이제 에로스에 의해 지배되는 것으로 새롭게 정의되고, 과거의 쾌락-불쾌, 니르바나, 항상성 원리는 타나토스, 죽음본능에 근거한다. 비록 부분적일지라도 이 같은 관점의 변화가 의미하는 것이 있다. 그것은 아무리 항상성 원리가 그런 결론을 요구한다 치더라도, 자극 그 자체가 반드시 불쾌한 것은 아니고 마냥 회피되는 경향만 있는 것도 아니라는 사실에 프로이트가 마침내 승복했기 때문인 것 같다. 긴장은 이제 무생물의 관점에서, 즉 제거되어야 할 교란이나 방어해야 할 무엇으로만 이해되지 않는다. 그리고 삶 혹은 심리적 삶도 궁극적으로 니르바나 원리나 죽음의 본능에 의해 지배되는 과정으로 이해되지 않는다. 프로이트의 새로운 이론 발달에 따르면 본능적 힘은 정신 현상에서 긴장을 일으키는 정신적 과정으로, 죽음본능과 같이, 혹은 그에 반해서 작동한다. 그리고 그런 과정에 의해 심리구조는 좀 더 고차원적이고 복잡한 조직으로 만들어진다.

이런 관점에서 보면 억압은 정신 현상과 구조를 낮은 수준으로 유지하므로 죽음본능과 항상성-니르바나 원리의 영향 아래 있다고 말할 수 있다. 반면 내면화는 고차원적 조직화와 풍성한 정신적 삶으로 귀결되므로 에로스나 새롭게 정의된 쾌락원칙, 혹은 그 변형인 현실원칙에 의해 조절된다고 말할 수 있다. 이런 도식은 삶과 죽음본능이 서로에게 미치는 영향을 허용한다. 이 부분은 필수적이라 할 수 있는데, 왜냐하면 억압-방어에도 보호기능이 있으며, 내면화도 외부 대상의 유인에 따라 점검되고 방어적 장벽에 의해 과부하로부터 보호되지 않으면 결국 내적 황폐함과 공허함으로 귀결되기 때문이다. 프로이트의 관점이 근저에서 변화했다는 것을 완전히 이해하려면 그가 이전에 이야기했던 성적 본능과 자아 본능이 모두 불쾌 혹은 니르바나 원리를 따르고 있다는 걸 반드시 알아둘 필요가 있다. 이때 성적 본능은 만족은 자극의 제거를 목표하고, 자아 본능도 비록 우회적 경로를 통해서지만 교란의 방어를 목적으로 삼는다.

이제 애착과 대상 관계의 역할은 자극 긴장의 배출을 통한 만족의 수단(「Instincts and Their Vicissitudes」에서 나온 대상의 정의)에 그치지 않는다. 내면화를 이해하는 데 있어 이 점은 아주 중요하다. 애착은 동일시와 내사의 형태로, 심리구조 형성의 요소가 되고 여기서 자아와 초자아의 형성은 본능과 환경적 자극을 방어하기 위한 구조가 아니라 본능적-상호적 힘이 보다 발전되고 구조화된 것으로 이해된다.

내면화와 동일시

내면화는 발달의 여러 수준에서 일어난다. 엄밀한 의미에서 대상 관계는 오이디푸스 수준에서만 일어난다. 이보다 이전의 현실은 전-대상적이다. 전-오이디푸스 시기에는 주체와 대상 사이의 경계와 구분은 없거나 잠깐 존재하고, 있어도 흐릿하고 유동적이라서 자기와 객관세계의 구분, 안과 바깥의 구분은 명료하지 않고 지속적이지도 않다. 그래서 이 같은 초기 발달 시기의 내면화는 거르고 분류하는 과정을 반복하며 내부와 외부가 분화되는 과정을 의미한다. 내가 논문 「Internalization, Separation, Mourning, and the Superego」(1962)에서 말했던 것처럼, 외부성 및 내부성은 이 같은 초기의 기초적 내면화와 외면화에 의해 수립된다. 이것이 자아가 만들어지는 첫 단계라 할 수 있다. 이렇듯 상대적으로 견고하게 수립된 심리구조의 토대 위에서만 추후 이차적 내면화와 외면화가 일어나고, 초자아도 그런 식으로 형성된다. 여기서 하트만이 가정한 일차적 자아 자율성primary ego autonomy을 논할 수는 없다. 아무튼 그 개념은 여기서 제시된 자아 형성과는 다르다. 내 생각에 하트만의 가정은 메타심리학적 문제를 일으키는데, 그래서 비판 없이 받아들이는 것은 자칫 섣부를 수 있다.

자아 발달의 전-오이디푸스 발달기에서 "대상" 혹은 "대상 관계"를 이야기할 때는, 이 시기 대상이나 대상과의 관계는 객관적 관찰 수준에만 존재한다는 사실이 고려되어야 한다. 관찰자의 눈에는 아기가 엄마와 관계를 맺고, 하나가 다른 하나와 관계를 맺는 것처럼 보이지만 사실 이건 아기의 심리적 상태는 아니다. 그리고 엄마의 심리적 상황도 역시 아니다. 성인기 삶에도 이렇게 주체와 대상의 구분이 흐릿해지고 일시적으로 없어지는 상황이 있는데, 가령 열정적인 사랑과 "엑스터시"의 순간 같은 것들로, 이런 일은 드물고 예외적이며 딱히 병리적이라 부를 수 없다.

여기서 우리가 말하고 있는 것은 초기의 심리적 발달 수준이 단순히 극복되거나 지나가는 것이 아니라 성인기 삶에서도 여전히, 최소한 간헐적이나마 활발하다는 사실이다. 그들은 나중의 발달 단계와 공존하고, 비록 그것에 의해 가려질지라도 추후 발달에 영향을 미친다. Ernst Kris는 "자아를 위한 퇴행regression in the service of the ego"이라는 용어로 이상의 문제들을 논했고, 프로이트는 "심리적 보존의 문제" 혹은 초기 자아 상태의 유지를 이야기했었다. 이런 맥락에서 프로이트가 "정신적 과거"의 파괴 여부라는 문제를 재고했었다는 점은 의미가 있다. 그는 "지나간 것들이 이제 흐릿해져서 (…) 어떠한 방법으로도 회복되거나 다시 활성화되기는 불가능해질" 가능성에 관해 이야기하고 있다(1930). 내 생각에 여기서 그는 일찍이 내가 제기한 문제, 즉 내면화의 가역성의 문제를 건드리고 있는 것 같다. 현재의 맥락에서도 이 문제의식은 타당한데, 왜냐하면 일차적 내면화가 오이디푸스기 이후와 성인기에도 계속 작동하기 때문이다. 말하자면 우리가 대상 관계나 객관적 현실이라고 부르는 것의 기초가 되는 내부와 외부의 구분은 부분적으로 흐릿해지고 사라질 수 있다. 탈분화가 일어나서 둘 사이의 경계가 사라지고 다시 새로운 경계가 생길 수 있는데, 이는 창조적 과정을 이해하는 데도 중요한 정신적 현상이다.

하지만 주체와 대상의 구분이 일견 견고히 이루어진 것처럼 보일 때도, 그러니까 병리적, 예외적 상황에서처럼 자아의 경계가 흐려지지 않은 경우에도 상황은 생각보다 간단하지 않다. 가령 모든 친밀하고 가까운 대상 관계는 자기애적 양상을 보이고 동일시를 포함한다. 대상과 떨어지거나 대상을 잃는 경험을 통해서 이 점을 분명히 알 수 있다. 필시 상처를 받을 것이고, 신체 일부가 떨어진 것 같다고 느낄 것이다. 아끼는 자가용이 부서졌을 때 받는 느낌도 이와 비슷하다.

위에서 언급된 심리적 현상들은 대상 관계가 동일시의 요소만이 아니라 애정적-공격적 카텍시스 또한 포함한다는 것을 암시하는데, 둘 간의 비율은 다양할 수 있으며 하나가 다른 하나를 다소나마 압도하기도 한다. 그리고 내면화는 이들 모두, 즉 대상 관계의 애정적-공격적 요소와 동일시 요소 모두를 포기한다는 것을 의미한다. 여기서 나는 정신적 과정의 최종 결과물로서 동일시와 내면화의 차이점에 대해 거론하겠다. 동일시 그 자체는 주체와 대상 사이를, 혹은 그들의 일부를 같게 만든다. 동일시에서 양자가 같아지면 주체와 대상의 융합과 혼돈이 초래된다. 동일시에는 차이를 지우는 경향이 있어서 주체가 대상이 되고 대상이 주체가 된다. 동일시는 내면화로 가는 정거장이다. 하지만 충분히 이루어진 내면화에서는 주체와 객체가 다시 한번 분화되어 각각은 새로운 수준으로 조직화된다. 오이디푸스 콤플렉스의 해소, 혹은 애도 과정 등에서 이루어지는 대상 관계의 내면화에서 내면화 과정이 끝까지 이루어지면 그로 인해 포기되는 대상과의 동일시 여부는 별로 중요해지지 않는다. 반면 멜랑콜리아에서는 대상, 그리고 대상과의 동일시가 포기되지 않는다. 하지만 내면화에서 중요한 것은 이 관계의 내적 · 심리적 · 탈-인격화된 관계로의 전환 여부로, 이러한 관계가 형성될 때 심리적 구조는 풍요로워지고 대상과의 동일시는 포기된다. 내면화 과정의 완결은 대상으로부터 해방을 의미한다. 인간의 삶에 내재하는 필연적인 한계에도 불구하고, 내면화의 완결정도가 클수록 그만큼 그 사람의 내면은 사랑하는 대상과의 관계로 인해 풍요로워지면서도 대상과의 동일시 혹은 환상적 관계로 인해 짓눌리지 않는다. 우리는 아이가 부모에게 갖는 애착이 성인기의 성숙한 이성애로 이행하는 모습을 흔히 볼 수 있는데, 이 관계는 오이디푸스 대상의 포기와 내면화를 통한 비-근친상간적 관계로의 해방을 포함한다. 해방은 단순히 오래된 대상으로부터의 해방이 아니라 우리가 성숙이라 부르는 내적인 해방으로, 과거의 애착을 내면화함으로써 성취된다.

그래서 내면화에 의해 주체와 대상 사이의 애정적-공격적 관계와 동일시가 포기되고 파괴된다. 그렇게 분리된 "정체성"이 만들어지고 회복되며, 대상의 정체성과 주체의 정체성이 정의되고 재정의된다. 다시 말해 정체성은 주체와 대상의 동일시가 아닌 자기-동일성과 개별성을 의미한다. Erik Erikson 등이 말했던 자아 정체성은 이러한 의미로, 자아 정체성은 객관적이고 분명하게 구분된 대상의 정체성과 상관관계에 있다. 한편 정신이 이런 식으로 형성되는 까닭에 자아 정체성은 양극단을 오가게 된다. 한쪽 끝인 내적 정체성은 진정한 의미에서 대상 관계를 가능하게 만들고, 반대쪽 끝인 동일시는 주체와 대상 사이에 형성된 차이를 없앤다. 내면화에 의해서 대상 관계가 없어지는 것이 아니라는 점은 굳이 말할 필요도 없다. 하지만 일차적으로 오이디푸스 콤플렉스가 성공적으로 해소된 뒤 잠복기로 이행했을 때, 관계의 성격은 변해 좀 더 객관적이면서 동일시의 영향을 적게 받고, 덜 열정적이게 된다.

인생에는 다른 시기보다 내면화가 좀 더 활발해지거나 우세한 시기가 있는 것 같다. 정상적인 경우에서 잠복기는 그런 시기 중 하나로, 오이디푸스의 불길과 열정이 잦아들고 정신적 삶의 재구성에 자리를 내준다. 에릭슨이 말하는 모라토리엄은 사춘기 시절, 내면이 붕괴하고 외부 대상과 열정적인 관계를 맺은 이후 나타나는 것으로, 비록 여러 모습으로 드러날지라도 결국은 또 한 번의 다른 잠복기가 필요하다는 것을 의미한다. 이 시기에도 내면화 과정이 우세해지고 그 영향력을 발휘한다. 물론 치료적 정신분석이 표상하는 것도 인생의 내면화 단계이며, 반드시 그래야만 한다. 일과 사랑, 야망에 초래된 실망과 좌절의 고통으로 환자는 다시 한번 내면화를 필요로 하게 된다. 이는 억압을 제거하고, 포기하고, 다시 한번 내적 적응을 하는 과정을 요구한다. 그래서 성공적인 정신분석을 위해서는 상대적인 "자제abstinence"가 필요한 것이다. 하지만 이는 좌절 그 자체를 위한 자의적인 요구가 아니라 정신분석의 내적 필연성이라 할 수 있다. 자제를 통해 한동안 외부의 지나친 영향으로부터 휴식을 취하는 것이다.

동일시와 내면화의 명료한 구분을 위해 다소 과장한 면이 있는 것 같다. 내면화에는 내가 앞선 논문에서 제안했듯 정도의 차이가 있으며, 동일시는 내적인 심리구조로 가는 중간 기착점이라고 볼 수도 있다. 내면화의 이상적 결과는 개인의 자기-동일성이라는 의미에서의 정체성의 확립이지, 대상과의 동일시나 대상과 같아지는 것이 아니다. 예비 단계로서 동일시는 필수적이지만 지속적인 내면화가 이루어지면 이루어질수록 동일시는 내적으로 소멸하고 파괴되어 새로운 심리구조가 생기게 된다.

Andrew Marvell의 시를 인용하며 마치겠다. 이 시는 지금까지 내가 말한 변신에 대해 노래하고 있는 것 같다.

> 우리의 마음은 바닷속과 같아서
> 모든 생물이 자신과 닮은 것들을 곧장 알아보고
> 또다시 그 너머,
> 다른 세상과 다른 바다를 만든다.
> 그렇게 만들어진 모든 것은 소멸하여
> 푸른 그늘 속 푸른 생각이 된다.

The mind, that ocean where each kind
Does straight its own resemblance find;
Yet it creates, transcending these,
Far other worlds, and other seas;
Annihilating all that's made
To a green thought in a green shade.

참고문헌

Arlow, J. A., and Brenner, C. (1964): Psychoanalytic Concepts and the Structural Theory. New York: International Universities Press.

Freud, S (1915): Instincts and their Vicissitudes. S.E. 14.

Freud, S (1920): Beyond the pleasure principle. S.E. 18.

Freud, S (1921): Group psychology and the analysis of the ego. S.E. 18.

Freud, S (1923): The ego and the id. S.E. 19.

Freud, S (1924a): The economic problem of masochism. S.E. 19.

Freud, S (1924b): The dissolution of the Oedipus complex. S.E. 19.

Freud, S (1926): Inhibition, symptoms and anxiety. S.E. 20.

Freud, S (1930): Civilization and Its discontents. S.E. 21.

Freud, S (1933a): New introductory lectures on psychoanalysis. S.E. 22.

Freud, S (1933b): Why war? S.E. 22.

Freud, S (1937): Analysis terminable and interminable. S.E. 23.

Hartmann, H. (1939): Ego Psychology and the Problem of Adaptation. New York: International Universities Press, 1958.

Hartmann, H., and Loewenstein, R. M. (1962): Notes on the superego. The Psychoanalytic Study of the Child, vol. 17.

Loewald, H. W (1962): Internalization, separation, mourning, and the superego, Psychoanal. Quart. 31:483-504. 이 책 15장.

Meissner, W. W. (1970): Notes on Identification. I. Origins in Freud. Psychoanal. Quart. 39:563-589

Meissner, W. W. (1971): Notes on Identification. II. Clarification of related concepts. Psychoanal. Quart. 40:277-302

Meissner, W. W. (1972): Notes on Identification. III. The concept of Identification. Psychoanal. Quart. 41:224-260

Meissner, W. W. (1974): Identification and Learning. JAPA 21:788-816

Nietzsche, F. (1887): The genealogy of morals. In the birth of tragedy and the genealogy of morals. Garden city, N.Y.: Doubleday Anchor Books, 1956.

Rapaport, D (1957): A theoretical analysis of the superego concept. In collected papers, New York and London: Basic Books, 1967.

Sandler, J. (1960): On the concept of superego. The psychoanalytic Study of the Child, vol. 15.

Schafer, R. (1968): Aspects of Internalization. New York: International Universities Press.

Schur, M. (1966): The Id and the Regulatory Principles of Mental Functioning. New York: International Universities Press.

07

반복과 반복강박

(1973)

반복에 관해 이야기하기 위해서는 광범위한 영역의 현상과 문제들을 다루어야 한다. 프로이트의 견해도 특정 영역에 국한된 것으로, 그렇게 보면 이 주제가 얼마나 방대한지 알 수 있다. 반복이란 개념은 아주 일반적인 까닭에 그게 심리적이든 생물학적이든 누구라도 대부분의 삶의 현상과 과정에 적용할 수 있을 것이다. 하지만 지금부터 제시할 파편적이고 개괄적인 견해는 심리적 현상으로서 반복의 몇몇 쟁점에 관한 것이며, 반복이 정신분석의 핵심 개념에 내포되어 있다는 것을 보여 줄 것이다. 논의의 와중에 인간의 삶에서 반복이 차지하는 의미와 중요성에 대한, 내 생각에 핵심적이라고 느껴지는 몇몇 개괄적 생각도 제시될 것이다.

심리학적 반복은 단순한 기계적 되풀이로 정의되지 않는다. 비록 과거의 경험, 행위, 생각, 감정, 행동이 다소나마 정형화된 자동적인 반복의 모습으로 정상과 병리적 현상에서 중요한 역할을 하고 있음에도 말

이 논문의 짧은 버전이 1965년 암스테르담의 국제정신분석학회에서 발표되었다.

이다. 반복의 정신분석적 의미를 고찰할 때 가장 중요한 것은 수동적이고 자동적인 반복과 능동적인 반복을 구분하는 것, 그리고 어떤 조건 아래에서 둘 사이의 이행이 일어나는지 하는 것이다. 이 글에서는 후자의 주제에 대해서는 상론하지 않을 예정이다. 이드, 자아, 초자아 간의 관계에 관한 모든 고찰은 반드시 능동성-수동성의 쟁점과 관련이 있기 마련이고, 치료적 과정으로서 정신분석 또한 그러하다.

전이 안에서 반복은 기억으로 대체되어야 한다고 말한다. 반복과 기억을 이렇게 구분하면 이야기가 매우 어려워진다. 여기서 반복과 기억은 아주 좁게 정의되고 있는데, 덕분에 두 심리적 기제 간의 중요한 대비와 관계를 명확하게 드러낼 수 있다. 하지만 잠깐만 생각해 봐도 알 수 있는 것은 전이 반복, 혹은 행동과 증상을 통한 반복이 프로이트가 회상, 즉 무의식적 기억의 발현이라고 불렀던 것이란 점이다. 한편으로 의식적으로 기억하는 것도 반복의 일종으로, 마음의 반복이다. 행위와 행동, 감정 형태의 반복은 무의식이라 할지라도 일종의 기억이고, 의식적 기억함이라는 심리적 행위는 일종의 반복이라 할 수 있다. 만약 누군가 정신분석가들처럼 무의식적 기억이라는 개념에 천착한다면 반복과 기억 중 하나를 이용해서 나머지 하나를 이해할 수 있을 것이다. 즉 현재의 행동에 초점을 맞춘다면 반복을, 과거의 전형적 사건에 초점을 맞추면 상기를 설명할 수 있을 것이다.

사실 반복("행동을 통한 재생"-프로이트)을 기억의 한 형태로 이해하고, 기억을 반복 행위, 즉 "심리적 영역에서의 재생"으로 이해하는 건 정신분석의 핵심 중 하나다. 이로 인해 과거와 현재, 이드와 자아, 생물학과 심리학이 연결된다. 기억이 반복의 한 형태인 한, 인간의 삶에서 벌어지는 두 가지 형태의 반복, 말하자면 행동을 통한 반복인 "행동화"와 심리적 영역에서의 반복을 구분할 수 있다. 프로이트는 「Remembering,

Repeating and Working through」(1914)에서 이 문제를 논했다. 유념해야 할 것은 여기서 행동화는 엄밀히 심리적 영역의 재생reproduction과 관련된 개념이라는 점이다. 다시 말해 행동화는 좁은 의미에서 기억의 대안으로, 어떤 행동을 행동화라고 지칭하려면 그 행동이 "심리적 영역에서의 재생"을 대체하는 것일 때만 가능하다. 정신분석적 치료의 맥락에서 볼 때 치료 밖에서 행동화가 일어나는 것은 별로 바람직하지 않다(물론 논의가 필요하겠지만 여기서는 하지 않겠다). 한편 전이 현상처럼 정신분석 안에서 일어나는 행동화는 치료적 수단이 된다.

프로이트는 정신성적 발달의 이상성diphasic nature을 발견했으며, 신경증의 원인으로서 그 중요성을 반복해서 강조했다. 프로이트의 기술에 따르면(1926, 10장), 이런 사실 덕택에 사춘기 시절 다시 개화한 성욕은 유아기 성욕의 운명처럼 억압으로 귀결될 위험에 봉착한다. 즉, 사춘기의 성욕은 유아기적 원형prototype의 운명이 그랬던 것처럼 다시 한번 억압에 굴복해 버리는 것이다. 사춘기가 되면 오이디푸스 드라마가 다시 한번 반복되는데, 정상의 경우 잠복기 동안 일어난 자아의 성장으로 인해 오이디푸스 드라마는 한 차원 높은 수준에서 벌어지게 된다. 프로이트가 말한 위험은 이 드라마가 새로운 수준에서 일어나지 못하고 애초의 갈등이 일시적으로 해결되었던 바로 그 수준에서 반복되는 것이다. 도식적으로 말하면 정신분석에서는 바로 이 갈등이 재-활성화되어 반복되는데, 단 해석을 통해 능동적으로 반복되게끔 만들어진다. 여기서 해석을 적극적으로 받아들이는 자아의 중요한 합성 능력 중 하나가 기억이다. 정신성적 발달의 이상성과 오이디푸스 갈등이 겪는 우여곡절이 인간 삶에 있어서 반복의 대표적인 예다. 나는 이런 과정이 벌어지는 두 가지 가능한 예를 말했다. 하나는 신경증에서 보이는 것 같은 유아적 · 무의식적 · 전형적 경험의 수동적인 재생이고, 다른 하나는 비-신경증적 발달(정상 사춘기)에서 보이는 것 같은 능동적 반복이나 정신분석에서처럼 유아 신경증이 유도되고 그 속에서 분석가의 해석에 도움받아 자아의 합성 능력이 발현하는 상황이다. 후자의 경우 반복은 고차원적 조직화 수준에서의 재활성화를 의미하는데, 이로써 새로운 국면과 갈등의 새로운 해결이 가능해진다.

건강한 발달, 또는 과도한 억압과 자아의 제한으로 인해 초래된 건강하지 못한 발달의 차이는 수동성과 능동성 개념으로도 설명할 수 있다. 정신분석이 항상 주장하는 것은 인간의 삶은 유아기적 경험과 갈등 때문에 결정된다는 것이다. 하지만 이게 끝이 아니다. 이런 초기 경험이 일생을 통해 어떤 식으로 반복되었는지, 그것들은 얼마나 수동적으로 그러했는지(이때는 당사자가 "만들어 낸" 경우라도 고통스럽다. Freud, 1920, p. 21), 그리고 그중 어느 정도가 자아의 합성 능력에 포섭되어 처리되었는지, 다시 말해 과거가 단순 복제된 게 아니라 얼마나 재창조되었는지에 대한 문제에 달린 것이기도 하다. 재창조에서 오래된 것은 숙달되는데, 여기서 숙달은 오래된 갈등을 제거하는 것이 아니라 소멸과 파괴를 통해 재구성하는 것이다. 그래서 우리는 재생으로서 반복과 재창조로서의 반복, 수동적인 반복과 능동적인 반복을 구분한다. 이는 바이브링이 구분한 반복의 재생적 측면과 회복적restitutive 측면의 관계와도 유사하다(1943). 라파포트는 수동성-능동성이 가지는 정신분석적 중요성을 강조하며 그 여러 측면을 토론했다(1953).

나는 앞서 오이디푸스 콤플렉스가 이미 전-오이디푸스 경험이 새로운 차원에서 반복되는 것이고, 이것은 사춘기만이 아니라 인생을 통해 반복되며, 그 양상은 수동적 재생("신경증"적 반복)과 능동적 재창조 사이의 다양한 조합과 혼합이라는 점을 이야기했었다. 그리고 이 반복은 일생에 걸쳐 여러 발달 단계와 내적 성장 기간에서 다양한 대인관계의 양상으로 드러난다. 수동적 경험과 능동적 경험은 나란히 진행하는데, 우리는 여기서 또 다른 관점의 반복을 만난다. 바로 환경과의 상호 작용 경험이 내적 세계에서 반복되는 것이다. 오이디푸스 콤플렉스의 소멸(억압이 아닌)은 포기된 대상 관계의 애도와 내면화의 성공 정도, 그리고 그로 인한 자아의 분화와 초자아의 수립 정도에 따라 정신적 영역에서의 재-창조적 반복의 대표적 예가 된다. 반대로 수동적 반복의 경우에는 정신 내에 오이디푸스 환상과 병적인 내사물이 지속된다. 외적 경험을 마음 안에서 재-창조적으로 반복하고, 그것을 소멸할 수 있었던 사람은 이후의 인생 경험에서 겪는 다양한 ("이성애적", "동성애적") 오이디푸스 콤플렉스도 반복해서 숙달할 수 있게 된다.

나는 앞서 외부 세상에서 행해지는 행동이 행동화로 이해되려면 그 행동이 심리적 영역에서의 반복을 *대체*하는 걸로 이해되는 경우에만 그러하다고 말했다. 만약 그 행동이 심리적 재창조의 *외적 표현*이나 심리적 재창조의 *결과*라면, 그건 행동화가 아니라 재-창조적 반복이 된다. 분석작업이 조금씩 세련되어 감에 따라 환자들의 행동화와 재-창조적 반복 행위를 구분할 수 있게 되었다 — 비록 그 둘은 항상 섞여 있기 마련이지만 말이다. 그리고 우리는 분석작업을 통해 성취한 심리적 영역의 재-창조적 반복을 토대로 환자들이 실제 삶에서도 더 많은 재-창조적 행동을 할 수 있길 희망한다.

여기서 정의된 재생("수동적" 반복)과 재창조("능동적" 반복)는 단순히 반대되는 개념만이 아니라 서로 보완적이기도 하다. 여기서 짚고 넘어갈 것은 이상의 두 가지 형태의 반복은 외적 행위에서만이 아니라 심리적으로도 벌어진다는 것이다. 양쪽 모두에서 경험의 수동적 재생은 내적 · 외적 여건에 따라 재-창조적 반복이 될 가능성이 있다. 여기서 이 여건에 대해서는 다루지 않겠다. 정신분석에서 전이가 갖는 치료적 작용이 그 예가 된다. 전이가 없거나 인지되지 않으면 프로이트의 말처럼 맞서 싸울 적도 없고 생생한 재생도 없기 때문에 심리적 영역에서 재-창조적 내면화 작업을 할 기회도 없어지므로 한 차원 높은 수준의 조직화도 불가능하다. 환자가 이 작업을 하기 위해서는 분석가의 해석이 필요한데, 이는 어린 시절 불리한 여건으로 인해 이런 작업이 충분히 이루어지지 않았기 때문이다. 중요한 인생 경험의 내면화가 현재의 전이적 반복을 내적으로 다시 만들고 파괴하는 과정에 상당 부분 근거하지 않으면, 즉 전이 신경증의 해소에 근거하지 않으면 분석은 비록 효과가 있다고 하더라도 상당히 얄팍한 것이 되어 버린다.

수동성과 능동성을 다른 관점에서 보자. 한 인간의 운명에 대한 정신분석적 이해는, 소위 운명 신경증 같은 극단적인 경우에서도 마찬가진데, 인생사의 희로애락을 다분히 개인적인 "행위"의 표현으로 이해하는 방식이다. 여기서 나는 개인에게 벌어진 일을 말하는 것이지, 우리가 이성적 존재로서 결정하고 의지하는 행동과 행위에 관해서 이야기하는 것이 아니다. 정신분석이 취하는 관점은 일견 의도적으로 보이는 행위가 사실은 우리 생각보다 훨씬 더 우리의 제어 바깥에 있다는 것이다. 동시에 정신분석은 얄궂은 운명의 화살이 짐작보다 좀 더 우리의 제어 안에 있다고 말하기도 한다. 이것은 흥미로운 사실이다. 양쪽 모두 중요한 건 내적 무의식적 힘이다. 하지만 전자의 경우에서 강조되는 것이 무의식적 동기의 힘이라면, 후자에서 강조되는 것은 *자아의 제어 안으로 편입될 잠재성*이다. 정신분석은 정신 결정론psychic determinism을 발견했는데, 정신 결정론이 의미하는 바는 여태 우연이나 의식적 선택으로 여겨졌던 행동, 즉 운명적으로 이미 결정된 것이 아니고 어쩌면 생물학적으로 벌어진 일이라 여겨졌던 행동이 사실 무의식적 기억, 환상, 갈등으로 인해 결정된다는 사실을 증명할 수 있다는 것이다. 정신 결정론이 주요하게 강조했던 측면은 심리적 사건들의 인과관계로, 흔히 무의식적인 원인이 의식적인 심리적 사건이나 현상을 만든다는 것이다. 하지만 정신 결정론이 중요한 이유는 그것이 *정신적* 결정론이라는 데 있다. 원인은 온전히 외적 혹은 물리적, 생물학적인 것으로 이해되지 않으며, 오히려 드러나는 행동에 심리적 효과를 가하는 잠재적으로 개인적이고 무의식적인 작용이란 이야기다. 또한 이런 원인은 심리적 과정에 의해 반대로 영향을 받고 달라지기도 한다. 만약 이게 사실이 아니라면 정신분석에서 무의식적 갈등이 재-활성화되고 그것들이 재창조되고 훈습되어 현재의 행동에 변화를 가져온다는 이 모든 생각이 아무짝에도 쓸모가 없다.

무의식적 갈등, 소망, 경험을 수동적으로 반복하려는 강박은 기본적으로 그것들이 억압되어 있기 때문에, 다시 말해 자아의 조직 활동에 영향받지 않았기 때문에 생겨난다. 즉, 자아의 조직 활동으로 인해 그것들은 재-창조적 반복이 될 수 있다. 정신분석에서 반복강박은 전 우주적 일반 현상에 내재한 궁극의 원리가 아닌 하나의 정신 현상으로, 기본적으로 수동적-재생적 반복을 의미한다. 최소한 임상 정신분석에서는 그렇다. 수동적-재생적 반복과 능동적, 재-창조적 반복을 구분하게 되면 적어도 이론적 층위에서는 재-창조적으로 반복하려는 "강박"을 가정할 수 있다. 여기서 강박은 바이브링이 그의 논문에서 지적한 것처럼 생명의 일반적 경향으로서의 심리 과정도 포함하는 의미다. "강박 신경증"처럼 특별한 정신분석적-임상적 의미의 강박이라는 단어는 재생적 반복에만 해당하는데, 이때 반복은 자아로부터 제거되어 자아 바깥에 머무르는 무의식적 힘 때문에 이뤄진다.

환자는 전이 안에서 무의식적 유아기 경험을 반복하게 된다. 이 경험을 의식으로 만드는 것이 강박을 없애기 위한 한 단계인데, 왜냐하면 이 단계를 통해 자아가 자신을 조직하는 작업이 가능해지기 때문이다. 전이 해석의 진짜 의미는 단순히 무의식의 유아적 내용물을 드러내는 것 이상이다. 전이 해석을 통해 전달되는 메시지는 이 같은 유아적 현상이 모종의 심리작용을 보여 주는 개인적 경험이라는 것이다. 이때 고려해야 할 것은 이 심리작용이 오래전 어느 시점부터 무의식이 되었고, 그래서 내외적 영향에서부터 유리되어 자동적이고 수동적인 반복이 되었다는 점이다. 이 과정을 통해 환자는 이런 것들이 자신의 마음에 있다는 것을 알아채는 정도에서 그치지 않는다. 나아가 명시적으로나 암시적으로 이것들이 *자신의* 소망이자 갈등, 방어라는 것을 인정하고, 그래서 그것들을 비-자동적 심리 과정으로 다시 한번 경험하도록 요구받는다. 다른 말로 하면, 분석가는 환자의 마음에 순수하게 무의식적이고 자동적인 경험과 대비되는, 능동적인 심리적 경험이라는 감각을 일깨우려고 하는 것이다. 우리가 하려는 것은 환자 자신이 마치 배우처럼 능동적으로 개입할 수 있다는 점, 하지만 여태껏 자동-자율적 무의식으로 인해 그렇게 반복하도록 만들어져 왔다는 점을 느끼고 생각하게끔 하는 것이다. 우리는 환자들에게 환자가 깨닫게 된 무의식이 *그의* 무의식이고, 환자가 꾼 꿈이 그의 꿈이라는 것을 전달하고자 한다. 이것이 자동적 과정과 개인적 활동의 차이다. 물론 이 과정에는 암시도 있고 요구도 있게 마련이다. 하지만 이것은 마치 우리가 아이들에게 혼자 걸을 수 있다고 이야기할 때 주는 암시와 비슷하다고 할 수 있다. 아이는 요구에 따를 수도 있고 따르지 않을 수도 있지만, 우리는 아이가 혼자 걸을 수 있다는 것을 알기에 이런 요구는 정당한 것이다. 전이에서 유아기적 경험을 반복하는 것은 수동적 · 재생적 반복으로 시작된다. 분석가의 해석을 통해 유아적 연관을 규명해 내고, 그 과정을 통해서 과거와 현재 모두에 개인적, 비-자동적 경험이라는 감각을 일깨움으로써 전이 반복은 재-창조적 반복의 성질을 얻게 된다.

재생적 반복과 재-창조적 반복의 차이는 일차과정과 이차과정의 차이에도 적용되고, 이드, 자아, 초자아 사이의 연관을 밝히는 데도 도움이 된다. 지금부터 언급할 이야기들은 여기서 그 모든 것을 상론할 수 없으며, 자세한 검토가 필요한 내용이란 점을 먼저 밝히겠다. 자아는 우리가 이드라 부르는 이전 단계의 정신작용을, 주관적 경험으로나 객관적 관찰로 볼 때 한 단계 더 높은 새로운 조직화 수준에서 반복한다. 이때 자아가 단순히 이드 내용물의 방어에만 머물지 않는다면 자아는 재조직하면서 재-창조적으로 반복하게 된다. 이런 *재-창조, 재조직화 속에서* 새로운 수준의 조직화는 처음엔 일정 부분 의식으로 경험되지만, 이후엔 점점 딱히 이전의 수준으로 퇴행하지 않으면서도 의식 속에서는 흐릿해진다. 물론 그렇게 새로이 조직화 된 것에 대해 방어작용이 일어날 때도 처음엔 의식에서 경험되다가 갈수록 흐려진다. 자아의 많은 부분 또한 무의식적이라는 의미는 새로운 수준의 조직화가 일어나기 이전과 일어난 이후 나중의 상태를 지칭하는 것 같다. 그러니까 *새로운 수준의 조직화가 일어나는 그 순간*의 경험은 비교적 의식적으로 경험된다는 뜻이다.[1] 프로이트의 개념에서 의식과 기억 흔적은 상호 배타적이다. 그래서 의식은 기억 흔적 대신, 혹은 기억 흔적의 자리에서 생기는데, 이 개념과 위에서 한 말은 서로 관련이 있다. 이를테면 기억 흔적은 수동적 반복이고 의식적 회고remembering는 능동적 반복으로, 물론 능동적 반복은 수동적 반복에 근거하지만 기억해 내는 행위를 통해 기억 흔적의 자리를 대체하고 재조직한다. 우리는 분석 과정을 통해 환자의 의식적 상기recollection가 재생적 반복을 대체할 수 있게끔 하는데, 이 과정은 재-창조 행위이자 묵은 것을 새롭게 만들어 내는 순간이기도 하다. 우리는 분석과 분석 이후의 경험을 통해 경험의 새로운 조직화가 의식적 성격 없이도 지속된다는 것을 안다.

1) "무의식적 자아"는 여기서 묘사적으로 쓰였는데, 역동적 무의식과 전의식의 내용물을 모두 포함한다.

무의식적 자아에 새로운 요소가 더해지는 과정인 셈이다. 분석 과정에서 이러한 창조적 회고와 재조직화의 과정이 의식에서 차츰 물러날 때, 비록 의식적 경험에서 얻은 깨달음은 없어지지 않을지라도 모종의 상실감이 동반된다. 그리고 역으로 이러한 상실감은 이상의 과정이 벌어지고 있다는 증거가 되기도 한다. 반대 의미에서 또 다른 상실감이 있을 수 있는데, 어떤 기억과 무의식적 이드 내용물이 의식화될 때이다. 왜냐하면 의식적 재-창조 경험을 통해 얻은 새로운 조직화 수준이 이전 수준으로의 퇴행을 방해하기 때문이다. 이때 모종의 무의식적 이드 소망이 의식으로 올라온다. 무언가 아프도록 소중하고 절박했던, 미숙한 삶의 한 조각은 그렇게 단념되고, 무의식적 이드는 변화에 저항하며 다시 한번 제 수준으로 반복하려고 한다. 바로 이 지점이 기억, 훈습, 애도 작업이 모두 연결되는 곳으로, 그 연관에 관해서는 세밀한 연구가 요구된다.

여기서 덧붙이고 싶은 것은 의식이 단순히 자각하는being aware 상태 혹은 자각의 수동적 과정이 아니라는 것이다. 지각은 그저 단순히 자극을 수동적으로 받아들이는 작용 이상으로 기능한다. 감각 지각은 단순한 자극 수용이 아니라 수용된 자극을 조직하는 과정이며, 의식도 적극적인 과정이다. 즉, 심리 내적 과정의 의식성은 심리 내적 "데이터"의 단순한 등록이 아니라 이를 능동적으로 조직하는 활동이다. 그리고 이차과정은 일차과정만큼이나 자동적인 경향이 있다. 이차과정은 일차과정을 재-창조적으로 반복하며 만들어지기 때문에, 이차과정 또한 점차 자동적이 되어간다. 즉, 이차과정의 작동 방식이 일정한 패턴으로 조직화되는 것이다. 그래서 이 패턴의 재-카텍시스는 이미 형성된 패턴의 재생적 반복이 된다. 이차과정도 자동적이고 의식에 드러나지 않는 것이다(예를 들어 습관이 그렇다).

앞서 나는 비록 무의식일지라도 환자가 무의식을 자기 자신의 것으로 이해하고, 꿈도 스스로 꾼 꿈으로, 반복되는 운명 또한 "스스로 초래한 것"(Freud, 1920)으로 이해해야 한다고 말했다. 프로이트의 문장으로 표현한다면, "이드가 있던 곳이 자아가 되어야 한다where id was there ego shall become". 사실 이것은 윤리적 요구다. 하지만 프로이트는 이 점을 분명히 하기보다 조금 물러섰는데, 그 이유는 환자에게 도덕적 기준을 제시하고 싶지 않았기 때문이다. 맞다. 우리는 그렇게 할 수도 없고, 해서도 안 된다. 하지만 프로이트 그 자신이 이런 기준에 따라 살았다는 것에는 의문의 여지가 없고(내 환자 하나의 표현으로는 설교보다는 실천으로써), 정신분석적 치료의 성공 여부는 환자가 이런 요구에 귀를 기울일 수 있는가에 달려 있다. 이러한 생각은 작업동맹 혹은 치료 동맹의 개념에 암묵적으로 포함되어 있다. 자신의 무의식을 그 자신의 것으로 인정하고, 인식하고, 이해하는 건 무의식에 대해 수동적인 태도에서 능동적 태도로 변화하는 것을 의미한다. 그리고 그때야 비로소 여태껏 수동적으로만 경험, 재생되었던 요구, 소망, 갈등, 환상, 외상 기억과 방어를 그 자신의 관심사와 일로 만들게 된다. 프로이트는 자신의 손자가 노는 모습을 보면서 심리적 수동성에서 능동성으로의 변화를 묘사했다. "처음에는 (…) 수동적 입장이었고, 아이는 (엄마가 없어지는) 경험에 압도되었다. 하지만 반복을 통해, 물론 즐겁진 않았겠지만, 놀이를 통해서 능동적 역할을 맡게 되었다"(1920, 2장).

이런 요구는 최초엔 바깥에서 오게 되고 초자아의 한 부분으로 내면화된다.[2] 내 생각에 정신분석이라는 치료가 지향하는 목표에는 스스로에 대한 책임감도 있다. 책임감은 자기 자신에 대한 이해와 의식적 반

2) 내가 "요구"라 할 때는 물론 무언가 요구받는 것이 있음을 의미하는데, 아이는 "자신 안에 무언가를 갖추고 있어서" 배우고, 걷고, 말할 수 있다.

복을 통해 배우게 되는 것이다. 책임감은 이렇게 능동적 반복 기능을 떠안는 과정, 즉 자기self가 되는 과정이라고 할 수 있다. 나는 이런 말을 해서 분석가에게 별로 좋을 게 없다는 걸 잘 안다. 도덕성의 심리적 근원에 대해서 말하는 것까지는 아무런 문제가 없어 보인다. 하지만 한 걸음 더 나아가 정신분석의 윤리적 근간을 인정하고 이를 이해하는 것도 여전히 과학적 행위일까? 내 대답은 이렇다. 나는 치료 목표와 과학적 열정에 내재한 도덕적 함의를 통찰해 자기 자신을 알아가는 과정이 결코 비과학적이라고는 생각하지 않는다. 그게 아니라면 의식conscious과 양심conscience이 언어적 수준 이상으로 밀접하고, 소위 관찰 자아와 초자아가 밀접하게 연관되며, 비록 불안, 죄책감, 수치심만이 느껴질지라도 자신에 대한 앎은 필연적으로 변화를 만들어낸다는 이 모든 사실을 외면하는 게 과학적이라는 이야긴데, 과연 진실로 그래야만 과학인가? 정신분석가로서 부정할 수 없는 가치들이 있다. 우리는 정신-성적 성숙의 중요성을, 그리고 오이디푸스 관계의 재-창조적 반복을 통해 맺는 비-근친상간적 대상 관계의 중요성을 부정할 수 없다. 그리고 이러한 것들의 성취가 우리가 환자들에게 목표하는 것이기도 하다. 왜냐하면 우리는 이것이 우리 환자들의 목표이자 인간이 인간으로 발전해 가는 과정에 내재한 긴장이라고 믿고 있기 때문이다. 오늘날 우리의 과학은 무의식을 의식으로 만듦으로써, 혹은 이드를 자아로 만듦으로써 가능해지는 자신에 대한 앎이 순수하게 "객관적인" 자기-관찰, 자기-이해라고 주장한다. 그리고 그 자체로는 윤리적 현상이나 활동은 아니라고 말한다. 나는 이런 관점에 동의할 수 없다. 이런 맥락에서 보면 우리가 가진 이론은 우리의 술기나 기법에서 한참 뒤처진다.

키에르케고르는 그의 책 "반복Repetition"에서 반복을 위의 관점에서 다루었다. 그는 상기와 반복에 대해서 이렇게 말한다. "그리스인들이 모든 지식은 상기라고 말했을 때, 그 뜻은 지금 그러한 것이 과거에도 그러했음을 확인한다는 의미다. 그러니까 누군가 인생은 반복이라고 말한다면 그건 여태 존재했던 것들이 지금 생성되고 있다는 것을 확인한다는 뜻이다". 이어서 "상기는 다신교적 인생관이고 반복은 근대적 인생관이다"라고 말했다. 인간의 삶을 몇몇 주요 원형적 경험이 반복된 결과로 이해하는 생각은 고대 이후로 여러 사회와 문화권에서 이어져 오던 것으로, 철학과 종교를 포함해 다양한 문화적 현상에서 관찰된다. 내가 지적했듯 정신분석도 예외가 아니나, "정상적" 현상의 의미보다 "신경증적" 반복이 강조될 뿐이다. 정신성적 발달, 리비도 발달의 단계, 초기 리비도 단계, 대상 관계의 중요성, 출생에서 시작하는 전형적인 "외상" 경험, 원형적인 콤플렉스, 갈등과 상상, 이 모든 것이 한 개인의 일생을 결정하는 반복이라는 일반 개념을 포함한다는 점에는 의심의 여지가 없다. 형태야 다를 수 있겠으나 생애 초기에 벌어졌고 꼴을 갖춘 원형적 사건과 콤플렉스의 반복인 셈이다. 앞서 말했듯 정신분석에서 중요한 또 하나의 개념은 동일시와 내면화 이론에 포함된 반복 개념이다.

정신분석은 인간의 삶을 반복으로 이해하는데, 여기에는 키에르케고르가 했던 반복에 관한 생각이 조금 있다. 그는 반복이 한 개인의 (비록 의식되지 않을지라도) 의도적 자기-실현 행위일 가능성에 대해서 말한다. 가령 과거에 겪었던 어떤 주요 원형적 경험과 그 미숙한 조직화 수준을 현재에 창조적으로 반복하는 것이다. 정신분석 치료가 취하는 태도도 바로 이러한 가능성이고, 따라서 잠재성을 구현하면 구현해 내는 만큼 분석은 창조적 반복이 된다. 그가 (능동적) 반복이 근대적 인생관이라 말했을 때, 그 의미는 문명의 발달에 따라 강조점이 옮아갔다는 뜻이다. 근대적 관점에서 볼 때 현재에 중요성과 숭고함을 부여하는 건 원형적 과거가 아니다. 원형적 과거라는 관점에서 보게 되면 현재는 그저 끈질긴 과거의 그림자가 재생되는 것에 불과하고, 지금 벌어지는 일은 그 본질상 창백한 상기에 지나지 않는다. 그것은 다신교적 관점이며, 이제부터 우리는 어째서 이런 다신교적 관점이 편파적이고 왜곡된 것인가를 보게 될 것이다. 그에 따르면 근대적 관점은 현재에 방점을 찍는데, 현재가 존엄하고 강력한 이유는 과거를 반복하며 변화를 만들어 내기 때문이다. 비록 과거의 원형이 가지는 중요성은 인정되나, 과거의 원형은 창조적으로 반복되어 변형되어 가는 것이지 그저 모방되고 재생되는 것이 아니며 그렇다고 없어지지도 않는다. 오이디푸스기의 사건과 구도가 내면화되어 생긴 새로운 심리적 구조인 초자아는 인간의 발달에서 관찰되는 변형적 반복의 예다.

다신교적 관점에서 보면 현실에서 실재하는 것은 변화하지 않으며 거기에 영원히 있는 것이므로 인간의 삶은 모방과 재생을 통해 원형의 보존에 공헌하는 과정, 다시 말해 기본적으로 정적인 것으로 이해된다. Eliade는 말하길, 소위 전-근대적, 태곳적 혹은 전통적인 사회라고 불리는 곳에서 현재는 과거로부터 존엄성을 얻는다. 좀 더 정확히 말해 인간의 삶에서 중요한 건 여태까지나 앞으로나 영원히 지속될 것이며, 우리 삶의 다양한 우여곡절은 과거의 반복으로 이해되는 한에서만 가치가 있다. 즉 현재의 사건들은 태곳적 사건의 복제품이고, 복제인 한에서만 실재하는 것이다. 중요한 건 이런 태곳적 사건들이 그때나 지금이나 항상 일어난다는 점이다. 복제품은 태곳적 사건들의 희미한 이미지가 아니라(이건 나중의 해석 같다), 원형들이 영속한다는 증거가 된다. 현재의 사건들이 본질적 · 실재적 · 영속적 속성을 나누어 갖는 건 이런 방식을 통해서고, 이를 제외한 나머지 일들은 가치도 없고 실재하지도 않는 것이 된다. 아이들의 행동을 통해 얻은 관찰과 통찰도 이와 놀랍도록 비슷하다(그리고 무의식을 진정한 심리적 현실이라 말하는 초창기 정신분석도 이와 비슷하다). 아이들에게, 특히 어린아이일수록 중요한 건 예전에 부모가 했던 일을 지금 자기가 하고 있다는 점, 그러니까 반복하고 있다는 점이 아니다. 많은 경우 이보다 더 중요한 건 자기가 지금 하는 행동이 부모가 과거에 했거나 지금 하는 일과 같다는 점이다. 이런 과정을 통해 아이는 힘과 영속성에 참여하고 정체성을 가질 수 있게 된다. 이런 모습은 후에 이르면 무언가를 할 때 부모로부터 주목받는다는 정도로 그 중요성이 줄어든다. 나는 지금 성취를 그 자신의 성취로 여김으로써 얻는 자부심과 만족을 축소하는 게 아니다. 사실 자신의 성취만 보느라 부모로부터 얻은 자부심과 만족을 무시하는 것이 근대적 관점이 갖는 오류일 수도 있다. 초기 발달 단계의 관점을 무시하기 때문이다.

엘리아데에 의해 묘사된 전근대적 관점의 반복은 (의식적, 무의식적) 기억의 표식인 상기도 아니고, 키에르케고르가 현재의 창조자에 방점을 찍으며 말한, 현재를 생성하는 능동적 · 재-창조적 반복도 아니다. 그것들은 그저 태곳적 사건의 재현이자 연속일 뿐이다. 거기엔 개별성에 대한 강조도, 과거나 미래를 향해 흐르는 시간에 대한 강조(상기 혹은 생성)도, 과거와 현재, 미래 사이의 능동적 유사함에 대한 강조도 없다. 사실 이러한 활동들이야말로 현재에 존엄성을 부여하는 것인데도 말이다.

이러한 관점이 현대인에게 주는 인상은 시간의 이원성duality과 흐름을 무시하고 있다는 것이다. 단순히 시간과 이원성의 한쪽 면에만 머물며 동일성에만 집착하기 때문이다. 근대적 관점이 역동적이라면 전근대적 관점은 정체되어 있다. 현대인은 이원성과 갈등, 개별성, 시간의 흐름을 인정하고 오히려 즐긴다. 우리는 시간을 미래로 가는 것으로 인식한다. 우리에게 과거가 중요한 이유는 그것이 현재와 미래에 영향을 미치기 때문이고, 정작 중요한 것은 현재이며 이는 현재의 행동이 미래로 인도하기 때문이다. 이런 관점은 전근대적 현재와는 대비되는 것으로, 전근대적 사고에서는 영원불멸을 증명하지 못하면 현재는 의미가 없다. 현대적 삶의 관점에서 반복의 중요성은 능동적 재창조에 있는 셈이다. 키에르케고르식으로 말하면 "여태 존재해 온 것들이 지금도 생성되고 있는 것"이다. 그것은 과거를 인식하고 있는 동시에 미래를 향하는 반복이다. (환자가 분석가로부터 고개를 돌린 채 뒤에 있는 분석가와 함께 과거를 다시 경험하며 문제를 해결하는 장면의 숨은 의미가 아닐까?) 여기서 강조되고 있는 부분은 지금 개별적 반복 행위가 행해지고 있다는 것이다. 그는 이렇게 말한다. "반복의 변증법은 쉽다. 반복되고 있는 것은 반복되어 온 것이고, 그렇지 않다면 반복되지 않았을 것이다. 하지만 반복되어 왔다는 바로 그 사실이 반복에 새로움을 부여한다". 이와 정반대에 위치하는 것이 엘리아데가 전통적, 태곳적 사회에 내재한 반복이라고 말한 것이다 (p. 86).

> 기본적으로 (…) 태곳적 인간의 삶은(원시적 행위의 반복으로 축소된 삶), 비록 시간 속에서 일어날지라도 시간의 무게를 품고 있지 않고, 시간의 비가역성을 기록하지 않는다. 다른 말로 하면 시간의 의식성에서 특히 중요한 점들이 완전히 무시되고 있는 셈이다.

혹시 우리는 지금 이드의 무-시간성과 반복을 놓치고 있는 건 아닌가? 엘리아데는 이런 의미에서 신비주의적이고 종교적인 사람들은 원시인과 비슷하다고 말한다. "그는 다른 사람의 행동을 반복하고, 이 반복을 통해서 무-시간적 현재를 살아간다". 내가 앞서 말한 아이들과 다르지 않다. 분명 이게 "종교적 인간"과 그 반복에 대한 모든 것은 아닐 것이며, 엘리아데도 그건 잘 알고 있을 것이다. 그리고 어쩌면 이 부분이 종교에 대한 프로이트의 뿌리 깊은 편향과 관련이 있을지도 모른다. 반면 신비주의자는 아니지만 신실한 신앙인이었던 키에르케고르는 반복을 원시인과는 매우 다른 방식으로 본다.

지금까지 나는 반복이라는 개념과 현상을 여러 다른 각도에서 고찰했다. 이 과정에서 정신분석이 어떻게 반복을 바라보고, 어떻게 치료과정 또한 일종의 반복이 되는가에 대해 약간의 실마리를 제공했길 기대한다.

참고문헌

Bibring, E. (1943): The conception of the repetition compulsion. Psychonanal. Quart. 12: 486-519.

Eliade, M. (1949): Cosmos and History: The Myth of the Eternal Return. New York: Harper, 1959.

Freud, S. (1914): Remembering, repeating, and working-through. S.E. 12.

Freud, S. (1919): The uncanny. S.E. 17.

Freud, S. (1920): Beyond the pleasure principle. S.E. 18.

Freud, S. (1925): Some additional notes on dream interpretation as a whole. (B) Moral responsibility for the content of dreams. S.E. 19.

Freud, S. (1926): Inhibitions, symptoms, and anxiety. S.E. 20.

Kierkegaard, S. (1843): Repetition: An Essay in Experimental Psychology. Princeton: Princeton University Press, 1946.

Rapaport, D. (1953): Some metapsychological considerations concerning activity and passivity. Collected Papers. New York: Basic Books, 1967.

08

동기와 본능 이론

(1971)

I

정신분석은 해석이다. 프로이트는 『The Interpretation of Dreams』를 자신의 기초 작업이라고 불렀다. 정신분석가의 핵심적 행위는 해석이다. 개인의 심리는 새롭게 해석되며 여태 가지지 못한 의미와 내적 일관성을 가지게 된다. 그 결과로 우리가 심리 혹은 정신이라 부르는 것의 의미가 달라진다. 여태 모르고 생각해 보지 않았던 현상과 일들을 관찰하고 발견하여, 여태와는 다른 방식으로 그것들을 이해하고, 그래서 이미 알고 있던 심리적 관찰과 활동을 새로운 해석의 맥락에 포함함으로써, 즉 알고 있던 것들을 다르게 이해하면서 이해의 폭과 영향력은 확장되고 커진다.

고맙게도 Robert P. Knight Fund의 도움을 받았다. 이 글에서는 장차 쓸 예정인 정신분석 이론에 관한 책의 첫 세 장을 축약했다. 비록 더 큰 맥락에서 평가될 일이지만 이 시점에서는 기존에 진행해 온 본능의 정신분석적 개념(1971)에 대한 논의를 개진하는 의미가 크다.

해석은, 그것이 관찰과 이해를 통해서든 아니면 행동을 통해서든, 우리가 마음으로 할 수 있는 유일한 것이다. 우리가 어떤 현상을 "사실"이라고 받아들이는 건 너무나 당연한 것으로 해석된 의미의 맥락 안에서만 가능하다. 그렇게 되면 마치 의자와 탁자를 다루듯 문제의 현상을 다루게 된다. 이미 존재했으나 보이지 않는 해석이라는 정신활동을 잊어버린 채 말이다. 사실 의자와 탁자마저도 우리가 그것들의 용도를 이해하는 맥락 안에서만 의자와 탁자가 될 뿐이지, 이 맥락을 벗어나면 이상하게 생긴 물체일 뿐이다.

그러나 정신분석은 특별한 경우다. 정신분석의 핵심은 해석이다. 분석가는 꿈, 말실수, 증상, 환상, 생각, 행동, 기분, 감정, 기억, 계획, 행위, 결정, 이루어진 혹은 아직 생각 중인 선택, 신체적 질병, 삶의 상황을 모두 해석한다. 원칙적으로 환자가 드러내는 모든 것, 그리고 그로부터 연역한 모든 것을 해석한다. 한편 정신분석가의 해석은 어떤 기초적 가정에 근거하고 있다. 즉, 일어나는 모든 일에는 개인적인 동기가 있다는 생각이다. 이 가정이 모든 해석의 근본을 이룬다고 할 수 있다.

"모든 일에는 개인적인 동기가 있다"라는 근본적 해석 안에는 몇 가지 요소가 있다. (1) 환자가 보여 주는 건 내적 동기지 단순한 우연, 혹은 외적인 힘에 의한 강제가 아니다. (2) 분석가에게 드러낸다는 그 자체, 그리고 그 시점에도 동기도 있다. 과거와 현재의 사건 모두에 동기가 있고, 지금 그것들을 드러내는 데에도 동기가 있다. (3) "개인적인 동기가 있다"라는 해석은 그 동기가 자신만의 동기를 가진 또 다른 사람과 관련이 있다는 점을 내포한다. 그들은 환자의 과거와 현재에 있어 중요한 사람들이며, 무엇보다 분석가도 여기에 포함된다.

이러한 해석의 근본 가정은 새로운 조직화 원리로서 그 자체의 힘과 경향성을 지닌다. 이런 힘은 점차 연구 "대상", 즉 현재 분석되고 있는 사람에게도 이양되어 그의 것이 될 수도 있다. 왜냐하면 분석이 진행되며 환자가 분석가와 같은 수준의 조직화 능력을 지니게 되기 때문이다. 성공적인 분석에서는 이런 일이 벌어진다. 그리고 차원은 다르나 양육에서도 이런 일이 벌어진다. 환자가 스스로 해석한다는 사실이 과학으로서 정신분석을 특별한 것으로 만드는 부분인데, 여타의 분야에서는 "연구 대상"과 "연구자"가 같은 수준의 잠재적 능력을 지니지 않는다. 그리고 다른 심리학 영역에서 심리학적 연구 대상은 잠재력을 모두 발휘하는 존재가 아니다. 이것은 또한 정신분석이 고전적 의미의 과학을 넘어서는 이유인데, 말하자면 연구 대상 안에 연구자를 불러내기 때문이다. 하지만 이는 정신분석에 내재한 문제이기도 한데, 연구의 "대상"은 결코 정지된 물체가 아니란 뜻이다. 그래서 불가피하게 정신분석은 엄밀한 의미의 과학에 미치지 못하는 것처럼 보인다.

내가 말하고자 하는 것은 정신분석의 대상이 개별 인간이라는 점이다. 우리가 심리 혹은 심리적 현실이라 부르는 것과 대면하는 건 오직 바로 개별 인간이라는 실체를 통해서다. 이것이 우리가 다루는 단위가 된다. 물론 심리적 현실에 대해서 아무런 일반적 진술이나 전제를 할 수 없다는 이야기는 아니다. 반대로 정신분석적 견해와 전제는 이런 개별 인간이라는 실체의 관점에서 특별히 유의미하다는 뜻이기도 하다. 개별 인간이라는 실체는 앞서 언급된 것처럼 해석의 근간이 되는 가정이고, 그 가정에 의해 이루어진 정신분석의 방법론으로 이해한 것이기도 하다. 정신분석은 가령, 가족이나 사회 같은 단위들에 대해서는, 비록 그것들이 개인들로 구성되었다 하더라도 별로 타당하게 적용되지 않는다. 마찬가지로 실험심리학이나 일반심리학 같이 개인성이라는 맥락에서 벗어난 심리학적 현상도 정신분석의 대상이 아니다.

삶을 기본적으로 개인적인 동기에 의해 영위되는 것으로 보는 생각은 인격신에 대한 유일 신앙적 인간 이해에서 비롯된 해석이다. 서양의 유대-기독교적 신앙과 문명화의 인격신이 그 예다. 신앙의 쇠락에 따라 이러한 자기-이해는 급진적으로 변화되고 수정되는 과정을 겪었고 정신분석 또한 신앙의 쇠락을 부추겼다. 유대-기독교에 대한 프로이트의 강한 거부감이 물론 그의 작업에 영향을 미쳤겠지만 여기서는 다루지 않겠다.

삶이 개인적인 동기들로 만들어진다는 이야기가 물론 삶이 그 개인에 의해 시작된다는 뜻은 아니다. 이 말은 삶이 그 자신에 의해 영위될 가능성을 지닌다는, 즉 삶의 경로와 행위는 얼마간의 한계 내에서 그 자신의 손에 의해 만들어질 수 있다는 뜻이다.

모든 정신분석적 해석의 근간이 되는 해석, 즉 "인생의 모든 일에는 개인적인 동기가 있다"라는 해석은 해석되는 것을 변화시키는 힘을 가지는 것 같다. 어떤 의미에서 이건 모든 해석에서 사실이다. 해석은 해석의 대상이 되는 것을 변화시키고 재구성한다. 근대 물리학 이론과 그 결과가 이 점을 뚜렷이 보여 준다. 사실을 말한다는 건, 이미 알고 있는 용어를 사용해 어떤 것을 재-진술한다는 뜻이다. 그렇게 해석은 그 용어를 바꾼다. 무언가가 지금 해석되며 다르게 구성되고, 다른 의미를 지니게 되고, 다른 맥락에 위치하게 된다. 해석은 그 무언가를 드러내는 것이다.

정신분석에서 해석이 갖는 모멘텀, 그 역동적인 힘은 개인에게 미치는 영향력으로 드러난다.[1] 무의식적 동기에 관한 한 해석은 실재성보다는 잠재성에 대한 언급이다. 그래서 무의식적 동기를 해석하면 여태 잠재적이던 것이 실재적인 것이 되는 경향이 있다. 예를 들어 자기 아이를 죽이고 싶은 충동에 시달리는 여인이 있다고 치자. 우리는 이 여인에

1) 정신분석에서 해석은 분석상황이 표상하는 개인적 관계의 맥락에서 이해되어야 한다.

게 아이에 대한 적대감이 실은 남편과의 불행한 부부생활에 기인했고, 나아가 아버지에 대한 감정과 연관이 있을 수 있다고 이해시킬 수 있다. 과거 이 여인의 심리적 현실 속에서 이런 동기의 연쇄는 분명치 않았지만 이제 분석가와 함께한 작업으로 인해 드러나게 된다. 그러니까 여태 별 상관없던, 분화되지 않은 충동들이 이제 개인적 동기의 연결고리 안에 삽입되는 것이다.

환자가 하게 되는 심리적 작업의 동기는 부분적으로 분석가의 작업에 있다. 분석가가 하게 되는 심리적 작업은 이해하고 해석하는 것인데, 이것이 자기 나름의 동기를 가진 환자를 향하게 되면 추동력motivating force이 된다. 이를테면 서로 다른 두 개의 중심을 가지는 동기의 장field 안에서 일종의 촉진 작용이 일어나는 셈이다. 이때 해석은 그 자신의 추동력과 그 표현인 해석의 내용과 방식을 통해 과거 환자에게 그저 "무의식에서만" 존재했던 동기의 연결을 구현하도록 돕는다.

"무의식" 개념은 부정적인 의미에서 잠재성을 의미한다. 여기서 부정적이란 무언가가 없다는 뜻으로, 다시 말해 다른 어떤 상태가 될 잠재성이 있다는 말은 지금은 그렇지 않다는 뜻이다. 현재는 그렇지 않지만 그럴 가능성이 있는 것의 시점에서 보는 것이다. 개인적 동기를 해석하면, 즉 해석을 통해 무의식적 동기를 드러내면 심리적 조직의 수준과 복잡성이 높아지는 경향이 있다. 말하자면 보다 높은 조직화 수준에서, 그리고 무의식의 잠재적 관점에서 "무의식을 향해 말을 걸게 되는" 것이다. 그러니까 분석가로서 우리는 무의식적 동기의 해석을 통해 의식에서 무의식으로 이야기를 거는 셈이다.

반면 "이드"라는 단어는 긍정적인 의미로, 의식의 관점에서 보는 게 아니라 직접 무언가를 가리키고 있다. 다른 특성들과 별개로 이 단어는 서로 다른 조직화 수준의 정신적 과정들이 공존하고 있다는 것을 보여 주기에 좀 더 적당하다. 왜냐하면 "무의식"이라는 부정적 단어처럼 의식과의 상호 배척이나 의식성의 능동적 제거(억압)를 의미하지 않기 때문이다. 하지만 무의식이라는 용어도 여전히 필요하다. 왜냐하면 무의식이라는 단어는 의식의 존재를 가리키고, 의식과 무의식 간의 상호 변환을 드러내기 때문이다.

(전)의식에 있던 것은 무의식이 될 수 있다. 이것이 억압 현상이다. 억압이라는 용어 자체가 (전)의식적 심리조직과 (전)의식적 정신 활동의 관점에서 본 것이다. 무의식과 억압된 것을 애초 같은 것으로 생각하고, 또 억압과 (전)의식을 같은 것으로 생각한 경향 때문에 큰 어려움이 초래되었더랬다. 억압 개념은, 애초 제한된 관찰을 근거로 정당화된 까닭에 지나치게 확장되어서 수행할 수 있는 것보다 더 많은 책임을 떠안고 있었다. 이것은 방어 개념에 대해서도 마찬가지다. 한편 무의식은 프로크루스테스의 침대처럼 오로지 억압된 것만 그 일부가 될 수 있었다. 하지만 억압하려는 힘 자체가 단순한 전의식이 아니라 무의식일 수 있다는 것이 분명해지면서 무의식과 억압된 것을 같은 것으로 여기는 생각으로는 이 현상을 설명할 수 없게 되었다. 하나 더 설명할 수 없었던 것은 정신증의 경우처럼 어떻게 "무의식적 내용물"이 의식으로 올라오는가 하는 것이었는데, 말하자면 어떻게 무의식적 내용물이 그 특성을 유지한 채 억압에서 풀려나느냐는 것이다. 여기에 대한 설명은 프로이트가 이드-자아-초자아를 구분한 덕에 의심할 바 없이 쉬워졌다. 하지만 심리구조들 사이의 상호 관계나 그 속에서 이루어질 정신적 현상들을 생각하면 아직 많은 것이 더 이해되고 개념 지어져야 한다.

나는 지금 이상의 주제들에 대해서 기초적인 것만 언급하고 있는데, 그 이유는 억압과 방어, 무의식이라는 개념과 용어 자체가 필연적으로 '정신분석은 개인적 동기를 어떻게 바라보는가'라는 문제에 의해 결정되기 때문이다. 전의식과 의식을 구분하기 전, 프로이트는 억압과 방어를 의도적 행위라는 의미에서 의식적인 것으로 이해했다. 「The Neuro-Psychoses of Defence」(1894)에서 그는 이렇게 말한다.

> (전환 신경증처럼) *의식적 내용물의 분열*splitting은 의지의 결과물이다. 말하자면 애초 이것은 특정한 의지로 시작되었다(p. 46). (혹은) (강박증이나 공포증을 앓는) 환자들이 하는 아주 애매한 이야기들은 의지적 노력, 방어적 시도의 증거인데, 이게 우리 이론이 강조하려는 것이다(p. 52).

프로이트는 분명 이렇게 시작했다. 그는 (히스테리에 관해서) 이 점을 "심리적 구성 능력의 내적 취약성"Janet 혹은 "최면양 상태"Breuer라는, 그 속성상 동기가 없는 병인론과 대비시켰다(1894, p. 46). 프로이트도 당시에는 무의식적 과정을 심리적 과정이라 부를 것이냐는 문제에 대해서 여전히 미심쩍어했었다.[2] 현재의 맥락에서 이상이 의미하는 바는, 심리적 과정과 의식성이 여전히 연결된 것으로 이해되는 한에는 개인적 동기도 여전히 의식적 동기로 남아야 한다는 점이다. 반면, 만약 무의식적 과정이 심리학적 용어로 해석될 수 있고 심리적 연쇄에 포함될 수 있다면 그만큼 무의식도 개인적 동기로 해석된다.

정신분석에서 충분한 관심이 주어지지 않은 흥미로운 사실이 하나 있다. 무의식적 과정과 현상이 개인적 동기로 해석되는 데 비해 생각이

---

2) "성적인 관념(idea)을 그 정서(affect)에서 분리한 뒤 정동을 잘 어울리지 않는 다른 관념에 적당히 붙이는 것 [강박증에 보이는 '잘못된 연결(false connection)']. 이런 것들은 의식에서 일어나는 과정이 아니다. 그것들의 존재는 오로지 짐작될 뿐이지 어떤 임상-심리학적 분석으로도 증명될 수 없다. 아마도 이런 과정들은 심리적 현상이 전혀 아니고, 오히려 물리적 과정이되 그 심리적 결과가 마치 '정서에서 관념을 분리'하고 후자의 '잘못된 연결'이 실제로 일어나는 것처럼 보이는 것이라고 말하는 게 나을 것 같다"(p. 53). 프로이트가 이 문장에서 해석(오로지 "짐작"될 수 있을 뿐인 과정들이 존재함)과 잠재성(그것들이 "실제로 일어나는 것처럼")을 의미하고 있다는 점을 유념해야 할 것이다.

나 행동의 의식적 · 의지적 과정은 보기엔 명백히 의식적일지라도 개인적 동기보다는 무의식-본능적 충동에 의한 것으로 여겨지는 경향이 있다는 점이다. 그래서 정신적 삶에서 중요한 것들은 마치 둘 사이의 중간즈음 어디에 있어 보이고 둘은 서로에 의해서 해석되는 듯하다. 무의식적 현상을 개인적 동기로 해석하는 것은, 호의적인 환경 아래서는, 정신과정의 조직화를 의식으로 옮기는 힘이 있다. 의식-의지적 정신적 삶을 무의식-본능적 동기로 해석하는 해석은 정신적 과정을 반대 방향, 그러니까 무의식-본능적 삶의 방향으로 옮기는 경향이 있다. 임상 정신분석에서는 이 점을 분명히 관찰할 수 있고 분석가도 이 점을 이용한다. 분석가는 "이드 해석"과 "자아 해석"을 오가고, 아래로의 해석과 위로의 해석 사이를 오간다[Bornstein(1949)과 Loewenstein(1951)의 용어를 확장 차용]. 정신분석적 연구의 전체적 방향은 의식 자체를 향해서 가는 것이기보다는 두 가지 형태의 정신적 과정과 심리적 구조 사이의 적절한 소통, 상호 침투, 그리고 균형을 향하는 것 같다.

하지만 우리가 지금 반드시 명료하게 해야 할 것은 개인적 동기라는 것이 무엇이고 그것이 어떻게 작동하는가다. 프로이트의 개인적 동기에 대한 모델은, 적어도 억압과 방어에 관련한 한, 앞서 고찰했듯 의식적 의지다. "소망"과는 대조되게 프로이트는 의식적 의지에 대해서는 그 이후 별로 이야기를 하지 않았고[3], 나중에야 무의식적 "메커니즘"인 억압과 의도적 행위인 참기suppression를 구분했다. 물론 정신분석적 관점의 동기 연구에서 점차 중요해지는 것은 본능인데, 이는 무의식적인 추동력으로서 본능이다.[4] 본능, 무의식, 이드와 같은 단어들은 그럴싸하게 조직

3) 하지만 프로이트가 항상 말하듯 환자가 자신의 무의식적 근원을 알게 되어, 즉 의식하게 되어 자아가 소망의 충족을 추구할지 포기할지 선택할 수 있게 되면 그때는 항상 의지라는 개념이 포함된다.

된 의식적인 인격 표피의 가면 아래에 깊숙이 감추어진, 자못 비인격적인 어떤 것을 연상하게 만든다(라틴어 persona는 배우의 가면이라는 뜻이다). 또 이 단어들은 의도하지 않은 행동, 내재한 충동, 원초적이고 길들어지지 않은 비이성적인 힘을 암시한다. 이드는 귀기daemonic라고도 불린다. 귀신은 우리를 홀리고 지배한다. 그리스 신화에서 이것은 신이 가진 힘으로, 여기서 신은 아직 분명히 인격신은 아니나 자연의 힘보다는 좀 더 인격적인 존재이다.

억압과 여타의 방어 "메커니즘"들이 의지적 행동이 아니라면, 그래서 그것들의 무의식적 속성들이 인정된다면, 그들 역시 이제 비인격적 혹은 인격에 미치지 못한 영역으로 들어가서 자아 본능의 표현이 된다.[5] 나중에는 자아 본능과 성적 본능의 구분은 없어지고 자아 본능 일부와 성적 본능이 합쳐져서 자기애(자아 리비도 혹은 자기애적 리비도 vs. 대상 리비도)라는 확장된 리비도 개념이 된다. 그리고 자아 본능의 나머지 부분과(자기 보호 본능, 억압, 가학성 같은) 리비도는 공격성이 된다. 그리고 성적 · 공격적 본능의 다양한 융합fusion과 해리defusion로 본능적 표현의 다양성을 설명하게 된다.

이제 동기는 억압과 방어처럼 본능적인 것이 되었다. 이는 동기를 개인적 의지로 이해했던 초창기와는 대조적이다. 이제 마음은 때때로 갈등하고, 모이고, 하나가 되고, 나뉘기도 하는 어떤 것에 의해 추동된다.

---

4) 프로이트의 표준 전집에서처럼 여기서도 독일어 Trieb를 "instinct"로 번역했고, "instinctual drive"나 "drive"로 번역하지는 않았다. 내게는 스트레이치J. Strachey가 「Notes on Some Technical Terms Whose Translation Calls for Comment」(1966)에서 "instinct"를 옹호하며 제기한 논지가 설득력이 있다. 게다가 프로이트 저작의 영어 표준판이 이 용어를 쓴다는 사실 자체가 어쨌거나 더 그러하게 만든다.

5) 스트레이치는 「Instincts and Their Vicissitudes」(1915a)의 편집자의 글에서 말하길 "프로이트는 '자아 본능'이라는 용어를 도입했고 이것을 한편으로는 자기 보호 본능, 그리고 다른 한편으로는 억압 기능과 동일시했다"라고 말한다. 그는 프로이트가 이 용어를 「The Psycho-Analytic View of Psychogenic Disturbance of Vision」(1910)에서 도입했던 것을 지적하는데, 이 논문에서 프로이트는 억압이 성적 본능을 억제하는 자아 본능의 기능이라는 점을 분명히 하고 있다(p. 213).

여기에는 인간적 동기가 들어설 자리가 없어 보인다. 나는 개인적 동기가 정신분석의 근원적 가정이라고 말했다. 하지만 이제 반대로 정신분석은 본능적, 무의식적, 비인간적 힘을 우리 마음의 동기로 가정하고 있는 것 같다. 그렇다면 사람은 어디로 갔나? 인간적 동기의 원천이자 대들보가 되는 자아와 자기의 자리는 어디인가?

이 문제는 자아의 일차적 자율성, 일차적 자아 기관 등등에 의한 가정(Hartmann, 1939)들로 해결되지 않는다. 그 가정들은 정신분석적 자아를 심리학적 상부 구조를 가진 생물학적 실체로 만들며, 생물학이나 물리학적 에너지 개념을 사용한다. 이런 가정들에 사용된 에너지 개념은 비록 심리적 에너지라고 불리지만 사실 심리적인 것도 아니고 동기도 없다. 본능적 동기는 잘해 봐야 이차적인 것으로, 인격의 구조화는 본능의 조직화와 변형에 의한 것으로 이해된다. 이미 갖고 태어난 심리 기관들은 신경생리학적 · 신경해부학적 물질에 완곡하게 붙인 다른 이름에 지나지 않으며, 그것들은 심리학적 상태를 가지지 않는다. 하지만 본능은 분명 심리학적 의미를 지니므로 정신분석에서 그 단어는 오로지 심리학적 개념인 한에서 정당할 뿐, 생물학적 · 행동학적 개념일 수 없다. 물론 누구도 신경생리학적 · 신경해부학적 구조 혹은 그 구조들의 성숙을 부인하지 않는다. 하지만 태어날 때부터 자아 심리 기관을 가진다고 말하는 것은 햄릿이 덴마크 왕자가 아니라고 말하는 것과 별반 다르지 않다. 정신분석의 자아는 생물학이나 신경학에서는 발견될 수 없는 심리적 구조인데, 이는 물리학에서 유기물을 발견할 수 없고 사회학에서 초자아를 발견할 수 없는 것과 같은 이치다. 반면 미분화 단계에서 이드와 자아의 발달을 이야기하는 것은 말이 된다. 미분화 단계에는 이드, 자아, 초자아, 환경의 구분이 없기 때문이다. 다만 여기서 전제는 미분화 시기라는 개념은 생물학적인 것이 아니며, 정신분석가로서 우리는 그 이전에 대해서는 말할 수 없다는 점이다.

자아와 이드는 의식과 무의식으로 구분되지는 않는 정신분석적 구조다. 하지만 그들은 이 구분과 병치해서 생각되어야 한다. 한편 자아와 이드 개념은 (일반적으로 가장 중요하고 기본적인 형태의 심리적 에너지로서) 본능적 에너지 개념을 사용하는데, 이 개념 안에는 자유롭거나 묶여 있는 에너지의 상태뿐 아니라 그들의 이동과 결합, 복잡함의 정도라는 개념도 포함된다. 그리고 에너지와 구조의 등가성이라는 개념도 이용되는데, 여기서 구조는 묶인 에너지고 에너지는 잠재적이거나 아직 묶이지 않은 구조가 된다. 이는 물리학에서 혁명적으로 발달한 개념으로, 심리학도 정신분석이 이 개념들을 사용하며 혁명적으로 발달했는데, 그렇다고 프로이트가 딱히 이점을 명확하게 인지하고 사용했다는 뜻은 아니다. 말하자면 이런 생각들은 당시 널리 통용되던, "임자 없는" 생각들로 여러 맥락에서 쓰였는데 그중에 물리학과 정신분석이 있는 것이다. 이 개념은 그 자체로는 온전히 물리학에서 유래한 지식과 관찰이라고는 할 수 없지만, 막상 연구에 적용되면 전체 체계를 재구축한다. 프로이트의 「Instincts and their Vicissitudes」의 서문과 비교해 보면 이상의 의미를 분명히 알 수 있다. 같은 개념을 사용하고 있다는 것이 정신분석이 물리학의 개념을 물려받거나, 그 개념이 속성상 물리적이라서 심리학에 적용될 수 없다는 뜻은 아니다. 그리고 에너지나 구조라는 개념들이 반드시 물리학적 함의만 갖는 것도 아니다. 그 개념들은 보편적인 과학적 개념으로, 물리학적 용례에 따라 특별히 물리학적 함의를 갖게 되었으나 그 속성 자체는 물리학적 개념이라고만 볼 수는 없다. 반면 수초화myelinization, 중성자, 초자아 같은 개념은 특정한 과학적 맥락에서 고안된 것이고, 비유적 의미를 제외하고는 다른 영역에서 사용될 수 없다.[6]

심리구조인 자아와 이드는 출생 후 신생아가 만드는 심리적 단위

안에서 생성된다. 심리구조가 만들어지는 과정은 형성 과정에 있는 심리 시스템의 안과 주변에서 갈등하고, 수렴하고, 융합하는 심리적 에너지들의 미세한 상호 작용으로 이루어진다. 이런 상호 작용의 결과가 심리구조의 조직화다. 중요한 점은 이런 조직화가 주변의 환경적 심리 시스템 안에 존재하는 훨씬 복잡한 심리적 에너지의 존재로 인해 더불어 결정된다는 것이다. 아이라는 새롭게 만들어지는 심리적 단위 안에 다양한 복잡함과 통합 수준을 가지는 추동력, 혹은 안정된 동기 구조가 생기는 이유는 바로 이런 환경과의 상호 작용 때문이다. 환경에 존재하는 심리적 힘과의 상호 작용을 유지한 채, 새로 생긴 심리 시스템 안의 상호 작용은 그 추동력에 근거해서 다양한 형태의 구조로 조직된다. 그리고 이 구조 안에서 좀 더 고차원적 동기가 발생한다. 구조는 심리적 에너지가 다소간 체계적 · 한정적으로 조직된 것으로 이해할 수 있다. 구조는 유동적인 본능적 에너지를 이용해서 높은 잠재성을 구현하는데, 이런 식으로 본능적 힘을 고차원적 추동력으로 변환한다. 프로이트가 「The Unconscious」에서 사용한 과hyper-카텍시스 개념이 이상의 공식에 부합한다. 내가 이해한 바에 의하면 여기서 프로이트는 기억과 지각이라는 관점에서, 그리고 지형학적 구도에서 일련의 사건을 기술하고 있다. 함께 읽어 보자. "무의식계는 대상의 사물-카텍시스, 즉 최초의 참된 대상-카텍시스를 갖는다(본능적이므로 '최초, 참된' 것이다). 전의식계는 이런 사물-표상이 단어-표상과의 연결로 과-카텍시스 됨으로써 만들어진다(여기서 단어는 상징으로, 기본적으로 환경에 의해 제공되는 고차원적 '표상'이다). 우리의 가정은 높은 수준의 심리적 조직화를 구현하고, 일차과정이 전의식의 이차과정으로 연결될 수 있게끔 만드는 것은 바로 이런 과-카텍시

6) Schur(1966)의 심리적 에너지 개념에 대한 간략한 논의와 참고 목록을 보라.

스 덕분이라는 것이다(1915b, p. 201)". 프로이트는 여기서 분명히 고차원적 구조(시스템)와 고차원적 과정이라는 용어를 모두 사용하고 있다.

우리는 이제 개인적 동기라는 질문에 대해 기초적인 대답을 할 준비가 되었다. 심리적 구조화 과정에서 동기는 점차 인격화된다. 인간의 발달에 따라 본능적 동기는 변형되어 점점 더 고차원적 형태가 되고, 본능적 에너지는 점점 더 조직화되어 심리적 구조가 된다. 하지만 근원적 추동력으로서 본능은 없어지지 않으며, 그에 해당하는 구조도 없어지지 않는다. 그래서 자아의 점증하는 우세로 인해서 이드가 폐기되는 것이 아니며, 외려 자아가 "퇴행"하여 이드에 가까운 심리적 에너지 조직화 수준으로 해체될 수 있는 것이다. 승화나 본능화, 그리고 조절된 퇴행이라는 개념들도 이러한 그림에 부합한다고 볼 수 있다.

개인적 동기의 해석은 덜 조직화되었던 것, 즉 전반적인 조직화의 맥락에서 뒤처져 있던 것(억압된 것)을 다시 구조화해 좀 더 높은 수준으로 만들고, 각자의 우선순위에 따라 추동력과 추동력의 구조화를 만들어낸다. 이런 현상은 오로지 심리 발달의 조직화 과정이 무너지고 다시 만들어지기를 반복했을 때만 가능하다. 그냥 덧대는 정도로는 아무런 재조직화도 일어나지 않으며 오히려 재조직화에 대한 방어가 되어 버리는데, 많은 강박적, 혹은 "정상" 성격에서 관찰되는 바다. 방금 인용된 「The Unconscious」 구절의 맥락에서 프로이트는 "자, 이제 우리는 전이 신경증에서 억압이 어떤 표상을 거절할 때 무엇을 부인하고 있는 것인지 정확하게 말할 수 있게 되었다. 억압이 부인하고 있는 것은 단어, 즉 *그 대상과 부착되어야 할* 단어로의 번역이다"(1915b, p. 202)라고 말했다. 그냥 더하기만 하면 대상과 단어 사이에 "부착attachment"은 생기지 않는다. 이는 프로이트의 언어로 말하자면 무의식과 전의식 사이의 연결이 없는 상태로, 과-카텍시스가 끊어진 상태다. 한편 프로이트가 여기서

붙음이나 연결로 표현하고 있는 걸 조금 다른 맥락에서 볼 수 있다. 가령 『The Interpretation of Dreams』 7장에서 전이라고 부르는 현상이 그것이다. "무의식의 관념은 그 자체로는 전의식으로 들어가지 못하고 (…) 이미 전의식에 속해 있는 관념과 이어짐으로써 영향력을 발휘할 수 있는데, 즉 무의식의 힘을 전의식의 관념으로 옮겨 전의식의 관념으로 위장함으로써 가능해진다. 이게 '전이'다. 이로써 신경증 환자의 심리를 많은 부분 설명할 수 있다"(1900, p. 562).

심리 발달의 조직화 과정이 허물어짐으로써 새로운 요소가 조직화 과정에 들어간다. 정신분석에서 일어나는 해체와 재조직화 과정에는 새로운 동기 요소인 분석가가 함께 참여한다. 분석가의 역할은 그가 제공하는 해석, 그리고 본인의 통합된 개인적 동기에 의해 결정된다.

모든 정신분석적 개념화의 기초가 되는 개인적 동기의 해석은 비록 광범위할 수는 있겠으나 그래도 한 인간의 아주 특정한 자기-해석에 근거한다. 이때 자기-해석은 자신과 타인들에게 동기를 부여하며 본능 같이 낮은 수준의 추동력을 다시 구조화하게 된다. 낮은 수준의 추동력 일부를 좀 더 복잡한 것으로 만들어 그것을 고차원적인 동기의 조직화 사이에 재배치한다. 하지만 고차원적 구조와 추동력의 생명력이 유지되기 위해서는 낮은 수준에서 높은 수준으로의 "전이"(프로이트의 표현에 의하면 힘의 전이가)가 지속적 · 반복적으로 일어나야 한다.

무의식적 추동력과 그것들의 표상인 "내용물"은 자아 안에서 없어지지 않는 것 같다(그래서 자아는 전의식과 같지 않다). 오히려 자아 안에서 재배열된다. 이것이 지금 내가 말하고 있는 재배치의 의미다. 개체 발달 과정에서 이제 본능은 그 자체로 능동적인 동시에 우리가 소위 동기나 의지라고 부르는 고차원적 형태로 변한다.[7] 그리고 나아가 아직 개조되지 않고 재구조화되지 못한, 본능을 포함한 모든 추동력은 새로운 고차원적 조직화의 형성에 참여하는데, 이것이 우리가 심리적 하부구조 substructure라 부르는 것이다.

II

앞선 장에서 나는 개인적 동기로 출발해서 본능적 동기로 나아갔다가 다시 개인적 동기로 돌아왔다. 여기까지는 주제를 소개하는 과정이었고, 아직 주제에 대해 완전히 검토한 것은 아니다. 그럼 이제 반대 방향, 그러니까 본능에서 시작해서 좀 더 세세하게 들어가 보자. 일단 두 가지가 특히 흥미로워 보인다. (1) 본능은 우리가 정신이라 부르는 총체적 조직화와 관련해서 어떤 위치에 있나? (2) 본능과 대상은 어떤 관계인가?

두 질문 모두 정신분석 이론의 근원적인 부분을 건드린다. 나는 논의의 과정에서 특정 이론적 정식을 언급하고, 그 명시적 내용과 내가 이해한 함의를 검토할 것이다. 하지만 그 용어들과 개념들이 사실은 고도의 이론적 정식화에서 이용될 때보다 훨씬 폭넓은 의미를 내포한다는 점은 잊지 말아야겠다. 이런 이론적 정식화는 프로이트의 말마따나(1915a, p. 117) 특정 이론-과학적 전제와 "관행"에 의해 이뤄지는 것이라, 정의를 세밀하게 만드는 과정에서 불가피하게 어느 정도의 경직성이 뒤따르

7) 『The Neuro-Psychoses of Defense』(1894)에서 프로이트는 이렇게 말한다. "수면과 유사한 상태들이 갖는 특징 때문에 평소 의식적 '의지'를 가능케 하는 흥분의 배분이 지연된다"(p. 50). 이 정의에 따르면 우리가 의지라고 부르는 것은 심리적 흥분의 특정한 배분 상태 혹은 형태이고, 심리적 조직 정도라는 위계적 관점에서 볼 때 본능은 그러한 흥분이 덜 발달한 형태가 된다. 프로이트에 의해 생리학적 과정에 비유적으로 사용되었음에도 여기서 "흥분"("에너지", "본능"도 마찬가지인데)이라는 용어는 그 생리-생물학적 함의를 박탈할 수 있고 또 그렇게 해야만 한다. 이런 용어들에 처음부터 생리-생물학적 함의가 있었던 것은 아니다. 오히려 특정 과학에 사용되며 갖게 된 것이다. "흥분"이라는 용어에는 특정 과학에 특별히 적용될 수 있는 일반적 의미가 있다. "흥분된다"라는 말은 보통의 언어사용에서 마음, 기분, 감정의 상태를 기술하기 위해 쓰인다. 그러니까 이 단어는 생리학에서 차용된 것이 아니라 생리학이 차용하고 전유한 것이다.

기 마련이기 때문이다. 그래서 한편으로는 이런 정식들이 정신분석 지식과 이론의 중심으로 떠받들어지기도 하지만 그 결과로 이해의 폭과 깊이가 오히려 좁아지고 얕아지기도 한다.

본능이 전체 심리조직과 맺는 관계에서 처하는 위치는 어디인가? 본능은 정신적 힘의 한 요소인가, 아니면 정신에 와서 부딪히는 힘으로서 정의상 그 자체는 비-정신적인가? 내 생각에 이 문제는 무의식을 정신적·심리적 현상의 일부로 이해할 것이냐 아니냐 하는 질문과 유사해 보인다. 프로이트도 처음엔 처음엔 미심쩍어했지만(p. 151 각주 2 참고), 이내 무의식과 신체 현상이 맺는 연관성과 무관하게 무의식을 정신적 작용으로 보게 되었다. 이러한 연관성은 무의식과 의식 사이에도 마찬가지로 전제되는 것이다. 그리고 이 덕분에 정신분석은 심리학적 과학이 되었다. 하지만 프로이트는 본능에 관해서는 주저한다. 나는 본능을 심리학적 개념으로 취급하고, 생물학적 혹은 행동학적 개념에서 분리하고 있다고 이미 언급했다(본능의 정신분석적 개념과 비-정신분석적 개념의 관계를 고찰해 보는 것은 물론 유용하긴 할 것이다). 염두에 둬야 할 점은 바로 이런 결정 덕택에 여태 알려지거나 연구되지 않았던 연쇄와 연관에 그 나름의 문법과 논리를 가지고 있는 현상, 과정, 사건이라는 지위가 부여되었다는 점이다. 그러니까 나름 자율성을 지닌 과학이 된 것이다. 이들은 그전에는 전혀 다른 차원의 연쇄와 그 결과에 부수하는 현상으로만 여겨졌다.[8] 향후 논의 과정에서 우리는 왜 프로이트가 본능에 대해 그렇게 불명확했는지 알 수 있을지도 모르겠다.

「Instinct and Their Vicissitudes」(1915a, p. 118)에서 본능은 "마음에 전해진 자극"이었다. 이때 본능은 "바깥 세계가 아닌 유기체의 내

8) 여기에 대한 인식론-철학적 논의는 Michael Polanyi의 책 『Personal Knowledge』(1958)를 참고하라.

부에서 발생한" 자극이다. 프로이트는 본능적 자극을 필요need라 부르는 게 낫다고 말했다. "필요를 없애는 것은 '만족'이다". 여기서 본능은 마음에 작용하는 것, 유기체의 내부에서 유래하는 것으로 여겨진다. 유기체의 환경이라는 바깥의 세상에 대비되어 내부라고 불리지만 마음의 관점에서 보면 여전히 바깥으로부터 작용하는 것이다. 본능을 유기체 내부의 자극으로 이해하는 논의에서(예를 들어 "필요를 없애는 것은 '만족'이다"라는 식의), 프로이트는 자극을 받는 시스템의 특성과 관련하여 몇몇 "가정"이 포함되어 있다는 데 주목했다. 가장 중요한 가정은 다음과 같다. "신경계는 전해지는 자극을 없애는, 혹은 자극 정도를 가능한 가장 낮은 수준이나 가능하다면 전혀 자극되지 않은 상태로 유지하려는 기능을 가진 기관이다"(항상성 원리). 그리고 본능적 자극이 "신경계가 자극을 전혀 받지 않으려는 이상적 상태를 단념하도록 만들고", "신경계가 외부세계에 변화를 일으켜 자극의 내적 원천에 만족을 주는 일련의 활동을 하게 만든다". 이러한바, 그는 이상의 생리학적 시스템이 "심리 기관"으로 진화하는 과정을 묘사하려는 것처럼 보인다.

하지만 프로이트가 여기서 생물학적 관점이라 부른 것으로 정신 현상을 바라보면 "본능"에 대한 꽤 다른 그림이 그려진다. "우리가 *생물학적 관점*으로 정신 현상을 바라보면 '본능'은 정신과 육체의 경계에 있는 것으로 여겨지며, 유기체의 내부에서 유래해 마음에 미치는 자극의 심리적 표상이자 몸과 연결된 탓에 마음의 작동을 요구하는 수단"(p. 121)이 된다. 본능은 이제 생리학적 자극이 아니고 생리학적 자극의 "심리적 표상representative"이 되는 것이다. 아직 "표상"의 의미는 딱히 정해지지 않았고 몸과 마음의 연결방식도 결정되지 않았다. 그러나 심리적 표상으로 이해된 본능은 심리 기관에 와서 부딪히는 자극이 아니라 심리 기관 혹은 심리 기관 내부의 힘이 되는데, 이 힘은 여러 가지 다양한 형태로 몸 안에서 발생한 자극을 표상한다. 본능을 자극이라 부르고 싶다면 본능은 정신적 자극이자 마음을 구성하는 요소가 되는 것이다. 하지만 그것은 *마음의* 역동적 힘이지, 마음의 바깥에서 *마음에* 가해지는 것이 아니다.

"표상representative"과 "표상물representation" 개념들은 추후 기회가 된다면 꽤 길게 논의되어야 하겠지만 여기서는 두 가지만 짚겠다. (1) 우리는 심리적 표상과 관념idea의 의미인 표상물을 반드시 구분해야 한다. 심리적 표상의 의미는 관념이라는 의미의 표상물에 비해 광범위하다. 예를 들어, 심리적 표상은 광의의 의미에서 정서affect 같은 비-관념적 현상을 포함하고, 앞서 고찰한 바처럼 본능도 포함한다. (2) 정신적 혹은 심리적 표상은 위계적으로 구조화되어 있는데, 낮은 수준의 표상들은 좀 더 고차원적인 것으로 재-표상될 수 있다. 굳이 관념의 형태가 아니어도 *상관없다.* 일차과정과 이차과정을 이야기할 때, 그리고 프로이트가 사물-표상과 단어-표상, 그리고 전자가 후자에 의해 과-카텍시스를 받는다고 말할 때 이상의 의미가 포함된다(1915b, p. 201).[9]

그래서 소위 생물학적 관점에서 본능은 정신적 자극이다. 그리고 생리적 자극이 본능으로 표상되는 시스템은 표상할 능력도 지닌다. 생리적 · 유기적 자극에 자극되는 건(그리고 어쩌면 다른 물리적 자극에 의해서도 마찬가지라고 가정할 수도 있다) 바로 이 표상 능력으로, 표상 활동은 마음에 내재한 것이지 유기체의 필요에 따라 외부에서 제공되는 것이 아니다. 유기체의 필요는 표상 활동을 자극할 뿐 표상을 만들어내지는 않는다. 이상의 논의에 따르면 시스템이 자극을 받아들이는 특성은 프로이트

9) 스트레이치의 "프로이트의 'instinct'와 'instinctual representative' 사용의 모호함"(1915a, p. 111)에 대한 토론과 비교해 보라. 「The Unconscious」(1915b)에서 Vorstellung은 idea 혹은 presentation으로 번역되었다.

의 가정과 더 이상 같지 않다. 프로이트가 가정했던 건 생리학적 관점(자극의 제거)이었다. 하지만 여기서 말하는 특성은 (광의의) 표상 기능이다. 이제 정신 발달의 과정에서 생리적 활동이 정신적 활동으로 발달하는지, 만약 그러하다면 어떻게 그게 가능한지가 문제다.

거칠지만 이런 비유가 도움이 될 것 같다. 변압기가 특정 전압을 다른 전압으로 바꿀 수 있다는 사실은 유입되는 전기의 전압으로 설명되지 않는다. 정신적, "표상" 활동이 몇몇 측면에서 신경생리학적 활동과 관련이 있고, 그것에 의해 이루어진다는 점은 부정할 수 없다. 라디오가 작동하기 위해서는 수신되는 전파와 별개로 라디오를 켜는 전기가 필요하다는 말과 마찬가지다. 정신활동을 가능케 하는 신경계의 신경생리학적 활동은, 프로이트가 첫 번째 "생리학적" 정식에서 본능이라 불렀고 두 번째 "생물학적" 정식에서는 본능에 의해 표상된다고 했던, 신체적 필요와는 엄연히 다르다. 프로이트의 모델에서 유기체적 필요와 자극은 마음에 도달해서 작동을 요구한다. 그러니까 마음이 하는 일은 넓은 의미의 "표상", 즉 정신적 표상을 만드는 것이지 마음에 도달하는 것을 "없애는" 게 아니다. 이렇게 마음의 기능이 작동하기 위해서는 신경생리학적 작용이 당연히 필요하다. 따라서 마음이 "몸과 연결"되는 방식은 두 겹이라고 할 수 있다. (1) 마음이 작동하기 위해서는 신경생리학적 작용이 *힘을 공급해야* 한다. (2) 마음의 작동은 유기체의 필요에 따라 *자극된다*. 다만 이때 마음의 작동 자체는 본능적 활동으로 이루어져 있으며, 유기체의 필요를 표상하는 걸로 정의된다.

한 번 더 강조하겠다. 심리 기관의 일반적 기능에 관한 기본적 가정은 도달하는 (유기체적) 자극의 제거에 있지 않으며, 오히려 이런 자극의 정신적 표상을 만들어 내는 데 있다. 즉, 본능적 활동을 만드는 데 있다는 뜻이다. 여기서 방점은 본능이 유기체적 자극의 정신적 표상이라는 사실에 있지 않고, 그것들이 정신적 표상이라는 사실에 있다. 프로이트는 같은 단락에서 심리 기관의 기능을 좀 더 광범위하게 자극-숙달mastery로 정의했다. 그러니까 자극을 다루는 방식에 대해 좀 덜 편파적인 표현을 한 셈인데, 어쩌면 정신기관의 기능을 자극의 제거로 정의한 자기 자신의 생각에 대해 불만족을 드러낸 것일지도 모르겠다(1915a, p. 120).

유기체적 자극의 정신적 표상이라는 프로이트의 본능 정의를 따르다 보면 정신분석에서 본능은 정신적 힘 또는 자극으로, 동기의 가장 기초적인 요소이자 단위로 묘사될 수 있다는 결론에 이른다. 본능은 추동하는 자극이자 정신을 구성하는 것이지 정신에 작용하는 생물학적 자극이 아니란 뜻이다.[10] 하지만 프로이트가 본능을 엄밀히 심리학적 개념으로 일관되게 사용하지 않았다는 점은 인정해야 하는데, 아마 부분적으로는 정신분석 이론에서 표상이라는 용어가 갖는 의미의 다의성 때문일 것이다.

잠시 기관apparatus 모델의 중요한 한 측면을 살펴보겠다. 현미경, 망원경, 카메라 같은 도구나 기관은 다른 주체agency에 의해서 어떤 용도로 이용되는 물건이다. 그 용도는 주체의 의도에 의해 정해지며 사용되지 않을 때는 휴면 상태에 있게 된다. 이런 관점에서 보면 마음은 기구보다는 유기체와 더 가깝게 비유될 수 있는데, 이유는 마음은 그 자체로 활동의 중심이며 자신의 목적을 가지기 때문이다.[11] 유기체는 이런 식으로 환경 안에 존재하고, 환경과 활발히 접촉하고 교류한다. 유기체는 자신의 활동을 통해 환경에 영향을 미치고 환경으로부터 영향을 받는다. 오해의 소지가 있음에도 마음을 유기체에 비유하는 것은 기계나 도구에 비

10) 심리적 표상으로서 본능(본능적 욕동)과 신체적 자극으로서 본능에 대한 정의, 그리고 추동력의 위계질서 내부에 위치한 추동력의 한 형태로서 본능 개념에 대한 논의를 위해서는 Schur(1966, 특히 pp. 29-46)를 참고하라.

11) 이 질문에 대해서, 그리고 동기와 동기로서 본능에 대해서는 Rapaport(1960)를 참고하라.

유하는 것보다 (같은 이유로 건 반사에 비유하는 것보다) 훨씬 적절하다. 그 이유는 유기체가 나름대로 활동의 중심이고 생활환경으로부터 분화되는 동시에 꾸준히 활발한 상호 교류를 할 뿐 아니라 유기체의 활동과 환경이 같거나 유사한 규칙을 갖기 때문이다. 하지만 기억해 둬야 할 것은 이 유사함은 물론 생리학, 물리학, 공학, 광학보다는 가깝지만, 엄연히 다른 가정과 다른 차원의 "정보"를 다루는 이질적 영역 사이의 유사함이라는 점이다. 생물학의 객관화 가능성은 심리학적 과학으로서 정신분석에서보다 훨씬 큰데, 그 이유는 생물학에는 그 정의상 정신이라는 게 없기 때문이다.

그래서 내 생각에 구조모형은 지형모형과 대조적으로 유기체와의 유사성에 근거한 모델인 듯하다. 그리고 이것이 구조모형이 여러 측면에서 정신분석적으로 더 유용한 이유 중 하나라고 생각한다.[12] 구조모형은 본능을 마음의 바깥에서 유래해 마음에 부딪히는 유기체적 자극으로 이해하지 않는다. 그리고 마음 또한 들어오는 자극을 처리해서 다른 형태로 방출하거나, 혹은 그 작용이 다른 주체에 의해 시작되고 결정되는 복잡한 도구로만 이해되지도 않는다.

오해를 막기 위해 말해 둘 것이 있다. 이상의 기계 모형이나 유기체 모형 같은 도식적 묘사는 개념적 모형에 적용되는 것이지 프로이트의 발견과 정식의 핵심은 아니다. 그의 핵심적 발견과 정식들은 오랫동안 그런 모형들을 훨씬 초월해 왔고, 심지어 그런 것에는 신경조차 쓰지 않는다. 『The Interpretation of Dreams』에서 프로이트는 지형학적 모형을 소개하며 현미경과 카메라의 비유를 들면서 이렇게 쓴다(1900, p. 536).

12) 두 모형 혹은 "이론"에 대한 자세한 논의는 Merton Gill(1963)과 Arlow와 Brenner(1964), 혹은 Loewald(1966)를 참고하라.

나는 이러저러한 유사한 이미지들의 불완전함에 대해 별로 미안할 필요를 느끼지 않는다. 이러한 비유의 목적은 정신기능을 세분화하고, 각각의 성분들을 정신기관의 각기 다른 부분에 할당함으로써 정신기능의 복잡성을 이해하기 위해서다. (…) 내 관점에서는 우리가 판단의 냉정함을 유지하고 건축물의 기본 골격에 오류를 범하지 않는 한, 우리의 사유에 많은 자유를 부여해도 무방할 듯하다.

프로이트의 메시지는 그런 종류의 작업에는 항상 중요하게 기능하며, 이후 그의 메타심리학적 저작과 구조모형에도 마찬가지로 적용된다. 하지만 건축물의 골격이 갖는 기본적 성격이 건축 계획과 건축의 관점을 드러내고, 동시에 건물의 외연과 기능적 범위를 제한한다는 점은 반드시 언급해 둬야겠다. 다른 말로 하면 이론이나 모델이 정신분석적 발견과 통찰을 항상 제대로 설명해 내는 건 아니어서, 이론을 새로운 발견에 맞추고 좀 더 나은 설명력을 확보하기 위해 단순한 첨삭 이상의 방법이 사용될 필요가 있다. 프로이트의 구조이론이 그 대표적 예시고, 그가 본능이론을 여러 번 검토하고 바꾼 것도 마찬가지 이치다.

한편 구조이론을 정식화하며 본능과 마음에 대한 개념도 바뀌게 되었다. 이런 변화는 갑자기 생긴 게 아니며, 『The Ego and the Id』에서 정점을 찍은 이후 완고하게 지속되지도 않았다. 어떤 관점에서 보면 변화는 실제보다 커 보이기도 한다. 만약 프로이트의 전체 저작을 유기적인 것으로, 그러니까 정신 자체의 조직화와 유사한 것으로 본다고 한다면 떠올릴 수 있는 비유가 있다. 그건 한 사람의 일생에서 벌어지는 여러 힘과 다양한 조직의 상호 작용과 갈등, 전진과 퇴보 같은 것들이다. 대략 말할 수 있는 건 구조이론에서 정신이 개념화되는 방식은 심리적 힘과 구조적 층위들 사이의 상호 작용으로, 이런 상호 작용은 기관 모델에서는 가능하지 않았다는 점이다. 그래서 마음의 안과 밖, 정신 내적 힘과 외적 힘의 관계에 관한 생각은 상당히 파격적으로 변했는데 이는 모두 구조이론의 출현과 관련이 있다. 네 번째 장에서 좀 더 살펴보게 될 것이다.

본능 이론은 여러모로 변했다. 이제 정신은 유기체 같은 것으로 이해되고[아메바, 위족(僞足)과의 비유, 이드의 바깥쪽 층인 자아가 그것이 면하고 있는 외부환경에 의해 변화를 겪는다는 식의 묘사가 그 예다], 본능은 유기체 내부의 힘이 되었다. 하지만 심리적 표상으로서 본능은 더 이상 강조되지 않았다. 사실 「The Unconscious」(1915b), 특히 무의식적 감정에 대한 프로이트의 고찰을 보면 그가 여전히 같은 생각을 하고 있는지 미심쩍다. 『Beyond the Pleasure Principle』(1920)에서 본능은 *"초기 상태를 회복하려는, 생명에 내재한 충동"*(1920, p. 36)이라는 좀 더 포괄적인 개념이 된다. 다시 항상성 원리로 돌아가는 것이다. 「Instincts and Their Vicissitudes」의 "생리학적" 본능 개념에서 심리 기관은 항상성 원리에 따라 본능을 처리했다. 여기서 본능은 유기체의 자극이고, 심리 기관은 초기 상태, 즉 휴면과 흥분이 없는 상태로 돌아가려고 한다. 하지만 『Beyond the Pleasure Principle』에서 본능은 항상성 원리를 방해하면서 동시에 초래하는 어떤 힘이 아니라 이 원리의 표현 자체가 된다. 이는 본능은 그것이 생물학적이든 심리학적이든 관계없이 항상성 원리를 *드러내*는 유기체의 힘과 충동이지, 항상성 원리가 작동하도록 하는 어떤 무엇이 아니라는 뜻이다. 예전 모델에서 본능은 흥분하지 않고 가만히 있으려는 기관을 방해하는 것으로 정의되었다. 그래서 둘은 갈등 관계에 있었다. 하지만 이제 본능과 정신은 서로 다투지 않는다. 이제 본능은 정신의 역동에 참여하는 능동적 힘이 되었다. 반면 심리적 표상으로서 본능에 대한 강조는 사라지게 되었다.

1920년 이후 본능은 생물의 양대 힘으로 이해된다. 삶의 본능이자 사랑의 본능인 에로스와 죽음의 본능인 타나토스가 그것들이다. 이것들은 심리적 형태로 드러날 때도 있지만 정신적 힘으로만 특징지어지지는 않는다. 즉, 항상 그랬듯 정신분석을 생물학으로 보려는 프로이트의 관점에 부합하는 셈이다. 이는 한편으로 보면 정신분석과 생물학 사이의 관계와 유사점을 밝히고, 혹은 정신분석을 생물학이나 더 크게 우주적 진화 안에서 고찰하는 시도라고 할 수 있다. 하지만 다른 식으로 보면 정신분석적 자료와 개념을 생물학으로 환원시켜 버리는 것이기도 하다. 다시 말해 정신적 삶이나 심리적 현실이라는 전제 없이, 혹은 마음이라는 존재(철학적 관점에서 존재의 의미가 무엇이든 간에) 없이도 심리학이 가능하다는 태도라고 할 수 있다. 다른 많은 이가 그러했던 것처럼 프로이트도 심리학적 개념을 생물학이나 물리학적으로 바꾸면 심리학을 좀 더 객관적으로 만들 수 있다고 생각하는 오류를 범했다. 하지만 이런 전환은 심리학을 소멸시킬 뿐이다. 인간이 별, 원자, 동식물과 뚜렷이 구분되는 존재인 한, 마음을 마음으로 이해하는 심리학은 늘 다시 만들어질 것이다. 그는 『Beyond the Pleasure Principle』에서 정신분석을 마음이 아니라 생물과의 연관성에서 고찰했던 바로 그만큼 정신분석을 놓쳤다.

이제 내가 던진 첫 번째 질문에 대해 대답할 수 있게 되었다. 본능이 전체 심리적 조직에서 차지하는 위치는 무엇인가? 유기체적 자극과 필요의 심리적 표상으로 이해되든, 아니면 좀 더 넓게 유기체에 내재한 충동으로 이해되든(여기서 정신은 유기체의 특별한 예가 된다), 본능은 심리조직 내에 있는 힘이지 그 바깥에서 심리조직이라는 시스템에 작용하는 자극이 아니다. 이 시스템은 자체로 유기체와 비슷하며, 유기체에 의해 사용되는 기관은 아니다. 두 본능은 서로 합쳐지고 갈등하면서 작용을 한다. 심리적 조직은 내인성 활동(그 궁극적 목적이 무엇이든 간에)의 중심으로 가정될 수 있고, 이 중심은 가장 원초적 형태, 즉 우리가 본능적 활동이라 부르는 것으로 이루어져 있다. 프로이트에 따르면 우리에겐 죽음의 본능, 죽으려는 경향, 휴면 상태로 돌아가려는 경향이 있다고 한다. 하지만 거기에 대항해 살려고 하는 힘인 삶의 본능 또한 내재적 추동력이다. 바깥에서 시스템에 가해지는 힘이 아니란 뜻이다.

이런 관점에서 보면, 죽음본능은 항상성-무력$_{\text{inertia}}$-불쾌 원칙과 같아서,[13] 프로이트 이론 내에서 보면 딱히 새로운 게 아니다. 항상성 원리 혹은 불쾌 원칙은 항상 심리 기관을 조절해 왔고, 그런 의미에서 보면 심리 기관의 바깥에서 유래한 자극인 본능과 달리 심리 내적인 무엇이었다. 그래서 기관 모델에서 이러한 원리들은 본능으로 개념화될 수 없었다. 하지만 정신이 유기체, 즉 살아 있는 생명으로 이해되면서 이제 추상적 조절 원리가 본능이 됐다. 그리고 프로이트의 새로운 본능 이론과 구조이론에서 정작 새로운 건 죽음본능과 짝을 이루는, 내적 추동력으로서 삶의 본능이다.[14]

Ⅲ

두 번째 질문인 본능과 대상의 관계를 논하기 전에 본능과 "본능 심리학"에 대한 일반적인 이야기가 좀 더 필요하다. 이는 앞서 생물학적 힘으로서 본능에 관한 토론을 교정하는 것이기도 하다. 초창기 프로이트의 특별한 관심사 중 하나는 심리학을 주지주의적이고 의식중심적인 지향

13) 내 생각에 이 등식은 어느 수준까지만 타당하다. 프로이트의 죽음본능은 여기서 다루지 않고 있는 다른 요소들도 포함한다(아래 각주 14 참고).

14) 항상성-불쾌 원칙과 죽음본능 간의, 그리고 분리된 쾌락원칙과 삶의 본능 사이의 연관에 대해서는 프로이트(1924, p. 159), 슈어(1966, pp. 146-52) 등을 참고하라. 그리고 이 책 5장에 죽음본능과 조절원리에 관한 토론이 있다.

성에서 자유롭게 만드는 것이었고, 더불어 당시의 주류였던 도덕적 관점과 "고상하고" 이성적이며, 도덕적으로 용납 가능한 범위라는 집착에서부터 놓여 나는 것이었다. 삶과 인간 본성의 비이성에 대해, 인간의 삶과 마음 안에 있는 원초적 · 원시적 · 유아적 힘의 중요성, 여기에는 "몸과 연결된 탓에 생기는 결과"들도 포함이 되는데, 이런 것들에 관심과 강조를 둔 사람이 비단 프로이트 혼자만은 아니었다. 하지만 이 주제들을 정신의학과 심리학의 영역에 적극적으로 제시하고 과학적 탐구와 개념화를 시도한 사람은 프로이트였다.

그러나 프로이트에게 본능욕동, *Triebe*은 동기이론이나 인격 이론에 포함된 다른 추동력들과 구분되어야 할 추상적 개념이 아니었다. 마찬가지로 정동, 지각, 인지적 과정, 신체적 필요들과 별도로 분류되어야 할 단순한 추상적 개념도 아니었다. 본능은 과학자, 의사, 관리, 판사 같은 "지식인들"이 인정하고 이해하고 있는 것보다 훨씬 더 많이 인간사를 움직이고, 사람들이 특정한 방식으로 행하고 생각하고 느끼게 만드는 것이었다. 본능은 때로는 넘치고 때로는 자제, 억제, 두려움의 대상이기도 하다. 본능은 가족 및 타인과의 일상에도, 나아가 문명화된 전문직업 영역과 고정관념에도 작용하는 것이었다. 본능은 인간의 애정사를 지배하고, 손아래, 손윗사람들과 맺는 관계를 결정한다. 본능은 사람을 병들고 미치게 할 뿐 아니라 도착과 범죄로 몰아가고, 위선자, 거짓말쟁이, 광신자로 만들며, 좀스럽게도, 고집불통으로도, 편협하고 불안한 존재로도 만든다. 그리고 그중 성적 필요와 몰입, 억제가 많은 것의 근저에 있다는 사실이 밝혀졌다. 여태 높게 평가되던 이성적이고 문명적인, 정돈된 "좋은" 행동, 품위 있고 상냥한 행위와 사고는 대개 꾸며낸 행동이자 몸짓이며, 자기-기만, 합리화, 왜곡, 은신처, 즉 진정한 삶과 본능의 진실을 덮고 가리는 얇디얇은 가면이었다.

신체적 필요, 몸의 습관, 신체 기능, 키스와 성교, 분비물, 맛과 냄새, 눈으로 보는 것, 몸에서 나는 소리와 느낌, 애무와 체벌, 움찔거림, 걸음, 사지의 움직임, 표정, 음경과 질, 혀, 팔다리와 털, 통증과 쾌감, 흥분과 늘어짐, 폭력과 기쁨, 이 모든 것이 몸이 살아가는 삶이다. 몸은 그저 장기와 생리적 기능, 해부학적 구조와 신경, 화학적 현상으로 이루어진 유기체가 아니다.

프로이트가 이런 시각을 가지지 못했다면, 그리고 그 자신과 환자들의 변덕, 결점을 보지 못했다면 그는 절대로 증례들을 쓰지 못했을 것이고, 결코 신경학과 정신의학, 심리학과 구분되는 과학적 정신분석학을 만들어 내지 못했을 것이다. 또한 꿈과 농담, 신경증과 일상생활의 정신병리를 결코 이해하지도 못했을 것이다. 그는, 부분적으로는 그 자신의 취향에도 불구하고, 그리고 상당한 우려도 동반해서, 완전히 새로운 과학적 탐구의 방법론과 표준을 만들었다. 이런 방법론과 표준은 현실의 다른 영역을 위해 고안된 과학적 원리와 방법에 역행하는 것으로, 반대로 말하면 기존의 원리와 방법들은 심리 현상을 이해하기에는 부적당하다. 그가 이렇게 할 수 있었던 이유는 당시 과학이 부과하던 좁은 한계를 거부했기 때문이다. 하지만 프로이트는 당대 과학의 적자嫡子임이 분명하다. 한계를 부수고 과학의 영역을 확장하는 한편, 자기가 한 모험의 결과를 받아들이는 데는 여러모로 힘들어했다. 그가 과학과 삶을 그런 식으로 이끌지 않았다면 정신분석은 결코 현대인의 삶과 사고에 지금처럼 영향을 미치지 못했을 것이다.

위의 묘사처럼 본능과 몸의 인생은 하나이자 같은 것이다. 그리고 우리가 몸과 정신을 나누기 시작할 때만 그들은 분리된다. 하지만 일단 분리가 되면, 그렇지 않으면 생리-해부학도 심리학도 없을 것인데, 정신분석적 본능은 반드시 심리학적 개념이 되어야 한다. 내 생각에 누군가가 우주적 일반 경향으로서 삶과 죽음의 본능을 말한다면, 그건 생물학과 물리학에 다시 정신을 도입하는 것이다. 이게 정당한지 아닌지는 여전히 의문이다. 하지만 이 경우 정신은 어느 경우에도 인간의 심리라는 의미에서 정신은 아니다. 정신분석은 인간의 정신에 대한 과학이다. 우리가 만약 이 틀 안에서 삶과 죽음의 본능(혹은 좀 덜 "형이상학적" 형태로 리비도와 공격성의 이원성) 개념을 받아들인다면, 심리적 표상으로서 본능을 이야기하고 삶과 죽음의 본능도 그런 표상으로 이해해야 한다.

IV

이제 두 번째 질문으로 넘어가자. *본능과 대상은 어떤 관계인가?* 이 질문은 아마도 오늘날 정신분석 이론에서 가장 복잡하고 중요한 문제일 것이며, 또한 가장 논란이 많은 문제이기도 할 것이다. 이 논문에서 나는 특정 관점으로 이 문제에 접근할 것이다. 넓은 의미에서 보자면 대상 관계의 문제이고, 소위 대상-관계 이론(Modell, 1968 참고)의 문제이다. 그래서 내 짧은 고찰은 광범위한 주제에 대한 일종의 도입부라고 할 수 있다.

정신분석 이론에서 대상의 지위는 그동안 점진적이지만 큰 변화를 겪어 왔다. 넓게 보자면 대상은 처음엔 주로 본능적 필요에 만족을 제공하는 수단으로 개념 지어졌다. 즉, "쾌락"을 주는 원천이자, 반대로 같은 본능적 필요에 대해 불쾌와 좌절을 주는 원천이기도 했다. 다시 한번 말해 둘 것은 여기서 만족은 쾌락-불쾌 원칙에 따라 흥분(자극)을 없애고 줄이는 과정, 혹은 그런 과정의 결과로 이해된다. 이때 대상은 처음부터 주어지는 걸로 여겨졌기 때문에 정신분석 이론은 대상이나 그 지위에 대해서는 별다른 질문을 하지 않았다. 그동안 많은 변화가 있었으나 대상 개념에 대한 이

같이 나태한 태도는 아직도 분석 이론에 만연해 있는 듯하다.

하지만 조금씩 분명해지는 부분도 있다. 최소한 초기 심리 발달 단계에서 대상은 주어지는 게 아니라는 점이다. 이 점은 중요하다. 환경이나 신체-표피에서 오는 자극이 내부가 아닌 외부적 경험으로 조직되기 위해서는 굉장히 복잡한 심리적 발달이 필요하다. 그리고 자극, 만족, 좌절을 주는 원천이 자기와 다른 대상으로 경험되기 위해서도 이런 심리적 발달이 필요하다. 이와 더불어 더욱 분명해지는 사실은 심리기능과 구조를 조직하는 데 대상이 꼭 필요하다는 점이다. 다른 말로 하면, 간편하게 대상이라 통칭 되는 존재들이 주체의 형성에 중요한 역할을 한다는 것이다. 그리고 이 역할에는 본능을 심리적 현상으로 만들고, 발달해 가는 "대상 관계"를 만드는 것도 포함된다. 반대로 주체subject라고 불리는 것은 대상(단순히 대상 표상이 아닌)의 조직화에 중요한 역할을 한다. 대상과 대상 표상의 개념에 대한 자세한 고찰은 다음 기회로 미루어야 할 것 같다. 아마 그때는 본능과 대상의 관계가 재검토되어야 할 것이다.

논의의 진행을 명확히 하기 위해 다음의 명제를 제시한다. *심리적 · 동기적 힘으로 이해되는 본능은 애초 엄마-아기라는 (심리적) 단위로 구성된 심리적 장field 안의 상호 작용을 통해 조직된다.* 이 정식이 의미하는 바는 대상과 본능 모두 처음부터 주어진 것이 아니고, 여타 과학에서 차용된 개념도 아니라는 점이다.

"본능 개념과 관련한 특정 용어들"에 대해 프로이트는 "압박pressure", "목적aim", "원천source"과 함께 "대상"을 포함했다(1915a). 그래서 그는 본능의 대상이 본능 자체에 고유한 것이라 인정하며 대상에게 특별한 지위를 부여했다. 즉, 대상은 본능에 "처음부터 연결되어 있지는 않았지만", "어쩌다 보니 만족을 달성한 결과에 따라 본능에 할당된" 것이다. 그리고 "그것을 통해 본능이 그 목적을 달성하는" 것으로 대상을 정의하고, "본능의 목적은 항상 만족"이며, 만족은 "오직 본능의 원천에 발생한 긴장 상태를 해소함으로써 가능"하고, 그 원천은 "장기나 신체 한 부분에서 발생한 육체적 현상"(p. 122)이라고 말했다. 이러한 정의 탓에 그는 다시 육체적 본능 개념에 머무르게 되었고, 만족과 쾌락은 자극의 감소 또는 제거라는 항상성 원리의 관점 안에 남았으며, 대상의 위치는 기본적으로 환경과는 별 상관없는, 육체적 요구의 만족을 위한 수단으로 국한되었다. '이런 폐쇄계closed system 모델이 과연 생물학에 적합하나?'라는 문제는 생물학자에게 맡겨야 하겠으나 일단 심리학에는 맞지 않는 것 같다.

자기애, 자기애적 동일시, 그리고 "내사"(Freud, 1915a, p. 136) 개념이 도입되며 심리 내적 현상과 구조들의 발달, 그리고 조직화에 대한 문제가 분명하게 제기되었는데, 주로 자아와 초자아 발달에 관한 것이었다. 하지만 본능 개념과 이드 심리학은 이런 접근에서 대체로 배제되었다. 물론 프로이트가 자기애와 본능의 관계에 대해 무관심했다는 이야기는 아니다. 사실 자기애 개념 자체가 (대상 리비도에 반대되는) 자기애적 리비도라는 이름으로 불리는 본능적 현상을 이해하기 위한 것이기도 했었다. 하지만 이것이 프로이트가 본능 개념을 본능과 환경("대상")과의 연관 속에서 재고再考하도록 만들진 않았다. 그는 본능을 심리적 표상으로 정의했으나 여전히 육체적, "선천적" 본능 개념을 계속 사용했었는데, 정신분석적으로 본능을 고찰한 것은 본능의 변천vicissitudes을 논할 때뿐이

---

15) 프로이트는 1938년에 이르러서 말하길 "우리가 이드의 (필요-)긴장 뒤에 있을 거라 짐작하는 힘은 본능이라 불린다. 이것은 마음에 대한 신체적 요구(demand)를 표상한다"(1940, p. 148). (나는 정확성을 위해 스트레이치의 번역을 살짝 수정했다. 프로이트는 그가 번역한 것처럼 "이드의 필요 때문에 발생한 긴장"이라고 말하지 않고 필요-긴장이라고 했다. 이드의 필요와 긴장 사이에는 아무런 인과적 관계가 설정되지 않았다. 프로이트에게는 이드의 필요가 바로 긴장이지, 이드의 요구가 긴장을 만드는 것이 아니다.) "표상"이라는 단어가 사용된 것은 맞다. 하지만 전체 문단을 보면 본능 자체가 이드의 요구-긴장 뒤의 신체적 힘이라는 뜻은 분명하다. 이드는 마음의 한 영역이므로(생물학적-신체적 실체나 개념이 아니고), 이드의 배후에 있는 힘은 마음 위에 작동하는 것으로, 정신적 현상으로 마음 안에서 작동하지는 않는다. 고로 여기서 프로이트는 본능에 대한 "생리학적" 접근으로 회귀한 것이다(두 번째 장을 참고).

었다.[15] 만약 본능을 확실하게 심리적 힘으로 이해하기 시작하면 이상의 변천은 애초부터 존재했던 본능에 일어나는 일이 아니게 된다. 오히려 이때 변천은 본능을 조직하는 과정으로, 즉 신체적 현상을 심리적 현상으로 바꾸고 나아가 심리적 표상으로 바꾸는 과정이 된다.

내가 말하려는 바는 본능이 심리적 힘으로 조직되는 변환 과정이 엄마-아이의 심리적 장 안에서 일어난다는 점이다. 이 문제를 심리적 현실의 조직화라는 관점에서 바라보게 되면 대상이 "애초에 연결되어 있는가, 아닌가" 하는 질문은 말이 안 된다는 걸 알 수 있다. 본능, 대상 같은 현상은 상호 작용 안에서 분화와 통합을 거치며 만들어진다. 애초에는 본능도 대상도 서로 연결되고 말고 하는 것이 아니다. 상호 작용을 통해 안팎의 현상으로 분화된 이후라야 둘은 비로소 서로를 "품는다". 대상은 기본적으로 리비도 대상이라는 말의 정신분석적 이해는 바로 이런 상황을 의미한다.

충분히 성숙한 성인의 객관적[16] 현실 언어, 즉 보통 과학적 언어라고 불리는 언어를 동원한다면 이렇게 말할 수 있겠다. 대상은 심리적 힘인 본능에 "할당"되지 않는다. 오히려 본능을 본능으로 조직하는 데 결정적으로 참여한다. 이는 본능이 대상을 대상으로 조직하는 과정에 참여하는 것과 마찬가지다. 이런 의미에서 대상은 압박, 목적, 원천만큼이나 본능의 근본적 요소다.

심리적 현실의 개체발생적 관점에서 말하면, 신생아에 내재한 요구

16) "객관적"이라는 용어의 의미를 명확히 하고 세분하는 것은 매우 필요하다. 하지만 현재의 맥락과는 너무 동떨어진 일이라 매우 유감이다. 모든 정신분석적 탐구에서 주체-대상의 대립(antithesis)은 상당한 방법론적, 용어상의 어려움을 초래한다. 알아 둘 것은 프로이트도 이 점을 언급했다는 건데(1915a, p. 134), "자아-비 자아(외부)의 대립, 즉 주체-대상은 (…) 발달 초기에 개별 유기체를 침범한다 (…) 이러한 대립은 무엇보다 우리의 지적 활동을 지배하고 탐구를 위한 기본적 상황을 만드는데, 어떤 노력도 이런 상황을 바꿀 수는 없다". 마지막 구절이 확실한지는 나로서는 잘 모르겠다.

들, 즉 파닥거림과 반사 활동은 환경에서 유래한 활동과 반응들 덕택에 조화되고 조직되어 본능이 되고 목적과 방향성을 갖게 된다. 여기서 우리는 "만족"의 의미를 생각해 봐야 한다. 적절히 잘 반응하는 일차 양육자의 행위는 만족을 제공하지만, 이때 만족은 그저 단순히 흥분을 제거하는 것만은 아니다. 내 생각에 만족 경험은 "창조적" 과정으로서, 이때 환경이 제공하는 적절한 활동은 단순히 흥분을 감소시키고 제거하는 것이 아니다. 더해서 흥분 과정을 *만들어 내고*, 조직하는 과정이기도 하다. 소위 "기억mnemic 이미지"는 그런 식으로 만들어지는 것으로, 본능에 더해지는 게 아니라 본능의 구성 성분이 된다. 여기서 기억 이미지는 프로이트가 「Project」(1895, p. 318)에서 말한 운동 감각성 이미지의 의미로 이해되어야 할 것이다.[17] 「Project」에서 프로이트는 본능에 대해 거의 이야기하지 않는다. 하지만 "만족 경험"(p. 317)에 대한 토론을 보면 심리적 표상으로서 본능의 심리적 기원에 대한 이해가 얼핏 드러나는데, "외부의 도움"이 "경험되는 인간"에게 주는 "특별한 행위"가 강조되고 있다.

하지만 이렇게 기억과 관련한 행동 양상이 본능의 구성 성분이 된다는 사실이 이 시기에 이미 내부(심리 내부)와 외부의 구분이 이루어졌다는 것을 의미하지는 않는다. 기억과 관련된 행동 양상 속에서 요구와 반응, 환경의 영향, 그리고 주체의 흥분은 아직 서로 분화되지 않았고, 그래서 행동 양상의 반복은 처음엔 광범위한 사건들의 재연re-enactment일 뿐이다. 오직 이런 재연이 반복적으로 일어남으로써, 그러니까 필요-긴장, 그리고 그에 대한 환경으로부터의 반응들, 앞서 언급한 만족 경험들

17) 이런 종류의 기억 "이미지"는 시각적 이미지도 아니고 관념도 아니다. 오히려 히스테리의 "회상"(reminiscence, Breuer and Freud, 1893-1895, p. 7)의 이미지에 비유할 수 있는 행동 패턴이다. "행동화"는 이런 유형의 기억과정-구조의 고차원적 형태다. 이런 기억 관련 행동들은 기억과 특히 무의식적 기억, 그리고 소위 "기억 흔적"에 대한 정신분석적 이론에서 가장 중요하다. 다르게 보면 이것들은 동일시 과정의 원형이라고 할 수 있다.

이 반복되며 만들어 내는 효과에 의해 최종적으로 기억 "이미지"와 "진짜 만족"의 주관적 분화가 이루어진다. 그리고 이 과정에는 주체와 환경의 차이에 의해 생기는 만족의 지연과 부재도 포함된다. 다시 말해, 이런 과정에 의해서 내적 행동 양상("기억"), 그리고 행동의 강화 · 지속 · 반복에 관여하는 외적 요인의 구분이 생긴다.[18)]

엄마의 보살핌은 반응과 자발적 자극 모두를 포함한다. 그리고 이 과정에서 아이의 안에 본능이 생겨난다. 장차 본능이 될, 조화되지 않은 충동의 압박은 분리의 경험에서 비롯된다. 특히 제일 중요한 건 출생의 경험으로, 이는 엄마로부터 물리적으로 분리되는 경험이다. 라파포트도 나와 비슷한 생각을 했던 것 같다. 그는 말하길, "*동기*motives의 특징은 취향을 가진다는 점이다. 그래서 본능적 욕동(내가 생물학적으로 규정된, 조화되지 않은 충동이라 부르는 것)의 방출, 그리고 비록 광범위할 수는 있지만 한정된 범위의 대상들 사이에는 조화가 생긴다". 하지만 "*원인*causes, 비-*동기적이다*은 단일 방향으로만 작용할 뿐 방향을 바꾸지 못한다. 그래서 대상의 위치 변화에 따라 자신의 방향과 경로를 전환함으로써 대상에 '집착하지' 못한다". 또한 강조하길, "본능적 욕동의 방출에서 대상이 갖는 역할에는 흥분의 '합산'도 포함된다. 이 합산에는 대상이 주는 자극 흥분과 본능적 욕동 에너지가 일으키는 흥분이 모두 포함된다. 그래서 본능적 욕동의 에너지는 아직 역치에 도달하지 않지만, 그 합산은 역치에 도달해서 방출이 일어날 수도 있다"(1960. p. 878). 나는 두 개의 원천에서 유래된 흥분의 "합산"이 심리적 추동력인 본능을 만들고, 이 합산은 자극하고 반응하는 "대상"의 활동 때문에 생성된다고 생각한다. 이 부분이

18) 여기서는 인지-기억과 본능적 현상 사이의 근원적 미분화를 의미한다. 인지-기억도 본능에 기반하고 있다는 뜻이기도 하다. 기억과 기억 흔적에 관한 토론은 10장을 참고.

그와 나의 차이점이다. 라파포트는 본능적 욕동의 방출을 이야기한다. 하지만 나는 본능의 심리적 조직화라는 관점에서 보기 때문에 강조점을 본능 에너지의 방출을 위한 조건이 아니라 본능이 심리적 현상이 되기 위한 조건에 둔다.[19]

그래서 나의 관점에 의하면 본능은 심리적 표상이 되므로 맥락 없는 충동과 파닥거림은 본능이 아니다. 그것들은 심리적 표상이 아니라 소화기관의 움직임이나 호흡, 울음처럼 자극이나 유기체의 필요가 신체적으로 표현되는 것일 뿐이다. 이 연장선에서 가능한 또 하나의 질문은 만약 엄마가 주는 "외부"의 자극이 안으로 들어와 본능을 만든다면, 본능으로 표상되는 자극들을 유기체 "내부"의 자극으로 한정할 수 있냐는 것이다. 초기 발달 단계의 심리 현상은 대체로 자극 발생의 안팎 여부와 무관하게 본능적 성격을 가진다. 따라서 우리가 정신분석에서 초기 본능이라 부르는 것은 "유기체적" vs "환경적" 구도보다는 동기와 심리 구성의 원초적 성향과 더 관련이 있어 보인다. 모든 것은 단순한 유기체적 필요가 아니라 몸과 몸의 "언어", 그리고 몸의 표현에 더 가깝다. 이건 프로이트가 본능과 "생리학적" 자극을 나눈 것과는 대조적이다(1915a, p. 118). 프로이트는 본능적 자극과 외부적 자극의 차이를 그 힘의 지속성에 두었다. 즉, 본능적 자극은 지속적이고 외부자극은 일시적이다. 하지만 이상의 두 문제에 대해서는 여기서 다루지 않겠다.

앞서 제시된 본능 개념과 관련해서 일차적 자기애에 대해 약간만 언급하겠다. 「Instincts and Their Vicissitudes」에서 프로이트는 이렇게 쓴다.

19) 라파포트는 「On the Psychoanalytic Theory of Motivation」에서 본능 개념의 여러 문제를 다루고 있는데, 아주 중요하지만 여기서 다룰 수는 없다. "합산"보다는 "상승 작용"이라는 용어가 더 나을 것 같다.

> 원래 최초의 심리 단계에서 자아는 본능으로 카텍시스 되어 있는 상태로, 어느 정도 자신을 만족시킬 수 있다. 우리는 이런 상태를 "자기애"라고 부르고, 이런 식으로 만족을 얻는 것을 "자가-성애적auto-erotic"이라 칭한다. 이 시기 바깥 현실에는 카텍시스가 부착되지 않는다. (…) 그리고 만족을 위해서 이용되지도 않는다. 그러니까 이 시기 자아-주체subject는 즐거움을 주는 것과 일치하고, 바깥 세계는 무관심한 것과 일치한다(혹은 자극의 원천이 되어 불쾌하게 경험될 수도 있다). [그래서 최초의 상태에서] 자아는 자신만을 사랑하고 외부에는 무관심하다(p. 134). [일차적 자기애에 관한 이 관점에 근거해서 "순수 자기애적 단계"와 "대상 단계"가 나뉜다(p. 137). 대상 단계는 아래와 같은 경로를 통해 얻어지는 발전이다] 애초 대상이 필요한 성적 본능들(자가 성애적으로 만족을 얻을 수 없는), 그리고 역시 자가 성애적으로는 만족을 얻을 수 없는 자아-본능들의 요구가 자연스럽게 자기애적 상태를 교란해서 발전을 도모하게 된다(p. 134n).

우리가 여기서 일차적 자기애라 부르는 정신의 원초적 상태는 이것과 다르다. 우리가 말하는 일차적 자기애는 "외부세계에는 흥미가 없고" 그래서 무심하거나 심지어 적대적(불쾌한)인 상태가 아니다. 오히려 프로이트가 『Civilization and Its Discontents』(1930)에서 말한 상태다.

> 엄마 가슴에 안겨 있는 아기는 아직 자신의 자아와 자기에게 흘러 들어오고 있는 자극들의 원천인 바깥세상을 구분하지 못하는 상태다. (…) 아기가 확실히 알 수 있는 것은 흥분의 어떤 원천은 항상 느낄 수 있다는 것이고, 이것은 나중에 자신의 신체 기관으로 인식된다. 반면 어떤 원천은 종종 느껴지지 않는다. 엄마의 가슴은 개중 가장 소중한 것이고, 이것은 울어야만 다시 돌아온다. *이런 방식으로 자아에 대한 최초의 "대상"이 성립되는데, "외부"에 존재하는 어떤 것이 되는 것이다.* (…) 이제 이런 방식으로 자아는 외부세계로부터 자신을 분리한다.

> 좀 더 정확하게 이야기하자면 애초에 자아는 모든 것을 포함하고, 나중에 바깥 세계를 그 자신으로부터 분리한다. 그래서 현재의 자아-기분ego-feeling은 훨씬 포괄적인, 모든 것을 아우르고 있는 기분이 쪼그라든 흔적일 뿐이다. 이 기분은 자아와 세계가 훨씬 가깝게 연결된다는 것을 보여 준다(pp. 66-68).

이런 방식으로 이해해 볼 때 일차적 자기애의 "원초적 심리 상황"(1915a, p. 134)에서 자아와 외부세계, 자아와 "대상"은 아직 분화하지 않은 하나의 심리적 장을 이룬다. 이런 원초적 상황을 마치 외부세계에는 카텍시스가 부착되지 않아 흥미가 없고(혹은 불쾌하고), 자아-주체는 즐거움을 주는 것과 일치한다는 식으로 묘사하는 것은 정확하지 않을 것이다. 어쨌든 이 시기에 즐거움과 불쾌함은 안과 밖 사이에 위치하지 않는다. 그리고 즐거움은 내부에, 불쾌함은 외부에 배치되지도 않는다. 이 시기 즐거움과 불쾌함은 포괄적 존재 양상일 뿐이다. 그리고 적절히 공감적인 엄마는 아이 못지않게 이러한 존재 양상에 참여한다.[20)]

일차적 자기애에 대한 새로운 개념화가 본능 개념에 의미하는 것은 무엇인가? 그리고 이 시기 우리가 말하는 자아는 실제로 무엇인가? 그건 분명 우리가 이드, 자아, 초자아를 말할 때 생각하게 되는 구조는 아닐 것이다. 「Instinct and Their Vicissitudes」에서 인용한 구절의 자아는 "전체 주체the whole subject"의 의미로 사용되었다. 언젠가 프로이트는

20) 충분히 공감적인 관찰자라면 누구라도 모자 관계나 상호 작용에서 이것이 사실이라는 점을 관찰하고 배울 수 있다. 여기엔 양방향의 호응과 반응, 즐거움과 불쾌함의 증가와 감소, 엄마 측의 신체적 즐거움과 불쾌가 포함된다. 후에 우리는 이런 현상을 감정적 전염, 혹은 동일시로 묘사하는 경향이 있는데, 모자가 쌍방향으로 겪는 비-언어적인 불안의 전달이 그 예가 된다. 유능한 정신치료자라면 예민한, 혹은 "퇴행한" 환자의 치료에서 이와 비슷한 경험을 한다. 그래서 만약 관찰의 초점이 아이와 함께 있는 엄마를 포함하지 않는다면 초기 심리 발달에 대해 얼마만큼의 연구와 이해가 가능하냐는 중요한 질문이 남는다. 내 생각에 이렇게 연구되고 이해된다면 여태까지 그랬던 것보다 훨씬 적은 추측으로 발달의 초기 단계를 재구성할 수 있을 것이다. Winnicott의 논문 「Primary Maternal Preoccupation」(1956)을 참고하라.

"자아-주체"라는 용어로 이 점을 분명히 했다.[21] 인용한 『Civilization and Its Discontents』의 1장에서 자아는 이런 의미로 쓰인다. 그 장 전체를 읽어 보면 프로이트가 자아를 정신적 하위구조로 다루고 있지 않다는 점을 명확하게 알 수 있다. 다르게 이야기하면 우리가 초기 "자아 상태"와 그것의 이후 등가물을 이야기할 때 정신적 하위구조인 자아의 의미는 없어진다. 「Instincts and Their Vicissitudes」에서 프로이트가 "최초의 정신에서 자아는 본능에 카텍시스 된다"라고 했을 때, 혹은 그가 신체 자아 혹은 쾌락 자아를 이야기할 때, 아직은 후에 이드나 자아라 부르게 될 것들 사이의 구분은 없는 것이다. 이 시기 (프로이트의 용어를 쓰자면) 자아-주체는 본능적 자아다.[22]

"다양한 촉진들"(Freud, 1930, p. 67)에 의해 서서히 자아를 마주하는 "대상"이 생겨나거나, 혹은 다른 말로 "대상"을 마주하는 본능적 자아가 생겨난다. 프로이트가 자아의 원초적 상태를 자기애로 묘사했다는 사실 자체가 여기서 다루는 것이 본능적 현상이라는 점을 명백히 드러낸다. [일차적 자기애 개념의 도입은 "리비도 이론의 연장"이다(Freud, 1914, p. 75).] 자아의 구성과 조직화에 관한 이론 하나만으로는 부족하다. 필요한 또 다른 하나의 이론은 본능의 조직화에 대한 것이다. 자아의 초기 발달은 프로이트가 『Civilization and Its Discontents』에서 얼핏 드러낸 것처럼 심리적 표상으로 이해된 본능의 조직화와 발달이다. 프로이트는 이

21) 나는 이 지점에서 일부러 "자기(self)"라는 용어를 피하고 있다. 자기의 외연은 "인간 혹은 사물 그 자신의 개별성 혹은 핵심, 사색과 반성의 대상으로서 사람 혹은 사물"(The Concise Oxford Dictionary, 1938)이다. 웹스터 사전도 참고하라. 정신분석적 저작에서 이 용어는 너무나 느슨하고 다의적인 의미로 사용된다. 따라서 나는 하트만이 제안하는 정의, 즉 자아 카텍시스에 대비된 자기 카텍시스로서 자기애(1950)를 받아들일 수 없다.

22) 위니콧(1956, p. 305)은 다음과 같이 말했다. "초기 발달 단계의 재구성에서 본능을 이야기하는 것은 자아 발달의 견지에서 이야기할 때를 제외하고는 의미가 없다. 분수령이 있다면 자아의 성숙과 미성숙인데, 성숙의 경우 본능적 경험이 자아를 발달시키고, 미숙에서는 본능적 경험이 자아를 방해한다. 여기서 자아의 의미는 경험의 합산이다".

점을 분명히 하지 않았으며, 정신 발달에 대한 새로운 통찰에 맞게 본능 이론을 재검토하지도 않았다. 그 이유에는 생물학적 본능 개념을 선호하는 이론적 편향, 그리고 주체와 대상의 구분이 분명치 않은 심리상태에 관한 연구를 아주 싫어하는 개인적 성향도 있었다.[23)]

이런 맥락에서 프로이트의 최초의 현실 자아original reality ego 개념과 순수 쾌락 자아(purified pleasure ego, 1915a)는 다시 검토되어야 한다. 여기서 내가 말할 수 있는 건 앞서 재검토한 일차적 자기애 개념으로 보면 두 개념 모두 지금과는 많이 달라질 것이라는 정도다.

잠정적 결론을 맺자면 본능과 대상과의 관계에 대해서 이렇게 말할 수 있겠다. 대상은 본능과 "애초에 연결되어" 있다. 그래서 그것들이 시간과 발달 과정의 추이에 따라 어떻게 연결되는가는 핵심이 아니다. 오히려 본능의 관점에서 봤을 때, 문제는 대상이 발달 과정에서 어떻게 본능으로부터 분화되어 주체와 구분되는 대상이 되냐는 것이다. "대상"은 "본능"의 근본 요소가 아니라는 생각이 가능한 바탕은 아래와 같다. 이런 생각에서는 본능은 유기체적 · 생물학적 자극으로, 이미 예정된 "심리 기관"에 와서 부딪힌다. 이때 심리 기관 자체는 본능이 아니며, 본능은 그저 방출만을 바라는 생물학적 욕구로 이해된다. 이런 관점 아래서만 "대상"은 "본능"의 근본 요소가 아니라는 생각이 가능해진다. 그리고 진실로 정신분석적 의미에서 본능과 대상의 관계를 논하려면 대상 개념은 비-정신분석적 인식론의 편견에 근거한, 순진하기 짝이 없는 함의를 반드시 벗어나야 한다.

---

23) 프로이트가 대양적 기분(oceanic feeling)에 대해 언급한 것(1930, pp. 64, 72)을 보라. Hollos에게 보낸 편지(1928)와 여기에 그의 반감이 잘 드러난다. Schur의 토의도 참고하길(1966, pp. 21-23). 나의 글 「Ego and Reality」(이 책 1장)에서 같은 문제를 조금 다른 각도에서 다룬다.

참고문헌

Arlow, J. A., and Brenner, C. (1964): Psychoanalytic Concepts and the Structural Theory. New York: International Universities Press.

Bornstein, B. (1949): The analysis of a phobic child: Some problems of theory and technique in child analysis. The Psychoanalytic Study of the Child 3/4:181-226.

Breurer, J., and Freud, S. (1893-95): Studies on hysteria. S.E. 2.

Freud, S. (1894): The neuro-psychoses of defence. S.E. 3:43-68.

Freud, S. (1895): Project for a scientific psychology. S.E. 1:281-397.

Freud, S. (1900): The Interpretation of Dreams. S.E. 4/5.

Freud, S. (1910): The psycho-analytic view of psychogenic disturbance of vision. S.E. 11:209-18.

Freud, S. (1914): On narcissism: An introduction. S.E. 14:69-102.

Freud, S. (1915a): Instincts and their vicissitudes. S.E. 14:109-40.

Freud, S. (1915b): The unconscious. S.E. 14:159-215.

Freud, S. (1920): Beyond the pleasure principle. S.E. 18:3-64

Freud, S. (1923): The ego and the id. S.E. 19:3-66.

Freud, S. (1924): The economic problem of masochism. S.E. 19:157-70.

Freud, S. (1930): Civilization and Its discontents. S.E. 21:59-145.

Freud, S. (1940[1938]): An outline of psycho-analysis. S.E. 23:141-207.

Gill, M. M. (1963): Topography and Systems in Psychoanalytic Theory [Psychological Issues, Monograph 10]. New York: International Universities Press.

Hartmann, H. (1939): Ego Psychology and the Problem of Adaptation. New York: International Universities Press, 1958.

Hartmann, H. (1950): Comments on the psychoanalytic theory of the ego. The Psychoanalytic Study of the Child 5:74-96.

Loewald, H. W. (1951): Ego and reality. IJP 32:10-18. (본서 1장)

Loewald, H. W. (1966): Book review: Psychoanalytic Concepts and the Structural Theory by J. A. Arlow and C. Brenner. Psychoanal. Quarter. 35:430-36. (본서 5장)

Loewald, H. W. (1951): Discusstion of The Id and the Regulatory Principles of Mental Functioning, by M. Schur, ed. M. Kanzer. New York: International Universities Press, 1971. (본서 5장)

Loewenstein, R. M. (1951): The problem of interpretation. Psychoanal. Quart. 20:1-14.

Modell, A. H. (1968): Object Love and Reality. New York: International Universities Press.

Planyi, M. (1958): Personal Knowledge: Towards a Post-Critical Philosophy. London: Oxford Universities Press.

Rapaport, D. (1960): On the psychoanalytic theory of motivation. In: The Collected Papers of David Rapaport, ed. M. M. Gill. New York: Basic Books, 1967, pp. 853-915.

Schur, M (1966): The Id and the Regulatory Principles of Mental Functioning. New York: International Universities Press.

Strachey, J. (1966): Notes on some technical terms whose translation calls for comment. S.E. 1:113-116

Winnicott, D. W. (1956): Primary maternal preoccupation. Collected Papers. New York: Basic Books, 1958, pp. 300-05.

09

시간 경험

(1972)

I

시간과 시간 경험은 정신에 있어서 아주 중요하다. 하지만 이 주제에 관한 정신분석적 연구는 매우 미미했으며 최근에야 약간씩 늘어나는 추세다. 우리는 이미 많은 시간을 경험했고 지금도 어떤 식으로든 매일 시간을 다루고 있다. 그래서 시간에 대한 지식은 상식적이라 할 수 있을 만큼 당연하지만, 시간 현상과 그 개념이 의미하는 바는 여전히 굉장히 모호하고 난해한 것으로 남아 있다. 화이트헤드는 "인간 지성의 한계에 대해 압도적인 무기력함을 느끼지 않으면서 시간과 자연의 창조에 대해 사유하는 것은 불가능하다"라고 말했고(1920, p. 73), 프로이트도 시간에 대해 비슷한 느낌을 토로했다(1933, p. 74). 분명 시간 경험, 시간 현상, 그리고

이 논문은 1971년 12월 18일 뉴욕에서 개최된 추계 미국 정신분석 학회 중 "The Experience of Time"이라는 세미나의 좌장 기조 연설로 발표되었다.

시간 개념은 정신분석에서 핵심적인 역할을 한다. 치료 방법, 연구 방법, 이론적 측면 모두에서 그렇다.

정신분석에서 가장 중요한 시간 현상과 시간 개념을 나열해 보자. 예컨대 기억, 망각, 퇴행, 반복, 기대, 표상과 재-표상 같은 것들. 혹은 생각과 감정, 행동에서 과거가 현재에 미치는 영향, 혹은 만족과 행위에서 지연의 문제, 혹은 수면-각성과 정신의 리듬, 혹은 시간 경과에 대한 주관적 감각의 다양성과 병리, 혹은 소위 이드의 무-시간성, 혹은 미래의 구조화에 있어서 상상과 환상의 역할, 혹은 미래 지향적 범주로서 가치, 기준, 이상, 혹은 대상 항상성이나 자기 정체성 같은 개념들이 있겠다. 여기에 정신분석 상황과 기술적 요소들, 세션의 길이에서 시간의 중요성은 부언할 필요도 없을 테다.

좀 더 일반적으로 말하면 과학으로서 정신분석은 정신의 개체 발달론 없이는 불가능하다. 그래서 정신분석은 근대 과학과 "시간 발견"의 중요한 일부다(Toulmin과 Goodfield, 1965). 시간은 역사적 차원으로 자연과학과 사회 과학 모두에서 중요성을 획득해 왔다.[1] 정신분석은 다른 어떤 형태의 심리적 연구보다 더 인간을 집단적-개인적 차원의 역사적 존재로, 즉 단순하고 미개한 무엇에서 복잡하고 "개화된" 상태로 발달하는 존재로 이해하고 있다. 우리는 어떤 측면에서 정신분석과 고고학이 비슷하다는 것을 알고 있다. 이 같은 시간의 차원, 그리고 인간이 다소나마 자신의 역사와 역사성을 인지하고 있다는 사실이 정신 현상을 규정한다. 나아가 고착, 지연, 우회, 중지, 그리고 급성장은 정신 현상과 그 교란의 과정을 결정짓는 데 기본적인 요소들로, 이 모든 요소는 핵심적으로 시

1) 시간에 대해 좀 더 관심이 있는 사람들은 J. T. Fraser(1966)의 책 『The Voice of Time』을 보라. 부제는 "과학과 인문학에 드러난 시간 이해에 대한 협동 조사". Blank(1967)도 참고.

간이라는 차원을 포함한다. 우리가 주장하는 것도 정신분석을 통해 과거의 발달 요소를 현재에서 감정적-지적으로 이해하고 다시 겪어낼 수 있다면 좀 더 조화롭고 좀 덜 혼란스러운 인격의 통합을 이룰 수 있다는 것이다. 인간이 자신의 과거를 떠안아 현재를 숙달하고 미래를 만들어 갈 수단을 마련하는 건 시간 경험의 일부이자 정신분석 과정 전체에 암묵적으로 내재한 생각이다.

"시간 경험"은 아래와 같은 질문, 즉 시계를 통해 객관적으로 측정된 시간이 어떻게 주관적으로 경험되냐는 질문으로 이해될 수 있다. 객관적 시간이 왜곡되어 드러나는 모습과 이유는 무엇인가? 덧붙여 기시감déjà vu이나 기억착오, 차폐기억screen memory, 기억상실, 꿈과 환상에서 시간의 단축 등이 시간 경험과 그 변형이라는 제목 아래 올 수 있는 것들이다. 어린 시절 혹은 노년의 시간 경험에 대해서도 질문할 수 있다. 여기엔 생애 주기의 문제가 있을 테고, 노화와 그에 따른 신체적 변화가 시간 경험과 맺는 관계도 있을 것이다. 정신에서 시간이 갖는 상징적 의미는 무엇인가? 물리적 시공간에서 벌어지는 지속과 사건의 연속이라는 의미에서 시간 감각과 그 개념이 어떤 식으로 발달하는가에 관한 문제도 있다. 그러니까 이차과정에서 시간 개념의 발생은 어떻게 이루어지냐는 질문인 셈이다.

일찍이 나는 물리학과 현대의 상식적 경험에 잘 맞지 않는 시간의 개념화를 시도한 적이 있는데(1962), 거기서 나는 시간을 과거, 현재, 미래가 맺는 상호 관계의 관점에서 파악해 능동적 심리 현상으로 보았다. 이런 의미에서 정신분석의 주제인 시간 경험은 심리 현상에 포함된 이상의 세 가지 시간 양상 사이의 상호 작용과 연관 관계를 의미한다. 그리고 이 연관성은 전이, (무)의식적 기억과 기대가 현재에 미치는 영향, 과거에서 유래한 원초적 동기와 현재의 고차원적 동기 사이의 상호 작용 같은 것들로 드러난다. 이렇게 보면 시간은 객관적 외부 현실의 차원도 아니고, 단순히 우리가 이 현실을 지각하고 깨닫는 형태만도 아니다(칸트).

언급할 시간 경험의 측면이 하나 더 있다. 우리의 삶은 과거로부터 추동되는 절대적 결정론을 따르는 것처럼 보이는가? 아니면 인생은 미래의 가능성과 (의식적, 무의식적) 목적에 의해 이끌리는 것인가? 초기 정신분석에서는 이드 심리학의 우세했던 까닭에 우리의 인생이 모두 무의식적 과거에 의해 결정되는 것처럼 이해했었다. 과거로부터 온 무의식적 힘이 인생의 발달과 변화를 설명하는 바람에 미래는 과거의 상태가 반복되는 것에 불과했다. 하지만 구조이론과 자아 심리학이 대두되고, 정신분석 이론에서 대상 관계의 중요성이 강조되며 이런 시간상은 바뀌었다. 아마 가장 뚜렷한 변화는 프로이트가 삶의 본능 혹은 사랑의 본능을 명기한 것으로 분명히 드러나는데, 이 본능은 죽음의 본능과 더불어, 혹은 그에 반하여 작동한다. 삶의 본능이라는 개념이 가리키는 곳은 인생이 모조리 과거의 힘으로 추동되는 것이 아니라 부분적으로는 뒤에 따라올 무엇에 의해 이끌린다는 관점이다. 내 생각에 우리의 경험은 이상의 두 가지 시간 관점을 오락가락하는 것 같다. 후자의 생각이 생물학이나 정신분석에서 목적론적 시각을 배제하기 어렵게 만드는 이유이기도 하다.

이 정도면 정신분석과 관련한 시간 현상과 개념을 대략 훑어본 것 같으니, 이제 좀 더 세부적인 주제로 들어가겠다.

II

시간의 양쪽 극단에 두 종류의 경험이 있고, 이들은 시간의 문제에 일말의 빛을 준다. 이 경험들은 거의 지각되지 않고 대부분은 전혀 알아채지 못하는데, 그래서 아주 예외적인 경험이라고 할 수 있다. 문명화된 현대에서 이 경험들은 병리적으로 여겨진다. 이유는 이것들이 우리에게 익숙한 정상적인 인식이 다다를 수 없는 극단적 한계들을 이루고 있기 때문이다.

한쪽 극단은 영원성eternity의 경험이다. 여기서 시간의 흐름은 멈춘다. 영원성은 무한히 지속하는 시간everlasting time과는 다르다. 스콜라 철학자들은 *nunc stans,* 영속하는 찰나라고 부르는데, 여기엔 과거도, 현재도, 미래도 없고, 기억도, 소망도, 기대도 없으며, 오로지 존재being만이 있을 뿐이다. 무한히 지속하는 것은 천체의 흥망성쇠라는 긴 시간 속에서도 현재와 구분되는 과거와 미래를 만들어 내지 않는 것처럼 보인다. 그래서 무한한 지속은 영속하는 찰나의 영원성과 혼동된다. 하지만 영원성의 체험은 무한한 지속을 포함하지 않는다. 과거, 현재, 미래라는 양상을 통해서 경험을 구성하고 이어짐, 동시성, 지속성 같은 개념들을 만든다는 뜻에서의 시간은 영원성의 체험 안에서 멈춘다. 이런 경험이 기억에 남아 후에 시간적 관점에서 묘사되면 이렇게 그려지는 경향이 있다.

이러한 상태들은 신비주의자들에 의해 묘사되었으며, 약물이나 혹은 특별한 정서적 경험에 의한 무아경과 비슷한 측면이 있다. 극단적인 기쁨이나 슬픔, 혹은 섹스나 절정의 순간, 조증이나 깊은 우울, 지복至福과 절망의 순간에 경험의 시간적 속성은 없어지고, 마치 시간이 없어지듯 오로지 현재만 남는다. 프로이트는 신앙적 느낌의 기원에 관한 고찰에서(1930, p. 72) "대양적大洋的" 기분, 그리고 이런 기분과 영원성의 관련성을 짤막하게 검토한다. 여기서 그는 "자아 기분"과 주체와 대상이 분화되기 이전의 유아의 원초적 자아 기분을 연결한다. 그리고 이런 이슈들과 "신비주의자의 지혜" 혹은 "트랜스와 엑스터시 같은, 명료하지 않은 다양한 정신 상태들" 사이의 관련성도 언급했다.

영원성의 반대편은 파편화fragmentation다. 여기서 세계는 조각조각

나뉘어 있고 아무런 의미도 없는 상태다. 세상을 통일된 것으로 인식하게 하는 시간의 연속성과 과거에서 미래에 이르는 시간의 연관성은 완전히 붕괴하고 파괴된다. 매 순간은 다른 순간과의 관련성을 잃어버려 오직 홀로 존재할 뿐, 시간의 연속성 안에 포함되지 않는다. 영원성의 경험이 비록 객관적으로는 아주 짧은 시간만 지속되겠으나 주관적으로는 시간의 연관들이 단일성unity으로 사라져 버리는 바람에 시간이 없어진다면 파편화의 경험에서 시간은 연결성의 소멸 속에서 사라진다. 다르게 표현하면 영원성에서 모든 의미는 영속하는 찰나라는 분화되지 않은 단일성 안에 농축된다. 그리고 의미들은 그곳에서 벗어나 시간의 세상을 다시금 의미로 채우기도 한다. 하지만 파편화의 경험에서는 의미, 즉 연결은 사라지고 각각의 순간은 텅 비어 버려 아무것도 아닌 것이 되어 버린다. 파편화의 경험에도 아마 초기 심리 발달 단계와 발생적 연관성이 있을 것이다. 이것은 경험의 연결, 즉 시간성이 아직 온전치 않은 상태다. 소외, 이인증, 비현실감의 경험들이 아마 파편화와 비슷할 것이다.[2)]영원성과 파편화의 경험은 불안에 대한 방어로, 시간적 현실로부터의 탈출로 쉽게 이해될 수 있다. 하지만 이런 이해가 영원성과 파편화의 탈시간적 표상으로서 지위를 부정하진 않는다.

앞서 영원성이 실제로는 짧은 시간 동안 지속된다고 언급했는데, 파편화도 마찬가지다. 물론 이건 측정된 시간, 소위 객관적인 시간의 관점이다. 이렇게 보면 영원성과 파편화도 당연히 시간 안에 있다. 이것들도 결국 시간 속의 순간들로 시작과 끝이 있으며, 과거에 자리한 탓에 기억될 수도 있고, 미래에 자리한 탓에 기대와 두려움, 소망의 대상이 될 수도 있다. 객관적인 시간을 기준으로 본다면 우리가 이야기한 경험들은

2) 파편화의 경험은 Pious(1961)의 바닥(nadir) 개념과 관련이 있다.

소위 주관적 시간의 표상이 된다. 여기서 주관적 시간은 시간 감각이라는 의미로, 객관적으로 측정된 시간에 부합하거나 하지 않을 수 있고, 혹은 그것이 왜곡된 것이다.

이와 같은 시간 개념은 물리학적 관점에서 타당하게 여겨져 오기도 했고, 우리가 객관적 현실이라 부르는 것을 지향하는 한에는 유용하다. 하지만 나는 이러한 시간 개념이 정신분석적 시간 연구에는 부적당하다고 생각한다. 만약 내 의견이 옳다면 주관적 시간 개념을 폐기해야 한다는 결론을 도출할 수 있다. 왜냐하면 주관적 시간을 정의하는 관점 자체가 객관적 시간 개념을 정의하는 것과 같기 때문이다. 심지어 최근의 발견, 가령 생물학적 시간, 내적 시계, 일주기성, 즉 주관적 시간과 객관적 시간의 관계, 그리고 "주관적" 시간의 "객관적" 타당성에 대한 흥미로운 질문들을 고려하더라도 그렇다. 왜냐하면 이상의 질문에 포함된 기준도 여전히 객관적 시간 개념이기 때문이다.

정신분석적 관점에서 시간을 고려할 때, 객관적으로 관찰되고 주관적으로 경험되는 시간 개념은 그 타당성을 잃는다. 심리적 삶에서 시간은 무엇보다 연결 활동linking activity으로, 그 속에서 소위 과거, 현재, 미래가 일련의 연쇄로 직조된다. 과거, 현재, 미래는 오직 이런 연쇄 안에서만 의미를 지닌다. 그리고 이 연쇄는 연속succession이라기보다 상호 작용이다. 과거, 현재, 미래는 마음 안에서 서로 앞서거니 뒤서거니 하기보다는 서로를 규정짓고 만들어 가는 시간의 양상들이다. 세 가지 시간 양상은 순수 현재에서 분화되는 동시에 순수 현재를 형성한다. 상식적 시간 개념은 연속을 말한다. 연속은 비가역적인 선형의 이어짐이다. 하지만 정신분석적 시간 개념은 서로를 끊임없이 규정하고 바꾸는 쌍방향의 상호 관계다. 아버지와 아들이라는 관계라는 단어처럼 상호 의존적인 단어들이며, 상호 침투하는 경험적 현상이다.

전이 현상이 예가 될 수 있다. 전이는 부분적으로 (현재에 영향을 미치는) 환자의 과거, 그리고 소망과 두려움이 어려 있는 (역시 과거의 영향 아래 있는) 미래에 의해 결정되는, 분석가와의 현재 관계다. 여기에서 그치지 않는다. 전이에서는 현재의 관계와 그 관계가 만들어 내는 기대가 과거를 활성화하고, 과거가 현재에서 경험되고 기억되는 방식에 영향을 미친다. 이렇게 과거가 다시 한번 통합되면 반대로 분석가와의 현재 관계와 미래의 전망에 영향을 준다. 현재에 의한 과거의 변화는 "과거에 객관적으로 벌어졌던 일"을 바꾸지는 못하지만, 환자의 내면에 유지되던 살아 있는 역사로서 과거를 바꿀 수 있다.

과거, 현재, 미래 사이의 비슷한 쌍방향 관계는 꿈의 복원에서 (현실의 복원도 마찬가지다) 보이는 낮의 잔여물과 무의식의 유아적 소망이 맺는 관련성에서도 확인된다. 프로이트는(1900) 둘 사이의 결합이 필요하다고 말했다. 낮의 잔여물과 과거의 유아적 소망 사이의 상호 결합 없이는 어느 쪽도 심리적 우세를 점할 수 없다. 자기, 정체성, 대상 항상성 (이는 "자아 정체성"과 연관된다) 같은 단어로 표현되는, 중요하지만 아직은 잘 모르고 있는 복잡한 문제들도 결국은 과거, 현재, 미래의 상호 관계와 밀접하게 연관되어 있다.

이처럼 세 가지 심리적 시간 양상이 능동적으로 드러나는 시간 경험은 정신분석가의 일차적 관심사가 된다. 다시 말하지만 물리학적 시간 개념이나 상식적 시간 개념은 여기에 별로 적당하지 않다.

파편화에서는 세 가지 능동적 시간 경험의 상호 관계가 부서지기 때문에 과거, 현재, 미래라는 단어는 의미가 없어진다. 경험되는 건 오로지 의미 없는 *지금*now뿐이다. 하지만 이는 시간 양상의 요소인 현재present가 아니다. 반대로 영원성의 경험에서 맥락은 망가지지 않지만 모든 요소가 한데 뭉뚱그려져 버려 단일한 지금이 되는 바람에 연쇄가 없어진다. 이때 지금은 의미를 잃는 것이 아니라 오히려 의미가 넘쳐 버려서 요소들 사이의 결합으로 생기는 의미를 훌쩍 지나쳐 버린다. 우리는 일시적인 파편화의 예를 잘 알고 있다. 어떤 단어에 집중해서 여러 번 반복해서 읊을 때, 바로 그 집중과 반복이 단어를 의미 없게 만들어 버리는데, 이게 흔히 경험하는 파편화의 예다. 어떤 물체를 오랫동안 응시할 때의 경험도 비슷하다. 입면 현상, 각성 현상도 기본적으로 같은 이치인데, 자기 자신의 정신 현상에 대한 집중과 응시가 이루어진다. 이때 요소들 사이의 연결은 파괴되고, 좀 더 정확히는 재-창조되지 않는다.

이는 심리적 능동주체로서 시간의 다른 어떤 측면을 보여 준다. 바로 내가 기억의 미세 역동이라 부르는 것이다. 위의 예들은 자기와 대상세계를 광범위하게 아우르는 파편화의 예가 아니다. 오히려 정신 현상과 지각의 맥락에서 일어나는 미세한 파편화다. 조금 전, 지금, 조금 후가 의미 있는 연관과 발생의 동시성을 만들어 내는 건 기억과 관련된 활동을 통해서다. 이 활동으로 인해 떨어진 조각들이 의미를 갖는 하나의 연쇄가 되고, 이 연쇄는 부분들의 쌍방향 관계에 따라 서로에게 의미를 준다. 일상에서는 이런 연결 활동이 자동적이고 무의식적으로 벌어지는 까닭에 우리는 이런 활동이 있다는 사실마저도 잘 알아차리지 못한다. 파편화에서는 이 활동이 중지된다. 강박적 성격에서 관찰되는 구획화compartmentalization는 기억과정에 파편화가 생긴 것이다. 한편 파편화는 어떤 경우에는 새로운 의미를 만들기 위한 새로운 연결 활동의 시작점이 되기도 한다.

정신 현상에서 시간과 기억을 따로 떼어 놓고 생각할 수는 없다. 여기서 기억은 정신활동(mind와 memory는 어원학적으로 연관이 있다)의 의미이지 확립된 사실을 말하는 것이 아니다. 확립된 사실이라는 건 소위 말하는 기억 흔적이 밀랍으로 만든 판에 글자를 새기듯 정신기관에 새겨진다는 뜻이다. 하지만 우리는 기억과 기억 활동을 연결 활동으로 이해한다. 이 활동 안에서 전체 사건이 연결되는데, 이때 단일성은 겹의 짜임새를 얻고("analysis"가 의미하는 뜻이다), 그렇게 내적 연관에 따라 사건의 조각들은 서로 연결된다("synthesis").

기억의 미세 역동은 역사성의 미시적 측면이다. 역사성의 의미는 아래와 같다. 개개인은 객관적으로 해명하고 묘사할 수 있는 역사를 가질 뿐 아니라 그 자신이 스스로 역사이며, 과거-현재-미래가 서로 연관을 맺는 기억 활동 덕에 그 자신의 역사를 만든다. 정신분석은 기억 활동을 훈련하고, 재활성화하고, 증진하는 방법이다. 환자와 분석가는 기억 활동을 공유하고, 환자는 다소간 기억 활동에 저항하게 된다. Ernst Kris(1956)에 의해 그 병리적 측면이 다루어진 개인적 신화는 이러한 기억 활동이 역사를 만들고 시간을 직조한 결정체이기도 하다. 하지만 개인적 신화는 모든 사람이 무의식적으로, 때로는 의식적으로 만드는 것이기도 하다. 어떤 환자는 아버지와의 관계가 제법 분석되고 난 뒤에 이렇게 말했다. "자신의 역사를 창조해야 해요". 정신분석에서 재구성은 사실 때때로 지어낸 이야기가 될 가능성이 농후하다. 하지만 여기서 말하는 신화는 거짓이나 만들어진 이야기란 뜻이 아니다. 다시 말해 신화는 "실제 벌어진" 역사적 진실의 반대나 왜곡이 아니다. 프로이트가 객관적 현실에 대해, 그리고 객관성의 진실성 여부에 대해 무슨 생각을 했든 상관없이 신화라는 단어로써 강조하는 것이 있다. 그것은 모든 역사적 진실은 사건이 벌어질 당시에 이미 정신적 구성물이었던 것을, 즉 마음의 시간에 의해 무의식중에 만들어진 기억의 건축물을 새로운 방식으로 재건축한 구조물이라는 점이다.[3)]

3) 시간에 대한 철학적 논의를 위해서는 성 아우구스티누스의 고백록을 참고.

참고문헌

Blank, H. R. (1967): Review of J. T. Fraser: The Voices of Time. Psychoanal. Quart. 36:297-300.

Fraser, J. T., ed. (1966): The Voices of Time. New York: George Braziller.

Freud, S. (1900): The Interpretation of Dreams. S.E. 4/5:564

Freud, S. (1930): Civilization and Its discontents. S.E. 21:59-145.

Freud, S. (1933): New introductory lectures on psycho-analysis. S.E. 22:3-182.

Kris, E. (1956): The personal myth: A problem in psychoanalytic technique. JAPA 5:653-81.

Loewald, H. W. (1962): Superego and time. IJP 43:264-68 (본서 4장)

Pious, W. L. (1961): A hypothesis about the nature of schizophrenic behavior. In: Psychotherapy and the Psychoses, ed. A. Burton. New York: Basic Books, pp. 43-68.

Toulmin, S., and Goodfield, J. (1965): The Discovery of Time. New York: Harper & Row, 1966.

Whitehead, A. N. (1920): Concept of Nature. Cambridge: Cambridge Universities Press.

10

기억에 대한 관점들

(1976)

I

정신분석가에게 기억이란 단순한 지적기능, 즉 경험과 사건 또는 대상을 등록하고 저장하고 회고해 내는 것이 아니다. 분석가에게 기억은 이별, 상실, 애도, 회복과 관련 있는 것이며, 종종 사무치는 그리움과 동반되는 것이다. 그리고 그건 나이를 먹어 갈수록 더 그러한 것 같다. 기념과 추모라는 단어가 상기시키는 의미도 그런 것들이다.

이 글은 1972년 11월에 New York Psychoanalytic Society에서 있었던 Brill 기념 강의에서 발표되었다. Merton Gill과 Philip Holzman이 편집자로서 내게 George Klein을 기념하기 위한 문집에 수록할 만한 글을 줄 수 있냐고 요청했었고, 나는 이 글을 줬다. Klein은 논문 「The Several Grades of Memory」(1966)에서 알 수 있듯이 기억의 문제에 관심이 많았다. 이 원고는 후에 『Psychology Versus Metapsychology: Psychoanalytic Essays in Memory of George S. Klein』(1976)에 포함되어 출판되었다. 하지만 내가 글을 제공한 이유는 내가 몇 년 동안 여러 관점에서 알차고 깊이 있는 교류를 나누었던 George Klein을 기리기 위해서이지, 메타심리학의 정신분석적 위상에 대한 논쟁에 참여하기 위해서는 아니었다. 글을 읽어 보면 알겠지만 나는 그것들을 재구성하고 재해석해 애초 그 개념들이 사용되었던 것보다 더 큰 틀에서 그들을 통합하기 위해 메타심리학적 개념을 사용한다. 이 책은 애초 메타심리학을 정신분석 혹은 심리학과 무관한 것으로 취급하는 논문들과 같이 발표되었다. 하지만 나는 그 의견에 동의하지 않는다는 점을 분명히 밝힌다. 또 하나 분명히 하고 싶은 것은 메타심리학이 새로운 검토와 구체화, 재해석을 요청하며 분명 그럴 가치가 있다는 점이다.

기억이 아니라면 과거는 되돌이킬 수 없이 잃어버린 것이다. 사실 기억이 없다면 과거도 없고, 여하한 의미를 갖는 현재도, 내다볼 미래도 없다. 기억은 우리가 과거를 가질 수 있도록 한다. 비록 우리는 상실을 겪고, 과거를 되돌이킬 수 없지만 다른 형태로 과거를 회복할 수 있다.

하지만 기억은 단순히 과거를 붙드는 방법만은 아니다. 기억은 현재에 의미를 주고 미래를 만들도록 돕는다. 기억은 우리의 시간 경험 전체와 관련이 있다. 기억은 단순히 과거를 재생하는 기술도 아니고, 찰나에 사라지는 현재의 지각을 기록하고 유지해서 다른 어떤 형태로 보존하는 능력만도 아니다. 기억 덕택에 우리의 경험은 연결된다. 그것들은 맥락을 만들고 과거와 현재로 확장된다. 기억 활동은 연결 활동이다. 조금 전, 지금, 조금 후가 이 연결 안에서 만들어지고 서로 영향을 미친다. 개별 인간의 삶이라는 연속성이 만들어지는 것이다. 기억 활동이 없었다면 그저 한 조각의 인상에 불과했을 것들이, 순식간에 사라졌을 것들이 기억 활동 덕택에 생생한 경험과 인상에 연결된 내적 상태와 이미지 혹은 관념으로 남는다. 다사다난했던 순간들을 잃어버리지 않는 동시에 다음으로 넘어가기 위해서는, 즉 한순간을 다른 순간과 잇고 맞추기 위해서는 기억 활동이 필요하다. 마음이 자신의 인상과 활동, 정서, 지각, 관념, 이미지, 환상 들을 붙잡거나 다시 만들어 내지 못한다면, 즉 지금의 현실이 지나간 현실과 그리고 앞으로 예상되는 현실과의 비교 속에서 지금의 현실이 조직되지 못하면, 우리에게는 과거도, 현재도, 미래도 없다. 이들은 시간의 양상으로서 상호 의존적인 경험의 연결로, 기억 활동 덕분에 생긴다. 이렇게 조금 전, 지금, 조금 후를 연결하는 내적 재생 없이는 지속도, 변화도 경험할 수 없다. 이렇게 넓은 측면에서 본다면 기억은 무엇보다도 모종의 질서와 조직, 움직임과 변화에 더해 영속permanence의 감각이 드러나는 방식이다.

광의의 기억은 광범위하고 핵심적인 심리 현상으로, 기억 덕분에 삶과 세상은 넓이와 깊이를 얻고, 흐름 속에서도 연속성을 가지며 그 속에서도 변화한다. 다른 식으로 말하면 기억으로 인해 우리의 삶과 세상이 차원과 의미를 얻게 된다. 광의의 기억 개념은 마음 그 자체와 기억을 거의 동의어로 만들어 버린다. 하지만 이것은 합의된 의미를 자의적으로 과대 확장한 것이라기보다는, 오히려 마음과 기억이라는 두 단어가 오랫동안 가져온 동일성에 가까운 밀접함이 회복된 것이라고 할 수 있다. 두 단어는 같은 어원을 가지며, 영어의 mindful, remind, 혹은 독일어의 Gedachtnis(denken, to think)에서 그 흔적을 볼 수 있다. 하나 더 말한다면 기억과 애도도 어원적으로 매우 밀접하다. 기억을 의미하는 다른 독일어 Erinnerung도 "inner(internal)"에서 유래되었다. Verinnerlichung(internalization)에서 보듯 "inner"는 상실, 애도, 회복과 관련이 있다.

앞으로 논의될 내용은 여러 사람의 연구에 빚졌다. Piaget와 Freud는 말할 것도 없다. 몇몇 이름을 더 거론해 본다면, Bartlett, Kris, Mahler, Spits, Winnicott, Rapaport, George Klein, I. H. Paul, 그리고 Heinz Werner 등이 있다. 그들의 연구와 연결해서 내 생각들이 제시되면 더할 나위 없이 명료하겠지만 당장은 시간적으로나 정신적으로 그럴 여유가 없는 것 같다.

기억과정의 발생적-동기적 측면들은 특히 정신분석과 관련이 있다. 여기서 나는 측면"들"이라고 복수형을 쓰고 있는데, 이는 기억의 다양한 측면을 강조하고 동시에 천편일률적인 "기억기능" 개념을 피하기 위해서다. 여기에는 본능적-정서적 기원과 발생학적 파생물도 포함된다. 한 번 더 강조하면 기억과정은 저절로 이루어지기도 하고(이때는 추가적인 카텍시스 없이도 작동한다), 구조라 불리는 지속적인 패턴으로 발전할 수도 있다.

그렇지만 어느 경우라 하더라도 기억과정은 동적動的인 과정이다.

기억을 능동적 현상으로 이해함으로써, 즉 무의식적이거나 의식-의도적 기억만이 아니라 등록registration이나 보유retention라 불리는 심층적 기억과정도 능동적 현상으로 이해함으로써 등록과 보유를, 특히 등록을 시각화하는 유혹에서 벗어나게 된다. 여기서 시각화는 레코드의 요철凹凸이나 프로이트가 말한 밀랍으로 만든 메모장(1925)처럼 물질의 불응성을 이용해 기록을 유지하는 것을 말한다. 심지어 이런 현상에도 기억이라는 명칭이 어울리기 위해서는 등록-보유의 과정은 반드시 활동으로, 즉 모종의 패턴을 지닌 조용한 카텍시스 현상으로 이해되어야 한다. 그래서 이 과정은 새로운 카텍시스에 공명하거나(추억에서처럼), 혹은 그것들에 의해 증폭되거나 변화-재구조화된다. 여전히 살아 있는 것만이, 혹은 전축처럼 인위적으로 작동시킬 수 있는 것만이 재생할 수 있다. 카텍시스 되지 않은 시스템이 갖는, 흥분에 대한 불응성이라는 원리가 여기서 적용된다(Freud, 1917). 물론 프로이트는 항상 "무의식"의 활동을 전제했는데, 여기에는 무의식적 "기억 흔적"도 포함된다. 밀랍으로 만든 메모장이 기억에 견줄 만한 내면의 기록을 만들어 낼 수 없다는 점은 자명하다. 하지만 그 밀랍 메모장을 덮고 있는 합성수지에 쓰인 글을 내면에서도 볼 수 있게 된다면 그야말로 프로이트가 말한 신기한 메모장이 되겠다(1925, p. 230). 예를 들어, 어린 시절의 추억을 기억해 내는 현상은 새로운 경험에 기반한 새로운 카텍시스 덕택에 어릴 적 기억을 무의식적으로 등록-보유하게끔 하는 재생 활동이 강화되고 재구축된 것으로 이해할 수 있다. 그리고 이런 무의식적 재생 활동 그 자체가, 꿈의 무의식적 소망처럼, 현재의 경험이 가질 성격을 지속해서 규정한다. 사실인즉 그 덕에 현재가 무의미해지지 않는 것이다. 내 생각에 이러한 원리는 무의식적 관념 혹은 환상이라 불리는 중간 단계의 기억과정-구조에만 해당하지 않는다. 나아가 그 밑에 있는 소위 기억 이미지mnemic image, 혹은 기억 흔적이라 불리는, 정신분석 이론에서 궁극의 소여所與, 혹은 감각 지각의 기계적 복제라 여겨지는 것에도 해당한다.

잠시 등록과 보유 사이의 통상적 구분의 어려움에 대해 언급하겠다. 프로이트를 반복해서 사로잡은 의문이 있었다. 그것은 한 번이라도 마음에 등록된 것이 완전히 파괴될 수 있을까 하는 의문으로, 그는 그렇지 않다고 생각했던 것 같다. 그렇게 생각하면 등록과 보유 사이의 구분은 유지되기 어렵다. 완전한 파괴는 없을 거라고 짐작하는 이유는 바로 무의식적 기억이라는 개념, 그리고 무의식적 기억이 이후 정신 현상에 미치는 영향, 그리고 마음의 구조와 역동에 여러 정신 발달 단계가 공존하는 현상과 관련이 있다. 한편 마음에 기록된 것 중 무엇도 완전히 파괴되지 않는다면, 즉 소멸하기보다는 그저 변하는 것이고, 그런 변화를 통해서 분석가가 현재에 유효한 애초의 기록을 유추하거나 인지할 수 있는 것이라면, 그제야 등록된 것이 보유된다고 말할 수 있다. 무의식의 무-시간성이 가지는 의미 중 하나는 여기에서 생겨난다. 이제 보유라는 단어는 최초 등록된 것을 가공하고 바꾸는 기억의 과정에 쓰일 수 있게 된다.

나는 아직 회고remembering라 불리는 기억의 측면에 대해서는 특별히 언급하지 않았다. 프로이트가 「Remembering, Repeating and Working-Through」에서 회고와 반복을 구분하고, 동시에 행동화를 통한 반복도 나름의 기억 방식이라 했던 탓에, 회고는 아직 정신분석에서는 다의적인 용어다. 그는 둘 모두를 재생reproducing이라는 개념 아래 두고 행동을 통한 재생(반복)과 심리적 영역에서의 반복(좁은 의미의 회고)을 구분하고 있다. 하지만 행동화, 히스테리에서의 회상reminiscence, 분석상황에서의 전이, 회고는 모두 기억과정이다. 이들 사이의 연관과 차이점이 앞으로 논의될 것이다. 행동화와 회고의 공통점은 무언가를 재생한다는 점이고, 이는 다른 기억과정에서도 마찬가지다.

그러면 기억과정의 동기적 측면, 특히 내가 동기의 본능적-정서적 뿌리, 혹은 발생적 기원이라 부르는 것으로 가 보자. 이제부터 제시될 설명과 토론은 상당히 압축되어 있고 도식적이라서 많은 의혹과 의심, 의문을 낳을 것이다. 하지만 현재의 맥락에서는 해결되거나 대답할 수 없으며, 이론적으로도 복잡해서 당장은 상론하기가 벅차다.

나는 본능적 힘, 혹은 본능, 본능적 욕동을 동기로 규정한다. 즉, 그것은 무엇인가에 의해 추동되고 무언가를 추동한다. 그리고 그것은 위계적으로 짜인 심리적 추동력 중에서 가장 원초적이다. 그것은 정신 내적 동기로서, 기본적으로 엄마-아기의 단위로 형성되는 심리적 장 안에서 발생한다. 여기서 본능은 생물학적 힘이 아닌 프로이트가 심리적 표상이라 불렀던 것으로 정의되며, 처음부터 장차 개인과 환경(자아와 대상, 자기와 객관세계)으로 분화될 것들의 안쪽과 그것들의 사이에서 생겨난다. 요컨대 본능은 관계적 현상이지 폐쇄계 안에 존재하는 "분출될" 에너지가 아니라는 뜻이다(Loewald, 1971). 최초 형태를 지니지 않은 매트릭스가 개인과 환경으로 분화하는 과정에는 자기애적 카텍시스와 대상 카텍시스의 분화도 포함된다. 여기서 자기애적 카텍시스는 만들어지고 있는 개인(혹은 자아 시스템) 내부의 요소들 사이를 오가는 본능이고, 대상 카텍시스는 개인과 환경(혹은 대상) 사이를 오가는 본능이다. 일단 그 몫들이 나누어지면 자기애적 카텍시스와 대상 카텍시스는 서로서로 영향을 미친다. 서로 무관하게 자기 길만을 가는 것이 아니라는 의미다. 우리는 대상 카텍시스와 자기애적 카텍시스가 분화되기 이전의 상태를 일차적 자기애라 부르는데, 이는 정신 발달의 관점에서는 타당한 이름이라 할 수 있다. 하지만 자기애적이라는 용어가 꼭 들어맞는 곳은 자아 시스템 내의 본능적 상호 작용을 지칭할 때이다. 자아 시스템 혹은 내적 세계가 일단 발달하면 자아 전체가 카텍시스를 얻기도 하는데, 우리는 이런 상태 역시 자기애라 부르기도 한다. 일단은 두 경우의 자기애적 카텍시스를 분명히 구분했으면 한다. 하나는 자아 시스템 내의 카텍시스 작용으로, 이 덕에 자아는 조직화라는 특성을 갖는다. 그리고 다른 하나는 자아 스스로 시스템에 부여하는 카텍시스다.

불가피하게 용어 사용에 대해 몇 마디 더 해야 할 것 같다. 나는 여기서 자아라는 용어를 프로이트가 「On Narcissism」(1914a)이나 『Civilization and Its Discontents』(1930, 구조이론을 발표한 이후에 쓴 것이다)에서 썼던 의미로 쓰고 있다. 그러니까 이드, 자아, 초자아에서 자아가 아니라 정신의 총체성을 의미하는 뜻에서 자아다. 상당히 모호하다. 그래도 나는 지금의 맥락에서는 자기라는 용어보다는 자아를 선호한다. 왜냐하면 내 생각에는 Heinz Hartmann이 자기애의 정의를 위해 쓴 자기self라는 용어 역시 모호하고 아직 많은 명료화가 필요해 보이기 때문이다. 한 번 더 강조하고 싶은 건 내가 말하는 것은 자아(혹은 자기) 시스템 내부의 상호 작용이라는 점이다. 자기라는 용어는 이드, 자아, 초자아의 구조화가 온전히 성립되는 시기를 위해 남겨 두는 것이 더 나아 보인다. 그리고 대상이라는 단어는 정신분석에서 가장 논란이 되는 것이지만 또한 가장 깊이 자리 잡은 용어라는 점을 무시하기도 어렵다. 자아가 애초 정신의 시작 단계부터 "거기"에 있는 무엇이 아니라 발달이 필요한 단일체unity라면, 이는 대상에 대해서도 마찬가지다. 아직 내부와 외부가 분화되지 않은 자아 단계에서, 혹은 자아와 대상의 구분이 이제 *겨우 만들어지기 시작하는 단계에서,* 다른 말로 분화된 외적 단일체에 카텍시스를 부여하거나 그것과 상호 작용을 하는 정신적 단일체로서 주체가 아직 없는 상태에서 대상을 말하는 것은 잘못된 것이다.

내 생각에 프로이트는 두 가지 종류의 자기애적 카텍시스를 명확히 구분하지 않았다. 하나는 전체 자아 시스템과의 상호 작용에 사용되고, 다른 하나는 자아의 단일성을 구성하고 조직하는데 사용되는, 즉 자아의 내적 조직화를 위한 것이다. 내가 말하려는 건 후자의 자기애적 카텍시스가 기억의 생성에 사용된다는 점이다. 비록 프로이트가 직접 언급하지는 않았지만, 내 생각에 이상의 명제는 프로이트가 말한 자아와 초자아 형성에 있어서 내사-동일시의 역할과 관련이 있다. 이제 내가 왜 자기애적 카텍시스와 대상 카텍시스에 대해 자세하게 말했는지 분명해졌을 것이다. 이 구분은 초기 심리 현상에서 기억과 지각의 구분과 유사하다. 아마 본능의 관점에서 보면 똑같은 구분일 것으로 생각된다. 내 생각에 정신분석에는 두 개의 평행한 이론이 있는데, 하나는 지각과 기억에 관한 것으로("지형학적" 모델) 여기서는 지각은 의식과 기억은 무의식과 동치관계에 있다고 보는 경향이 있다. 그리고 다른 하나는 본능과 동기 그리고 리비도의 발달에 대한 것이다. 나는 자기애적 리비도 개념(그리고 그 공격적 요소와 피학성)이 두 이론 사이를 잇고, 구조이론으로 통합되게 만들 수 있다고 생각한다.

기억과 지각의 구분이라는 관점에서 기억을 생각할 때 해 볼 수 있는 질문이 있다. 기억에서 등록되는 것은 무엇이고 어떻게 등록되냐는 거다. 첫 번째 질문에 대해서는 지각이 등록된다고 말할 수 있다. 지각이 마냥 수동적인 현상으로 "지각기관"에 생기는 사건이 아니라 지각하는 사람이 능동적으로 참가하는 과정이라는 의견은 대체로 받아들여지는 것 같다. 그러면 지각 활동은 상호 작용이므로 등록되는 것도 상호 작용일 것이다. 지각과정에 수반되는 정신활동, 그리고 자극과의 상호 작용을 통해 초래되는 정신활동의 변화가 등록 행위에서 재생되고 계속된다는 뜻이다. 객관적 관점에서 보면 주체와 대상, 혹은 주체와 자극 주체 사이에서 벌어졌던 과정을 내적으로 재생하고 계속하는 행위다. 정신의 초기 단계에서 지각은 본능적 활동이며 그때 지각된 자극은 본능적 자극일 것이다. 그리고 자극의 내적 재생도 본능적 행위다. 사실 본능의 다발이라는 원초적이고 유아적인 정신의 관점에서 보면 외적 상호 작용과 내적 상호 작용은 구분이 되지 않는다. 그런 정신은 지각행위와 기억행위를 구분하지 못한다. 이런 정신에 있어 등록 혹은 기록이라는 의미에서 기억은 지각과 같은 것이다.

만족이라는 원초적인 경험을 생각해 보자. 이것은 본능적-지각적 경험으로, 여기서는 아직 인지cognition와 의지conation가 구분되지 않는다. 우리 생각에 이 경험은 환각적 소원 성취의 과정을 통해 재생되는데, 관찰자의 관점에서 보면 이것이 기억의 첫 번째 모습이다. 아기에게는 실제의 만족과 재생 사이에 차이가 없다. 하지만 환각적 소망 충족의 경험은 그 다급함을 오래 잠재우지 못한다. 그래서 본능적 충동은 결국 지각 경험의 반복을 통해 충족되어야 한다. 그것의 내적 재생은 외부에서 오는 재강화 없이 오래 지속되지 않으며 강력하게 지속되지도 않는다. 이러한 현상은 초기 발달 이후에는 뚜렷하게 드러나지 않고, 반대로 발달 초기일수록 더 뚜렷하게 관찰된다. 이렇게 생각해 보면 기억의 파괴 불가능성에 관한 생각이 다시 떠오른다. 무의식적 기억의 파괴 불가능성은 대상-리비도 상호 관계에서 오는 최소한의 자양분에 달려 있는가?

앞서 언급했듯 등록이라 부르는 (지각처럼 능동적인 의미로) 내적 상호 작용은 지각 경험이 계속되는 것, 혹은 재생되는 것으로 이해하는 게 좋겠다. 여기서 재생은 메아리 같은 반향을 의미한다. 끝난 것이 새로 시작되는 것이 아니다. 기억은 기본적으로 본능적 · 자기애적 활동으로 환경과의 상호 작용 속에서 조절되고 패턴이 만들어진다. 환경과의 상호 작용을 통해 기억은 더 높은 수준의 자율성을 얻지만, 전의식 혹은 의식화되기 위해서는 가끔 "기억을 살리는" 지각(대상 카텍시스를 만드는 행위)을 통해 재강화될 필요가 있다.

환경과의 상호 작용을 통해 얻은 만족의 경험은 최소한 일정 기간 "등록"으로 지속된다. 만족 경험의 내적 재생인 가상의 환각적 소원 성취는 이러한 등록에 근거하고, 매 순간 생겨나는 소망이 등록이라는 내적 상호 작용을 통해서 일시적으로 충족되는 한에서만 가능하다. 만족 경험이 지속되는 것이다. 등록을 환경과의 만족스러운 상호 작용이 정신적으로 지속되는 것이라 한다면, 그것은 동시에 시스템 내의 본능적 활동이 만족스러운 반응으로 인해서 수정된 채 지속되는 것이다. 그러니까 지각 경험은 시스템 내의 내적 흥분을 새로운 패턴으로 만들어 가고, 그럼으로써 내적 과정은 복잡성과 풍요로움을 얻게 된다.

우리는 환경으로부터 새로운 "어떤 행위"가 필수적으로 제공되어야 한다는 생각에 빠져 있는데, 이러다 보면 만족 경험과 새로운 만족의 필요 사이에 발생하는 정신적 활동을 무시하게 될 수 있다. 아기가 만족한 상태에서 조용히 있다고 해서 정신활동도 멈춘 건 아니다. 그 기간에 정신은 휴면 상태(항상성 원리에 의해 가정된)로 돌아간다고 가정하는 것보다 세상과의 상호 작용이 계속 반향하고 재생되며 기억과정이라는 형태로 내적 세계의 기초를 형성한다고 생각하는 것이 훨씬 타당하다. 여기서 등록, 그리고 보유를 통해 등록된 내용물을 가공하는 과정은 상호 작용의 지속적 재생이라는, 비록 "조용하지만" 능동적인 과정으로 이해되며 그 자체로 연결 활동이 된다. 이는 정적인 기억 흔적이나 기억 이미지를 등록의 모델로 삼아서 소위 기억이라 불리는 기능이 흔적을 이용한다는 식의 생각들과는 매우 대조적이다. 최초에는 자극 경험과의 동일성이, 나중에는 유사함이 생겨나는 건 바로 이런 내적 재생의 과정을 통해서다. 유사함은 기억이 사용하는 정적인 흔적 안에 있는 것이 아니다. 기억 흔적 혹은 기억 이미지라는 용어는 애당초 기억이라는 문제를 *포함하*

고 있다. 그렇다면 이 용어들로 기억을 설명할 수 없는 노릇이다.

기억이론에서 도식schema과 흔적trace 사이의 논란을 완전히 해결할 수는 없겠으나 아마 아래와 같이 명료화할 수는 있을 것이다. 도식은 시스템의 내적 · 본능적 활동을 가리키는 반면 흔적은 환경이 본능에 반응해 본능적 활동에 준 영향력을 가리킨다. 도식의 옹호자들은 지각은 기억이 조직해 내는 것이지 그저 수동적으로 받아들여지는 것이 아니라고 말한다. 반대로 흔적의 옹호자들은 지각의 산물이 모종의 과정을 통해 내적 활동을 조율하고 조직한다고 확신한다. 이때 등록(재생)되는 건 바로 그 상호 조직화다. 여기서 우리는 지각과 기억에 대한, 그리고 대상 카텍시스와 자기애적 카텍시스에 대한 토론에서 한 걸음 더 나아가게 된다. 한편으로 재생이라는 기억의 산물은 그 자신이 새로운 지각에 따라 다시 한번 조직화되지만 반대로 지각적 산물을 조직하기도 한다. 지각과 기억이 교호적 영향을 주고받는다는 사실이 다시 한번 의미하는 바는 지각이 그저 수동적인 과정이 아니라 능동적인 과정이라는 점이다. 한편 정신의 "도식" 그 자체는 지각에 따라 점차 구성되지만 다른 한편으로 지각의 조직화에 참여함으로써 점차 지각을 만들어 간다. 프로이트는 지각이 항상 새롭고 순수한 수용과정이라고 주장하곤 했다. 하지만 사실 지각은 기억으로 가득한 그 무엇인 셈이다. 하지만 지각 안의 기억 요소들이 대체로 무의식에 있고 자동적인 까닭에 우리는 그렇게 구조화된 산물을 객관적 외부현실이라 생각한다. 현실을 객관화하고 있는 도식화의 양식이 마치 외부현실에 실제로 그렇게 존재하는 것처럼 경험되는 것이다. 그래서 세계 안에 이미 그런 도식이 내재한 것으로 보이지 마음과 세상이 만나서 만들어 낸 산물처럼 느껴지지는 않는다. 하지만 아이들이나 원시인들을 관찰해 보면, 혹은 창조적 순간을 보면 같은 만남이 다른 방식의 현실 인식을 만들어 낼 수 있다는 점은 쉽게 알 수 있다. 이때 창조적이란 도식이 경직되어 있지 않고 덜 자동적이라는 뜻이다. 하지만 대체로 경험의 자동적 객관화는 그 특정한 도식화를 의문의 여지가 없는 진실의 기준이라고 생각하게 만든다.

기억 흔적에 대해서도 비슷한 이치가 적용되는데, 우리는 이미 이 객관화라는 도식화 방법을 기억 흔적에도 끼워 맞추고 있다. 사실 객관화라는 도식화 방법은 우리의 정신적인 기억과정이 조금씩 발달시킨 것에 불과한데도 말이다. 우리는 최초의 원시적 "기억 흔적"을 자연이 준 객관적 데이터의 꽤 믿을 만한 모사摹寫라고 보는 경향이 있다. 그러나 사실 객관적으로 보이는 데이터도 실상은 이차과정(꽤 복잡한 형태의 도식화)의 압도적 영향 덕분에 그렇게 보일 뿐이다. 경험들이 재생되고 있는 이러한 흔적들은 사실 일차과정이 주도하는 원시적 마음과 역시 원시적 수준으로 조직화 된 환경이 만드는, 원시적 수준의 상호 작용이 재생되고 지속되는 것이다. 원시적 수준의 상호 작용에서는 개인과 환경의 구분, 혹은 기억과 기억되는 것 사이의 구분이 별로 이루어지지 않으며, 감각은 포괄적이며 모든 게 아울러진 비-구분적 수용에 그치게 된다. 나는 지금 Spitz의 비-구분적coenesthetic 지각과 구분적diacritic 지각의 차이에 관해 이야기하고 있다(1965). 정신 발달의 초기 단계에서 등록은 마음과 세상 사이의 상호 작용이 계속되고, 재생되며, 메아리치는 것으로 상호 작용 그 자체만큼이나 일차과정을 따르는 것으로 생각해야 한다.

구분적 지각의 발달은 미분화한 포괄적 감각경험의 범벅에서 개별 감각 지각이 분리되는 것과 관련이 있고, 따라서 미분화한 감각의 시기에는 아마 모든 등록-보유도 포괄적일 것이다. 초기 심리 발달 단계에서(혹은 그에 상응한 "자아 상태"를 갖는 상태에서) 아기는 자신의 입과 엄마의 가슴을, 그리고 빠는 행위와 입, 가슴을 잘 구분하지 못하는 것처럼 보인다. 마찬가지로 이 순간이 저 순간과 말끔히 구분되지 않고 기억들 사이의 구분도 분명치 않다. 심지어 후에 말로 감정을 표현할 수 있을 때도 엄마의 미소는 아이 자신의 기쁨과 잘 구분되지 않는 것 같다.

요약해 보자. 무엇이 지각되어 재생의 형태로 등록될 수 있냐는 문제는 한편으로는 가용하고 필요한 만큼의 물질세계에 의해, 그리고 다른 한편으로는 그 물질세계가 얼마나 어떻게 분화되고 통합되는가에 달려 있다. 다시 말해 물질세계를 조직하는 마음의 종류, 그리고 도식화의 양상, 정도 같은 것들이 고려되어야 한다. 이러한 도식화의 양상과 정도에는 가장 기초적인 도식화 수준도 포함되는데, 여기서는 지각하는 자와 지각되는 것이 구분되지 않고 최초의 상호 작용 순간("지각")과 재생의 순간("기억")이 구분되지 않는다. 그리고 기억과정의 물질적 성격, 즉 환경에 존재하며 반응하는 자극도 더불어 고려되어야 한다. 원시적인 환각적 소망 충족 경험에서는, 다른 말로 등록된 만족 경험에 대한 재-카텍시스에서는, 사태의 과거와 현재가 구분되지 않고 내적 현실과 외적 현실도 구분되지 않는다.

지나가며 살짝 언급하고 싶은 것이 있다. 프로이트(1895)의 운동 감각적kinesthetic 이미지 개념, 그리고 라파포트(1942)가 말한 욕동의 조직화와 기억의 개념적 조직화 사이의 구분이 위의 고찰과 관련이 있다. 여기서 상술할 수는 없지만 두 가지 지점이 강조되고 통합될 필요가 있다. 간단히 짚고만 넘어가겠다. (1) "비-구분적 수용"이라는 최소한의 도식화 단계에서 다양한 수준의 "구분적 지각"으로의 발달은 환경에서 제공되는 높은 수준의 도식화와 더불어 결정되고, 이 도식화는 환경이 발달과정에 있는 개인과 만나고 상호 작용하는 양상에 녹아 있다. (2) 도식이 기억의 구성 요소라고 생각되는 한, 그것은 물질세계를 조직하고 재생하는, 혹은 물질세계에 의해 조직되는 마음의 구성 요소라고 할 수 있다. 앞서 언급했듯이 기억과정은 지각과 매우 밀접하게 연결되어 있다. 만약 사건과 현상들을 서로 연결해 그것들이 그저 조각난 파편에 그치지 않게 만들어 주는 것이 인간의 기억이라면, 즉 경험을 재생적 지속 안에 붙들어 놓는 것이라면 기억 없이는 자극의 조직화인 지각도 존재할 수 없다.

앞서 아기가 조용히 만족 상태에 있다고 해서 심리적 활동도 멈추었다고 가정할 수 없다고 이야기했다. 오히려 이 시간 동안 무의식적 기억의 형태로 내적 세계의 발달을 위한 기초가 만들어지고 있다고 가정할 수 있다. 무의식적 기억을 통해 외부와의 추가적 상호 작용 없이도 환경으로부터의 만족 경험은 지속된다. 만족을 가능케 했던 모성적 "카텍시스"가 외부세계에서는 더 이상 존재하지 않을 수 있다. 하지만 내적 지속이나 재생을 통해서 아직 분화되지 않은 본능적 활동에 패턴과 구조를 제공하고, 그렇게 엄마가 제공하는 자극이 마음의 한 부분이 된다. 아기만 본능적으로 무언가를 필요로 요구하는 것이 아니라 여기에 더해 엄마도 아기를 자극해서 아기의 본능-지각적 역량과 활동성을 키우고 증진하는 셈이다. 이같이 적절한 반응은 반대로 내적 기억 활동에 다시 한번 참여한다. 조용한 침묵의 시간 동안에도 기억과정은 계속되는 것이다. 이런 시간이 필요한 이유는 기억 활동이 외부와의 과도한 상호 작용을 피하면서 내적 세계의 발달을 도모하기 위해서다. 발달적 견지에서 보면 이 시기는 오이디푸스 시기 이후 내적 세계의 공고화와 정교화가 일어나는 잠복기에 비유될 수 있다.

오이디푸스 대상 관계의 포기, 내면화-억압을 통해 이루어지는 오이디푸스 콤플렉스의 해소는 여태 우리가 간과한 기억의 가장 중요한 측면을 보여 준다. 기억은 이별, 상실, 대상의 멀어짐, 혹은 만족 경험의 중단과 뗄 수 없이 얽혀 있다. 사랑하는 대상과의 이별이나 대상의 상실은 기억을 활성화하는 가장 강력한 자극인 것 같다. 서두에서 기억과 애도라는 단어는 서로 밀접히 연관된다고 말했다. 기억과 "대상 상실"은 서로 매우 밀접히 연관되면서도 정반대의 의미를 가져서 마치 동전의 양면을 보는 것과 같다. 기억은 종종 대상의 상실로 인해서 추동되지만, 만약 대상이 어떤 형태로 이미 기억되지 않는다면 거기엔 상실이 아니라 오직 공허만이 남을 뿐이다. 그리고 좀 더 심오하게 말하면 오직 대상에서부터 주체가 분화되어 나올 때만 비로소 기억은 생겨난다. 이때 분화는 원초적 형태의 이별이라고 할 수 있다.

의식적 상기든, 애도하는 사람과의 동일시가 만드는 무의식적 회고든, 상실로 인해 시작되는 기억과정은 더 깊은 기억의 반복revival이다. 보유retention는 비록 무의식일지라도 상호 작용이 계속해서 내적으로 재생된다는 것을 의미한다. 바로 이 보유의 토대에서, 어쩌면 교란으로 인해 내적 공허나 분노가 되어 버렸을 그 무엇은 새로운 본능적 압박 아래 그리움과 상실의 경험으로 변한다. 이 무엇은 내적 재생을 통해 지속되어 그렇게 그리움과 상실의 대상이 되었다. 이것은 내적으로 반복되거나 외적으로 추구의 대상이 된다. 아기들의 기억은 오직 찰나에 그치며 그나마 엄마와의 상호 작용을 통해 다시 강화되지 않으면 멈춰 버리는 것 같다. 따라서 아주 어린 아이에게 엄마의 부재는 그저 단순히 분리와 상실의 경험이기보다 완전한 무력감과 공허의 경험이 될 수 있다. 이것이 내가 기억에 대한 논의를 아기의 만족 경험에서 시작한 이유다. 좀 더 자라서는 오로지 충분히 만족스러운 오이디푸스 경험을 통한 관계의 해소(내면화)만이 정신성적 발달을 한 번 더 가능하게 한다. 하지만 분명한 점은 외부적 박탈과 그에 따른 내적 갈등과 고통이 비록 기억의 발달과 풍요로운 내적 세계를 위한 토대는 아닐지라도 분명 그 과정을 촉진한다는 점이다. 그러니까 기억은 만족과 좌절 모두의 자식인 셈이다.

나는 대상이 어떤 모습으로든 기억되지 않으면 상실의 경험도 없다고 말했다. 대상 혹은 아기-엄마의 상호 작용은 소위 기억을 통한 재생 안에서 "자기애적으로" 지속된다. 그렇다면 만약 외적 상호 작용이 지속되면 이런 현상도 생기지 않는 것인가? 이런 가설적 질문은 우리가 알고 있는 생물학적 · 심리적 현상의 주기성periodicity에 혼란을 준다. 아기는 어떤 시점이 되면, 예컨대 엄마의 가슴과 멀어지는 순간에 만족해서 잠이 든다. 하지만 본능의 활동은 생물학적 작용 못지않게 아기의 안에서 계속된다. 멈추지 않고 오직 다른 곳으로 옮겨갈 뿐이다. 소화나 흡수 등등의 생물학적 작용들은 아기의 내부에서 계속되어 생물학적 발달을 돕는 내적 구조와 기능들을 유지시키고 발달시킨다. 아기의 성장이라는 관점에서 보면 엄마와 아기 사이의 생물학적 상호 작용의 목적과 의도는 아기의 유지와 발달이고 그래서 중요한 것은 이런 내적인 생물학적 과정과 그 결과이다. 이런 관점에서 엄마-아기의 관계는 목적을 위한 수단인 셈이다. 비슷하게 개인의 심리 발달이라는 관점에서, 외부에서 벌어진 상호 작용을 이어받아 내적으로 지속하는 재생적 기억과정은 초기의 "대상 애착object ties"이 목적하는 바다. 객관적 관찰자의 시점에서 보면 아이는 만족한 상태로 외부세계에서 멀어지고, 이때 엄마도 아이로부터 "멀어지게" 된다. 아기는 이제 "내적" 존재가 아닌 엄마는 필요로 하지 않는다. 잠을 자면서 아이가 수유를 통해 먹은 것을 소화하고 흡수하는 것과 같은 이치다.

유념할 점은 이런 재생이 단순한 계속됨 이상이라는 점이다. 단순한 지속과 달리 무언가 변하는 과정인 셈이다. 즉, 재생은 생물학적 대사 작용과 비슷한 변신metamorphosis을 포함한다. 보유는 크고 작은 결정적인 변화와 재구조화, 정밀화, 그리고 다른 상호 작용과의 통합을 포함한다. 최초의 등록은 전체적 맥락 안에 통합되고, 전체적 맥락이 우위를 점하게 된다. 이 같은 지속적인 재조직화는 우리가 세상을 지각하고 교류하는 방식에 영향을 미친다. 새로운 외적 경험이 지속해서 기억과정을 바꿔 내적 재조직화에 영향을 미치는 것과 마찬가지다.

최초의 등록과 이후의 보유는 음악에서의 주제, 변주와 유사하다. 변주는 굉장히 복잡하고 정교해서 금방 주제를 알아채기는 어렵다. 그래도 분명 주제가 기본 구조를 만들고, 때로는 마지막에 주제가 아주 단순한 형태로 반복된다. 이 순간에 전체 편곡의 복잡함과 풍부함이 뚜렷이 드러나고, 변주들 사이의 이행, 그리고 주제와 변주 사이의 이행도 확실히 드러난다. 마지막으로 반복되는 주제는 이런 말을 하는 것 같다. '여태껏 그 많은 기교를 보여 줬지만 결국 핵심은 이거야.'

비록 만족 경험과 박탈의 경험 때문에 기억 활동이 시작되지는 않을지라도 최소한 이들에 의해 촉진되는 것 같기는 하다. 동일시와 그 동기에 대해서도 마찬가지다. 예를 들어 초자아를 형성케 하는 여러 동일시는 외부의 힘이 아이에게 강요한 금지와 좌절로 인한 포기의 결과라고 생각된다. 그리고 이건 애도에서도 마찬가지다. 하지만 우리가 아는 또 하나의 사실은 부모와의 초기 동일시는 박탈이나 상실과는 별 상관이 없는 환경에서, 오히려 거의 분리되지 않는 친밀함 속에서 일어난다는 점이다. 그래서 친밀함 속에서 지각된 것은 친밀함 속에서 지각되었다는 바로 그 사실 때문에 아이의 일부가 되는 것 같다. 말하자면 아이는 아무것도 포기하지 않고 부모의 특성을 유지한다. 하지만 이런 동일시 감정은 피할 수 없는 "느닷없는" 이별과 친밀함의 교란으로 인해 영원히 지속될 수는 없다. 따라서 상황이 특별히 나쁘지 않다면 소위 내적 세계 혹은 아이의 성격이라 부르는 것이 만들어져 강화된다. 사실 아이에게 이 내적 세계는 안도 바깥도 아닌, 아직 미분화한 무엇이다. 그러니까 ("만족스럽게" 경험되는) 친밀함 덕택에 촉진되었던 기억과정이 뚜렷해지고, *만족의 좌절로 인해* 점점 우세해지며, 점진적으로 안-밖의 성격을 얻어 간다. 만족을 주는 최초의 동일시는 어느 정도 포기되거나, 동일시의 조건으로서 감각적 접촉의 중요성은 감소한다. 만족의 경험은 박탈 혹은 상실의 경험과 번갈아 경험되면서 환경과의 친밀감이나 동일시를 포기하게끔 돕는 것 같다. 일반적으로 인생에서 겪는 만족과 박탈의 다양한 경험은 양쪽 모두 같은 결과에 이르게끔 만드는 듯하다. 위험을 알리는 박탈의 영향으로 만족의 경험은 포기와 내면화에 이르게 되고, 박탈의 경험 또한 만족의 경험 덕택에 너무 상처가 되지 않으면서도 역시 내면화를 통해 만족의 가능성을 도모하게 된다. 만족이나 박탈 어느 한쪽만으로는 심리적 발달을 이룰 수 없다는 뜻이다.

나는 여태 특별히 언급하지 않은 것을 말하고 있다. 그러니까 충분히 만족스러운 친밀함 덕분에 기억의 토대가 만들어진 다음에는 박탈의 경험 그 자체가 기억 속에서 계속된다는 것이다. 잊기 쉬운 점을 하나만 다시 지적하면, 아기는 만족의 결과로 감각적 접촉에서 멀어지는 경향이 있다는 것이다. 적당한 조건 아래 환경과의 간격은 좁아졌다 멀어지기를 반복하게 되고, 이것이 내가 말하는 만족과 박탈 경험의 구성 요소가 된다.

지금까지 나는 주로 기억의 생성을 고찰하고, 기억과정이 대상-카텍시스에 반해 자기애적이라고 주장했다. 나는 엄마-아기가 만드는 본능적 중력장의 미-분화한 매트릭스에서 비롯되는 자기애적 리비도와 대상 리비도의 분화에 대해서 간단하게 이야기했다. 그리고 초기 발달에서 기억과 지각의 분화는 자기애적 카텍시스와 대상 카텍시스의 분화와 같이 이루어진다고 말했다. 아마 하나의 과정을 다른 인지적 관점에서 바라본 것이 아닐까 싶다. 이는 본능적 현상과 인지적 현상이 원래는 하나였다는 것을 의미하며, 자아와 이드가 분화하기 전의 미분화 개념과도 일맥상통한다. 한 부분만 수정하자. 이러한 미분화 시기에는 주체와 대상, 안과 밖, 그리고 시간의 구분도 없다. 정신이 발달하여 안과 밖, 그리고 시간 경험들이 구분될 때라야 기억과 지각, 그리고 자기애적 카텍시스와 대상 카텍시스가 구별된다.

II

내적 삶의 일부가 된 것이 어떤 형태로 재생되고 있을 때 우리는 그것을 회고remembering라 부른다. 그건 행동일 수도 있고 감정, 혹은 기억과 관념일 수도 있다. 기록과 보유 그 자체가 경험을 재생하는 방식이자 앞서 묘사한 재생인 까닭에, 회고는 재생의 방식이며 강력한 형태의 기억이다.

앞서 프로이트(1914b)가 구분한 두 가지 형태의 회고인 행동으로의 재생과 정신적 재생에 대해 언급했다. 나는 주로 정신분석의 기법과 관련된 프로이트의 정식화를 넘어서서, 재연적enactive 회고와 표상적representational 회고에 대해서 말해 볼까 한다. 전자에는 행동화와 전이 반복만이 아니라 동일시에 의한 재생 또한 포함된다. 예를 들어 어떤 환자는 자기 아버지가 자신에게 했던 억압적인 행동을 상기하는 대신 자기 아들을 같은 방식으로 대하거나 분석가를 그런 식으로 대할 수 있다. 처음에 환자는 자기 아버지의 행동 방식을 다소간의 객관적인 언어로 *묘사할* 수 있지만 이내 내가 동일시적 재생이라 부르는 방식으로 *행동해 버리*는 것이다. 이게 표상적 재생에서 동일시적 재생으로 옮겨 가는 현상인데, 정신분석에서는 드물지 않다. 물론 우리는 재연적 재생에서 표상적 재생으로 옮겨 가는 데 좀 더 익숙하며, 분석가가 환자의 행동을 아버지와의 동일시로 해석할 때 분석가가 목표하는 것은 표상적 재생이 된다. 아마 좀 더 정확하게 말하면 분석가의 목표는 두 가지 기억 재생 사이에 연결을 만들고 서로를 더 분명하게 만들어 좀 더 수준 높은 정신적 조직화를 이루는 것이다(hypercathexis를 참고하라).

재연적 회고의 특징은 무의식적이라는 것이다. 말하자면 환자는 자신이 과거의 무엇을 재생하고 있는지 인지하지 못한다. 하지만 이건 매우 피상적인 관점이다. 회고는 무-시간성과 미분화라는, 무의식과 일차과정의 특성을 공유한다. 따라서 역동적 관점으로 볼 때 훨씬 깊은 무의식이다. 앞선 예의 아버지를 동일시하는 환자에서 그는 우리가 초기의 동일시라고 가정하는 것, 즉 대상 관계의 초기 탈분화를 재연하고 있는데, 이는 이차과정에서 일차과정으로 가는 현상이기도 하다. 이 재연에는 현재와 구분되는 과거가 없다. 통상적 기준이 되는 표상적 기억의 관점에서 볼 때 환자는 과거를 갖는 대신 그 자신 과거가 되었다. 환자는 과거를 기억하는 자신과 기억 속의 자신을 구분하지 못한다. 표상적 회고에서 마음은 자신에게 자신의 과거 경험인 무언가를 제시한다. 이때 과거는 현재와 구분되고, 자신의 경험과 경험하는 자신도 구분한다.

하나 언급하고 싶은 게 있다. 표상적 회고에서 상당한 수준의 정서affect 수준은 표상적 회고를 재연에 가깝게 만든다는 점이다. 말하자면 이때 환자는 자신의 기억에 압도되어 과거를 과거로 인지하는 능력, 그리고 재생하는 사람으로서 자신과 기억되는 내용물로서 자신을 구분하는 능력이 줄어든다. 정서가 크면 클수록 표상적 회고를 위해 필요한 내적 거리가 줄어드는 셈이다. 여기서 정서와 기억 사이의 관계를 논하지는 않겠다. 하지만 하나 강조하고 싶은 건 정서 상태와 감정은 종종 비-표상적 회고의 한 형태로 이해할 수 있다는 점이다(주기반응이 그 예다).

우리는 비-표상적, 재연적 기억을 앞에서도 마주친 적이 있다. 우리는 최초의 등록을 상호 작용 경험의 재생적 지속이라 말했고, 발달 초기의 등록에는 내적 과정("기억")과 환경과의 상호 작용("지각") 사이의 분화도, 현재(재생하는 순간)와 과거(재생되고 있는 것이 발생했던 때) 사이의 구분도 없다고 했다. 이때 주체와 그 행동의 결과물 사이에, 그리고 등록과정과 그 내용물 사이에 구분은 없다.

자, 그럼 이제 이런 다양한 고찰들을 보다 넓은 메타심리학적 구도에 넣어 보자. 나는 아직 해결되지 않은 이론상의 난점들을 충분히 인지하고 있고, 아래의 압축된 정식이 이미 받아들여진 정신분석 이론과 항상 맞지는 않는다는 점도, 그래서 새로운 문제를 만들 거라는 점도 알고 있다. 하지만 나는 우리 영역에서 발전은, 특히 이론상의 발전은 새로운 의견을 제시하고 가용한 정신분석적 지식과 관찰을 새로운 방법으로 구성할 때 가능해진다고 생각한다.

재연적 기억과 표상적 기억의 구분은 무의식적 기억과 전의식 기억의 문제이기도 하다. 무의식적 기억은 일차과정의 법칙을 따르고 전의식의 기억은 이차과정을 따른다. 그러므로 일차 기억 시스템은 장차 이드, 자아, 초자아라는 심리적 하부구조가 될 동일시와 내면화의 응집물로 구성되어 있다. 이런 관점에서 보면 이드, 자아, 초자아는 각각 다른 수준으로 조직된 기억의 구조들이라고 할 수 있다. 표상적 기억, 혹은 좀 더 포괄적으로 말해 전의식의 기억은 이차 기억 시스템을 구성한다. 이차 기억 시스템은 자아의 조직화에 기반하며 동시에 자아 조직화의 결과로, 일차 기억 시스템에서부터 생겨나고 분화한다. 나는 앞서 자기애적 상호 작용을 하는 자기-조직 체계로서 자아 구조, 그리고 이 구조로 인해 가능해지는 자아의 기능을 나누었다. 비유하자면 폐는 태내 발생학적 과정을 통해 생물학적 구조를 갖게 되었으며, 이 구조에 의해 출생 후 호흡을 할 수 있다. 하지만 자아라는 심리구조의 조직화를 이끄는 발달은 출생 이후 시작되고 오이디푸스 시기에 이르러 어느 정도 완성된다. 이차 기억과정, 전의식의 기억과정은 자아의 기능이다. 왜냐하면 이차과정이 내적 · 외적 세계에 대한 자아의 기능을 특징 짓기 때문이다.

이드는 본능이 어느 정도 분리되고 자율적으로 조직화되어 생긴

구조물이고, 이드를 제외한 자아와 초자아는 프로이트가 묘사(1923)한 내면화 과정의 결과물이다. (물론 프로이트가 딱히 그렇게 명명하진 않았다.) 이런 점에서 그들은 기억의 구조물이라고 할 수 있다. 여기서는 내면화에 대해 자세하게 말하지 않겠다. 하지만 내가 이해하는 내면화 개념에 대해서 약간 말해 두고 싶다. 넓게 말해 내면화는 애초 엄마-아기의 심리적 공간에서 일어나는 상호 작용이, 혹은 이후 개인과 환경 사이의 상호 작용이 인간의 심리 내적 상호 작용으로 변화해서 내적 세계를 만들고 유지 · 발달시키는 과정이다. 이 내적 세계는 대상과 그것들과의 상호 관계에 대한 정신적 표상들로 구성된 representational world(Sandler and Rosenblatt, 1962), 혹은 inner world나 "map"(Rapaport, 1957)과는 다르다. 이것들은 이차과정, 혹은 표상적 기억 시스템으로서 자아의 발달에 근거하는 자아 기능의 일부다. 반면 내가 말하는 내면화는 대상과 대상 관계에 대한 표상을 포함하지 않으며, 오히려 프로이트의 용어로 그것들의 소멸이나 파괴를 포함한다. 한편 동일시는 내면화로 이어질 수 있는데, 이러한 동일시에서 아직 제대로 수립되어 있지 않은 건(대상 카텍시스에 선행하는 초기 동일시에서 그러하다), 혹은 주체와 대상의 탈분화에 의해 유예되고 소멸하는 건 바로 그 사람의 대상으로서 속성이다. 이때 자아는 아직 대상을 스스로 표상하지 못하며, 역으로 대상은 탈de-대상화되고 탈-인격화된다. 그리고 선행했던 대상 관계는 재조직된 자아의 역동적 요소가 된다.

나는 무의식적 기억은 일차과정을, 전의식 기억은 이차과정을 따른다고 말했다. 일차과정과 이차과정이라는 용어에 대한 명료화가 필요하다. 전자는 좀 더 원시적이고 먼저 생기는 것이며 후자는 전자에서 비롯되는 것이라는 설명보다 훨씬 근본적인 설명이 있을 수 있다. 정신적 활동과 기억 활동은 만약 그것들이 일원적이고 맹목적이라면, 말하자면 분화되어 있지 않고 분화하지 않으면, 혹은 프로이트(1933)의 묘사처럼 모순율과 인과론으로 제어되지 않으면, 그리고 과거, 현재, 미래와 주관과 객관, 즉 시공간의 분화에 구속되지 않으면 일차적이라고 말할 수 있다. 압축과 전치는 일차과정이 이차과정에 영향을 주고 있다는 표시인데, 이 영향은 퇴행적인 것으로 모든 구분과 이분법이 적용되지 않는 태초의 불투명을 향한다. 정신적 현상은 분리가 되지 않으면 않은 만큼, 혹은 이원성 혹은 다원성을 드러내지 않으면 않는 만큼 일차적이다. 여기서는 이것과 저것의 구분도, 이전과 나중의 구분도 없고, 행동도 그 주체, 목적, 대상과 구분되지 않는다. 우리가 마술적 사고, 사고와 행동의 전능성, 동일시, 비구분적 수용이라 부르는 것들에 더해서 "대양적 느낌 oceanic feeling", 무아지경 등의 많은 원초적 정신 현상들이 이 카테고리에 포함된다.

반면 이차과정이 이차적인 이유는 *이원성이* 수립되고, 분화되기 때문이다. 여기에는 지각하는 것과 지각되는 것의 분화도 포함된다. 이차과정의 주체로서 자아는 스스로 무언가를 제시하는데, 그것은 외부에서 온 것일 수도 있고 내부에서 온 것일 수도 있다. 정신 현상은 일차과정에서 이차과정으로 발달하는 과정에 분열을 초래하는데, 분열로 인해서 모든 이차과정의 특징인 구분과 이분법이 만들어진다. 이러한 이분법적 사고는 양육 과정에서 부모가 자신들이 보는 아이의 모습을 아이에게 적극적으로 되비추며 이루어진다. 그리고 이러한 접촉이 궁극적으로 아이의 내적 반영reflexiveness의 요소가 되는데, 이는 의식적 반성reflection과는 다르다. 이차과정의 발달을 이끄는 것은 바로 이러한 부모의 되비춤인데, 부모는 아이보다 더 높은 수준의 정신적 발달을 이룬 탓에 어쩔 수 없이 아이가 제시하는 것보다 "더 많은" 것을 되비추게 된다. 환경에서 제공되는 언어는 이처럼 되비추는 "과-카텍시스"의 분명한 예로, 프로이트에 따르면 이 덕택에 일차사고는 이차사고로 이어진다. 정신분석에서 재연적 회고가 표상적 기억의 관점으로 해석될 때, 해석은 매우 발달한 형태의 과-카텍시스적 되비춤이 되며 환자는 이것을 자기의 것으로 만들 수 있게 된다.

이상의 생각들은 비록 어렴풋하고 불완전하게나마 프로이트(1933)의 자아와 전의식, 그리고 "외부현실"의 관계에 관한 의견과 일맥상통하는 것 같다. 기억의 관점에서 보면 무의식과 전의식은 각각 일차, 이차 기억 시스템이다. 그리고 이건 우연하게도 『The Interpretation of Dreams』 7장의 심리 기관에 대한 도식과도 일치한다. 전의식이라는 용어는 이차과정의 어떤 특징을 가리킨다. 전의식 정신 현상의 궁극적 특징은 의식적 자각이 없다는 것이 아니라, 그것이 내적 분열을 포함한다는 점, 그리고 이 분열로 인해 내적인 *함께 앎*conscire이라고 부르는 과정이 일어난다는 것이다. *함께 앎*, 즉 각각 다른 심리적 요소로 분열되어 서로를 만나고 알아가는 현상의 대표적인 예는 의식성이다. 하지만 그런 앎을 가능하게 하는 것은 의식적 자각이 아니다. 의식 속에서는 고차원적 반성을 통해 오직 표상적 정신작용, 혹은 내가 부르는 방식으로는 *분별적*_conscient_ 정신작용만 자각할 수 있다. 의식적 추억recall에서는 분별적 정신작용이 재-카텍시스 된다고 말할 수 있다.

일차 기억 활동에서는 이러한 분열이나 *함께 앎*이 없다. 만약 기억이 연결 작업이고 경험의 재생이라면, 일차 기억 활동에서 연결은 행동의 연결이거나 혹은 본능적 과정의 연속성과 욕구 사이의 연결이다. 과-카텍시스는 엄마가 아이의 욕구, 느낌, 행동을 비추어 해석하고 조직하는 과정에서 만들어진다고 했다. 과-카텍시스를 통해 "사물-표상thing-presentation"과 "단어-표상word-presentation"이 결합하게 되고(프로이트, 1915), 이로써 행동과 느낌의 연결은 의미의 연결이 된다. 이렇게 행동과 느낌의 다양한 요소가 서로를 만나고 "알아 가게" 되면서 의미의 맥락이 만들어진다. 즉, 자아의 조직화 기능이 생긴다. 프로이트는 시종일관 일관된 조직으로서 자아의 특성을 강조했다. 후기로 갈수록 일관된 자아에서 배제된 점을 억압물의 특징이라 여겼다. 즉, 억압물을 전체적인 의미의 맥락에서 벗어나 일차과정의 비-구분적, 비-표상적 정신작용으로 퇴행한 것으로 보는 경향이 뚜렷해졌다. 억압물은 그 자체로 일차 기억과정의 저장고인데, 이것은 해석(분석가가 의미를 부여하는 것)을 통해서 의미있는 맥락에 동반되거나 맥락의 한 부분이 될 수 있다.

더불어 무의식적 환상과 관념의 위치가 문제가 될 수 있다. 잠재몽latent dream thought처럼 이들은 두 영역, 즉 일차과정과 이차과정, 혹은 무의식과 전의식 양쪽의 요소를 조합한 것처럼 보인다. 아마 우리가 말할 수 있는 최선은 소위 무의식적 관념은 잠재몽이 그러하듯 무의식적인 어떤 것을 전의식 사고 과정의 관점에서, 혹은 전의식의 언어로 구성 혹은 재구성한 것이라는 정도다. 그러니까 무의식적 관념은 그 자체로 일차 기억 시스템에 존재하는 그 무엇이 아닐 거라는 뜻이다. 예를 들어 공감적 관찰자의 눈에 일원적 · 재연적 기억과정과 구조로 보이는 그 무엇도 실상은 모종의 다차원적, 이차 기억 구조일 것이다. 다만 후자는 전자에서 소외되어 있는 탓에 오직 이차과정의 대리자인 분석가만이 어렵잖게 사용할 수 있다. 분석가의 해석은 과-카텍시스 행위로, 해석을 통해서 무의식적 구조는 탈-억압되어 다시 한번 "관념"이 된다. 즉, 이차과정 구조가 된다.

관념이 된다는 건 무의식적 구조가 그 일원성과 본능적, "맹목적" 성격을 잃는다는 뜻이다. 그리고 의미의 맥락 속으로, 즉 서로를 되비추는 연관된 정신적 요소들의 맥락으로 들어간다. 연결은 이제 그저 하나의 재생 행위에 그치지 않는다. 그것은 일종의 표상적 연결이 된다. 내 생각에 일차적 기억 활동의 변형 과정에서 수반되는 일원성과 맹목성의 상실이 프로이트가 말한 이드 저항의 원인이 된다. 이때 이 상실은 "반복하려는 강박"에 의해 방어된다. 그리고 이 강박은 이드와 자아 사이에 벌어지는 갈등의 영원한 원천이라고도 할 수 있다.

우리는 다시 기억과 애도 사이의 미묘한 관계로 돌아왔다. 어떤 의미에서 슬픔과 애도의 비통함은 이 상실과 관련이 있다. 우리는 분별 있는 삶과 이차과정의 정신 행위를 발달시키는 과정에서 어쩔 수 없이 단순한 본능적 삶을 포기하게 된다. 한편 일원적 · 맹목적 본능은 일차적 자기애적 동일성을 유지하려 한다. 반면 발달은 모든 것을 아우르는 깊은 속박에서 벗어나는 것, 그리고 우리가 자기 자신을 비추고 대면하는 내적 분열을 포함한다. 분별적 · 표상적 기억의 발달은 그러한 내적 단일성을 포기하고 개별화[1] 이전의 근원적 단일성을 대체한다는 뜻이다. 이때 개별화는 그 기원을 기념하고 재창조하는 방법이라고 볼 수 있다.

프로이트의 생각처럼 자아는 응결체다. 즉, 원초의 정신과 그 환경 사이를 오갔던 것들이 내면화된 것이다. 나는 이 점이 그의 가장 심오한 심리학적 통찰이라 생각한다. 내면화는 재생적 행위의 조직화지만 내면세계라는 새로운 무대에서의 행위다. 이때 내면에서의 상호 작용이 자아의 활동과 구조를 만든다. 환경과의 지속적인 상호 작용을 통해 재생적 행위를 다듬고 연결하는 과정에서 자아는 소위 이차과정이라 불리는 추상적이고 분별 있는 정신작용으로 발달한다. 이 정신작용은 동시에 좀 더 관조적이고 자기-분열적이며, 명료하고 자유롭다. 좀 더 애잔하면서도 좀 더 지혜롭다고 말하면 될까? 이차과정 덕에 자아는 기능을 하는

1) 프로이트(1914a, p. 100) 참고. "자아의 발달은 일차적 자기애로부터 멀어지는 것에 달려 있지만 동시에 그 상태를 회복하려는 맹렬한 시도를 불러일으킨다".

데, 여기에는 인간이 자신과 타인에 대해서 생각하고, 돌보고, 사랑하는 것도 포함된다.

마치기에 앞서 인간의 삶에서 충분히 성숙한 기억 활동이 갖는 일차적 기능에 대해서 잠깐 말해 볼까 한다. 이건 더없이 인간적 행위인 정신분석에서도 마찬가지다. 정신분석을 통해서 인간은 진정 역사적 존재가 된다. 선사시대나 미개인의 삶과 다르게 높은 수준의 기억 행위는 우리가 종족과 개인으로서 우리의 삶을 창조하도록 허락하고, 우리가 살아가는 세상의 역사 또한 만들도록 한다. 이런 역사 창조 행위의 흔적들은 원시적 정신에도 물론 있지만, 그것이 개개인에 충분히 구현되는 것은 자신을 온전히 마주하는 반성적 기억이라는 고차원적 형태를 통해서다. 이것이 정신분석의 취지이자 무의식과 자동적 반복을(여기서는 우리 자신이나 타인을 마주할 수 없다) 자각과 재-창조적인 행동으로 바꾸려는 취지이다. 그럼으로써 자신과 남을 알게 되고, 일이 어쩌다가 그렇게 되었는지, 그리고 어떻게 살아야 할지 알게 되는 것이다. 이러한 기억 활동을 통해서 우리는 과거와 현재, 미래를 고양된 의미의 맥락 안에 두게 되고, 각자는 자기 자신이 되는 도정에 들어서게 된다. 하지만 우리 인생의 대부분에서 이런 식의 자기-인식적 조직화, 그리고 삶의 체험은 실재적이기보다는 잠재적일 것이다. 하지만 이 잠재적인 무엇을 이해하면 우리가 좀 더 인간적인 삶을 살아가는 데 도움이 될 수 있다.

참고문헌

Bartlett, F. C. (1932): Remembering: A Study in Experimental and Social Psychology. Cambridge: Cambridge University Press, 1967.

Feud, S (1895): Project for a scientific psychology. S.E. 1:283-387.

Feud, S (1900): The Interpretation of Dreams. S.E. 4/5

Feud, S (1914a): On Narcissism. S.E. 14:67-102.

Feud, S (1914b): Remembering, repeating and working-through. S.E. 12:145-56.

Feud, S (1915): The Unconscious. S.E. 14:159-215.

Feud, S (1917): A Metapsychological supplement t the theory of dreams. S.E. 14:217-36.

Feud, S (1923): The ego and the id S.E. 19: 3-66.

Feud, S (1925): A note upon the "mystic writing-pad." S.E. 19:227-32.

Feud, S (1930): Civilization and Its discontents. S.E. 21:59-145.

Feud, S (1933): New introductory lectures on psycho-analysis. S.E. 22:3-182.

Klein, G. (1966): The several grades of memory. In: Psychoanalysis-A General Psychology: Essays in Honor of Heinz Hartmann, ed. R. M. Loewenstein, L. M. Newman, M. Schur, and A. J. Solnit. New York: International Universities Press, pp. 177-389. Reprinted in: George S. Klein, Perception, Motives, and Personality. New York: Alfred A. Knopf, 1970.

Loewald, H (1971): On motivation and instinct theory. The Psychoanalytic Study of the Child 26:91-128(본서 8장)

Mahler, M. (1968): On Human Symbiosis and the Vicissitudes of Individuation. New York: International Universities Press.

Paul, I. H. (1967): The concept of schema in memory theory. In: Motives and Thought: Psychoanalytic Essays in Honor of David Rapaport, ed. R. R. Holt. Psychol. Issues Monograph No.18/19:218-58. New York: International Universities Press.

Rapaport, D. (1942): Emotion and Memory, rev. ed. New York: International Universities Press, 1950.

Rapaport, D. ed. (1951): Organization and Pathology of Thought: Sellected sources. New York: Columbia University Press.

Rapaport, D. (1957): A theoretical analysis of the superego concept. In: The

Collected Papers of David Rapaport, ed. M. M. Gill. New York: Basic Books, 1967, pp. 685-709

Sandler, J., and Rosenblatt, B. (1962): The concept of the representational world. The Psychoanalytic Study of the Child 17: 128-45.

Spitz, R. A. (1965): The First Year of Life. New York: International Universities Press.

Werner, H., and Kaplan, B. (1963): Symbol Formation. New York: Wiley.

Winnicott, D. W. (1958): Collected Papers. New York: Basic Books.

11

자아-조직화와 방어

(1973)

Anna Freud의 책이 출간된 이래 자아와 방어에 대한 이해가 크게 발전했다. 나는 이 글을 통해 그중 특정 영역에 대해서만 언급할 것인데, 많은 부분 그녀의 접근과 겹치거나 그 영향을 받았다고 할 수 있다. 자아에 대한 이해에는 많은 발전과 방점의 이동이 있었으며, 방어 이론은 변화해 왔고 정교해졌다. 그리고 이 둘은 서로 밀접하게 관련이 있다.

자아에는 두 가지 의미가 있다. 하나는 인격의 세 하위구조 중 하나인 자아, 그리고 다른 하나는 프로이트가 간혹 *Gesamt-Ich*라 불렀던 마음과 인격 전체를 일컫는 뜻의 자아다. Hartmann은 *Gesamt-Ich*를 self라는 단어로 번역했다. 자아라는 단어가 가진 두 의미의 명료한 구분은 그저 단순히 개념적 정밀함을 위해서만은 아니다. 더 중요한 건

이 글은 이전에 발표된 적은 없고, 1973년 4월 28일에 필라델피아에서 필라델피아 정신분석학회의 도움을 받아 열린 제20회 연례 프로이트 기념 강연회에서 「The Ego and the Mechanism of Defense: A review」의 패널 발표를 위해 쓴 것이다. Anna Freud는 1954년에 이 프로그램을 시작했고 여러 주제에 패널로 참여했다. 그녀는 1973년에 제20회 강연을 했었고, 패널은 그녀의 1936년 저작을 기념하기 위해 구성되었다.

Gesamt-Ich, 혹은 self가 처음에는 미분화 상태로 시작했고, 그 조직화는 두 개의 서로 관련이 있는 과정을 통해서 이루어진다는 점이다. 이 두 과정은 환경과의 동일시적 상호 작용, 그리고 경계 형성적 상호 작용이다. 이 두 작용 덕택에 자기와 대상 세계는 점차 서로 분화되거나 통합된다. 이런 식으로 자기는 일관성 있고 잘 조직된 단일체(이것의 하위구조가 이드, 자아, 초자아라고 할 수 있다)가 되고, "대상들"은 일정하게 분리된 또 다른 단일체들이 된다. 발달하는 자아는 점차 이렇게 발달해가는 대상-단위들units을 뭉쳐진 하나가 아니라 서로서로 연관된 동시에 자기 자신과도 연관된 것으로 인식한다. 우리는 초기 발달 시기의 자기-대상 관계 맺음을, 즉 동일시 작용과 대상 관계가 분화되기 이전의 미분화 상태를, 혹은 자기애적 카텍시스와 대상 카텍시스가 분화되기 이전의 관계 맺음을 대상-관계와 대비되는 대상-묶음tie이라 부를 수 있다.

좁은 의미의 자아(이드, 자아, 초자아 중 하나)와 관련한 강조점은 방어의 주체인 자아에서 조직화라는 의미의 자아로 옮겨 간다. 자아가 조직화인 첫째 이유는 그것이 우리 마음 안에서 좀 더 고차원적으로 조직된 영역이기 때문이다. 하지만 더 중요한 것은 자아가 조직하는 주체여서, 즉 환경(외부현실)과 마음 그 자체(내적 · 심적 현실)를 모두 조직하기 때문이다. 물론 이 말이 자아의 방어기능이 없어졌다는 말은 아니다. 다시 말해 방어가 심리적 조직화의 관점에서 이해된다는 뜻이지 심리적 조직화가 방어의 관점에서 이해되지는 않는다는 말이다. 이 이야기는 나중에 다시 하겠다. 적응에 대해 점점 많은 강조를 하는 것도 이러한 변화와 관련이 있다.

이제 우리는 심리적 하위구조의 형성과 발달, 특히 자아와 초자아의 형성과 발달에 예전보다 더 많은 관심을 기울이고 있다. 이렇게 강조점이 옮겨가는 이유는 상당 부분 정신분석적 경험의 변화를 반영하는데, 말하자면 성격장애, 경계선 혹은 정신증적 상태, 그리고 아동과 청소년의 분석 및 정신분석적 아동 관찰 연구의 영향이다. 분명해진 것은 신경증에서 보이는 전통적인 방어기전들은 상대적으로 늦게 생긴 심리적 작용으로, 비교적 잘 수립된 자기와 대상의 분화 위에서만 가능하다는 것이다. 자아의 방어 기전은 퇴행해서 원시적 심리 과정을 이용하기도 하는데, 이 과정들은 애초에는 임상적 의미의 방어보다는 심리적 조직화와 경계 형성의 목적에 쓰였던 것 같다. 소위 원초 억압primal repression, 투사, 내사-동일시, 자기 자신을 향하는 본능, 격리isolation, 지식화가 그 예들이다. 『The Ego and the Mechanism of Defense』에서 안나 프로이트가 논했던 공격자와 동일시, 투사, 청소년기의 지식화 같은 방어의 기원과 복잡함에 대해서도 마찬가지 생각이다. 아마 가장 명료한 예는 내사와 동일시로서, 이들은 자아에 의해 방어의 목적으로 쓰이기 전에 이미 자아와 초자아를 만들고 공고히 하기 위한 심리적 활동이었다.

이렇게 보면 내외의 불편한 요구와 영향으로부터 자아를 지키기 위한 방어와 이런 영향들을 자아 조직 내부로 흡수하고 포섭하는 내면화는 더 뚜렷이 구분된다. 방어는 자아가 자신의 평정을 지키기 위한 것이지만 내재화는 확장과 한층 더 풍부한 조직화를 초래한다. 오이디푸스 콤플렉스의 억압과 프로이트가 말한 콤플렉스의 파괴 사이의 차이는 바로 이런 구분의 전형이 될 수 있다(본서 6장, 「내면화」 참고).

자아와 초자아 형성, 그리고 그 확장과 공고화의 복잡미묘한 과정을 잘 보면 여러 병리적 현상에 대한 좀 더 넓은 시각을 얻을 수 있다. 이것들은 예전에는 거의 전적으로 방어의 관점에서만 생각되었다. 이제 자아 결핍 증상은 단순히 자아의 방어 기제에 의해 생긴 것으로 이해되지 않는다. 왜냐하면 방어 기제 자체가 이미 상당히 견고한 자아를 전제하기 때문이다. 오히려 이 증상들은 더 이른 전-오이디푸스기의 자아 조직화의 병리적 문제이며 자아 조직화를 이끄는 부모와의 원초적 상호 관계의 내면화와 관련이 있다. 그런 구조적 결핍은 종종 방어 기제에 결정적 영향을 끼치는데, 방어 기제를 불안정하게 만들어서 정상적인 스트레스 환경에서도 제대로 기능하지 못하고 방어를 쉽게 원초적인 모습으로 만들어 버린다. 자기애적 성격장애에서 투사가 그 예다. 일견 받아들이기 힘든 본능적 충동에 대한 자아의 방어처럼 보이는 것은 좀 더 깊은 의미로 보면 발달 초기 자기와 대상의 경계가 불분명한 상태로 이해하고 해석될 필요도 있다. 이 단계는 대상을 방어라는 퇴행적 수단으로 사용할 수 있기 이전의 발달 단계다.

마지막 주제는 *방어 개념*과 관련된다. 나는 앞서 심리적 조직화가 방어를 위해 존재한다는 관점 대신에 방어가 심리적 조직화를 위해 존재한다는 관점을 제안했다. 전자는 일반 정신분석 이론에 깊이 근거한 방어 개념으로, 심리적 사건을 조절하는 항상성 원리를 전제한다. 항상성 원리의 심리학적 형태는 불쾌 원칙이다. 이 원리를 가정하면 모든 심리 기관의 발달과 그 정신적 작용, 구조는 불쾌에 대한 방어로 해석될 수 있다. 이에 따르면 모든 심리 기관의 자극과 흥분은 불쾌로 이해되고, 쾌락은 무자극과 휴면 상태로의 복귀에 달려 있다. 즉, 흥분=불쾌, 휴면=쾌락의 공식이 애초부터 일반 정신분석 이론을 압도해 왔다. 자극을 피하거나 줄이고, 혹시 가능하면 완전히 없애는 것이 심리 기관의 기능으로 생각되었다. 흥분은 그 자체로 갈등을 만든다. 그러니까 만족은 흥분이 제거된 상황 외에 아무것도 아닌 게 된다. 이런 관점에서라면 방어가 심리적 삶의 주된 목표가 되고 심리적 조직화는 궁극적으로 방어적 과정이다. 하지만 마음의 발달이 휴면을 향해 가는 복잡한 우회로일 수 없듯이 심리적 조직화도 방어를 위해 존재하는 것이 아니다. 그리고 임상 정신분석을 통해 발견된 자아의 방어 기제는 생명과 마음의 발달에 대한 궁극적 가정들과 혼동되면 안 된다. 대신 방어 기제는 교란과 해체에 대한 방어적 도구로서 이해되어야 한다. 방어는 때로 자신의 목표를 훌쩍 넘기거나 혹은 필요하지 않을 때도 작동한다. 그때 방어는 병리가 되고 자기와 대상들의 세계를 조직하는 데 방해가 된다.

12

일차과정, 이차과정, 그리고 언어

(1978)

앞으로 나올 일차과정, 이차과정, 그리고 그것들이 언어와 맺는 관계에 대한 고찰은 방대한 영역의 작은 일부일 뿐이다. 일차과정과 이차과정은 아마도 정신분석 이론 중 가장 근본적인 개념일 것 같다. 여기엔 여러모로 높은 수준의 추상화와 일반화가 포함되는 까닭에 이 개념들은 아마 정신분석 이론의 개념 대부분을 포괄할 것이다. 일차과정은 무의식과 이드의 개념에, 그리고 이차과정은 전의식과 자아 개념에 직접 연관되는데, 이들 또한 정신분석의 가장 기본 개념이다. 나는 언어와 관련해서는 아주 좁은 관점을 취할 것이다. 예를 들어 내가 다루지 않을 것은 언어학과 정신언어학에 대한 언급, 그리고 언어의 구조에 관한 고찰이다. 해석과 그 상징적 기능에 대해서도 거의 말하지 않을 것이다. 프로이트가 구

이 글은『Psychiatry and the Humanities』3권에 실렸다. 이 책의 제목은『Psychoanalysis and Language』이고 편집은 Joseph H. Smith가 했다(New Haven and London: Yale University Press, 1978). 이 시리즈는 Washington School of Psychiatry의 Forum on Psychiatry and the Humanities의 찬조를 받았다. 축약되어서 1976년 Psychoanalytic Association of New York의 제11회 프로이트 연례 강좌에서 발표되었다.

분한 두 가지 형태의 정신 현상에 대해 약간의 추가적 고찰을 할 것이고, 정신이 일차과정에서 이차과정으로 "진행"함에 있어 그가 언어에 부여했던 기능을 조금 다룰 것이다.

일차과정과 이차과정은 관념적인 구성물이다. 다른 말로 이들은 인간의 정신활동이 오가는 두 개의 축이다. 원시적 · 유아적 활동에서 문명적, 성인기 활동으로의 진행과 그 반대의 퇴행을 의미하는 종적 움직임만 말하는 것이 아니다. 때로 그중 하나가 우세하고, 결국 이차과정이 점점 중요한 정신활동이 되리라는 점을 전제하더라도 정신활동은 양쪽 형태를 오가거나 양쪽이 뒤섞여 얽히는 특징을 갖는다. 이런 관점에서 보면 언어는 정신활동이라는 동전의 양면을 모두 가진다. 언어의 일차과정 특징이나 암시성은 조현병 혹은 현대 시, 그리고 조이스나 포크너의 글에서도 보인다. 이런 작품에서는 소위 역동적 무의식이 의식적 자각, 언어화와 양립하는 현상을 볼 수 있다. 비록 언어로 표현되고 있지만, 전의식, 즉 이차과정의 중재를 거치지 않고 일차과정에서 곧바로 의식으로 넘어온 것처럼 보이는 것이다.

분석가의 언어적 중재와 해석에서는 보통 이차과정이 우세하다. 그러나 우리가 환자에게 자유연상을 독려할 때 우리는 그를 일차과정으로, 혹은 일차과정이 언어적 표현에 더 많은 영향을 미치는 방향으로 이끈다. 환자가 스스로 자유롭게 연상할 수 있도록 허용하면 할수록 그의 느낌과 생각은 그 순간의 감정적 상태의 영향을 받을 것이고 그 감정에 깊이 잠기게 된다. 그리고 여기에는 분석가의 존재가 끼치는 영향도 포함된다. 행동하고 움직이기보다는 말로 하라는 규칙이 환자를, 말하자면 언어적 창구라는 좁은 깔때기로 이끌게 된다. 그래서 말은 더 큰 힘을 갖게 되고 전체 감정 상태와 더 많이 공명한다. 이때 분석가가 보이지 않고 그의 메시지는 청각으로만 전달되므로 상황은 더 증폭된다. 그래서 언어는, 환자가 말하는 것이든 듣는 것이든, 더 큰 강도와 경험적 울림을 갖는다.

나는 언어로 표현된 생각과 느낌이 그 당시의 전반적인 감정 상태에 충실하다는 점을 강조했는데, 예를 들어 정신분석 상황에서 전이가 발달한 경우가 그러하다. 그 이유는 감정적 몰입이 언어의 일차과정 측면에 미치는 영향 때문이다. 반대로 명료화하고, 반성하고reflective, 해석하는 분석가의 개입에는 대체로 이차과정이 우세한데, 이는 이런 언어적 개입들은 질문하고, 정의하고, 강조하고, 환자가 말한 것의 숨겨진 연관을 잇기 때문이다. 이런 현상들이 많이 일어날 때 우리는 언어의 일차과정 측면이 이차과정으로 조직화된다고 말할 수 있다.

이제까지 정신분석의 언어적 측면에 대해 말한 것은 앞으로 다루려고 하는 문제의 대략적인 개요에 불과하다.

두 가지 관찰이 서론에 덧붙어야 할 것 같다. 첫 번째는 이것이다. 언어는 대개 부모의 목소리와 엄마가 아이를 먹이고 돌보는 모든 과정을 통해 처음 아이에게 전달된다. 이 상황에서 엄마의 말과 목소리는 엄마-아이 관계 전반의 핵심적 요소가 된다. 둘째로, 부모의 목소리는 아이에게 그들이 멀지만 가까이 있고, 부재하지만 존재한다는 것을 드러내기 때문에 더욱 중요하다. 아이가 홀로 있을 때, 혹은 엄마와 아빠를 만지고 그들의 냄새를 맡을 수 없을 때는 부모의 목소리를 듣는 것만으로도 다소 멀지만 제법 구체적인 존재감을 준다. 예를 들어 어둠 속에서 아이의 울음이나 목소리에 반응하는 부모의 목소리는 아이에게 그들이 존재한다는 것을 알려준다. 비록 시각적 · 촉각적으로는 그렇지 않더라도 아이가 목소리를 내면 부모가 나타나는 것이다.

주제에 대해 광범위한 자료 중 일부만 찾아봤음에도 나는 정신분석과 발달 심리학의 많은 저자들에게 빚을 졌다. 서부 뉴잉글랜드 정신분석 연구소의 후원으로 열린 세미나에 참여해 준 수련생과 졸업생들의 그 많은 소중한 토론에 감사 드린다. 정신분석 바깥에서 받은 가장 큰 자극과 영향은 Werner와 Kaplan의 책, 『Symbol Formation. An Organismic-Developmental Approach to Language and the Expression of Thought』(1963)이다.

I

프로이트의 「The Unconscious」(1915b, pp. 201-02)의 중요한 구절을 인용하면서 시작하겠다.

> 무의식 시스템은 대상의 사물-카텍시스를 가지는데, 이것이 최초의 진정한 대상-카텍시스다. 전의식 시스템은 이 사물-표상이 그에 해당하는 단어-표상 덕분에 과-카텍시스hyper-됨으로써 생긴다. 가정컨대 고차원의 심리적 조직화를 만들어 내고 일차과정이 전의식의 이차과정으로 옮아 갈 수 있는 것은 바로 이 과-카텍시스 때문이다.

이 문장에서 프로이트는 한편으로 역동적 무의식, 사물-카텍시스, 사물-표상, 일차과정, 그리고 다른 한편으로는 전의식, 단어-표상, 이차과정 사이의 핵심적 관련성을 제시했다.[1] 단어-표상은 전의식의 구성에 중요한 역할을 하는 것으로 여겨지는데, 여기서 전의식은 말하자면 무의식보다 "높은 수준의 심리적 조직화"라고 할 수 있다. 이 설명에 따르면 사물-표상은 상응하는 단어-표상과 연결되며 과-카텍시스 된다. 하지

1) 프로이트의 무의식, 전의식 시스템에 대한 가정들은 여기서 상론하지 않는다. 직접적인 관련성이 없기 때문이다.

만 연결의 근거가 되는 상응 관계의 속성은 아직 구체적이지 않다. 어쨌든 전의식 혹은 이차과정이 수립되는 것은 바로 이 두 표상 간의 연결이다. 프로이트가 여기서 사물-카텍시스와 사물-표상이 같다고 한 것은 유념해 두자. 조금 후 이 단락의 끝에서 사물-표상은 정신적 행위라고 불리게 된다. 여기서 그 행위가 얼마나 지속되었고 불변하게 구조화되었는지는 중요하지 않다. 카텍시스와 표상이 정신적 행위인 한 단어-표상도 역시 정신적 행위가 된다. 물론 프로이트는 딱히 그렇게 꼬집어 말하지 않았으며 심리적 행위인 단어-표상이 그 자체로 카텍시스라고도 말하지 않았다고 미리 밝힌다.

사물-표상과 단어-표상은 둘 다 궁극적으로 감각 지각으로부터, 감각 지각의 "기억 흔적"을 통해서 만들어진다. 사물-표상은 전체적이고 복잡한 지각으로부터, 그리고 단어-표상은 기본적으로 청각 지각에서 유래한다(각 기억 흔적의 고유수용성 요소는 단어의 발성에 역할을 한다).

강조해 둘 것은 단어-표상 자체가 사물-표상보다 더 우월한 조직 상태를 만들지는 않는다는 점이다. 좀 더 높은 수준의 조직화를 만드는 것은 둘의 결합이다. 이때 결합은 과-카텍시스 행위로, 사물-표상에 있던 카텍시스를 증폭하고 변화시킨다. 이때 단어-표상도 사물-표상과 마찬가지로 과-카텍시스[2] 된다. 이렇게 정리하는 것이 좋겠다. 사물-표상과 단어-표상의 연결, 과-카텍시스는 둘 모두와 다르다. 그리고 과-카텍시스에 의해 새롭고 좀 더 복잡하게 형성된 정신적 행위를 만들어 낸다.

「The Unconscious」에서(pp. 175-76) 프로이트는 듣는 것과 경험하는 것은 그 심리적 속성에서 완전히 서로 다르다고 말했다. 만약 분석

2) 과-카텍시스라는 용어는 표상, 카텍시스, 지각 같은 용어들처럼 과-카텍시스 행위 그 자체와 행위의 "결과" 모두를 의미한다.

가가 환자에게 말로 무의식적 표상(사물-표상)의 존재를 이야기해 준다면 환자는 사물-표상에 상응하는 단어-표상을 "가지게" 된다. 하지만 자신의 마음 안에서 과-카텍시스를 통해 두 표상을 연결해 새로운 형태의 표상으로 만들지 못하는 한, 환자는 그 지식을 제대로 사용할 수 없게 된다. 좀 더 구체적으로 말한다면 두 표상의 결합으로 인해 환자의 내적 세계는 강렬해지고 깊어지며, 새로운 차원을 얻게 된다(소위 아하! 효과). 무의식의 표상과 그 단어-표상은 이제 따로 존재하지 않는다. 이제 새로운 경험과 심리적 행위는 그 자체로 장차 환자의 기억 중 일부가 될 것이다. 이 시점에서 나의 주장은 이러한 새로운 정신적 행위가 그 성격상 지각 perception이라는 점이다. 과-카텍시스도 이런 의미에서 실제 지각 활동과 비슷하다고 볼 수 있다. 여기서 지각 활동은 심리적 행위로, 기억과 관련한 일련의 재생 활동이 새로운 어떤 것과 상호 작용해 "참신한 경험"을 만들고, 다시 새롭고 변화된 기억 활동을 초래하는 것으로 정의된다. 두 개의 표상은 상호 관계 속에서 따로 떨어진 재생적 행위의 지위를 벗어나 이제 하나의 신선하고 통렬한 지각 활동이 된다. 물론 여기서 말하는 지각 활동은 분석가가 말한 단어에 대한 지각이 아니라 그 단어에서 촉발된 심리 내적 지각이다. 이 같은 심리 내적 지각 활동은 종종 의식적으로 자각되지만 대부분 의식적 자각 바깥에서 일어난다.

나는 프로이트가 상응하는 두 표상의 연결을 이야기했을 때 상응 관계에 대해서는 별다른 이야기를 하지 않았다고 지적했다. 하지만 연결 이전에 존재하며 무엇과 무엇이 과-카텍시스 될지 결정하는, 상응 관계를 전제했다는 점은 분명하다.[3] 그리고 나는 연결을 통해 두 표상 모두

---

3) "잘못된 연결(false or wrong connection)"은 프로이트가 사용한 용어로, 특히 초기 저작에서 여러 맥락 아래(전이, 강박 신경증, 공포증, 차폐기억) 연결 혹은 상응의 개념과 관련된다. Loewald(1960, 본서 14장, IV) 참고.

가 서로에 의해서 과-카텍시스 된다고도 말했다. 만약 미리 존재했던 상응이 있다면 이 연결은 끊어졌던 것을 새로 붙이는 과정일 것이다. 그리고 실제로 억압 때문에 그런 단절이 생긴다. 만약 표상이 억압되지 않으면 두 표상은 함께 존재할 것이다. 즉 서로에게 속해 있는 것이다. 프로이트의 표현처럼 단어는 대상이 번역된 것이고 대상과 연결되어 있다. 분석가의 해석은 환자의 무의식적 (사물-)표상을 애초 그것이 속해 있던 단어로 번역하고, 일단 저항이 극복된 후엔 이차과정 일부를 회복하도록 돕는다. 그렇게 사물과 단어 사이의 오래된 연결이 회복된다.

이런 식으로 역동적 무의식과 일차과정을 억압에 의한 것으로 이해하면 제법 명료해 보인다. 다시 말해 이차과정, 전의식-의식적 정신활동이 우리의 시작점이자 기준이라면, 즉 성숙한 언어의 존재를 당연시한다면 심리적 갈등과 방어라는 현상들로 일차과정과 그 표식의 출현을 설명할 수 있다. 가령 꿈과 신경증에서 압축이나 전치 같은 것이 그 표식이라고 할 수 있다. Gill은 「The Primary Process」(1967)에서 일차과정 개념의 기본적 모호함을 강조했다. 한편으로 봤을 때 일차과정은 방어로 인해 "추동되며"(Gill의 표현), 이성적인 이차사고에 가해진 억압으로 인해 나타나는 것이다. 하지만 다른 한편으로 보게 되면 일차과정은 쾌락 원칙에 따른 본래의 사고 형태라고 생각된다. 그리고 삶의 "현실"이 주는 절박함으로 인해 어쩔 수 없이 현실 원칙을 따르는 이차과정으로 바뀌는 것이다. 한편 이러한 모호함은 퇴행 개념의 도입으로 해결되기도 한다. 이때 방어는 전의식에서 무의식적 정신활동으로의 퇴행을 초래한다. 일차과정은 최초의 것이면서 좀 더 원시적이기 때문에 "일차적"이다. 방어와 억압은 이런 오래된 형태의 정신기능에로의 퇴행을 초래하는 것이지, 일차과정을 만드는 것은 아니다.

그렇다면 언어는? 그리고 사물-표상과 단어-표상 사이의 오래된 연결은? 우리는 두 표상 사이의 과-카텍시스 연결로 인해 전의식 조직이 다시 만들어진다고 말했다. 이때 두 표상 사이의 오랜 매듭이 다시 이어진다. 하지만 이 장의 초입에 인용된 구절에서 프로이트가 이야기한 건 적절한 해석을 통해 억압이 제거되며, 그로 인해 전의식의 표상이 재형성되고 고차원적 심리적 조직화를 다시 만들 수 있다는 단순한 이야기가 아니다. 그가 말하려 했던 것은 정신의 발달 과정에서 전의식의 출현과 기원을 사물-표상과 상응하는 단어-표상의 연결로 설명하는 것이었다.[4] 사물과 단어 사이의 상응은 분명 전의식보다 오래되었다는 이야기다. 그렇다면 단어-표상은 어디에서 오는가? 무의식이 전의식보다 오래된 것이고, 무의식 속에 있는 "대상의 사물-카텍시스"가 "최초의 진정한 대상-카텍시스"라면 사물-표상은 단어-표상보다 오래된 것일 테다. 그러므로 둘 사이의 상응은 전의식 정신 과정에 선행할 것으로 가정된다. 그래야 말이 된다.

생애 최초 몇 개월 동안 일차과정이 단연 우세한 시기에 아기는 언어를 사용하지 않는다. 말할 수 없고 오직 들을 뿐이다. 언어를 얻었지만 쓸 수 없는 것이다. 그럼 아기는 단어-표상을 가지지만 쓸 수 없다는 건가? 혹은 그게 만약 단어 표상이 아니라면 들었던 단어의 기억 흔적에서 단어-표상이 생겨나는 것인가? 그럼 아기는 서로 이어진 사물의 기억 흔적과 단어의 기억 흔적을 가지게 되며, 이러한 인접성이 최초의 상응 관계를 만드는 걸까? 이제 초점은 사물-표상과 단어-표상의 상응에서 그 근저에 자리한 두 표상의 기억 흔적의 이어짐으로 옮겨 간다. 바꿔 말하면 이어짐은 "사물"과 "단어"가 동시에 지각되거나 이어서 지각됨으로써

4) "(…) 전의식 시스템은 (…) 사물-카텍시스가 과-카텍시스 됨으로써 만들어진다 (…)". "(전략) 이런 카텍시스들은 (…) 좀 더 고차원적 심리조직을 초래하고 일차과정이 이차과정으로 이어지는 것을 가능하게 한다 (…)"(1915b, p. 202).

생기는 것이다.

하지만 나는 이 같은 설명은 옳지 않다고 생각한다. 왜냐하면 사물과 단어의 분리, 그것들의 분리된 지각을 전제하기 때문이다. 현대 발달 이론에 따르면 생애 초기 감각 지각은 포괄적인 양상을 띤다. 따라서 분명히 구분된 감각 양상에 따른 지각은 불가능하다. 아기가 엄마의 언어와 함께 더불어 겪고 행한 행동, 사건, 경험 들은 윙윙거리는 지독한 혼돈(William James)이고, "단어들"은 그 혼돈의 일부다. 하나 덧붙일 것은 엄마가 완전히 착각에 빠져 있지 않다면 아기에게 사물의 이름을 가르치지는 않는다는 점이다. 엄마는 아기가 알아들을 거라는 생각을 별로 하지 않은 채 아기에게 말을 하고 아기와 같이 말을 하는데, 마치 자기 자신에게 말을 하는 듯 들린다. 엄마가 뱉는 단어들은 아기에게 총체적 상황과 사건을 구성하는 미분화의 구성 요소들이다. 아기는 서로 분리된 낱말들, 그리고 전체 사건과 분리된 개별 낱말들을 알아듣지 못한다. 그저 엄마-아기가 만드는 공간을 채우는 포괄적 경험의 핵심적 요소 중 하나인 말의 흐름에 푹 잠겨 있는 것이다.

이상의 이야기가 타당하다면, "진짜"로 생긴 일을 아기가 지각할 때 과연 전체 과정의 부분적 요소나 성분이 분리되고 압축되어 표상된다고 말할 수 있을까? 나는 그렇게 생각하지 않는다. 무엇이 압축되었다고 말하려면 이미 그 전에 분리되어 있어야 한다. 이건 이차과정에서 일차과정의 퇴행에서도 마찬가지다. 그러니까 압축은 항상 이차과정의 관점에서 말하는 것이다. 일차과정에서는 원초적 불투명함이 주어지는 것이지 압축을 하는 것이 아니다.[5)]

과학적 개념을 위한 우리의 언어는 고도로 발달하고 분화한 이차

5) 꿈과 꿈 작업에 대한 이론과의 연관성은 자명하나 여기서 다루지는 않겠다.

사고의 결과물로서 발달 초기의 정신기능이나 전반적인 일차과정 현상을 위해 사용하기에는 특히나 부적합하다. 그래서 개념들을 사용해 일차과정을 묘사하고 정식화할 때는 항상 교정과 보정이 필요한데, 그렇게 해야 최소한 근사치에라도 가까워진다. "의인화"나 "은유"가 정신분석적 글쓰기에서 적지 않은 이유는 대부분 이런 교정적 기능을 위해서다. 이 경우 보통은 연상 효과에 의해서 기술하려는 현상에 더 가까워진다. 이런 언어는 일차과정 측면에 많은 영향을 받으므로, 즉 언어의 연상적-마술적 특성 때문에 일차과정을 설명하기 위해 더 적절할 수 있다.

전통적으로 정신분석 이론에서 단어와 사물(혹은 대상)은 지각/의식(Pcpt./Cs.)에 주어지는 개별적 지각물로 취급되었다. 여기서 감각 자료들과 자극들은 수동적으로 받아들여져서 전달되고 나아가 "기억 시스템"에 의해 처리된다고 알려졌다(프로이트는 1925년 「Mystic Writing Pad」와 「Negation」에서 지각에 대한 좀 더 세련된 관점을 제기한다). 하지만 일차과정에서 단어와 사물은 지각적으로 분리되어 있지 않으며, 각각의 지각물은 각각의 기억 흔적 안에 놓이고 이들은 서로 인접해 있다.[6]

하나 유념할 것은 "사물-표상"에서 "사물"은 단순히 어떤 물체라기보다 더 넓은 의미를 지닌다는 점이다. 여기엔 일의 상태, 사건, 한정된 행동 등이 포함된다. 강조점은 청각적 지각인 단어들, 그리고 이 단어들이 지칭하고 단어에 대응하는 여타의 지각적 현상이나 경험의 구분에 있다. 단순히 단어와 물체의 구분에 있지 않다는 말이다. 이처럼 광의의 "사물"과 초기 정신활동이나 일차과정의 "단어"는, 단어가 활동하는 한 분리되지 않는다. 오히려 여기서 단어는 사태의 포괄적 상태에서 구분되지 않는 구성 요소다. 엄마의 입에서 나오는 말의 흐름은 아기에게 어떤

---

6) 기억과 지각에 대해서는 「기억에 대한 관점들」(본서 10장)을 참고.

의미를 전달하거나 "사물"을 상징하지 않는다. 단, 여기서 "의미"는 "사실"과 구분되는 어떤 것으로 사용된다. 오히려 소리, 음조, 리듬은 포괄적 사건 안에서 합쳐진다. 그러니까 엄마는 말을 하지만 말을 듣는 아기는 단어를 인지하는 것이 아니라 엄마의 목소리와 리듬에 푹 잠기고, 그 와중에 경험의 어떤 성분이 두드러진다고 할 수 있다. 전체 사건 중 한 성분으로서 소리, 그리고 들려진 소리가 지칭하거나 의미하는 것, 둘 간의 구분은 천천히 이루어지는 이차과정이라 할 수 있다. 이건 자라나는 아이가 소리 내어 내뱉는 "단어"에 대해서도 마찬가지다.

사물-표상과 단어-표상의 연결은 원초적 단일성에 이차적인 것으로, 애초 "단어"는 "사물"에 파묻혀 있었다. 후에 분화과정에서 사물-표상과 단어-표상 사이의 "상응"을 위한 매트릭스를 만드는 것이 바로 이 원초적 단일성이다. 나중에 프로이트도 소위 상징기능의 발달에서 언어가 차지하는 특별한 지위에도 불구하고 이차과정의 형성에는 언어(단어-표상) 이상의 것이 포함된다는 점을 인정했다. 과-카텍시스는 단어-표상과의 연결에서도 생기지만 그 외에도 경험의 분화 과정에서 만나는 다양한 표상들과의 연결에서도 만들어진다.

요약하면, 사물-표상과 단어-표상의 연결은 원초적 단일성에서부터 요소들이 분화되는 과정에 기초한다. 분화는 우리가 포괄적 경험의 각 요소나 측면이라고 알고 있는 것들이 드러나고 분리되는 과정이다. 분화된 요소들이 공통의 기원을 드러내고 서로서로 반응하는 한, 그들 간의 상응은 원초적 단일성의 자손이자 반사이며, 원초적 단일성에 대한 명료한 기억이라고 할 수 있다. 이차과정에서 두 표상의 연결은 새로운 수준의 재결합으로, 창조적 반복을 통해 이루어지며 원래 하나였던 것들이 다시 결합하는 과정이다. 말하자면 화해라고 볼 수 있다. 마찬가지로 "비-구분적 수용"(Spitz, 1965)에서 개별 감각으로의 분화 과정도 이차과정의 전구체라 할 수 있다.

이런 관점에서 보면 억압은 두 표상 사이의 연결을 끊거나 약하게 만든다. 단어-표상은 의식 속에 남아 있지만 이제 대응하는 사물-표상에 연결되지 않고, 연결되더라도 느슨한 상태라고 할 수 있다. 앞서 말했듯 둘 간의 과-카텍시스는 내적 지각의 속성을 가진 심리적 행위를 만든다. 하지만 억압에서는 이 내적 지각("전의식" 정신 행위), 혹은 어쩌면 그것의 기억 표상이 교란된다. 그래서 심리적 행위로서 억압은 연결의 끊어짐으로 이해할 수 있다. 하지만 억압의 결과인 무의식적 사물-표상은 단순히 상응하는 단어를 전체 표상에서 뺀 것에 그치지 않는다. 오히려 그 단어는 이제 오래된 기억 형성으로 재흡수되는데, 여기에선 사물과 단어가 구분되지 않으며, 오히려 서로 상응하며 연결될 수 있는 경험의 요소들이 된다. 그래서 분석가가 말로 전달한 무의식적 표상의 해석은 사물-표상의 분화를 다시 가능하게 하고, 그렇게 새로운 연결이 만들어진다. 말하자면 분석가의 말이 사물-표상을 호출하고, 이때 호출은 사물-표상에 속한 단어를 경유해서 만들어진다. 이렇게 단어는 단일성에서 분화되어 나와 다른 사물-요소들과 결합될 수 있다. 분석가의 해석은 그렇게 사물-표상을 재분화한다.

나는 단어-표상이 사물-표상과 연결이 끊어지거나 느슨하게 연결된 상태로 의식에 남아 있을 수 있다고 말했다. 하지만 이 단어-표상들은 경험적 의미를 소실하거나 그 의미가 결핍된 것이기 때문에 퇴락해서 이차과정 표상의 공허한 메아리에 지나지 않는다. 일상적인 정신기능 속에서도 억압은 늘 다소간 작동하고 있어서 단어-표상은 비교적 고립되어 있다. 그래도 보통은 간접적(즉, "파생물"을 통한) 연결이나 약한 연결은 남아 있기 마련이고, 이런 식으로 평균적인[7] 수준의 정신기능을 유지하는데, 여기서 평균은 양극단 사이의 타협형성 지점을 표상한다. 양극단의 한쪽은 무의식에 너무 가깝고 강렬해서 창조적이지만 파괴적인 잠재력을 가지고, 다른 한쪽은 무의식으로부터 완전히 떨어진 탓에 생명력을 잃어버려 삶과 언어가 울림과 온기를 갖지 못한다. 이렇게 언어적 사고와 그 원초적 지시물 사이의 연결은 상대적으로 결핍되거나 약해져 있지만 이로 인해 합리성을 소진해 버리는 무의식의 힘으로부터 언어를 보호할 수 있게 되고 언어가 일상의 이성적 사고와 행동을 매개할 수 있도록 해 준다.

한편 평균적인 정신기능이라는 이슈와 연관된 다른 문제는 추상화의 문제, 그리고 조현병 사고와 언어의 관계에 관한 문제다. 「The Unconscious」의 말미에서 프로이트는 비판의 여지가 있는 관점들을 드러낸다(1915b, p. 204).

추상적 사고에 도사린 위험이 있다. 그 과정에서 단어와 무의식적 사물-표상의 관계를 무시할 수 있다는 점이다. 그래서 고백할 것은 철학적 표현과 내용이 불행히도 조현병의 그것과 닮기 시작한다는 점이다. 달리 말하면 조현병 사고의 특징은 구체적인 것을 추상적인 것처럼 취급하는 것이라고도 할 수 있다.

같은 글의 앞에서 이렇게도 말했다(p. 199).

---

7) 평균적(average)이라는 단어의 어원은 타협형성(compromise)의 맥락에서 쓰인 단어의 용례에 예상치 못한 통찰을 제공한다. 지엽적인 이야기일 수 있지만 언어와 관련된 글이므로 적절해 보인다. 웹스터 사전(1958)에 따르면 average라는 단어는 아랍어에서 기원한 것으로, 상품의 손실이나 손상, 혹은 선박의 손상을 의미한다. 이 단어는 해양법에서 쓰였다. 사전의 표제어는 다음과 같다. "선박 전체에는 미치지 않은 손해, 혹은 해양 재난에 의해 생긴 손해에 대한 부담, 모든 관련자에 대한 손실의 공평 부담". 해양 보험에서 평균은 "일정한 위험 부담을 안고 행해지는 항해에서 이윤의 안전한 보장을 위한 의도적인 비용 지출이나 희생"이다. 여기서 average의 "평균값"이라는 의미가 도출되었고 결국 "흔하고 일반적인, 혹은 가장 자주 접하는 것, 혹은 사건, 사람의 수", "보통 사람" 등이 도출된다. 그러므로 손해와 손실, "이윤의 안전한 보장을 위한" 일정 비율의 지출 등이 평균이라는 단어의 숨은 뜻이다.

> 조현병에서 **단어는**(볼드체는 프로이트) 잠재몽에서 꿈-이미지가 만들어지는 것과 같은 과정, 즉 일차과정을 겪는다. 그들은 압축 과정을 겪고 전치를 통해 자신의 카텍시스를 온전히 서로에게 전달한다.

「A Metapsychological Supplement to the Theory of Dream」(1916, p. 229)에서 그는 비슷한 관찰을 기술한다. 하지만 비록 이게 사실이라 치더라도 추상적 사고가 조현병의 그것과 닮지는 않았다. 조현병은 "구체적인 것을 마치 추상적인 것처럼" 다루지 않는다. 오히려 조현병은 언어를 구체적 사물이나 행위와 연결된 것이 아닌, 구체적 사물이나 행위인 것처럼 다룬다. 이런 현상은 프로이트가 「Totem and Taboo」(1913, p. 56)에서 "야만인들은 이름을 인간의 인격에서 핵심적인 부분이나 혹은 중요한 소유물로 여긴다"라고 말한 것과 유사하다고 볼 수 있다.

추상적 사고가 언어와 무의식적 사물-표상 사이의 관계를 무시할 위험이 있다는 것은 사실이다. 하지만 추상적 사고에서 언어는 프로이트가 조현병에서 그러하다고 말한 의미의 압축과 전치를 겪지 않는다. 오히려 언어는 독특한 자율성을 획득한다. 이때 언어와 무의식적 사물-표상의 관계가 무시되면서 둘 사이의 연결이 약해진다. 두 표상 사이의 의미와 연결이 가늘어져 가느다란 끈이 되는 것이다. 극단적인 추상화에서 언어적 사고 과정은 그 자체의 기계적 혹은 자동적 활동이라는 인상을 주는데, 마치 꼭두각시 인형이 가느다란 실에 연결되어 보이지 않는 손에 의해 조종되는 것과 비슷하다. 그렇게 언어적 사고는 무미건조한 영민함을 스스로 부여하게 된다. 이건 조현병에서 보이는 언어적 사고의 경직화와 매우 상반된다. 조현병에서는 언어와 사물 사이의 연결이 없는데, 이는 연결이 끊어졌거나 너무 가늘기 때문이 아니라 두 표상 사이의 거리가 없어졌기 때문이다. 즉, 그들은 분화되지 않거나 충분히 분화되지 않은 것이다. 언어는 사물을 나타내지만, 상징과 표상으로서 사물을 나타내지 않는다. 오히려 둘은 다시 합쳐져 버리거나 혹은 언어가 마술적으로 사물을 호출한다. 여기서 치료자의 목표는 둘 간의 분화를 다시 수립하는 것이다. 만약 그것이 성공하고 이차적인 강박적 방어가 초래되지 않는 한 동일성에서 벗어나게 되어 쌍방의 상응이 분명해지고 이차과정의 연결이 가능해진다. 환자의 문제는 분화인 셈이다. 한편 신경증적 억압에서 치료적 목표는 잘리고 약해진 연결을 복원하고 두 표상 간의 거리를 좁히는 것이다.

조현병 사고에서 사물-표상과 단어-표상 사이의 분화는 충분하지 않거나 없는 경우가 많다. 이는 사물과 사물-표상, 그리고 단어와 단어-표상 사이에도 마찬가지다. 도식적으로 말하면 높은 수준의 정신 발달 과정에는 네 종류의 분화가 관찰된다. (1) 사물과 단어 (2) 사물과 사물-표상 (3) 단어와 단어-표상 (4) 사물-표상과 단어-표상. 이 중 어떤 분화의 발달과 결손은 나머지 분화 작용들과 항상 연관되어 나타나는 것 같다. 사물과 사물-표상의 분화, 단어와 단어-표상의 분화는 물론 주체와 대상의 분화를 포함한다. 이차과정의 관점에서 본 언어는 자기와 대상-세계의 점증하는 분화와 함께 발달한다. 조현병에서 언어의 경직화는, 즉 단어와 사물의 구분이 없어지는 현상은 동시에 다른 의미의 경직화이기도 하다. 단어와 단어-표상, 그리고 사물과 사물-표상의 구분도 없어진다. 우리가 의미라고 부르는 것은 단어와 사물 간의 연결-분화(상호 지시), 그리고 표상과 지각의 연결-분화 모두를 포함한다.

그럼 이쯤에서 멈추고 여태 사용된 몇몇 메타심리학 개념을 살펴보겠다.

II

먼저 넓은 의미의 언어와 관련된, 별 관련 없는 이야기로 시작하겠다. 나는 최근 정신분석에서 벌어지고 있는 메타심리학에 관련된 논쟁들, 그러니까 메타심리학의 결함을 지적하며 그 가치와 타당성에 의문을 품는 논쟁을 잘 알고 있다. 나는 이런 반론들을 별로 고려하지 않을 작정이다. 하지만 하나 꼭 말하고 싶은 것이 있다. 나는 현재 제기되고 있는 여러 반론 중 많은 부분이 프로이트의 몇몇 개념과 정식에 대한 상상력 부족한 이해와 경직되고 협소한 정의에서 비롯되었다고 확신한다. 프로이트와 그의 동료들이 했던 작업 전반의 맥락에서 보면 현재 논란이 되는 개념과 정식의 많은 부분은 그 내용과 의미에서 여태껏 해 왔던 것보다 훨씬 더 자유롭게 정교화할 수 있다. 사실 어떤 과학적 개념들은 애초부터 너무나 협소하게, 혹은 반대로 너무 모호하고 거칠게 정의된 탓에 폐기되어야 마땅하다. 하지만 프로이트의 개념과 용어 다수는 중층적으로 결정되었으며, 프로이트조차 명확히 말하지 않았고 심지어 무시했던 의미와 함의로 가득하다. 필요 이상으로 협소하게 정의된 개념들도 어쩌면 당시의 특수한 상황 때문일 수 있다.

개념들은 단어와 언어의 잠재력을 이용해서 새로운 의미의 전개와 변화, 그리고 이전 의미로의 복귀 등을 도모한다. 물론 여기에는 늘 한계가 있어서 자칫 과도해질 위험이 상존한다. 하지만 마찬가지로 너무 주저하거나 경직될 위험도 있어서, 개념의 숨겨진 잠재력을 미처 탐색하고, 사용하고, 시험해 보지 못할 수도 있다. 프로이트 자신이 기법적 용어와 개념의 엄밀한 정의를 싫어한 것도 물론 정신분석 이론과 용어의 혼란에 한몫했을 것이다. 그는 이론의 무분별한 수정은 묵과하지 않았으나 분명히 자신의 이론과 개념들에 변화를 허용했었다. 그는 기본적인 과학적 개념들을 조급하게 정의 안에 가두는 사태를 우려한다. 「Instincts and Their Vicissitudes」(1915a, p. 117)[8]의 도입부, 잘 알려진 구절에서 그는 이렇게 말한다.

> 과학 활동의 진정한 시작은 (…) 현상을 묘사하고, 분류하고, 연결하는 것으로 이루어진다. 묘사 단계부터 어떤 추상적 관념들을 적용하는 것은 피할 수 없는데, 이 추상적 생각들은 이루어지고 있는 관찰만으로는 부족해서 다른 영역에서 빌려 와야 한다. 이런 생각들은 후에 그 학문의 기본 개념들이 되며, 연구가 계속됨에 따라 점점 필수 불가결한 것이 된다. 처음에는 일정 정도 모호함을 피할 수 없고 (…). 그것들이 여전히 이런 상태로 있는 한 우리는 애초 그 추상적 생각들이 유래해 온 것처럼 보이는 관찰을 반복적으로 언급하면서 그 의미를 이해하게 되는데, 그래서 사실은 추상적 사고들이 관찰에 부과되어imposed 있는 것이다.[9]
>
> (…) 모든 것은 자의적인 선택이 아니라 경험적 자료와의 유의미한 연관에 달려 있고, 우리는 이 연관을 명료하게 인식하고 드러내 보이기 이전에 이미 느끼고 있는 것 같다. 기본적인 과학적 개념을 좀 더 정확하게 구성하는 것은 철저한 관찰이 이루어지고 난 이후일 수밖에 없으며, 그렇게 점차 개념을 수정하며 쓸모 있고 일관된 것이 된다. 사실 그때가 되어서야 우리는 개념을 정의할 수 있다. 하지만 지식의 진보는 정의에서조차 그 어떤 경직성도 견디지 못한다. 물리학은 정의의

---

8) 내가 이 구절을 인용하는 이유는 그 내용 때문만은 아니다. 또 다른 이유는 이 구절이 언어와 정신활동, 그리고 그에 의해 의도되는 "사물" 간의 연관에 대해서도 부합하기 때문이다. 얼핏 보기에 프로이트에게 사물은 은연중에 "객관적 사실"을 의미하는 것 같다. 비록 그가 원칙적으로 칸트가 말한 물자체(thing in itself)의 불가지성을 알고 있다 하더라도 말이다. 하지만 여기서 제시되는 관점으로 보면 사물은 경험에 참여하는 정신활동의 분화 수준과 정도에 따라 달라진다.

9) 마지막 문장의 독일어 문장(이하 문장 생략, 역자)을 좀 더 정확히 번역하면 이렇다. "그것들이 여전히 이런 상태로 있는 한에는, 우리는 애초 그 추상적 생각들이 유래해 온 것처럼 보이는 관찰을 반복적으로 언급하면서 그 의미에 대한 합의에 이르게 되는데, 사실은 관찰들이 추상적 생각들에 종속되어(subjected) 있는 것이다".

형태로 수립된 "기초 개념들"조차 지속해서 변화한다는 훌륭한 예를 보여 준다.

정신분석에 필요한 것은 어쩌면 "새로운 언어"가 아니라 지금 가지고 있는 언어를 좀 더 자유롭고 덜 현학적으로 이해하고 해석하는 것일지도 모른다. 그래야만 프로이트가 구상한, 혹은 구상하지 않았던 개념들의 의미와 이론적 정식화와 정의가 정교해지고 변화할 수 있기 때문이다. 언어는, 여기에는 과학적 개념도 포함된다, 그 진정한 기능에 살아 있고 살아 있게 하는 성격을 가진다. "사물"과의 상호 관계를 통해 사물에 대해 점점 많은 것이 알려지며 언어도 더 다양한 의미를 얻는다. 이는 언어와 개념이 사물에 더 다양한 의미를 주는 것과 똑같은 이치다. 과-카텍시스에 대해서도 마찬가지다. 비록 프로이트는 에너지 유입량의 증가라는 관점에서 단순한 카텍시스의 증가만을 의미하는 것 같지만 말이다. 마치 사물이 "그대로" 있으면서 변화하고 발전하는 것처럼 같은 말이라 하더라도 의미가 변화하고 발전할 잠재력을 가진다. 그 잠재력은 서로 간의 상호 작용 덕분에 구현된다. 편협한 해석은 개념을 메마르게 한다.

난 비록 메타심리학이라는 단어를 별로 좋아하지 않고 대체할 만한 것을 찾고 있긴 하지만 내가 말한 것은 메타심리학의 정의에도 해당한다. 달리 말해 새로운 개념과 용어들을 위한 여지를 남기는 것이 무의미하고 부적당한 것을 제거하는 것이 무용하다는 말이 아니다. 그리고 정의와 개념의 정확한 정립이 무의미하다는 말도 아니다.[10]

이제 간단히 카텍시스라는 용어와 일차-이차과정의의미를 재정립해 본 뒤, 이 맥락에서 전의식과 의식 개념을 다시 고찰하겠다(나의

---

10) 정신분석적 개념과 용어에 관한 철저하고 세련된, 그러면서도 유연한 고찰은 『The Language of Psychoanalysis』(Laplanche and Pontalis, 1967) 참고.

글「기억에 대한 관점들」, 1976 참고, 본서 10장). *카텍시스*, 특히 대상-카텍시스와 자기애적 카텍시스에 대한 이야기부터 시작하자. 프로이트가 *Besetzung* 혹은 *besetzen* 같은 용어를 사용하듯 카텍시스라는 개념은 본능적 에너지를 지닌, 이미 존재하는 실체라는 의미다. 이때 실체는 대상이든 심리 내적 표상이든 혹은 기억 흔적이든 상관없다. 요는 카텍시스 개념이 이미 만들어진 외적 현실(대상)과 이미 만들어진 심리 기관을 전제하는 것으로, 이들에게 본능적 에너지가 제공된다는 것이다. 그렇게 보면 카텍시스가 붙은 실체는 이전과 같지만 이제 에너지를 공급받았다는 점만 다르다. 하지만 나는 과-카텍시스 개념을 설명하면서 이를 수정했다. 그의 후기 저작에서 프로이트는 자아(주체)와 외부현실의 관계에 대해 수정된 이해에 도달했는데, 이 견해에 따르면 그들은 *애초* 이미 만들어진 게 아니라 서로를 분화하고 만든다.『Civilization and Its Discontents』(1930)에 보면 이 점이 분명하게 드러난다. 일방이 아닌 쌍방 과정으로서 지각을 이해하는 것도 같은 맥락으로 볼 수 있다. 하지만 카텍시스 개념에 주는 함의는 분명히 밝히지 않았다.

여태 살펴본 생각들에 비추어 봤을 때, 나는 카텍시스를 조직화 활동 개념으로 해석하자고 제안하고 싶다(연료-주입 같은 엉터리 소리는 그만두고). 이 개념을 대상-카텍시스와 자기애적 카텍시스에 적용하면 이렇게 된다. 대상-카텍시스는 대상에게 에너지를 투자하는 것이 아니라 가용한 무언가를 대상으로 구조화하는 (본능에서 기원한) 정신의 조직 행위고, 여기서 대상은 조직하는 주체에서 분화되어 떨어진 실체다. 이 카텍시스는 대상을 대상으로 만들고 이어지는 이차 카텍시스 작용은 다시 대상을 재창조하고 재조직한다. 이것이 *객관화*objectifying 카텍시스다. 일단 최초의 카텍시스 작용으로 대상이 만들어진 이후에 대상은 유지되거나 추가적인 객관화 카텍시스에 의해 다른 방식으로 재구성된다. 메타심리학적 의미에서 자기애적 카텍시스는 이미 존재하는 자아나 자기에 에너지를 부착하는 것이 아니다. "가용한 무언가를", 카텍시스 시키는 주체와 분화되지 않은 상태로 만드는, 역시 본능에서 기원한 정신적 행위다. 이 카텍시스는 객관화 카텍시스가 아니라 *동일시*identificatory 카텍시스다. 마치 대상-카텍시스가 대상-세계를 조직하고 재조직하는 것처럼 이제 자기애적 카텍시스는 자아와 자기를 조직하고 재조직한다. 만약 자기애적, 동일시 카텍시스 과정 덕택에 "대상과의" 동일시가 일어나면 대상은 대상으로서 성격을 잃게 된다.

이렇게 두 종류의 카텍시스는 각기 다른 정도로 이리저리 섞이며 무수한 경우의 수를 만든다. Winnicott의 이행기 대상transitional object 혹은 "소유possession", 그리고 Kohut의 자기-대상selfobject이 그 예다. 일차과정은 분화의 결여를 의미하므로 자기애적 카텍시스와 밀접한 관련이 있고, 대상-카텍시스, 즉 객관화 카텍시스는 이차과정과 관련이 있다. 방금 말한 의견들은 완전히 확실치는 않다. 이 부분은 좀 모호해서 수정과 보정이 제법 필요한 것 같다.

카텍시스를 이렇게 해석하면 심적 에너지가 붙을 미리 존재하는 구조, 즉 대상이나 대상 표상 같은 건 없어도 된다. 대신 이런 구조들은 객관화 카텍시스를 통해 생성되고 유지되고 재구조화된다. 유사하게 자아나 초자아 같은 "심리구조"는 자기애적 카텍시스의 작용 덕에 생성되고 유지되고 수정된다.[11] 위니콧(1967, p. 371)과 코헛(1971, pp. 26, 39)의 카텍시스에 대한 생각도 이와 유사한 것 같다.

일차과정이 일차과정인 이유는 가장 처음 나타난 정신활동이고 이

---

11) 자기애적 카텍시스에 대한 이런 견해는 하트만의 자기애에 대한 정의, 즉 자기(self)에게 부착된 카텍시스, 와는 위에 언급된 이유로 일치하지 않는다(본서 20장 참고).

차구조에 비해 미숙해 보이기 때문이다. 하지만 좀 더 깊은 의미에서 전체 사건과 경험의 각 요소가 분화되지 않고 하나로 남아 있다는 의미에서 *근본적*primary이라는 뜻이기도 하다. 경험과 행위를 각 요소와 성분으로 생각한다는 자체가 이미 이차과정이라는 것을 증명한다. 일차과정에서는 상대적으로 *이원성*과 다원성보다 *단일성*이 더 우세하다. 이차과정에서는 이원성과 다원성, 즉 단일 미분화 구조의 분리, 분화, 분열이 우세하다. 앞서 나는 일차과정에서 보이는 태초의 균질적 불투명함을 이야기했는데, 이 불투명함은 이차과정에서 퇴행적 압축을 통해 다시 만들어질 수 있다. 억압이 그 예다. 그리고 이차과정은 Spitz의 표현 "구분적 지각"에서 *구분*diacritic이 의미하는 것처럼 단순히 분열, 분리, 분화로만 이루어지는 것이 아니라고 말했다. 같은 과정 안에서 동시에 원래의 전체성이 살아 있게 되는데, 이때 구분되지 않은 하나의 덩어리는 통합 과정을 통해 맥락을 갖춘 전체가 된다. 획일적이었던 것이 다양하게 변하고 다양한 요소들이 서로 연결된다. 이 연결은 약해질 수 있고, 심하면 심각한 파국, 즉 경험과 사고의 파편화를 초래할 수 있다.

성숙한 언어는 복잡한 경험과 사고를 연결하는 탁월한 매체다. 또 경험과 사고의 요소들, 그리고 요소들 사이의 상호 관계를 분명히 밝히고, 경험과 사고의 각 지점을 "점검한다". 그렇게 함으로써 현재에 그 나름의 결을 갖춘 구조를 부여한다. 정신활동을 조직할, 언어를 비롯한 여타 감각-운동 수단이 없으면 일차과정에 유리한 조건이 된다. 한편 언어 그 자체는 균일한 "사물-표상" 혹은 일차과정 경험에서 발생한다. 그러므로 단어와 문장은 한편으로는 경험과 사고의 맥락적 연결성을 전면에 드러내는 동시에 자신은 다시 구체적인 경험과 연결된다. 왜냐하면 이차과정의 정신활동은 구분되지 않는 전체 경험에서 단어들의 소리를 분리해 내고, 동시에 그 경험에 연결하기 때문이다. 나는 지금 엄마가 아기에게 하는 이야기가 어떻게 아이에게 전체 경험과 분리되지만 동시에 연결되는 목소리로 인식되는지 묘사하고 있다.[12)] 비록 훨씬 발달한 정신활동에서부터 시작하지만, 우리가 어떤 사물에 해당하는 단어를 배울 때도 같은 현상이 벌어진다. 이때는 많은 경우 단어가 그냥 사물에 추가되는 것이 아니라 사물 자체가 일단 모종의 살아 있는 실체로 정의된다(과-카텍시스). 말을 가르치는 사람과의 관계도 말과 사물의 연결이 얼마나 생동감 있게 만들어지는가에 매우 중요한 요소다. 다른 상징 형태(시각 표상, 음악, 춤 등)와 마찬가지로 말은 발달 과정에서 나름의 생명을 가진다. 감각-운동능력 상의 특정한 가능성과 한계에 따라 나름의 법칙을 전개하는 것이다. 하지만 "그 자신의 생명"은 여전히 부지불식간에 그것이 분화되어 나온 전체 경험과 연결되어, 그곳에서 자양분을 얻고 동시에 새로운 의미를 부여한다.[13)]

일차적 형태의 정신 행위는 무의식으로, 이차적 형태는 전의식이라 불린다. 이제부터 정신분석 이론의 두 기초적 용어 안에 포함된 단어인 의식의 의미를 명료히 밝혀 보도록 하겠다. 즉, 의식을 의식적 자각으로 이해하는 통상적 이해를 넘어서도록 할 것이다. 비록 프로이트는 무의식적 지각의 가능성에 대해서 짧게 언급했지만[14)], 대체적으로는 의식과 지각은 뗄 수 없이 연결되어 있다는 의견을 고수했다. 그가 생각하기

---

12) 종교적 행위의 언어에는 그 읊조리는 성격과 사람들이 잘 알아들을 수 없는 고어를 사용하는 탓에 이 같은 원초적 경험을 지향하는 경향이 있는 것 같다. 신심으로 가득 찬, 아이 같은 대중에게 이 알아들을 수 없는 말은 전체 종교적 경험과 하나가 된다.

13) 발달적 관점에서 본 언어에 대한 상세하고 친절 명료한 의견을 원하는 사람에겐 Werner와 Kaplan의 책, 『Symbol Formation』(1963)을 추천한다. 어떤 의미에서 이 책은 "사물", "단어", 그리고 "표상" 사이의 관계에 대한 학술논문이라 할 수 있다. 헬렌 켈러의 자서전에서 따온 설명을 동반한 긴 인용문이 언어의 학습에 대한 위의 의견을 아름답게 묘사하고 설명한다(pp. 110-12).

14) "주목할 만한 것은 인간의 무의식the Ucs.이 의식을 통하지 않고도 다른 사람의 무의식에 반응할 수 있다는 점이다. 이 점은 자세한 연구가 필요한데, 특히 전의식의 활동이 그 과정에서 배제될 수 있냐가 요점이다. 단, 묘사적으로 말하면, 명백히 그러하다"(1915b, p. 194).

에 지각은 대체로 의식적이고, 순수하게 수동적-수용적 현상이다(Pcpt./Cs.에서 일어나는). 둘째, 그는 의식성 그 자체를 위에 언급된 지각이란 의미의 지각 현상으로 이해한다. 셋째, 그는 의식성을 의식적 자각이라 생각한다.

난 앞서 지각 활동이 심리적 행위고 "그 안에서 기억하고 재생하는 일련의 활동이 새로운 경험과 상호 작용을 한다"라고 했다. 새로운 경험이 반드시 외적인 감각-지각일 필요는 없다. 소위 내적 지각에서 감각되는 것은 내부의 것이다. 또 하나, 새로운 경험이라고 해서 완전히 새것이라 그전에 만나 본 적이 없는 것일 필요도 없다. 다만 상호 작용 그 자체가, 그 만남이 새롭고 지금 일어나는 것이다("new"와 "now"는 어원적으로 연관이 있다). 그래서 우리의 정의를 이렇게 수정한다. 지각 활동은 현재 벌어지는 새로운 상호 작용으로, 이 상호 작용은 일련의 연속된 기억 활동과 그 활동에서 분화된 무엇 사이에서 일어난다. 이렇게 정의함으로써 이제 동일시는 (구분적) 지각을 포함하지 않게 된다. 나아가 난 지각 활동이 반드시 의식적 자각으로 특징지어진다고 생각하지도 않고, 의식이라는 단어가 선험적으로 혹은 오로지 의식적 자각을 의미한다고 생각하지도 않는다.

의식이라는 단어는 '함께 알다to know together'라는 뜻의 라틴어 conscius, con-scire에서 유래했다. 애초 분화되지 않은 무엇이 분화될 때, 원래의 무엇과 지금 분화되는 무엇을 (서로 속한 것으로) 함께 알아채는 것이 이차과정 정신 현상이다. 사물-표상과 상응하는 단어-표상 사이의 과-카텍시스적 연결은 지각 활동이고 *함께 아는*conscire 행위다. 과-카텍시스를 통한 연결은 *함께 앎*이지만 함께 앎이 반드시 연결 활동을 통해서만 알려지지는 않는다. 무슨 말인가 하면 *함께 앎*은 그 활동에 참여하고 있는 자아 혹은 자기가 모른 채 일어나기도 한다는 말이다. 프로이트는 이

같이 연결하는 정신 행위를 *전의식*이라 불렀다. 전통적으로 전의식 정신활동에서 강조된 부분은 그 접두사(전)가 암시하듯, 의식적 자각에 대해 예비적이고, 의식에 근접하지만 정작 자각은 결여하고 있다는 것이었다. 하지만 만약 의식이라는 단어가 위에서 설명된 것처럼 이해된다면 "전의식" 정신활동의 긍정적 성격이 두드러지게 된다. 말하자면 역동적 무의식의 정신활동과는 대조적으로 전의식은 이제 분화하며-연결하는 *함께 앎*이 되는 것이다. 한편 정신병적 상태나 몇몇 종류의 언어 행위에서 보듯 무의식적 일차과정의 내용물을 의식적으로 깨닫고[15] 언어로 표현하는 건 가능하다. 비록 내적 · 전의식적 *함께 앎*이 없더라도 무의식적 정신 과정은 자아에 알려질 수 있는 셈이다. 즉, 의식이 심리적 현실을 자각하기 위해서 무의식의 내용물이 전의식에서 예비적으로 가공되어야 하는 것은 아니다. "전의식" 사고 안의 이차과정인 *함께 앎*을 강조하고, 이렇게 확장된 의식 개념을 기존의 자기-자각과 분리하기 위해 나는 이차과정 사고를 분별conscient이라 부르고, 전의식 정신활동 대신 분별을 논하길 제안한다. 한편 역동적 의미의 무의식적 과정(일차과정)은 분별이 없지만, 그것들 또한 어떤 조건에서는 주체에게 알려질 수 있고 분별을 갖추지 못한 정신활동의 양상으로 언어화될 수 있다.

새겨 둘 것은 동일시와 대상-선택(리비도 대상-카텍시스) 사이의 구분이 무의식과 분별 간의 구분과 유사하다는 점이다. 이 두 구분은 같은 정신적 발달을 가리키는데, 전자는 본능적-정서적 수준에서 일어나는 일이고 후자는 인지적 측면이란 점이 다르다. 물론 본능-정서와 인지라는 이분법도 이차과정 사고에서 비롯된 구분이다.

---

15) 프로이트는 의식적 자각이 "전의식과 무의식 사이의 검열"의 이차적 개입을 포함한다고 했다. "그렇게 의식화된다는 것은 지각적 행위에 그치지 않고(여기서 지각은 순전히 수동적-수용적으로 이해된다), 아마 또한 과-카텍시스, 즉 한층 진보된 심리적 조직이기도 할 것이다"(1915b, p. 194).

III

마무리하며 내가 언어의 마술적-환기적evocative 기능 또는 성격이라 부르는 측면에 대해서 짧게 이야기하겠다. 이 역시 일차과정과 밀접한 관련이 있다. 덕택에 우리가 분명히 알게 되는 건 일차과정과 사물-표상 사이에, 그리고 이차과정과 단어-표상 사이에도 간단하게 일대일로 맞아떨어지는 연관은 없다는 것이다. 프로이트를 포함한 여러 분석가가 언어의 이러한 특성을 잘 알고 있었고, 특히 그중 Ferenczi가 두드러진다. 하지만 정신분석 이론이 언어를 다루는 범위는 상당히 제한적이었는데, 주로 논증적 · 개념적 · 이성적 사고의 발달 과정에서 언어가 하는 기능에 대한 것이었다. 이는 과학적-이성적 사고를 최고의 것으로 여겼던 프로이트의 태도와 맞아떨어진다. 부분적으로는 이런 배경 탓에, 그리고 마음과 의식을 같은 것으로 여기던 당대의 시각과 싸워야 했던 탓에 일차과정과 이차과정 사이에는 왜곡된 양극화가 생기게 되었다. 프로이트는 당시의 심리학과 철학이 인지적-주지주의적 편향을 가짐을 잘 알고 있었고 거기에 맞섰다. 하지만 그 역시 어쩔 수 없는 이성주의적-과학적 세계관의 소유자였는데, 이러한 사실은 『New Introductory Lectures on Psychoanalysis』(1933)의 마지막만 읽어 봐도 알 수 있다.

언어의 마술적-환기적 측면을 생각하다 보면 말의 힘을 알게 된다. 그러면 말이 사물을 지시하거나 그에 연결되는 것이 아니라, 말이 사물과 경험에 실체를 부여하고 그들을 호출해서 생명을 부여한다는 걸 알게 된다. 이 같은 관점에서 보면 지시 관계나 의미관계라는 것은 사물을 호출하는 말의 근원적 힘에서 비롯한 창백한 반영, 희미한 메아리, 혹은 정교한 파생물일 뿐이다. 이 같은 말의 힘은 그 물리적 · 감각-운동적 사건이나 행동이라는 속성과 밀접한 관련이 있다. 시인이나 시어에 관심이 많은 이들은 말의 이 같은 핵심적 속성에 대해 잘 알고 있다. 시인 말라르메는 "말을 생명에 비유하자면, 모음/복모음은 일종의 근육을 표상한다"라고 말했다(Raymond의 인용). 레이먼드는 현대 프랑스 시에 관한 책에서 시적 언어는 "힘의 도구다. 시적 언어의 목적은 감동을 주는 것으로, 그것은 지극히 공감적인 언어로 영혼의 가장 깊은 곳까지 흔드는 것, '열린' 몽상을 잉태하고 변신시키는 것, 자유롭고 무한한 것"(pp. 25-26)이라고 썼다. 그는 말라르메를 인용하며 이렇게 말한다. "구닥다리 마술과 마법 사이에 시가 있다. 여기에서 둘은 아무도 모르게 만난다"(p. 26). 시인 폴 발레리는 "시와 추상적 사고"(1939, p. 75)라는 옥스퍼드 강연에서 보들레르의 시 한 구절을 언급하며 "주문(呪文)의 측정 불가한 가치"를 이야기했다. 이어서 말하길,

> 형식과 내용이 따로 마음속에 떠올랐다면 그는 아마 이런 시 구절을 쓰지 못했을 것이다. 오히려 그의 마음은 굉장히 특별한 상태에 놓여 있는데, 여기에서 낱말의 소리와 의미는 비슷하게 중요하며, 실용적 언어일 필요도 추상적 언어일 필요도 없다. 여기서 요청되거나 추구되는 것은 소리와 의미가 구분되지 않는 상태이자, 소망과 예상 사이의 분리되지 않는 긴밀함과 융합이다. 이런 상태는 아주 드물다. 무엇보다 삶의 다급함이 이것을 막고, 두 번째로 이 상태는 문자 표기의 조악한 단순함과 한정됨을 거부하기 때문이다.

그리고 다른 곳에서는 이렇게 말한다(p. 74).

> 고대 마술의 기적이자 경이. 절대 잊지 말아야 할 것은 수 세기 동안 시는 주술적 목적으로 사용되었다는 점이다. 이런 신비한 행위에 참여하는 사람은 말의 힘을 믿어야 하는데, 이때 말의 의미보다는 소리가 주는 효과가 더 강력하다.

페렌치는 「On Obscene Words」(1911, p. 137)에서 "음담패설은 이상한 힘을 가지고 있어서 듣는 사람들이 음담패설이 그리는 행위나 신체 장기를 **상당히 실재적으로** 상상하게 만든다"(볼드체는 페렌치). 이어 말하길 "야한 언어들은 아마 모든 단어가 심리 발달의 초창기에 반드시 가졌을 것으로 여겨지는 그런 특성을 가진다"(p. 138). 그는 어떻게 "언어를 이용한 추상적 사고가" 그런 "상당한 실재성을 가진 상상"에서 비롯되었는지 묘사하면서, 기억 속의 이미지가 "모종의 잔상들, 표지판 같은 것을 통해서 표상"되는 것과 비슷하다고 했다. 덧붙여 다음과 같이 말했다(p. 139).

> (…) 이미지를 대체하는 이 표지판, 즉 말은 상당 기간 퇴행의 경향을 보이는데, 이러한 경향은 전반적으로 서서히 줄어들게 되고, 결국 환각적 지각 요소에서 완전히 자유로운 "추상적" 상상과 사고를 할 수 있게 된다.[16)]

말의 마술적 · 강압적 힘은 청자가 대상을 "상당히 실재적actual으로" 상상하게끔 하는 데 그치지 않는다. 그 원시적 형태에서 말은 *말하는 이에게는 행위의* 힘과 의미를 지닌다. 페렌치는 프로이트를 따라서 "모든 말의 근원은 행동의 생략"이고, 더해서 "음담패설을 내뱉으면 여전히 행동하는 느낌을 준다"라고 말한다(1911, p. 141). 다른 말로 하면 음담패설 같은 저급한 단어의 힘은 상당히 커서 말을 뱉는 경험에서 그 행위는

---

16) 페렌치의 저작을 번역한 Jones는 독일어 동사 vorstellen와 명사인 Vorstellen, Vorstellung을 하나의 단어로 번역하지 않았다. 때로는 명사 Vorstellung을 "act of mental representation"으로, 때로는 "imagination"으로 번역했다. 위의 인용문에서는 "image"로 번역되었는데 "image"는 또한 Bild(그림)의 번역에 사용된 단어이기도 하다. 프로이트의 표준 전집에서 같은 단어는 "presentation" 또는 "idea"로 번역되었다. 동사 vorstellen은 존스에 의해서 "imagine"으로 번역되었으나 보통은 "present", "represent"로 번역된다. 이런 혼란이 초래된 이유는 기본적으로 이 두 단어가 추상적인 "representation", "idea"의 뜻뿐 아니라 구체적인 시, 청각적 이미지를 지칭하는 것이기도 하기 때문이다(문자 그대로의 뜻은 '자기 앞에 둔다'라는 뜻이다). 그래서 문맥에 따라서 같은 단어도 서로 다른 정도의 추상성을 가진다.

생략되는 것이 아니라 저질러지게 된다. 흔히 듣는 이에게도 음담패설은 성적 공격으로 경험된다. 앞서 언급했듯 프로이트는 원시인이 "말을 완전히 사물로" 취급한다고 했다(1913, p. 56). 그리고 원시인과 아이들, 어떤 신경증 환자들, 그리고 어느 정도는 우리도 이름을 그 사람의 중요한 부분 혹은 소유물로 취급한다고 말했다. 물건을 지칭하는 이름도 마찬가지다. 이름은 사물 혹은 사람을 호명하고 그들에게 "상당한 실재성"을 부여한다. 그리고 행위로서 말은 이름을 붙이는 행위처럼 "사물"에 영향을 미친다. 왜냐하면 말은 행동의 "상당한 실재성"을 갖기 때문이다.[17]

이 모든 것이 내가 앞서 말한 말과 사물 사이의 근원적 단일성unity과 관련되어 있는데, 여기서는 엄마가 아기에게 하는 말의 흐름과 자라나는 아기 자신의 말소리가 전체 경험 속에서 아직 충분히 분화되어 있지 않다. 그 근원적 힘에서 말은 자기 자신 이외의 다른 것을 지칭하고 가리키는 신호나 상징으로 작용하지 않는다. 반대로 말은 그것과 똑같은 실체가 된다. 즉, 이름을 얻는 그것과 똑같은 효과를 가진다. 말은 특별한 감각-운동의 매질媒質 안에서 대상의 실체를 구현하는 것이다. 말의 감각-운동적 요소들은 언어의 신체적 구성 요소가 되고, 단어와 문장에 페렌치가 말한 구체적인 행위와 실체를 부여한다. 이런 측면은 비록 눈에 띄지는 않더라도 지속해서 언어 속에 남게 되는데, 그건 가장 추상적 언어이든, 글이든, 혹은 "내적 언어"든 마찬가지다.

기호와 상징의 구분, 그리고 상징이론에 대해서는 중요하지만 여기서는 이야기하지 않겠다.[18] 터무니없이 좁은 의미로 사용된 정신분석의 전통적 상징개념은 이미 정신분석가들 내에서도 비판을 받고, 특

17) "상당한 실재성(substantial actuality)"은 dingliche Wircklichkeit의 번역이다. 독일어 Wircklichkeitactuality, reality는 그 어근인 wirken에서 행위나 효과를 의미한다. 또한 영어 "work"와도 관련이 있다.

히 Melanie Klein의 영향을 받은 이들로부터 더욱 비판받는다는 점을 이야기하는 걸로 충분할 것 같다. 하지만 Fenichel은 이미 "논리 이전의 사고 체계 중 하나인 원시적 상징"과 정신분석의 전통적 상징개념인 "억압된 관념을 의식적 상징으로 드러내는 왜곡"은 다르다고 지적했다(1945, p. 48). 이 구분은 분명히 Gill이 논했던 일차과정 개념의 "모호함"과 연관이 있을 것이다(1967).

문명의 발달에서, 혹은 언어가 생각과 감정, 추상적 사고를 표현하고 소통하기 위한 문명화된 수단으로 변해가는 과정에서 그 원시적 힘과 구체적 영향력은 약해지거나 상대적으로 밋밋해졌다. 그리고 동시에 일차과정의 불투명함은 이차과정의 논리 정연함에 길을 내 주었다. 가장 창조적인 언어 사용의 형태, 그러니까 웅변술, 종교 의식, 시작詩作 혹은 극작에서 언어의 원시적 힘은 다시 드러난다. 이는 현대 문학에서는 의식적으로 추구되는 것이기도 하다. 훌륭한 시나 창조적 글쓰기에서 일차과정과 이차과정은 서로서로 엮이고, 그 덕에 언어는 양쪽을 아우르며 가로질러 이행하는 양상을 보인다. 언어는 비록 이차사고와 분별을 위한 수단이고 고차원적 구조를 위한 과-카텍시스의 매개지만, 그 가장 기본적이고 자동적인 기능은 결합하는 힘이라고 할 수 있겠다. 말은 인류와 자기와 객관세계를 묶고, 추상적 사고를 육체적 구체성, 그리고 삶의 힘과 묶는다. 일차과정과 이차과정은 말 안에서 조화를 이룬다.

폴 발레리를 인용하며 마치겠다. "시는, 잘 직조된 언어를 통해서, 눈물 흘리고, 울고, 애무하고, 입 맞추고, 한숨 짓는, 이러저러한 것들을 표상, 혹은 저장하려는 시도이며, 그것도 모호하게 표현하려는 시도

18) 이 주제에 대해서는 Werner와 Kaplan의 책을 참고. 원시적 정신세계 일반에 대해서는 Heinz Werner의 『Comparative Psychology of Mental Development』(1948) 참고. 상징에 대한 정신분석가들의 토론은 Jones(1916), Milner(1952), Rodrigue(1956), Rycroft(1956) 등을 참고.

다"(Raymond의 인용, 1947, p. 156). 언어의 가장 핵심적 기능에 대해서 그가 한 말은 이것이었다. "우리를 이해시키기보다 훨씬 더, 우리로 하여 존재하도록 명한다"(p. 26).

어쩌면 운이 좋아 분석 시간에도 이런 현상을 볼 수 있다고 말하면 너무 거창하게 들릴까?

참고문헌

Fenichel, O. (1945): The Psychoanalytic Theory of Neurosis. New York: W. W. Norton.

Ferenczi, S. (1911): On obscene words. In: Sex in Psychoanalysis. Contributions to Psychoanalysis. Trans. E. Jones. New York: Robert Brunner, 1950, pp. 132-53.

Freud, S. (1913): Totem and taboo. S.E. 13:1-161.

Freud, S. (1915a): Instincts and their vicissitudes. S.E.: 14: 109-40.

Freud, S. (1915b): The unconscious. S.E. 14: 159-215.

Freud, S. (1917): A metapsychological supplement to the theory of dreams. S.E. 14:217-35.

Freud, S. (1923): The ego and the id. S.E. 19: 1-66.

Freud, S. (1925a): A note on the "mystic writing pad." S.E. 19: 225-32.

Freud, S. (1925b): Negation. S.E. 19: 233-39.

Freud, S. (1930): Civilization and Its discontents. S.E. 21: 57-145.

Freud, S. (1933): New introductory lectures on psychoanalysis. S.E. 22: 5-182.

Gill, M. (1967): The primary process. In Psychological Issues 5, No. 2/3. Monograph 18/19. New York: International Universities Press, pp. 260-98.

Jones, E. (1916): The theory of symbolism. In: Papers on Psychoanalysis. 5th. ed. Baltimore: The Williams & Wilkins Co., 1948.

Keller, H. (1903): The Story of My Life. New York: Doubleday, Page.

Kohut, H. (1971): The Analysis of the Self. New York: International Universities Press.

Laplanche, J., and J.-B. Pontalis (1967): The Language of Psychoanalysis. Trans. From the French by D. Nicholson-Smith. New York: W. W. Norton, 1973.

Loewald, H. W. (1960): On the therapeutic action of psychoanalysis. IJP 41:16-33(본서 14장).

Loewald, H. W. (1973): Book review: The analysis of the self, by H. Kohut. Psychoanal. Quart. 42: 441-51(본서 20장).

Loewald, H. W. (1976): Perspectives on memory. Psychological Issues 9, no. 4. Monograph 36. New York: International Universities Press, pp. 298-325(본서 10장)

Milner, M. (1952): Aspects of symbolism in comprehension of the not-self. IJP 33: 181-95.

Raymond, M. (1947): From Baudelaire to Surrealism. Trans. From the French. New York: Wittenborn, Schultz, Inc., 1950.

Rodrigue, E. (1956): Notes on symbolism. IJP 37: 147-58.

Rycroft, C. (1956): Symbolism and its relationship to the primary and secondary processes. IJP 37: 137-46.

Spitz, R. (1965): The First Year of Life. New York: International Universities Press.

Valery, P. (1939): Poetry and abstract thought. In: The Art of Poetry. Trans. From the French by Denise Folliot. New York: Vintage Books, 1961 (Collected Works of Paul Valery, vol. 7, Bollingen Foundation).

Webster's International Dictionary (1958): 2nd. ed.

Werner, H. (1948): Comparative Psychology of Mental Development. New York: Science Edition, Inc., 1961.

Werner, H. and B. Kaplan (1963): Symbol Formation. An Organismic-Developmental Approach to Language and the Expression of Thought. New York: John Wiley & Sons.

Winnicott, D. W. (1967): The location of cultural experience. IJP 48: 368-72.

13

본능 이론, 대상 관계, 그리고 심리구조의 형성

(1978)

Margaret Mahler의 여든 번째 생일을 맞아 그녀가 정신분석에 이룬 걸출한 공헌을 기리는 뜻에서 정신분석 이론과 개념에 관한 나의 견해를 몇몇 제시하고자 한다. 이 짤막한 발표를 통해서 비록 사용하는 언어는 꽤 다르지만 내가 그녀의 관찰과 개념에 얼마나 많은 것을 빚지고 있는지 분명해질 것이라 믿는다. 나는 그녀로부터 분석가가 오감을 이용해서 어떻게 심리학적 관찰을 하는가를 많이 배웠다. 비록 내가 관찰 자료를 연결하는 방식은 그녀와 다르지만 그래도 일맥상통하리라 믿는다. 아마 이유의 일부는 나의 정신분석 경험이, 비록 인격 일부가 퇴행하고 미숙해도 성인 환자들에 근거하기 때문일 것이다. 그리고 또 다른 차이는 접근 방식이 아닌 개념에 있는데, 이는 내가 정신분석의 특정 주제에 유별나게

1977년 5월 21일 필라델피아에서 "Symbiosis and Separation-Individuation Theory and Instinct Theory"라는 주제로 열린 마가렛 말러 심포지엄에서 발표되었다. 심포지엄은 펜실베이니아 의과대학의 소아정신과, 동부 펜실베이니아 소아 정신의학회, 필라델피아 정신분석학회와 연구소의 주관으로 열렸다.

집착한 까닭으로 상대적으로 그녀의 작업에서는 덜 강조되는 부분이다.

잠정적으로 나는 개별화를 주체와 대상이 서로 구분된 심리적 조직으로 수립되는 일련의 심리적 과정이나 활동으로 정의한다. 구조이론의 정립에 따라 인격의 조직화는 이드, 자아, 초자아라는 세 가지 심리적 하위구조가 만들어지는 분화-통합의 순차적 과정, 혹은 합성과정으로 이해되고 있다.

이 과정들은 아기-엄마의 심리적 매트릭스가 이루는 "이원적 단일성dual unity" 안에서 일어난다. 이것은 말러의 초기 공생기symbiotic phase에 해당하는 시기다. 구조이론의 관점에서 보면 개별화는 최종적으로 심리-구조의 형성에 이르는 활동의 총합이라 기술할 수 있다. 개별화 혹은 심리-구조의 형성은 아기 쪽의 일방적인 활동으로 만들어지지 않는다. 처음에는 엄마-아기라는 단일한 장에서 시작되고, 장 안의 분화 작용이 진행되며 점점 자율성을 얻어가는 요소들 사이에서도 일어난다. 엄마가 아기에게 제공하는 여러 보살핌은 비록 생물학적 필요성과 모자간의 상호작용 덕에 촉진되지만, 아기의 미숙한 정신활동보다는 훨씬 높은 수준의 것이다. 이러한 결과로 아기의 정신활동이 조직되고, 이윽고 생리학적으로 주어진 순수한 생물학적 삶과 대비되는, 본능적 삶이라는 것이 만들어진다. 프로이트의 정식을 따르자면, 사실 그도 다른 분석가들도 이 정식을 한결같이 따르는 것은 아닌데, 여기서 본능은(혹은 본능적 욕동은) 생물학적 자극 혹은 과정의 심리적 표상으로 정의되는 것이지 생물학적 자극 그 자체는 아니다. 하지만 나는 「Instincts and Their Vicissitudes」(1915, pp. 121-22)에 나온 프로이트의 생각과 달리, 이미 만들어진 "심리 기관"에 생물학적 자극이 전달되어 심적 표상이 만들어진다고 생각하지 않는다. 외려 생물학적 과정의 상호 작용이 좀 더 고차원적 구조화를 만들고 우리는 그것을 심리라 부른다고 생각한다. 본능을 심리적 현상 혹은 심리적 표상으로 이해하게 됨에 따라 본능은 초기 모자 관계 안으로 들어오게 된다. 그들은 인간의 정신작용과 동기에 있어 가장 기초적인 수준을 만든다. 그들이 만드는 전체 안에서, 그리고 서로 다른 수준의 두 정신이 상호 작용을 통해 복잡한 조직화를 이루는 동안 본능은 자아, 초자아와 구분되는 이드를 형성한다. 그래서 나는 정신분석적 개념의 본능과 이드를 심리구조라고 생각한다. 이 심리구조는 아기라는 유기체와 엄마라는 환경의 상호 작용 안에서, 다시 말해 말러가 말하는 모자의 공생관계가 형성하는 이원적 단일성 안에서 만들어지는 것이다.

비록 좀 더 복잡한 수준의 상호 관계라는 점만 제외하면 자아라는 심리적 하위구조와 초자아도 개별화를 진행 중인 아이와 환경이 되는 부모 사이의 상호 작용 결과다. 상호 작용을 내면화하면 이런 구조물이 생겨난다. 아마 이런 현상은 초자아와 관련해서 더 쉽게 수긍되는데, 사실 우리가 내면화라고 부르는 과정은 프로이트가 동일시 현상이라는 이름으로 연구했던 것으로, 이상의 형성과 초자아의 발달 과정에서 보이는 것이다. 하지만 일관된 조직으로서 자아는 전-오이디푸스기에 일어나는 일차적 동일시 안에서 만들어진다는 것도 사실이다.

이 같은 관점들이 가지는 몇몇 의미를 간단하게 짚어 보겠다. 개별화가 주체와 대상 사이를 점점 분리하는 일련의 과정으로 정의된다면, 이러한 과정들을 통해서 주체와 대상(초기에는 엄마)이 아이의 정신 안에서 제법 구분된 실체로 자리 잡게 된다. 내가 다른 곳에서 이야기했듯이 (1962) 내면화와 외면화는 내부성과 외부성이 처음 형성되는 과정이다. 이 부분은 잠시 후 다시 이야기하겠다.

기억, 지각, 현실 검증 등은 순수한 자아 기능으로서, 본능에서 기원하거나 본능적 등가물을 가지지 않는다고들 이야기한다. 나는 여기에 동의하지 않는다. 같은 맥락으로 나는 일차적 자율성을 갖는 자아 기관은 없다고 생각한다. 지각이나 기억은 그 가장 기초적인 형성에서 무의식적인 본능적 활동들이고, 이것들은 이후의 변형에도 불구하고 기본적인 구성 요소들로 남는다는 것이 나의 의견이다. 즉, 지각과 기억도 처음엔 성애적 과정의 일부로서 후에 이르러서야 비교적 자율적인 지위를 갖게 된다. 다르게 표현해 보자. 우리가 가정하는 미분화 단계는 그 속성상 본능적이고, 여기에서 이드와 자아가 분화되는 것으로 여겨진다. 그러니까 미분화 단계의 성애적-공격적 현상이 본능적 정서와 인지기능이라는 것으로 결국 나눠진다는 가정이다. 분화 과정에서 원래의 전체적인 기능은 새롭게 드러난 특정 기능들에 가리고 눌리지만 그래도 유지된다. 성애적-공격적 요소는 기억과 지각이라는 자아 기능의 구성성분으로 남아 자아의 무의식적 동기를 이룬다. 그리고 인지적 측면도 애초에는 본능의 분화되지 않은 한 측면으로, 은연 중에 정서의 일부로 남게 된다.

통상적으로 받아들여지던 심리구조의 정의는 '서로 다른 그룹의 정신적 기능들'이다. 이제 이 정의는 폐기되어야 한다. 자아를 예로 들어 보자. 자아는 기억, 지각, 현실 검증 따위의 기능들을 갖는 구조로 정의되는 것이 아니라 특정 수준의 정신기능에서 작동하는 일관된 조직화라고 정의되어야 마땅하다. 우리가 서로 다른 심리구조를 구분할 수 있는 것은 바로 *기능 양상*mode of functioning 때문으로, 각각의 기능 양상은 제 나름으로 정신활동과 "지각물"을 분화하고 통합한다. 일반적으로 구조의 성격은 그 구조가 어떤 종류의 기능들과 물질들로 단순 분류되는가에 따라 정해지는 것이 아니다. 구조의 성격은 각 성분 사이의 관계, 어떤 원리로 전체 구성 성분들이 배열되고 조직되냐에 달려 있다. 우리는 자아나 초자아 같은 구조를 정신분석적으로 접근할 때 주로 그것들이 어떻게 만들어졌는지, 즉 기원을 이해함으로써 다가가는데, 여기서 전제되는 것은 나중에 여러 요인이 구조의 조직과 기능을 변화시키고 복잡하게 만든다는 점이다. 이 점이 단연코 우리가 주로 초기 발달에 관심을 가지는 이유 중 하나다. 그리고 이는 아이들뿐만 아니라 어른들 또한 이해하기 위해서다. 환원주의적으로 말하는 게 아니다. 무언가를 그 기원과 조상에서 파생시켜 그 구조와 기능을 재구성하는 것, 그리고 현존하는 어떤 구조를 원초적 흔적으로 환원함으로써 아무런 발전도 일어나지 않은 것처럼 대하는 태도. 이 둘 사이에는 엄청난 차이가 있다. 재구성에 관심 가지지 않고서 우리는 절대로 무의식의 구조와 인간의 마음을, 어떻게 이드가 있는 곳에 자아가 오게 할 것인지를 결코 이해할 수 없을 것이다.

심리구조들이 그 기능들에 따라 정의된 것은, 적어도 부분적으로는 기능함functioning, 기능function, 그리고 과정process이라는 개념들 사이의 혼동 때문인 듯하다. 예를 들어 건물 같은 구조물은 쓰지 않으면 물리적 구조는 가지지만 기능은 갖지 않는다. 하지만 정신적 기능은 오로지 기능하는 한에서만 존재하는 기능 단위다. 다음의 두 문장을 비교해 보라. 1. 심리구조는 오직 기능하는 한에서만 구조로 지각되고 인식될 수 있고, 각각의 구조는 서로 다른 방식으로 조직된 심리적 활동 혹은 기능함의 양상이다. 2. 심리구조는 특정 정신기능들의 군집이다. 두 문장은 엄연히 다른 의미다.

물리적 구조물과 달리 심리구조의 과정적 특성은 금방 알아차릴 수 있다. 그것들의 구조적 성질은 특정한 조직적 활동 패턴에 놓여 있는 것이지, 모종의 물리적 성격을 가진 구성 요소들의 배열이 아니다. 얼핏 심리구조를 기능 집단으로 정의하면 곧바로 심리구조의 과정적 특성과 연결될 듯하다. 그러나 기능은 활동과 과정을 의미하지만, 기능과 과정은 여전히 다른 의미를 지닌 개념들이다. 기능은 활동 안에서 드러나고 과정이라는 성격을 갖는다는 말이, 그리고 심리구조가 탁월한 과정-구조라는 말이 곧바로 심리구조가 심리적 기능의 집단이라는 것을 의미하지는 않는다. 각각의 심리구조는 각기 다른 *기능함*에 따라 특징지어진다. 즉, 그들은 서로 다른 정신기능을 수행하기보다 서로 이질적으로 조직화된 특정 과정(패턴)의 정신기능을 수행한다. 예를 들어 페렌치가 이야기한 괄약근 도덕sphincter morality은 우리가 초자아 기능이라고 부르는 것이 원시적 수준의 정신 수준에서도 작동한다는 것을, 그러니까 어떻게 초자아의 조직화와 과정-구조보다 훨씬 이전 수준의 정신활동에서도 작동하는지를 보여 준다.

만약 이드, 자아, 초자아의 기원이 환경과의 상호 관계가 내면화된 것이라면 상호 작용은 새로운 장으로 자리를 옮겨 이제 심리 내적 상호 작용이 된다. 그리고 심리구조의 형성과 개별화는 *대상 관계에* 달려 있게 된다. 주체와 대상의 분리는, 나는 지금 두 생물학적 유기체의 객관적 분리에 대해서 말하고 있는 것이 아니다, 내면화와 외면화 과정에 의해 수립된다. 여기에는 아기와 엄마, 그리고 나중에는 아기와 그의 확장된 인적 환경이 참여한다. 아기와 그 인적 환경과의 조율 과정에서 어떤 이유로 결핍이 생기면 내면화와 외면화에 문제가 생기는데, 결과로 개별화와 심리-구조 형성에 혼란이 초래된다. 말러의 임상적 연구 자료들은 초기 공생기나 이후의 분리-개별화의 각 시기(분화, 연습, 재접근기 등)에 아기와 엄마 사이의 불협화음이 만드는 많은 혼란의 예를 보여 준다.

개별화, 본능의 조직화, 이드, 자아, 초자아의 형성은 말했듯 대상 관계에 달려 있다. 대상 관계라는 용어는 정신분석에서 전통적으로 매우 느슨하고 불명료하게 사용되었다. 대상 관계는 심리 발달의 수준과 무관하게 아이와 어른, 아이와 인적 환경 간의 관계로 구성된다. 정신분석 이론은 대상 선택과 동일시 사이에, 그리고 대상-카텍시스와 자기애적 카텍시스 사이에 중요한 구분을 한다. 우리가 이 구분을 염두에 두고 자아

(자기, 주체) 개념과 대상 개념을 조금 더 면밀하게 살펴보면 아이나 어른이 환경과 맺는 모든 관계가 반드시 주체와 대상의 관계가 아니라는 점이 분명해진다. 우리가 정신분석적 아동 관찰이나 소위 자기애적 성격장애 환자들과의 임상경험에서 배운 것은 객관적 관찰자에게는 주체에 맞서는 대상으로 보이는 것이, 정작 아기나 자기애 환자의 입장에는 자신의 일부거나 혹은 안팎과 아-타가 구분되지 않는 상태라는 것이다.

짧게 예를 들어 보겠다. 몇 년 전 우울증과 히스테리 양상을 동반한 이십 대 중반의 자기애적 인격장애 환자를 분석한 적이 있었다. 취약하게 형성된 신뢰는 금세 끊어질 것 같은 아슬아슬한 공감적 애착에 의해 유지되고 있었고, 환자는 은연 중에 매우 조르는 듯한 태도를 보이고 있었다. 마치 말하지 못하는 아기가 엄마에게 조르는 듯했다. 일상에서 환자가 겪고 있는 불안정한 대상 관계가 집중적으로 다루어지기 시작했다. 어느 주말 나는 가벼운 사고를 당했고 왼쪽 팔에 부목을 대었다. 나로서는 일이나 환자에 집중하는 데 별로 방해되지 않았고 그다지 아프지도 않았다. 다음 월요일 나는 모든 환자를 다 보고 앞서 말한 환자를 보는데 뭔가 생생히 느껴질 만큼 분위기가 흐트러지고 있었다. 나는 환자에게 왜 팔에 부목을 하게 되었는지 간단히 설명했다. 그는 아주 모호한 언어로, 그가 느끼기에 내가 거기 없는 것 같고 그 역시도 살아 있는 것 같지 않아서 생각도 느낌도 없다고 말했다. 그리고 이내 침묵에 빠졌다. 나는 조금 생각한 후에 그가 경험한 것은 엄마가 아파서 자기 곁에 있을 수 없을 것 같은 어린아이의 느낌과 비슷하다고 말했다. 이제 그에게 엄마는 존재하지 않고 자기 자신 또한 살아 있는 것이 아니라 소멸하는 것처럼 느껴진 것이다. 이 해석 이후 그는 접촉을 되찾고 기능을 회복할 수 있었다.

책 『On Human Symbiosis and the Vicissitudes of Individuation』(1968, p. 220)에서 말러는 이렇게 쓴다. “공생기에서 위험한 상황은

공생적 대상의 상실이다. 그 당시에 공생적 대상의 소실은 자아의 주요 일부가 상실된 것과 마찬가지로 자기-소멸의 위협을 초래한다". 내가 했던 해석이 기본적으로 옳았다면 말러의 용어를 사용해서 다음과 같이 말할 수 있다. 당시 치료자는 환자의 공생적 대상이었는데 갑자기 어색하고 낯선 인물이 되면서 공생적 대상이 사라져 버린 것이다. 환자에게 이것은 자기의 상실이나 소멸이다. 공생적 대상의 상실과 더불어 "자아 자신의 중요한 부분"이 없어졌기 때문이다. 조금 다른 용어를 써서 표현해 보자. 그 당시 환자의 심리적 수준에서, 둘 사이의 차이를 충분히 경험하기에 자아와 대상은 아직 충분히 분화되지 않았다. 그는 박탈당하거나 불안한 것이 아니라 완전히 무감각해 보였다. 그래서 나는 이 상태를 공생적 대상이나 자아의 중요한 일부를 잃었다고 하기보다는 채 분화되지 않은 자아/대상이 해체되어 버린 것이라고 표현하고 싶다. 미분화 상태의 자아 혹은 자기(여기서는 같은 뜻으로 쓰인다)와 대상은 말하자면 서로 같은 것이다. 둘이 같은 것으로 경험되는 한, 중요한 대상의 조직화가 해체되는 것은 자아의 해체이고, 그 반대도 마찬가지다. 이러한 단일한 조직체 혹은 구조(가령 self-object, Kohut, 1971)는 말러가 공생기라고 부른 발달의 시기에 엄마와 아기의 공동활동 덕택에 만들어지고 유지되는 것이다. 이 공동활동에 엄마의 몫이 많으면 많을수록, 다른 말로 아기가 자신의 보존을 위해 엄마의 심리적 활동에 더 많이 기대면 기댈수록 자아와 대상의 구분은 적어진다. 내 환자의 경우처럼 어떤 이유로든 의미를 부여하는 중요한 대상이 망가지면 환자의 자아도 해체되는 것이다. 미처 공생적 대상과 자아가 분리되지 못했기 때문이다. 해석은 조직하고 의미를 부여하는 활동이므로 내 해석의 도움으로 환자는 조직화 잠재력을 다시 활성화하고, 다시 자기-대상을 살아 있는 심리구조로 만들 수 있었다. 이 같은 상태는 아직 이드-자아나 자아-대상의 상태로 채 분화되지 않은 상태이므로, 심리 내적 구조라고 부를 수 없는 상태다. 내부성과 외부성이 서로 분리된 세계로 존재하지 않는 것이다. 좀 더 높은 수준인 초자아 형성에서도 비슷한 단일체unitary structure를 관찰할 수 있다. 여기서도 마찬가지로 내적 권위와 외부의 강제가 아직 충분히 분화되지 않아서 초자아는 아직 내적 구조물이라 볼 수 없다. 많은 어른과 아이에게서 관찰되듯이 이런 중간적 강제는 진정 심리 내적 구조라 할 수 없으며, 당사자에게는 안팎의 *사이 어딘가*에서 형성되고 발휘하는 힘으로 경험된다. 안도 바깥도 아닌 셈이다. 이는 심지어 내적 세계, 즉 이드와 자아가 심리 내적으로 상당히 공고하게 형성되었을 때도 그럴 수 있다.

초기 아동기에 관한 정신분석적 연구와 치료적 정신분석의 과정에서, 특히 자기애적 성격장애 환자의 치료에서 우리는 심리구조와 대상관계의 조직화와 탈분화를 생생하게 관찰할 수 있다. 대상 관계와 심리 내적 구조의 형성, 그리고 형성된 구조의 유지는 서로 밀접히 관련되어 있다. 나아가 심리 내적이라 부를 수 없는, 말하자면 중간 어디쯤이라고 표현할 수 있는 심리적 과정-구조도 있는데, 이는 위니콧의 이행기 현상과 비슷하다고 할 수 있다.

모자간의 매트릭스 안에서 벌어지는 상호 작용이나 이후 시기의 동일시 작용에 관해 이야기할 때 우리는 대상 관계, 자아, 대상과 같은 용어를 쓰게 된다. 하지만 앞서 언급했듯이, 사실 이런 용어들의 사용은 우리가 이해하고 기술하려는 심리적 조직화 수준과 잘 맞지 않는다. 대상이라는 단어 자체가 인간의 환경을 성인기의 성숙한 "객관적" 정신에서 범주화하는 것이다. 따라서 정신분석을 통해 이해하려는 최초의 정신 작용 수준과는 잘 맞지 않는다. 이런 부조화를 염두에 두고 이야기한다면, 즉 우리가 지금 말하려는 것이 주체와 대상이 아직 충분히 분화되지 않은 시기라는 점을 잘 유념한 상태라면 전pre-대상기의 동일시적 상호 작용이라는 대상 관계를 논할 수 있을지도 모르겠다. 그러니까 상호 작용을 하는 서로 구분되는 두 조직이 아닌 그 무엇을 다루고 있는 것이다. 관계라는 말은 같음, 동일성, 혹은 "공생적 융합"과 반대로 다름을 의미하고, 분화를 전제한다.

나는 개별화에 대한 잠정적 정의를 주체와 대상의 분리가 수립되는 일련의 과정이라고 했다. 이 말이 그 이전에는 자아와 대상이 분리되지 않아서 마치 하나의 용기에 들어 있는 두 가지 물질이라거나 아니면 하나의 마음에 있는 두 개의 관념처럼 같이 있다는 뜻은 분명 아니다. 혹은 둘의 거리가 너무 가까워서 그들의 분리를 알아챌 수 없다는 의미도 아니다. 다시 말해 보자. 초기 발달기에는, 적어도 우리가 궁금해하는 아기의 정신활동에는 오직 하나의 뭉뚱그린 구조만 있다. 이것은 오래 지속되지 않고 쉽사리 사라지는 하나의 정신적 실체로, 자아도 대상도 아니고, 자기도 타자도 아니다. 앞서 언급한 내 환자는 그 당시 강렬한 전이 때문에 적어도 일시적이나마 비슷한 정신활동의 수준에 있었다. 우리 마음의 오래된 층위에는 분화와 분리, 혹은 "분리불안"을 초래하는 분리의 경험이 없다. 공생적 단일성이 붕괴되면 말러의 표현처럼 소멸의 위기와 기능 교란의 위험이 생긴다. 한편 아기와 엄마가 신체적으로 분리되는 기간이 너무 길지 않다면(아기가 적당히 만족한 상태로 지낼 수 있다면), 전반적 조직화는, 비록 아직은 자아도 대상도 아니지만, 보존된다. "충분히 좋은" 엄마는 아기가 태어난 직후 한동안 이와 비슷한 수준의 정신활동을 보인다. 위니콧은 초기 발달에 관한 연구에서 임신과 출산 이후에 활성화되는 초기 모성적 경험을 중요한 구성 요소에 포함했다. 그의 생각은 나의 견해와 기본적으로 일치하는 것 같다. 우리가 치료자로서 또 하나 깨닫는 점이 있다. 자기애적 환자를 분석적으로 치료할 때 적절한 시간과 시점에 이르러 반드시 치료자 마음 안의 같은 오래된 층을 일깨울 수 있어야 한다는 점이다. 다른 말로 하면 치료자는 유연성과 정신적 민첩함을 동원해 자신의 자아경계를 충분히 유예할 수 있어야 환자를 이해하고 해석할 수 있다. 그 조율이 잘 이루어지면 분석가의 해석은 경험을 좀 더 높은 수준의 정신적 조직화로 이끌 것이고, 그제야 우리는 대상관계를 논할 수 있게 된다.

우리가 만약 대상 관계라는 용어를 대상으로부터 본능과 자아의 분리 여부에 무관하게 객관적으로 구분되는 인간들 사이의 모든 심리적 상호 작용이라는 의미로 사용한다면, 발생적 · 정신분석적 심리학의 기본 자료는 대상 관계라 할 수 있다. 이 관계 맺음은 심리적 매트릭스로, 여기에서 심리 내적 본능과 자아, 그리고 심리 외적 대상이 분화된다.

맺는 이야기는 "정신분석의 확장"에 대해 몇 마디 하는 걸로 대신하겠다. 초창기 정신분석적 연구와 치료의 범위는 기본적으로 오이디푸스 단계에서 유래한 심리적 측면으로 결정되었다. 오이디푸스 단계는 자아와 (리비도) 대상이 이미 충분히 분화된 상태라고 볼 수 있다. 일찍이 구강기, 항문기, 남근기, 성기기 리비도 발달을 추적하면서 이미 조금씩 변화가 있었으나 전혀 다른 수준의 본능적-인지적 정신활동에 대해 이해하기 시작한 것은 정신증에 관한 연구, 어린아이의 원초적 정신상태, "야만인", 그리고 집단심리(집단에서 개인은 퇴행한다)의 연구를 통해서다. 이 같은 연구를 통칭하는 제목이 자아 분석이며, 이때 자아는 여러 층위를 갖는 어느 정도 일관된 조직체이다. 여기서 자아는 이 층위들 전체에 붙여진 이름으로, *포괄적 조직체*로 이해된다. 이것은 프로이트가 가끔 "전체로서 자아the ego as a whole, Gesamt-Ich"라고 부른 것이기도 하다. 이때 조직화는 조직 활동에서 비롯한 결과인 동시에 조직화 활동을 의미한다.

이런 뜻에서 자아 분석이 연구하는 바는 아래와 같다. 어떻게 이같이 광범위하고 점차 일관적으로 조직되는 구조물이 만들어지는가? 그 이전에는 무엇이 있었고, 그 구성 요소들은 무엇인가? 조직을 만들고 결정짓는 과정들은 무엇인가? 분명해 보이는 것도 있다. (1) 오이디푸스 콤플렉스가 만들어질 정도의 대상 관계가 가능할 때, 즉 신경증적 갈등이 시작될 수 있는 시기에는 이미 어느 정도 견고하게 형성된 일관된 조직이 존재한다. (2) 자아 결손 혹은 결핍으로 알려진 상태, 혹은 경계선이나 정신증적 병리는 오이디푸스 콤플렉스에 *기초해서*는 이해될 수 없다. 이 병리들은 오이디푸스 단계에 선행하고, 콤플렉스의 *발달 그 자체*와 그 대상 관계를 왜곡하기 쉽다. 오이디푸스 단계를 선행하는 이러한 조직 활동과 그 장애들은 정신분석적 연구의 주제가 되고, 가능하다면 치료적 반복과 전이적 재구성의 주제가 된다.

환자와 분석가 사이의 관계와 신뢰의 형성이 원초적 형태의 관계, "공생"에 가까운 관계이고 이것이 분석상황에서 반복되고 전이된다면 코헛(1971)을 따라 자기애적 *전이* 혹은 자기-대상 전이(1977)를 이야기할 수도 있다. 여기서는 자아경계가 없거나 흐릿한 상태에서 원초적 관계 맺음이 전이되는데, 전-오이디푸스 원형이 현재의 대상, 특히 분석가로 전이된다. 이런 환자들은 미분화한 전이의 양상 때문에 자신과 분석가 사이의 구분을 해내지 못할 뿐만 아니라 어린 시절의 인물과 현재의 사람도 구분하기 어려워하고, 오래전의 유아적 관계와 현재의 좀 더 성숙한 관계의 구분도 어려워한다. 안팎의 구분만큼이나 현재와 과거의 구분도 희미한 것이다. 오이디푸스 갈등에 주로 머무는 환자들은 자아와 대상의 구분, 혹은 시간의 구분이 충분히 이루어져 있다.

상대적으로 힘든 환자들을 치료할 때도 마찬가지로 정신분석적 재구성과 해석을 시도하는데, 차이는 그 내용이 훨씬 오랜 옛날의 미숙한 수준의 정신활동이라는 점이다. 하지만 나로서는 이러한 경우의 재구성과 해석이 좀 더 고전적인 신경증 환자의 경우와 크게 다른 점을 찾지 못하겠다. 단지 환자와 치료자 두 사람이 맺는 관계가 통상 우리가 오이디푸스 혹은 오이디푸스 이후 수준 환자들의 경우와 많이 달라 그렇게 보이는 것이다. 그리고 나아가 정신분석적 개입의 주된 도구인 언어적 해석 그 자체가 모종의 의미심장함을 가지는데, 이 점은 분석가들이 잘 알 필요가 있다. 이 의미심장함은 전-언어기와 초기 언어기, 그리고 부모의 언어에 대한 아기의 반향과 반응에서 주된 역할을 하던 언어의 "마술적" 힘과 중요성에서 유래한다.[1)]

이런 종류의 작업을 하다 보면 초기의 원시적 정신활동에 대해 분명 많은 것을 배울 수 있다. 하지만 치료 효과의 지속성이라는 의문에 대해서는 오로지 추가적인 치료작업을 통해서만 대답할 수 있을 것이다. 일시적인 효과는 분명히 있는 것 같다. 하지만 병리의 발생이 초기인 점, 대상 관계의 미숙함을 고려할 때 확신이 들지 않는 부분도 있다. 그것은 이런 환자들도 충분한 수준의 제대로 된 내적 구조의 형성이 가능한 것인가, 아니면 Mahler 등(1975)이 말했듯이 주기적으로 연습기의 "재급유 refueling" 같은 치료가 필요할까 하는 것이다.

1) 일부 정식화는 Calvin Settlage와 나눈 최근의 개인적 대화에서 도움을 받았다.

참고문헌

Freud, S. (1915): Instincts and their vicissitudes. S.E. 14: 117-40.

Freud, S. (1921): Group psychology and the analysis of the ego. S.E. 18: 69-143.

Kohut, H. (1971): The Analysis of the Self. New York: International Universities Press.

Kohut, H. (1977): The Restoration of the Self. New York: International Universities Press.

Loewald, H. W. (1962): Internalization, separation, mourning, and the superego. Psychoanal. Quart. 31: 483-504 (본서 15장)

Mahler, M., and Furer, M. (1968): On Human Symbiosis and the Vicissitudes of Individuation. New York: International Universities Press.

Mahler, M., Pine, F., and Bergman, A. (1975): The Psychological Birth of the Human Infant. New York: Basic Books.

제2부 | 정신분석 과정

14

정신분석의 치료적 작용

(1960)

정신분석의 치료적 작용에 대한 이해는 정신분석 과정에 대한 보다 깊은 이해에 근거해야 한다. 나에게 정신분석 과정은 환자와 분석가가 의미 있는 관계를 맺음으로써 환자의 인격에 구조적 변화를 만들어 내는 것이다. 정신분석 연구가 시작된 지 오십여 년이 지난 오늘날, 우리는 환경과의 상호 작용이 심리구조의 형성과 발달, 통합에 끼치는 중요성을 좀 더 이해하게 되었다. 한편 자아 심리학은 자아의 발달과 관련한 다양한 연구에 기초하고 있으며, 심리구조structure의 발달과 심리구조들 사이의 상호 작용이라는 중요한 문제, 그리고 자아의 형성과 대상 관계 사이의 연결을 다룰 수 있는 도구를 제공한다.

"인격의 구조적 변화"는 정신분석을 통해 자아의 발달 과정이 회복

이 논문은 두 부분으로 나뉘어 Western New England Psychoanalytic Society의 1956년, 1957년 모임에서 발표되었다. 첫 번째와 세 번째 장은 1957년 시카고에서 열린 미국 정신분석학회에서 발표되었다. 네 번째 장은 1957년 파리에서 열린 20차 국제정신분석학회에서 발표되었다.

되어야 한다는 것을 의미한다. 그리고 자아 발달 과정의 회복은 새로운 대상, 즉 분석가와의 관계에 달려 있다. 이 새로운 관계가 갖는 성격과 효과가 이번 토론의 주제다. 한편으론 심리 기관apparatus의 형성과 발달에 미치는 대상 관계의 중요성, 그리고 다른 한편으로 치료과정의 역동, 둘 사이의 관계를 고찰해 보는 것은 유용한 시도일 것이다. 그리고 이 논문은 그 최초의 시도 중 하나다.

정신분석에서 분석가가 하는 역할에 더불어 대상 관계, 전이 현상, 본능적 욕동과 자아의 관계에 대해 여태까지 수립된 정신분석 이론과 전통에 내재한 문제점들도 다루어야 한다. 논의 과정에서 아마 핵심적인 주제를 자꾸 벗어나는 것처럼 보일 것이다. 하지만 요지를 분명히 하기 위해서 어쩔 수 없을 것 같다.

그래서 이 논문은 체계적인 발표와는 거리가 멀어 보인다. 네 개의 장은 각각 다른 각도의 관점을 제시할 예정인데, 부디 그 핵심적 특색들이 잘 드러났으면 좋겠다. 주제에 대한 좀 더 체계적인 고찰을 위해서는 또 다른 저작이 필요하겠지만 지금으로서는 불가능할 것 같다.

논의를 진행하기에 앞서 나는 이 글이 정신분석의 기법에 대한 논문이 아니라는 점을 분명히 하고 싶다. 이 논문은 분석 기법의 수정과 보완을 제시하지 않는다. 분석의 기법은 분석이 시작된 이래 쭉 변화해 왔고 앞으로도 변화해 갈 것이다. 정신분석의 치료적 작용에 대한 좀 더 깊은 이해가 기법의 변화를 가져오겠지만, 그 또한 차후 면밀하게 검증되어야 할 것으로 현재로서 이 논문의 주제는 아니다.

I

환자와 분석가 사이에 대상 관계가 존재하는 것은 당연하게 여겨진다. 하지만 고전적 의미의 치료 작용과 정신분석가의 역할은 현재 우리가 도달한 심리 기관의 형성에 대한 역동적 이해와 잘 맞지 않는다. 내가 여기서 말하는 심리 기관은 단순히 자아만을 일컫는 것이 아니다. 내가 알기론 현대 자아 심리학은 단순히 본능적 욕동 이론에 무언가를 추가한 것이 아니다. 내 생각에 자아 심리학은 심리 기관의 역동적 구성에 대한 포괄적 이론으로, 정신분석은 여태 연구되어 온 본능적 욕동에 대한 지식을 자아 심리학에 통합하는 과정에 있다. 자아 심리학이 정신분석학의 발달에 끼친 의미는 자아 심리학이 단순히 여타 다른 심리 기관에 대한 이론이 아니라 전체 심리 기관에 대한 새로운 차원의 개념을 제공한다는 점이다. 이 부분은 나중에 다시 다루도록 하겠다.

분석에서는 성숙한 상호 작용만이 아니라 원초적인 상호 작용, 즉 자아의 통합integration과 해체disintegration 모두를 초래하는 상호 작용을 관찰할 수 있다. 장차 내가 통합적 · 해체적 경험이라고 부를 이러한 상호 작용은 그 빈번한 발생에도 불구하고 그 자체로는 아직 별 관심의 대상이 되지 않고 심지어 주목도 받지 못한다. 여기에는 환자와 상호 작용을 할 당시 분석가가 겪는 자기관찰의 어려움과 별개로 좀 다른 이유가 있는 것 같다. 이것은 분석 이론의 편향에서 비롯된 것으로서 이런 상호 작용이 단순히 주목을 받지 못할 뿐 아니라 심지어는 부인되는 이유가 된다. 이 편향은 정신분석을 폐쇄계의 현상으로 보는 것에서 기인한다. 그래서 분석과 분석가는 전이 신경증이 발달되고 해소되는 과정에서 소아 신경증이 다시 경험되고 해소되는, 즉 소아기의 발달을 재연-재활성화하는 무대와 그 조연으로 여겨지지 않는다. 다만 엄격한 중립성을 갖는 무의식의 거울로 여겨질 뿐이다.

중립성은 (1) 분석가 자신의 감정적 영향이 완전히 배제된 과학적 객관성과 (2) 전이를 위한 완전한 백지상태tabula rasa를 보장하기 위해서다. 두 번째 이유도 과학적 객관성, 주관적 편향의 방지라는 첫 번째 이유와 밀접한 관련이 있다. 하지만 이는 무엇보다 정신분석 과정 그 자체와 특별한 관련성이 있는데, 왜냐면 분석가는 어떤 현상을 관찰하는 사람일 뿐 아니라 환자의 의식적 · 무의식적 과정을 언어의 형태로 적극적으로 되돌려주는 거울이기도 하기 때문이다. 그래서 중립성이 분석가에게 요구하는 것은 지금 전이되고 있는 환경상의 인물이 하던 역할을, 혹은 그 정반대의 역할을 하지 말라는 것이다. 그 대신 반드시 충분히 객관적이고 중립적인 위치에서 환자가 분석가에게 현재 무슨 역할을 부여하고 있는지를 보여 줄 수 있어야 한다. 그러나 이제 이 같은 객관성과 중립성 개념은 치료 상황과 관련하여 좀 더 명료히 이해될 필요가 있다.

그럼 다시 한번 정신분석 상황을 살펴보자. 자아의 발달은 심리 기관이 점증적으로 분화하고 통합하는 과정으로 신경증과 정신증을 제외하고는 멈추는 법이 없다. 그리고 오이디푸스 콤플렉스 시기는 정상적으로 자아의 조직화가 매우 공고해지는 시기이다. 또 다른 자아 공고화는 사춘기의 끝 무렵에 관찰되고, 그 이후에도 인생의 여러 시기에 일어난다. 중요한 점은 오이디푸스 시기 이후의 공고화는 상대적으로 자아의 조직화가 해체되고 다시 조직되는 시기, 즉 자아의 퇴행 이후에 일어난다는 것이다. Erik Erikson은 새로운 자아 공고화를 동반하며 자아가 퇴행하는 시기들을 정체성 위기identity crisis로 묘사했다. 이런 관점에서 보면 정신분석의 속성도 자아의 해체와 재조직화를 유도하는 과정이라고 할 수 있다. 그래서 정신분석은 자아 발달이 상대적 정체를 벗어나 재개되게끔 돕기 위해, 혹은 자아 발달을 소위 건강하고 폭넓은 발달로 이끌기 위해 설계된 개입들로 이해할 수 있다. 이 목표는 (조절된) 퇴행을 조장하고 이용함으로써 이뤄진다. 퇴행은 전이 신경증을 이해하기 위한 중요한 일면이다. 소아 신경증의 재활성화라는 의미에서 전이 신경증은 분석가의 기술적 능란함에 의해서만 이루어지지 않는다. 분석가가 환자의 새로운 "대상 관계"를 위해 자신을 내어주기 때문에 가능하다. 환자는 잠재적으로 새로운 대상 관계를 기존의 관계처럼 만들려고 하게 된다. 한편 환자가 "긍정적 전이"를 발달시키면 시킬수록 저항의 국면에서도 새로운 대상 관계의 가능성은 생생하게 유지된다. 여기서 긍정적 전이는 저항으로 작용하는 전이가 아니라 "전이"가 전체 분석 과정을 견인한다는 뜻이다. 만약 환자가 분석가로 표상되는 새로운 대상 관계의 가능성에 매달릴 수 있다면 그는 용감하게 전이 신경증의 퇴행으로 뛰어들 수 있고, 이 경험을 통해 아동기의 불안과 갈등을 대면할 수 있다.

인생 경험과 분석 경험 모두가 가르치는 건 새로운 대상 관계의 수립을 통해 벌어지는 "퇴행적" 자기 재발견의 시기에는 자기-발전도 역시 급격하게 일어난다는 점이다. 이건 "대상"의 새로운 발견을 의미한다. 다시 말하겠다. 나는 대상의 새로운 발견이라고 했지, 새로운 대상의 발견이라고 말하지 않았다. 왜냐하면 새로운 대상 관계의 본질은 초기 대상 관계 발달 과정의 재발견을 위한 기회이기 때문이다. 그리고 이를 통해 대상과 새로운 관계 맺음, 새로운 나, 그리고 나 자신과도 새로운 관계 맺음이 가능하다. 자신과 대상에 대한 새로운 발견, 자아와 대상의 재조직화는 그 과정을 촉진할 수 있는 어떤 "새로운 대상"과의 조우를 통해 가능하다는 의미다. 분석가가 환자를 위해 제공하는 것이자, 거기에 매달려 환자는 전체 분석 과정을 수행하게 되는 바로 그 새로운 대상 관계. 이것이 *긍정적 전이*의 한 가지 의미다.

그럼 분석가의 중립성은 무엇인가? 나는 분석가라는 잠재적인 새로운 대상과의 조우를 이야기했다. 분석가라는 새로운 대상은 특별한 성격을 갖고 있어서 전이 신경증을 통해 자아의 재조직화를 촉진할 수 있다. 이때 분석가가 가지는 특별한 성격 중 하나가 객관성이다. 객관성은 환자가 분석가를 대상으로 이용하지 못하도록 하는 것이 아니다. 분석가의 객관성은 환자의 전이 왜곡과 관련이 있다. 전이 왜곡의 객관적 해석을 통해, 즉 전이의 형태로 드러나는 방해물들을 하나하나 제거함으로써 새로운 대상 관계를 맺을 때 분석가는 잠재적일 뿐만 아니라 실질적으로도 새로운 대상이 된다. 분석가가 자신을 대상으로 제공하는 것을 단순히 전이를 유도하기 위한 수단으로 이해하는 경향이 있는 것 같다. 이 같은 관점에서 보면 분석가는 스크린 혹은 거울 같은 존재가 되고, 환자는 자신의 전이를 분석가에게 투사하고 분석가는 해석을 통해 이를 환자에게 반사한다. 이러한 관점으로 보면 이상적인 종결에서는 더 이상의 전이와 투사는 일어나지 않는다. 비출 것이 없으므로 이제 거울은 없어도 되는 것이다.

하지만 이건 단지 절반의 진실일 뿐이다. 현실에서 분석가는 전이 왜곡을 반사하는 것에 그치지 않는다. 전이 해석을 통해 분석가는 왜곡되지 않은 현실을 하나둘 환자에게 전달한다. 왜곡되지 않은 현실은 분석가에 의해 환자로 매개되는데, 대부분 전이 왜곡의 제거를 통해 이뤄진다. 그러니까 프로이트가 다빈치를 인용하며 아름답게 묘사하듯, 회화에서처럼 더해지며 이루어지는 것이 아니라 조각에서처럼 *빼면서* 이루어진다. 조각에서는 애초의 덩어리에서 일부분을 제거함으로써 모양이 만들어지고, 회화에서는 캔버스에 무언가를 더함으로써 그림이 완성된다는 말이다. 정신분석에서는 신경증적 왜곡에서 무언가를 제거함으로써 진실을 구성하게 된다. 하지만 조각을 할 때처럼 우리는 비록 흐릿하다 할지라도 어떤 모습이 최종적인 모습일까에 대한 이미지를 가져야 한다. 환자는 온갖 왜곡을 통해서 자신을 드러내는데, 이 과정에서 비록 흐릿할지라도 그런 형상을 제공한다. 분석가는 이 형상을 마음속에 잘 지니고 있어야 한다. 왜냐하면 환자는 이 형상을 거의 잃어버렸기 때문이다. 이것은 둘 사이의 미세한 매듭으로 장차 새로운 대상 관계가 될 씨앗이기도 하다.

환자의 전이 왜곡에 대한 분석가의 객관성이 그렇듯, 분석가의 중립성도 순수 과학자가 탐구 대상에 대해 갖는 "중립적" 태도와 혼동되어서는 곤란하다. 과학자와 탐구 대상의 관계가 분석 관계의 모델로 차용돼 온 것은 사실이지만 둘 사이에는 아래와 같은 커다란 격차가 있다. 정신분석적 실험이라는 특수한 환경 아래서 탐구의 대상은 관찰자를 향해 일련의 행동을 하고, 관찰자는 자신이 관찰한 내용을 탐구 대상에게 말해줌으로써 관찰되는 내용을 바꾸려고 한다. 이런 차이는 정신분석에서 과학 모델이 대표성을 갖지도 않고 별 쓸모도 없는 데다 심지어 틀렸다는 점을 지적한다. 관찰자와 탐구 대상의 관계가 완전히 다르기 때문이다. 탐구 대상이 자신의 행위를 분석가에게 향하므로 분석가는 이제 단순한 관찰자가 될 수 없고, 관찰자 또한 자신의 관찰을 환자에게 이야기하므로 이제 환자는 "관찰자"에게 단순한 연구 대상이 아니다.

이렇듯 분석가와 환자의 관계는 과학자-연구 대상의 구도를 갖지 않고, 그래서 그런 의미의 중립성으로 특징지어지지 않지만, 분석가가 자신과 환자의 상호 작용을 객관적으로 관찰할 수 있으면 할 수 있는 만큼 과학적 관찰자일 수는 있다. 하지만 관계 그 자체는 과학적 중립성이라는 모델로 표현될 수 없다. 이런 모델을 사용하는 것 자체가 비과학적이고 잘못된 관찰에 근거한 생각이다. 역전이 이슈에 대한 혼동이 이것과 관련이 있는 듯하다. 나는 과학적 지식과 방법론이 정신분석에서 하는 역할을 부정하거나 최소화하려는 게 아니다. 그리고 감정에 충만해 환자와 “역할극”을 하는 태도를 옹호하는 것도 아니다. 가당찮은 전제들에서 비롯한 중립성 개념에서 탈피하여 꼭 필요하고 정당한 수준의 객관성과 중립성을 도출하려는 것이다.

잘못된 전제 중 하나는 이거다. 치료적 정신분석은 물론 특수한 성격의 객관적 · 과학적 탐구 방법이지만 여전히 자연현상과 그 기원, 그리고 그들의 연관성에 대한 객관적이고 냉정한 일반적 과학의 범주에 든다는 생각이 그것이다. 그래서 분석가에 대한 이상적 이미지는 냉정한 자연과학자가 된다. 그리고 이러한 과학자에 의한 연구 방법과 탐구 절차는 그 자체로 치료적이라고 말해진다. 하지만 이러한 탐구가 어떻게 그 자체로 치료적인지는 아직 자명하지 않은 듯하다. 그 치료적 효과는 아래의 조건과 관련이 있어 보인다. 정신분석에서 탐구 대상인 환자는 점차 치료자의 동료가 된다. 말하자면 환자가 자신에 대한 “탐구”에 점차 몰입하는 것이다. 우리는 지금 환자의 관찰 자아에 관해 이야기하고 있다. 환자의 관찰 자아는 우리가 어느 정도 의존할 것이기도 하고, 동시에 계발하고 동맹을 맺어야 할 것이기도 하다. 다른 말로 하면 우리는 동일시라는 단어로 표현되는 그 무엇을 발견하고 이용해야 한다. 환자와 분석가는 분석이 진행됨에 따라 과학적 자기관찰의 영역에서 점점 많은 동일시를 하게 된다.

동일시의 가능성과 점진적 발달이 성공적인 정신분석의 조건이라면, 그리고 그렇게들 주장하는데, 이건 과학적 냉담함이나 거울[1] 같은 중립성과는 별 상관이 없는 이야기이다. 오히려 동일시는 새로운 대상 관계의 발달과 관련이 있다. 사실 동일시는 새로운 대상 관계의 기초가 된다.

---

1) 여기서 “거울”은 보통 “과학적 기관”인 정신분석가의 “자산”으로 이해되는 수준의 소박한 의미다. 인간의 삶에서 거울의 기능을 정신역동적으로 이해한다면 정신분석가가 수행하는 기능의 어떤 측면을 적절히 기술할 수 있을 것이다.

전이 신경증은 정신분석가의 영향 아래서 일어나고, 분석이 진행됨에 따라 점점 더 관찰 자아의 "존재"와 시야 안에서 일어나게 된다. 환자와 분석가가 수행하는 탐색이 바로 조직하는 "합성적synthetic" 자아 활동이다. 자아 기능의 발달은 상호 작용에 달려 있다. 어떤 자기관찰도, 그리고 그에 근거한 좀 더 자유롭고 건강한 심리 기관의 발달 중 어느 부분도 진공의 과학적 실험실에서 이루어지지 않는다. 그것은 반드시 호의적인 환경 아래서 환경과의 적절한 상호 작용을 통해서 이루어진다. 분석을 통해서 이런 환경적 요소가 점차 환자의 관찰 자아로 내면화된다고 말할 수 있다.

여기엔 또 다른 측면이 있다. 정신분석이 (과학적 지식과 방법을 사용하는 정도가 아니라) 엄격한 과학이 되어야 한다는 주장에는 과학의 신성함이라는 생각이 포함된 듯하다. 프로이트는 과학자가 가장 진보적인 종류의 사람이라고 생각했다. 『Totem and Taboo』에 따르면 세계에 대한 과학적 관념을 가지는 것이 인간의 성숙이다. 이런 생각에 따르면 분석가의 도움으로 가능해진 환자의 과학적 자기 이해는 그 자체로 치료적이다. 왜냐하면 이전에 성취될 수 없던 성숙의 경지에 이르렀기 때문이다. 환자는 이제 주술적 · 종교적으로 세상과 자신을 이해하는 대신 객관적인 과학을 통해서 이해한다. 즉, 과학적 인간의 경지에 이른 것이다. 물론 세상과 자신에 대한 소위 과학적 탐구가 (물론 뼈 아픈 한계가 있긴 하지만) 더 많은 숙달을 가능케 한다는 점에는 이견이 없다. 그러나 숙달 그 자체는 과학적 행위가 아니다. 만약 과학적 객관성이 세상을 이해하는 가장 성숙한 관점이라고, 그래서 인간이 도달할 최상의 성숙이라고 가정한다면, 우리는 정신분석적 치료가 순수하게 과학적 행위이며 그 효과도 과학적 객관성에 의한 것이라는 주장을 통해 약간의 기득권을 누릴지도 모른다. 하지만 기득권 여부를 떠나서 19세기 이래로 우리에게 지속되어 온 가정, 즉 종교적 태도보다 과학적 접근이 더 우월하고 성숙한 진화 단계라는 가정을 이제는 검토해 봐야 할 것 같다. 하지만 여기서는 이 질문을 좇지 않기로 한다.

앞서 정신분석가는 전이 왜곡의 객관적 해석을 통해 환자에게 점차 새로운 대상이 된다고 말했다. 이 새로움은 환자가 이전에는 대상을 만나본 적이 없기 때문이 아니라 오히려 발달 초기의 대상 관계 경로를 다시 발견함으로써 대상과 자신에 대해 새로운 관계 맺음이 가능해지기 때문이다. 전이 왜곡을 통해 환자는 왜곡되어 버린 자기 자신, 그리고 "대상"의 핵core의 흔적을 항상 드러내게 된다. 비록 흔적에 불과하고 모호할지라도 방어와 전이의 해석에서 기준이 되어야 하는 건 바로 이 핵이어야 한다. 현실과 정상성에 대한 추상적인 개념이 그 기준이 되어서는 곤란하다. 진정 환자에게 다가가고 싶다면 말이다. 이렇게 드러나는 핵에 분석가의 관심이 머물게 되면 분석가는 자기 자신의 이미지로 환자를 재단하지 않고, 환자에게 자기 생각을 주입하지 않는다. 그렇게 하기 위해서는 인간과 인간의 발달에 대한 사랑과 존중이 객관성과 중립성의 핵심이 되어야 한다. 사랑과 존중은 "현실"과 짝을 이루고, 그렇게 현실과의 상호작용 속에서 자아와 심리 기관의 조직화와 재조직화가 이루어진다.

부모-자녀의 관계가 여기서 모델이 될 수 있다. 이상적으로 부모는 아이의 발달 과정에 대해 이해할 수 있는 공감적 관계에 있고, 동시에 아이의 미래에 대해 생각할 수 있으며, 이런 생각을 아이에게 전달할 수도 있다. 부모가 가지는 생각은 부모 자신의 경험, 그리고 성장과 미래에 대한 지식에 근거한 것이다. 그리고 이상적으로 아이의 그것보다 조금 더 정돈되고 통합된 것일 터이다. 말하자면 부모는 아이보다 "조금 더" 아는 것이고, 이것이 아이에게 전달된다. 그리고 아이는 바로 이 "조금 더"와 동일시함으로써 성장한다. 아이는 부모의 모습들을 내면화함으로써 부모의 마음에 있는 자신의 이미지 역시 내면화하게 된다. 이 이미지는 정서적 · 신체적 경로를 통해 무수히 반복해서 전달된다. 자아 발달의 일부인 초기 동일시는 엄마의 일부를 내사함으로써 이루어지는데, 이때 엄마의 마음에 있는 아이의 이미지 또한 내사된다. 내사물의 일부는 엄마가 느끼고, 냄새 맡고, 듣고, 만지는 아이의 이미지다. 만약 내사가 정신내적 활동을 일컫는 것이라면 정확히 말해 단순히 내사만 일어나는 건 아니다. 아이와의 신체 접촉, 그리고 염려하고, 먹이고, 만지고, 씻기고, 바라보고, 말을 건네고, 이름을 부르고, 알아보고, 또 알아보는, 이 모든 소통의 행위와 방법이, 그리고 아이에게 정체성, 동일성, 온전함, 개별성을 부여하는 모든 행위가 아이의 모습을 만들어 낸다. 그렇게 함으로써 아이는 자신이 여러 사람 중 하나지만 동시에 분리된 개별적 존재라는 것을 발견하고, 느끼고, 자각하게 된다. 즉, 아이는 관심의 중심에서 온전한 자신을 경험하기 시작한다.

정신분석이 구조적 변화를 꾀하는 일련의 과정이라면 여기서도 비슷한 상호 작용이 벌어져야 한다. 나는 지금 발달 초기의 상호 작용들을 스케치하면서 동시에 정신분석에서 요구되는 중립성의 성질들을 말하려는 중이다. 중립성은 부모가 아이의 발달을 따라가며 동시에 앞서가는 것처럼 성숙한 대상 관계 능력을 포함한다.

이때 성숙한 대상 관계 능력이란 천편일률적인 관계 맺음이 아니라 적정 범위의 관계 맺음, 그리고 대상의 성숙 정도에 따라 제각각 다른 관계를 맺을 수 있는 능력이다. 정신분석에서 분석가는 환자가 그때그때 보이는 발달 수준에 적절히 맞춤으로써 성숙한 대상 관계를 유지하지만, 동시에 항상 잠재적 성장, 즉 미래의 발전 가능성을 염두에 두어야 한다. 분석가들이 이론적 · 임상적 차원 모두에서 미래라는 차원을 잘 다루지 못하는 이유는 환자를 자기 생각대로 재단해 버릴까 하는 걱정 때문으로 보인다. 성장과 발달이 정신분석적 관심의 중심에 있다는 점을 고려하면 이해되지 않는 현상이다. 이 문제를 다루지 못하는 한 초자아에 관한 새롭고 깊은 이해는 불가능해 보인다.

환자의 자아에 구조적 변화를 얻어 내기 위해서는 좀 더 성숙한 대상과의 상호 작용이 꾸준히 필요하다. 물론 이 말이 분석 기간 내내, 혹은 대부분의 시간 동안 분석가가 환자에게 성숙한 대상으로 *경험된다*는 뜻은 당연히 아니다. 분석가로서는 분석 시간 동안 분석 기술을 연마해야 한다. 이건 다른 영역에서도 마찬가지다(사실 노련함은 일하는 동안에만 얻어진다). 그리고 직업은 아니지만, 부모가 아이를 다룰 때 보이는 특별하고 관심 어린 태도도 마찬가지다.

나는 지금 분석가의 역할이, 그러니까 분석가가 환자에게 경험되는 방식과 더불어 특히 해석도, 자아의 정신 역동적 관점으로 이해되어야 한다고 말하고 있다. 이를 위해 자아-현실의 장에서 벌어지는 통합 과정들에 대한 적절한 관심이 요구된다. 통합 과정은 내사, 동일시, 투사로 시작해서(우린 이들에 대해서는 약간 알고 있다) 후에는 그 발생적 잔여물, 수정, 변형에 이른다(이들에 대해서는 방어를 목적으로 하는 경우를 제외하고는 잘 모른다). 환자의 자아가 온전하면 온전할수록 분석에서 이러한 통합은 조용히 일어나거나 분석의 핵심적 요소로 취급되지 않은 채 이루어진다. "고전적" 환자의 "고전적" 정신분석 증례들에서는 분석 과정의 핵심적 요소들을 발견하지 못했는데, 그건 그것들이 존재하지 않아서가 아니었다. 정상인에서 "고전적" 정신역동을 발견하기 어려운 것처럼 고전적 증례들에서는 이런 요소들을 발견하기 어렵기 때문이다. 자아에 뚜렷한 결손이 있는 증례를 통해 보통의 신경증에서 벌어지고 있는 일들을 뚜렷이 관찰할 수 있다. 이는 신경증에서 정상인의 정신역동을 뚜렷하게 관찰할 수 있는 것과 마찬가지다. 물론 신경증의 정신분석과 뚜렷한 자아 결손이 있는 경우의 정신분석이 같다는 이야기는 아니다. 자아에 뚜렷한 결손이 있는 경우, 특히 경계선이나 정신증의 병리에서는 위에서 묘사한 아이-부모의 관계 같은 상호 작용들이 치료 상황에서도 유사한 모습으로 일어난다. 자아의 결손이 없으면 없을수록 통합은 점점 승화나 더 복잡한 수준의 의사소통을 통해 일어난다.

II

정신분석 이론에서 구조적 관점의 발달이 초래한 하나의 위험은 각각의 구조를 서로서로 고립시켜 버린다는 점이다. 근래에 보면 자아는 외부환경과 면해서 생성되고 기능하는 것으로 기술되지만 본능적 욕동drive, 즉 이드는 그 자체로 외부세상과 전혀 무관한 것처럼 이야기된다. 프로이트의 고고학적 비유를 빌리자면, 깊은 층위에 묻힌 유적이 *당시의* 외부환경과 맺었던 기능적 연관성이 부정되는 이유는 그 층위가 현재와 별 상관이 없기 때문이다. 다시 말해 깊은 층위의 초기 발달 구조를 마치 순수하게 "내적" 현상인 양 이해하고, 현재의 구조물(발전한, 후기의 층)과 우리가 살아가는 환경 사이의 기능적 연관성이 거기에서는 별로 고려되지 않는 것이다. 고고학적으로 비유하면 이드는 좀 더 깊은 초기의 층위에 비유될 수 있다. 거기서 이드는 그 나름의 "초기" 환경과 통합되고 있으며, 이는 자아가 자아 나름 "최근의" 환경과 통합되는 것과 같은 이치다. 이드도 자아만큼이나 "적응"을 하고 있고, 또한 적응의 결과물인 셈이다. 다만 조직화 수준이 다를 뿐이다.

앞서 나는 심리 기관 개념을 폐쇄계라 언급했다. 그리고 이런 시각이 정신분석의 전통적 중립성 개념, 그리고 거울처럼 기능하는 정신분석가라는 개념과 연관되어 있다고 말했다. 내가 지금 정신분석적 이론에서 본능적 욕동의 개념, 특히 대상과의 관련성을 이야기하는 것은 바로 이런 맥락이다. 프로이트의 「Instincts and their vicissitudes」(pp. 117-18)를 인용하면서 논의를 시작하겠다. 그는 말하길,

> 과학 활동의 진정한 시작은 (…) 현상을 묘사하고, 분류하고, 연결하는 것으로 이루어진다. **묘사 단계부터 어떤 추상적 생각들을 적용하는 것은 피할 수 없는데, 이 추상적 생각들은 이루어지고 있는 관찰만으로는 부족해서 다른 영역에서 빌려 와야 한다.** 이런 생각들은 후에 그 학문의 기본 개념들이 되며, 연구가 계속됨에 따라 점점 필수 불가결한 것이 된다. 처음에는 일정 정도 모호함을 피할 수 없다. 의문의 여지 없이 한계가 있는 것이다. 그것들이 여전히 이런 상태로 있는 한에는 우리는 애초 그 **추상적 생각들이 유래한 것처럼 보이는 관찰을 반복적으로 언급하면서** 그 의미를 이해하게 되는데, 그래서 **사실은 추상적 사고들이 관찰에 부과되어**imposed **있는 것이다.** 그래서 엄밀히 말하면 편의에 따른 것이다. 물론 편의에 따른다는 의미가 자의적이란 뜻은 아니다. 모든 것은 경험적 자료와의 유의미한 연관에 따라 결정되는데, 우리는 이 연관을 명료하게 인식하고 드러내 보이기 이전에 이미 느끼고 있는 것 같다. 기본적인 과학적 개념을 좀 더 정확하게 구성하는 것은 철저한 관찰이 이루어지고 난 이후일 수밖에 없으며, 그렇게 점차 개념을 수정하며 쓸모 있고 일관된 것이 된다. 그때가 되어서야 사실 우리는 개념을 정의할 수 있는 것이다. 하지만 지식의 진보는 정의에서조차 그 어떤 경직성도 견디지 못한다. 물리학은 정의의 형태로 수립된 "기초 개념들"조차 계속해서 변화한다는 훌륭한 예를 보여 준다.

프로이트에게는 본능이 그런 기초적 개념이라서 "편의를 위한 것이지만 동시에 상당히 모호"하고, 그래서 내용상 수정의 가능성이 있다(볼드체는 로왈드).

같은 논문에서 프로이트는 본능을 자극으로 정의한다. 이때 자극은 외부로부터의 자극이 아니고 "개체 내부"에서 유래된 것이다. 그는 더해서 "본능적 자극에 대한 더 나은 용어는 '필요need'"라 말하며, "그런 자극은 내부세계의 신호"라고 말했다. 그는 여기서 본능에 대한 본인의 생각이 가지는 근본적인 의미를 분명히 했는데, 말하자면 본능이 의미하는 바는 그의 말처럼 생물학적 가정으로, 목적 개념이란 것이었다. 이 가정은 아래와 같다. "신경계는 그것에 이르는 자극을 제거하거나, 혹은 가능한 줄이는 기관이다". 본능은 내부로부터 신경계에 이르는 자극이다. 본능은 개체의 내부에서 발생하여 "항상 일정한 힘"으로 작용하므로 "신경계는 자극을 완전히 제거하려는 이상적 목표를 폐기하게 된다". 그래서 "외부세상을 바꿀 수 있는 일련의 활동들을 떠맡게 되어 결과적으로 내부자극의 근원에 만족을 준다"(pp. 118-20).

본능은 내부에서 발생해 신경계에 이르는 자극이고, 본능의 대상은 "본능이 그것을 통해 자신의 목적을 이루는 그 무엇"이다. 나아가 본능의 대상은 "본능에 관한 한 가장 변화 가능한 것으로", "애초에는 본능과 연결되지 않았지만" "어쩌다 만족을 준 덕택에" 연결이 된 것으로 설명된다(p. 122). 우리가 본능적 욕동을 "심리 내적"인 것으로, 혹은 애초에는 대상과 무관한 것으로 이해하기 시작하는 지점이 바로 여기다.

프로이트는 이후 저작에서는 생각을 조금씩 바꿨다. 『Beyond the Pleasure Principle』(p. 36)에서 이제 본능은 신경계가 반사적으로 반응하는 (내부적) 자극이 아니다. 본능은 "개체가 외부의 방해 때문에 어쩔 수 없이 포기해야 했던 초기 상태로 돌아가려는 욕구"로 이해되었다. 여기서 그는 이전에 그가 신경 기관 자체의 기능을 묘사하며 사용했던 용어들을 이용해 본능을 다시 정의했다. 이때 신경 기관은 "외부의 방해하는 힘"과 교환하는 "살아 있는 실체"가 된다. 본능(성적 본능, Eros)

이 대상과 맺는 밀접하고 근원적인 관계는 『Inhibitions, Symptoms and Anxiety』에 이르러 좀 더 분명해졌으며, 이윽고 『An Outline of Psychoanalysis』에 이르러서 "첫 번째 기초적 본능Eros의 목적은 더 큰 단일성을 획득하고 유지하는 것으로, 줄여 말하면 결합하는 것이다"라고 한다. 여기서 주목할 만한 점은 대상과의 관계성이 암시적으로 표현되어 있다는 점, 그리고 에로스의 목적이 내용 없는 만족 혹은 자극의 제거가 아니라 통합으로 분명히 설정된다는 점이다. 요는 "결합"인 것이다. 프로이트는 자신의 이전 정식인 "본능은 초기 (무생물) 시기로의 회귀다"를 공격적 혹은 죽음의 본능에 적용하는 것은 가능하다고 생각한다. 하지만 "이 정식을 에로스(사랑의 본능)에 적용할 수는 없다"라고 말한다(pp. 148-49).

「Instincts and their Vicissitudes」 이후 본능 개념은 변해 갔다. 이후 저작에서 그는 자족적 반사궁reflex arc이나 폐쇄계 모델로 설명을 시작하지 않았다. 오히려 좀 더 폭넓은 현대 생물학에 근거했다. 그리고 위의 마지막 인용에서 뚜렷한 것은 그가 종합synthesis의 기능이나 결합을 이야기할 때 단순히 자아만을 가리키지 않았다는 점이다. 두 가지 본능 중 하나인 에로스는 그 자체로 통합의 힘이다. 에로스는 일차적 자기애 개념과 상통한다. 일차적 자기애 개념은 「On Narcissism, an Introduction」에서 최초로 정식화되었고, 이후 조금씩 발달해서 특히 『Civilization and Its Discontents』에 이르러 뚜렷하게 구체화된다. 여기에서 대상과 현실은 애초 리비도와 떨어져 있는 것이 아니라, 내-외부의 구분이 없는 일차적 자기애적 단일성으로부터 점차 분화되어 나오는 것으로 이해된다(나의 1951년 논문 「자아와 현실」 참고, 본서 1장).

에로스 개념에서 프로이트는 본능적 욕동과 자아 사이를 대립으로 이해하던 것에서 벗어난다. 그리고 욕동이 자아 조직화 안에서, 자아 조직화에 의해서 변형되고, 매개되고, 관심받고, 길들고, 변화해서 마침내 승화된다는 관점으로 옮겨간다. 여기서 자아라는 조직은 이드라 부르는 욕동의 조직보다 더 복잡하면서도 동시에 더 명료하게 다듬어지고 연결된 것이다. 하지만 자아라는 조직은 욕동의 조직화라는 내적 경향에 반대되는 것이 아니라 오히려 그것을 지속해 간다. 에로스는 심리 기관의 두 가지 기본적 경향 혹은 "목적" 중 하나로, 이드와 자아라는 두 가지 조직 수준으로 표현되는 셈이다.

이상의 관점에서 보면 본능적 욕동은 기본적으로 자아만큼이나 "대상" 혹은 외부세계와 연결되어 있다. 외부세계와 대상의 조직화는 자아의 조직화 정도보다는 욕동의 조직화 정도와 더 일치한다. 다른 말로 본능적 욕동은 외부세계를 조직하고 외부세계로 인해 조직된다고 말할 수 있다. 이것은 자아와 현실 간의 관계에서도 마찬가지다. "안과 바깥"이 뗄 수 없는 연관성을 맺는 건 이 같은 상호 조직화 때문이다. 심리 기관에 대해서만 일-이차과정을 말할 수 있는 게 아니다. 외부세계의 심리적 구조화에 관한 한, 외부세계에 대해서도 일-이차과정을 말할 수 있다. 두 조직 수준 사이의 질적 차이를 간략하게 표현하면, 환경은 욕동과 상관관계가 있고 현실은 자아와 상관관계가 있다고 말할 수 있다. 본능적 욕동이 애초 대상과 연결되지 않은 경우가 있다면, 그건 처음 심리 기관의 미숙함 때문에 세상이 채 조직화되지 못해 대상도 아직 분화하지 못했을 때뿐이다. "미분화 단계"에서 생겨나는 것이 소위 말하는 부분-대상 혹은 대상-핵이다. 대상-세계 이전의 단계를 위해 좀 더 적당한 단어는 "형태shape"라는 명사일 것이다. 이는 아직 확정되지 않은 유동적인 형상을 의미하는 것이지 대상-조각이라는 의미는 아니다.

잠깐 옆길로 벗어나 본능 이론을 다룬 이유는 본능을 외부자극에 대비되는 의미에서 내부자극으로 이해한 탓에 대상 관계의 정신분석 이론이 꽤 난관을 겪고 있기 때문이다. 기존 이론에 따르면 본능은 내부자극으로서 외부자극의 반대다. 그리고 둘은 다른 방식으로 심리 기관에 영향을 미친다. 내부자극과 외부자극은 내-외부세계를 특정 수준으로 추상화한 단어로, 애초 서로 전혀 관계가 없거나 심지어 서로 반대로 작용하고, 신경 기관에 대해서는 각각 평행한 관계를 맺는 것으로 이해되었다. 앞에서 살펴본 바와 같이 프로이트는 전반적으로 이런 생각에서 점점 멀어져 왔지만 자아 심리학을 제외한 정신분석은 여전히 그 영향에서 벗어나지 못하고 있다. 자아 심리학의 발전이 본능 이론과 동떨어져 이루어져 온 것은 유감이다. 하지만 본능적 욕동에 대한 이해도 사실은 발전했다. 그러나 조직화(그 양면은 통합과 분화다)라는 매우 유용한 개념도 본능적 욕동의 이해에는 충분히 적용되지 않아서 본능 이론은 여전히 시대에 뒤떨어진 채 반사궁 모델에 머무르고 있다. 반사궁 모형은 프로이트가 「Instincts and their Vicissitudes」에서 말한 것처럼 생리학적 모델, 그것도 19세기의 기계적 생리학에 근거한 모델이다. 자아 심리학은 그와는 꽤 다른 학문적 풍토에서 자라났다. 이는 『Beyond the Pleasure Principle』의 생물학적 고찰에서도 명백히 관찰된다. 결과적으로 자아는 바깥 세계에 적응하고 또 그것과 분화하고 통합하는 기관으로 이해되지만, 본능적 욕동은 여전히 자극-반사의 생리학에 머무르고 있다. 욕동을 신경 기관에 충돌하는 내부자극 정도로 이해하는 본능 개념은 리비도 발달에 있어 대상이 하는 역할의 이해에도 영향을 미쳤고, 나아가 환자와 정신분석가 사이의 대상 관계의 이해에도 방해가 되어 왔다.[2)]

2) 내부자극으로서 본능은 프로이트가 아이의 성욕, 특히 성적 환상을 발견한 것과 분명 관련이 있다. 그전에는 환경의 유혹에 의한 외상을 원인이라 생각했다. 하지만 분명한 것은 문제를 이처럼 "내적" 유혹, 혹은 "환경적" 유혹 둘 중 하나로 생각하는 사고방식 자체가 지금 논하고 있는 질문이나 고찰에 똑같이 적용된다는 점이다.

III

다시 정신분석 상황과 분석의 치료적 과정으로 논의를 되돌려 초기 발달 단계에서 일어나는 상호 작용의 역동에 좀 더 머무르도록 하겠다.

엄마는 아이의 필요need를 알아채고 충족시켜 준다. 처음에 아이는 필요의 충족은 고사하고 그걸 알아채는 것도 불가능하다. 엄마가 아이의 필요를 이해한다는 것은 아직은 덜 분화된 아이 욕구urge를 모아낼 수 있다는 뜻이고, 아이의 욕구는 이런 과정을 통해서 목적을 가진 최초의 욕동drive으로 조직화된다. 「Project for a Scientific Psychology」에는 "만족 경험"이라고 하는 꽤 인상적인 장이 있는데, 여기에서 프로이트는 만족 경험이 향후 정신 기관의 조직화에 미치는 영향과 의사소통의 기원으로서 갖는 중요성을 논한다. 필요의 인식과 만족은 점차 자라나는 아이의 소관으로 들어오게 된다. 이 과정은 동일시와 내사라는 제목 아래 설명될 수 있다. 두 개의 과정은 환경에 의해 사용될 수 있어야 하는데, 여기서는 엄마가 아이의 필요를 인지하고 충족함으로써 수행된다. 이런 역할은 신체적 발달만이 아니라 종종 심리적인 발달을 위해서도 꼭 필요하다. 왜냐하면 이런 과정을 통해서 여태 부조화 상태에 있는 아이의 욕구를 조직할 수 있기 때문이다. 이 모든 복잡한 역동적 현상은 상호 반응성의 일종으로, 비록 종종 무의식적일지라도 엄마를 통하지 않고는 아무것도 아이에게 내사되지 않는다는 것을 의미한다. 내사와 동일시의 선결 조건은 엄마가 돌봄을 통해서 구조를 매개하고 방향을 지시하는 것이다. 매개하는 환경이 성장 중인 심리적 실체에 구조와 방향을 제시함에 따라, 환경도 그 실체와의 경험을 따라서 구조와 방향성을 갖게 된다. 즉, 환경도 아이와의 상호 작용 덕택에 구체적 형태를 만들어 간다고 볼 수 있다. 그래서 이제 투사와 더불어 동일시와 내사가 심리 기관과 환경의 조직화 과정에서 뚜렷하게 드러난다.

이제 우리는 아래와 같은 정식화에 도달하게 되었다. 심리 기관의 조직화는 미리 주어진 신경해부학적 구조와 신경생리학의 잠재적 패턴에 근거해서, 환경이 아이에게 제공하는 한 차원 높은 수준의 조직화를 매개로 이루어진다. 그러니까 숨을 쉬고 젖을 빠는 매 순간, 욕동의 방향성과 환경의 조직화는 모종의 형태를 갖추기 시작하고, 이것들은 자아와 대상의 조직화로 이어진다. 이 과정이 동일시, 투사, 내사를 통해서 이루어지는 것이다. 이때 한 차원 높은 수준의 환경은 심리 기관의 발달에 필수 불가결한 것으로서 발달의 초기에는 적극적으로 제공되어야 한다. 개체와 환경 사이에 그러한 차이가 없으면 아무런 발달도 이루어지지 않는다.

한편 환자는 자기 자신을 좀 더 잘 이해하기 위해 분석가를 찾아온다. 그리고 분석가를 통해 이해한 것의 도움을 받아 좀 더 나은 자기 이해에 이른다. 분석가는 다양한 수준의 이해 위에서 기능한다. 분석가는 자신이 이해한 것을 의식 수준의 명료화를 통해 전달할 수도 있고, 자신의 의도를 언급하거나 반복할 수도 있으며, 혹은 앞으로 하게 될 술기에 관해 설명하기도 한다. 아니면 언어적-비언어적 무의식을 해석하기도 하는데 특히 전이와 저항을 해석할 때 그러하다. 즉, 분석가는 환자로부터 얻은 자료들을 구조화하거나, 연결하거나, 혹은 그렇게 하려고 노력한다. 그래서 만약 적당한 시점에 무의식의 해석이 이루어지게 되면 환자는 그 해석을 통해 자신이 무엇을 경험했는지 알게 된다. 해석을 통해 환자는 예전에 미처 조직화하지 못했던 것을 조직화하게 되어 자신에게 적당한 거리를 둘 수 있게 된다. 그러면 이전에 보지 못하고, 이해하지 못하고, 말하지 못하고, "다룰 수" 없었던 것을 보고, 이해하고, 말하고, 다룰 수 있게 된다. 이렇게 분석가가 제공하는 이해를 통해 환자 자신과 환경은 한 차원 높은 조직화에 이를 수 있다. 분석가의 이해가 환자가 필요로 하는 조직화 수준에 잘 맞춰져 있는 한, 분석가는 환자에 대해 한 차원 높은 조직화의 표상으로 기능하고 이를 환자에게 전달할 수 있다.

내가 지금 말하고 있는 것은 과거 정신분석의 통합적 경험이라고 불리던 것이다. 이것들은 상호 작용의 경험이며, 구조와 의미라는 측면에서는 초기 발달기의 부모-자식 관계에 비유될 수 있다. 이 모델은 비록 제한적이지만 그 유용성이 최근 많은 연구를 통해 강조되고 있다(가령 Rene Spitz, 1956). 덕분에 여러모로 고전적인 "거울 모델"에서 탈피할 수 있게 되었다.

정신분석에서 상호 작용은 훨씬 높은 조직화 수준에서 일어난다. 의사소통은 거의 언어로 이루어지고, 이차과정에 의한, 그리고 이차과정을 위한 수단이 된다. 정신분석에서 만족은 승화된 것이고 분석이 진행될수록 점점 더 그렇게 된다. 여기서 만족의 의미는 자극을 제거하거나 줄여서 이전의 평형 상태로 돌아가는 것이 아니라 자극을 흡수하고 통합해서 더 높은 수준의 평형에 도달하는 것이다. 이것은, 정말로 그러한데, 종종 일시적인 퇴행을 통해 이루어진다. 하지만 이 퇴행은 "자아를 위한 퇴행", 즉 좀 더 높은 수준의 조직화를 위한 퇴행이다. 이런 맥락에서 볼 때 만족은 서로 다른 조직 수준에 있는 두 심리 기관, 즉 두 시스템이 만들어낸 경험의 동일성 덕택에 가능해지는 일치의 경험이며, 그래서 성장을 위한 잠재력을 가지고 있다. 동일성은 차이를 극복함으로써 이루어진다. 다시 말해 극복되어야 하는 차이가 없으면, 가령 처음부터 동일성이 주어져 버리면, 혹은 그 동일성이 상호 작용을 통해 만들어지는 것이 아니라 이미 존재했던 것이라면 거기엔 어떤 만족의 경험도 없고 어떤 통합의 경험도 불가능하다. 아기가 태내에 있는 상황이 그 예로서, 이 관계는 생애 초기 공생기를 거치며 점차 줄어든다.

정신분석적 해석은 한 차원 높은 상호 작용 수준에서 일어나는 것으로서, 각자 다른 자아 조직 수준을 가지는 이들이 경험의 동일성을 만들어 낼 때 수반되는, 쌍방 간의 상호 인지를 표상한다. 이같이 관계를 통한 통찰의 획득이 통합의 경험이다. 환자는 해석을 통해 그전에는 알 도리가 없던 무의식을 가용하게 만든다. "가용하게 만든다"라는 말은 무의식의 내용이 분석가가 행하는 모종의 이차과정을 통해 환자의 전의식 체계로, 이차과정으로 끌어올려진다는 뜻이다. 일차과정의 내용물들은 욕동의 조직화 수준과 비슷하게 조직되며 동시에 전의식으로부터 고립되어 있다. 이 내용물들이 분석가의 해석이라는 이차과정에 의해 전의식 수준으로 조직화된다. 그리고 이 과정에서 환자에게 이차과정의 조직화를 매개한다. 이런 매개 작용의 성공 여부는 무엇보다도 분석 이전의 자아 통합 과정에서 얼마나 단단한 자아 조직력을 구현했는가에 달려 있다. 이 능력이 부족하면 부족할수록 정신분석이라는, 언어적 상호 작용을 통한 조직화 작업은 어려워진다.

해석은 서로 구분되는 두 가지 요소를 가진다고 할 수 있다. 먼저 해석은 환자를 제대로 된 퇴행으로 이끈다. 이 과정에서 환자는 신경증적 타협형성을 벗어나게 되고, 여태껏 방어에 가려졌던 자신의 진정한 퇴행 수준을 명료하게 보게 된다. 둘째, 동시에 해석은 환자가 도달해야 할 좀 더 높은 수준의 통합 수준을 제시한다. 그럼으로써 해석은 무의식과 전의식 사이에 좀 더 자유로운 소통의 가능성을 만드는데, 전의식은 애초 억압으로 인해 무의식에 뺏겼던 본연의 모습과 힘을 회복하고, 무의식은 좀 더 높은 수준의 조직화에 도달할 수 있게 된다. 프로이트의 메타심리학 용어로 표현하자면 무의식의 원시적 카텍시스(반복강박)와 전의식의 방어적 반-카텍시스anti-로 구성된 무의식과 전의식 사이의 장벽이 일시적으로 허물어지는 것이다. 이 과정은 위에서 통합의 경험이라 칭했던, 상호 작용을 통한 차이의 극복 과정이 내면화된 것이라고 할 수 있다. 내면화는 그 자체로 상호 작용에 의존하며, 정신분석 과정을 통해 내면화가 다시 가능해진다. 분석 과정은 환자와 분석가 사이에서 벌어지는 모종의 통합적 경험으로 이루어지고, 이 경험을 기반으로 내면화가 이루어지기 때문이다. 즉, 자아의 재조직, 혹은 "구조적 변화"가 이루어지는 것이라고 할 수 있다.

분석가는 해석을 통해 환자만이 아니라 자신을 위해서도 무의식의 내용물을 재조직하고 재통합한다. 왜냐하면 분석가가 조직화를 위한 해석을 하기 위해서는 자신의 무의식을 사용하여 환자의 무의식에 조율해야 하기 때문이다. 분석가는 한편으로는 무의식, 다른 한편으로는 사고와 언어를 통한 조직화 사이를 자유롭게 오갈 수 있어야 한다. 이 과정은 환자를 위해, 그리고 환자와 함께 이루어진다. 만약 그렇지 않다면, 예를 들어 기교적인 언어가 쓰이는 경우가 대부분 그러한데, 언어는 무의식의 내용물이 자아로 통합되는 것을 가로막는 방어로 이용되고, 자아의 활동도 통합에 반하는 방어로 이용된다. 심리 기관이 무의식을 좀 더 높은 조직화 수준으로 끌어올리고 동시에 통합을 위한 생산적 퇴행을 일으키기보다는 (예를 들어 억압과 격리를 통해) 무의식을 배제하게 되는 것이 바로 이러한 (방어가) "강한" 자아의 취약성이다.

방어적으로 쓰이지 않는 경우 언어는 환자가 원하는 통합 경험을 얻기 위한 의사소통 도구가 된다. 내면의 재조직화를 위해 분투하는 과정에서 환자는 통합 경험의 내면화가 아닌 일차과정에 가까운 상호 작용을 통해 승화되지 않은 만족을 추구하고 싶은 유혹을 항상 받는다. 통합 경험의 내면화를 프로이트식으로 표현하자면 이드가 있는 곳에 자아가 있게 하는 것이다. 분석가는 언어를 통해 여태 덜 조직된 수준을 좀 더 높은 조직화 수준으로 매개한다. 이것은 아래의 두 조건이 충족될 때만 가능하다. (1) 환자는 분석가에 대해 충분한 "긍정적 전이"를 발달시켜야 한다. 그래야 저항의 국면에서 보이는 것처럼 심적 · 물리적 현실을 물리치며 방어하는 것이 아니라 자신과 세상의 통합을 위해 작업할 수 있게 된다. (2) 분석가는 반드시 환자에게 조율할 수 있어야 한다. 그래서 환자가 나아가지 못하고 머물러 있는 조직화의 수준까지 스스로 퇴행할 수 있어야 한다. 그리고 방어와 저항을 분석해 환자가 자신의 퇴행을 깨닫도록 도울 수 있어야 한다. 이런 퇴행은 신경증적 타협형성 때문에 방해되는데, 이는 반대로 신경증적 타협형성을 억압된 무의식과 억압하는 전의식의 내용물로 해체하는 과정을 통해 해소할 수 있다. 해석으로 인해 환자는 무의식의 산물과 좀 더 높은 수준의 조직화 모두를 사용할 수 있게 된다. 즉, 무의식과 전의식이 해석을 통해 하나가 되는 셈이다. 잘 수행된 분석에서는 점차 환자 스스로 이런 과정을 수행할 수 있게 된다.

언어는 정신분석에서 수행하는 가장 특별한 기능인 해석을 통해서 시작詩作과 같은 창조성을 발휘한다. 여기서 언어는 그전에는 알려지지 않고 표현되지 않았던 현상과 맥락을 표현하기 위해 사용된다. 새로운 현상과 맥락은 기존의 것들이 여태 알려지지 않았던 원리와 맥락으로 연결되며 재조직화한 덕에 가능해진 것이다.

보통 우리는 높은 수준의 승화를 "주어진 현실"로 경험하게 된다. 분석에서 분석가는 승화의 과정을 역추적해 환자가 그 과정을 이용할 수 있게 해야 한다. 이것이 자아를 위한 퇴행이며, 재조직화를 위한 퇴행이고, 환자만이 아니라 분석가도 저항하게 되는 퇴행이다. 무의식 안의 비조직적인 힘에 대해서는 방어가 필요하다. 하지만 이러한 방어 때문에 우리는 종종 높은 수준의 조직화를 작동시켜 버리고 퇴행을 거절하는 경향이 있다. 퇴행에서 헤어나오지 못할까 하는 두려움 때문이다. 과거로의 회귀에 대한 두려움은 겨우 도달한 성취를 잃어버리는 것에 대한 두려움이자, 혼란스러웠던 과거 자체에 대한 두려움이기도 하다. 여기에는 특정한 과거도 포함되지만, 더 근본적으로는 미숙한 조직화 상태였던 과거에 대한 두려움으로, 제대로 다시 통합해 내기 위해서는 정신적 "노동"이 요구되기 때문이다. 이와 연관해서 미래에 대한 두려움도 있다. 미래에는 새로운 통합의 가능성도 있지만, 기존의 통합을 잃어버릴 위험도 있기 때문이다. 분석에서 미래에 대한 두려움은 환자가 상대적으로 안전한 퇴행 수준에 방어적으로 매달리는 현상으로 나타난다.

만약 분석가의 도움으로 환자의 방어가 분석되어 제대로 된 퇴행에 도달하게 되면 이제 방어하지 않고도 이야기할 수 있게 된다. 이때 환자는 자신의 경험을 언어로 녹여 내면서 언어를 창조적으로 이용할 수 있다. 이것이 통찰의 시작이다. 분석가에게 이야기함으로써 환자는 분석가의 수준에 도달하려 한다. 이때 분석가는 한 차원 높은 수준의 자아-현실 조직화의 표상이 된다. 말하자면 표상으로서 분석가와의 언어적 소통을 통해 통찰을 만들어 낸다고 할 수 있다. 그런 소통은 분석가가 *분석가의* 의사소통을 통해 환자에게 좀 더 성숙한 인간으로 다가갈 때 가능하다. 이때 좀 더 성숙한 인간은 환자가 무엇을 어떻게 경험하는지 공감하는 동시에 환자 자신보다 그것을 '조금 더' 이해하는 사람이다. 분석가는 외적 현실을 표상하고 외적 현실은 분석가에 의해 매개된다. 외적 현실이 우리에게 제공해야 하고, 우리는 얻으려 애쓰는 게 바로 이 '조금 더'다. 이때 '조금 더'는 그 내용물의 양에 그치지 않고 조직화와 의미의 수준도 포함한다. 분석가는 자기 몫의 일을 하는 와중에 "자아를 위한 퇴행"의 카타르시스를 경험하고, 동시에 자기-분석을 반복한다(Lucia Tower, 1956 참고). 프로이트가 말하길, 분석가는 환자를 분석하기 위해 자기-분석을 하는데, 이는 분석에서 필요한 정신적 거리를 유지하기 위해서 꼭 필요한 과정이다(1954, p. 234).

분석가는 환자를 현재의 모습보다 조금 더 통합된 모습으로 인식하고 환자 또한 분석가와의 소통을 통해 같은 인식에 이른다. 그렇게 현실에서 새로운 정체성을 수립한다. 다양한 수준의 저항과 더불어, 혹은 저항에도 불구하고 환자들은 이 같은 통합적 경험을 위해 저마다의 애를 쓰고 있다. 전지전능함과 마술적 동일시를 넘어선 이래 환자들은 다양한 수준에서 이러한 통합을 포기해 왔으며, 포기해 온 통합이 많으면 많을수록 정신분석에 덜 적합하다. 분석가는 환자가 분석가를 성숙한 대상으로서 이용할 수 있다는 것을, 그리고 분석가도 스스로 통합 과정에 있다는 것을 알린다. 이 메시지는 환자가 가진 통합 메커니즘의 가용성과 잠재성의 정도에 따라 좀 더, 혹은 좀 덜 노골적이고 "원초적일" 수 있다. 정신분석은 이렇듯 기본적으로 언어적 소통의 수준에서 일어나는 환자와 치료자 사이의 조직화, 재구조화 과정이다. "대상"과의 의미 있고 일관된 소통의 도구인 언어의 발달은 정신성적 발달 과정 중 오이디푸스기에 이르는 것과 관련이 있어 보인다. 언어 발달, 자아와 대상의 형성, 그리고 오이디푸스기의 내적 연관성은 여전히 연구가 필요하다. 만약 그런 연관이 존재한다면, 나는 그렇다고 믿는데, 정신분석과 여타의 기초적인 통합적 상호 작용을 구분하는 게 너무 자의적이지만은 않을 것이다. 물론 너무 경직된 구분은 발달과 심리 기관의 복잡성을 무시하는 처사일 테지만 말이다.

Ⅳ

이 글의 결론에서는 전이 현상과 개념을 좀 더 살펴봄으로써 정신분석의 치료 원리에 대해 발전된 이론을 도출하려고 한다. 전이에 비교적 좁은 정의를 부여하는 현대 정신분석의 경향과 대조적으로, 나는 여기서 전이와 관련된 현상과 메커니즘이 가졌던 애초의 풍성함을 되찾고 나아가 그 상호 연관성에 대한 명료화를 시도하겠다.

프로이트가 자기애적 신경증에 반해 전이 신경증을 이야기했을 때, 전이는 두 가지를 의미했다. (1) 전이 신경증에서는 자아에 속한 리비도가 대상으로 전이되지만, 자기애적 신경증에서는 리비도가 자아에 묶여 있어 대상으로 전이되지 않는다. 여기에서 전이는 대상 카텍시스와 실질적으로 동의어다. 전이에 대한 초기의 중요 논문을 인용하자면 "최초의 사랑과 미움은 자가 성애적 쾌락과 불쾌가 대상으로 전이되어 같은 감정을 불러일으키는 것이다. 최초의 '대상-사랑'과 '대상-미움'은, 말하자면 원시적 전이다"(Ferenczi, 1909). (2) 전이 신경증을 자기애적 신경증과 나누는 두 번째 전이의 의미는 유아적 대상과의 관계가 이후의 대상으로 옮겨 간다는 뜻으로, 특히 분석에서 정신분석가로 옮겨 간다는 의미다.

요즘은 다른 의미들은 배제되고 두 번째 의미가 가장 많이 쓰인다. 전이에 대한 최근의 논문 두 개를 인용해 보겠다. Waelder는 제네바 총회에서 발표한 「Introduction to the Discussion on Problems of Transference」(1956)에서 "전이는 환자가 자신의 아동기 상황과 환상을 분석 관계 안에서 분석가와 다시 반복하고 재연re-enact하려는 시도"라고 말했다. 같은 곳에서 Hoffer는 「Transference and Transference Neurosis」(1956)를 통해 이렇게 말한다.

> "전이"라는 용어는 모든 종류의 대상 관계에서 사람들이 (…) 자신의 유아기 경험에서 얻은 이미지를 대상에게 옮기는 일반적인 현상을 지칭한다. (…) "전이"라는 용어는 아동기 경험이 우리 인생 전반에 가지는 측면을 강조한다. 사람들은 대상과 만날 때, 이 만남이 사실이든 상상이든, 긍정적이든 부정적이든, 아니면 양가감정이든 무관하게 자신에게 의미 있는 예전 *기억*을 "전이"해서 대상과의 "*현실을 바꾸는*" 것

처럼, 즉, 과거의 무엇을 대상에게 투자하는 것처럼 보인다.

그래서 전이 신경증은 리비도를 "자아"가 아니라 외부 대상으로 보내는 것으로 특징지어진다. 다음으로 유아기 대상에 부착되었던 리비도 카텍시스를 (그리고 그에 대한 방어도) 현재의 대상으로 옮기는 것을 의미한다.

전이 신경증을 자기애적 신경증과 구분하는 것은 질병 분류상 용어 선택이다. 동시에 전이 신경증은 정신분석 상황에서 유아 신경증이 재활성화되는 현상을 위한 용어이기도 하다. 이런 맥락에서 강조점은 정의의 두 번째 의미에 놓이는데, 왜냐하면 유아 신경증이 재활성화되는 이유는 유아기적 관계 맺음이 분석가로 옮겨 가기 때문이다. 하지만 유아기 대상에 대한 리비도 애착이 현재의 대상으로 옮겨갈 수 있으려면 유아기에 (외부) 대상 리비도가 있어야만 가능하다. 따라서 전이 신경증의 기술적 개념에는 전이의 첫 번째 의미가 암묵적으로 포함된다.

자기애적 신경증은 자기애적 리비도 부착 때문에 정신분석적 접근이 불가능하다고 여겨진다. 정신분석은 분석가와 "전이적 관계"가 가능해야만 할 수 있다. 다르게 표현하면, 정서적 발달이 어느 정도 일어나서 의미 있는 수준의 리비도가 외부 대상으로 옮겨갈 수 있는 병리에 적용된다는 뜻이다. 만약 조현병 환자가 전이를 맺을 수 있다고 한다면 그건 아래와 같은 주장을 하는 것이다. (1) 그들도 어떤 방법으로 "대상"과 관계를 맺을 수 있다. 단, 오이디푸스 대상보다는 덜 "객관적"인, 전-대상적 방법으로 맺는다(자기애적 리비도와 대상 리비도가, 그리고 자아와 대상이 아직 명료하게 분화되어 있지 않은 상태, 즉 넓은 의미의 일차적 자기애를 뜻한다). (2) 조현병 환자는 이런 초기의 관계 맺음을 현재의 "대상들"에게 옮기고, 따라서 대상들은 덜 객관적인 존재가 된다. 자아와 대상이 아직 충분히 분화되지 않고 자아와 대상의 경계가 충분히 수립되지 않았다면 자아와 대상이 서로 융합된 만큼 전이의 양상도 달라진다. 그러니까 "서로 다른 대상들"이란 의미에서 대상들은 아직 충분히 서로 분화되지 않았다는 말이다. 특히 현재의 대상과 과거의 대상이 명료하게 구분되지 않는데, 그래서 전이는 훨씬 원시적이고 "강렬하다". 따라서 잠복기 이전의 아동 정신분석에 대해서 성인 신경증 환자들과 같은 전이를 말할 수 있을지는 잘 모르겠다. 원초적 형태의 전이라는 개념, 그리고 리비도가 대상으로부터 완전히 철수되어 자아에 부착된다는 식으로 자아와 대상 간의 무관련성을 가정하는 것. 둘은 엄연히 다르다.

이렇듯 조현병을 통한 임상경험과 초기 발달에 대한 보다 깊은 이해에 근거해 자기애적 애정에 대한 관점이 수정되었다. 이렇게 보면 첫 번째 의미의 전이를 좀 더 넓게 이해하게 된다. 좀 더 정확히 말하면 대상으로 리비도가 이동된다는 의미에서 전이의 발생 과정이 분명해진다. 즉 전이는 최초 자아와 대상 사이의 미분화 상태에서 발달하고, 조현병에서 보듯 다시 그 상태로 퇴행할 수도 있다. 자기애적 사랑에서도 전이는 없어지지 않는다. "대상에게서 철수되어 자아에 부착"되는 일은 벌어지지 않는다. 다만 미분화를 통해 최초 자아와 대상이 일치하는 일차적 자기애 상태로 퇴행할 뿐이다.

일견 별 관련 없어 보이는 전이의 의미는 『The Interpretation of Dreams』의 7장, 꿈에 있어서 낮의 잔여물day residues의 중요성을 토론하는 맥락에서 관찰된다. 전이에 대한 보다 깊은 이해를 위해서 꼭 필요해 보인다. 인용해 보겠다.

> (신경증의 심리학을 통해) 우리가 배운 건 무의식의 사고가 전의식으로 좀처럼 들어가지 못하고, 단지 이미 전의식에 속한 사고와 연결을 맺음으로써 효과를 발휘할 수 있다는 것이다. 즉, 무의식적 관념idea의 힘

을 전의식에 속한 관념에 전달하고, 무의식적 사고는 전의식의 관념으로 "위장"된다. 여기서 우리는 신경증적 정신 현상의 많은 부분을 설명할 수 있는 "전이"를 발견한다. 그렇게 자신의 것이 아닌 힘을 얻은 전의식의 관념은 전이에도 불구하고 변하지 않을 수도 있고, 혹은 전이를 일으킨 관념의 내용 때문에 바뀌기도 한다(pp. 562-3).

그리고 조금 뒤, 다시 낮의 잔여물에 대해 언급하며,

최근의 일들이 그렇게 규칙적으로 떠오른다는 사실은 전이 개념의 필요성을 의미한다. 낮의 잔여물들이 (…) 꿈이라는 형태로 모종의 지분을 확보할 때, 무의식에서 무언가를 빌려 오는 것만은 아니다. 즉, 억압된 소망에 딸린 본능적 충동을 빌려 오는 동시에 낮의 잔여물은 필수 불가결한 어떤 것을 무의식에 제공하기도 한다. 말하자면 전이를 위해 꼭 필요한 부착 지점point of attachment 같은 것이다. 우리가 이 시점에서 마음의 작용에 대해 좀 더 깊이 들어가고자 한다면 전의식과 무의식 사이에 일어나는 흥분의 상호 작용에 대해 좀 더 알아야 한다. 이 주제는 신경증의 연구를 통해서 이루어지며 꿈은 별로 도움이 되지 않는다(p. 564)[3]

이상의 전이 의미와 앞서 언급된 두 번째 전이의 의미, 유아기적 대상 카텍시스를 현재의 대상으로 옮긴다, 사이에는 하나의 유사점이 발견된다. 자신의 힘을 전의식의 관념으로 전달하고 전의식의 관념 덕분에 "위장"되는 무의식적 관념은 유아기적 대상 카텍시스에 해당한다. 반면 전의식의 관념은 유아기적 카텍시스가 전이되는 현재의 대상에 해당한다.

3) Charles Fisher(1956)는 최근 전이의 이 같은 의미에 주목했다. 그의 무의식-전의식 관계에 관한 연구는 주로 꿈의 형성과 이미지, 지각에 대해 관련하지만, 대상 관계와 심리적 현실의 형성과 관련된 전반적인 문제들도 관련된다.

『Studies on Hysteria』를 보면 프로이트가 전이에 대해 상세하게 묘사한 부분이 있다. 여기서 전이는 "잘못된 연결false connection"이다. 프로이트는 이 책의 2장에서 이 메커니즘에 관해 논한다. 그는 무의식적 콤플렉스를 의식적인 것과 "연결하려는 강박"에 관해 언급하면서, 강박 신경증의 강박적 사고와 비슷한 메커니즘이라고 했다(p. 69). 「The Neuro-Psychoses of Defense」에서는 강박증과 공포증을 설명하기 위해 "잘못된 연결"이 동원된다. 물론 잘못된 연결은 "차폐기억"의 설명에서도 전치라는 이름으로 포함된다. 독일어로 차폐기억은 Deck-Erinnerungen인데, decken은 위장이란 뜻으로 『The Interpretation of Dreams』에서 무의식의 사고가 전의식의 사고로 위장된다는 설명에서도 사용되고 있다.

"전의식과 무의식 사이에 일어나는 흥분의 상호 작용"에 포함된 메커니즘들은 정신신경증 혹은 꿈과 관련이 있고, 그 맥락에서 관찰되고 서술된다. 하지만 이들은 정상적인 메커니즘이 다소간 병리적으로 두드러지거나 왜곡되어 나타난 것일 뿐이다. 마찬가지로 대상으로 리비도를 옮기거나 유아기 대상 관계를 현재로 옮기는 것도 정상적인 과정이며, 다만 신경증에서는 변형이나 왜곡을 통해 관찰될 뿐이다.

무의식적 콤플렉스를 의식과 연결하려는 강박, 그리고 『The Interpretation of Dreams』 7장에서 보이는 전이의 필요성은 말하자면 같은 현상이다. 이것은 무의식적 정신활동이 거의 파괴 불가능하다는 것을 보여 준다. 프로이트는 이 같은 무의식적 정신활동의 파괴 불가능성을 오디세우스가 명부冥府에서 만난 귀신에 비유한다. "피 냄새를 맡고 새 삶을 얻은 귀신"(p. 553n), 의식-전의식이라는 피 냄새, 현재의 대상이라는 새 삶. 전이를 반복강박의 한 형태로 이해하는 것은 여기서 그다지 멀지 않으나 지금 다루지는 않겠다.

분석에서 생겨나고 해소되는 전이 신경증은 환자의 무의식이 피 냄새를 맡은 탓에 오래된 귀신이 새 생명을 받은 것이다. 귀신을 아는 자들은 말하길, 그들은 귀신의 삶에서 벗어나 저승에서 조상이 되길 원한다고 한다. 귀신은 그들의 음습한 삶으로 현재를 미혹하는 데 그치지만 조상은 현세에도 살아갈 수 있기 때문이다. 무의식이 귀신으로 가득한 탓에 전이는 병적이지만 정신분석에서는 전이 신경증의 시작이기도 하다. 방어 때문에 무의식에 갇힌 채 그 음습한 방어와 증상으로 환자를 괴롭히던 귀신들이 피 냄새를 맡고 풀려나게 된다. 정신분석의 빛 아래 무의식의 귀신들은 격퇴되어 이제 과거의 존재가 되고, 그들의 힘은 현재의 삶을 위한 것이 된다. 즉, 이차과정과 현재의 대상을 위한 것으로 바뀐다.

심리 기관의 발달에 있어 이차과정, 즉 전의식에서의 조직화는 좀 더 미숙한 조직이 환경의 이차과정과 상호 작용을 하는 양상이자 그 결과다. 무의식은 이런 상호 작용을 통해 상위의 조직화를 성취하게 된다. 신경증에서는 이러한 자아 발달이 중지되거나 왜곡되고 정신분석을 통해 회복한다. 정신분석가가 환자의 억압된 무의식을 살리는 셈이다. 이 과정에 전이와 저항의 해석, 기억의 회복과 재건이 이루어지고 환자의 무의식은 전의식으로 조직화된다. 한편 분석상황에서 분석가는 환자에게 자기 자신을 대상으로 제공한다. 분석가는 꿈이 만들어지는 것과 같은 원리에 의해 만들어지는 전이 신경증을 부채질해 환자의 무의식에 있는 귀신을 되살린다. 그 원리는 한편으론 무의식, 다른 한편으론 "최근의", "낮의 잔여물" 사이의 상호 인력引力이다. 꿈의 해석과 전이의 해석은 그 점에서 공통점을 가진다. 둘 다 무의식과 전의식 사이의 잊힌 연결, 묻힌 상호 작용을 복원하는 것이다.

신경증에서 연구되고 치료에서 해석되는 전이는 그 같은 파괴 불가능한 무의식적 정신활동의 병리적 표현이다. 전이가 현재의 것들에 부착이 되면 일차과정을 이차과정으로 바꾸는 과정을 통해 성장이 이루어진다. 이런 맥락에서 Silverberg가 말하고 많은 분석가가 공유하는 듯한 전이 개념보다 더 심각한 몰이해는 없어 보인다. 「The Concept of Transference」에서 그는 이렇게 말한다(1948). "광범위하게 발생하는 전이 역동은 인간이 지닌 미숙함의 표시이고, 세월이 흘러 성숙에 이르면 전이는 점차 정신에서 사라지게 될 것이다". 하지만 전이는 그의 표현처럼 "현실에 대한 반항의 기념비이자 고집스러운 미숙함"이 전혀 아니다. 전이는 "움직임dynamism"이다. 전이 덕택에 인간의 본능이, 즉 이드가 자아로 변하고, 현실이 통합되고, 성숙이 성취된다. 전이가 없다면, 그래서 무의식의 힘이, 언어도 없고 조직화도 가능하지 않은 유아적 체험이, 생명의 근원이 갖는 파괴 불가능한 힘이, 전의식으로, 혹은 현재의 삶과 대상으로 전이되지 않는다면, 혹은 전이에 실패한다면, 그만큼 인간의 삶은 피폐해지고 공허해질 것이다. 또 하나, 무의식은 현재의 외부환경(대상)과 현재의 심리적 현실(전의식)이 필요하다. 그렇지 않으면 무의식은 귀신처럼 어둠 속에 살거나 삶을 파괴하게 된다.

나는 앞서 정신분석을 통해 이루어지는 전의식 수준의 조직화에서 일차과정이 이차과정으로 변환되기 위해서는 두 과정 사이에 차이differential, 혹은 리비도 중력장libidinal tension system이 필요하다고 말했다. 이 관계는 한편으로 아이와 아이의 심리 기관, 다른 한편으로 좀 더 성숙한 환경 사이에서 생겨난다. 즉, 전이는 "대상"과의 발전적 관계를 의미한다. 이런 상호 작용이 내가 "통합적 경험"이라 부르는 것의 토대가 된다. 이 관계는 전의식과 무의식 사이에서 일어나는 흥분의 상호 작용처럼 상호적이다. 왜냐하면 환경은 자신을 가용한 대상으로 제공하기만 하거나 혹은 미숙하게 조직된 심리 기관을 향해 퇴행하는 것에 그치지만은 않기 때문이다. 환경 역시 미숙한 심리 기관이 필요한데, 이때 미숙한 심리 기관은 환경 자신의 무의식적 조직화 수준의 외적 표상으로서 서로 소통이 유지되어야 한다. 정신분석은 전이 신경증의 발달과 해소를 통한 반복이다. 여기서는 비록 또 다른 수준에서 일어나는 탓에 불가피한 수정을 동반하지만, 미숙한 심리 기관과 성숙한 심리 기관이 만드는 리비도 중력장이 다시 만들어진다.

통합적 경험에 암묵적으로 내재하는 차이를 여기서 다시 마주친다. 그것은 이제 내면화되어서 전의식과 무의식 사이에 일어나는 흥분의 상호 작용이 만드는 중력장의 모습을 가진다. 자아가 발달하기 위해서, 그리고 분석에서 그 과정을 회복하기 위해서 꼭 필요한 것은 단순히 대상의 내면화가 아니라 상호 작용의 내면화라고 생각된다. 전이의 두 가지 측면은 명료하다. 즉, 전이는 무의식과 전의식 사이의 상호 작용이며, 동시에 심리 기관과 대상 세계 간의 상호 작용이다. 창조적 행위에서 관찰되는 것처럼 무의식과 전의식 사이에 창을 만드는 것은 통합적 경험의 내면화로 이해될 수 있고, 실제로 그렇게 경험된다.

무의식적 현상과 경험의 강도는 전의식-의식적 경험으로 전이된다. 그렇게 현재 진행 중인 경험은 힘과 깊이를 가지게 된다. 경험의 힘과 깊이는 무의식 속의 유아적 경험과 얼마나 소통(상호 작용)하는가에 따라 달라진다. 무의식의 유아기 경험은 유아기 이후의 모든 경험이라는 파괴 불가능한 매트릭스를 표상한다. 프로이트는 1897년에 이 점을 이미 잘 알고 있었다. Fliess에게 보내는 편지에서 그는 동생과 조카의 한두 살 시절을 회고한 뒤 이렇게 말한다. "내 조카와 동생이 결정한 건 내 우정의 신경증적 측면에 그치지 않아요. 그 깊이도 결정했죠"(1954, p. 219).

억압으로 인해 필요한 전이가 방해받고, 그로 인해 무의식은 고통받는다. 무의식은 신경증적 전이에서 출구를 발견하지만 좀 더 높은 수준의 통합에 실패하는 "반복"이 되어 버린다(잘못된 연결). 전의식의 고통도 적지 않다. 왜냐면 현재의 경험에 충분한 의미와 깊이를 주는 무의식의 원초적 경험이라는 힘에 접근하지 못하기 때문이다. 전이 신경증을 북돋우면서 우리는 전의식에 퇴행을 조장한다(자아 퇴행). 그렇게 전의식은 방어적 고립에서 벗어나서 무의식과 연결된다. 분석가와의 상호 작용을 통해 무의식은 전의식의 관념과 경험을 다시 카텍시스 시킨다. 이런 식으로 좀 더 높은 수준의 조직화가 이루어진다. 한편 상호 작용의 매개자인 분석가는 현재의 대상으로서 환자에게 전이 부착을 위해 자신을 내준다. 현재의 대상인 분석가가 표상하는 심리 기관은 이차과정의 조직화 덕택에 제어 가능한 퇴행을 할 수 있다. 그래서 분석가는 자기 자신, 그리고 환자의 무의식과 적절히 소통을 할 수 있으며, 따라서 무의식과 전의식 사이의 소통, 즉 쌍방을 관통하는 소통의 매개자이자 동반자가 된다.

자아와 현실의 통합을 이루고 통합이 지속되도록 결정짓는 것은 현실의 새로운 대상과 경험들로 전이되는 무의식의 과정과 "내용"에 달려 있다. 병리적 전이에서는 이차과정으로의 전환과 쌍방향의 소통이 잘 이루어지지 않는다. 대신 이차과정이 일차과정을 가리고 있어서 두 체계는 그저 나란히 존재할 뿐, 서로를 소외시킨다. 프로이트는 「The Unconscious」에서 이렇게 묘사한다(pp. 175-76). "실제로 저항이 극복되어 의식의 관념이 무의식의 기억 흔적과 연결되기 전에는 억압은 해소되지 않는다. 무의식의 기억 흔적 자체를 의식으로 만들어야 가능한 것이다". 정신분석적 해석에서 "환자에게 제공된 정보와 환자의 억압된 기억이 같아 보이는 것은 그냥 보기에만 그런 것이다. 무언가를 듣는 것과 무언가를 경험하는 것은, 비록 그 내용이 같더라도 심리적으로는 전혀 별개의 성질을 지닌다". 같은 논문의 뒷부분에서 프로이트는 무의식에서는 대상이 사물-카텍시스를 가지지만 "의식의 표상은 사물-표상과 그에 딸린 단어-표상 모두를 가진다"라고 말했다(p. 201). 나아가 "전의식은 이 사물-카텍시스가 단어-표상과 연결됨으로써 과-카텍시스 되면서 생긴다. 한 차원 높은 수준의 정신적 조직화를 만들고, 그래서 일차과정이 전의식의 이차과정으로 이어지게끔 하는 것은 바로 이 과-카텍시스 때문이라고 가정해 볼 수 있다. 이제 우리는 전이 신경증에서 억압이 거절하고 있는 것이 무엇인지 말할 수 있다. 억압이 거절하고 있는 것은 대상에 부착될 언어로의 번역이다"(p. 202).

언어적 관념idea과 구체적 관념의 상응, 즉 무의식의 사물-카텍시스와의 일치는 어른이라는 환경 덕분에 발달 중인 유아적 심리 기관에 매개된다. 과-카텍시스는 "좀 더 높은 수준의 심리적 구조화를 만드는" 것으로서, 무의식의 기억 흔적과 그것에 해당하는 언어적 관념의 연결로 이루어진다. 초기 발달에서는 유아적 심리 기관의 일차과정이 환경의 이차과정과 상호 작용을 하면서 이루어진다. "차이" 혹은 "리비도 중력장" 같은 용어는 내가 이러한 상호 작용의 역학적 측면, 그러니까 과-카텍시스를 위한 에너지 원천을 묘사하기 위해 사용한 것이다. 프로이트가 "높은 수준의 심리적 조직화"를 위한 과-카텍시스는 무의식의 구체적 관념을 언어적 관념과 연결함으로써 이루어진다고 말했을 때, 그는 이미 서로 다른 조직화 수준의 심리 기관들이 만드는 상호 작용을 다룬 셈이다. 왜냐하면 "연결"은 아이의 환경에 존재하는 전의식, 즉 좀 더 높은 수준의 심리 기관을 유아적 심리 기관과 매개하는 현상이기 때문이다(Charles Rycroft, 1956 참고). 언어적 관념은 전의식 활동의 표상으로, 언어가 좀 더 높은 수준의 심리 기관에서 갖는 특별한 역할로 인해 특별한 중요성을 가진다. 그렇다고 유일하게 중요한 것은 당연히 아니다. 이렇듯 상호 작용 중에 생기는 연결은 점차 내면화해서 심리 기관 내의 전의식과 무의식의 상호 작용과 소통이 된다. 무의식과 전의식이 서로를 병적으로 소외시켜서, 혹은 자아 심리학적 용어로 말하면 방어가 너무 심하게 발달한 탓에 자아가 이드의 영역에서 자신의 조직화 수준을 유지하고 확장하지 못하고 오히려 점점 배제되어 버리게 되는 경우, 정신분석을 통한 매개적 상호 작용의 필요성이 생긴다. 그리고 분석에서는 새로운 내면화와 내적 상호 작용이 다시 일어난다.

무의식은 전이가 필요하고, 전의식에는 전이를 위한 부착 지점이 있어야 한다. 전이를 통해서 일차과정은 이차과정으로 전환된다. 이런 관점에서 보면 심리적 건강이란 무의식과 전의식 사이에서, 유아의 원초적 구조화 단계와 이후의 성숙한 단계 사이에서 적절한 수준의 소통이 일어난다는 뜻이다. 물론 그 소통이 반드시 의식적일 필요는 없다. 나아가 무의식이 변할 수 있어야 하고, 프로이트의 표현처럼 전의식과 "삶의 느낌에 접근할" 수 있어야 한다(「The Unconscious」, p. 190). 억압이 걷혀 무의식과 전의식이 또 한 번 소통하는 곳에서 유아적 대상과 현재의 대상은 하나가 된다. 그리고 이 대상은 무의식과 전의식이 서로 소통하면서 변화한 결과이므로 진실로 새로운 대상이다. 치료에서 변화를 이끄는 대상인 분석가는 이처럼 통일을 매개한다. 어린 시절 초기 대상 관계에서 일차과정은 어른의 매개 덕에 이차과정으로 전환되었다. 분석가와의 경험은 이 같은 경험이 새로운 모습으로 펼쳐지는 것으로 이해할 수 있다.

전이, 그리고 소위 환자와 분석가 사이의 실제 관계에 대해서 한마디만 더 하자. 사람들이 말하길 분석에서 전이(혹은 역전이) 관계는 둘 사이의 실제 관계와 구분되어야 한다. 나도 동의한다. 하지만 어쩌면 이 말이 뜻하는 바는 실제 관계가 전이 관계와 전혀 관련이 없다는 것인 듯하다. 부디 내가 이제까지의 토론에서 전이 없이는 현실이라는 것도, 실제 관계라는 것도 애초 불가능하다는 것을 분명히 보여줬기를 바란다. 그 모든 "실제 관계"는 무의식적 이미지가 현재 대상으로 전이되는 과정을 포함한다. 사실 현재의 대상은 대상이고, 그래서 진짜다. 여기서 진짜란 무의식의 기억 흔적과 전의식의 관념이 일치한다는 말이다. 그리고 이것은 무의식과 전의식이 상호 작용하여 변화한다는 뜻에서의 전이가 많이 구현되면 될수록 더 진짜가 된다. 분석의 종결에서 전이의 해소는 전이 신경증, 그러니까 전이 왜곡의 해소다. 이는 인간관계의 한계를 인식하는 것, 특히 환자-분석가 관계의 한계를 인식한다는 것을 의미한다. 하지만 분석가와의 새로운 대상 관계는 내가 말한 전이를 항상 포함한다. 분석가와의 대상 관계는 분석 과정에서 점진적으로 만들어진 것이며 환자와 분석가의 실제 관계다. 그리고 환자가 자신의 "실제" 생활에서 더 건강한 대상 관계를 수립할 수 있는 실마리가 된다. 앞서 말했듯, 환자가 "긍정적 전이"(저항으로서의 전이가 아니라 "전이"의 힘으로 분석의 전 과정을 헤쳐나간다는 의미에서)를 발달시키는 정도에 따라서 환자는 복잡다단한 저항의 모든 단계에서도 새로운 대상 관계에의 가능성을 생생하게 견지할 수 있다. 치료에 대해서도 마찬가지인지는 잘 모르겠지만 최소한 현대의 정신분석 저작과 교육에서 위와 같은 긍정적 전이의 의미는 별로 호응을 얻지 못하는 것 같다.

세상엔 경직된 개념의 기만적 단순함으로 삶의 복잡성을 희생시키길 거부한 사람들이 있다. 프로이트도 그들 중 한 명이라 상반된 이야기들을 제법 많이 했다. 덕분에 프로이트는 다양한 의견들을 보강하기 위해 인용될 수 있다. 나도 나 자신을 위해 그를 한번 인용해 볼까 싶다.

프로이트는 1906년 12월 6일 융에게 보내는 편지에서 이렇게 쓴다(The Freud/Jung Letters, pp. 12-13).

> 여태껏 나는 치료의 한계와 작동 원리에 대한 여러 생각을 마음에만 담아 두거나 혹은 알아들을 만한 사람만 알아듣게 발표해 왔습니다. 당신은 우리의 치료법이 무의식 속에서 군림하는 리비도를 고정함으

로써(전이) 이루어진다는 것을 알아차리셨겠죠. 물론 우리는 히스테리에서 이를 더 잘 관찰할 수 있습니다. 무의식을 이해하고 해석하기 위한 원동력이 있다면 바로 이것인 거죠. 이게 제대로 이루어지지 않으면 환자들은 회피해 버리거나 우리가 발견한 사실들을 귀담아듣지 않을 겁니다. 그래서 사실 이건 사랑을 통한 치료에요. 전이는 신경증이 사랑의 결과임을 증명하는 또 하나의 강력하고도 반박 불가능한 증거입니다.

그리고 1910년 1월 10일, 페렌치에게 쓴 편지의 일부다(Jones, 1953, p. 496).

당신의 글을 읽으면서 생각난 이론을 좀 제시해 보겠습니다[페렌치의 꿈에 대한 자기-분석을 언급하는 중이다]. 성적 충동에 대해서 우리는 단지 교환 혹은 전치만 할 수 있지, 콤플렉스를 단념하거나, 없애거나, 해소하는 건 불가능한 것 같아요(절대 비밀!). 누군가 자신의 유아적 콤플렉스를 드러낼 때 그는 최소한 그 일부(정서)를 현재의 형태로 보존했던 겁니다(전이). 허물을 벗어서 분석가에게 남기는 거죠. 부디 지금은 피부도 없이 헐벗은 상태는 아니어야 할 텐데 말이죠!

참고문헌

Ferenczi, S. (1909): Introjection and transference. In: Sex in Psychoanalysis. New York. Brunner, 1950, P. 49.
Fisher, Charles. (1956): Dreams, images, and perception. JAPA vol. 4
Freud, S. Instincts and their vicissitudes. S.E. 14
Freud, S. Beyond the pleasure principle. S.E. 18.
Freud, S. An outline of psychoanalysis. S.E. 23.
Freud, S. The origins of psychoanalysis, New York. Basic Books, 1954, p. 379f.

Freud, S. The interpretation of dreams. S.E. 5.
Freud, S. Studies on hysteria. S.E. 2.
Freud, S. The neuro-psychoses of defence. S.E. 3.
Freud, S. Screen memories. S.E. 3.
Freud, S. The unconscious. S.E. 14.
Freud, S., and C. G. Jung. Briefwechsel. Edited by William McGuire and Wolfgang Sauerlander. Frankfurt am Main. S. Fisher Verlag, 1974.
Freud, S. and C. G. Jung. The Freud/Jung Letters. Edited by William McGuire. Translated by Ralph Manheim and R. F. C. Hull. Bollingen Series 94. Princeton, N.J. Princeton University Press, 1974.
Hoffer, W. (1956): Transference and transference neurosis. IJP 37:377.
Jones, E. The Life and Work of Sigmund Freud, vol. 2. London. Hogarth, 1955.
Loewald, H. W. (1951): Ego and reality. IJP vol. 32 (본서 1장)
Rycroft, C. (1956): The nature and function of the analyst's communication to the patient. IJP 37: 470.
Silverberg, W. (1948): The concept of transference. Psychoanal. Quart. 17:321.
Spitz, R. (1956): Countertransference. JAPA vol. 4.
Tower, L. (1956): Countertransference. JAPA vol. 4.
Waelder, R. Introduction to the discussion of problems of transference. IJP 37: 367.

15

내면화, 이별, 애도, 그리고 초자아

(1960)

이 글에서는 내면화의 결과물인 초자아, 내면화와 이별의 관련성, 상실 그리고 애도에 대해서 말하려고 한다. 이와 관련해서 분석의 종결에 대해서도 짧게 다루겠다. 자아 동일시와 초자아 동일시의 유사점과 차이점을 기술하고, 내면화의 정도degree라는 개념을 소개할 것이다. 이 개념에 따르면 초자아를 이루는 내사물은 자아 시스템의 보다 바깥쪽에 위치하지만 이동할 수 있어 안으로 들어올 수 있다. 따라서 자아와 합쳐질 수 있고, 결과적으로 초자아로서 성격을 잃게 된다. 그리고 구조로서 초자아는 견고하나 그 내용물은 바뀔 수 있고, 미래라는 시간 양식의 내적 표상과 초자아는 중요한 관련성을 가진다는 제안을 하게 될 것이다.

주제를 제시하는 차원에서 초자아는 오이디푸스 콤플렉스의 상속자라는 프로이트의 말을 기억하는 것이 좋겠다. 오이디푸스기에 선행하

비슷한 내용이 Topeka 정신분석학회, Western New England Psychoanalytic Society(1960), 1960년 12월 뉴욕에서 열린 미국 정신분석학회에서 발표되었다. 「초자아와 시간」 참고(본서 4장).

고 오이디푸스 콤플렉스의 발달을 준비하는 내사와 동일시는 고유 자아 ego proper를 형성한다. 프로이트에 의하면 초자아의 기원 역시 이러한 초기 동일시에서 발견할 수 있는데, 그는 이 같은 동일시에 대해 대상 카텍시스를 포기한 결과물이 아닌, 직접적이고 즉각적인 동일시라고 불렀다. 반면 고유 초자아를 구성하는 동일시는 오이디푸스 대상을 포기한 결과이다. 이 대상들은 단념되어 외적 대상의 지위를 잃는데, 심지어는 환상 속에서도 단념된다. 그 대신 자아 안으로 위치하게 되고 이드에 의해 자기애적 카텍시스가 부착되어 내적 대상이 된다. 이 과정은 내적 관계가 외적 관계를 대체하는 탈-성애화de-sexualization 과정이다.

그렇게 우리는 두 가지 종류, 혹은 두 단계의 동일시를 구분할 수 있다. 하나는 대상 카텍시스에 앞서며 그것의 기초가 되는 것이고, 다른 하나는 오이디푸스 시기의 대상 카텍시스의 결과로 만들어지는 것이다. 후자는 자아 안에서 응결체를 형성해서 프로이트가 초자아라고 부른 것이 된다. 전자는 초자아의 전구체이자 기원이지만 그 자체로는 고유 자아의 구성물이다. 내 생각에 초기 ("자아") 동일시는 아직 안과 밖이, 혹은 자아와 대상이 충분히 구분되지 않은 시기에 일어나는 것 같다. 다시 말해 아직 "대상"이 "카텍시스" 될 수 있는 정도의 단계에 이르지 못하거나 일시적인 퇴행으로 인해 불가능한 상태라고 볼 수 있다. 반면 후자의 동일시, 초자아 동일시는 애정적, 공격적 카텍시스가 이루어진, 분화된 대상과의 동일시다. 그래서 후자는 이 대상들의 포기에 기초한다. 물론 실제로는 두 가지 형태의 동일시 단계는 연속적이고 많은 부분이 서로 겹쳐지고 섞인다.

I

외적 대상의 포기와 그 내면화는 이별, 상실, 그리고 회복restitution의 과정을 수반하며 회복은 여러모로 애도와 닮았다. 정신분석에서 이별과 애도의 문제는 특히 분석이 중단되는 경우나 종결에서 가장 뚜렷하게 드러난다. 사실 분석의 종결은 오래 걸리는 작별인 셈인데, 일상적인 기준에서 보면 너무나도 오래 걸리는 작별처럼 보이기도 한다. 우리는 보통 작별의 순간을 짧게 줄여 버리는 경향이 있다. 아마 당혹감과 모호함, 고통을 줄이기 위해서일 것이다. 비록 그 대가로 이별의 슬픔과 앞날에 대한 열의에 찬 기대 사이에서 시달리게 될지라도 말이다. 그리고 어떤 이들은 작별의 시간을 길게 끌기를 원하는데, 이 경우에서도 그들이 끌고 싶은 것은 작별의 순간이 아니라 사랑하는 사람의 존재이므로 실제로는 헤어짐의 순간을 가능한 미루고 싶은 거다. 그러니까 두 경우 모두 상실을 막기 위한 시도로, 대상이 있다는 것 혹은 있었다는 것을 부정하거나 아니면 사랑하는 이를 떠나 우리만의 인생을 살아야 한다는 사실을 부정하려는 시도다. 과거나 미래, 둘 중 하나가 부정당하는 셈이다. 사랑하는 이의 죽음 앞에서도 위와 같이 부정이 일어날 수 있다. 외적 행위로는 달리 전혀 막을 방법이 없기 때문이다. 애도에서는, 어쩌면 일시적으로는 부정될 수 있을지는 모르지만, 결국 사랑하는 사람의 상실이 서서히 받아들여지고 복잡한 내적 과정을 통해 해결된다.

정신분석은 일상의 삶과 다르고, 또 달라야 한다. 비록 어떤 핵심적 측면에서는 일상의 판박이고, 또 어떤 면에서는 근본적으로 다르지만 말이다. 분석의 종결에서 이루어지는 작별은 일상의 작별에 비하면 너무나 오래 걸리지만 오이디푸스 콤플렉스의 해소에 수반되는 이별에 비해서는 상당히 압축적이고 짧은 이별이다. 분석과 일상의 차이 중 하나는 분석에서는 일상과 비교해서 경험들이 의도적으로 만들어지고, 또한 일부러 고통스럽게 만들어지는 경우가 많다는 점이다. 분석에서 경험은 일상의 경험이 가질 수 없는 수준과 각성의 정도를 가진다. 이러한 자각을 얻기 위해 내적 거리와 관점들이 요청되고 바쁜 일상에서는 찾기 어려운 긴 시간이 필요하다.

정신분석의 특징은 이별의 경험이, 즉 타인(여기서는 분석가)과의 관계를 끝내는 경험이, 아주 분명하게 의식적으로, 그리고 과-카텍시스 양상으로 경험된다는 점이다. 그리고 이 과정은 분석가의 해석으로 인해 조장되기도 한다. 그렇게 되면 이별을 하는 대상, 그리고 이별 후의 삶의 존재 모두 부정할 수 없어진다. 이렇게 명시적인 이별을 하게 되면 헤어지는 대상은 과거의 일부가 되고 동시에 우리는 그가 없는 미래로 나아간다. 과거와 미래 모두 부정되지 않고 현재에서 자각되고 유지되는 셈이다. 정신분석의 오래 걸리는 이별은 애도의 복제품이다. 분석 기간 내내 엄마였고, 아빠였고, 혹은 여타 과거에 사랑하고 미워했던 사람이었던 분석가를 이제 떠나는 것이다. 이런 애증의 대상들과 환자가 맺었던 내적 대상 관계들이 분석 과정에서 일부 밖으로 다시 나타난다. 어린 시절 환자의 성격을 형성한 내면화 과정들이 부분적으로 취소되고 외적 대상과의 관계로 대체되는데, 이때 분석가는 각각 다른 시점에서 각각 다른 사람이 되는 것이다. 다른 말로 하면 내면화가 일정 정도 역행해서 자아 구조의 성분을 이루던 내적 관계가 다시 외면화되는 것이라고 할 수 있다.

정신분석에서 전이 신경증이 해결된다는 의미는 환자의 성격을 구성하는 내적 관계를 다시 한번 외면화해서 그 과정을 통해 깨닫고, 탐색하고, 다시 통합함으로써 변화한다는 뜻이다. 내적 조직인 심리구조들은 일부 외면화되어 현실의 단면에 투사됨으로써, 말하자면 삼차원이 된다. 하지만 원래의 대상이 그렇듯 분석가도 중요한 측면에서 오직 일시적인 외적 대상일 뿐이다. 자아 발달 초기에 부모와의 관계가 그랬듯 분석가와의 관계도 부분적으로 내면화될 필요가 있다. 이 과정은 분석의 초기를 제외한 전 과정에서 다양한 정도로 일어나고, 특히 종결에서 뚜렷하게 이루어지면서 결과물을 맺는다. 그리고 임박한 이별이 이 새로운 내면화 과정을 가속하게 된다. 하지만 내면화 과정은 그 이후에도 지속될 뿐더러 분석이 끝난 이후에야 비교적 완성된다.

사랑하는 사람의 죽음, 혹은 어떤 형태의 영구적 이별에서도 애도와 내면화가 일어날 수 있다. 자기 자신도 언젠가는 죽을 것이라는 뚜렷한 자각이 자기 보존에 대해 의식적 · 무의식적 위협으로 경험된다. 이것이 내면화 현상과 밀접하게 관련 있어 보인다. 기독교의 도래에 따라 예수로 육화한 신의 죽음이 신앙 경험의 핵심이 되었고, 이것이 서구 문명사에서 가장 강렬한 내면화를 이끌었다는 점은 의미심장해 보인다. 예수는 궁극의 애정 대상이다. 기독교인은 그러한 예수를 외부대상으로서는 잃었지만 자아 이상으로 동일시함으로써 그를 다시 얻는다. 동시에 예수는 그의 고난과 희생적 죽음 안에서 모든 현실적 관계와 필요가 궁극적으로 내면화되고 승화된 전범이 되기도 한다. 하지만 이 주제는 여기서 더 나아가지 않는 게 좋겠다.

사랑하는 대상의 상실이 반드시 애도와 내면화로 귀결되지는 않는다. 이별과 사별의 대상은 애도되지 않을 수도 있으며 그 존재와 부재가 부정denial될 수도 있다. 이런 부정은 애도와 정반대다. 관계를 내면화하는 대신 외적 대체물을 찾기도 한다. 예를 들어, 내 환자 중 하나는 부모님이 돌아가신 이후 환경의 모든 가용한 인물을 부모의 대체물로 삼아 친척들과 부모님의 친구들, 자신의 옛 친구들에게 끊임없이 매달리고 관심과 사랑을 조르곤 했다. 비록 그 시도는 종종 성공적이었지만 새로운 관계들과 꾸준한 관계를 맺고 지속적이고 효과적인 승화를 해낼 수는 없었다. 직업적 생산성이 상당히 줄었으며 초자아의 발달도 미미해졌다. 그렇게 보면 새로운 외적 관계를 지속하고 안정적인 승화를 해내는 능력은 무엇보다도 탄탄한 내면화에 기반하는 것 같다.

또 다른 환자는 자신의 아버지가 본인의 남동생의 죽음을 받아들이지 못한 바람에 희생양이 된 것처럼 보인다. 환자는 아버지에게 동생의 대체물이 되었고, 아버지는 지금도 절대 끊어지지 않는 애착을 동원해 환자에게 매달리게 되었다. 환자도 아버지로부터 자신을 떼어내지 못하고 있는데, 이유는 애착을 끊어내는 데 딸려 오는 죄책감 때문이다. 물론 이것은 환자가 아버지에게 보이는 신경증적 애착의 일부일 뿐이다. 세 번째 환자는 여러 복잡한 이유를 들며 어린 시절 대놓고 성적으로 유희했던 누이의 존재를 부정한다. 누이를 멸시하고 누이와 관련한 어떤 것도 지니길 거부하며 누이에 대한 현재의 감정만이 아니라 어린 시절의 관계도 부정하고 있다. 하지만 누이는 결혼을 한 지금도 여전히 환자에게 강력한 애착 대상이다. 분석에서 관찰되는 것은 뚜렷한 증거에도 불구하고 어린 시절 맺은 관계가 갖는 현재의 중요성과 누이의 존재를 자꾸 "잊어버리는" 모습이었다. 이 환자에게 애도의 과정은 피해야 할 무엇인 셈이다. 예를 들어 심지어 짧은 이별조차도 갑작스럽게 이루어지고 어딘가로 떠나야 할 때는 절대 친구나 친척이 배웅하지 못하도록 한다. 분석의 종결을 생각하기 시작했을 때, 그는 매일매일 분석을 끝내 버리고 싶은 충동을 느꼈고 다시는 나를 만나지 않을 것이라 강조했다.

정신분석은 그 자체가 잃어버린 애정 대상의 대체물을 찾는 대표적인 예이고, 분석가는 전이 관계에서 대체를 촉진한다. 하지만 목표는 전이 신경증의 해소와 유아 신경증의 재생이다. 오이디푸스 콤플렉스를 충분히 해소하지 못했다는 건 근친상간적 유아기 대상 관계를 포기함으로써 얻어지는 안정된 내면화에 실패했다는 뜻이다. 그래서 이런 경우 초자아 형성에 결함이 초래된다. 전이 신경증의 해소는 제대로 된 애도 과정을 겪는 것과 밀접한 관련이 있다. 이 과정을 통해 외부대상과의 관계가 추후 자아의 분화 과정 속에서 내적 관계로 자아 안에 수립된다. 분석의 종결에서 이별의 훈습이 중요한 이유가 바로 이것이다.

이상적으로는 종결에서 근친상간적 애정 대상으로서 외부대상(분석가)은 완전히 포기되는 것이 맞고, 외적 관계는 자아-초자아의 내적 관계로 변하는 것이 맞다. 그렇다고 내면화로 인해 관계의 내적 발달이 반드시 중지된다는 의미는 아니다. 오해를 막기 위해 강조하고 싶은 것은 환상적 대상과의 관계, 그리고 자아 구조의 일부가 되는 내적 관계는 확실히 구분되어야 한다는 점이다.

II

이제 내면화의 문제와 그것이 이별, 애도와 가지는 관련성에 대해서 좀 더 자세히 생각해 볼 시간이다. 나는 여기서 "내면화"라는 용어를 모종의 변형 과정을 가리키는 일반적 용어로 사용하고 있다. 이 변형 과정을 통해 개인의 심리 기관과 환경 사이에서 일어났던 관계와 상호 작용이 심리 기관들 내부의 내적 관계와 내적 상호 작용으로 바뀐다. 그렇게 내부세계가 만들어지고, 이 관계로 인해 다시 반대로 외부세계와 관계를 맺고 상호 작용을 할 수 있게 된다. 그래서 "내면화"라는 용어는 함입, 내사, 동일시 같은 "메커니즘", 혹은 "내적 대상"이나 "내면화된 대상", 혹은 애정적 · 공격적 욕동의 "안으로 향함"과 같은 "본능의 변천"을 모두 포함한다고 볼 수 있다. 먼저 "함입"이라는 용어는 흔히 내면화 과정의 구강적 측면을 강조하는 것 같다. 다음으로 "내사"는 보통 같은 과정의 자아 쪽 측면을 강조한다. 마지막으로 "동일시"는 아마 가장 모호한 용어인 것 같다. 내면화 그 자체는 모종의 동일시 형태들의 한 요소일 뿐이고, 투사가 그 과정에서 중요한 역할을 한다고 여길 만한 합당한 이유가 있다. 여기서 "동일시"라는 용어는 전체 정신분석적 어법에 따라 다소 느슨하게 사용되고 있어서 의미하는 바가 아주 분명하지는 않다.

이별의 중요성은 정신분석의 시초부터 여러 맥락에서 관심의 대상이었다. 조금만 열거해 보면 분리불안, 거세불안, 출생 외상, 애정 대상의 상실, 애정의 상실, 오이디푸스 상황의 의미들(애정 대상의 포기, 근친상간 차단), 애도, 우울, 자아경계와 초기 자아 발달(환경에서의 분리), 초자아의 기원, 구강기 공격성, 좌절 등이 있다. 인간이 어떻게 이별과 상실로 인한 불안과 좌절을 견디는지 물어본다면 그 대답은 외부적 행동이나 내적 과정을 통해서라고 말하는 게 맞을 것이다. 하지만 이별은 박탈과 상실만이 아니라 해방과 숙달의 표시기도 하다. 이별은 스스로 애증의 대상에서 벗어나기 위한 자발적 시도의 결과일 수도 있으며, 때로 이 과정은 다른 사람에 의해서, 심지어 애정 대상에 의해서 촉진되기도 한다. 만약 이 과정이 촉진되지 않고 급기야 방해된다면 이별의 결핍은 박탈로 경험될 수도 있다. 하지만 외부대상과의 이별을 통한 해방은 내면화와 나란히 이루어져 박탈감과 상실감을 줄이게 된다. 이 과정은 반항과는 구분되는데, 반항에서는 내면화와 달리 외적 관계가 유지되기 때문이다. 애정 대상과의 이별이 박탈과 상실로 경험될 것인가 혹은 해방과 숙달로 경험될 것인가 하는 것은 부분적으로 내면화 작업의 성취 여부에 달려 있다. 정서의 관점에서 말하면 우울에서 시작하여 애도를 거쳐 고양에 이르게 된다.

외부로부터의 공격이나 압도적인 침범이나 침해가 일어나는 경우엔 이별이 절대적으로 필요하다. 이 경우 침입자나 혹은 자신을 제거함으로써 필요는 충족된다. 다른 한편 이런 상황에서 합일에의 요구가 강력해질 수도 있다(공격자와 동일시). 합일은 공격성의 제거를 위한 또 다른 방식이 된다. 우리가 이렇게 다양한 이별과 합일의 방식을 탐색함에 따라 점점 분명해지는 것이 있다. 사랑과 미움의, 그리고 공격과 복종(가학성과 피학성)의 양가감정이 다 여기에 속한다는 점이다. 그래서 이별과 합일은 단독으로 존재하지 않고 언제나 함께 있다. 양가감정은 내적-외적 관계를 막론한 모든 관계를 관통하는 것처럼 보인다. 그리고 그 깊은 뿌리는 인간의 개별적 존재성에 내재하는 양극성polarity에 있는 것 같다. 여기서 말하는 인간 존재의 양극성은 개별화, 그리고 "일차적 자기애적" 합일이다. 프로이트는 여러 방법으로 이것을 개념화하려고 했었고, 본능과 인간의 속성, 삶에 대한 이원론적 개념화의 형태로 시종일관 유지했었다.

오이디푸스 애정 대상의 포기와 그에 수반하는 동일시는 대체로 같은 대상들에 의해 강제되는 것 같다(거세 위협, 애정 상실의 위협, 근친상간에 대한 금기). 하지만 이는 말하자면 필요악으로서 인류의 발전에 도움이 된다. 그리고 Hartmann이 자아의 이차적 자율성이라고 개념 지은 "기능변화change of function"의 예가 되기도 한다.[1] 앞서 지적한 것처럼 애정 대상으로부터의 이별은 내면화에 의해 극복되어야 할 것이면서 개별화와 해방의 징표로서 애정 대상의 포기와 그 내면화 덕택에 가능한 긍정적 성취이기도 하다. 여기서 생기는 기능변화는 이별의 고통과 불안을 막기 위한 방어 수단이었던 것이 그 자체로 목표가 된다는 점이다.

이상의 설명에 의하면 내면화는 오이디푸스 동일시의 중요한 요소

1) H. Hartmann, 『Ego Psychology and the Problem of Adaptation』, New York, International Universities Press, Inc., 1958, pp. 25-26. 내면화의 어떤 측면과 생물학과 심리학에서 기능변화라는 중요한 현상은 니체도 뚜렷이 알고 있었다. 그는 "내면화"라는 용어를 썼었다. 도덕의 계보학(The Genealogy of Morals, 1887) 참고.

이지만 그 시작은 방어적 목적이었다는 것이다. 어째 이런 설명이 만족스러운가? 초자아의 요소가 되는 오이디푸스 시기의 동일시는 비록 박탈과 상실이라는 경험에서 촉발되긴 했으나 오이디푸스기 이전에 있었던 동일시의 새로운 형태다. 내면화에서 대상 카텍시스를 대체하는 자기애적 카텍시스는 이전의 "일차적" 자기애에 기반한 이차적 자기애다. 이것은 오이디푸스 동일시의 애정적 측면만이 아니라 공격적 측면에도 마찬가지다. 만약 우리가 프로이트의 일차적 공격성이라는 관점을 받아들인다면, 내부를 향한 죄책감과 피학성이라는 공격성의 이면에는 프로이트가 말하는 "일차적 피학성"이 있다. 공격적 욕동의 관점에서 보면 일차적 자기애에 상응하는 것이다. 간략하게 말하면 개체 발생의 과정에서 일차적 자기애와 일차적 공격성(죽음본능)의 원시적 단계 이후에 일련의 외면화 과정이 일어난다는 뜻이다. 일단 한 번 외면화가 일어나면 재-내면화가 일어날 수 있고, 그렇게 공격적 · 성적 욕동은 안으로 향할 수 있게 된다. 하지만 이제 이것들은 외면화가 일어나기 전의 것과 같지 않은데, 왜냐하면 외면화 과정, 즉 대상 카텍시스의 부착을 통해 보정되고 분화되었기 때문이다(프로이트는 "대상의 그림자가 자아에 드리운다"라고 했다). 시각적으로 설명하자면 내면화의 과정에서 욕동은 대상의 어떤 측면들을 자아 안으로 가지고 들어온다. 이때는 욕동도 대상도 이전과는 같지 않고, 자아는 그 과정에서 한 번 더 분화한다. 내면화는 구조를 만드는 과정인 셈이다.

하지만 여기서 한 걸음 더 나아가야 한다. 우리가 최근에 알게 된 바로는 일차적 자기애, 일차적 공격성이라는 단계는 리비도와 공격성이 아직 대상이 아닌 원시적인 자아에 부착된 상태가 아니다. 오히려 내부와 외부, 자아와 대상 세계가 아직 분리되지 않은 단계다. 초기 자아 발달에 대한 최근 견해를 요약 인용하자면 "(…) 생후 첫 몇 주 동안 '나'와

'나 아닌 것'의 구별은 존재하지 않는다. 두 번째 달이 되어서야 그런 구분의 흔적 같은 것이 보인다. 경계의 결여는 투사와 내사의 전제 조건이다".[2] 이 같은 통찰에 비춰 보면 투사와 내사 중 어떤 것이 먼저인가 하는 질문은 의미가 없다. 일차적 외면화와 내면화, 이차적 외면화와 내면화가 있을 뿐이다. 이차적 외면화를 통해 안에 있던 것이 바깥으로 가고, 이차적 내면화를 통해 바깥에 있던 것이 안쪽으로 들어온다. 일차적 내면화와 일차적 외면화의 의미는 좀 다르다. 일차적 외면화의 의미는 *외부성이 수립*된다는 의미고, 일차적 내면화는 *내면성이라는 것이 만들어진다*는 뜻이다. 이 단계에서는 아직 (내적 갈등과 외적 박탈에 대한) 방어로서 외면화(투사) 혹은 내면화를 말할 수 없다. 오로지 이야기할 수 있는 것은 그것이 경계를 형성하는 과정이고, 미분화한 것을 분화하는 과정이라는 점이다. 하지만 내적 갈등과 외적 박탈에 대한 방어가 이런 분화를 촉진하고 그것에 색깔을 부여한다는 것은 사실이다.

그래서 오이디푸스 대상의 포기와 내면화는 한편으로는 오이디푸스 상황을 맞아 이 대상들에 의해 "강제"되지만, 동시에 경계 형성의 과정이 새로운 차원에서 반복되는 것이기도 하다. 자아, 대상, 그리고 그들 사이의 경계는 처음에는 없었고, 다음에는 흐릿하고 유동적이었으며, 갈수록 점점 뚜렷하게 확립된다. 하지만 절대적이고 명백한 구분은 불가능할 것이다. 대상 관계와 더불어 동일시 과정들이 지속되고, 이는 전체적인 국면을 새로운 단계로 들어서게 만든다. 그렇게 다시 경계 형성과 분화가 일어난다. 이때는 애정 대상의 상실에 대한 방어적 측면이 주된 양상이 된다.

앞서 나는 분석의 종결이 오래 걸리는 이별의 과정이며 애도 과정

2) Some Theoretical Aspects of Early Psychic Functioning에 대한 패널 발표, David L. Rubinfine. JAPA 7:569.

의 복제라고 했다. 애도는 단순히 상실한 대상을 조금씩 포기해 가는 과정만은 아니다. 애도는 내면화의 과정이기도 해서 대상의 면면들을 오롯이 가지는 것appropriation이고, 나아가 자아와 상실한 대상 사이의 관계 면면을 오롯이 가짐으로써 그 관계 면면이 "자아 안에 만들어지고", 자아 시스템 내부의 관계가 되는 과정이다. 이 과정은 초자아를 형성케 하는 오이디푸스 대상의 포기와 유사하다. 외부의 애정-공격적 대상과의 관계는 내적 관계로 대체된다. 애도 작업에서 대상 카텍시스가 자기애적 카텍시스로 변하는 것은 오이디푸스 대상을 포기하고 자아 내부로 옮겨갔던 과거 경험이 일정 정도 반복되는 것이다. 물론 오이디푸스 콤플렉스의 해소와 이후의 애도 사이에는 중요한 차이가 있다. 오이디푸스 상황에서 대상은 그저 계속 존재하기만 하는 것이 아니라 그들의 존재 자체가 내면화 과정을 부추긴다. 부모는 여전히 존재하나 부모의 태도가 변하기 때문이다. 부모는 부분적 분리를 촉진하고 그들 자신으로부터 애정적-공격적 카텍시스를 떼어내게 된다. 이렇게 자유로워진 에너지는 자기애적 재re-카텍시스를 위해 사용될 수 있게 된다. 나아가 일부 에너지는 궁극적으로 비-근친상간적 외부대상에 부착될 수도 있다. 말하자면 부모가 해방을 촉진하는 것이다. 이렇게 근친상간적 대상에서 분리된 욕동의 에너지는 다양한 정도로 자기애적 재-카텍시스(내면화)와 비-근친상간적 대상에의 재-카텍시스에 사용된다. 하지만 근친상간적 대상에 부착한 카텍시스의 일부는 새로운 외부대상에 부착되기 전에 내면화 과정(자기애적 카텍시스)에 들어가지 않는데, 이런 카텍시스가 많으면 많을수록 새 외부대상은 근친상간적 성격을 많이 띤다. 내부세계가 분화를 멈추면 대상 세계에서의 분화도 멈춰 버리는 것이다. 그런 의미에서 잠복기는 기본적으로 아주 조용히 내면화가 일어나는 시기라고 볼 수 있다.

부모는 애정적-공격적 에너지의 탈de-카텍시스와 자기애적 재-카텍시스를 부추기는데(맥락상 새로운 외부대상의 재-카텍시스는 생략한다), 이 촉진 과정은 아이의 발달에만 그치지 않는다. 이 과정은 동시에 부모의 발달 과정이기도 해서 부모도 애정적-공격적 에너지의 일부를 아이라는 외부대상에서 떼어내게 된다. 그리고 이 에너지는 부모 자신의 내면화 과정과 그들 자신의 자아 구조의 변화를 초래하게 된다.[3] 이 같은 상호성은 Erikson의 용어를 빌리자면 정상적인 오이디푸스 콤플렉스의 해소와 초자아 발달에 필수적이다.

오이디푸스 콤플렉스의 해소가 애도의 원형이라고 한다면 이 원형은 바로 오이디푸스기 대상들 간의 상호 작용을 통해 얻은 것으로, 우리는 그 덕에 훗날 대상의 도움 없이 어떤 외부대상의 상실을 애도할 수 있게 된다. 정신분석적 상황은 이 상호 관계를 다시 구현한다. 만약 분석이 제대로 종결된다면 예전에 성취했던 것보다 더 건강한 오이디푸스 콤플렉스의 해소와 좀 더 안정적인 초자아로 귀결된다. 종결을 앞둔 환자는 종종 분석가와 자신이 서로를 버리는 것 같은 느낌을 드러내는데, 이 부분이 분석됨으로써 외부대상으로서 분석가의 포기와 분석 관계의 내면화를 위한 길이 마련된다. 청소년기에 겪는 자유의 경험도 이와 비슷하며, 이 또한 오이디푸스 갈등을 좀 더 높은 수준에서 반복하는 것이라고 할 수 있다.

물론 성인기에도 내적-외적 관계는 다양한 방식으로 서로를 보완하고 상호 영향을 끼친다. 둘 사이에는 항상 일정 정도의 교환과 교대가 일어나기 마련이다. 「On Narcissism」에서 프로이트는 처음으로 이 부분에 대해 언급했다.

3) Therese Benedek, Parenthood as a Developmental Phase, JAPA, 7:389-417, 그리고 Erikson의 저서들을 비교해 보라.

III

"이상적 자아ideal ego"와 "자아 이상ego ideal"은 그가 장차 초자아라고 부르게 될, "자아 안에서 분화한 것"에 프로이트가 처음으로 붙인 이름들이다. 프로이트가 보기에 이상적 자아는 전지전능하게 지각된 부모상과의 동일시를 통해 수립된, 아이 자신의 원초적, 일차적 자기애적, 전지적 완벽함을 표상한다. 이는 아기가 초기 유아기의 자기애적 만족 상태로 돌아가려는 시도인데, 이때 아기는 자궁 밖 삶의 척박함과 좌절에 아주 심하게 환멸disillusioned을 겪은 상태다. 이렇게 가장된 전지전능한 충족 상태는 한동안 유지되는 것으로 보인다. 이는 엄마와 맺게 되는 긴밀한 "공생적" 관계로 인해 한동안 유지되고, 점차 부모의 전능함에 의지하는 것으로 대체된다. 이상적 자아는 아기가 겪는 속절없이 무능한 자아에 대비되는 것으로, 환상 속에서 원초적 상태로 돌아가려는 시도라고 할 수 있다. 전능한 부모와의 동일시를 통해 일차적 · 자기애적 합일과 동일성이라는 미분화 상태의 전일성wholeness을 회복하고 복구한 자아인 셈이다. 말하자면 태어난 이후 점점 더 심하게 뺏겨 온 걸 나름대로 되찾으려는 과정, 혹은 환경과의 원초적 동일성을 다시 얻으려는 동일시의 시도라고 말할 수 있다. 하지만 최초 "환각적" 소원 성취 덕분에 달성된 과거와의 일치는 점차 미래에 도달해야 할 소망이 된다. 이러한 미래를 표상하는 것이 부모, 어쩌면 형제, 그리고 나중의 "이상들"이다.

이상적 자아는 상상적 · 환각적 완벽함을 표상한다. 그에 비해 "자아 이상"이라는 용어가 드러내는 것은 이런 자기애적 완벽함이 장차 달성해야 할 무엇이라는 점이다. 전일성이 아이가 자신의 환경과 심리적 동일시를 하는 원초적 상태인 한, 그리고 (객관적으로) 부모라는 환경이 이 같은 전지전능의 전일성이나 완벽과는 거리가 먼 것인 한, 위에 기술한 동일시 안에는 필연적으로 아이 자신의 투사적 요소가 포함되었음이 틀림없다. 당연하게도 아이가 부모에게 투사한 건 부모로부터 어떤 반응을 만들어 내고, 이것이 반대로 아이의 이상에 영향을 주는데, 일반적으로 아이의 요구와 기대에 대한 부모의 반응이 아기의 이상화에 영향을 미치는 것과 마찬가지다. 어떤 의미로 보면 아이와 부모 모두 쌍방의 완벽함과 전일성에 대해, 아니면 적어도 완벽해질 수 있다는 환상이나 착각을 지닌다고 말할 수 있다.

그렇다고 이런 환상을 비웃지는 말자. 그들의 요구와 기대는 쌍방이 건강한 초자아를 발달시키고 유지하는 데 꼭 필요하다. 당연히 이 기대들은 대상의 성숙과 현실적 가능성에 대한 평가 덕분에 지속해서 수정된다. 불가피한 환멸은 초자아 발달에서 중요한 역할을 한다. 왜냐하면 적절한 환경(좌절이 너무 크지 않은 상황)에서는 환멸이 기대와 요구의 내면화에 도움을 주기 때문이다. 그래서 아이가 부모에게 투사하는 전능과 완벽의 환상만이 아니라 부모가 아이에게 투사하는 자기애적 완벽과 전일성의 환상도 아기의 초자아 발달에 중요한 함의를 갖는다. 모두의 마음에 있는 오래된 소망에 근거한 이런 환상들은 정상 발달에서는 대상관계의 잠재성과 한계를 좀 더 현실적으로 이해하며 점차 없어지고 조금씩 수정된다. 한편 부모는 좀 더 합리적인 외적 상호 관계를 위한 정리정돈 과정에 길잡이가 된다. 동시에 자아-초자아 사이의 이성적이고 균형 잡힌 내적 관계를 위한 길잡이가 되기도 한다. 이 과정에서 내면화된 요구는 자기애적 완벽함을 향한 원시적 강압성을 잃게 된다.

프로이트에 따르면 "초자아"는 오이디푸스 콤플렉스의 상속자다. 초자아는 자아와 대상의 구분, 그리고 이성 대상과 동성 대상의 구분이 비교적 안정적으로 확립되고, 또한 자아와 대상의 경계, 오이디푸스 대상의 한계가 인식된 이후의 것이다. (이 글의 특정 맥락에서 자기와 대상의 성적 구분이 초자아 형성에 얼마나 중요한가에 대해서 간단하게 언급할 것이다. 하지만 이에 대한 추가적인 고찰은 다른 기회를 마련해야 할 것 같다.) 그때야 비로소 아이의 경험에 내적-외적 세계가 존재한다고 말할 수 있고, 이상과 요구도 내적-외적인 것들로 좀 더 명확하게 분류될 수 있다. 이제 내적-외적 권위들은 그들의 요구와 사랑, 미움, 원하는 이미지, 보상, 처벌과 함께 존재하게 된다. 초자아는 이렇게 분명히 내적인 권위들로 이루어지며, 따라서 "자아 안에서 분화한 것"으로서, 외부에 있는 애증의 권위상이나 이상적 이미지들과는 분명히 구분된다.

발달의 과정에서 요구, 기대, 희망, 이상은 변하기 마련이다. 어떤 것들은 충족되고 이루어져 이제 더 이상 미래의 손짓이 아니게 되고, 다른 어떤 것들은 여전히 이루어지지 않는다. 어떤 것들은 포기되지만 또 다른 것들은 결코 다다를 수 없는데도 여전히 이상이나 요구로 남는다. 그리고 어떤 것들은 잠시 이루어지는 듯하다가 이내 사라져 다시 옛날 일이 되기도 한다. 임상에서 보면, 특히 정신증이나 경계선 병리같이 자아 구조가 취약하고 별로 복잡하지 않은 경우를 보면 소위 내사된 대상이 자아 안에서 움직이는 것이 관찰된다. 그러니까 내면화나 외면화의 정도degree라는 게 있어서 그에 따라 내사물이 자아의 핵에 좀 더 가까워지거나 멀어질 수 있다는 말이다. "내면화의 정도", "자아 핵으로부터의 거리" 같은 용어들로 생각해 보면 외부의 무엇이 내면화를 통해 내사될 때 발생하는 수정은 내면화 정도에 따라 달라진다는 걸 알 수 있다. 비유하자면 유기물이 몸 안으로 들어와 소화되고 흡수되는 과정에서 동화anabolic와 이화catabolic의 과정을 겪는 것과 유사하다. 초자아를 자아 안에서 분화한 것으로 개념화하는 시도의 저변에는 자아 핵으로부터의 거리라는 생각이 있는 것이다. 자아의 핵과 초자아 사이에 모종의 긴장이 없다면 그 둘은 서로 구분되지 않을 것이다.

그럼 초자아 발달의 예비적 단계에서 지속적인 내면화와 재-외면화의 예를 들어 보자. 페렌치는 괄약근 도덕에 관해 이야기했다. 물론 괄약근의 조절에 대한 기대는 점점 내면화되는 것이 확실하다. 하지만 어떤 시점에 이르면 이런 조절이 완성되어 이제 내적-외적 요구로서 성격을 잃는 때가 온다. 말하자면 자동적인 조절 능력이 되어 오히려 아주 기초적인 자아 기능이라고 불릴 수 있게 되는 것이다. 아이가 어느 정도 성숙한 이후라야 이런 기대가 실현 가능해질 것이다. 그래서 외부의 기대와 내면화된 기대, 그리고 아이의 잠재력, 둘 사이의 일치가 아주 중요하다. 하지만 스트레스 상황에서 일시적으로 괄약근의 조절에 실패할 수 있는데, 그때는 요구demand라는 성격을 다시 얻게 된다. 혹은 아주 이른 시기에 이미 무의식적으로 요구의 속성을 가질 수도 있다. 예를 들어 아이의 성숙 정도와 부모의 예상이 잘 맞지 않는 경우, 즉 공감적 상호 작용의 부족으로 내면화에 실패하는 경우가 이런 경우라고 볼 수 있다.

두 번째 예는 애도다. 상실한 대상의 어떤 요소가 애도의 과정을 통해 자아 이상과 내적 요구, 처벌의 모습으로 내사될 수 있다. 이때 애도의 결과로 대상이 초자아 구조에 편입된다고 말할 수 있다. 충분히 오랜 기간(성인의 경우는 수년 이상) 관찰해 보면 애정 대상의 상실 이후 내면화가 점점 진행되어 결국 자아 이상이나 초자아였던 것이 고유 자아의 요소가 되어 버리는 경우가 있다. 이때는 내적 요구라기보다는 자아처럼 보이게 된다. 아버지의 죽음 이후 점점 아버지처럼 변해 가는 아들이 그런 예라고 할 수 있다. 마치 그때서야 아버지의 성격 일부를 자신의 자아 핵심으로 완전히 가져올 수 있는 것처럼 말이다. 정신증을 보면 자아 구조의 취약함으로 인해 내면화와 외면화의 이동이 아주 인상적으로 관찰되는데, 여기서 이 문제를 다루기는 어렵겠다.[4)]

앞선 논의에 따라 이제 초자아는 구조로, 즉 견고한 구조지만 그 내용물은 변할 수 있는 것으로 이해되었다.[5] 초자아의 요소들은 고유 자아의 요소가 될 수 있고, 혹은 자아의 와해나 재조직화 같은 경우에는 다시 초자아가 되거나 더 심하면 다시 외면화되기도 한다.

정신분석에서는 초자아 요소가 분석가에게 투사되거나 외면화되는 것을 목격할 수 있다. 성인기나 아동기를 막론하고 심리적 성장의 시기에는 초자아 요소가 꾸준히 자아의 일부로 변하는 것 같다. 그리고 초자아 그 자체는 다시 대상 세계와의 상호 작용을 통해 새로운 요소들을 받아들인다. 초자아 요소가 자아의 일부가 될 때 탈-성애화와 탈-공격성화 또한 이루어지는데, 그러니까 마치 나선형 운동에서처럼 자아 동일시 혹은 일차적 동일시 같은 것으로 회귀하는 것이다. 말하자면 다시 한 번 더 자기애적 전일성을 얻게 되고, 또다시 불가피하게, 마치 어린 시절 그랬던 것처럼, 타인과의 교류 속에서 자기-완결성을 포기하게 된다. 자아가 평생에 걸쳐 겪는 끊임없는 분화와 풍성해짐의 과정은 그것들이 유지되는 한에는 새로운 차원의 자아-대상 동일성으로의 귀환이며, 이 동일성을 토대로 대상 세계에 대한 새로운 접근이 가능해진다. 정신분석을 통한, 혹은 여타 경험을 통해서 얻어지는 성인기의 성숙은 관계의 깊어짐과 넓어짐에 토대를 둔다. 그렇게 더욱 풍요로워지고 분화된 자아는 외부현실을 새로운 차원으로 이해하고, 통찰하고, 영위한다.

내적 이상, 기대, 희망, 요구, 그리고 마찬가지로 의혹, 두려움, 죄책감, 절망, 이 모든 것들은 미래로 나아가고 있다는 느낌, 혹은 미래에 패한 느낌이다. 양심의 목소리는 우리에게 무엇을 해야 할지, 무엇을 해

4) Norman Cameron, 「Introjection, Reprojection, and Hallucination in the Interaction Between Schizophrenic Patient and Therapist」, IJP, vol. 42, parts 1-2, 1961.

5) Samuel Novey, 「The Role of the Superego and Ego Ideal in Character Formation」, IJP, vol 36, 1955 참고. 그는 초자아에 대해 "확립된 장치라기보다는 내사의 기능적 유형"이라고 말했다.

야 했었는지를 이야기한다. 이 목소리는 우리가 스스로 도달해야 한다고, 혹은 도달하지 못했다고 말하는 미래의 목소리로, 어쩌면 잃어버린 과거를 되찾아야 하는 미래일 것이다. 하지만 이 미래의 이미지에는 성장 과정 동안 겪어 왔고 지금도 생생하게 살아 있는 모든 것들이 분명 녹아 있다. 희망, 기대, 요구, 약속, 이상, 야망, 의혹, 죄책감, 절망의 나날들, 조상들, 부모, 선생님들, 예언자, 목사, 신, 그리고 영웅들이 그것들이다. 성숙과 발달은 미래를 향한 움직임으로, 희망과 기대, 두려움과 의혹, 요구들 덕택에 정의되고, 촉진되고, 구현되고, 방해된다. 성숙과 발달은 미래를 위한 움직임으로 부모와 여타 권위상으로부터 받은 지도와 긍정-부정적인 사례들에 의해 결정된다. 성숙과 발달은 이것들이 아이의 발달 정도와 발달 속도, 잠재력에 부합하는가에 달려 있고, 또한 권위상의 초자아 발달에 달려 있다. 반대쪽에서 보자면 부모의 기대, 두려움, 소망, 권위상의 지도와 사례들, 그들의 기준과 금지, 처벌은 아이의 성숙과 발달에 따라 촉진되고, 해소되고, 방해되고, 좌절되기도 하므로 결과적으로 부모에게 어떤 가능성을 제시하기도 하고 제한하기도 한다. 한편 초자아가 부모와 문명의 기준, 기대, 두려움, 소망을 표상하는 한, 초자아는 미래의 심리 내적 표상이라고 할 수 있다. 우리는 오직 우리 자신에 앞서 있을 때만, 즉 우리 자신의 잠재성을 알아챌 수 있을 때만 양심을 가진다고 말할 수 있다. 잠재성은 지금의 우리 이상의 그 무엇을 표상하고, 그에 비추어 지금의 우리를 되돌아볼 수 있는 그 무엇이다. 양심의 목소리는 초자아의 대변인으로서 우리 마음 안의 미래로부터 우리에게 말을 건다. 양심의 목소리인 초자아가 자아에 말을 걸 때, 자아는 자신이 나아가고 있는 미래인 초자아를 껴안을 수도 있고 아닐 수도 있다.

자아의 미래가 내적 구체성을 가지면 어떤 초자아의 요소들은 자아와 뭉쳐져 이제 자아와 구분되지 않는다. 결과로 이 초자아 요소에 해당하는 죄책감이 사라지는데, 이유는 죄책감이 자아와 초자아 사이의 긴장의 한 형태이기 때문이다. 우리는 과거 혹은 현재의 생각, 감정, 행동에 대한 죄책감을 지닌다. 하지만 이는 다름이 아니라 과거 혹은 현재의 생각, 감정, 행동들이 우리가 자신에 대한 내적 이미지를 달성하지 못했고, 혹은 이상에 이르지 못했으며, 응당 도달해야 할 미래에 다다르지 못했다는 것을 표상하기 때문이다.

내가 말한 내면화의 정도라는 개념, 즉 자아 핵으로부터의 크고 작은 거리는 시간적 속성으로, 즉 내적 현재와 내적 미래 사이의 관계로 이해하는 것이 가장 좋을 것 같다. 이런 구조화는 분명히 공간적인 것은 아니다. 물리학적 구조는 공간 속에 있고 공간적으로 배열된다. 우리는 아직 심리 조직의 엄밀한 속성을 잘 알지 못하지만 심리학적 구조를 논할 때는 그 조직 양상을 시간적인 것으로 고려하는 것이 더 유용한 것 같다. 초자아와 미래의 관계를 탐색할 때도 그렇지만 이드와 자아를 과거와 현재에 관련해서 고찰하는 것도 그러할 것이다.

요약

"오이디푸스 콤플렉스의 상속자"로서 초자아의 형성을, 그것이 이별과 애도와 맺는 관계 안에서 고찰했다. 이별은 이런 측면에서 내면화를 위한 기회로 묘사되었으며 특히 애도와 관련되어서 그렇다. 애도 작업은 상실한 대상의 점진적 포기에 한정되지 않는다. 애도는 포기된 대상과의 관계의 내면화까지 포함한다. 이런 내면화는 오이디푸스 콤플렉스가 해소되는 과정의 일부다. 내면화를 통해 자아가 한층 더 분화되고 이 과정에서 초자아가 생겨난다. 이별과 관련된 심리학적 과정에 대한 약간의 묘사와 관련해서 분석의 종결에 대해 짧은 토론을 했다.

애정 대상과의 이별은 상실이 되고 박탈로 경험될 수 있다. 하지만 인생의 특정 국면에서 이별은 해방의 의미 또한 가지므로, 오히려 이별하지 못한 상태가 박탈로 경험되기도 한다. 정상적인 오이디푸스 콤플렉스의 해소에 내포된 해방, 그리고 그 이후의 이별과 성공적인 애도 경험들에 내포된 해방은 두 가지 방식으로 이해될 수 있다. 첫째는 외적으로 단절된 대상 관계의 내적 대체("상실한 대상의 내적 복원"). 두 번째는 자아와 대상의 구분과 통합을 통해 한 단계 높은 발달을 이루었던 초기 경계 형성 과정의 재개再開. 다른 말로 하면, 소위 말하는 초자아 동일시는 대상 상실과 관련해서는 이별의 취소를 표상하고, 경계 형성과 자아-대상의 분화에 관련해서는 이별의 성취를 표상한다. 그리고 이런 관점에서 일차적 · 이차적 동일시, 자기애, 공격성 간의 유사점과 차이점을 간략하게 논했다. 내면성과 외부성, 내적 세계와 외적 세계는 이런 과정 중 일차적 과정에 의해 만들어지고, 이차적 과정들을 통해 내외적 세계의 조직화가 계속해서 일어나게 된다고 지적했다. 그리고 여기는 방어적 측면들도 포함된다.

모자 관계의 상호 작용을 통한 초자아 형성의 구체적 측면에 대해서 짧게 다루었고, 이별과 내면화의 양가적 중요성의 저변을 이루는, 인간 발달의 기초적 현상으로서 개별화와 일차적 동일성이라는 이원성(혹은 양극성)이 강조되었다.

내면화의 정도라는 개념이 제기되었다. 이것은 내면화된 "어떤 것"이 자아의 핵으로부터 가까워지거나 멀어질 수 있으며, 자아-초자아 시스템 내에서 움직이고, 내면화의 정도에 따라 내사물의 성격도 변한다는 뜻이다. 초자아는 일정하게 유지되는 구조로 생각되지만, 내용물은 변할 수 있고 자아 핵 방향이나 대상 표상 방향으로 움직이기도 한다. 그래서 초자아는 초자아로서 성격을 잃고 자아의 한 부분이 되기도 하고, 반대로 대상 표상의 성격을 갖기도 한다(외면화). 초자아-자아 이상이 자아가 그리는 미래라고 하면 초자아는 미래의 시간성을 가진다는 가정이 제시되었다. 양심은 초자아의 목소리로 자아가 도달해야 할 미래의 관점에서 자아에 말을 건다. 내면화의 정도, 혹은 자아 핵으로부터의 거리는 그 성격상 시간적인 것으로 아직 그 성격에 대해 정확히 알지는 못하지만, 내적 현재와 내적 미래 간의 관계를 표상하는 것 같다.

16

정신분석 이론과 정신분석 과정

(1970)

I

최근 정신분석 개념과 정식들을 명료히 하고, 필요하다면 재정의하고 재검토하는 과정이 이루어지고 있다. 이 과정에서 드러난 것은 정신분석 이론이 임상실제, 방법론과 맺고 있는 관련성을 연구하는 데 수많은 어려움과 함정이 있다는 점이다. 여기서 중요한 것은 정신분석 이론(혹은 메타심리학)은 비록 고도로 추상화되고 일반화된 작업이지만, 우리가 분석가로서 하는 일과 잘 맞아야 한다는 점이다. 이 일을 과학적이라 부르든, 치료적이라 부르든, 혹은 둘 모두로 부르든 상관없다. 이 작업을 통해 심리적 현실, 마음의 작용과 구조에 대한 통찰을 얻었으며 이론도 여기에 근거하고 있다. 하지만 이론 작업을 할 때 다른 과학이 선택하는 길

1970년 2월 21일과 22일에 벌어진 시카고 정신분석협회 주관의 Midwest Regional Conference에서 했던 강의에 기초한 글이다. 그리고 이 글은 Robert P. Knight Fund의 보조를 받아 행해진 연구에 기반한다는 점을 밝힌다.

과 전제를 따라가다 보면 정작 탐구 방법과 과정에서 유리流離된 이론에 다다르게 된다. 즉, 정신분석이 다루고 있는 독특한 측면이 정신분석의 방법론과 이론 구성에 미치는 함의들을 무시하게 되는 것이다. 정신분석적 탐구가 여타 과학의 그것들과 본질상 같은 것이라는 식의, 혹은 이론적 작업에서는 차이는 별로 중요치 않다는 식의 관점은 이제 더는 유효하지 않다. 최소한 심리적 현실이라는 모호한 영역에서는 그렇다. 우리는 모두 여전히 객관성 혹은 객관적 현실을 상당히 잘못 이해하고 있는 듯한데, 위의 어려움이 초래되는 한 가지 이유이기도 하다.

앞서 나는 정신분석의 독특한 조건이 방법론과 이론에 특별한 의미를 지닌다고 말했다. 과학적 허구라는 용어를 전혀 조롱의 의미 없이 사용해 보자. 완전히 외부 관찰자의 시점에 선 연구자가 수행하는 연구라는 의미의 과학적 허구는 정신분석과 거리가 멀다. 우리가 분석가로서 역할을 하는 한, 우리는 관찰 대상의 일부이고 참여자가 된다. 정신분석적 탐구의 단위는 개별 인간의 마음과 인격이라고 할 수 있다. 나는 이것이 그 자체로 하나의 세상을 이루며, 탐구할 만한 가치가 있는 주제라고 생각한다. 웹스터 사전을 보면 "우주universe"는 "폐쇄계closed system, 혹은 자기 완결적, 독립적 조직을 형성하는 생각이나 현실의 영역"으로 정의된다. 하지만 이런 관점에서 보면 인간은 별로 그렇지 않은 듯하다. 분석가나 환자로서 정신분석적 탐구를 하다 보면 저항과 전이라는 현상을 만나는데, 적어도 저항과 전이가 의미하는 바는 우리가 별로 자기 완결적 존재가 아니고, 그래서 정신분석에서 개인은 하나의 폐쇄계에 의해 관찰되는 또 다른 폐쇄계일 수 없다는 뜻이다. 주지하듯 정신분석적 탐구는 반드시 저항과 전이라는 현상을 중요한 연구 주제와 연구 방법으로 삼아야 한다.

연구를 위해서 우리는 비록 다소간 유리된 상태로일지라도 반드시 "연구 영역"의 중요한 일부가 되어야 한다. 연구자인 분석가나 연구 대상인 환자 모두 각각의 견고한 심리적 조직성과 자율성을 가지고 있다. 하지만 이들이 정신분석의 장 안으로 들어올 때는 상대적 개방계 open system의 자격으로, 서로에게 열린 상태로 들어올 수 있다. 그리고 양쪽 모두 정신분석적 탐구를 위해 자율성의 일부를 포기해야 한다. 양자는 단순한 주체-대상으로 이론화될 수 없다는 뜻이다. 사실 탐구자와 탐구의 대상이라는 말도 새로 생각해 봐야 하는데, 왜냐하면 정신분석에서 탐구의 대상은 이내 그 자신 탐구자가 되고, 탐구자였던 분석가는 그 자신의 탐구 대상이 되기 때문이다. 동시에 환자 또한 비록 과학적이거나 전문적이진 않지만, 분석의 과정에서 분석가를 "연구"하고, 더불어 분석가도 자신을 환자의 탐색 대상으로 열어 놓아야만 한다(물론 분석가가 환자의 질문에 대답하고 자신에 대해 말한다는 뜻은 아니다). 환자의 탐색은 수면 아래에서 종종 무의식적으로 이루어지며, 분석가는 자신이 탐색 대상이 되고 있다는 것을 인지하지 못할 때도 있다. 분석 관계의 비대칭성, 그리고 분석이 진행되려면 반드시 비대칭적 관계를 맺어야 한다는 생각은 여태 너무 당연하게 여겨져 왔다.

사실 이 모든 것이 혼란스러워 보인다. 우리의 통상적인 역할의 범주와 분배, 그리고 탐구방식에 대한 전통적 관점과는 매우 다르기 때문이다. 앞서 암시된 것을 조금 더 명료하게 이야기하면 이렇다. 두 개의 계, 두 미완성의 세상, 연구되고 있는 것과 연구하고 있는 것, 이들은 같은 종류의 구조물이다. 즉, 개별 심리구조다. 그래서 우리가 연구하고 있는 과정과 구조는 기본적으로 우리의 그것과 같고, 같은 차원의 현실(심리적 현실)이며, 우리는 그들과 같은 차원의 과정과 구조로 그들을 연구한다. 전통적인 객관성의 의미는 아래와 같다. 무언가를 탐구의 대상으로 삼는다는 것은 그것을 조작의 아래, 궁극적으로는 정신적 조작에 종속되게 하는 것으로, 이때 조작은 그 원리상 대상의 바깥에 있으며 대상보다 우월한 것이다. 분석가와 환자 사이에도 정신적 발달의 차이가 있을 수 있고, 이런 차이가 상대적 객관성을 만들 수는 있다. 하지만 이 차이가 너무 커서도 안 된다. 그런 경우에는 탐구 대상의 정신적 과정이 정신분석적으로 고찰되지 못한다. 아기나 아주 심하게 퇴행한 정신증 환자의 경우 정신분석적 탐색이 어려운데, 왜냐하면 정신분석에서는 분석가와 환자 모두가 참여자이고 환자도 그 자신이나 분석가에 대해 객관성을 가질 수 있다는 점을 전제하기 때문이다. 그래서 제대로 된 분석작업이 이루어지기 위해서는 환자 측에도 반드시 어느 정도 "관찰 자아"가 있어야 한다.

생물학이나 물리학과는 달리 정신분석적 지식과 설명은 과학자와 탐구 대상 사이의 차이에 근거하기보다 유사성과 연관성에 근거한다. 내성introspection과 공감이 정신분석의 핵심적 도구라는 건, 그리고 분석가 자신이 분석을 받은 만큼만, 분석가가 자신을 이해하는 만큼만 다른 사람을 분석할 수 있다는 것은 너무 당연한 사실이다. 여기서 자연스럽게 도출되는 결론은 우리는 자신을 남처럼 봄으로써(객관적 내성) 자신을 분석적으로 이해할 수 있고, 타인을 분석함으로써 자기 이해도 증가한다는 것이다. 이건 모든 분석가가 아는 사실이다. 이는 우리가 타인에게서 우리 자신의 모습을 좀 더 분명히 볼 수 있기 때문만은 아니다. 거기에 더해서 정신분석적 관계가 꼼꼼히 관찰되기 때문이기도 하고, 농축된 강렬한 심리적 중력장을 만드는 탓에 분석가의 마음도 생명력과 생생함을 얻기 때문이기도 하다. 이런 관점에서 볼 때, 만약 환자가 스스로 그런 자유를 허락할 수 있다면 환자는 부모의 의도와 기분에 무의식적 안테나를 세우고 있는 아이에게 비유될 수 있고, 만약 부모나 분석가가 스스로 그런 자유를 허락할 수 있다면, 아이나 환자는 부모 혹은 분석가의 자기-자각을 일깨울 수 있다. 말하자면 자기-이해가 가능하기 위한 기반이 되는 내적 의사소통, 그리고 또 하나의 동 차원적 현실인 타인의 마음과의 의사소통, 이 둘은 뗄 수 없이 얽혀 있다.

정신분석적 과정과 정신분석적 연구 방법론에 내재한 또 다른 중요한 요소들이 있는데, 이것들은 제대로 된 정신분석 이론에서라면 반드시 다뤄져야 한다. 그중 하나는 바로 인간 정신의 근본적 특징 중 하나인 변화의 능력이다. "이드가 있는 곳에 자아를"(Freud, 1933)[1] 은 그저 단순한 치료적 목표에 대한 선언이 아니다. 이 말의 의미는 정신분석적으로 이해됨으로써, 그리고 자신을 이해함으로써 우리는 변한다는 뜻이기도 하다. 우리의 심리적 조직은 탐구 그 자체에 의해 그 기능의 범위와 수준이 증진되기도 하지만 와해되기도 한다. 이렇게 와해와 증진은 종종 같이 이루어진다. 둘 사이의 조화와 균형은 불확실하거나 때로 흐트러질 수도 있겠으나 이 또한 어쩔 수 없이 분석 과정의 한 부분이다. 그러나 심리 내적 의사소통, 그리고 심리들 사이의 의사소통 창구를 개방함으로써 우리의 정신은 변할 수 있다. 비록 그 개방의 과정에서 더 많은 불안과 죄책감, 방어가 수반되는데도 말이다. 여기서 우리는 과학적 탐구와 치료 사이의, 다시 말해 "조사 도구"로서 정신분석과 치료 도구로서 정신분석의 통상적 구분에 어려움을 겪는다. 다시 한번 말하지만 이러한 통상적 구분은 심리적 요소와도 임상 정신분석의 의미와도 잘 들어맞지 않는다. 순수과학과 응용과학이라는 이분법이 여타의 과학에는 상당히 타당하게 적용될지라도 정신분석에는 그렇지 않다.

한편 누군가를 정신을 분석한다는 말은 그 사람의 심리적 인생에 개입한다는 뜻이다. 이런 연유로 우리는 반드시 환자의 요청에 따라서 이 과정에 들어서야 하고, 환자 측의 적극적인 동의에 의해서만 작업을

1) Strachey의 번역("Where id was, there ego shall be")은 원문("Wo Es war, soll Ich warden")에 충실하지 않다(Gesammelte Werke, vol. 15, p. 86).

시작해야 한다(그리고 여정의 시작에서 충분히 동의가 되었는지 확인하려고 한다). 또한 작업을 시작하기에 앞서, 그리고 도입부에서 이런 개입이 환자를 위해 "의미가 있는지" 혹은 작업에 내재한 위험 때문에 안 하는 게 나을지 결정해야 한다. 만약 어떤 경우 정신분석을 안 하는 게 낫다고 결정하게 되었다면 이건 환자가 너무 취약하거나 분석작업을 하기에 부족하다는 이야기만은 아니다. 환자의 적극적인 참가나 역량 없이는 분석작업 그 자체가 잘 이루어지지 않는다는 뜻이기도 하다.

물론 하나하나의 개별적 탐구를 통해서 우린 인간의 본성과 심리 일반에 대해 많은 것을 알게 된다. 이 과정에서 우린 다른 환자들을 보며 얻은 자료들, 그리고 그것에 기반한 이론을 이용하기만 하는 것이 아니다. 이것들을 기본적인 길잡이로 쓰면서 더불어 경험적 자료를 확충하고 이론을 정비하고 확장하는 데 보탤 수도 있다. 하지만 우리 영역에서 이론의 역할은 환자를 통해 관찰하고 추론한 "객관적" 자료를 짜임새 있게 만드는 것만이 아니다. 이것보다 더 근본적으로 중요한 것은 분석 과정 그 자체에서 알게 된 심리적 속성을 정리하는 것이다. 추상화의 정도가 높아질수록 이 같은 요청의 수준도 커진다.

분석 과정은 심리적 과정과 구조의 생성, 와해, 유지, 풍요, 빈곤에 대한 통찰을 제공한다. 그리고 갈등과 갈등의 해소에 결정적인 것들이 무엇인가에 관한 통찰을 제공한다. 이 문제들은 정신분석적 이론에 아주 타당한 상관이 있는 주제들이다. 내 생각으로는 이 문제들이 가령 정신과 그 하위구조가 가지는 다양한 "기능들"을 (적응의 관점에서) 나누고, 정의하고, 명료화하는 것보다 더 중요한 주제들이다. Hartmann과 Loewenstein(1962)은 가령 초자아 같은 하위구조의 기원, 그리고 그 구조의 현재 기능 수준과 범위, 둘 사이의 차이를 강조하면서 두 개의 관점을 혼동하면 안 된다고 피력했다. 그 의견에 동의한다. 하지만 초자아를 초자아로 기능하게 하고, 초자아를 구조로 만드는 것은 바로 초자아의 생성과 역사다. 나는 지금 다른 "메타심리학적 관점"보다 발생적genetic 관점을 선호하고 있는 것이 아니다. Rapaport와 Gill(1959)이 기존의 세 관점에 더해 발생적 관점과 적응적 관점을 이야기했을 때, 그들은 이 두 관점이 다른 수준의 담론 수준에 있다고 생각했다. 나는 그게 옳다고 생각하는데, 여기서는 더 다룰 수 없는 문제다.

다만 하나 강조하고 싶은 것은 발생적-역사적 관점이 과학으로서, 그리고 치료로서 정신분석의 핵심적인 이해라는 점이다. 과학적 관점에서 보면 발생적 접근은 심리구조와 심리 과정, 그리고 그 기능의 정신적 재구성을 가능하게 한다. 이것은 정신분석 고유의 독특한 과제이자 공헌으로, 현대 물리학에 의한 물리적 구조와 과정의 재구성, 즉 파괴와 합성, 혼합, 분리 같은 구조의 이해와 변화에 필적하는 수준이다. 이런 의미에서 보면 정신분석은 양자 물리학만큼이나 위험하고도 혁신적이다. 요는 우리가 인간 정신의 형성, 구성, 해체, 재구성에 관한 지식을 어떻게 이용하는가다.

우리가 환자에게서 얻는 정신분석의 데이터들은 전이와 저항으로 인해 계속 "오염"되지만 반대로 전이와 저항을 통해서만 얻어질 수 있는 것들이다. 우리가 아는 한 프로이트가 가정한 정신의 세 하위구조는 서로 의존적이다. 그것들은 타인과의 상호 작용을 통해 생기고, 유지되고, 부분적으로 변화한다. 그것들은 각각 상호 의존적이고, 타인의 정신과도 상호 의존적이다. 물론 아동기와 청소년기 이후에는 변화가 더디어지고, 어느 시점이 지나면 비교적 정지 상태에 이른다는 점은 사실이다. 하지만 개별 정신과 그 하위구조의 발생은 이렇듯 그저 단순히 과거에 생긴 어떤 것이 아니라 현재 진행형인 과정이다. 심리라는 게 단순히 기계적 과정에 의해 자동으로 유지되는 것이 아니라 능동적인 무엇인 탓에,

비록 미미하다 할지라도 심리적 구조의 발생은 계속되는 것이다. 프로이트가 이드가 있는 곳에 자아가 있어야 한다고 말했을 때, 그가 염두에 둔 것은 바로 이 성장의 잠재성, 특히 분석 과정에서 성장 잠재성이었다. 분석 과정에서는 전이 신경증의 발생과 해소를 통해 심리 조직의 발생과 변천사를 감지할 수 있다.

초기 심리 발달이 그렇듯, 정신분석에서 심리 발달의 재개再開도 정신분석 상황이라는 심리적 매트릭스에서 시작된다. 최근 초기 모자 관계와 정신분석의 유사성이 여러 사람에 의해 강조되었다. Stone(1961), Gitelson(1962), Greenacre(1966), Loewald(1960) 등을 참고해 보길 바란다. 종종 그렇듯 문제의 어떤 측면을 강조하다 보면 다른 한쪽은 상대적으로 무시되거나 충분히 부각되지 않아 균형을 잃기 쉽다. 초기 모자 관계와 분석 관계 사이에는 당연히 많은 차이점이 있고, 이 점은 마땅히 고려되고 추후 정리되어야 할 부분이다. 게다가 전-오이디푸스 시기의 양자dyadic 관계의 중요성을 강조하다 보니 오이디푸스 상황이 무시되고, 오이디푸스 상황이 전통적인 분석의 전이 신경증과 훨씬 더 유사하다는 점이 간과되는 점도 중요하다. 심리 발달에 대한 관점의 변화들, 그리고 아마 환자군의 변화와 여타의 요소들, 가령 조기 심리 발달에 관한 관심의 증가 같은 요소들이 지금의 경향을 만들었고, 여기엔 당연히 보완이 필요하다. 그렇지만 전통적 신경증과는 다른 양상을 보이는 환자들의 분석을 통해서, 비록 우리가 생각하는 것보다 많지 않더라도, 심리적 하위구조의 형성과 특히 자아, 초자아 결함과 변형에 대한 많은 통찰을 얻은 것 또한 사실이다.

이런 환자들을 분석하는 과정은 대체 무슨 일이 벌어지고 있고, 무엇이 분석 과정을 방해하는지 알아내기 위한 수고로운 시간으로 이루어졌었다. 이렇게 고달프고 힘든 이해의 과정이 비록 전부는 아니라 할지라도 통찰의 기본적 원천이 되었다. 여기서 전이와 저항은 다시 한번 우리를 돕는 유도등이 된다. 다만 차이점은 더 깊고 원초적인 수준, 즉 심리 내적으로나 혹은 개별 심리들 사이라는 관계적 차원으로나 덜 분화된 수준이란 점이다. 여기서 환자와 분석가, 탐구의 대상과 탐구 주체 사이의 구분은 적거나 거의 이루어지지 않고 원시적 심리기능이 작동한다. 중요한 것은 환자가 이런 수준에서 기능하면 분석가도 자신이 원하고 가능한 한에서 같이 그 수준으로 내려가서 작업을 하게 된다는 점이다. 물론 이때 분석가는 전반적으로 성숙한 자아 기능의 테두리 내에서 작업하는 것이다. 여기서는 원시적 심리기능에 의해 주체와 대상 간의 구분이 헐거워지고 심지어 중지된다. 이 상황에서 타인과의 의사소통은 모-자 사이의 깊은 상호 공감과 비슷해진다. 같은 이치로 이런 상황에서 의사소통이 이루어지지 않으면 소멸의 경험과 유사해질 수도 있다. 미분화의 매트릭스에 교란이 생기기 때문이다.

이처럼 강렬한 형태이거나, 혹은 다른 형태일 수도 있겠으나 어쨌든 동정sympathy과 달리 공감empathy은 주체-대상 사이의 분열이 유예되는 현상을 의미한다. 이 수준에서 작동하는 심리적 조직화의 입장으로 볼 때, 소통의 결여와 공감적 이해의 실패는 단순한 분리가 아닌 심리 조직의 붕괴로 경험된다. 분석가가 비교적 쉽게 다시 높은 수준의 심리기능을 회복하는 반면 환자는 그것이 쉽지 않다. 주체와 대상 사이의 분열이 헐거워지고 유예된다는 개념은 이런 환자들의 분석작업과 그 속에 포함되는 공감 현상을 이해하기 위해, 그리고 진정한 동일시의 의미를 이해하기 위해 필수적이라고 할 수 있다. 주체와 대상의 분리가 유예되는 이유는 심리 발달의 과정에서 주체와 대상은 항상 구분되었던 것이 아니기 때문이다. 심리적 발달의 시작은 모-자 사이의 심리적 매트릭스에서부터다. 정신분석적으로 재구성해 보자면 이 매트릭스는 심리적 장으로,

여기에서 아이의 마음이 조금씩 분화되어 자발적 심리 활동의 중심이 된다. 그리고 외면화와 내면화가 이 과정을 가능케 한다.

우리가 대상 관계라고 부르는 것은 아주 발달한 형태의 심리적 상호 작용을 표상하는 것으로, 여기서는 상대적으로 자율적이고 그 자체로 잘 조직된 심리 활동의 중심들이 상호 작용하게 된다. 하지만 각각의 중심은 원시적 상호 작용의 장에 그 기원을 두고 있으며, 지속적인 발전과 유지를 위해서는 비록 개개 중심이 그 자체로 제법 자율적이고 복잡한 심리적 장을 형성하고 있더라도 동시에 좀 더 넓고 복잡한 상호 작용의 장 안에도 머무를 필요가 있다.

이런 관점에서 보면 정신분석 상황은 심리 간 상호 작용의 새로운 장을 표상한다. 여기서는 충분히 발달한 심리적 장과 대상 관계 양상이, 공존하는 원초적인 양상들과 합쳐지고 그 영향을 받는다. 한편 원초적 대상 관계 양상이 성인들의 일상적 관계에서 배제되는 것은 아니다. 분석가들이 잘 알고 있듯 원초적인 요소들도 보통의 성인기 대상 관계의 일부를 차지한다. 하지만 정신분석적 과정과 방법이 개별 심리의 형성에 개입하는 것은 심리 내적, 혹은 심리 간 사건들과 힘 자체에 집중하고, 그들의 발생적 재구성에 집중함으로써다. 왜냐하면 이러한 특별한 집중과 보살핌 그 자체가 대상 관계의 장을 변화시키기 때문이다. 본인이 원하든 원하지 않든 무관하게 정신분석가는 이 장에서 강력한 요소이자 힘으로 작용한다. 분석 과정의 상당 기간 이 힘은 심리 내적 조직화에서 내적 관계와 갈등의 재-외면화로, 그리고 재-외면화에서 원초적 심리적 매트릭스의 재구성으로 향하게 된다.

분석가는 환자의 정신활동에 모종의 영향을 미친다. 이 과정은 환자와 더불어 협력하는 과정으로서, "순수"한 정신분석적 탐구든 치료로서 정신분석이든 마찬가지다. 여기서 우리가 사용하는 방법은 대부분 언어적 상징을 통한 의사소통으로, 자유연상, 느슨한 집중free-floating attention, 자기-반성과 내성, 직면, 명료화, 해석 등이다. 정신분석은 이런 활동과 방법론에서 비롯된 지식이자 이론이기도 하다. 내가 "우리가 사용하는 방법"이라고 했을 때, 이는 분석가만을 지칭하는 것은 아니다. '우리'에는 환자도 포함된다. 정신분석의 과정이 "사용"하면, 비록 정도의 차이는 있지만, 그것은 환자와 분석가 모두의 도구가 된다. 도입부라 부르는 초기의 짧은 기간을 제외하고는 환자가 어떤 식이든 위에 열거된 방법들을 사용하지 않는 기간은 없다고 볼 수 있다. 느슨한 집중, 해석, 자기-반성 같은 것들은 분석가와의 동일시적 연결 속에서 일어날 수도 있다. 가령 어떤 해석은 동일시적 연결로 인해 "받아들여"질 수 있다. 만약 해석이 진지하게 받아들여진다면 환자도 자유롭게 해석을 재생산하게 된다. 분석이 제법 진행된 환자는 종종 스스로 그런 작업을 해내기도 한다. 반면 분석가는 그저 단순히 느슨한 집중, 해석 같은 것만 하는 것은 아니다. 분석가도 환자를 이해하는 방편으로 (말을 하진 않지만) 자유연상, 내성, 자기-반성 같은 작업에 참여한다.

비록 언어화(물론 여기서 언어화는 문장과 단어를 말하고 듣는 것보다 훨씬 많은 것을 의미한다)가 정신분석적 의사소통의 주된 방법이라고는 하지만 실제 의사소통적 상호 작용의 범위는 아주 넓다. 실제로 언어화는 시각적 수단, 특히 눈 맞춤이나 표정, 그리고 신체접촉이나 움직임 정도만을 제외한 나머지 모두를 일컫는다. 상호 작용의 심리적 범위는 가장 내밀한 상호 이해나 공감적 일치에서 시작해 고도로 추상적인 대화와 논쟁에까지 이른다. 최근 나는, 적어도 나로서는 꽤 독특한 경험을 했다. 환자 하나가 다른 도시에 머무르고 있었기 때문에 분석은 전화 통화로 이루어졌다. 비록 일상적인 분석 시간도 대부분 그런 식으로 이루어지지만, 깔때기처럼 오로지 목소리와 귀로만 이루어지는 의사소통은 나로서는 아주 색다른 경험이었다. 거기에 없었던 것은 바로 그 사람, 보이든 않든 그 사람이 한 방에 같이 있는 경험이었다. 물론 그 시간에 소득이 없었던 것은 아니다. 하지만 내가 내린 결론은 이런 경우는 아주 예외적이어야 한다는 점이었다. 이 경험이 내게 똑똑히 가르쳐 준 건 어떤 사람의 존재 자체가 부여하는 포괄적 속성이 있고, 그 존재는 위에 나열된 지각적, 의사소통적 방법들 이상을 의미한다는 점이다. 내 쪽에서 보자면 심리적 장의 작동이 위축되는 바람에 느슨한 집중은 고사하고 훨씬 큰 노력을 들여 집중해야 했었다.

II

정신분석의 탄생을 이끈 탐구는 감정적으로 힘들어하는 환자들을 치유하기 위한 정신 치료적 노력의 일환이었으며, 그 이후 정신분석은 나름대로 독특한 방법론으로 자리매김해 왔다. 전이와 저항도 이 과정에서 발견되었다. 그리고 그 경로가 무엇이었든 간에 전이와 저항은 기초적, 상호 관계적 심리 현상이 되었으며, 이들 없이는 어떤 정신분석작업도 불가능하게 되었다. 과학적 연구의 관점에서 보면 연구 대상인 환자가 연구자인 분석가와 특별한 관계를 발전시키는 셈이다. 우리가 행하는 연구 과정과 연구 상황의 일부는 이 사실에 근거한다. 실제로 환자의 심리작용에 대한 전반적 이해 수단으로나 혹은 오염에서 우리의 시야를 보호하는 목적으로나, 갈수록 많은 부분의 연구가 이 관계로 귀결된다. 하지만 반드시 유념할 것은 전이, 저항 같은 "오염물" 또한 정신 현상이고, 그래서 당연히 우리가 알고 싶은 것들이라는 점이다. 사실 이것들은 오염물이 아니라 정신 현상을 결정짓는 요소 중 하나로서, "오염의 제거"

는 연구자뿐 아니라 대상에게도 영향을 끼치고 실제로도 그렇게 되길 기대된다. 전이 신경증이라고도 불리는 이러한 특별한 관계는 심리적 현상의 특성 덕분에 생긴 것으로 정신의학적 진단명이 붙을 수도 있고 아닐 수도 있다. 하지만 전이의 발달 없이 제대로 된 정신분석적 과정과 탐구가 이루어질 수 없다는 점은 분명하다. 한편 전이와 그 친척인 저항은 우리가 알고 싶은 것 중 하나일 테지만 동시에 탐구의 "수단"이기도 하다 ("역전이", "역저항" 따위가 여기에 해당하는 단어들일 터인데 사실 많은 오해의 여지가 있다).

전이와 저항이 정신분석적 탐구의 기본적 구성 성분이자 결정 요소라면 분석적 탐구가 얼마나 "객관적"일지는 이들의 영향력에 달려 있다. 환자는 자기 인생의 중요한 모든 사람의 모습을 죄다 탐구자인 분석가에게 부여하는데, 이것은 굳이 환자가 "아프지" 않아도 생기는 현상이다. 분석이 이런 식으로 행해지는 탓에 분석 과정 그 자체가 계속해서 환자의 심리에 영향을 주게 된다. 한편 전이의 해석 여부와 무관하게 분석가의 해석은 연구의 핵심적인 요소가 된다. 연구라는 관점에서 보면 분석가는 자신이 지각한, 정신 현상들 사이에 존재하는 가설적 연관과 관계들을 검증해서 새로운 접근 방식과 차원을 제안한다. 이러한 탐구 작업을 진행하기 위해 분석가는 환자와 소통해야 한다. 해석이 정확하고 방어가 방해하지 않고 있다면, 그리고 사실 우리는 환자의 반응을 보면서 그런지 아닌지를 판단하는데, 해석은 분석가만이 아니라 환자에게도 그 연관의 타당성을 증명하고 분석 자료를 명료히 하게 된다. 운이 좋다면 해석을 통해 환자의 마음 안에는 새로운 연결이 만들어지거나 회복된다. 다시 말해 해석은 환자의 심리 과정들의 연쇄를 바꿀 수 있다. 이렇듯 우리의 탐구 대상은 탐구 과정 자체에 의해 영향을 받고, 또 받아야 한다. 탐구가 제대로 진행되기 위해서는 반드시 그러해야 한다.

전이와 저항은 분석가에게도 가장 기본적 결정 요인이다. 정신분석적 탐구는 사람의 마음으로 행해지는 작업이므로 정신분석가의 전이와 저항 또한 필시 이 작업의 씨줄과 날줄이 된다. 분석 경험과 수련을 통해 자신의 동기에 내재하는 역동적 요소들에 대한 높은 수준의 통찰을 가지게 되므로, 분석가는 역동이 작동하도록 내버려 두면서도 동시에 상당한 수준의 자기 조절이 가능하게 된다. 그래서 전이와 저항을 없애기보다는 이상의 능력을 통해 환자와의 분석작업에 저항과 전이를 사용할 수 있게 된다.

전이와 저항은 우리 영역의 어떤 부분에서 특별히 유용하다. 이 부분은 다른 과학에서도 점점 드러나고 있는 것으로, 말하자면 소위 주체와 대상이라 불리는 것들이 뗄 수 없이 얽혀 있다는 관점이다. 분석에서 탐구의 목표는 분석적 의미의 대상, 즉 타인이다. 대상에 대한 이론을 정립하는 데 있어, 우리가 사용하고 있는 방법론이나 이를 통해 알아낸 지식으로는 주체와 대상의 상호 관계나 상보성에 대해서 딱히 더 많은 것을 추상해낼 수가 없다. 동시에 이론은 주체-대상 분리의 기원에 대한 문제를 포괄해야 한다. 분리를 이미 가정하고 거기서 시작하면 안 된다는 뜻이다. 정신분석의 과정이 근거하고 동시에 증명하는 것이 심리적 현실의 상대적 분리이기 때문에 더더욱 그러하다.

정신분석 과정 그 자체에 관한 연구, 그리고 초기 발달기와 정신증적 상태에 대한 분석적 관찰에서 얻은 통찰 또한 같은 방향을 지시한다. 자기애, 동일시, 내사, 내면화 같은 개념의 등장과 정립이 좀 더 적절한 정신분석 이론을 위한 이정표가 된다. 결과적으로 정신은 어떤 식으로 자극을 처리하는 기관이나 대상을 이용해 에너지를 분출하는(여기서 만족은 폐쇄계 안의 흥분 제거다) 기관으로 자리매김하지 않는다. 이제 정신은 좀 더 발달한 정신조직, 즉 사람들과 능동적이고 한층 복잡한 상호 작용[2]을 통해 발달하는, 조직화의 생성이라는 개념이 되었다. 점진적인 개별화를 통해 이들과 분리된 정신을 형성하는 것이다. 이 새로운 개념에 암묵적이고도 핵심적으로 포함된 것이 있다. 애초 단일한 심리적 장에 존재하던 국지적 요소들 사이의 상호 작용이 한쪽 요소의 내면에 내면화되고, 점차 그 자신의 심리적 장의 특성을 가진다는 것이다. 이렇게 한층 새로워진 심리 내적 장은 외부의 장과 더욱 다양하고 복잡한 상호 작용을 누린다. 심리 내적 구조의 형성에 대한 첫 번째 윤곽은 프로이트가 제시한 것으로(1921), 초자아의 형성에 대한 논의에서 보인다. 자아 이상을 "자아 안에서 분화한 것"이라 말하며 그는 이렇게 쓴다.

> 자아 분석의 첫 번째 단계로서 자아 안에서 분화한 것을 가정한다. 이 가정은 이후 단계적으로 대부분의 심리학 영역에서 그 정당성을 확보할 것이다. 자기애에 대한 내 논문에서 나는 당시 이 분화의 존재를 지지하기 위해 사용 가능한 모든 병리적 현상들을 동원했다. 그리고 아마 정신증의 병리를 깊이 파고들다 보면 그 중요성이 훨씬 명확하게 드러날 것이라고 예상된다. **자, 지금부터 생각해 볼 것이 있다. 자아는 그것에서 발달해 나온 자아 이상의 대상이 되고, 신경증의 연구를 통해 잘 알려진 것처럼 자아 내의 새로운 무대 위에서 외부대상과 전체로서 자아 사이의 상호 작용이 반복된다**(p. 130; 볼드체는 로왈드).

외부대상과 전체로서 자아의 상호 작용이 새로운 내면의 무대에서 반복된다. 이것이 바로 내면화다. 프로이트의 정식은 특히 초자아에 적용된다. 정립된 자아와 외부대상을 이야기할 수 있는 건 오로지 초자아 형성의 수준에서다. 하지만 이 정식은 자아의 형성 또한 비슷한 내면화

2) 여기서 내사, 동일시, 내면화와 투사 및 외면화는 이러한 상호 작용의 대표적인 예다.

과정에 의해 통제된다는 식으로 일반화될 수 있다. 여기서 전제는 원시적 내면화(와 외면화)에 의해서 내부성과 외부성이 생겨나고, 좀 더 복잡한 내면화와 외면화 과정을 통해서 내부성과 외부성이 한층 강화된다는 것이다.

여기서 말하는 내면화는 Hartmann(1939), 혹은 Hartmann과 Loewenstein(1962)이 정의한 내면화와 다르다. 유일하진 않지만 중요한 차이점은 이거다. 그들의 정의에는 사고 과정, 그리고 Rapaport(1957)가 말한 외부 사건과 현상의 표상inner map이 포함된다는 점이다. 반면 나는 사고 과정과 관념은 자아나 초자아를 형성하는 과정과 같은 차원이 아니고, 그런 용어들 아래 놓여서는 안 된다고 생각한다.[3)]

심리 내적 구조 형성의 핵심적 과정으로서, 혹은 다르게 표현해서 개별화의 핵심적 과정으로서 내면화 개념은 주체-대상의 분리를 전제하거나 어떤 원시적 형태의 분리된 심리 기관을 미리 상정하지 않는다. 이 개념은 개별화 과정이 원초적 심리적 장 혹은 매트릭스인, 모-자 단위에서 시작된다고 가정한다. 원초적 미분화 상태의 심리적 단계를 가정한다는 뜻은 이드-자아 같은 심리 내적 잠재성뿐만 아니라 동시에 안과 밖의 구분, 정신과 환경의 분화에 대해서도 마찬가지라는 말이다. 초자아의 형성과 같은 나중의 내면화는 더 넓고 복잡한 심리적 장에서 일어나는 것 같다. 오이디푸스 콤플렉스가 그 예다. 오이디푸스 콤플렉스가 표상하는 심리적 장 안에서 그 요소들, 즉 아이, 아빠, 엄마는 각자 상대적으로 자율적인 심리적 장을 갖는다. 이는 단순히 비-정신분석적 관찰자에게만 그렇게 보이는 것이 아니라 아이의 관점으로도 그렇다. 이제 상호 작용은 외부대상과 자아 사이에서 벌어지게 된다. 초자아의 형성에서

3) 「내면화」 참고(본서 6장).

자아의 내부성과 대상의 외부성은 이전과 달리 확장되고 공고화된 것이고, 여기서 상위의 심리적 장들이 넓어지고 복잡성을 얻게 된다.

오이디푸스 시기를 향해 발달해 온 주체-대상의 분리와 구분은 오이디푸스 시기를 거치며 잠시 유예되고 멈춘다. 그리고 추가적인 내면화에 의해서 더 높은 수준의 분화와 상호 작용으로 나아간다. 다시 한번 강조하면, 내면화되는 것은 대상이 아닌 상호 작용과 관계다. 프로이트는 초자아가 그저 부모 권위의 표상만이 아니라 오이디푸스기를 통과하는 아이의 이드 충동의 표상이기도 하다고 말했다. 이 진술이 위에 제시한 관점과 일맥상통한다. 관계의 내면화에 의해 서로 다른 요소들, 즉 서로 다른 발생적 수준 사이의 상호 작용과 관계성의 내적 체계가 수립된다. 내 생각으로는 이렇게 내면화된, 즉 안으로 향하는 힘의 중력장이 소위 내적 구조라고 하는 것을 형성하는 것 같다.

자기애, 동일시, 자아, 초자아 형성에 대한 프로이트의 혁명적 통찰에도 불구하고, 게다가 전이와 저항의 근본적 중요성이 일찌감치 발견되었는데도, 심지어 분석 과정과 발달 과정에 대한 이해가 커진 뒤에도 정신분석이 여전히 매달리고 있는 모델이 있다. 그 모델은 정신을 이미 만들어져 주어진 정신기관으로 생각한다. 이 모델에서 정신은 비록 원시적이지만 처음부터 개별 정신으로 존재한다고 가정된다. 우리는 태어날 때 이미 물리학적 · 생물학적으로 분리된 개체다. 하지만 이 사실이 정신적으로도 분리된 조직으로 태어난다는 말은 아니다. 그러니까 비록 원초적이지만 내재한 심리적 에너지와 힘을 가지고 이 본능이 대상과 이차적으로 관계한다는 의미는 아니다. 앞서 주장한 바와 같이 심리적 힘인 본능적 욕동은 엄마와 아이 사이의 심리적 매트릭스라는 장場 안에서 벌어지는 현상이라고 할 수 있다. 이 매트릭스-장의 성격은 차츰 변해서 점차 분리되지만 서로 관련을 맺는 복수複數의 장으로 발달해 간다. 이러한 변화의 양상이 점차 생겨나는 개별 정신과 본능의 성격을 결정한다. 따라서 유기체 내부의 자극과 외부의 자극이 와서 부딪히는, 그래서 작동토록 강제되는 기관으로 정신을 이해하면 곤란하다. 또한 내재한 본능적 힘이 어떤 수단으로 분출구를 찾는 ("자기 성애적" 혹은 "대상"을 통해서) 단위로 정신을 이해해서도 곤란하다. 분출이라는 개념 자체가 부적당한데, 이유는 어떤 형태로든 일정량의 에너지와 흥분을 폐쇄계로부터 비운다는 의미이기 때문이다.

본능적 욕동은 초기 모자간의 심리적 매트릭스 안에서 분화하고 통합하는 과정에 있는 것이지 아기에게서 일방적으로 나오는 것이 아니다. 나는 신생아의 생물학적 필요와 욕구의 존재를 부정하지 않는다. 내가 말하려는 것은 프로이트(1915a)의 말처럼 "심리적 표상"으로서 본능적 욕동, 즉 추동하는 심리적 힘은 태초의 심리적 매트릭스 안에서 이루어지는 상호 관계 덕택에 만들어진다는 것이다. 추후 점차 발전된 개별 심리의 조직화에서 본능적 욕동은 자기애적 변형으로 인해, 즉 "대상 리비도"가 자기애적 리비도(그리고 공격성)로 바뀜에 따라 변화한다. 이때 욕동의 관계적 특성이 다양한 정도로 내면화된다. 이러한 내면화는 유아적 심리구조와 욕동을 한층 복잡한 모습으로 바꾼다. 도식적으로 말하면 이제 욕동의 요소 중 일부는 내부에 배치되고, 한편 다른 부분은 비록 자기애적 변형에 따라 조정되었으나 여전히 보다 넓은 심리적 장 안에 남아 있게 된다고 할 수 있다. 말하자면 이 단계에서 본능적 욕동은 "내적 추동력"이 되지만 그 관계적 양상은 완전히 없어지지 않는 셈이다. 욕동들의 성질과 강도, 융합과 분열의 상호 균형과 불균형은 원초적 그리고 이후의 "환경적 기여"에 따라 결정된다. 다시 말해 그것들은 최초의 심리적 매트릭스 안에서 욕동의 형태가 되고, 이후 개개인이 비교적 자율적인 구성원으로 기능하는 심리적 장에 의해 다양하게 변한다.

이 같은 본능의 기원과 특성에 대한 개념은 초기 발달과 욕동의 구성, 그리고 개별화에 관한 최근의 연구로부터 많은 지지를 받는 것 같다(Mahler, 1968; Spitz, 1965; Winnicott 1965). 하지만 이 같은 이론적 정식화가 심리 내적 구조와 갈등을 없애는 것 같지는 않다(설리번의 대인관계 이론에는 그런 경향이 있다). 오히려 이런 이론들은 개별 정신의 재구성에 근거한 것으로, 개별 심리구조와 내적 갈등의 윤곽을 결정하는 조직화 능력을 염두에 두고 있다. 마음에 내재하는 본능적 욕동이나 카텍시스, 혹은 내사되는 외부대상을 전제하며 시작하는 이론은 이미 시작부터 이분법적이다. 최근의 연구에 따르면 이 구분은 처음부터 존재하는 것이 아니고, 어떤 경우에는 이미 존재했더라도 느슨해질 수 있고 심지어 사라지기도 한다. 이같이 느슨해지고 사라지는 현상은 때로 "자아를 위한 퇴행"의 범주에 들어가기도 한다. 하지만 내가 강조하고 있는 것은 이 같은 퇴행이 심리 내적 구조물의 일시적 탈-분화만큼이나 주체-대상 사이의 탈분화를 의미한다는 것, 그리고 전자와 후자는 같은 의미라는 점이다.

정신분석은 개별 정신의 생성과 유지, 성장에 영향을 미치는 기저의 심리적 활동을 연구하기에 *탁월한* 방법이다. 우리가 점차 알게 된 것은 정신분석의 과정이 비록 상당히 새로운 차원에서 작동하지만, 기본적으로는 심리형성 단계의 핵심적 양상을 보이고 또한 반복한다는 점이다. 이런 이해는 고전적인 전이 신경증의 개념과 오이디푸스 콤플렉스의 건강한 해소라는 개념에 암묵적으로 녹아 있는데, 최근 전-오이디푸스기의 어려움이 분석 과정에 미치는 영향에 관한 연구를 통해 한층 더 보강되었다. 이는 정신분석 기법에 영향을 줘서 필요한 경우 우리는 기법상의 수정을 도모할 수 있게 되었다. 하지만 이 또한 좀 더 원초적인 심리 발달과 더 심한 병리의 이해에 바탕을 뒀을 뿐 결코 덜 분석적이라 할 수 없다. 그러나 이처럼 초기의 병리가 주된 역할을 하는 경우라도 심리

기능이 다시 조직화할 수 있냐는 문제에 대해서는 아직 대답하기 어려워 보이는 것이 사실이다. 전-오이디푸스기의 병리는 통상적으로 분석이 작동하는 언어적 수준의 개입을 방해한다. 왜냐하면 이런 환자들은 그 이후의 정신 발달도 아직 충분히 안정적이지 않기 때문이다. 게다가 이른 시기 병리가 시작할수록 그 손상도 점점 영구적인 것 같다. 이런 경우에는 치료자도 힘들어지는데, 양쪽의 정신 수준을 오가기 위해서 훨씬 많은 기법상의 다양성이나 순발력이 요구되기 때문이다.

프로이트는 분석가의 직업적 위험에 대해 방사선에 노출되는 영상의학과 의사처럼 분석가도 심리적 중력장 안에 포섭된다고 말했다(1937). 치료작업을 위해서는 중력장에 내재한 긴장과 힘의 영향을 받으면서 동시에 그 힘에 저항할 수 있는 아주 예민한 균형이 요구된다. 저항만 하면 결코 분석을 수행할 수 없을 뿐만 아니라 환자에게도 도움이 되지 않는다. 왜냐하면 환자가 자신의 정신적 발달을 다시 시작할 수 있는 것은 오로지 이 같은 새로운 중력장, 즉 분석상황 안이기 때문이다. 중력장에 의해 영향을 받기만 하고 저항하지 못하는 경우도 역시 분석이나 환자를 위해서 도움이 되지 않는다. 분석가가 어떤 식으로든 환자의 신경증적 요구와 관계 맺음에 엮이기만 하고 분석은 하지 못할 때가 그런 경우다. 주지하듯 환자를 분석한다는 것은 그들의 본능적 충동의 대상이 되어 만족을 시킨다는 의미도 아니고, 그것을 거절하고 멸시하며 물리친다는 소리도 아니다.

환자의 요구와 갈등을 분석한다는 것은 기본적으로 환자의 느낌과 생각, 환상 등을 모두 말하게 하는 것이다. 우리는 이것들이 저변에 흐르는 본능적 갈등의 표현이자 부산물임을 알아챈다. 그리고 환자에게 해석함으로써 이것들을 좀 더 넓은 심리적 맥락 안에 위치시킨다. 이 과정은 환자의 과거 경험과 연결하는 과정, 그리고 과거를 현재의 경험과 좀 더 높은 수준에서 통합함으로써 양자 간의 한층 자유로운 소통을 수립하는 과정을 포함한다. 프로이트는 이 같은 연결을 과-카텍시스라는 용어로 개념화했다(1915b). 과-카텍시스는 환자가 치료자의 지시와 존재에 의해 자신의 느낌, 환상, 소망, 기억, 갈등 같은 것들을 행동화하기보다 말로 표현할 때 생긴다. 분석가의 해석이 받아들여질 때, 즉 환자가 분석가의 해석을 자기의 것으로 만들 때, 과-카텍시스는 한층 더 강화되고 질적 변화도 이루어진다.

그의 초기 저작에서 프로이트는 환자가 자신의 기분을 말로 표현하는 것을 언어적 정화와 연상적 흡수라는 용어로 표현했다. 이것이 의미하는 바는 감정에 언어를 부여한다는 것이 그저 단순히 만족의 지연이 아니라 언어라는 행위를 통한 만족의 성취, 즉 서로 다른 심리적 요소와 수준들 사이의 소통적 연결을 통한 만족이라는 것이다. 여기서 의사소통적 연결은 환자의 심리 내적 현상이기도 하고 환자와 분석가 사이의 소통을 의미하기도 한다.[4] 여기서 내가 만약 '그 만족은 승화된 것이다'라고 말해버리면 좀 미덥잖게 들릴 텐데, 이유는 사실 우리는 아직 승화에 대해서 잘 모르기 때문이다. 어쩌면 (언젠가 Ernst Kris가 개인적 대화에서 말했듯) 동일시나 중성화와의 연관성이 약간의 힌트를 주는 것 같기도 하다.

만약 환자에게는 자신의 느낌을 말로 표현하라며 자유연상을 요구하고 우리는 그 내용물들을 다시 해석해 준다면, 우리가 하는 것은 그의 소망과 갈등에 대한 환자의 과-카텍시스를 호출하는 동시에 우리의 과-카텍시스를 그에게 빌려주는 것이다. 환자의 과-카텍시스는 아기 때부터 시작해서 자라는 동안 부모를 포함한 사람들과 나누었던 심리적 상호

4) 이런 관점에서 우리는 소위 비아냥거리는 의미로 쓰이는 정화와 애초 프로이트가 의미한 언어를 통한 정화를 구분하는 것이 좋을 것 같다(본서 3장 참고).

작용에 그 기원을 두고 있다. 정신분석에서는 이 같은 원초적인 상황이 새로운 사람과의 관계에서 새로운 차원으로 재생되고 반복된다. 물론 이 새로운 차원이 가능하기 위해서는 비록 병적이고 미숙하다 할지라도 이미 존재하는 심리 내적 구조와 기능 수준에 근거하고, 그것들과 연결되어야 한다. 단어와 언어, 그리고 프로이트(1915b)가 말했던 사물-표상과 단어-표상 사이의 연결이 결코 과-카텍시스의 유일한 매개체는 아니다. 하지만 이들은 고차원적 심리구조에서 매우 특별하고 뚜렷한 지위를 누린다고 할 수 있다.

프로이트에 따르면 과-카텍시스는 "한 차원 높은 심리적 조직화를 만들고 일차과정이 이차과정으로 연결되도록 만들어 준다"(p. 202). 즉, 억압에서는 과-카텍시스가 작동하지 않는다. 과-카텍시스는 개별 심리를 넘어서는 차원에서 만들어진다. 내 생각에 이 부분은 아주 중요하다. 전통적인 정신분석의 언어로 표현하면, 핵심적 요소는 카텍시스 되는 대상이 카텍시스를 시키는 주체라는 점이다. 그리고 대상에게 카텍시스를 주는 주체가 동시에 대상에게서 카텍시스를 받는다. 물론 이때 받는 카텍시스는 주었던 것과는 제법 달라서 욕동에 의해 지배되지 않는 수준의 것이다. 그러니까 주체는 주체이면서 동시에 대상이 되는 셈이다. 따라서 대상 관계는 상호 카텍시스를 주는 주체들 사이의 관계다. 카텍시스를 주는 주체가 자기 자신의 카텍시스 대상의 대상이 되므로 주체는 자신에게도 대상이 되고, 이렇게 자기 자신으로부터 거리를 획득할 수 있다. 리비도 대상(부모)으로부터의 고차원적 카텍시스 활동이 말하자면 최초의 과-카텍시스를 형성한다. 대상의 카텍시스 작용이 이차과정에서 이루어지는 한(물론 반드시 그런 것은 아니겠지만), 주체의 심리적 과정에 과-카텍시스를 만들 잠재성을 가진다. 그리고 관계의 내면화가 소위 개별 인간의 과-카텍시스적 자원$_{\text{resource}}$을 마련하게 된다.

III

타인을 분석한다는 뜻에서 정신분석적 탐구는 치료적 정신분석과 뗄 수 없는 관계에 있다. 앞서 말했듯이 순수과학과 응용과학의 구분은 여기서는 적당하지 않다. 하지만 나는 치료적 정신분석이 엄밀한 분석적 술기와 개입들로만 이루어진다고, 혹은 이루어질 수 있다고 생각하지는 않는다. 그건 착각이며 결코 사실이 아니다. 많은 세월 동안 확장되어 온 정신분석은 술기와 규칙을 강제하는 것을 떠나 다른 여러 요소를 품고 있다. 그것들은 그 자체로 정신분석은 아니지만, 분석의 특정 임무를 강조하고 유념하고 촉진하기 위해서, 혹은 환자가 분석과 자신의 인생을 망치는 걸 저지하기 위해서 사용된다. 환자가 미숙하면 미숙할수록 이런 술기는 더 자주 사용될 필요가 있다. 이상적으로, 혹은 궁극적으로는 환자의 이 같은 행위들은 저항으로 이해되고 해석되겠으나 특히 분석의 초기에는 이러저러한 저항을 분석적으로 다루기 어렵다. 환자가 자기의 행동을 분석적으로 이해하기에는 아직 기초가 충분치 않은 것이다. 환자는 일정 시간 동안은 그 자신이 분석의 이치를 이해하기 때문이 아니라 그저 분석가를 만족시키고 싶어서 분석에 임하는 것이다. 이것은 마치 아이가 사랑을 잃거나 대상을 잃기 싫어서, 혹은 부모의 애정을 지키기 위해서 말을 듣는 것과 같은데, 아직은 부모의 존재와 관심이 아이의 심리적 안정을 위해 꼭 필요하다. 우리는 보통 분석에 도움이 되는 한 이 상태를 유지한다. 이 지렛대를 이용하는 것은 위협과 거절, 체벌을 통해서가 아니다. 오히려 이런 "전이 사랑"을 너무 조급히 해석하지 않고, 대신 이 관계를 통해 교육적 개입을 할 수 있다. 아이를 귀여워하는 한편 지각이 있는 부모가 자식을 교육하는 방식도 유사하다고 할 수 있다.

정신분석 전체를 인생의 연장선에서 바라본다면 양자 간에는 놀라운 유사점들이 있다. 분석은 오이디푸스 시기 혹은 사춘기와 유사한데, 예를 들어 애증의 등락, 의존과 반항, 매달림과 해방, 굴종과 자기-주장 같은 것들이 그렇다. 그저 냉랭하고 건조하게 이루어지는 엄밀한 의미의 분석작업에 비해서 투자되는 게 훨씬 많은 셈이다. 그리고 이건 환자나 분석가나 모두 마찬가지다. 지나가는 생각인데, 사실 나는 어떤 과학적 행위도 그저 진실을 발견하겠다는 일념만으로 무미건조하게 이뤄질 것 같지는 않다. 그런 순간과 사례들은 예외적인 것으로 과학의 정수를 정의할 때만 유용하다.

하나 더 말해두고 싶은 건 진실에 대한 사랑 역시 열정이라는 점이다. 왜냐하면 진실에 대한 사랑은 그저 적당히 높은 목표가 아닌 바로 진실을 갈구하기 때문이다. 우리 영역에서 진실에 대한 사랑은 우리 자신에 대한 진실, 그리고 인간관계의 진실을 향한 열정과 분리되지 않는다. 다른 영역에서도 마찬가지다. 과학자는 그가 가장 독창적이고 "냉정한" 순간에 연구 대상을 향한 사랑으로 가득하다. 건조한 과학적 태도는 그 가장 진실한 순간에 사랑을 배제하기보다 사랑 위에 있게 된다. 우리가 하는 일도 마찬가지다. 우리가 건조하고 객관적으로 분석하는 바로 그 순간에, 우리는 우리의 대상인 환자를 그 어느 때보다 사랑하고 그의 온 존재를 동정하는 것이다.

정신분석에서 과학적 정신과 대상을 보살피는 마음은 상반되지 않는다. 그들은 같은 곳에서 나온다. 우리가 마음의 진실을 사랑하고 이러한 사랑에 감동하게 되는데 우리에게 그 진실을 가르쳐 준 환자들을 어찌 사랑하지 않고 보살피지 않을 수 있겠는가? 프로이트의 일생이 이를 증명한다. 나는 모든 위대한 과학자들이 바로 이런 열정에 감동한다고 믿는다. 우리의 대상은, 그게 무엇이든, 우리 안의 남이고, 남 안의 우리다. 환자들에 대한 진실을 발견하는 것은 항상 우리를 위한 발견이고, 우리에 대한 발견이며, 그와 함께 하는 발견이고, 그를 위한 발견이다. 그리고 인간의 진실이 그 관계 맺음 안에서 드러나듯, 우리가 발견하는 진실은 둘 사이의 진실을 발견하는 것이다. 내가 하는 말이 어쩌면 낯설고 너무 환상적으로 들릴 수도 있겠다. 하지만 이것은 전이 신경증과 그것이 분석에서 차지하는 중요성에 대해 프로이트가 가졌던 깊은 통찰을 그저 평범한 언어로 읊어 본 것에 불과하다.

지금껏 여러 관점을 동원하여 정신분석적 탐구가 그 자체의 성격상 잠재적 치료라는 이야기를 하려 했다. 물론 그러기 위해서는 많은 비-정신분석적 수단들이 종종 요청된다. 이렇게 보면 정신분석은 수술과 비슷하다고도 볼 수 있다. 외과 의사는 수술만 하는 게 아니다. 수술 전후 처치와 드레싱, 식이 등 여러 가지 할 일이 있다. 다른 영역에서도 대동소이하다. 종종 우리는 "순수한" 정신분석을 향한 우리의 소망 때문에 이 점을 잊는 것 같다. 물론 불필요하고 해가 되는 비분석적 개입에 대해서는 여전히 경계해야 한다.

요약

주로 과학적 탐구의 관점에서 정신분석을 고찰했다. 정신분석이 현대 서구 문명에 끼친 광범위한 영향에서 드러나듯 정신분석은 과학을 훨씬 넘어선다. 그리고 정신분석가는 이 점을 절대 무시하지 말아야 한다. 정신분석은, 종종 대가들에 의해 행해지는 것처럼, 과학이라기보다 예술에 가깝다. 하지만 나는 여기서는 주로 과학적 이론의 관점에서 고찰했다. 나는 정신분석이라는 과학적 이론이 생물학, 화학, 물리학 같은 여타 과학들로 이루어진 전통적 과학이론을 따르는 데 만족해서는 안 된다고 강조했다. 그들의 주제는 주체-대상의 이분법을 선결 조건으로 내세우는데, 그게 그들이 작동하는 방식이다.

비록 정신분석이 이런 과학적 모델에 근거해 시작한 것은 맞다. 하지만 분석은 이내 핵심적 측면에서 과학을 떠나야 했는데, 이 점이 분명하게 드러나거나 이를 드러내지는 못했다. 무엇보다 정신분석적 탐구에 고유한 핵심적 요소들인 전이와 저항의 현상들은 이런 모델과 어울리지 않는다. 그래서 프로이트가 『The Interpretation of Dreams』 해석 7장에서 전이에 대해 분명히 메타심리학의 맥락에 따라 이야기했으나, 전이와 저항을 수준 낮은 "임상 이론"으로 좌천시켜 버리고 고고한 "메타심리학"으로는 인정하지 않았던 경향이 있었다. 한편 자기애, "일차적 피학성", 동일시, 내사, 그리고 초자아 형성 등의 개념에 근거한 구조이론은 심리구조의 형성을 위한 대상 애착의 근원적 중요성을 보여 준다. 이러한 개념들은 오래된 모델로부터의 이별을 의미했으나 정신분석은 여전히 오랜 전제들에 매달린 채 떠나지 못했다. 대상 관계는 단순히 조절적 요소가 아닌 심리구조 형성의 구성적 요소다. 하지만 여전히 분석의 많은 영역에서는 위와 같이 주장하는 메타심리학에 대해서 "출입 금지"라는 푯말을 내세운다.

나는 정신증과 초기 심리 발달에 대한 정신분석의 경험과 깊어진 이해가 심리적 현실의 상호 관계적 기원과 특성을 드러낸다고 주장했다. 그리고 나는 정신분석이 보여 주듯 마음에 대한 이론, 영혼에 대한 이론은 분화 이전의 심리적 매트릭스의 존재를 가정함으로써 시작해야 한다고 생각한다. 그런 의미에서 나는 새로운 심리적 중력장으로서 정신분석과 초기 발달기의 심리적 장場의 유사성을 기술하려고 했고, 이 장으로부터 분화됨으로써 자율적인 심리적 실체들과 구조들이 발생하고 발달한다는 것을 보이려 했다.

내면화와 외면화에 대한 짧은 설명을 시도했다. 내면화와 외면화가 개별화의 과정에 포함되며, 일생을 통해 점점 복잡한 형태의 개별화를 위한 수단으로 남게 된다는 것을 이야기했다. 더불어 내면화되는 것은 심리적 요소들 사이의 역동적 관계이고, 내면화를 하는 주체는 이 요소 중 하나라는 점을 강조했다. 같은 관점에서 나는 본능적 욕동을 재정의하고 과-카텍시스에 대한 새로운 해석을 제안했다.

내가 여기서 제기한 많은 관점은 프로이트와 여러 정신분석가가 가졌던 관점들에 이미 암묵적으로 들어 있는 것 같다. 아마도 나의 공헌은 이것들을 똑똑히 드러내고, 어쩌면 약간은 낯선 결론을 도출한 정도가 아닐까 싶다.

참고문헌

Freud, S. (1900): The interpretation of dreams. S.E. 4&5.

Freud, S. (1914): On narcissism. S.E. 14:67-102.

Freud, S. (1915a): Instincts and their vicissitudes. S.E. 14: 109-40.

Freud, S. (1915b): The unconscious. S.E. 14: 159-215.

Freud, S. (1921): Group psychology and the analysis of the ego. S.E. 18: 67-143.

Freud, S. (1933): New introductory lectures on psycho-analysis. S.E. 22:3-182.

Freud, S. (1937): Analysis terminable and interminable. S.E. 23: 209-53.

Gitelson, M. (1962): The curative factors in psychoanalysis: The first phase of psychoanalysis. IJP 43: 194-205.

Greenacre, P. (1966): Problems of over-idealization of the analyst and analysis. The Psychoanalytic Study of the Child 21:193-212.

Hartmann, H. (1939): Ego Psychology and the Problem of Adaptation. New York: International Universities Press, 1958.

Hartmann, H., and R. M. Loewenstein (1962): Notes on the superego. The Psychoanalytic Study of the Child 17: 42-81.

Jacobson, E. (1964): The Self and the Object World. New York: International Universities Press.

Kris, E. (1955): Neutralization and sublimation. The Psychoanalytic Study of the Child 10:30-46.

Loewald, H. W. (1955): Hypnoid state, repression, abreaction, and recollection. JAPA 3:201-10 (본서 3장).

Loewald, H. W. (1960): On the therapeutic action of psychoanalysis. IJP 41:16-33 (본서 14장).

Mahler, M. S. (1968): On Human Symbiosis and the Vicissitudes of Individuation. New York: International Universities Press.

Rapaport, D. (1957): A theoretical analysis of the superego concept. Collected Papers. New York: Basic Books, 1967, pp. 685-709.

Rapaport, D., and M. M. Gill (1959): The points of view and assumptions of metapsychology. IJP 40:153-62.

Sandler, J. (1960): On the concept of the superego. The Psychoanalytic Study of the Child 15:128-62.

Sandler, J., and B. Rosenblatt (1962): The concept of the representational world. The Psychoanalytic Study of the Child 17:128-45.

Spitz, R. A. (1965): The First Year of Life. New York: International Universities Press.

Stone, L. (1961): The Psychoanalytic Situation. New York: International Universities Press.

Webster's New International Dictionary of the English Language, 2nd. ed. Springfield, Mass.: G.&C. Merriam, 1956.

Winnicott, D. W. (1965): The Maturational Processes and the Facilitating Environment. New York: International Universities Press.

17

전이 신경증의 개념과 현상

(1971)

외아들로 태어난, 굉장히 재능이 있지만 동시에 심하게 억제되어 있어 편할 새가 없는 19세 남자 환자가 분석을 위해 찾아왔다. 이유는 자신의 (주로 이성애적인) 풍부한 성적 환상과 동성애에 대한 두려움(내가 아는 한 아직 분명히 드러난 적은 없다), 이성애적 관계의 결핍, 제한된 사회생활에 관한 지대한 걱정들 때문이었다. 하지만 이내 뚜렷하게 드러난 것은, 처음부터 나를 대하는 태도가 아버지를 향한 태도와 똑 닮았던 건데, 그러니까 거의 노예적 숭배와 모방, 굴욕적인 순종, 약간의 반항심, 깊은 분노, 그리고 거기서 벗어나려는 시도라는 점이었다. 아버지에 대한 사랑은 어머니에 대한 미움과 경멸만큼이나 유난스러웠는데, 그는 자신의 어머니를 변덕스럽고 편견과 미신으로 가득 찬, 충동적이고 엉망진창인 여자로 묘사했다. 하지만 아버지에 대해서는 정반대로 아주 이성적이고, 단단히

1968년 5월 보스턴에서 열린 연례 미국 정신분석학회에서 있었던 「The Current Status of the Concept of Transference Neurosis」의 패널 발표를 토대로 씀.

균형을 유지하고, 열심히 일하고, 성공적이고, 근면하고 겸손한 남자로 묘사했다. 그의 말에 따르면 어머니는 남편을 노예처럼 떠받들고 아이처럼 그를 우러러보지만, 정작 가족과 인생에 대한 그녀의 비합리적이고 불안한 태도로 인해 남편을 정서적으로 꽤 힘들게 만드는 것 같았다.

아주 빠르게 전이 신경증이 발달했다. 물론 다른 흐름도 있긴 했지만, 아버지를 향한 양가적 애정 관계가 두드러졌다. 아버지와의 이상적 동일시와 더불어 아버지를 향한 여성적이고 피학적인 대상 관계가 섞여 있었는데, 후자는 어머니에 대한 무의식적 동일시의 표식이었다. 이 모든 양상이 아주 빨리 나에게 전이되었다. 물론 긍정적 오이디푸스 콤플렉스가 전혀 없는 것은 아니었지만 강박적인 이성애적 환상의 한 측면이 보여 주는 것은 이 환상들이 아버지를 향한 애정적 관계에 대한 방어적 노력을 표상한다는 것이었다. 증례에 대해서나 분석 과정에 대해 이상의 자세한 설명은 하지 않겠다. 나는 지금 되도록 단순한 묘사를 통해 분석 초기에 뚜렷하게 드러난 어떤 모습에 집중하고 있는데, 이런 모습은 언어적 · 비언어적 형태로 전이 현상에서도 드러났었고, 그가 말로 설명한 것이기도 하다. 환자는 처음부터 나에 대한 자신의 행동과 느낌을 자각할 수 있었고, 왜 그렇게 되었는가에 대한 역사적 요인들을 금세 파악할 수 있었다.

누군가는 이런 의문을 제기할지도 모르겠다. 이렇게 금세 강렬하게 발달한 전이를 두고 전이 신경증을 논하는 것이 타당한지. 하지만 환자에게는 자신을 여러 각도에서 바라보고, 관찰하고, 반성할 수 있는 능력이 상당히 있었다. 그는 프로이트와 페렌치가 말한 소위 전이에의 열정, 이건 당시 히스테리 환자의 특징으로 여겨졌다, 과 통찰을 위한 능력 모두를 갖고 있었다. 여러 가지 전-오이디푸스 문제를 갖고 있었던 것은 맞지만, 약간은 왜곡되고 편향된 모습이라도 오이디푸스기에 진입했다고 보는 게 맞을 듯했다. 그러나 아직은 오이디푸스 시기를 제대로 벗어난 것 같지는 않아 보였다. 사실 오이디푸스 시기 이후로 그의 심리성적 발달에 그다지 많은 진척이 있어 보이지 않아서, 잠복기 동안 오이디푸스 콤플렉스가 피상적으로 억압되었다는 증거 정도만 있었다. 오이디푸스 시기부터 내원 당시에 이르는 기간 동안 별다른 변화나 수정 없이 그저 쭉 직선으로 달려온 것처럼 보였다. 전이 양상과 충만한 환상의 세부 내용으로 볼 때, 그는 아직 오이디푸스 콤플렉스 시기에 머무르고 있었다. 하지만 지적 능력은 매우 발달했는데, 그저 자신의 일차적 관심사에만 국한된 것이 아니라 그 외 여러 영역을 포괄하고 있었고, 여기에는 그 자신의 심리적 현상에 대해서 지적 능력과 관찰력을 적용하는 것도 포함되었다. 성격은 상당히 강박적이었다. 말하자면 어릴 때부터 특정 자아 기능이 본능적-정서적 발달에 비해 지나치게 발달했다고 할 수 있겠다. 프로이트는 「The Disposition to Obsessional Neurosis」(1913, p. 325)에서 이 점을 짚고 있다.

그의 전이는 분명히 미숙한 면을 갖고 있어서 어쩌면 잠복기 이전의 아이와 비슷한 것 같기도 했다. 덕분에 사람들을 피해 달아난 이 외로운 청년과 라포르를 유지할 수 있다는 면에서 전이는 상당히 유용했으나, 이내 분명해진 것은 전이가 분석 전체를 신경증적 관계의 반복으로 몰아가고 있다는 점에서 강력한 저항이라는 것이었다. 환자의 자기 성찰 능력과 자기관찰 능력에 대해 확신을 하던 터라, 나는 몇몇 전이 현상에 대해서 조심스럽지만 비교적 조기에 발생적 해석을 시도했다. 그리고 처음부터 그가 가진 자기 이해 능력과 관심을 적극적으로 이용했다. 이렇게 조기에 전이 해석이 가능했던 이유는 전이가 상당히 강렬했기 때문이었는데, 그의 전이는 어린 시절이나 현실의 사건들에 대한 생생한 묘사를 동반했다. 그래서 일반적인 분석의 초기 경과와 비교하면 전이 상황의 중요성이 훨씬 더 뚜렷해졌다. 나아가 보통의 경우처럼 부추기려 애를 써야 비로소 천천히 발달하는 전이 신경증과 달리, 이처럼 급속히 발달한 전이 신경증을 목도하고 있는 상황에서 저항 분석은, 그러니까 복잡한 성격 방어에 관한 더디고 고단한 작업은 별로 필요가 없었다. 많은 히스테리 증례처럼 이 경우에서도 주요한 저항은 전이 그 자체였으므로 애초부터 그 부분에 대한 분석작업이 요청됐다. 오해를 덜기 위해서 한 마디만 더하자. 환자는 자신의 과거와 현재에 대해서 어쩌면 강박적이라 할 정도로 굉장히 자유롭게 연상했고, 그래서 내가 그 부분을 해석하느라 잡아먹은 시간은 아주 적었다.

내가 이 증례를 고른 이유는 이 증례가 전이 신경증의 전형적인 예라거나, 혹은 이런 증례도 있더라는 이야기를 하기 위해서가 아니다. 오히려 전이 신경증의 어려움과 복잡함을 드러내는 증례이기 때문이다. 이런 어려움은 적어도 부분적으로는 신경증이라는 현대적 개념 자체에 내재한 문제에 기인한다. 경계선 병리 환자들, 성격장애, 혹은 정신증 증례들과 대비되는 신경증의 특성은 무엇인가? 그리고 우리가 이해하는 신경증이 비교적 건강한 사람이 갖는 국소적이고 제한적인 병리라면 대체 얼마만큼 국소적이고 제한적이라는 말인가? 나아가 신체적 질환에 비유하면, 이미 만성화되었어도 다시 한번 급성기로 들어가 나빠짐으로써 제대로 치료될 수 있는 병이란 말인가? 그리고 성격 신경증도 이런 기준에 맞나? 아니라면, 그럼 성격 신경증은 신경증이 맞나? 또 다른 사실은 비교적 뚜렷한 증상(전환 신경증, 공포증, 강박증) 때문에 치료를 찾는 신경증의 경우라 하더라도, 보통은 어느 정도의 성격 병리와 성격 신경증의 경향을 보인다는 것이다.

이 증례에서 내가 걱정했던 것은 강력한 전이로 인해 전이 반복만 되풀이하는 바람에 분석이 초장부터 일찌감치 막다른 골목에 들어서거나, 분석을 망쳐 버리게 되면 어쩌나 하는 것이었다. 하지만 전이 신경증의 의미는 유아 신경증이 분석 과정에서 반복되고, 재-활성화하고, 이것이 분석 과정을 통과해서 더 나은 결과로 귀결될 수 있는 것이 아니었던가? 그렇다면 그건 어떤 종류의 반복이던가? 프로이트는 「Remembering, Repeating and Working-Through」(1914)에서 행동에 의한 재생과 심리적 장에서의 재생을 구분했다. 기억, 반성, 훈습을 통한 심리적 영역에서의 재생, 반복은 분석의 치료 경로다. 그리고 유아 신경증이 전이 안에서 전이 신경증의 형태로 생겨나지 않으면 이 경로는 열리지 않는다. 지적인 통찰만으로는 부족한 것이다. 신경증을 초래한 중요한 경험과 내적 갈등이 현재에서 다시 한번 살아나고, 전이 신경증 안에서 직접성과 다급함을 얻지 못하면 풍족하고 효과적인 자기 이해는 불가능하다. 다른 한편, 유아 신경증을 반복하는 그 자체는 별 도움이 안 된다. 환자들은 분석에 오기 전에 이미 가장된 모습으로, 혹은 그다지 가장되지 않은 형태로 매일매일 유아 신경증을 반복적으로 유지해 왔다. 그들이 그걸 모를 뿐이다. 만약 억압을 비롯한 방어들이 꽤 효과적이고 너무 심하게만 방해하지 않았다면 치료할 필요를 느끼지 않았을 것이다. 적어도 심한 장애를 가지고 있거나 병들었다는 느낌은 없었을 것이다. 이는 정신분석 수련생이나 정신과 전공의, 심리학자 등 직업적 이유로 분석을 시작한 사람들이 흔히 가지는 문제이기도 하다. 그들의 유아 신경증은 현실적인 이유로 상당히 잘 억압되었다. 자아의 제한과 해결되지 못한 갈등은 주로 직업적 영역에서 드러나고 문제를 일으킬 것이다.

우리는 지금 성격장애와 성격 분석의 문제를 논하고 있다. 그리고 내가 보기에 바로 여기서 다음의 질문이 떠오른다. 그럼 전이 신경증은 어디로 갔나? 소위 정상 환자에게만 해당하는 질문이 아니다. 이 질문은 성격상의 문제, 만성적인 우울감, 불만족스러운 결혼생활, 직업적 어려움 같은 문제로 분석을 찾는 환자들에게도 해당한다. 누군가는 이런 환자들에 대해 소위 증상 신경증과 달리 인격 전반에 신경증이 퍼져 있다고 말할지도 모르겠다. 이런 경우에는 아주 명확한 증상도, 뚜렷한 유아 신경증이나 전이 신경증도 잘 관찰되지 않는다. 물론 이런 환자들도 여러 가지 형태와 강도의 전이적 표현을 보이지만 상당히 모호하고 듬성듬성한 양상이다. 그래서 어느 정도 일관성을 갖는, 연쇄적이고 잘 구획된 형태로 신경증을 묘사하는 건 어렵거나 불가능해 보인다. 사실 그렇게 하려고 하다 보면 증례가 굉장히 이상하게 흘러간다.

어쩌면 어떤 유아기 경험의 차이가 왜 한 사람에게는 성격 신경증을 초래하고 다른 사람에게는 증상 신경증을 만드는지 알려면 훨씬 많은 관찰과 연구가 필요할 수도 있다. 내 말은 둘 사이의 명료한 구분이 항상 가능하다는 뜻은 아니다. 신경증에 대한 이해가 발달하여 우리는 "증상 신경증" 안의 성격적 문제를 포착하게 되었는데, 사실 이전엔 모르기도 했었고 분석 치료에 해당하지도 않았던 것들이다. 그리고 성격 분석작업을 하다 보면 "새로운" 증상이 생기기도 한다. 이때는 두통, 요통, 인후통, 감기, 소화장애 같은 신체적 증상이 신경증적 증상의 등가물처럼 나타난다.

임상 경험에 비추어 볼 때, 최소한 어떤 증례들에서는 부모의 태도와 양육의 차이가 서로 다른 신경증의 발달과 관련이 있을지도 모르겠다. 나는 태생적 경향에 더해서, 혹은 태생적 경향보다 더 큰 역할을 위에서 말한 양육의 요소들이 한다는 점에 대해 상당히 확신한다. 이는 많은 증례에서 사실로 생각되고, 그 정도는 종래의 정신분석 연구에서 알려졌던 것보다 더 큰 것 같다. 많은 가족에서 심리성적 발달과 성장의 문제들을 쉬쉬한다. 이유는 부모들 자신의 성격적 제한과 확신 부족 때문일 수도, 혹은 부모들 자신의 회피적 경향과 금지, 금제 때문일 수도 있다. 아니면 반대로 자식에 대한 노골적이고 뻔뻔스러운 애증과 자식을 자신들의 감정적-본능적 욕구의 대상으로 삼는 태도 때문일 수도 있다. 이런 경향들은 자녀들의 감정이나 자녀들을 향한 자신의 감정을 불명확하게 만들고, 억제하고, 억압하도록 만들어 명료한 감정 경험을 방해한다. 따라서 신경증이 전체 인격에 넓게 퍼지게 만들어, 소위 말하는 성격 신경증을 초래하는 것 같다. 여기서는 방어가 잘 드러나지 않고 잠행하는데, 방어가 작동하면 할수록 본능과 정서적 삶도 흐릿하게 감춰진다. 긍정적이든 부정적이든 자신을 좀 덜 의식하면서 아이와 자유롭게 이루어지는 의사소통이 줄어들수록, 아마 아이 쪽의 "상처"도 적어지겠지만 유년의 기쁨과 즐거움 또한 줄어들 것이다. 그러면 아이의 성격은 더 방어적이고, 조심스럽고, 냉랭하고, 개성 없이 형성될 것이고, 증상형성은 줄어들 것이다.

분석가가 분석 시간에 직접적 개입을 삼가기 위한 목적에서 자신의 본능적-정서적 충동을 인지하여 "승화"하는 대신 억제한다면, 그 정도가 심할수록 성격 방어를 초래하거나 강화하기 쉽다. 분석 과정에 내재한 감정적 긴장에 분석가의 자제가 더해져서 분석상황은 이 같은 방어적 성격을 유지하고 공고화하기가 너무나도 쉽다. 인상적인 것은 뚜렷한 증상이 있는 사람들이 증상 이외의 영역에서는 딱히 병이 없어 보이는 성격장애 환자들보다 훨씬 더 잘 지내는 것 같다는 점이다. 이건 히스테리든 강박이든 마찬가지인 것 같다.

전이 신경증의 개념이 이제는 별로 유용하지 않다고 생각하는 사람이 많은 것 같다. 그리고 환자에게 전이 신경증을 발견하거나 발달시키려는 시도는 분석 수련생을 비롯해 여러 치료자를 좌절과 비관에 이르게 만들 뿐이라고 생각하는 사람도 많은 것 같다. 앞서 말한 것에 덧붙여, 발생적으로 볼 때 많은 성격장애와 경계선 병리는 오이디푸스기 문제에서만 오롯이 발달하지 않았다고 보는 게 맞다. 외려 오이디푸스 시기나 혹은 유아 신경증이 발달하기 위해서는 좀 더 발달한 자아가 필요한데, 이런 병리는 그 시기 이전에 초래된 자아의 결핍과 결함에 근거한다.

만약 이것이 사실이라면, 현대 정신분석이 강조하는 자아의 문제, 자아의 기능, 자아 분석은 어쩌면 자율적 자아 기능에 너무 큰 무게를 두고 있어서 자아 발달의 본능적-정서적, 경험적 근간을 무시하고 있을지도 모른다. 그래서 유아 신경증과 이의 대상 관계적-본능적 성격도 무시되기에 이른다. 자아의 자율성에 대한 강조는 전이 신경증을 무시하기 위함이 아니었지만 어떻게 하다 보니 그렇게 되어 버리고 말았다.

내가 보기엔 전이 신경증은 그 가치를 잃지 않았다. 신경증에 대한 그림과 개념이 바뀌어 온 이유는 무엇보다도 불분명하고 잘 숨겨진 신경증인 성격 신경증을 포함하기 위해서다. 전이 신경증에 대해서도 같은 이야기를 할 수 있다. 나아가 초기 발달기에는 전-오이디푸스 시기의 문제와 자아 형성의 왜곡, 기형이 우세하므로 오늘날 많은 환자에서 명료한 전이 신경증이 잘 관찰되지 않는 경향이 있다. 성격 신경증과 별개로 여기서는 오이디푸스기의 특정 신경증적 문제가 그 전 시기 발달의 문제와 섞이고 그 영향을 받는다. 여기서 후자, 즉 그 전 시기 발달의 문제는 자기와 대상의 세계가 비교적 명료하게 구분되기 이전 시기의 것으로, 분석상황에서는 고전적 전이 현상과는 사뭇 다른 복잡한 관계 양상(원시적 동일시, 투사와 내사)으로 드러난다.

이제부터 내가 전이 신경증의 중요하고도 필수적 측면으로 여기는 것에 대해 잠시 살펴보겠다. 정신분석 과정은 능동적이고 전의식-의식적 반복 과정으로, 여기서 반복되는 것은 초기의 병리적 경험들과 그것들의 심리 내적 변천사들이다. 그리고 분석은 이 반복 과정을 통해 병리적 경험을 숙달하고 새로운 방식으로 해결하고자 한다.

「Remembering, Repeating and Working-Through」에서 프로이트는 말하길, 반복하려는 강박을 다스려 숙달하고 그것을 기억하고자 하는 동기로 바꾸는 것은 주로 전이를 다루면서 이루어진다. 이루어져야 하는 것은 "모든 증상에 새로운 전이적 의미"를 부여하여 환자의 "평소 가지던 신경증을 '전이 신경증'으로 바꿔 이를 해석함으로써 치유"하는 것이다(1914, p. 154). 만약 우리가 "증상"이라는 단어에 얽매이지 않고, 대신 광범위한 성격과 자아의 병리들을 포함한다면 이것이야말로 오늘날 우리가 하려는 치료행위가 된다. 이런 관점에서 보면 전이 신경증은 환자에게서 발견되어야 할 무엇이기보다는 조작적operational 개념인 셈이다. 말하자면 전이 신경증은 환자의 어린 시절 환경에서 중요했던 인물과의 상호 관계에서 비롯된 심리적 병리가 분석가라는 새로운 사람과의 관계 양상으로 변형되어 이 속에서 병리적 유아기 경험과 그 심리적 영향이 뚜렷이 관찰되는 것으로, 객관적인 분석가와의 새로운 경험을 통해서 변화하는 것이다. 환자의 병리는 여태 자율적인 현상이자 자동적인 반응으로, 환경의 변화와 무관했고 심지어는 환경을 부추겨 원래의 상호 작용과 비슷한 경험을 만들기도 했다. 하지만 전이 신경증 안에서 병리는 한 번 더 생생해지고 환경과의 병리적 상호 작용 때문에 생겼다는 것이 드러나게 된다. 병리가 환경적 영향에 대한 반응에서 비롯된 것이 아니라 타고난 경우엔 우리의 치료작업은 한계에 봉착한다. 그리고 병적 상호 작용의 심리 내적 결과가 비가역적이어도 마찬가지다. 병리적 상호 작용이 생긴 시기가 이를수록 치료는 더 어려운 것 같다.

이런 관점에서 보면 전이 신경증은 사실 분석의 산물이지 앞서 제시한 증례에서 그래 보였던 것처럼 과거 병리의 단순한 반복이나 지속이 아니다. 환자가 초기에 보였던 면면들은 자동적이었는데, 부모와 유사한 면을 지니고 있다면 환경의 어떤 사람과도 그랬을 것이다. 그의 전이는 즉

각적이었고 저항으로 작용했다. 저항과 구분되는 전이 신경증은 여전히 충분히 발달하지 않았다. 전이 현상과 전이 신경증의 차이는 전자가 기본적으로 기존 신경증의 자동적 반응이나 증상 또는 징후라면, 전이 신경증은 분석가와 환자가 분석작업을 통해 만들어 낸 것이다. 여기서 기존의 병리는 그 자동성과 자율성을 잃고, 재활성화된 반응을 통해 이해 가능한 무엇으로, 그래서 변할 수 있는 것이 된다. 이 같은 새로운 과정의 표시로 새롭고 색다른 전이 현상이 생긴다. 분석가에 의해 촉진된 전이 신경증은 치유 능력이 있어 환자 안에서 치유의 과정이 된다. 전이 신경증이 유아 신경증이나 현재의 정신병리와 다른 점은 후자들에 내재한 힘은 기존의 병리를 유지하게끔 만드는 반응이었다는 점이다. 성격 신경증에서처럼 기존의 신경증적 과정이 넓고, 복잡하고, 숨겨져 있으면 있을수록 전이 신경증도 넓고, 복잡하고, 잘 보이지 않는다. 전이 신경증은 환자가 앓아 왔던 병리보다는 더 명료하게 파악되지 않고, 그럴 수도 없다.

같은 논문에서 프로이트는 이렇게 말한다. "전이는 병리와 일상 사이에 중간적 영역을 만들고 이를 통해서 둘은 서로서로 바뀌게 된다. 새로운 상태는 기존 병리의 모든 특성을 다 이어받는다. 다른 점은 새로운 상태는 우리가 구석구석 개입할 수 있도록 만들어진, 인위적 소산이라는 점이다. 실제 경험의 한 부분이지만 특별한 조건에서만 만들어질 수 있는 경험이다(…)"(1914, p. 154). 기존 병리와 실제 인생 사이의 중간적 영역이 전이 신경증이다. 이것은 분석가의 존재와 역할이 있어야만 가능한 "실제 경험의 한 부분"인데, 이는 유아기 신경증이 원래 환경의 존재와 개입의 존재로만 "가능했던" "실제 경험의 한 부분"이라는 것과 같은 이치다.

인위적으로 만들어진 질병인 전이 신경증이 분석가 일방에 의해서만 만들어진 것이라는 건 프로이트의 생각이 아니다. 전이 신경증은 인간의 애정적 성향에 의해, 그러니까 환자가 너무 자기애적이지만 않다면 환자는 분석가를 향해 애착을 형성할 것이고, 원래 애정 대상과 그랬듯 일정 정도 양가적인 애착과 반응 양상을 반복한다는 사실, 그리고 분석가가 원 대상과는 다르게 반응하기 때문에 생기는 것이다. 분석가가 전이의 조작을 통해 촉진하려는 것은 분석가에 대한 애착의 형성이라기보다 환자가 자신의 애착을(그리고 그에 대한 방어를) 깨닫도록 하는 것이고, 그 자신의 애착의 특성, 역사적 결정 요인들을 깨닫게 하는 것이다. 그리고 분석가는 공감적이면서도 해석적인 반응을 통해, 그리고 과거의 병리적 반응을 반복하지 않음으로써 이 작업을 해낸다. 신경증에 새로운 의미, 즉 전이적 의미를 부여한다는 것은 새로운 의미를 발명한다든지 혹은 묵은 의미를 새삼스레 드러내는 것이 아니다. 분석가와 환자의 상호작용을 통해 새로운 의미가 만들어지는 것으로, 그 관계는 새로운 역동적 긴장을 지니며 새롭고 건강한 동기를 만들어 낸다.

이런 관점에서 보면 전이 신경증은 심리 발전의 원천이자 근간인 환자의 사랑이 잠재적 새 애정 대상인 분석가와의 관계에서 다시 드러난 것으로, 분석가는 환자에 대한 이해와 심리적 성숙을 위해 애정적-적대적 참견을 포기하게 된다. 분석가의 관점에서 보면 이는 무관심이나 애증의 없음이 아니라 애증의 참견을 그만두길 고집함으로써 환자가 비록 무의식이라 할지라도 대상에만 집중하기보다는 스스로 그 참견함에 대해 생각하고 이해하도록 만드는 과정이다. 전이 신경증의 해소는 이처럼 좀 더 높은 수준의 심리적 조직화가 점차 전이 신경증을 대체해 가는 과정으로, 결과적으로 이를 통해 좀 더 성숙한 수준의 참견이 가능해진다고 볼 수 있다.

오이디푸스기에서 잠복기로의 건강한 이행, 사춘기에서 성인기로의 건강한 이행을 보면 여러모로 이와 비슷한 발달이 이루어진다. 자발적, “비-인위적” 근친상간적 참견이 부분적으로 포기되고 변형되어 개별화와 새로운 모습의 참견이 이루어질 수 있다. 이 과정은 부모의 본능적 불간섭 덕택에 촉진된다.

다른 각도에서 보면 전이 신경증 개념은 관념적 구조물이다. 관념적 구조물은 복잡한 사건들에 구조를 만들고 동시에 과잉 단순화함으로써 짐짓 무질서한 모습과 사건의 추이에 질서를 부여한다. 관념적 구조물은 조직화의 원리로 작동하는데, 그 원리는 특정 관점으로 사태를 이해함으로써 점차 추출된 것이다. 그러니까 그것은 임의로 부과된 원리도 아니고 그 자체로 순수한 본질도 아니다.

그렇다고 신경증, 질환 등의 단어가 가지는 경험적 의미를 잊지는 말도록 하자. 나도 환자의 입장으로 카우치에 누웠을 때 비슷한 경험을 했는데, 환자의 관점으로는 분석을 받는 게 병이라고 느껴지는 경우가 적지 않은 듯하다. 그렇게 보면 분석의 경험은 퇴행적이고 불안정한 경험으로, 사랑에 빠졌을 때 새삼 겪는 열정이나 갈등과 다르지 않은 거 같다. 사실 일상의 질서와 감정적 안정, 규율 잡힌 인생의 관점에서 보면 그 모든 간절함과 고통을 수반하는 병 같아 보이기도 한다.

내 생각에 전이 신경증의 핵심적 가치는 그것이 정신분석의 특성, 범위, 효력의 지점을 정신적 치료로 규정하는 데 있는 것 같다. 말하자면 환자의 병, 신경증, 부적응, 성격장애 같은, 생애 초기 경험에서 기원한 모든 것들이 환자와 분석가 사이에서 발달하는 분석적 관계의 맥락으로 이끌려 들어가는 것이다. 이 새로운 맥락 안에서 환자의 주요 병리적 경험들, 환자가 그 경험을 받아들이고, 방어하고, 혹은 그것들에 상처받는 과정들이 새로운 강도와 절박함을 얻게 된다. 그리고 이로써 생생한 심리적 작업이 가능해진다. 병리적 경험과 병리적 방어 과정이 여전히 유효하므로, 그러니까 화산이 여전히 활동 중이라고 말하는 의미와 비슷한 의미에서, 위 증례의 경우처럼 “전이에의 열정”이 차오르게 된다. 결과로 분석상황이라는 세팅 위에서 자동적 현상이 다시 한번 생생히 지속되고, 잠재적으로 전이 신경증이 발달할 수 있게 된다. 그런 식으로 많은 예에서 여태 잠잠하게 물밑에서 드러나지 않거나 혹은 거의 정지되고 얼어 있던 것들이 분석상황에서 활발해지고, 이에 대한 그 모든 방어적 힘들도 다시 한번 새롭게 재활성화한다. 그래서 오래도록 분석의 주된 임무는 방어를 분석하되 전이 상황 안에서 저항으로 분석하는 것, 즉 그들에게 전이적 의미를 부여하는 것이 된다. 도식적으로 말하면 첫 번째 형태의 저항은 전이 신경증의 발달에 반대하는 저항으로, 본능적 충동은 매개되지 않고 직접적으로 표출되는 모습을 띤다(혹은 덜 방어된 채 원초적인 모습으로 드러난다). 이 저항은 새로운 심리적 조직화를 시도하려는 분석작업에 대한 저항이다. 두 번째 형태의 저항에서 저항은 해체(혹은 퇴행)에 대한 저항으로 여기서 해체는 재-조직화를 위해서 필요한 과정이다.

말할 필요도 없이 실제 일어나는 모든 치료에서는 두 가지 상태나 측면이 다양한 조합을 통해 드러날 것이고, 치료의 국면과 증례의 성격에 따라 한쪽이 부각될 수도 있다. 어떤 치료가 얼마나 분석적인가에 따라 목표는 그저 피상적인 일시적 재배열과 재조절이 아닌 유의미한 심리적 재구조화가 될 것인데, 여기서 효력의 지점은 전이에 있고 치료와 변화의 과정은 병리를 전이 신경증의 형태로 창조적으로 반복하는 데 있다. 병리가 기원하고 병리적 사건이 벌어진 곳은 아이와 그의 인적 환경 사이의 상호 작용이다. 우리가 병이라 부르는 심리 내적 과정은 분석에 들어선 후 이내 분석의 중력장 안에서 새로운 상호 작용의 맥락에 편입되어 전이 신경증으로 바뀐다. 전이 신경증은 "병리와 일상 사이의 중간적 영역"이면서 동시에 병적 과정과 치유 과정의 이행기이기도 하다.

정신분석 치료에서는 이런 깊이에 이르지 못하거나, 거기에 이르기 위한 준비 과정, 혹은 지연되고 간접적인 효과 정도에 그치는 경우라 할지라도 많은 일이 일어난다. 충분히 발달한 전이 신경증으로 표상되는 몰입은 좀처럼 잘 생기지 않는다. 하지만 진행되어 온 분석의 여파는 생각보다 더 깊고 넓을 수 있다. 때로 싸움의 승패는 전쟁터를 떠난 한참 뒤, 먼 길을 에둘러 오기도 한다. 전이 신경증으로 들어가고 거기에서 빠져나오는 과정에서 이렇다 할 만한 움직임이 치료자나 환자 모두에게 포착되지 않기도 하고, 심지어는 가장된 형태의 의사소통으로나마 언급되지도 않을 수도 있다. 전이 신경증은 결코 항상 명확히 드러나는 것이 아니고, 심지어 그 효과는 지속되되 조용히 지나가기도 한다. 어떤 환자는 분석 내내 분석가와 감정적으로 뚜렷이 엮이는 일이 없이 거리를 유지한다. 따라서 이런 경우에는 분석작업 전반이 전이라는 전장에서 상당히 떨어진 채로 일어난다. 하지만 이것이 반드시 환자가 정서적으로 고립되어 있고 그의 자기-이해와 자기-숙달이 얕다는 뜻은 아니다. 어쩌면 그런 환자들은 일종의 자기애적 장막이 필요해서, 그 장막 뒤에서 비로소 재조직화가 일어나고 전이 신경증의 뼈아픈 상호 관계와 강렬한 열정은 이 장막의 보호막을 통해야 비로소 견딜 만하고 쓸 만하게 된다는 의미일 수도 있다.

참고문헌

Freud, S. (1913): The predisposition to obsessional neurosis. S.E. 12:311-26.
Freud, S. (1914): Remembering, repeating and working through. S.E. 12:145-56.

18

프로이트의 부정적 치료반응 개념, 그리고 본능 이론에 대해

(1972)

부정적 치료반응에 대해서 명료한 관점을 얻거나 혹은 합의에 이르기는 매우 어려운 것 같다. 여기에 관한 이론적 이슈는 그 임상적 대처만큼 어렵고 복잡하다. 부정적 치료반응에 대해 프로이트가 말한 걸 곧이곧대로 믿기 시작하면 이내 무의식적 죄책감, 피학성, 죽음의 본능이라는 판도라의 상자가 열린다. 내가 판도라의 상자라고 부르는 까닭이 있다. 이제 프로이트의 이론을 죄책감과 피학성, 삶과 죽음의 본능 같은 문제들 사이에 배치하는 것은 분석가들이 생각하는 만큼 간단하지 않기 때문이다. 분석가들은 대략 성적 본능과 공격성이라는 이원론적 본능 이론에 만족하는 듯하다. 그리고 이론가들을 포함한 그들 대다수는 삶과 죽음본능, 특히 우리 안에 늘 작동하는 죽음본능이라는 개념에는 손사래를 치며 반대한다.

1969년 12월 뉴욕에서 열린 추계 미국 정신분석학회에서 있었던 부정적 치료반응에 대한 패널 발표를 약간 수정했다(의장: Milton H. Horowitz, M. D.).

한편으론 만약 우리가 프로이트의 부정적 치료반응이라는 개념을 특별히 죄책감, 피학성, 죽음의 본능 같은 것들과 연관 짓지 않아도 된다면 이야기가 금세 달라져 이제 분석가와 분석에 대한 그 어떠한 부정적 반응도, 그 어떤 깊이 뿌리 박힌 저항도 부정적 치료반응의 범주에 속할 수 있게 된다. 물론 부정적 치료반응의 원인이 프로이트가 생각했던 것과 다르다고 말할 수도 있다. 하지만 나는 논의를 위해서 『The Ego and the Id』(1923)와 다른 곳(1924), 특히 「Analysis Terminable and Interminable」(1937) 등에서 프로이트가 했던 정의에 좀 더 충실하겠다. 나는 이 개념에 대한 논의를 통해 개념 안에 포함된 어떤 이론적 관점과 가정의 유용성을 밝히려 한다.

프로이트가 말한 부정적 치료반응은 깊숙이 뿌리 박은 저항의 존재를 의미하는 것으로, 이 저항은 초자아에서 오는데, 좀 더 정확하게 말하자면 자아와 초자아 사이의 어떤 관계에서 유래한다. 하지만 이 저항을 죽음의 본능과 연결함으로써 프로이트는 위의 정식화를 넘어선다. 「Analysis Terminable and Interminable」에서 그는 어떤 힘에 대해 말하는데,

> 수단과 방법을 가리지 않고 회복에 저항하고, 절대 병이나 괴로움에서 벗어나지 않을 것을 결심한 힘. 이 힘의 일부는 의심할 바 없이 우리가 죄책감과 처벌에 대한 요구라고 알고 있는 것으로 초자아를 대하는 자아의 관계 안에 있다. 하지만 이는 일부에 불과한 것으로, 말하자면 초자아와 결합함으로 인해서 인지될 뿐이다. 같은 힘의 다른 부분은 여타 불특정 영역에서 활동 중인데, 묶여 있는 상태일 수도 있고 자유로운 상태일 수도 있다. 만약 우리가 사람들에 내재한 피학적 현상들, 그리고 신경증에서 발견되는 부정적 치료반응과 죄책감을 고려한다면, 아마 정신적 현상들이 순수하게 쾌락에 대한 갈망으로 결정된다는 믿

> 음을 가지기 어려울 것이다. 이런 현상들은 우리의 정신에 공격본능 혹은 파괴본능이라 부르는 힘이 존재한다는 부인하지 못할 증거가 되는데, 그 기원은 유기물의 죽음본능에서 찾을 수 있다. 이것은 삶에 대해 낙관적인 이론과 비관적인 이론 사이의 반정립antithesis의 문제가 아니다. 오로지 상호 충돌하는 두 원초적 본능으로만, 즉 에로스나 타나토스 어느 한쪽만으로는 불가능하다, 우리는 인생의 다양한 현상들을 설명할 수 있다(1937, pp. 242-243).

이제 심리적 경제학의 관점에서 볼 때 프로이트에게 부정적 치료반응은 궁극적으로는 죽음본능의 창궐에 기반한 것이 된다. 죄책감은 죽음의 본능 일부가 "초자아와 심리적으로 결합해서" 작동하는 모습이다. 내 생각에 이 말은 초자아의 공격적 부분이 죽음본능의 구조적 표상을 형성하고, 죽음본능의 나머지 부분은 명확한 심리적 표상을 얻지 못한 탓에 분석에서 접근 불가하다는 이야기인 것 같다. 참고로 이때 초자아의 공격적 부분은 내사된 오이디푸스 대상의 공격적 성향과 본인 자신의 공격적 충동으로 이루어진다. 꼽아 보면 우선 심한 우울증의 신체적 고통과 쇠약이 명확한 표상을 얻지 못한 죽음본능의 범주 안에 들어갈 것이고, 최상의 상황에서도 분석적으로 접근 불가한 부정적 치료반응의 일부 요소 또한 이 범주에 포함될 것 같다. 이런 경우 여러 형태의 고통을 전전하는 것이 대개 최선으로 여겨진다.

이렇게 보면 부정적 치료반응에서 잘 고려되지 않는 측면이 드러난다. 만약 이것이 회복에 대한 무의식적 저항의 존재를 드러낸다면, 이 말은 부정적 치료반응이 저항의 모습으로 분석 과정에서 드러나기도 하지만 다른 모습으로도 나타날 수 있다는 말이다. 만약 저항이 말 그대로 호전 그 자체에 대한 저항이라면 전기치료나 약물치료, 그리고 분석이 아닌 다른 형태의 정신치료에도 해당할 것이다. 이렇게 정의하고 보면 부정적 치료반응은 분석에만 해당하는 것은 아니다. 하지만 분석 과정에서 우리는 이런 현상 일반을 좀 더 이해할 수 있고, 어쩌면 저항의 동기에 무관하게 그것에 영향을 미칠 수 있을지도 모른다.

부정적 치료반응을 저항의 한 형태로 부른다면 이건 현상을 기술하는 것 이상으로, 이미 분석적 해석이 가해진 셈이다. 분석적 의미를 주거나 정신분석적 심리학의 맥락에서만 발견할 수 있는 의미를 가정한 것이다. 저항이란 이 반응이 동기가 있는 행동이라는 뜻이다. 그래서 이것은 정신분석에만 딱히 해당하는 행동은 아니지만(해석에 대한 저항은 정신분석에 특이적이라고 할 수 있다), 이걸 저항이라고 부르면서 분석적 고찰 아래 두게 되는 셈이다. 이런 의미에서 이제 부정적 치료반응은 정신분석에 특이하게 적용되는 현상이 된다. 왜냐하면 이런 현상이 정신분석에서만 보이기 때문이 아니라 정신분석적 관점으로 그것을 고찰하기 때문이다.

다시 죽음본능으로 돌아가자. 프로이트가 만년에 세운 에로스-타나토스의 이원론적 본능 이론은 이전의 것과 사뭇 다르다. 여기서 그는 마음을 융통성 없이 이드, 자아, 초자아 세 부분으로 나누는 것의 단점을 또 한 번 강조하는 것 같다. 그리고 두 본능적 힘이 세 개의 영역을 만들고 구획하는 데 하게 되는 역할을 강조한다. 그래서 이드만이 아니라 자아와 초자아, 그리고 이 셋의 상호 관계가 삶과 죽음본능의 상호 작용이 드러나는 모습이고, 더해서 두 본능은 "다른 불특정 영역에서의 활동"으로도 드러난다. "두 기본적 본능의 움직임, 그들의 분포, 섞임과 나뉨은 이드, 자아, 초자아의 단일 정신기관에 한정되는 것 같지 않다"(1937, p. 242).

죽음본능 혹은 파괴본능은 인간의 삶에서 여러 모습으로 드러나는데, 프로이트에 따르면 특히 초자아 현상의 일부가 된다. 깊은 죄책감, 저항을 드러내는 것에 대한 저항, 분석 불가능한 피학성의 잔여물, 고통에 대한 필요, 그리고 마지막으로 내적 갈등을 일으키는 경향 등이다. 프로이트가 니체의 영향을 받았는지 아닌지는 잘 모르겠지만, 프로이트가 내적 갈등을 이해하는 방식은 「Analysis Terminable and Interminable」을 쓰기 50년 전인 1887년, 니체가 그의 저작 『The Genealogy of Morals』에서 말한 방식과 같다. 니체는 내적 갈등을 내면화, 혹은 인간이 공격성을 자신에게 돌린 결과로 이해했다. 프로이트는 말하길(1937) "인간이 원시 상태에서 문명화해 가는 과정 중에 이런 일들이 생겼을 것이고, 만약 그렇다면 그의 내적 갈등은 분명히 이미 멈춘 외적 갈등의 등가물일 것이다"(p. 244). 내면화는 외부의 공격성에 대한 방어로 보일 수도 있는데, 그렇게 보면 하트만(1939, pp. 25-26)의 기능변화라는 개념이 여기에서 적절해 보인다. 그러니까 기능변화를 통해 이루어지는 갈등과 투쟁의 내면화는 인간만이 지니는 속성이 된다.

괴로움, 특히 내적 괴로움이 인생의 조건이 되어 버린 사람들에게 우리는 이런 내면화의 극단적인 예를 보게 된다. 비록 왜곡된 방식일지라도 그들이 보여 주는 것은 인간 조건의 숭고함과 비참함이다. 피학성(도덕적 피학성도 포함해서)에 존재하는 성적 요소를 고려하면(Freud, 1924), 여기에 성적 본능과 에로스의 내면화를 포함해도 적절할 듯하다. 그러면 피학적인 사람이 지니는 강한 자기애적 성향을 이해할 수 있게 된다. 그러니까 도덕적 마조히스트가 고통을 받는 이유는 순수하게 그 자신의 내적 갈등, 즉 자아와 초자아 사이의 가학성-피학성의 내적 투쟁 때문만이 아니란 이야기다. 더해서 내적 관계 안에 있는 자기애적 리비도에도 묶여 있기도 한 것이다.

호전을 거부한 채 분석가와 그의 영향을 물리침으로써 자신의 가학적-피학적 혹은 공생적, 동성애적 필요를 극구 물리치는 사람들이 있다. 하지만 내 생각에는 프로이트가 부정적 치료반응을 에로스-타나토스 이론의 맥락에서 설명했을 때 생각하던 사람들은 이런 부류가 아닌 것 같다. 프로이트가 말하는 감당하지 못할 죄책감의 소유자들이 호전에 저항하는 이유는 피학적 필요를 물리치기 위해서가 아니다. 오히려 그 자신이 완전히 마조히스트이기 때문이다. 그런 환자에게 호전은 피학적·공생적 필요에의 굴복을 의미하지 않는다. 그의 "정체성"은 예를 들어 동성애적 유혹에의 굴복이나, 혹은 분석가-부모-애정 대상과의 합일로 인해 그다지 손상되지 않기 때문이다. 오히려 호전은 스스로 필요로 하는 처벌이 줄어드는 걸 의미한다. 프로이트에 따르면, 분석의 마지막 순간에 이르러 이런 환자에게 호전이 의미하는 건 내부에서 일어나는 죽기 살기의 투쟁을 포기하는 것이 된다. 분명 죽음본능이 항상 우위를 점하는 투쟁이어야 하는데 말이다. 종종 방점은 *자기*-처벌에 찍히기도 하는 것 같은데, 이는 양성애적 전능함을 포함한 자기애적 전능함의 중요성을 보여 준다.

우리가 염두에 두어야 할 부분은 무의식적 죄책감이 초자아와 양심의 관점에서 본 정신분석적 해석이란 점이다. 이건 분석가가 환자의, 그리고 환자가 자신의 본능적 무의식의 힘을 좀 더 고차원적 정신적 동기로 이해하려고 하는 시도라고 할 수 있다. 고통, 갈등, 질병, 불운 등이 필요한 사람들에게 죄책감은 알아들을 수 없는 말일 뿐이다. 만약 우리가 그의 "고정되지 않은" 죽음본능을 죄책감으로 만들 방법이 있다면, 그러니까 좀 더 고차원적인 정신 현상으로 만들 수 있다면 아마 정신치료로 접근할 수 있을 것이고, 어쩌면 힘의 균형을 새로운 방향으로 바꿀 수 있을지도 모른다. 하지만 프로이트가 보기에 이렇게 될 가능성은 그들 안에 만연한 죽음본능의 우세함으로 인해 아주 제한적일 수밖에 없다. 죽음본능은 좀 더 복잡한 조직화와 결합을 지향하는 에로스의 작용에 정확히 반대 방향으로 작용한다. 다시 말해 죽음본능은 정지와 파괴를 향한다.

프로이트가 말한 제한적 의미의 부정적 치료반응은 기본적으로 치료자와 그의 노력에 대한 저항이 아니다. 하지만 때로 환자는 치료자와 그의 노력을 해석하기도 하고 곡해하기도 한다. 그리고 이런 이해와 곡해가 기초적인 저항의 모습으로 위장되어 나타나기도 한다. 물론 이런 점들이 부가적인 요소가 될 수 있겠지만 그래도 핵심적 요소는 환자가 자신의 호전에 저항한다는 점이다. 이 부분에 대해서는 프로이트도 동의하는 것 같은데, 분석가에 대한 환자의 무의식적 태도에 근거하는 부가적인 요소들은 아주 많다. 그리고 원칙적으로 말하면 이 모든 요소를 분석할 수 있다. 끝까지 분석 불가능한 건 그 모든 것들이 해석된 뒤에도 남는, 환원 불가능한 잔재들이라고 할 수 있다. 말하자면 삶과 죽음본능 사이의, 그리고 자기-파괴적 경향과 애정적 경향 사이의 좋지 않은 균형인 셈이다. 비합리적인 무의식적 죄책감과 초자아에 대한 강한 피학적 경향은 바로 이 기울어진 균형의 표현일 수 있다. 하지만 심각한 증례들을 보면 이러한 불균형은 초기 심리 발달에 근거한다. 즉, 오이디푸스 콤플렉스와 초자아 형성에 선행하는, 도덕과 죄책감의 전구체에 근거한다고 볼 수 있다. 이 단계에서는 요컨대 파괴적 힘이 감당 불가하게 지배적으로 이 힘이 프로이트의 표현대로 초자아와 결합하거나 자아와 초자아 사이의 긴장에 참여하기도 전에 벌써 주체를 공격하는 것이다. 도식적으로 말하면 이런 자기-파괴적 성향이 비합리적 죄책감으로 인식되기 위해서는 반드시 심리 발달 초기에 공격성과 리비도의 비율, 혹은 융합과 해리가 적당해야 한다. 그래야 파괴적 힘이 초자아와 결합하거나 혹은 자아-초자아 간의 긴장 관계 안에서 드러날 수 있다. 그래야만 양심과 죄책감의 고향인 오이디푸스 콤플렉스의 분석과 해소를 통해 통찰에 이를 수 있게 된다. 그렇지 않다면 환자는 그가 죄책감을 느끼고 있다는 것을 이해할 수 없고, 오로지 아프다고 느낄 뿐이다. 어쩌면 환자는 죄책감을 느낄 수도 있는데, 이는 초기 발달기에 발생한 혼란이 오이디푸스 콤플렉스와 양심이라는 이후의 구조적 관점으로 표현된 것에 불과하다. 이를테면 환자는 치료자나 타인에게는 *아니라고* 말하지 못한다. 오직 자기에게만 그렇게 할 수 있을 뿐이다.

만약 우리가 동기적 요소들에 대해 위계적으로 생각할 수 있다면 이런 구조화를 통해 본능적 힘들의 담아냄, 융합, 변형, 다스림을 이야기할 수 있게 된다. 설명하자면 이렇다. 발달 초기에 발생한 심각한 방해가 위계적 구조화를 교란하면 일련의 파괴적 욕동이 다스려지지 않은 상태로 남게 되고, 그것들이 심리적 구조물 안을 돌아다니다가 불특정 시간에 가용한 어떤 구조물에 들러붙어 그 구조물을 오염시킨다고 할 수 있다.

나는 부정적 치료반응에 있어 전-오이디푸스기의 역할을 강조했는데, 이 같은 견해는 많은 저자들이 동의하는 바이고, Olinick(1964)이 정식화하기도 했다. 더불어 심한 우울증과의 관련성도 많은 이들이 연구한 바이다(Panel, 1970). 따라서 나로서는 포함된 일부 이론적 이슈들을 명료화할 일이 남았다. 오이디푸스기의 문제들이 오이디푸스기의 상호 관계에 따라 결정되듯 초기 심리 발달의 문제들도 그 당시의 상호 작용에 따라 결정된다. 사실 더더욱 그렇다고 할 수 있다. 근래의 연구에 의하면 초기 심리 발달과 자아 발달에 가장 중요한 결정 요인은 엄마-아이의 양자 관계에서 벌어지는 애정적, 공격적 혹은 동일시적 상호 관계다. 원초적 동일시와 내사를 통한 초기의 "대상 애착"은 원시적, 전-오이디푸스 자아 형성에 지대한 공헌을 한다. 하지만 내 생각엔 여기서 조금 더 나아가 프로이트와는 조금 다른 의미의 본능적 욕동에 대해 생각해 봐야 할 듯하다. Mahler(1968), Spitz(1965), Winnicott(1965)을 비롯한 여러 저자들의 관점으로 보면 본능은 심리 기관에 와서 부딪히는 내적 자극이나 신생아의 원초적 심리 안에 내재하여 처음엔 자기 성애적-자기 공격적으로 분출되다가 나중에는 바깥을 향하는 게 아니다. 가정컨대 이러한 초기 상태에서는 안과 바깥, 너와 나의 구분이 완전하지 않기 때문이다. 그래서 만약 본능적 욕동이라 불릴 수 있는 게 있다면 그건 심리적 힘으로서, 최초 모자간의 단일한 심리적 장이 만드는 매트릭스 안에서 만들어진다. 즉, 장 안의 무수한 상호 작용 과정을 통해 자율적인 심리적 활동의 중심이 되는 마음이란 것이 차츰 만들어진다. 이런 관점에서 보면 본능적 욕동은 애초부터 비록 미숙하나 자율적이고 구분된 정신에 내재한 힘이 아니라 모자간의 심리적 매트릭스에 내재하는 힘들의 산물이며, 이후에는 아이의 미숙한 정신과 엄마가 만들어내는 힘들의 결과다. 다른 말로 본능은 애초부터 관계적 현상으로, 폐쇄계 안이나 바깥으로 이루어지는 에너지의 비워냄을 일컫는 의미에서 분출을 기다리는 자연발생적 힘이 아니다. 그리고 본능적 욕동, 그들의 양과 질, 융합과 해리, 상대적인 힘의 크기는 그것들의 구조화에 추동력으로 참여하는 "환경적 요소"에 의해서도 결정된다.[1)]

본능 개념을 이런 식으로 이해하면 심리 조직 내의 삶과 죽음본능은 서로서로, 그리고 초기의 환경적 상태와 무관하지 않게 된다. 먼저 그들은 본능*이므로* 원초적 상호 작용의 결과물이 된다. 따라서 삶과 죽음본능의 이원성을 받아들인다면 이들은 바로 이 초기 상호 작용의 결과물이고, 발달 초기의 상호 작용으로부터 "현재의 상호 협력적, 혹은 상호 적대적 작용"(Freud, 1937, p. 243), 혹은 상대적인 유연성과 경직성, 그리고 고차원적 변형을 위한 가능성 같은 것들이 도출된다. 부정적 치료반응의 파괴적 경향과 완고한 자기애적 성향은 아마 무엇보다 발달 초기의 상호 작용에 달려 있다는 뜻이다. 그리고 이 상호 작용 탓에 공격성과 리

1) 본능적 욕동의 개념화와 관련해 좀 더 자세한 설명은 Loewald(1970, 1971)를 참고하길 바란다.

비도의 조직화에 왜곡이 초래되고, 둘 간의 조화에 균형이 깨졌다고 이해할 수 있다.

만약 이 같은 본능 개념의 변화를 받아들인다면 적어도 죽음본능을 가정하는 것에 대한 반대는 상당 부분 무효가 된다. 왜냐하면 이상의 설명에 따르면, 자기-공격성을 위한 자기-파괴와 자기애적 리비도의 왜곡은 환경과 관련이 있기 때문이다. 이 설명에 따르면 유기체와 환경은 분화와 상호 작용을 통해 개체 안에 삶과 죽음본능을 만들고, 따라서 본능의 기원과 시간적 추이는 기본적으로 양육자와 무관하지 않게 된다.

이즈음에서 경고 삼아 한마디만 하겠다. 욕동은 심리 발달의 아주 초기에 만들어진다. 그리고 초기의 왜곡을 나중에 교정하기란 매우 어렵다. 우리가 프로이트가 부정적 치료반응이라 부른 것에 봉착하게 되면, 그 이유가 환경적 요인 탓이라는 사실을 알고 있는데도 성공 가능성이 크지는 않은 듯하다. 내 생각에 프로이트는 초기 심리 발달에서 개별 심리의 환경적 영향에 대해 과소평가한 것 같다. 동시에 종종 아주 천천히 생기면서 제대로 구조화되지도 않는 역전이 문제가 이런 치료 실패에 미치는 중요성도 충분히 강조하지 않은 것 같다. 하지만 열정적이고 자기희생적인 치료자와 달리 프로이트는 분석과 치료의 한계에 대해 건강한 존중심을 갖고 있었다. 부정적 치료반응은 이같이 욕동 발달의 초기에 시작된 왜곡과 불균형에서 비롯된다. 우리는 이런 심리적 어려움을 교정할 가능성에 대해 아주 현실적이어야 하고, 따라서 충분히 회의적이어야 한다.

앞서 언급했듯 부정적 치료반응이 주로 자아-초자아 사이의 긴장과 죄책감의 문제로 다루어지게 되면 분석이 효과를 미칠 기회가 될 수 있고, 자기 파괴적 경향을 줄일 기회도 좀 더 많아질 수 있다. 그렇게 되면 환자는 자아-초자아 관계의 변화를 받아들일 수 있고, 그에 따른 도움을 받을 수도 있다. 한결 관대한 잠재적 초자아의 이미지를 취하는 분석가의 암묵적 태도가 중요함은 말할 필요도 없다. 자신을 환자가 내사할 대상으로 허락하는 것, 그러니까 분석가의 좀 더 건강한 자아-초자아 긴장이 저절로 드러나는 건 예언자나 구원자 흉내를 내는 것과는 전혀 다르다. 프로이트는 당연히 이런 유혹에 대해 정신분석의 규칙에 어긋난다고 경고했었다. 그 규칙의 근거는 이렇다. 이런 식으로 가해지는 개인적 영향력은 분석가 자신의 해결되지 못한 가혹한 자아-초자아 긴장과 비합리적 죄책감에 근거하는 것으로, 환자의 문제를 뒤집어 놓은 것일 뿐이다.

요약

프로이트의 일부 후기 저작에서 다루어진 부정적 치료반응이라는 개념이 주로 본능 이론의 이론적 함의에 따라 다시 검토되었다. 그리고 본능적 욕동 개념을 다시 한번 정식화했다. 프로이트는 부정적 치료반응을 자기-파괴적 경향의 표현으로 이해했다. 이것은 기본적으로 치료자와 치료적 시도에 대한 반응의 부산물이 아니라 좀 더 깊숙이 자리한 리비도와 공격성 (혹은 삶과 죽음본능) 사이의 심리 내적 불균형에 기인한다. 이런 불균형 탓에 파괴적 경향이 커지고, 따라서 파괴적 욕동은 무의식적 죄책감과 뿌리 깊은 피학적 경향으로, 혹은 딱히 초자아에 귀속할 만한 충분한 심리적 표상을 갖지 않는 비교적 덜 구조화된 파괴적 힘으로 드러난다. 이같이 매우 점진적인 형태로 드러나는 부정적 치료반응은 본능적 욕동이 심리적 하위구조로 분화하기 이전에 초래된, 욕동 자체의 왜곡된 형성 때문이다. 프로이트가 부정적 치료반응의 기원을 궁극적으로 파괴적 욕동 혹은 죽음본능의 우세에서 찾는 이유는 바로 이 때문이다.

무의식적 죄책감의 존재는 이런 힘이 초자아와 결합했다는 것을 이미 가정한다.

좀 더 심각한 형태의 부정적 치료반응은 전-오이디푸스 발달기의, 본능과 자아에 초래된 원초적 왜곡에 기인한다고 생각된다. 이 경우 죄책감, 양심, 혹은 처벌의 필요로 해석하는 건 거의 소용이 없다.

이 같은 맥락에서 본능이라는 개념 자체의 재점검이 이루어졌다. 심리적 힘인 본능적 욕동은 선천적으로 가지고 태어난 것이라기보다는 엄마-아기라는 원시적 단일성의 심리적 장 안에서 이루어지는 상호 작용에 따라 생겨나는 것으로 이해하는 것이 옳다. 이렇게 되면 자기-파괴적 힘의 우세는 이 환경에서 일어난 어떤 상호 작용과 관련이 있게 된다. 즉, 유기체와 환경은 서로 분화하고 통합하는 상호 작용 속에서 삶과 죽음의 본능을 형성하고, 둘 사이의 비율이 결정된다. 이때 본능의 기원과 시간에 따른 추이는 기본적으로 양육자와 무관하지 않다. 임상적으로 아주 심한 부정적 치료반응을 보이는 환자들은 기본적인 대상-애착이 충분히 형성되지 않는 전-오이디푸스 병리를 보이는 경우가 많다. 본능적 욕동에 대한 이상의 관점은 임상 경험과 잘 들어맞는다.

참고문헌

Freud, S. (1923): The ego and the id. S.E. 19:3-66.

Freud, S. (1924): The economic problem of masochism. S.E. 19:157-70.

Freud, S. (1937): analysis terminable and interminable. S.E. 23:211-53.

Hartman, H. (1939): Ego Psychology and the Problem of Adaptation. New York: International Universities Press, 1958.

Loewald, H. W. (1970): Psychoanalytic theory and the psychoanalytic process. In: The Psychoanalytic Study of the Child 25:45-68 (본서 16장).

Loewald, H. W. (1971): On motivation and instinct theory. The Psychoanalytic Study of the Child 26:91-128 (본서 8장).

Mahler, M. (1968): On Human Symbiosis and the Vicissitudes of Individuation. New York: International Universities Press.

Nietzsche, F. (1887): The genealogy of morals. In: The Birth of Tragedy and The Genealogy of Morals. New York: Doubleday Anchor Books, 1956.

Olinick, S. L. (1964): The negative therapeutic reaction. IJP 45:540-48.

Panel Report (1970): Negative therapeutic reaction. JAPA 18:655-72.

Spitz, R. (1965): The First Year of Life. New York: International Universities Press.

Winnicott, D. W. (1965): The Maturational Processes and the Facilitating Environment. New York: International Universities Press.

19

초자아 형성에서 관찰되는 본능의 표현

(1973)

이 글에서는 분석의 종결에서 보이는 어떤 임상 양상에서 시작하여 초자아 형성의 변천 과정을 토론하겠다. 전이 신경증의 해소와 오이디푸스 콤플렉스의 해소는 밀접하게 관련이 있는 까닭에 분석의 종결 시기는 애정 대상의 포기, 혹은 애정 대상과의 이별이라는 문제와 더불어 초자아 형성의 변천 과정에 대한 통찰을 제공한다. 대략 말하자면 이 논문은 본능적 욕동과 심리구조의 관계에 대한 것이다. 이런 관점에서 한 가지 바람이 있다면 이 논문이 소위 "이드 분석"과 "자아 분석" 사이에, 혹은 "이드 심리학"과 "자아 심리학" 사이의 화해에 도움이 되는 것이다. 나는 일군의 환자들이 종결에서 보이는 본능의 발현 양상을 초자아 형성에 있어 본능의 표상[1)]이라는 의미에서 고찰할 것이다. 남자 환자들이 종결에

1961년과 1962년에 뉴욕 주립대, 시카고 정신분석학회, 필라델피아 정신분석학회, 서부 뉴잉글랜드 정신분석학회 등에서 발표된 내용이다. 발표 후 나누었던 토론들이 이번 출판을 위한 점검에 큰 도움이 되었다. 특히 Maxwell Gitelson, Charles Kligerman, Theodore Lids에게 감사 드린다.

서 동성의 분석가에 대해 보이는 수동적 동성애적 환상이 오이디푸스 콤플렉스의 관점에서 논의될 것이다. 이런 환상은 부정적 오이디푸스 콤플렉스를 다시 한번 해결하려는 시도로 이해될 수 있고, 이를 통해 대상 관계가 포기되고 내면화되어 초자아를 형성하게 된다. 하지만 남자 환자의 이 같은 수동적-수용적receptive 소망은 더 넓게 내면화 과정 일반의 본능적 표상이라는, 좀 더 근본적 의미가 고찰될 것이다.

분석의 종결에서 꽤 인상 깊게 자주 관찰되는 모습이 있다. 남자 환자들이 동성의 분석가에게 직접적이고 노골적인 수동적-동성애적 소망을 드러내는 동시에 이 소망을 방어하려는 모습이 그것이다. 내가 염두에 두는 현상은 분석가와의 항문 성교나 구강성교에서 수용적인 역할을 하는 소망 환상 혹은 임신에 대한 환상들로, 가끔은 위장관의 불편감과 더부룩함 혹은 구역질 같은 신체적 표상을 동반하기도 한다. 더불어 이런 환상들이 부당한 의도를 가진 치료자에 대한 비난의 형태를 띤다는 점도 적잖이 관찰된다. 여기서 부당한 의도라는 건 가령 노골적인 성적 공격성이라든지, 혹은 환자에게 굴종을 요구해서 쓸데없이 긴 치료를 하게 만든다든지 하는 것들이다. 분석가가 분석을 그만두려는 환자의 소망을 분석하면 이 시도는 환자에게 계속 영향력을 행사하려는 분석가의 의도로 해석되는데, 이건 심지어 분석가가 분석의 종료 날짜에 대해 분명히 동의한 상황에서도 마찬가지다. 미리 하나 강조해 둘 부분은 지금 말하고 있는 환자들이 동성애적 문제나 편집증적인 문제로 분석을 시작한 것은 아니라는 점이다. 게다가 이들 환자는 분석 과정 중에 (통상적인 동성애적 성격 경향을 넘어서는) 뚜렷한 동성애적 병리도 보이지 않았다. 그리고

1) "표상(representation)"이라는 단어는 여기서 매우 광의의 뜻으로 사용되었다. 좁은 의미의 표상은 "관념(idea)" 혹은 "관념적 표상"을 의미하는데, 여기서는 프로이트가 말한 "representative"의 의미로, 딱히 관념만을 의미하지는 않는다. Strachey의 토론을 참고하라(Freud, 1915, pp. 111-112).

분석 중에도 전이 내에서 동성애적 상상을 보이긴 했으나 종결에서처럼 주된 문제는 아니었다.

분석가는 종결 시기에 항상 특별한 어려움을 겪는다. 환자와 분석가 모두 종결이 다가오고 있다는 징후를 느끼기도 한다. 환자가 먼저 이야기를 꺼낸 경우라면 분석가는 환자가 왜 종결하려고 하는지 그 소망과 느낌을 분석하려고 할 것이다. 어쩌면 저항에 불과할 수도 있다. 확실히 말할 수 있는 것은 종결을 원하는 환자의 마음에는 항상 어떤 식으로든 저항이 있다는 것이다. 그리고 저항의 요소를 밝혀내는 것 자체는 종결에 대한 유용한 반론이 아니라는 점이다. 임상적 판단은 여러 요소를 종합적으로 고려하게 된다. 분석의 종결이라는 중차대한 시점에 그저 분석작업에만 완전히 몰입해서도 곤란하다. 분석은 그 속성상 끝나지 않는 것이고, 그래서 우리는 분석에서 약간 물러나 환자의 인생에서 분석을 제외한 부분을 살펴야 한다. 분석적 판단에 더해 광범위한 임상적 판단도 이루어져야 한다. 만약 환자의 삶에 유의미한 내적 변화가 생겼다면 조만간 분석과 분석가로부터 독립해야 할 필요가 스스로 대두될 것이고, 동시에 계속 의지하고자 하는 소망도 다시 살아날 것이다. 이 둘은 다양한 비율이지만 함께 존재할 것이다. 그리고 이 두 상반된 경향은 종종 서로를 강화하기도 한다. 환자가 분석가에 대한 수동적 소망을 인식하면서 그에 대한 방어도 강해져서 더더욱 종결을 원하게 될 수도 있다. 혹은 반대로 어른스러운 독립에 대한 자각과 확신이 커지면서 외려 순종적-의존적 애착으로 돌아가기도 한다. 바로 이때 동성애적 소망 환상과 방어적 투사가 수면 위로 떠오른다.

문제는 이거다. 동성애적 표현이 임박해 오는 종결의 압박인지, 아니면 분석이 깊어지면서 생긴 동성애적 소망에 대한 방어와 저항으로 종결이 이용되는 것인지. 만약 전이적 동성애 갈등이 점점 진행되는 분석에 따른 산물이라는 점이 분명하고 현실에서 딱히 종결을 서두를 이유가 없다면, 이때 조기 종결을 원하는 환자의 압박은 저항의 표현 이상은 아닐 것이다. 하지만 다른 한편 종결에서 이런 갈등이 반복적으로 드러나는 건 다가오는 종결로 인해 기존의 갈등이 재활성화되기 때문일 때도 있다. 이런 경우 오이디푸스 콤플렉스와 전이 신경증의 해소라는 관점에서 해석될 필요가 있고, 그 훈습의 과정으로 이해되어야 한다.

그렇다면 왜 오이디푸스 콤플렉스는 종결에서 재활성화하고, 왜 하필 이런 형태일까? 종결은 애정 대상의 상실 혹은 그와의 이별을 의미한다. 우리는 상실과 화해하고 상실을 훈습하는 과정을 애도라고 부른다. 제대로 된 애도는 애정 대상의 점진적 포기와 거기서 대상 카텍시스를 떼는 것 이상을 의미한다. 끝까지 이루어지는 경우 애도는 잃어버린 대상 관계의 요소들이 내면화되는 과정까지 포함한다. 그리고 대상 관계에 쓰였던 에너지 일부를 자기애적으로 재-카텍시스 하게 된다. 몇 년 전 안나 프로이트는 이 같은 애도의 두 단계를 아래와 같이 다시 한 번 강조했다. "분석적 의미에서 애도 과정이 뜻하는 건 한 사람이 외부세상의 자명한 사실(애정 대상의 상실)을 받아들이고, 그에 따른 내적 변화(잃어버린 대상에게서 리비도를 거두고 대상과 동일시하는 것)를 만들어내는 것이다"(1960, p. 58).

이런 관점에서 보면 애도의 원형은 오이디푸스 콤플렉스의 해소에 있다. 여기에서도 애정 대상의 포기와 동일시, 그리고 대상 리비도의 자기애적 리비도로의 전환이 복잡하게 이루어진다. 그리고 이러한 동일시를 통해 초자아가 만들어진다. 그래서 최초의 애도는 오이디푸스 콤플렉스의 해소에서 이루어진다고 말할 수도 있다. 이후 종종 경험하게 되는 애도들, 가령 사별이나 기타 이유로 인한 영구적인 이별과는 다르게 오이디푸스 갈등의 해소는 부모라는 외부 애도 대상이 존재하는 상태에서,

종종 그들의 도움에 힘입어 이루어진다. 부모의 잘못이나 죽음으로 인해 도움을 받을 수 없으면 오이디푸스 콤플렉스의 정상적인 해소는 이루어지지 않고 병리적 인격을 보이기 쉽다. 최근 한부모 가정이나 발달의 중요한 시기에 부모를 잃은, 여기에는 청소년기에 일어난 죽음이나 이혼으로 인한 상실도 포함된다, 아이들이 보이는 오이디푸스 콤플렉스의 양상에 관심이 커지고 있는 것도 같은 맥락이다(Miller, 1971).

나는 지금 오이디푸스 갈등이 분석의 종결에서 재활성화되는 이유에 대해서 말하고 있다. 종결은 애정적 부모상의 상실이자 그로부터 이별을 의미하므로, 이것은 단순히 하고 많은 애도 경험의 하나가 아니다. 최초의 애도가 반복되는 것이자 동시에 오이디푸스 콤플렉스의 해소와 숙달이 전이 신경증의 해소를 통해 반복되는 경험으로 이해하는 것이 옳다. 최초의 오이디푸스 콤플렉스 해소, 그리고 이후 사춘기 동안 얻어지는 섬세화처럼 분석의 종결에서 일어나는 애도 작업도 상실하는 외부대상의 존재와 도움 아래서 이루어진다. 흔히 종결기의 임상적 양상은 오이디푸스 시기보다는 사춘기와 더 많이 닮은 것 같다. 나는 앞서 분석가가 종결에서 겪는 특별한 어려움에 대해서 언급했다. 분석가는 환자의 종결에 대한 요구가 지니는 의미와 종결의 가능성을 판단해야 하는데, 이 점은 여러모로 청소년기 자녀의 의존-독립과 관련해서 부모가 가지는 판단의 어려움과 나름 비슷하다. 그리고 위에서 기술한 종결에 대한 환자의 여러 갈등은 청소년의 갈등이나 행동과 유사하다고 볼 수 있다. 이 문제를 주로 임상적 측면에서 다룬다면 청소년기와의 비교와 고찰을 통해 훨씬 더 많은 것을 얻을 수 있을 것이다. 하지만 내 생각에 메타심리학적 논의를 위해서는 원래의 모델, 즉 오이디푸스 콤플렉스로 돌아가는 것이 좋을 것 같다.

두 번째 질문은 분석의 종결에서 재활성화하는 오이디푸스 콤플렉스가 왜 하필이면 저런 모습을 보이냐는 것이었다. 오해를 막기 위해 덧붙여 둘 것은, 내가 이 논문에서 강조하고 있는 오이디푸스 콤플렉스의 양상은 종결에서 드러나는 오이디푸스 콤플렉스의 여러 표상과 측면 중 하나일 뿐이라는 점이다. 하지만 내 생각에는 지금 논의하고 있는 측면이 비록 절대적이지는 않더라도 종결과 초자아 발달의 문제에 대해서는 특별히 중요한 것 같다. 왜 위에 묘사된 수동적-동성애적 소망이 그 시기에 전면에 나오며, 가끔은 분석 과정을 통틀어 처음으로 뚜렷하고 지속해서 나타나는가? 이 문제에 접근하기 위해 나는 이론적 우회로를 택하고자 한다. 자아 심리학과 이드 심리학의 구분을 과도하게 강조하는 건 일반적인 현상이지만 가끔은 그로 인한 임상적, 이론적 손해도 생긴다. 가령 대상 상실, 내사, 동일시, 애도 같은 문제들은 자아 심리학적 문제로 여겨진다. 한편 자아 기능과 자아 구조의 유지에 사용되는 에너지는 소위 중성화, 탈-성애화, 탈-공격성화 한 것들이다. 그러니까 이제 이들은 본능적 욕동의 대상 카텍시스 같은 에너지가 아니라는 뜻이다. 하지만 환자들이 보이는 자아의 병리는 이 같은 욕동 에너지의 전환, 혹은 수정에 초래된 다양한 오류의 표현이라고 볼 수 있다. 마찬가지로 정상 자아, 초자아의 형성과 기능도 자아의 자율성에도 불구하고 결국은 욕동 에너지가 전환되고 수정된 모습이라고 할 수 있다. 반면 자아 심리학의 관점에서 보자면 본능적 갈등과 표현 양상은 자아 활동이 본능 수준에서 표현된 것이라고 할 수 있다. 임상 정신분석에서 우리가 항상 봉착하는 선택의 문제가 있다. 그건 꿈이나 행동, 혹은 전이 현상 등의 문제를 다룰 때 이드의 관점에서도 다룰 수 있고 자아의 관점에서도 다룰 수 있다는 점이다. 물론 어떤 관점을 선택할 것인가는 다룰 이슈의 내용과 일차적으로 관련이 있다. 그리고 나아가 이슈가 드러난 맥락, 그리고 특히 환자가 지금 어떤 수준에서 말하는지, 혹은 어떤 수준을 무시하려 하는지에 대한 평가에 더 많이 좌우된다.

중성화, 탈-성애화 같은 단어를 이야기할 때 중요한 건 이런 용어들이 생생한 의미를 상실한 채 그저 기술적인 용어가 되어서는 안 된다는 점이다. 프로이트는 탈-성애화에 대해 다음과 같이 아주 생생하게 묘사했다. "자아가 (동일시를 통해) 대상의 모습을 취할 때 자아는 이드에게 자신을 애정 대상으로 받아들이도록 강요한다. 그리고 '봐, 내가 대상이랑 엄청 비슷하지 않냐? 너는 나를 사랑하면 돼'라고 말하면서 대상의 상실을 벌충하려 한다". 이어서 "대상 리비도가 자기애적 리비도로 바뀐 것은 분명 성적 목적의 포기, 즉 탈-성애화를 의미한다. 결과적으로 일종의 승화인 셈이다"라고 말한다(1923, p. 30). 오이디푸스 대상의 포기와 그것의 자아 안에서의 "회복"은 초자아를 만드는 응결체 혹은 분화 단계로서, 리비도 카텍시스의 탈-성애화 과정이고, 그럼으로써 대상 리비도는 중성화된 자기애적 카텍시스가 된다. 이 같은 애정 대상의 포기와 대상 카텍시스의 자기애적 카텍시스로의 전환이 완성되기 전에는 (아마 부분적으로 임박한 포기 때문에) 성애적-공격적 대상 카텍시스가 실제로 증가할 수 있다. 애도 작업에서 카텍시스의 이동은 꽤 격하고 갑작스럽게 이루어지는데(감정의 요동으로 나타나는 경우도 많다), 그래서 애도는 일종의 성취라고 할 수 있다. 위의 설명은 이런 현상의 역동적-경제학적 묘사라고 할 수 있다.

이제 아마 두 번째 질문에 대답할 수 있을 것 같다. 남자아이에 있어 오이디푸스 콤플렉스의 해소는 그 여러 요소 중에 아빠에 대한 일방적인 사랑과 여성적 애착의 단념을 포함한다(부정적 오이디푸스 콤플렉스, Freud, pp. 28-34). 따라서 임박한 단념이 수동적-동성애적 소망을 고조시켰다는 것을 쉽게 이해할 수 있다. 분석에서는 오이디푸스 콤플렉스의 해소를 다시 한번 시도하게 된다. 분석 과정은 근친상간적 대상 관계의 포기, 전이 신경증이 해소되는 종결을 임박해 이루어지는 대상 관계의 부분적인 내적 회복에서 정점을 찍는다. 이런 이유로 남자 환자에서 수동적-동성애적 경향이 커질 수 있는데, 이것은 근친상간적 애정 대상으로서 분석가를 포기하는 과정이다. 그리고 이는 애도 과정이나 격렬한 카텍시스 전환의 한 부분일 수 있다. 말하자면 부정적 오이디푸스 콤플렉스를 해소하기 위한 투쟁의 마지막 단계인 셈이다. 그리고 초자아 안에서 이 관계는 다시 만들어질 것이다.

하지만 남자 환자에서 분석의 마지막에 수동성에 대한 갈등이 다시 한번 고조되는 또 하나의 더 중요한 이유가 있다.[2] 그것은 비록 부정적 오이디푸스 콤플렉스와 관련되고 덕분에 더 도드라지지만, 부정적 오이디푸스 콤플렉스 요인보다는 더 일반적이다. 나는 수동성에 대한 갈등을 수동적-수용적 맥락에서 이야기했고 그런 뜻에서 여성적 소망이라고 말했다. 환자들의 증상은 구강 · 항문 성교나 분석가의 아이를 갖는 상상, 혹은 그에 상응하는 신체적 표현이었다. 이들은 함입incorporation 환상이다. 동일시의 내사적 요소는 받아들임, 즉 심리적 함입이라고 할 수 있다. 특히 구강을 통한 함입은 대개 내사의 본능적-신체적 전형으로 이해된다. "내사"라는 용어는 보통 자아의 관점에서 이 과정을 보는 것이다. 무의식에서는, 그리고 무의식적으로는 일차과정의 정신 현상을 사용하는 까닭에 오이디푸스 대상 관계의 내사는 함입 과정으로 이해할 수 있다. 오이디푸스 콤플렉스의 해소는 그 속성상 포기된 대상 관계의 내사를 포함하므로 수용적-함입 과정을 포함하게 된다. 하지만 성욕이 점점 성기기 수준으로 발전하며 이러한 받아들임도 전-성기기의 수용성보

2) 이 논의의 상당 부분은 여자 환자에도 적용된다. 하지만 남녀 간의 구체적인 정신성적 특성은 많이 다르기 때문에 내면화에 대해서도 별개의 고찰이 필요하다.

다는 성기기의 수용성을 통해서 표상되는 것이다. 여기서 잠깐 언급하고 싶은 건 위에 언급된 이들 중에는 구강 · 항문 성교에 대한 환상을 보고한 환자들도 있는데, 내 생각에 이러한 모습은 이들의 리비도 발달이 전-성기기 단계로 퇴행한 것이라기보다는 구강성과 항문성이 기화했다는 것을 의미한다. 말하자면 환자들의 환상들은 그 성격상 분열적schizoid이거나 우울-편집적depressive-paranoid이라기보다 히스테리-강박적이었다고 할 수 있다. 전자의 환상들은 좀 더 심한 성격 병리를 가진 사람들에게서 발견되는데, 내가 묘사한 환자들의 환상들은 주로 남근기 수준의 퇴행이었지 그 이상으로 넘어가지는 않았다.

"수동적-수용적"이라는 용어는 "여성적"이라는 용어처럼 쉽게 오도된다. 만약 수동성이 공격성의 반대라고 이해된다면 함입과 받아들임이 반드시 수동적이지는 않다. 때로 함입은 공격적인 과정이란 뜻이다. 많은 함입 행위가 집어삼키는 색채를 띠는 것을 생각해 보면 된다. 그리고 실제로 내가 언급한 환자들이 보인 "수동적-동성애적 소망"도 그랬는데, 많은 경우 순종적 느낌과 동반해 공격적으로 집어삼키는 모습을 보였다. 그래서 "수동적"이라는 용어는 타인에게 굴종적으로 순종한다는 의미보다는 행위의 방향을 지칭하는 걸로 이해하는 편이 낫겠다. 이때 받아들임은 여러 가지 모습을 보인다. 받아들이는 사람은 무언가를 능동적이거나 공격적으로 함입할 수도 있고, 혹은 파괴적으로 집어삼켜 버릴 수도 있다. 혹은 "수동적"으로 순종하고 굴복할 수도 있다. 그리고 호의적으로도, 혹은 억지로 주어질 때도 있다. 받아들이는 것이 강요되기도 하고, 주어지지 않기도 하고, 혹은 공격적 요구의 결과 억지로 주어지기도 한다. 알다시피 이렇듯 다양한 주고받음의 방식이 초자아의 성격을 상당히 좌우하게 된다. 그뿐 아니라 각각의 주고받음은 상대편에도 적지 않은 영향을 미친다. 프로이트가 초자아를 이드의 표상이라고 했을 때,

그의 마음에는 내사에 포함된 다양한 받아들임이 있었을 것이다.

다시 말해 분석의 종결에서 보이는 분석가를 향한 수용적-동성애적 소망은 전이 신경증의 해소에 포함된 애도 작업의 내사적 요소가 본능적 표현 방식으로 드러난 것으로 이해될 수 있다. 우리는 오이디푸스 갈등과 전이 신경증을 너무나도 당연하게 본능과 대상 관계의 문제로 보는 경향이 있다. 그 탓에 그것들이 초자아 형성이라는 심리구조의 수립에 갖는 의미를 간과하기도 한다. 샌들러(1960)는 초자아 형성에 대한 탁월한 논문에서 이 점을 언급한 적이 있다. 반면 우리는 심리구조의 형성을 본능적-경제적 관점, 즉 심리구조의 형성에 포함된 리비도의 전환이나 내면화 문제와 분리해서 사고하는 경향도 있다.

이런 동성애적 소망은 생겨나며 차츰 의식 속에 떠오르게 된다. 이때 자각되어야 할 것은 본능적 소망 그 자체가 아니다. 오히려 환자가 분투하고 있는 자아의 문제들과 본능적 소망이 맺는 표상적 관계다. 그러니까 자아를 풍요롭게 만들고 자아의 우위를 공고하게 만드는 건 이 본능적 소망을 의식 속에서 자각하는 것 그 자체가 아니다. 오히려 이런 동성애적 환상이 어떤 수준에서는 내면화 문제의 본능적 표현, 혹은 애도 작업의 본능적 표현이라는 것을 이해하는 데 있다. 그리고 애도 작업과 내면화 작업이 표상하는 것이 함입-수용적 본능 현상의 변형이라는 것을 이해함으로써 이드는 초자아의 재구조화 과정에서 그 필수 불가결한 역할을 하게 된다.

우리의 질문은 분석의 종결에서 오이디푸스 갈등과 그 해결의 양상이 왜 하필 위에서 묘사한 방식으로 나타나는가 하는 것이었다. 아직 충분히 대답한 것 같지 않다. 부디 위의 설명으로 왜 수동적-수용적 소망이 재활성화하는지 좀 더 분명해졌으면 좋겠다. 하지만 우리가 좀 더 이해할 필요가 있는 부분이 남았다. 왜 이런 소망이 좀 더 고차원적인 표상이 아니라 하필이면 노골적인 성적 환상으로, 남근적-성기적 표현방식으로 드러났냐는 것이다. 내 생각에 그 이유는 자기애적-피학적 카텍시스가 대상 카텍시스로 재전환하는 과정에 있는 것 같다. 여기서 재전환은 초자아 내사물이 외면화되는 과정이라고 할 수 있다.[3]

초자아의 요소로 내사되었던 대상 관계는 외부의 대상 관계로 다시 투사되기가 쉽다. 이런 현상은 편집증적 상태만 아니라 모든 분석에서 어느 정도 관찰되는데, 이때 분석가는 환자 초자아의 구체적 형상이 된다. 이런 전이적 투사가 없이는, 그리고 그 이후 전이 안에서 드러난 오이디푸스 관계가 변하는 경험 없이는, 그 후 그 관계를 다시 마지막으로 내면화하는 과정 없이는, 아무런 실제적 치료 효과가 생기지 않는다. 메타심리학으로 표현하면 이렇게 말할 수 있다. 자기애적-피학적 내적 관계는 초자아를 만드는데, 이때 사용되는 에너지는 (상대적으로) 탈-성애화되고 탈-공격성화된 카텍시스다. 이 에너지는 전이적 투사 과정에서 탈-중성화되어 다시 성적-공격적 에너지가 된다. 좀 덜 추상적으로 표현하면 이렇게 말할 수도 있다. 전이 신경증 속에서 환자는 오이디푸스 관계와 갈등, 그리고 그에 내재한 성적-공격적 긴장을 다시 한번 경험하게 되고, 그 해소 과정에서 이별과 포기도 다시 한번 경험하게 된다. 이런 식의 반복은 오이디푸스 콤플렉스의 해소를 통해 지금까지 나름대로 심리구조들 사이의 역동적 힘과 상호 관계가 되어 온 것들이 새로운 외부 대상과의 관계에서 다시 한번 인격화되는 현상이라고 볼 수 있다. 만약 대상 관계의 내면화, 혹은 프로이트식으로 말해 오이디푸스 대상과의 동일시가 탈-성애화나 "일종의 승화"를 의미한다면 전이 관계에서 이를 다

3) 여기서 "자기애적", "피학적", "리비도", "공격성" 같은 단어들은 임상적 의미가 아니라 메타심리학적 의미로 이해되어야 한다. 성적 욕동과 공격적 욕동이 구분되는 것처럼 여기서 (메타심리학적) 피학성은 자기애의 반대편이다. 둘은 각각 공격성과 성적 욕동이 내면화된 것으로 이해된다. 15장 참고.

시 외면화하는 건 재-성애화이자 탈-승화라고 말할 수 있다.

분석가와 이별의 훈습이라는 종결의 특수한 임무는 오이디푸스 콤플렉스를 다시 한번 해소하고 그것을 포기하고 내면화하는 과정이다. 즉, 여태 온전치 않았던 초자아를 회복하는 임무라고 할 수 있다. 일차과정 사고 안에서 처음엔 함입이라는 발달 초기의 신체적 현상에서 시작하고 나중에 점차 성기적 의미를 얻게 되는 까닭에 이러한 내면화는 성적인 색채를 갖게 된다. 분석이 효과가 있었다면 내면화의 일차과정 표상과 애도의 일차과정 표상이 활성화된다. 거꾸로 말하면 이렇게 된다. 오이디푸스 콤플렉스가 절정에 달하는 남근기-성기기 용어로 표현하면, 애도가 퇴행적으로 변형되어 근친상간적 대상에 의한 근친상간적 대상의 포기와 그러한 대상의 성적 함입이라는 요소들이 된 것이다.

굉장히 단순하게 도식화해서 본다면 분석은 두 개의 과정이 항상 서로 얽히고 겹치는 현상이다. 하나는 유아 신경증을 키워가는 과정으로 전이 신경증의 행동화를 통해 그 오이디푸스, 전-오이디푸스 기원을 향해 퇴행한다. 두 번째는 전진의 과정으로 유아 신경증을 해소하고 갈등을 다시 한번 해결해 오이디푸스 콤플렉스의 좀 더 건강한 해소와 고차원적 자아 구조화를 향해 나아간다. 이 도식에 따르면 초자아는 처음엔 점진적인 해체의 대상이 되고, 유아적 심리성적 발달 단계의 종결부에서 오이디푸스기의 본능적 요소들로 나뉜다. 이 단계에서 이제 초자아를 이루고 있던 심리 내적 오이디푸스 대상 관계가 긍정적 · 부정적 전이로 이루어진 외적 오이디푸스 대상 관계로 변한다. 종결에서는 초자아가 와해되었던 정도에 비례해서 다시 한번 초자아 형성이 일어나게 된다. 그리고 억압이 걷어진 정도가 크면 클수록 내면화 과정은 더 구체적인 이드의 언어로, 즉 본능적 표현의 형태로 일어나게 된다.

요약하면 이렇다. 분석가를 향한 남자 환자의 동성애적 애착은 한편으로는 그의 부정적 오이디푸스 콤플렉스의 표현, 즉 아버지를 향한 남자아이의 "여성적" 애착이다. 하지만 다른 한편으로는 좀 더 일반적이고 근본적 의미로 수용성의 본능적 표상이기도 하다. 이 수용성을 통해 아이는 기존의 대상 관계를 초자아라는 구조적 요소로 내면화할 수 있다.

여기서 우리가 남자아이의 "여성적 태도"라고 부르는 것은 엄마를 향해서도 마찬가지다. 사실 남녀를 불문하고 아이들은 양쪽 부모 모두에 대해서 수동적-수용적(여성적) 태도를 보일 뿐만 아니라 능동적-공격적(남성적) 태도도 보인다. 이런 것들은 부분적으로 부모의 태도에 의해서 결정되는데, 부모는 각각 다른 시점에 각각 다른 반응을 보이게 된다. 가족 내 다양한 문화적 요소들과 개인의 습관적인 태도에 따라 이 모든 것이 결정된다. 직접적 동일시도 문제를 좀 더 복잡하게 만든다. 직접적 동일시는 발생적으로 대상 관계 시기보다 이른 시기에 일어나는 동일시로서 대상 관계가 동일시로 변형된 것이 아니다. 프로이트는 『The Ego and the Id』(1923)에서 초자아와 오이디푸스 콤플렉스에 대해 논하며 이러한 복잡함에 주목했다.

우리가 이 선상에서 "양성애"를 말한다면(그러니까 양쪽 부모와 양쪽 성의 아이들이 가지는 양성애), 이 단어는 아래와 같은 이야기를 간단하게 줄여 놓은 표현이 된다. "여성적"이란 단어가 수용성과 관련을 맺고 "남성적"이란 단어가 바깥을 향한 활동과 연관된다면, 양쪽 성 모두 각기 다른 비율로 두 가지 태도 모두를 갖는다. 이런 의미에서 양성애는 부모와 아이 모두에게 해당한다. 양성애가 어느 정도까지 문화적이고 어느 정도부터 생물학적인지는 여기서 다룰 이슈가 아니다. 어쩌면 이렇게 말할 수 있겠다. 소년의 "여성적" 소망에 대한 "남성적" 상대는 때에 따라 엄마일 수도 있고 아빠일 수도 있다. 이는 소년의 남성적 소망의 "여성적" 상대가 엄마일 수도 있고 아빠일 수도 있는 것과 마찬가지다. 여자아이의 남

성성과 여성성에 대해서도 마찬가지다.[4]

오이디푸스 콤플렉스의 해소를 애도의 과정으로 본다면 오이디푸스 콤플렉스가 억압되는 만큼 애도는 이루어지지 않는다는 이야기가 된다. 억압에서는 욕동 에너지가 대상 관계에서 거둬져서(그리고 이런 관점에서 보면 외부의 대상 관계는 포기된다), 여전히 성애화된 채 무의식적 · 환상적 대상 관계에 투자된다. 그래서 억압에서는 외적 대상 관계가 내적 · 구조적 대상 관계로 바뀌지 않는다. 즉, 욕동 에너지의 자기애적 변환이 생기지 않고 대신 이드로 좌천된다.[5] 성도착에서는 — 앞서 언급된 환자들의 소망 환상이 이 범주에 들어간다 — 오이디푸스 콤플렉스의 어떤 성분이 억압과 구조적 중성화에서 벗어나 외적 대상 관계에서 직접적 표현 방식을 얻는다. 이런 관점에서 보면 환자들이 가지는 동성애적 · 의식적 환상은 진정한 내면화나 억압으로 가는 중간 기착지 정도로 이해할 수도 있겠다. 이 환상들은 아이들이 갖는 다양한 도착적 표현과 등가적으로 생각하면 된다. 이를테면 아이들의 도착적 표현도 마찬가지로 중간 기착지라고 볼 수 있다.

프로이트는 "모든 심리적 층위를 다 뚫고 내려가면" 마지막에 남자에게는 "수동성에 대한 투쟁"을 발견하고, 여자에게는 음경 선망을 발견할 수 있다고 말했다. 그는 "남성성 시위masculine protest"와 "음경에 대한 소망"을 "여성성의 거절"로 이해했고, "인간의 심리에서 보이는 이러한 놀라운 현상은" (…) "성욕에 있어 큰 수수께끼의 하나다"라고 말했다(1937, p. 250-253). 그렇다면 혹시 성과 성적 분화에 있어 큰 수수께끼는 동시에 개별화 과정의 커다란 수수께끼이자, 독립된 생물학적 · 심리학

4) 생물학적 성의 차이가 심리학적 발달에 미치는 결정적인 영향을 축소하고 싶은 마음은 전혀 없다. 그러나 가족적-문화적 요소가 이런 생물학적 결정 요인들을 상당히 규정하고 변화시키는 건 사실이다.

5) 본서 6장 참고.

적 실체 형성에 대한 수수께끼가 아닌가? 프로이트는 여성성의 거절, 즉 수용과 항복에 대한 거절을 말했다. 하지만 남성성의 거절은 어떤가? 자기주장의 거절과 외로운 독립에 대한 거절, 즉 개별성의 위태로움에 대한 거절은 어떤가? 프로이트는 거세의 공포와 음경에 대한 소망을 강조했는데, 반대로 굴종과 자궁에 대한 소망은 어떻게 생각하는가? 내 환자들은 둘 다 보였던 것 같다. 그리고 그들이 보여 준 것이 성욕과 개별화의 수수께끼를 좀 더 균형 잡힌 방식으로 이해하는 길인 것 같다. 말하자면 심리구조라고 하는 내적 세계의 발달은 내면화 과정을 통해서 주로 이루어지는데, 이 구조의 발달이 또한 증명하는 것은 남성의 "여성성"에 대한 긍정적 수용이기도 하다. 이는 외부세계를 훈습하고 남성에 대한 수용성을 거절하는 과정에서 여성성을 포기한 것처럼 보이는 것과는 상관이 없다. 남성의 거세 공포와 수동성에 대한 저항은 반대로 그것들에 대한 소망도 분명 포함한다. 그리고 여성이 보이는 음경에 대한 끈질긴 소망 또한 정반대로 음경에 대한 두려움을 포함한다. 임상적 자료들은 여성이 음경 선망과 나란히, 그에 못지않은 "남성성"의 거절을 기본적으로 가지고 있다는 것을 보여 준다.

덧붙여(1972)

1961년 시카고에서 이 논문을 발표했을 때 Gitelson은 중요한 반론을 제기했다. 내가 논문의 서두에서 말한, 노골적인 본능적 표현은 초자아 요소의 재-외면화 혹은 자기애적 카텍시스가 대상 카텍시스로 다시 전환되는 현상이라는 정식화에 대한 반론이었다. 그의 주장에 따르면 탈-성애화되고 중성적인 에너지가 되어 심리구조를 형성하는 자기애적-내적 관계는 오직 오이디푸스 콤플렉스의 이상적인 해소를 통해서만 가능하다는 것이다. 그리고 이렇게 이상적인 해소가 이루어지면 이루어질수록 전이에서 재-성애화와 탈-승화는 일어나지 않는다. 그는 이렇게 말한다. "우리가 반드시 고려해야 할 점이 있다. 환자의 심리구조 내부의 요소들, 역동, 상호 관계는 최초의 본능적 욕동의 성질을 갖고 있다. 그리고 전이 상황에서의 재-외면화는 재-성애화나 탈 승화를 의미하는 것이 아니고, 오히려 최초의 오이디푸스 콤플렉스가 지닌 욕동을 전이 내에서 반복하는 것으로 이 욕동들은 신경증에서 오롯이 살아남은 채 다소간 성공적으로 억압되고 방어되어 왔다는 점이다".

프로이트가(1924) 말했듯 오이디푸스 콤플렉스의 "소멸"과 "억압"을 구분해야 한다는 기텔슨의 주장은 옳았다. 그는 나의 증례가 탈-억압의 관점에서 이해되어야 한다고 주장했다. 즉, 억압되어 "그렇게 신경증으로 오롯이 살아남은, 최초의 오이디푸스 콤플렉스가 가진 욕동적 성질이" 정신분석을 통해 억압을 벗어나 의식에 떠올랐다는 것이다. 증례를 이렇게 이해하면 진짜 초자아 구조의 해체를 다루는 것이 아니다. (만약 정상적인 초자아는 이상적으로 오이디푸스 콤플렉스가 소멸한 결과이지 억압의 결과가 아니라는 의견에 동의하면 나도 그의 의견에 동의한다) 대신 한 번도 제대로 탈-성애화되거나 중성화되지 않았던 오이디푸스 콤플렉스 욕동이 억압에서 귀환하는 현상을 다루게 되는 것이다. 그의 해석에 의하면 인용된 예에서 보이는 현상은 분석의 결과로 자기애적 변환과 중성화가 가능해진 욕동이 맞긴 하지만, 이 욕동은 오이디푸스 시기에는 신경증적 대상 관계로 인해 심리구조로 변환하는 데 실패했던 것들이었다.

우리의 해석이 달라지는 지점은 이런 장면이 만들어지는 경로에 대한 이견에 그치지 않는다. 이견의 핵심은 이렇다. (초자아 구조 같은) 심리구조는 비가역적인가? 내가 이해한 바로 그의 의견은 구조적 중성화가 이루어지면 그것으로 끝이란 이야기다. 그러니까 억압과 진정한 구조화는 가역적이지 않다. 하지만 나는, 특히 초자아 구조와 관련해서, 이 의견에 동의하지 않는다. 이 문제를 좀 더 구체적으로 표현하면 이렇다. 예를 들어 사춘기 시절 오이디푸스 갈등이 재활성화하는 이유는 반드시 최초의 오이디푸스 콤플렉스가 병적으로 해소된 탓인가? 그리고 분석에서 재활성화되는 것도 병리의 증거인가? 아니면 심지어 이상적이고 정상적인 오이디푸스 콤플렉스의 해소가 이루어져도, 그래서 잠복기에 접어들어도 이는 *당분간의* 해소일 뿐으로 어쩔 수 없이 다시 갈등이 생기는 걸 피할 수 없는가? 그래서 사춘기의 갈등은 새로운 수준의 통합 과제로 인해 요구되는 새로운 수준의 갈등으로서, 내적으로나 외적으로 새 해결을 요구하는 것인가? 물론 사춘기 청소년이 이 갈등을 얼마나 성공적으로 해결할 것인가를 가장 크게 결정하는 것은 오이디푸스 콤플렉스의 성공적 해소 경험에 달려 있다. 하지만 오이디푸스 콤플렉스가 병적으로 해소된 것이 아니라면, 즉 오이디푸스 콤플렉스가 그저 억압된 것에 불과한 것이 아니라면, 다시는 오이디푸스 갈등이 생기지 않고, 초자아는 해체의 새로운 국면을 맞지 않으며, 이미 자기애적 변환을 거쳐 구조화된 욕동의 성분들은 재-외면화되거나 탈-중성화되지 않는다는 말인가? (프로이트, 1924, pp. 176-177 참고.)

내가 믿는 바는 이러하다. 정신분석을 포함해서 인생에는 이미 내면화된 구조가, 특히 초자아가 다시 해체되고 거듭 만들어지는 경우가 종종 생긴다. 이 과정에서 내가 본능적 카텍시스의 내면화로부터의 귀환이라 부르는 현상이 일어난다. 그러니까 이 시기에 재활성화하는 오이디푸스 콤플렉스가 반드시 미해결된 과거의 억압된 오이디푸스 갈등은 아니라는 뜻이다. 오히려 재활성화가 의미하는 바는 자아의 건강한 탄력성이고, 이는 당연히 이전 시기 단순한 억압이 아니라 성공적인 구조의 형성이 있었다는 것을 시사한다. 그리고 자아의 탄력성과 성공적인 구조의 형성으로 인해 자아를 위한 해체가 가능해진다. 즉, 어느 정도 기존에 이루어졌던 구조화를 허물고 보다 높은 수준의 구조화를 통해 새로운 해소를 도모하는 것이다. 인생의 변화나 창의적인 사람들에 의해 선택된 새로운 통합의 과제는 이렇게 재활성화를 부추기는 것 같다. 사춘기 시절 겪게 되는 정상적인 오이디푸스 콤플렉스의 재활성화는 발달상의 진보로 귀결된다. 단순히 억압된 오랜 갈등의 반복이 아니라는 말이다. 하지만 탈-억압과 재-외면화가 서로 얽혀 있고 개별 증례에서 확연히 구분되지 않는다는 것은 당연하다. 소위 말하는 병리와 정상은 그렇게 깔끔하게 구분되지 않는다. 최소한 사춘기와 정신분석 상황에서는 그러하다.

기텔슨의 해석과 나의 해석은 그래서 반드시 서로 정반대이거나 서로를 배제하지는 않는다. 이견은 심리구조의 가변성에 대한 의견이 다른 탓으로 이해할 수 있다.

참고문헌

Freud, A. (1960): Discussion of Dr. John Bowlby's paper (Grief and mourning in infancy and early childhood). The Psychoanalytic Study of the Child 15:53-62.

Freud, S. (1915): Instincts and their vicissitudes. S.E. 14:111-40.

Freud, S. (1923): The ego and the id. S.E. 19:3-66.

Freud, S. (1924): The dissolution of the Oedipus complex. S.E. 19:172-79.

Freud, S. (1937): Analysis terminable and interminable. S.E. 23: 211-53.

Loewald, H. W. (1962): Internalization, separation, mourning and superego. Psychoanal. Quart. 31:483-504(본서 15장).

Loewald, H. W. (1973): On internalization. IJP 54:9-17(본서 6장).

Miller, J. B. M. (1971): Children's reaction to the death of a parent; A review of the psychoanalytic literature. JAPA 19:697-719.

Rapaport, D. (1957): A theoretical analysis of the superego concept. In: Collected Papers of D. R. New York and London: Basic Books, 1967.

Sandler, J. (1960): On the concept of superego. The Psychoanalytic Study of the Child 15:128-62.

20

서평: 자기의 분석

Heinz Kohut, 『The Analysis of the Self』

(1973)

"이 책의 주제는 자기애적 성격의 정신분석에서 관찰되는 전이 혹은 전이와 비슷한 현상들, 그리고 이 현상들에 대한 역전이를 포함한 분석가의 반응들이다"(p. 1). 도입부의 이 문장은 코헛이 쓴 중요하고도 복잡한 이 책의 임상적 관심 영역이 어디인지를 드러낸다. 이 책은 오늘날 모든 분석가가 매일 익숙하게 만나는 일군의 환자들과의 수년에 걸친 치료와 연구의 결과다. 책의 제목과 부제는 저자의 이론적 접근을 드러내고, 또한 그가 이 환자들의 치료를 굳건한 메타심리학의 기반 위에 두려고 한

The Analysis of the Self, A Systematic Approach to the Psychoanalytic Treatment of Narcissistic Personality Disorders. By Heinz Kohut. The Psychoanalytic Study of the Child Monograph No. 4. New York: International Universities Press, Inc., 1971. pp. 368.

다는 점을 보여 준다.

이 책의 환자들은 프로이트가 말한 (진단명으로서) 전이 신경증과 자기애적 신경증의 사이 어디 즈음에 있는 사람들이다. 그들이 호소하는 증상과 불편함은 꽤 다양하나 아래의 두 가지 뚜렷한 특징을 가진다. (1) 환자들은 소위 큰 결함 없는 자아를 가진다. 따라서 상당히 안정적이고 친밀한 라포르를 형성함으로써 전이를 형성하고 유의미한 자기-관찰이 가능하다. (2) 그들의 정신병리는 전이 신경증을 통해 재활성화하는 오이디푸스 콤플렉스보다는 좀 더 미숙한, 주로 전-오이디푸스 시기의 자기-대상의 분화와 관련된 문제들이다. 이런 오래된 문제들이 분석가와의 전이에서 재활성화되고, 전이에 "공생적" 융합의 양상, 그리고 가끔은 냉랭하고 오만한 무관심의 양상을 부여한다.

만약 하트만처럼 자기애를 자기self에 대한 카텍시스로 정의한다면 이런 환자들의 정신병리는 억압되거나 혹은 다른 식으로 방어된 해결되지 못한 자기애적 이슈[1]들 때문에 오이디푸스 관계에서 진정한 대상-카텍시스를 만들지 못한 결과가 된다. 하지만 코헛이 말하듯 자기애적 인격장애가 자기애적인 이유는 이 환자들이 다른 사람들과 어울리지 못하기 때문이 아니라 대상이 무의식적으로 대상 리비도가 아닌 자기애적 리비도와 결합해 있기 때문이다. 대상은 주로 "자기를 위해, 혹은 자기의 본능 분출을 위해 사용되거나" "대상들 자체가 자기의 일부로 경험된다". 코헛은 자기의 일부로 경험되는 대상을 "자기-대상self-object"이라고 불렀다. 그러니까 그에 따르면 어떤 카텍시스가 자기애적 카텍시스인지, 대상 카텍시스인지를 결정하는 것은 "본능 분출의 표적이 되는가(즉

1) 코헛은 인격의 "수평 분열"인 억압, 그리고 프로이트가 관음증의 자아 분열이라고 표현한 부인(disavowal)과 비슷한 "수직 분열"을 구분한다.

본인을 향하는가 아니면 타인을 향하는가)가 아니라 본능 분출의 특징과 질적 측면이다". 그래서 이런 환자들의 분석에서 오래된 문제들이 재활성화하며 특징적으로 나타나는 전이 현상도 자기애적 전이라고 불린다. 넓은 의미에서 이들을 전이라고 부를 수 있는 이유는 "분석가에 대한 이미지가 자기애적 구조와 지속적이면서도 비교적 일관된 관계로 들어서고, 그 덕에 특정 방식의 체계적인 훈습이 이루어질 수 있다는 부정할 수 없는 사실" 때문이다(p. 205). 한편 자기애적 전이가 고전적 전이 신경증에서 보이는 전이와 구분되는 부분은 전이가 "분석가에게 대상 카텍시스를 줌으로써 생기는 현상이 아니라" 분석가를 "[환자가] 퇴행하거나 고착된 수준의 리비도(즉, 자기애적) 상태"로 끌어들이기 때문이다(Anna Freud와의 개인적인 대화에서, p. 205).

보통 일차적 자기애라 불리는, 자기와 대상이 분화하기 이전의 발달 단계를 지나면 아이는 "두 가지 방법으로 이전의 완벽함을 대체하려는" 단계에 접어든다. 두 가지 방법은 다음과 같다. (a) 자기에 대한 과대한 노출증적 이미지, 즉 과대 자기grandiose self의 수립 (b) 존경받는 전지전능한 (이행기) 자기-대상, 다시 말해 이상화된 부모상idealized parental imago에 완벽함을 부여. 이러한 두 겹의 과정은 자기애성 인격장애의 고착 지점으로서 코헛은 이에 따라 주제를 크게 두 개의 장으로 나누었다. "전지전능한 대상의 치료적 활성화"(1부, pp. 37-101)와 "과대 자기의 치료적 활성화"(2부, pp. 105-199)가 그것이다. 자기애적 전이의 관점에서 전자의 전이, 즉 환자가 전지전능한 분석가를 향해 취하는 태도는 이상화 전이라 불린다. 그리고 후자의 전이, 즉 분석가를 자기와 합쳐진 혹은 자기의 연장으로 대하는 태도를 거울 전이라고 부른다.

이상적인 자기-대상과 과대 자기는 "동일 발달 과정의 두 가지 측면"으로 여겨진다. 바로 최초의 모든 것을 다 아우르는 (일차적) 자기애의 두 측면이다. 분석에서는 어느 한쪽이 좀 더 우세하게 나타날 수 있겠지만 반드시 어느 한쪽이 더 원초적이라 볼 수는 없다. 어느 쪽이라도 치료적 임무는 이러한 원초적 관계 양상이 전이 내에서 재활성화하도록 허용하는 것이다. 그래서 훈습 과정을 통해 좀 더 제대로 된 대상 관계(좀 더 안정적이고 확실한 대상 카텍시스를 포함하는)와 좀 더 현실적인(즉, 한계를 가진) 자기를 되찾고, 그렇게 인격의 좀 더 성숙한 부분과 통합을 도모할 수 있다.

코헛의 내면화 개념은 '변형 내면화transmuting internalization'라고 불리는 것으로, 이론적 틀을 위해 이 개념은 필수적이다. 그는 자아와 초자아의 심리구조 형성이 대상 이마고의 탈-카텍시스와 그것들의 변형 내재화에 근거한다고 본다(p. 49). 여기서 대상 이마고imágo는 태곳적 자기-대상일 수도, 이상화 대상일 수도, 혹은 좀 더 발달한 오이디푸스 대상일 수도 있다. 변형 내재화를 통해 "내적 구조는 이전에 대상이 아이에게 하던 기능을 한다". 특히 자기-대상이 심리구조의 전구체로 여겨진다. 코헛은 아래 세 가지의 구분을 강조했다. (1) 자기애적으로 경험된 원시적 자기-대상(행위의 관찰자라는 의미로 대상일 뿐이다), (2) 계속해서 욕동을 조절하고, 통합과 적응 기능을 제공하는 심리적 구조들(자기애적으로 경험된 원시적 대상이 점차 탈-카텍시스 됨으로써 생긴다). 과거 이 기능들은 (외부) 대상에 의해 수행되었다. (3) 대상 카텍시스가 부착된 (정신분석적 의미의) 진짜 대상. 즉, 어떤 정신이 원시적 대상과 분리되어 자율적 구조를 가지고, 각자의 동기와 반응을 가진 존재로 타인을 받아들이며 상호성이라는 개념을 이해한 후에 그 정신이 사랑하고 미워하는 대상.

이상화 전이는 내면화 과정을 재개함으로써 특히 초자아를 단단하게 만드는데, 이는 "자기애적 차원에서 이루어지고 (…) 다시 말해, 이상화된다. (…) 부모상의 대상-카텍시스 측면이 내면화함으로써 부모상은 초자아의 내용과 기능으로 변한다. 즉, 자기애적 측면의 내면화로 이러한 내용과 기능이 자아에 대해 우월한 위치를 점하게 되는 이유를 설명할 수 있다"(p. 41). 저자는 둘의 구분을 강조하는데, 이는 초자아와 자아 이상의 구분과도 일맥상통한다.

발달의 초기에 미숙한 자기가 스스로와 맺었던 관계를 활성화하는 거울 전이가 발달하면 이어서 과대 자기가 수정되는 과정이 재개될 수 있다. 코헛의 표현으로는 "호의적인 환경 아래서 (부모가 자기애적-노출증적으로 드러난 아이의 과대한 환상에 적절하게 선택적으로 호응하고 참여해 주면) 아이는 자신의 현실적인 한계를 받아들이는 법을 배우고, 과대했던 환상과 조악한 노출증적 요구를 포기하고, 이에 *보조를 맞추어* 자아 동조적인 목표와 목적, 자신의 능력과 활동이 주는 즐거움, 그리고 현실적인 자존감으로 대체한다"(p. 107). 코헛이 의미하는 바는 이처럼 거울 전이 아래서 분석가는 환자가 어린 시절 누리지 못했던 호의적인 환경을 제공하는 한편, 동시에 환자 인격의 좀 더 성숙한 측면에는 왜 자기애 영역에 결핍과 발달 부전이 초래되었는지 이야기해 준다는 것이다. 그가 보기엔 "어떤 사람의 궁극적 목표와 목적, 그의 자존감에는 어린 시절 과대한 자기 자신을 비춰 보여 주었고 아이 또한 과대한 자신의 연장으로 여겼던 (…) 사람의 특성과 태도가 각인되어 있다"(p. 107-108). 하지만 그들은 "이제 우리 삶의 중요한 목적과 건강한 자존감에 녹아든 원초적 자기애의 표식 또한 지니고 있다. 이 표식은 지독한 고집과 성공할 권리에 대한 확신을 통해서 그 옛날의 끝없던 자기애의 한 조각을 여실히 드러내지만 다른 한편 새롭게 길들어진 현실적 구조와 더불어 활발히 작동한다"(p. 108).

거울 전이는 세 가지 형태를 가지는데 뒤로 갈수록 발달한 형태다. (1) "연장된 과대 자기를 통한 원시적 합일"(archaic merger, 분석가와 일차적 동일시) (2) 제2의 나, 혹은 쌍둥이 전이(alter-ego 혹은 twin-ship, 분석가가 과대 자기와 아주 유사하게 경험된다) (3) 협의의 거울 전이. 이 중 세 번째

의 비교적 성숙한 형태에서 "분석가는 분명 분리된 다른 사람으로 경험되지만", "그가 중요한 시점은 아이의 자기애적 즐거움에 참여함으로써 자기애를 긍정해 주는 역할을 할 때뿐이다"(pp. 115-116).

여기서 분석가가 호의적인 환경을 제공한다는 것은 전반적으로 공감적인 태도를 유지하고 환자의 자기애적 필요와 요구, 방어를 이해한다는 의미다. 그럼으로써 분석가의 개입은, 예를 들어 조급한 직면과 비난조의 이야기, 적대적 거절을 삼가게 되고, 따라서 자기애적 필요와 요구, 방어가 전이 안에서 활성화될 수 있게 한다. 여기가 분석가들 대부분이 자기애적 인격장애 환자를 볼 때 취약한 부분인데, 이유는 우리 자신 또한 종종 해결되지 않은 유사한 문제를 붙들고 씨름해야 하기 때문이다. 물론 반대로 환자의 자기애적 필요와 과잉 동일시하는 것도 경계해야 한다. 내 인상으로 코헛은 후자의 문제를 충분히 염두에 둔 것 같지 않은 듯하다. 책의 10장과 11장에서 그는 이상화 전이와 거울 전이를 맞이하는 분석가의 반응에 대해 교육적 개관을 제공한다.

코헛의 자기애 개념을 좀 더 넓은 관점에서 이해하려면 그가 가정하고 있는 것이 무엇인지 분명히 알 필요가 있다. 그는 "두 개의 분리되고 대체로 독립적인 발달의 경로가 있다. 하나는 자가 성애에서 자기애를 지나 대상 사랑에 이르는 것이고, 다른 하나는 자가 성애에서 자기애를 지나 보다 고차원적인 자기애로 나아간다"라고 가정하고 있다(p. 220). 12장에서 말하길 자기애적 인격이 성공적으로 분석되면 고차원적 자기애 단계에 이르게 된다. 이런 관점에서 보면 자기에게 카텍시스가 부착되는 건강한 자기애의 발달이 성숙하고 풍요로운 자기 발달의 특징이다. 코헛은 당연하게도 이런 의미에서 자기애의 중요성과 가치를 강조했는데, 이는 정신의 발달이 반드시 발달의 초기 상태에서 멀어짐을 의미하는 것만이 아니라 초기 발달 상태 그 자체가 한층 높은 수준으로 발전한다는 뜻이다. 이는 특히 유난히 공감적인 사람이나 창조적인 사람들에서 그러한 것 같은데, 종종 특정 재능과 성향, 관심을 비대칭적으로 발달시키는 바람에 인격의 다른 부분이 부당하게 희생되어 부조화를 초래하기도 하는 듯하다. 코헛은 "대상 사랑"을 옹호하고 "자기애"는 배척하는 흔한 편향에 대해 정당한 경고를 하고 있는 셈이다. 하지만 내가 여기서 질문하고 싶은 것은 이 두 가지 경로가 과연 얼마나 서로 독립적일 수 있으며 그렇게 보는 것이 얼마나 유용한지다. 반드시 유념할 게 있다. 대상 사랑과 자기애 둘 다 그저 단순히 비대해지는 것에 그치지 않고 진정으로 한 차원으로 높게 변화할 수 있다. 하지만 그 변화의 과정은 항상 다른 한쪽의 발달과 함께 이루어지고 그 영향 아래 놓여 있다. 사람들은 분명 타인의 것보다 그 자신의 삶에 더 큰 주안점을 두는데도 말이다. 12장에서 그는 분석의 이점 중 하나가 대상 사랑의 증진과 확장이라고 이야기하는데, 이때 코헛은 이러한 점을 충분히 고려하지 않았다.

책 전반에 걸친 광범위한 임상적 논의와 많은 증례는 위에 제시한 이론적-발생적 정식을 구체화하고 그 타당성과 유용함을 증명한다. 내 생각에 코헛의 설명 방식 덕택에 모든 분석가가 영감을 얻고 자신들의 증례에 대한 이해를 더 깊게 할 수 있을 듯하다. 특히 전이-역전이 문제와 관련해서 더욱 그렇다. 이것은 그의 이론적 정식화와 기법상의 특정 경향에 대한 동의 여부와 관련 없이 진실이라고 생각한다.

다음은 짧은 비판적 고찰이다. 비록 증례와 토론은 유용하고 명료했지만, 그 가치를 살짝 떨어뜨리는 것이 두 가지 있다. 첫째, 환자의 병리에 대한 코헛의 메타심리학 정식과 발생적 재구성이 그렇지 않아도 축약되고 압축되어 있는 묘사를 가리는 경우가 종종 보인다. 내 생각에 포괄적이고도 정확한 정식화에 대한 저자의 열정과 능력이 증례 토론을 방해하고 독자의 판단을 저해하는 것 같다.

둘째, 자기애적 환자의 마음속 억압되고 부인된 부분이 좀 더 성숙한 부분과 어떻게 통합되는가 하는 문제는 거의 다루어지지 않았다. 내 느낌에는 이런 환자들의 분석에서 방어와 저항의 이슈들이 충분히 발전된 것 같지 않다. 내 경험에 따르면 감춰진 자기애적 구도의 재활성화에 대한 저항만 있는 것이 아니다. 더해서 위에 말한 통합에 대한 아주 강력한 저항도 있는데, 기법이나 역전이 문제의 중요성을 인정한다 하더라도 이는 단순히 기법이나 역전이 반응의 문제만은 아니다. 그러니까 이런 증례들에서 우리가 바라 마지않는 긍정적 변화가 생기는 이유는 과연 여태 방어되어 온 자기애적 구도가 다시 활발하게 살아나서 생긴 결과인가? 내 생각에 분석작업의 상당 부분은 이런 자기애적 필요와 자기애적 전이를, 코헛이 현실 자아의 성숙한 측면이라고 부르는 부분에 적극적으로 계속 직면하는 작업에 할애된다. 많은 경우 이 같은 직면의 과정이 적절치 않은 시점에 자못 비난조로 이루어지는 것은 사실인 것 같다. 하지만 적절한 시점과 균형 잡힌 태도도 가능할 수 있다. 코헛이 이런 면을 완전히 무시하고 있지는 않지만 이런 부류의 저항에 대한 더 많은 관심이 필요한 듯하다. 내 의견을 말해 보자면 인격의 좀 더 성숙한 부분과의 통합을 위해서는 그 자체의 훈습이 필요한 것 같다. 원시적 단계에 고착된 탓에 시간이 감에 따라 병리적 요소들은 점점 깊이 배어들고 나름의 증식을 한다. 이 점이 아이들의 자기애적 성향과는 다르게 보이게 만드는 것 같다. 그래서 반복적이지만 설익고 섣부르지 않은 직면, 즉 좀 더 성숙한 인격과의 소통이라는 "교육적" 작업이 필요한 것 같다. 내가 보기에 코헛은 이 점을 간과했다. 프로이트의 관찰에 의하면 미숙한 자아를 가진 환자의 분석작업은 상당 부분 "후속-교육"으로 이루어진다. 자기애적 인격장애 환자의 분석에 특히 유용한 관찰이라 할 수 있다.

하나 덧붙이고 싶은 부분은 좀 더 성숙한 인격의 통합은 현실을 부득불 인정하고 자기와 타인의 한계를 받아들이는 것에만 있지 않다는 것이다. 물론 이런 요소는 항상 존재하겠으나 그보다 더 중요한 것은 그 한계의 긍정적이고 풍요로운 측면을 수긍하는 것이다. 이 점은 특히 확장된 대상 사랑, 그리고 진정한 대상 관계의 확장과 관련이 있다. 코헛은 일견 내가 위에서 강조한 종류의 저항을 무시하는 듯 보이는데, 그래서 그의 분석작업을 보면 일종의 미묘한 유혹이 이루어지고 있다는 인상을 받는다.

또 다른 임상적 문제는 자기애와 대상-리비도 사이에, 그리고 방어되고 있는 미숙한 인격과 성숙한 인격의 영역 사이에 제법 억지스러운 이분법이 설정된 점이다. 물론 명료함을 위한 이분법은 충분히 가치가 있겠지만 임상적으로는 별로 그렇지 않다. 자기애와 대상-리비도의 이슈는 물론 구분 가능한 문제들이지만 항상 뒤섞여 있기 마련이어서, 하나는 다른 하나에 의해 드러나고, 이쪽을 해석할 건가 아니면 저쪽을 해석할 건가 하는 문제는 항상 치료자의 임상적 판단에 달려 있다. 마찬가지로 주어진 자료를 자기와 자기의 취약성, 혹은 자존감으로 해석할 것인가, 아니면 예를 들어 거세 공포(대상-리비도 차원)로 해석할 것인가, 그도 아니면 둘 사이를 오갈 것인가 하는 것은 환자가 가진 다양한 인격의 층위들이 만들어 내는 미세한 신호에 따라 결정될 뿐 아니라 자기애와 대상-리비도의 관계에 대한 치료자의 관점에 의해서도 결정된다. 게다가 통상적 개념화의 관점에서 말하자면 코헛은 원시적 자아 분석에 치우쳐 자아의 방어분석은 무시하는 것처럼 보인다.

이제 순수하게 이론적인 문제를 언급하면서 맺도록 하겠다. 앞서 말했듯, 코헛은 자기에게 부착된 카텍시스라는 하트만의 자기애 정의를 빌려 왔다. 내가 하트만을 제대로 이해했다면 그는 프로이트의 "전체 자아"를 대신하는 용어로 "자기"를 사용했다. 이때 "전체 자아"는 전체로서 마음을 뜻하는 것으로, 이드, 자아, 초자아의 구분과는 무관하고(프로이트는 종종 이 의미의 자아를 표현하기 위해 *Gesamt-Ich*라는 단어를 썼다), 외부세계 혹은 대상 세계와 대치되는 의미다. "대상들"과는 다르게 경험되는, 응집력 있는 구조로서 자기의 발달은 주체와 대상의 분화에 달려 있고, 이는 우리가 일차적 자기애라고 부르는 원초적 미분화 상태와 반대된다. 프로이트는 이를테면 『Civilization and Its Discontents』에서 일차적 자기애를 설명했는데, 이 설명에 의하면 일차적 자기애의 시기에는 자기-카텍시스와 대상-카텍시스의 구분은 존재하지 않는다. 이것이 내가 자기에게 부착된 카텍시스라는 자기애 정의에 대해 의구심을 품는 이유 중 하나다. 대상 사랑은 자기애의 반대도 아니고 둘은 서로 배척하지도 않는다. 오히려 성숙한 자기애는, 코헛의 표현으로 자기의 성숙한 카텍시스는, 성숙한 대상 사랑과 함께 존재한다. 왜냐하면 자기애적 인격 내의 미숙한 자기는 너무나도 미숙한 영역이라 자기와 대상의 분화가 매우 부족해서 대상 카텍시스도 결핍되어 있기 때문이다. 이런 이유로 코헛은 원시적 대상을 자기-대상이라 불렀다. 하지만 그가 자기-대상을 이행기의 그 무엇이라고 말할 때, 그는 단순히 대상만 이행기의 태곳적 그 무엇이 아니라 *자기* 또한 진정한 자기가 아닌 이행기의 그 무엇이라고 강조해야 한다. 즉, 자기-대상은 정신분석적 관점에서 볼 때 진짜 대상이 아니란 뜻이다. (이행기 자기와 이행기 대상은 외부 관찰자의 시점에서는 자기와 대상으로 보인다.) 이상화 전이의 전지전능한 대상, 그리고 거울 전이의 과대자기도 아직은 대상과 자기로 충분히 분화되지 않은 상태다. 저자의 말처럼 그것들은 초기 발달이라는 동전의 양면이다. 동일시와 대상 관계의 구분이라는 관점, 혹은 자기애적 카텍시스와 대상 카텍시스의 구분이라는 관점에서 보면 동일시와 대상 관계는 프로이트가 대상-연결object-tie이라고 부른 것에서 분화하는 것이지, 아직 대상-관계라고 볼 수 없다.

코헛의 자기-대상은 심리적 구조물의 전구체에 그치지 않는다. 자기-대상은 동시에 응집력 있고 믿을 만한 일정한 구성 단위로서 대상의 전구체이기도 하다. 만약 자기애적 카텍시스와 대상 카텍시스를 정의하는 방식이 본능 충동이 어디로 향하는가에 의해 정해지지 않는다면, 오히려 카텍시스의 속성과 성질에 의해 결정되는 것이라고 이해한다면 카텍시스의 분화양상이 자기를 *자기*로 만들고 *대상*을 대상으로 만든다고 말할 수 있다. 자극이 전해 오는 실체, 혹은 목표물은 어떤 양상의 카텍시스가 부착하는가에 따라 자기의 요소가 되기도 하고 대상 세계의 요소가 되기도 한다.

한편 이드, 자아, 초자아와의 관계 속에서 자기라는 기본적 개념을 규명하려 했던 코헛의 시도는 성공적이지 않은 것 같다. 내 생각에 자기는 이드, 자아, 초자아와 달리 마음의 구성 성분이 아니고 마음이나 심리 기관의 내용물로도 개념 지을 수 없는 것 같다. "마음의 내용물 중 절반은 자기, 나머지 절반은 당연히 대상"이란 소리는 더더욱 아니다. 만약 여기서 자기가 프로이트가 말한 전체-자아(이드, 자아, 초자아의 구분을 하지 않은)라면 마음 안의 내용물이나 구조와는 거리가 멀다. 이때 자기는 카텍시스된 마음의 총체라고 할 수 있다. 자기, 마음, 인격, 정체성 등의 용어들은 각각 다른 관점에서 바라본 전체를 의미한다.

내가 의문을 가지는 또 하나의 문제는 작금에 거의 동의어가 되어 버린 자기와 자기-표상, 대상과 대상-표상에 관한 것이다. 그 이유는 "정신적 표상"이라는 용어가 주는 모호함 때문이다. 자기와 대상의 정신적 표상이 마음의 "내용물"이라고 하면 이는 아마도 자기 혹은 대상과 관련한 모종의 환상, 이미지, 기억, 혹은 관념 등을 일컫는 것일 테다. 하지만 문제는 이상의 것들이 그 속성상 정신적 표상이 아니라는 점이다. 어떤 의미에서 이것들은 정신적 창작물의 성격을 지니는 것이지 정신적 구조나 마음의 내용물이라는 성격을 갖진 않는다.

나는 과대 자기, 전지전능한 대상, 거울 전이, 이상화 전이 같은 개념들이 임상적으로 매우 통찰력 있고 유용하다고 생각한다. 그리고 복잡한 메타심리학 이슈들과 몇몇 임상적 문제에 대한 나의 비판이 이 책의 가치를 전혀 훼손할 수 없다고 믿는다. 내 생각에 이 책은 아주 중요한 업적이다. 이 책을 꼼꼼히 읽음으로써 독자들은 자신의 분석 경험을 좀 더 깊게 이해하고, 이런 부류의 환자를 보는 자신의 분석적 기법을 재점검하고, 나아가 자기애와 관련한 여러 이론적 · 기술적 문제를 신선한 관점에서 고찰할 수 있게 되었다. 이 정도로 영감을 불러일으키고 이론과 임상의 수준 높은 통합을 구현한 책을 만나기는 어렵다. 우리가 이 책 『The Analysis of the Self』를 자기애적 인격장애와 그 정신분석적 치료에 대한 유일한 정답이라고 여기지만 않는다면 코헛이 남긴 지대한 공헌을 만끽할 수 있을 것이다.

21

예술로서 정신분석, 그리고 분석상황의 환상적 속성

(1975)

이 글은 과학적 엄격함이나 개념적 정밀함을 의도하지 않았다. 그래서 생각과 문체 모두 유동적이고 모호한데, 아마 주제의 영향을 지나치게 많이 받은 글일 수도 있겠다.

우리 대부분은 홀로 분석작업에 있을 때나 분석적 연구와 이론화 작업을 할 때 분석의 과학적 측면과 과학적 잠재성에 방점을 찍는다. 이건 프로이트도 그랬는데, 그래서 그는 정신분석에 무언가 비과학적인, 어쩌면 예술과 닮은 부분이 있다는 의견을 일축했다. 근래에는 기초과학과 일반심리학으로서 정신분석이 강조되고 있다. 그 결과로 이런 것들이 정신분석의 궁극적 가치라는 주장도 있지만 동시에 심지어 분석가들조차도 정신분석이 과연 정신치료의 한 형태로 자리매김할 수 있을 것이냐에 관한 의혹을 제기한다. 나로서는 분석의 치료적 가치와 잠재성에 대

이 글은 1974년 5월 21일 컬럼비아대학의 정신분석 수련기관에서 열렸던 Rado Lecture에서 강의했던 내용이다.

해 전혀 의심하지 않는다. 하지만 우리 문화의 반-개인주의와 단순한 행동 교정을 지향하는 추세를 고려하면 정신분석의 치료적 가치와 효과가 손쉽게 널리 인정될지는 의문이다.

다른 한편 근래 발생한 진리관의 변화, 현실과 환상(혹은 상상)의 관계에 대한 통찰, 그리고 주관성과 객관성의 관계에 대한 통찰로 인해 우리가 생각하는 과학과 예술의 거리는 프로이트와 당시의 과학주의자들이 생각했던 것만큼은 멀지 않아졌다. 오늘날의 관점에서 보면 과학과 예술 모두 창조적 상상력을 사용한다는 주장 자체가 과학의 존엄성을 별로 훼손시키지는 않는다. 우리는 창조적 상상력 그 자체가 과학적이지 않다고 생각하지도 않거니와 과학의 엄격한 객관성과 예술이 전혀 무관하다고도 생각하지 않는다.

그래서 오늘 내가 예술로서 정신분석을 논하는 것이 딱히 반과학적이거나, 혹은 과학과 예술이 정반대에 있다는 뜻은 아니다. 물론 나는 둘이 밀접히 연관되어 있다고 생각하지만 그래도 둘은 구별된다. 요컨대 둘은 인간의 마음이 어떻게 움직이는지를 보여 주는 두 개의 서로 다른 관점이라고 할 수 있다.

I

어쩌면 어떤 의미에서 정신분석적 지식과 방법을 개별 환자에게 적용하는 정신분석적 기법은 예술이라면 예술이라 부를 수 있을 것 같다. 아마 정신분석적 탐색과 해석의 방법이 조금 더 예술(기술)이란 이름에 걸맞을 텐데, 그 과정에서 분석적 관찰과 이론, 즉 과학적 정신분석이 이용된다고 할 수 있다. 말하자면 탐색과 개입이 환자의 심리적 치유를 위한 것인

만큼 정신분석은 치료적 예술이라고 할 수 있다.

환자와 분석가가 치료과정에서 서로 엮이는 모습을 고려하면 정신분석은 또 다른 의미에서도 예술이다. 정신분석적 상황과 과정은 재연을 포함하는데, 즉 분석가에 의해, 그리고 분석가와 더불어 환자의 심리적 삶의 어떤 부분이 극적으로 드러나게 된다. 마찬가지로 전이 신경증이라는 개념이 말하고자 하는 의미도 분석의 전개 과정에서 어떤 주요 시점에 이르러 환자의 내적 인생이 다시 한번 감정적 경험으로 반복된다는 뜻이다. 이렇게 보면 정신분석은 극예술과 꽤 중요한 특징을 공유한다. 아리스토텔레스는 비극을 “행위의 모방”이라 정의했고, Ferguson은 극예술에 관한 책(1949)에서 이 정의를 모든 형태의 극예술에 적용했다. 이를테면 전이 신경증 또한 행위의 모방인데, 좀 더 정확하게 말하면 전이 신경증은 최초의 행위 발생 경과를 모방하는 것으로 시작하고, 최초 행위의 규정적formative 영향 아래 놓여 있게 된다. 물론 전이 신경증의 발달은 정신분석적 과정의 독특한 결과물이다.

극예술의 관점에서 보면 전이 신경증은 기억들과 현재 실재성actuality의 공상적 정교화로부터 직조된 상상적 산물이다. 여기서 실재성이 의미하는 건 분석적 상황으로, 환자와 분석가의 관계를 말한다. 그러나 연극이 작가의 마음 안에서 의도적으로 만들어지고 관객들에 의해 향유된다면, 전이 신경증은 의도치 않은 공상적 산물로서 적어도 분석의 초기에는 거의 분석가만 그 공상적 성격을 인식하게 된다. 환자도 가끔 스스로나 분석가의 암시 덕택에 눈치를 채기도 하지만 결국은 경험의 통렬함에 금세 휩쓸려 들어가서 헤어나고 빠지기를 반복한다. 따라서 정신분석이 가능하기 위해서는 “관찰 자아”가 반드시 갖춰지고 점차 강해질 필요가 있다.

전이 신경증의 환상적 성격은 또한 정신분석 상황의 가장假將된 측면으로도 불린다. 전이 신경증을 만들고 발달시키는 과정에서 환자와 분석가는 합심해서 착각, 즉 연극을 만들어 낸다. 환자가 주로 하는 역할은 이 환상적 산물에 자료와 행동을 제공하는 것이고, 분석가가 주로 하는 역할은 이 행위를 붙이고, 연결하고, 설명하면서 그것들이 착각이라는 점을 드러내고 분명히 하는 것이다(illusion이라는 단어는 라틴어 ludere, 연극에서 유래했다). 환자는 처음에는 자신이 연극을 만들고 있다는 것을 모른 채 연기하지만, 점점 자신이 연극을 만드는 작가라는 사실을 자각하게 된다. 이는 분석가가 환자의 행위와 말에 대해 반향하고, 전이 해석을 통해 현재 벌어지고 있는 연극과 그 연극이 모방하고 있는 원래의 행위 사이에 어떤 관련이 있는지를 말해줌으로써 가능해진다.

한편 분석가는 연극의 연출자로서 반드시 연극의 행위들을 재생하고 재창조할 수 있어야 한다. 분석가는 본인의 내적 경험과 그것의 조직화에 근거해서 이 일을 할 수 있는데, 이때 분석가의 내적 경험과 그 조직화는 환자의 그것과 얼마간 비슷해야 한다. 그러니까 분석가는 환자, 즉 무대의 배우와 그의 연기에 동일시를 시도하는 동시에 전체를 조망하고 배우에게 지시를 내리게 된다. 이때 지시는 무엇을 하라고 혹은 하지 말라고 말하는 게 아니라, 배우들이 그동안 방어적으로 머뭇거리며 왜곡되고 억눌린 방식으로 흐릿하게 드러내던 것들을 불러일으키며 이루어진다.

환자와 분석가는 어떤 면에서 연극의 공동 창작자들이다. 연극의 자료들과 전이 신경증이라는 연기는 분석가의 조직화 작업에 의해 구조화되고 조직화된다. 말하자면 작가가 두 가지 역할, 즉 "모방"의 행위를 하는 역할과 그 자료에 구조와 조직을 부여하는 역할 모두를 수행하는 셈이다.

연극에서 감동을 경험하려면 충분히 사실적으로 경험되면서도 동시에 환상적으로도 경험되어야 한다. 야누스의 얼굴 같은 이중적 성격은 분석상황에서 분석가가 하게 되는 역할의 아주 중요한 구성 요소인데, 운이 좋으면 차차 환자의 경험에서도 중요한 요소가 된다. 관객은 내가 지금 말하는 방식으로 감동을 경험하면서 대리 경험을 통해 연극에 참여하게 된다. 하지만 환자는 직접 참여하는 존재인 동시에 의도하지 않은 공동 창작자기도 하다. 분석가는 환자에 의해서 결코 구경꾼으로 남아 있지 못하고 다양한 보조 역할들을 떠맡게 되는데, 이것은 현대 연극의 어떤 기법과 비슷해 보인다. 하지만 현대 연극에서 관객의 참여가 보통 맡겨진 역할을 하는 것이라면 분석가는 맡겨진 역할을 하는 대신 환자에게 환자가 떠맡긴 역할을 비춰 주게 된다. 이런 식으로 반복해서 전이 신경증은 반복된 행동이라는 것이 드러나고, 연극은 과거의 원래 행동에 그 기원을 두는 동시에 정신분석 상황의 실재성과 그 상호 관계로부터 현재 작동하는 환상이라는 생명력을 얻는다. 분석가가 반향하고 해석할 때마다 전이 신경증의 통렬함과 다급함이, 비록 완전히 없어지지는 않겠지만, 일시적으로 다소 줄어들 수 있다. 그렇게 안도가 커질수록 그 환상적 산물의 속성은 더 뚜렷해 보일 테고, 환자는 어쩌면 좀 덜 행동화하게 될지도 모른다.

연극과 전이 신경증의 유사함에 대해 더 말할 수 있지만 여기서 내 말의 일부를 약간 수정할 필요가 있을 것 같다. 앞서 나는 환자는 전이 신경증의 통렬함에 사로잡히고 분석가는 그 환상적 속성을 인지하고 드러낸다고 했다. 이는 반드시 진실이 아니다. 예컨대 강박 신경증 환자는 그 자신으로부터 상당한 거리를 두고 있으며, 그래서 강박적으로 자기-관찰을 하거나 정신분석 이론에 단단히 얽매여 있을 수 있다. 이 경우 환자는 처음부터 냉랭한 관객처럼 전이의 비현실성을 주장하거나 전이로부터 빠져나갈 수 있다. 이런 경우 지금-여기에서 환자가 겪는 전이의 생생함을 증폭하고 강화하는 역할은 분석가에게 있다.

하나만 더 수정하자. 분석가는 환자가 그에게 떠맡긴 역할을 맡지는 않지만, 환자에게 그 역할이 무엇이고 옛날의 원래 행동과는 어떤 관련이 있는지를 말하거나 전이가 그 자체의 실재성이 있다는 것을 보여주며 상호 작용에 참여한다. 분석가의 이 같은 참여가 결국 환자의 내면에 치료적 영향을 만들어 내는데, "인위적 질병"(Freud, 1914)으로서 전이 신경증의 실재성, 그리고 전이 신경증 바깥의 삶이 갖는 실재성 사이를 이행하는 토대가 된다. 분석가가 하는 치료적 예술은 그저 냉랭한 관찰자가 되거나 환자에게 자신이 듣고 해석한 것을 전달하는 데만 있지 않다는 뜻이다. 오히려 분석가의 관찰과 의사소통이 환자에게 호응하는 방식, 개입의 주도면밀함과 개입 시점에 달려 있다. 치료라는 예술 행위는 분석가가 그 자신의 감정적 경험과 자원들을 이용함으로써 환자를 이해하고 환자가 본인의 내적 자원을 좀 더 잘 이용하게끔 돕는 능력과 기술이라고 할 수 있다. 그리고 분석가의 의사소통에는 가끔 설명하기 어려운 성질이 있는데, 이 덕택에 환자의 경험을 또 다른 차원으로 매개할 수 있게 된다. 그 결과 한 차원 높고 폭넓은 수준의 통합과 타당성으로 이끌고 인간 경험의 찰나적 속성을 알려줄 수 있다. 예를 들어 그리스 비극의 합창, 그리고 셰익스피어 희곡의 어떤 독백을 통해 우리는 이런 기능이 어떤 것인지 알 수 있다.

전이 신경증과 전이 바깥의 삶, 이 둘 사이의 이행, 혹은 그들 사이의 상호 의사소통은 환상의 소산인 연극, 그리고 연극이 시작되고 끝나기 전후의 일상 사이에 일어나는 이행과 유사하다. 만약 그들에게 연극이 그저 과거지사에 그치지 않는다면 말이다.

이쯤에서 몇 가지 질문을 하겠다. 전이 신경증이 모방하는 본래의 행위들은 무엇이었나? 그리고 이 모방의 성격은 어떠한가? 전이 신경증이라는 용어를 어떻게 이해해야 하는가? 정신분석 상황과 과정에서 과거의 극적 재연을 제외하면 무엇이 남는가? 마지막으로 어렵지만 피할 수 없는 이슈인 환상과 현실의 반정립antithesis에 대한 가정도 다루어야 한다.

먼저 전이 신경증이 모방하고 있는 원래의 행위는 소위 유아 신경증이다. 전통적인 관점에서 유아 신경증의 핵은 오이디푸스 콤플렉스와 그 갈등이라고 할 수 있다. 최근의 몇몇 논문(예를 들면 Tolpin, 1970; Blos, 1973)을 보면 두 가지 의미의 유아 신경증을 구분할 것을 강조한다. 첫 번째 의미는 오이디푸스 갈등과 특정 증상을 동반한 유아기의 실제 질병이고, 두 번째 의미는 병리적인 오이디푸스 갈등 상황 그 자체, 혹은 전이 신경증에서 재구성된 오이디푸스 갈등 상황이다. 이 구분은 이론적으로도 임상적으로도 중요하다. 하지만 지금 맥락에서 중요한 것은 어느 쪽이라도 오이디푸스 콤플렉스가 중심적 역할을 한다는 점이다. 물론 오이디푸스 콤플렉스가 심리 발달에서 핵심적 지위를 차지한다는 데는 의심의 여지가 없지만 최근 대체로 동의가 모이는 부분은 전-오이디푸스기의 발달이 기존의 신경증 이론에서 추정되었던 것보다 훨씬 더 중요하다는 점이다. 지금 내가 생각하고 있는 건 정신증이나 경계선 병리, 혹은 자기애적 인격장애도 아니다. 내가 말하고 있는 건 증상 신경증과 성격 신경증에 대해서다. 그러므로 나는 전-오이디푸스기의 병리적 현상과 결핍도 유아 신경증과 전이 신경증의 형성에 타당한 것으로 간주하겠다(Ritvo, 1974 참조).

둘째, 우리가 좀 더 분명하게 알게 된 사실은 전이 신경증이 유아 신경증과 그 병리적 해소의 단순한 반복이나 모방은 아니라는 점이다. 오히려 대다수의 경우 전이 신경증은 사춘기에 오이디푸스 갈등을 다시 겪어내고 해결했던 방식에 큰 영향을 받는다. 그래서 나는 자의적으로 전이 신경증이라는 용어를 확장해서 사춘기적 행동의 모방도 포함하겠다.

지금까지 내가 던진 질문 중 두 개를 토론했다. 즉, 전이 신경증이 모방하는 원래의 행위는 무엇이었나, 그리고 여기서 전이 신경증이라는 용어는 어떻게 이해되어야 하는가다. 하나 덧붙이고 싶은 건 전-오이디푸스기 이후의 각 발달 시기는 심리 발달의 근본적 이슈들이 좀 더 높은 수준에서 반복 제기되는 단계로 이해할 수 있다는 점이다. 그리고 심리적 발달은 환경과의 상호 작용 덕분에 일어난다. 전이 신경증 그 자체도 역시 이런 반복을 표상한다.

그렇다면 이런 질문이 가능해진다. 만약 우리가 전이 신경증을 극화라는 관점에서 행위의 모방으로 특징짓는다면 이런 모방의 성격은 무엇인가? 어떤 드라마나 연극도 원래 행위의 똑같은 반복이 아니고, 뉴스나 다큐멘터리처럼 특정 사건만을 선택해서 강조하지 않는다. 이때 모방은 어떤 행위를 특정 관점과 방향으로 이해하고 암묵적으로 재해석한 재연으로서, 저자가 겪는 현실의 영향을 강하게 드러내 보인다. 이때 저자의 현실에는 그 시대의 *시대 정신*Zeitgeist뿐 아니라 연극의 감독, 배우, 관객이 모두 포함된다. 예를 들어 비극 *오이디푸스 왕*과 *안티고네*를 보면 최초의 행위는 전이 신경증의 최초 행위처럼 역사와 신화의 연막에 가려져 있다는 것을 알 수 있다. 이것이 소포클레스에게 전해졌을 때는 이미 그 사이에 있었던 수많은 믿음, 오류, 왜곡, 해석이 더해진 상태였다. 소포클레스가 생각했던 최초의 행위가 무엇이었든 그는 이미 그 자신과 시대가 가리키는 방향에 따라 재구성하고 재해석할 수밖에 없는 것이다. 동일 주제의 현대적 극화, 동일 행위의 현대적 모방 역시 재구성과 재해석과 다르지 않으며, 그런 과정을 통해 새로운 층위의 이해와 오해가 더해진다. 그러면서 이들도 최초 행위의 일부가 되어 간다(차폐기억과 비교해 이해하면 쉬울 듯하다). 실제로 오늘날 최초의 행위로 여겨지는 건 소포클레스의 비극이다.

불과 얼마 전까지 분석가들이 생각하기에 전이 신경증을 통해 반복되는 최초의 행위는 오이디푸스 콤플렉스와 그 해소의 실패였다. 프로이트가 오이디푸스 콤플렉스라 명명했을 때 그가 이름에 부여한 의미는 유아기의 갈등 상황이었고, 이 또한 프로이트가 이해한 오이디푸스 신화에 바탕을 둔 것이다. 여기에 더해 그가 결정해 버린 게 또 하나 있는데, 그것은 후일 다시 해결해야 할 최초의 행위, 그리고 그것을 이해하는 방식에 관한 것이었다. 그 영향력은 한 세대 동안 정신분석가를 비롯한 사람들에게 이어졌다. 하지만 오늘날의 경향은 오이디푸스 콤플렉스 자체도 이전의 초기 유아기 심리 발달이 조금 높은 차원에서 재연하고 재활성화한 것이라 여기는 듯하다. 그래서 이제 "최초의 행위"는 초기 유아기의 심리 발달 단계가 된다.

그래서 전이 신경증이 모방하는 최초의 행위는 잠정적이나마 전-오이디푸스기, 오이디푸스기, 그리고 청소년기의 행위를 모두 합쳐 놓은 것이라 할 수 있다. 전이에서는 이 모든 게 모사된다. 분석가는 환자의 증상과 성격 경향, 내면세계가 갖는 층위와 역사성에 대한 통찰을 가짐으로써 분석상황에서 환자가 보이는 다양한 행동을 전이적 행동으로, 즉 앞선 행위의 모방으로 바라볼 수 있게 된다.

이쯤에서 "모방"이라는 단어는 그만 쓰자(아리스토텔레스의 비극 정의를 따라가다 보니 쓰게 된 단어일 뿐이다). 대신 재연이나 반복이라는 단어를 쓰도록 하자. 반복이라는 단어는 그 자체로 모호함을 가지지만 전이와 기억에 관한 토론을 위해서는 꽤 익숙하게 사용된다. 프로이트가 반복과 상기recollection를 구분했을 때, 반복에 대해서 말하길 행동을 통한 재생, 즉 재연re-enactment이라고 했다(1914). 전이 신경증이 발달함에 따라 전이적 행동이 일종의 기억이라는 점이 드러난다(혹은 해석된다). 전이적 행동이 과거 행동의 반복이라는 것이 드러나며 그 가장됨, 혹은 좀 더 바람직하게 환상 속의 놀이라는 속성도 점점 더 드러난다. 물론 이는 현실의 관점에서 본 시각이다. 환자가 전이 행동과 그에 대한 반응에서 무엇이 과거이고 무엇이 현재인지를 구분하는 건 오직 공동의 분석 작업, 즉 분석상황에서 환자와 분석가의 상호 작용에 의해서만 가능하다. 환자가 분석의 초반에 분석의 환상적 측면을 알아채기는 어려운 것 같다. 전이 반복에 관한 한 초기 심리 발달의 주요 성취 중 하나인 과거와 현재의 구분이 처음부터 모조리 새로 이루어져야 하는 것 같다. 그리고 주지하듯 기억을 상기할 때 동반되는 감정이 강렬할수록 이 구분도 흐릿해지는 경향이 있다.

앞서 극적인 연기로 표현되는 "행위의 모방"이 원래 행위의 복사판이 아니라고 지적했다. 이런 모방, 혹은 재연을 통한 반복은 의식적 · 무의식적으로 특정 관점과 방향으로 원래의 행위를 재구성하고 재해석하는데, 이 관점과 방향은 현실에 크게 영향을 받는다. 전이 신경증에 대해서도 마찬가지다. 환자가 겪는 현재의 고통과 감정적 괴로움, 현재의 삶의 여건, 기대, 좌절, 그리고 특히 분석상황과 분석가가 갖는 여러 가지 측면과 규칙들, 이 모든 것이 전이 신경증의 형태로 드러나는 과거의 재연에 영향을 미친다. 따라서 과거의 재연이라는 재경험도, 즉 반복을 통한 과거의 무의식적 구조화도 치료 경과에 따라 변화하게 된다. 이런 변화의 상당 부분은 환자가 분석가와의 관계에서 다른 사람과의 경험에서는 예상하지 못했던, 특히 부모와의 관계에서 예상하지 못했던 걸 경험할 때 생긴다. 이런 식으로 과거의 재경험은 현재의 새로운 경험에 따라 영향을 받게 된다. 말하자면 과거의 어떤 경험들이 다른 방식으로 보이고 달리 느껴지는 것이다. 이렇게 보면 재연이 기억의 한 형태인 한 기억은 현재의 경험 덕분에 바뀔 수 있게 된다. 예를 들어, 분석가가 환자로부터 부여받은 거세하는 아버지의 역할을 반사적으로 떠맡지 않음으로써 환자는 전이 내에서 처음으로 한결 긍정적인 부자간의 상호 작용을 재연할 수 있고, 결과적으로 아버지와의 긍정적인 기억을 상기할 수 있게 된다. 그래서 현재는 과거의 영향을 받는다는 것이 진실일 뿐 아니라 과거가 현재의 영향을 받는다는 것도 진실이라고 말할 수 있다. 이때 과거는 환자의 내면에 살아 있는 힘이다.

이즈음에서 소위 교정적 정서 체험corrective emotional experience에 관해서 이야기해 보겠다. 내가 말한 분석상황에서 분석가와의 새로운 경험이라고 하는 건 분석가의 인위적 역할 놀이와는 아무런 관계가 없다. 그리고 환자가 부여하는 역할에 상반되는 역할을 취하는 것과는 더더욱 상관이 없다. 수년 전 Alexander가 사용한 이래 교정적 정서 체험이라는 용어는 분명 위와 같은 의미를 담고 있다. 여기서 상론하지는 않겠지만 하나 말해 두고 싶은 분명한 사실이 있다. 환자가 분석가에게 부여한 역할을 환자에게 보여 주고 그 기원에 대해 이야기해 줄 수 있는 분석가의 능력은 변화의 잠재력을 가진다는 점이다. 이러한 능력을 분석가의 공감적 객관성이라고 하는데, 이는 추상적 통찰도 아니고 분석가 측의 작위적 호의와 온정의 표현도 아니다. 가장 중요한 건 그 통찰과 자기-이해가 분석가의 공감적 이해를 통해서 매개된다는 점, 그리고 공감적 이해는 분명한 언어를 통해 객관적으로 표현된다는 점이다. 이러한 분석가의 행위는 역할 놀이와는 아무런, 아무런 공통점이 없다. 그리고 방어가 방해하지 않는 한 이는 분석가와 환자 모두에게 진실한 반응성으로 느껴질 것이다. 진실한 반응성이라는 건 우리가 정서적 통찰이라고 부르는 것의 핵심적 요소인데, 이유는 이를 통해 환자가 그 자신의 비-방어적 반응에 접근할 수 있기 때문이다. 이런 종류의 해석이 환자에게 가르쳐 주는 사실은 환자가 이제 막 발견한 것이 그가 여태 전혀 몰랐던 게 아니라 항상 알고 있었으나 분석가가 알아채고 설명해 주기 전에는 파악되지도 수긍될 수도 없었다는 거다.

이어지는 논의는 주로 극적 재연의 복잡함, 그리고 전이 신경증의 경과와 해소의 과정에서 벌어지는 변화에 대한 것이다. 그런데 아직 전이 신경증의 환상적 속성에 대해서는 별로 이야기한 것 같지 않다. 환자가 과거와 현재를 구분하고 전이 신경증의 내적 경험과 정신분석 바깥의 삶을 구분하게 되면 이 환상적 속성은 환자에게도 분명하게 드러난다. 이상의 두 가지 구분은 밀접히 연관되어 있지만 여기서는 후자에만 집중하도록 하겠다. 분석상황과 연극의 참여자(관객을 포함한)들이 겪는 상황에는 유사함이 있다. 관객이 극에 몰입하면 할수록 그는 자신이 모종의 기분 상태에서 특별한 의도를 가지고 극장을 찾아온 사람이라는 사실을 잊게 된다는 점이 바로 그것이다. 배우는 더욱 연기에 몰입하게 되고 등장인물에 동일시한다. 작가나 연출도 그 작업 중엔 상당히 그러하다.

분석이라는 진실로 의미심장한 시간 동안 분석상황의 퇴행적 인력은 환자가 분석 바깥에서 갖는 생활 덕분에 항상 견제되고 보정을 받게 된다. 물론 그의 바깥 삶도 치료를 찾게 만든 퇴행적 경향에 의해 영향을 받고 방해받는 것이 사실이다. 하지만 적어도 분석 바깥에서 그는 현실의 맥락에 어느 정도 맞게 기능하고 있다. 그리고 환자가 분석가를 찾아왔다는 점을 보면, 즉 이런 식의 치료를 결정하고, 어떤 분석가가 적당한지를 찾고, 이러저러한 필수적 약속과 계약을 하고, 분석의 전 과정 동안 비교적 규칙을 따른 점을 볼 때 분석상황에서도 환자는 현실적 맥락에 맞게 기능하는 것이다. 그래서 엄밀히 말하면, 그의 또 다른 현실, 즉 상상적 현실, 과거의 기억이라는 현실이 가동되고 그 주도권을 넘겨받는 건 분석 시간뿐이라고 할 수 있다.

분석상황의 환상적 속성, 분석상황의 전이 신경증적 측면은 환자가 분석과 현실을 나란히 놓을 수 있을 때, 특히 자신의 현실이라는 맥락 안에서 분석상황을 바라볼 수 있을 때 환자에게도 자명해진다. 명쾌한 예로 히스테리적 극화 경향을 가진 어떤 환자가 그 유아적 소망과 좌절을 오롯이 드러내는 전이 상황에서 빠져나오면서 성인의 관점을 회복하는 것을 들 수 있다. 성인으로서 그 환자는 자신이 도움을 받으러 또 다른 성인을 찾아왔고, 분석가가 자신과 비교해서 정서적으로 좀 더 노련하고, 유식하고, 성숙하길 그 자신이 희망하고(혹은 믿고) 있다는 것을 알고 있다. 그리고 성인으로서 환자가 아는 또 다른 진실은 그 자신이 이제 아이가 아니라는, 그러니까 퇴행적 분석상황에서 나타나 상황을 주도하는 그 아이가 아니라는 점이다. 앞서 언급된 또 다른 타입의 환자들에서 문제는 쉽게 퇴행하는 것이 아니라 합리성이라는 현재의 자아 조직화 정도에 매몰되어 있다는 데 있다. 하지만 분석이 진행되면 유아적 환상 수준의 경험이 충분히 이루어져 전이 신경증과 현실성을 비교할 수 있게 된다.

여기서 환상은 무언가 심각하지 않은 일이나 비현실적인 일이 벌어진다는 뜻이 아니다. 분석 시간이 끝나고 유아적 삶이 주도하는 순간에서 빠져나오면 환자들은 종종 자기들이 꿈에 대해서 생각했다고 여기는 것 같다. 분석가들이 대체로 꿈과 환상에 대해 좀 더 세련된 태도를 보이는 것과 비교해서 환자들은 흔히 상상을 현실의 정반대, 혹은 궁극적으로 폐기되고 좌천되어야 할 무엇으로 여긴다. 하지만 환상이 비현실적인 경우는 현실성과의 관계가 단절되거나 억제되었을 때뿐이다. 그런 경우에는 환상이 비현실적인 만큼 현실도 비현실적이 된다. 어쩌면 "비현실"이라는 단어보다는 "무의미"가 더 나을 것 같다. 분석의 과정에서 유아적 환상과 기억은 분석상황과 분석가라는 현실과 연결되며 다시 한번 의미를 찾고 총체적 정신 현상의 흐름에 다시 한번 편입된다. 그로 인해 다시 한번 일찍이 중단되어 신경증을 초래하게 되었던 성장(우리가 승화라고 부르는 것의 요소)이 재개될 수 있다. 동시에 분석상황의 실재성이 유아적 환상과 연결되며 실제 현실도 반복해서 의미를 얻는다. 즉, 유아적 근원과 생생한 소통을 통해서 경험이 깊어지게 된다는 뜻이다. 이 같은 의사소통의 혼란이 방어와 억압, 소외의 문제에서 가장 중요한 측면이다.

성인기 심리에서 유아기로의 퇴행이 크면 클수록 환상과 현실의 충돌이 적어진다. 예를 들어 두 살배기 아기는 꿈과 현실의 사건을 잘 구분하지 못할 것이다. 아기들에게 지어낸 이야기와 객관적 진실을 구분하는 건 별 의미가 없다. 하지만 좀 더 자라면서 아이는 놀이 세상과 다른 세계를 구분하고, 놀이를 여타의 덜 환상적이고 좀 더 분별을 갖춘 행위들과 구분한다. 그러나 여전히 이 두 세상은 아이에게 각각 그 나름으로 존엄성을 갖춘 현실들이다. 그리고 두 개의 현실이 공존하고 서로 소통하고 영향을 미친다. 한편 어른에게 두 세계의 거리는 더 멀다. 둘 간의 연결이 끊어지면 둘은 각자의 영역에만 머무른다. 의식적 · 무의식적 환상은 (악성 종양처럼) 스스로 증식해서 소위 객관적 현실의 대척점에 서게 되고, 객관적 현실은 객관적 합리성을 얻는 대신 그 의미를 잃어버린다. 이렇게 되면 자아와 이드는 서로 타협 불가능한 대립을 만들게 된다. 건강한 어른들에게는 환상의 세계와 객관성의 세계가, 상상과 합리성이 여전히 생생하게 연결되어 상호 작용하고 있다. 연극과 실제 삶이 현실을 공유하고, 서로가 서로에게서 의미를 얻으며, 위대한 연극은 평범한 일상의 건조한 합리성이 홀로 가능한 것보다 현실과 의미에 더 깊숙이 닿는다는 것을, 그는 잘 알고 있다.

정신분석은 그 심리적 문제에 대한 과학적 접근, 즉 무의식의 존재를 인정하고 탐색하는 것, 그리고 특히 정신 치료적 예술로서 환상과 합리성 사이의 활발한 소통과 상호 작용에 크게 공헌해 왔다. 그러나 정신분석의 여러 개념에는 과학 시대의 영향과 엄격한 과학, 즉 환상과 합리성의 단절이라는 향후 개선되어야 하는 병의 흔적이 있다. 프로이트는 자신이 하려는 것이 단순한 신경증의 치료 이상이란 것을 잘 알고 있었다. 사실 그의 관심사에서 신경증의 치료는 우선순위에서 갈수록 밀리고 있었다. 그와 그의 동료들이 단순히 과학과 치료로서 정신분석을 말한 것에 그치지 않고 나아가 정신분석 운동을 주장했다는 것, 그리고 인류학, 신학, 문명과 그 불만에 이르기까지 관심을 확장했다는 것은 그들이 더 큰 목적과 시야를 가졌음을 방증한다. 그것은 우리 시대가 합리와 본능 사이, 환상과 객관적 현실 사이의 관계와 균형에 대해 취하는 시야와 행동에 영향을 미친다.

하지만 프로이트는 과학이라는 객관적 현실 그 자체가 인간의 마음에 의해 만들어진 (물론 유아론적으로 만들어졌다는 뜻은 아니고) 현실의 한 형태일 뿐이라는 것, 그리고 그가 생각했듯이 반드시 정신적 발달의 최고봉이나 혹은 진실의 절대적 기준은 아니라는 것을 미처 몰랐다. 물론 그가 주장한 심리적 현실의 타당성과 무의식의 존재는 또 다른 방향에서 중요한 발전이었다.

II

다시 분석상황으로 돌아가 보자. 나는 전이 신경증을 재연, 즉 행동을 통한 반복이라고 했다. 하지만 임상 정신분석은 그저 재연과 그에 대한 분석가의 해석으로만 이루어지지 않는다. 분석의 상당 부분은 극화가 아닌 담화narrative로, 극적인 연극이 아니라 역사로 이뤄진다. 비록 담화와 역사적 고찰 또한 행위의 재생을 통한 모방일 수 있으나 여기서 그 방식은 행동이 아니라 상기라는 익숙한 형태의 기억행위를 통해 이루어진다. 행동의 반복이되, 정신적 표상으로 재생되고 언어를 통해 상징적으로 드러나지, 재연을 통해 재생되지 않는 셈이다. 이때 말로 표현되는 행위는 어릴 적 경험일 수도 있고 현재 삶의 경험일 수도 있다(그런데 후자는 상기가 아니라 세션 안에서 벌어지는 재연일 가능성도 있다. 가령 예를 들어 남편에게 화가 났던 한 여자 환자가 분석가에게 화를 내며 전치를 하는 경우가 그렇다). 상기와 담화를 통해 환자는 행동으로부터 어느 정도 거리를 두게 되고 행동을 생각의 대상으로 삼으면서 행위에 잠식되어 묻혀 버리기보다는 그 행위를 객관화한다. 앞서 말했듯 두 종류의 반복 혹은 회고가 항상 깔끔하게 구분되는 건 아니다. 풍부한 감정을 동반하면서 경험을 묘사하는 환자는 그 경험과 좀 더 많은 동일시를 만드는 동시에 덜 객관적일 수밖에 없다. 과거가 현재에 끼어드는 것이다. 그런 담화는 재연에 가깝다.

담화를 통한 행위의 반복은 새로운 관점 혹은 역사적 관점의 설명에 비교될 수 있는데, 역사적 관점에 가까울수록 아마 좀 더 냉정한 설명이 될 것이다. 우리가 환자의 내적 경험의 발달과 속성에 대해 처음 알게 되는 건 환자가 자신의 역사에 대해 이야기하는, 자세하지만 단편적인 설명을 통해서인 경우가 많다. 좀 더 전통적인 분석에서는 환자의 연상을 방해하는 것에 대해 분석가가 해석하며, 그리고 연상의 흐름 안에 내재한 경향과 시점이 전이적 행위라는 관점에서 해석되면서 재연 과정으로서 전이 신경증이 전개된다. 분석가는 환자의 비언어적 행동, 일련의 순차적 현상, 이야기의 시점과 덧입혀진 감정적 색깔을 통해 전이 행동을 알아챈다. 여기에 조리 있게 말하기보단 자유롭게 연상하라는 지시가 재연을 더 부추기는데, 이유는 분석가의 존재를 포함해서 무의식적 흐름을 돕는 모든 것이 과거 경험의 단순한 표상적 상기에 그치지 않고 그 이상의 재활성화를 부추기기 때문이다.

혹자는 환자가 (반성은 잠시 제쳐 두고) 전이적 극화와 담화 사이를 오간다고 말할지도 모르겠다. 그리고 이건 어느 정도 사실이기도 하다. 하지만 우리가 기억할 것은 인간 발달의 어느 시점 이후 언어는 그 자체로 인간 행위의 핵심적인 요소라는 점이다. 극에서는 최초 행동의 언어적 요소도 반복된다. 비록 몸동작, 무언극, 춤도 공연의 중요한 요소들이지만 언어는 그 자체로 인간 행위의 중요한 요소인 탓에 극에서 주도적 요소가 된다. 말은 그저 행위를 보고하는 도구에 그치지 않는단 뜻이다. 말은 그 자체로 행위이며 담화는 그 자체로 극적 잠재력을 가진다. 생각과 환상에서 유리되어 버리지만 않는다면 담화는 말하는 이에겐 최초의 행위를 다시 한번 삶으로 끌고 들어오는 역할을, 듣는 이에겐 그와 유사하거나 혹은 비교되는 기억과 생각, 환상을 불러일으키는 역할을 한다. 이제 담화와 말은 행위의 상징적 표현이라는 기능에 의해 화자와 청자 모두에게 작용하고 감동을 주게 된다.

정신분석의 과정에서 담화는 전이적 극화라는 맥락 아래 재연의 중력장 아래 포섭된다. 자유연상의 형태든, 혹은 좀 더 의식적이고 논리적으로 조절된 일련의 생각이든, 분석에서 담화는 차츰 그 언어적 행위라는 속성, 상징적 행위라는 속성, 그리고 특히 전이적 자장 내의 언어적 행동이라는 속성을 드러낸다. 담화를 통한 의사소통의 내용과 감정적 톤은 점점 옮겨 가서 분석상황의 전이적 행위와 전이적 반복이란 측면이 강조된다. 어쩌면 이렇게도 표현할 수 있겠다. 정신분석이 진행될수록 환자의 말은 자기 자신에 대한 단순한 정보 전달, 혹은 경험과 기억을 보고하는 차원을 점점 벗어난다. 오히려 언어를 통한 상징적 행위이자 기억 저 깊숙한 곳을 드러내는 그 무엇이 된다. 그리고 기억은 분석상황 안에서 겪는 재경험의 힘과 절박함 덕택에 생명력과 통렬함을 다시 한번 얻게 된다.

물론 환자의 담화라는 언어적 소통이 중요한 역사적 자료들이고, 우리는 그것들을 엮어 발달과 과거 경험을 재구성한다는 사실을 무시하는 건 아니다. 또한 이들을 통해 환자의 전이 신경증이 어떤 양상으로 발달할지 예측할 수도 있으며, 환자가 지닌 증상과 성격 경향, 그리고 분석상황에서 보이는 특정 반응이 어디에서 유래했는지 등을 알 수 있다. 그리고 담화 과정에서 새로운 정보와 기억이 드러나서 우리의 이해를 수정하고, 중요한 방향 감각을 일깨우며, 분석자료들을 재구성하도록 돕는다.

하지만 이들 중 어느 것도 예술로서 정신분석과 관련이 있거나 정신분석 상황의 환상적 속성과 직접적으로 연관된 것은 없다. 정신분석적 치료라는 예술은 근본적으로 전이를 다루는 데 그 핵심이 있다. 정신분석 상황의 환상적 속성은 놀이/연극적 속성인데, 이는 이중의 의미로, 하나는 아이나 어른들이 하는 놀이라는 뜻이고 다른 하나는 연극이라는 뜻이다. 놀이와 환상은 삶의 경험에 뿌리를 두고 있으며, 삶 속에서 생명력을 얻고 삶에 의미를 부여한다. 연극은 환상 속에서 삶을 재연하는 것으로, 환상의 삶은 일상의 삶에 녹아들어 새롭고 풍요로운 의미를 부여한다. 남녀노소를 불문하고 놀이는 삶의 경험에 근거하고 삶에 의미를 부여한다. 놀이와 환상에 내재하는, 속박으로부터의 상대적인 자유로움은 삶의 급박성으로부터 놓여난다는 것을 의미할 뿐만 아니라 이를 통해 급박함의 이면을 살피고 일상의 얽매임에 압도되지 않을 수 있다.

어린이들에게 환상과 놀이, 그리고 실제 삶은 모두 하나의 경험일 것이다. 그것들이 삶의 다양한 측면으로 구분되고 그 연관 속에서 삶의 의미를 찾게 되는 것은 오직 후일의 일이다. 그래서 그 퇴행적 순간에 전이 신경증은 마치 환상이나 기억이 현실과 구분되지 않는 것처럼 경험된다. 오직 좀 더 진일보한 수준에 이르러서야 둘은 구분되고, 둘 간의 재활성화된 연결 속에서 이득을 취할 수 있다.

그래서 정신분석가의 예술은 이제 세 겹의 치료적 활동으로 이루어진다. (1) 퇴행을 조장해 환자의 경험적 과거(환상과 기억)를 경험적 현재, 즉 분석상황이라고 하는 현재와 결합한다. 그렇게 과거와 현재는 하나가 된다. (2) 분석가는 적절한 시간에 적절한 해석과 여타의 개입을 통해서 환자의 반성 능력에 이야기를 거는바, 과거와 현재가 다르고 기억-환상과 현실이 다르다는 것을 알려준다. (3) 그렇게 환자가 현실의 다양한 측면을 잇고 연결할 수 있도록 돕고, 이 연결을 통해 환자의 기억, 환상, 현실은 새로운 의미를 가질 수 있다. 그리고 환자가 분석상황에서 겪은 것들이 그 정신세계의 일부가 됨으로써 그 영향력은 미래에도 미치게 된다. 모든 것은 전이 신경증이 환상의 연극이라는 것을 아는 데 달린 셈이다. 프로이트가 생각을 실험적 행위trial action라고 했던 바로 그 의미에서 실험적 행위인 셈이다. 이 실험적 행위는 비현실적이라는 이유로 폐기되기는커녕 현실의 구조화에 함께 참여한다. 전이 신경증의 해소는 단연코 새로운 억압이나 혹은 새로이 획득한 기억과 환상의 폐기가 전혀 아니다. 전이 신경증의 해소는 이 모든 것들을 아울러 전이적 연극과 실제 삶 안에서 변화와 발전을 도모할 수 있도록 하는 것이다.

후기 청소년기의 발달적 과제는 여러모로 분석의 그것과 유사하다. 소위 젊음의 이상주의는 성년의 현실주의에 자리를 내주어야 한다고들 한다. 환상에서 깨어난 어른의 현실주의는 여러모로 건강한 규범, 혹은 적어도 우리가 목표로 하는 것으로 여겨진다. 하지만 이는 교란의 결과물이자 젊음의 꿈과 환상, 그리고 우리가 현실적 · 합리적 삶이라고 부르는 것 사이의 소통이 부재한 결과다. 현실 검증은 그저 단순한 지적 · 인지적 능력에 그치지 않는다. 현실 검증은 넓게는 환상의 경험적 검증, 그리고 실재성의 검증으로 이해할 수 있다. 즉, 환상의 실현 가능성과 적절성, 그리고 현실이 환상 안에서 얼마나 공존할 수 있는지 가늠하는 문제인 셈이다. 그러니깐 중요한 건 상호 전환이라는 과제다.

앞서 분석 과정에서 담화는 전이의 드라마 안으로 편입된다고 했다. 반면 좀 더 생각할 수 있게 된 환자는 자기 자신과 분석가로부터 어느 정도 거리를 둘 수 있다. 이런 반성적 심사숙고를 통해 재연은 좀 더 객관적인 반복으로 변하게 되는데, 프로이트는 이것을 행위를 통한 재생이 아니라 심리적 장에서 일어나는 재생이라고 불렀다. 이때 재연적 기억은 다른 형태의 기억으로 변하고, 과거와 현재의 대상이, 그리고 과거와 현재의 자기가 쌍방의 손실 없이 명료하게 구분된다. 분석 과정에서 담화와 반성이 전이적 재연의 자장 안으로 빨려 들어가 사라지는 기간이 있다. 그리고 반대로 재연이 객관적 담화와 반성의 자장 안으로 빨려 들어가 사라지기도 하는데, 두 경우는 종종 같은 시간에 일어나기도 한다. 이때 둘 사이의 적절한 균형과 상호 소통의 창구를 열어 두는 것도 분석가가 하는 예술이다.

축복받은 분석 시간은 분석가의 예술을 보여 준다. 내 경험으로는 이런 경험은 상당히 예외적이지만 우리 대다수는 이걸 표준이라 여기고 있는 것 같다. 그리고 이런 시간이 더 확실히 보여 주는 것은 훌륭한 분석작업은 환자와 분석가가 함께 만들어 내는 예술 작품이라는 점이다. 그런 시간은 분석가의 의도적인 사전 결정에 따라 만들어지지 않는다. 오히려 환자와 분석가가 때맞춰 만들어 내는 모멘텀 덕에 이루어지는 것 같다. 물론 그런 결실을 얻기 전에 분석가의 오랜 사전 작업이 있는 건 맞다. 이때 일어나는 분석의 전진은 예술가가 가끔 겪는 영감의 순간에 일어나는 시적, 음악적, 미술적 전진과 유사하다. 거기서도 역시 다음 단계를 만들어 내는 것은 이전 단계들에 의해 방향 지어진, 적극적인 상상의 모멘텀인 것이다. 이러한 방향 지시적 긴장은 예술적 상상의 결과물이자 예술가가 사용하는 매체에 내재한 것이기도 하다. 단어, 소리, 색깔, 형상, 극예술의 경우 연기나 이들이 만드는 일련의 연쇄가 한번 결정되면 강력한 힘으로 다음 단계를 암시한다. 썩 훌륭하게 이루어진 분석 시간에서 환자와 분석가는 제각각 각자의 수준과 방식으로 예술가가 되고, 서로를 위한 매체가 되어 준다. 분석가라는 예술가에게 매체는 환자의 심리 현상이 되고, 환자라는 예술가에게는 분석가가 매체가 된다. 하지만 그 매체가 살아 있는 인간인 탓에 매체는 그 자체의 창조적 역량으로 창조자가 된다. 이렇게 복잡한 상호 관계 속에서 환자와 분석가는 적어도 비록 일시적이나마 함께 상상의 세계를 만들고, 이를 통해 환자의 이후 실제 삶에 영속적인 영향을 미치게 된다.

말하자면 반성적 사고reflection로 가는 과정에서 전이 신경증은 그 환상적 속성이 뚜렷해지고, 이 환상은 환자의 삶에서 그 자체로 유효성과 기능을 가진다. 강렬하게 경험되면서도 행동화가 저지된 탓에 전이 신경증은 여전히 생각이라는 실험적 행위의 수준에 머무른다. 하지만 전이 신경증의 발달, 만개, 해소에 분석가의 존재와 상호 교류가 필요한 이유로, 그리고 전이 신경증 자체가 둘 사이의 상호 작용 결과인 이유로, 이 환상적 산물은 그저 심리 내적 현상에 그치지 않는다. 순수사고, 꿈, 백일몽 혹은 회고 등과는 다른, 일종의 현실이 되는 셈이다. 프로이트가 말했듯 전이 신경증은 신경증과 삶 사이의 이행이며, 동시에 내적 환상과 실재 간의 이행이기도 하다. 내가 여기서 말하고 있는 것은 위니콧이 말한 "창조적 삶과 인간의 문화 전체로 확장되는, 제3의 영역"(1967)과 비슷하다. 위니콧은 환자와 치료자가 함께하는 놀이에 관해서도 이야기했었다. 어린이들의 놀이처럼 이런 환상적 행위들은 현실의 실재성(여기에는 분석가의 정신도 포함된다)에 의해 만들어지고, 반대로 현실과 미래의 실재성을 만들기도 한다. 전이 신경증은 환자와 분석가가 각자의 방식으로 참여해서 만드는 환상적 산물로, 이러한 반성하는 사고 속에서 정리되고 해소되는 과정을 통해 환자의 실제 삶에 영향을 미친다.

나는 여기서 환자와 함께 그 시간을 살아 나가는 분석가에게 전이 신경증이 끼치는 영향을 논하지는 않을 것이다. 그 주제는 또 다른 긴 논문을 요구한다. 그리고 지금의 주제와 밀접히 관련된 두 가지 이슈도 다루지 못할 것 같다. 하나는 연민과 두려움을 불러일으켜 이루어지는 아리스토텔레스적 카타르시스 혹은 정화 작업에 대한 것이고, 다른 하나는 그리스 비극에서 합창의 역할로, 이것은 앞서 언급했듯 어떤 의미에서 분석가의 역할과 닮았다.

마치기에 앞서 오이디푸스 상황에서 어른과 아이가 겪는 경험에 대해서 짧게 언급하며 환상과 현실의 변증법에 새로운 차원을 부여해 보고 싶다. 아이는 오이디푸스 소망을 아주 강력하게 현실로 체험한다. 과하게 단순화시켜 보면 아들이 엄마와, 딸이 아빠와 결혼하길 원하는 마음은 진지하다. 오이디푸스 콤플렉스가 지나가기 전의 아이들에게 이런 소망들은 그저 잠깐 스쳐 지나가는, 실현 불가능한 환상이 아니라 아주 진지한 의도와 기대를 동반한 것이란 뜻이다. 아이를 이해하는 부모 또한 이 소망을 진지하게 받아들이지만, 그들에게 이 소망은 행동화되면 안 되는 환상이다. 어쩌면 부모도 직감적으로 알고 있을 수 있다. 이런 상상적 소망들이 아이의 심리성적 발달의 필수적인 요소이며 아이의 인생에 사랑이 시작되는 표현이라는 것을. 다른 말로 부모는 아이들이 갖는 환상이 반드시 현실과 정반대에 서 있는 것이 아니라는 점을 이해하고 있을 수 있다. 그러니까 비록 현실에서 이루어지지는 않을지라도, 그리고 미래에도 실제 부모와는 이루어지지 않을지라도, 부모의 관점에서, 그리고 아이의 미래라는 관점에서 오이디푸스 소망은 총체적 현실의 형성에 참여하게 된다. 이 환상들은 반드시 포기되어야 하거나, 혹은 포기되지 않으면 억압된 무의식 속에서 필연적으로 증식하게 되는 것은 아니다. 이 환상들은 대상 관계와 대상에 대한 사랑이 충분히 발달하기 위해서 꼭 필요한 요소들이다. 전이 신경증의 환상적 속성에 대해서도 기본적으로 마찬가지 원리가 적용된다. 이 환상 속에는 환자 마음 안의 아이,

그리고 그것을 비춰 주는 두 어른인 분석가와 환자가 함께 있다.

참고문헌

Blos, P. (1973): The epigenesis of the adult neurosis. The Psychoanalytic Study of the Child 27:106-35.

Ferguson, F. (1949): The Idea of a Theater. New York: Doubleday Anchor Books, 1953.

Freud, S. (1914): Remembering, repeating, and working-through. S.E. 12:145-56.

Ritvo, S. (1974): Current status of the concept of infantile neurosis. The Psychoanalytic Study of the Child 29:159-81.

Tolpin, M. (1970): The infantile neurosis. The Psychoanalytic Study of the Child 25:273-305.

Winnicott, D. W. (1967): The location of cultural experience. IJP 48:368-72.

22

정신분석의 과정과 그 치료적 잠재력

(1979)

정신치료의 특수한 한 형태로서 정신분석은 독특한 인간관계를 형성한다. 어떤 점에서는 여타 다른 인간관계와 비슷하기도 한데, 예를 들어 아이와 부모의 관계, 환자와 의사의 관계, 학생과 선생의 관계, 친구 혹은 연인 관계와 비슷한 측면이 있다. 하지만 분석가와 환자의 관계는 그들과 상당히 다르다. 여기엔 뭔가 부자연스럽고 모순된 것이 내재한 듯하다. 어떻게 보면 이런 인연으로 얽히게 된 이유는 인간관계에 대한 좀 더 깊은 이해와 그것이 한 인간의 내면 형성에 끼치는 영향을 이해하기 위해서다. 하지만 분석을 시작하는 시점에 환자는 이 목표에 대해 기껏 어렴풋이 알고 있을 뿐이다. 그러나 얽힘만 처음부터 있는 건 아니고 풀림도 처음부터 존재한다. 저항을 말하는 건 아니다. 나는 분석 관계가 가정하고 있는, 어떤 사실적 현실의 소멸과 포기가 애초부터 정신분석의 방

Conceptualizing the Nature of the Therapeutic Action of Psychoanalysis에서 패널 발표. 1977년 12월 16일 미국 정신분석학회 추계학회, 뉴욕.

법론 안에 존재한다는 점을 말하고 있다. 그 이유는 개별화나 소위 성숙한 대상 관계라고 불리는 것들이 비록 친밀함에서 기원하고 그 정점을 찍지만, 여기엔 어린 시절부터 성인기에 이르는 분리, 소외, 단념 또한 포함되기 때문이다. 이것들 없이는 효과적인 내면화도 이루어지지 않고 건강한 대상 관계를 위한 안정된 자기도 만들어지지 않는다.

그래서 분석적 관계는 일종의 자기 자신을 연기하는 드라마 같은 것으로, 그 안에서 한 개인의 역사가 다시 경험되고 구조화되어 새로운 의미를 얻고, 잃어버린 오랜 의미도 다시 획득된다. 하지만 이 관계는 절대로 실제 관계가 되지 않는다. 그래서 분석적 관계는 연극의 실질성과 허망함을 모두 가지고, 어쩌면 아이들의 놀이 같기도 하다. 그러니까 그 자신을 위해 존재하는 것처럼 보이기도 하고, 동시에 실제 삶의 예행 연습 같기도 하다.

정신분석적 치료법은 한편으로 유난스러운 자제와 좌절에 대한 인내를 요구하지만 동시에 유난스러운 자발성과 자유 또한 요구한다. 그것도 비록 다른 방식이지만 양쪽 모두에게 말이다.

아동 분석을 제외하면 환자와 치료자 모두 어른이다. 하지만 나이 차는 별로 없을지라도 관계는 비대칭적이고, 특히 환자의 입장으로는 부당하다 싶을 만큼 오래도록 비대칭적이다. 분석이 잘 진행되면 비대칭과 불평등은 줄어드는데, 이것은 아이가 별 탈 없이 잘 자라서 청소년기나 그 후에 부모와 비교적 평등한 관계를 맺는 것과 비슷하다.

환자와 분석가의 관계는 청소년기나 오이디푸스 관계, 혹은 그 부산물과 비교될 수 있다. 나아가 아이와 엄마가 만드는 "양자 단위dual unit"와도 유사점이 있다. 분석작업의 상당 부분은 오이디푸스 갈등을 중심으로 이루어지지만, 점점 많은 경우에서 아동 분석가들이 묘사한 초기 개별화 시기와 관련한 결함과 왜곡을 중심으로 작업이 이루어지는 것 같다. 이런 연관에서 보면 최근까지 과학적 객관성과 분석적 객관성의 필수 조건이었던 자기-대상 사이의 분화는 이제 인지 과정과 정신적 상호 작용에서 유일무이한 기초로 여겨지지 않는다. 자기-대상의 분화가 분석가와 환자 사이의 모든 상호 작용에 타당한 기초가 되는가? 아니면 이런 이분법적 구분이 무용지물이 되는 더 깊은 무의식적 층위가 있는가? 만약 후자가 진실이라면, 이 부분은 정신분석적 과정과 그의 치료적 가능성에 대한 보다 포괄적인 객관성을 위해서라도 좀 더 명료해질 필요가 있다. 우리의 이해는 아직 한참 부족한 것 같다.

언급하고 싶은 몇몇 문제가 더 있고 그 일부는 위에 언급된 것들과 관련이 있다. 정신분석의 전제 조건은 무엇인가? 정신분석의 영역은 너무 넓어지고 있는가, 아니면 전통적인 이해처럼 너무 협소한가? 정신분석의 과정은 심리적 사실을 조사하는 객관적 과정인가, 아니면 의미의 해석에 그치는가? 만약 후자라면, 의미는 이미 존재해서 분석가의 발견을 기다리고 있는가, 아니면 비록 자의적이진 않을지라도 우리가 의미를 부여하는가? 환자가 능동적 수용자인 분석가에게 제공하는 건 의미인가, 아니면 심리적 사실인가? 혹여 "의미"라는 것이 혹 분석가와 환자 사이의 관계에서 생겨나는 건 아닌가?

문화적 규범과 양육 방법에 초래된 급격하고 때로는 혁신적인 변화와 와해로 인해 제기되는 질문이 있다. 우리가 여전히 평균적으로 예상 가능한 환경과 그에 더불어 아이의 "평균적으로 예상 가능한 신체적, 정신적 발달"(Anna Freud, 1976, p. 259)에 대해 말할 수 있냐는 거다.

이러한 많은 질문과 의혹들, 새로운 개념들은 종종 꽤 혼란스러우며 말썽을 일으킨다. 이들은 종종 너무 느슨하거나 너무 엉터리로 정식화되고, 혹은 복잡한 문제들 속의 중요한 측면과 요소를 충분히 강조하지 못하고 있다. 하지만 나는 이들 덕에 정신분석이 가장 생생하게 살아 있고, 동시에 말도 많고 탈도 많아진다고 믿는다. 적어도 형편없이 경직될 위험에서는 벗어나 있는 것이다. 1975년 런던에서 열린 국제 회합에서는 마치 이런 현상이 처음 겪는 일인 것처럼 말하는 분석가들의 불안이 들려왔다(André Green, 1975, Anna Freud, 1976). 하지만 정작 불안과 불만은 정신분석의 조건이 아니었던가? 바로 그것들이 정신분석이 생긴 이유이자 결과 아니었나? 그럼 치료적 정신분석에서도 마찬가지란 말인가? 분석의 결과가 불안과 고통이라면 그건 치료적인가? 프로이트의 말처럼 분석의 치료적 가능성은 고통의 성질이 미세하게 옮기는 데 있는 건가? 아니면 안나 프로이트가 말한 것처럼 이 불안은 흥분, 만족과는 양립 불가능한 것인가?

우리의 치료작업이 그러하듯 많은 중요한 질문은 기다 아니다 딱 부러지는 대답보다는 맥락적으로 접근해 깊이 생각해 보기 위해서 제기된다. 이 질문들도 그러하다.

잠시 실용적인 문제를 이야기하겠다. 치료적 정신분석은 오랜 기간이 소요되는 치료적 과정으로서, 여기에는 자유연상, 환상, 꿈을 비롯한 언어적 · 비언어적 분석 자료를 전이와 저항의 맥락에서 말로 해석하는 것보다 더 많은 게 포함되어 있다. 이건 아무리 정신분석적 순혈주의자라 해도 마찬가지다. 먼저 그 내용물을 차치하고서라도 해석의 타이밍과 맥락, 구체적인 문구, 목소리의 톤 모두가 치료적 작용의 중요한 요소들이다. 명료화와 직면을 사용하고, 역사적 불일치가 짚어지고, 전이 그 자체와는 별 상관이 없는 이야기와 해석이 동원된다. 치료자의 기지, 기본적 라포르와 라포르의 요동, 분석가의 삶의 경험과 상상력의 폭, 분석 와중에 환자에게 일어난 사건들을 다루는 방법, 이 모든 것들이 우연한 치료 작용의 요소라고 하기엔 너무 중요하다. 이것들이 만드는 매개가 없으면 아무리 옳은 해석도 설득력이 없고 효과적이지 않다. 소위 말하는 교육적 접근, 그리고 가끔 격려와 확신도 주어진다. 신중하게만 이용된다면 이런 방법들 덕택에 분석 기간 내내 분석이 분석적일 수 있고, 혹은 더 엄밀히 분석적일 수 있게 된다. 정신분석은 독특한 치료 방법으로서, 실제 임상에서는 비록 드물지라도 그 자체로는 별로 분석적이지 않은 치료 방법들을 사용하게 된다. 하지만 이런 방법들의 사용 자체가 정신분석적 모델에 의해 계속해서 영감을 얻고 영향을 받은 결과다. 임상 정신분석과 그 치료 작용의 속성은 한층 더 복잡해서, 그 어떤 이론이나 모델보다 더 실제 삶에 가깝다. 그래서 치료 작용에 대한 개념화를 위해 어떤 부분을 강조하다 보면 그 외의 부분이 늘 희생되기 마련이다.

특정 시대의 이론 작업도 마찬가지다. 여기엔 모종의 선입견, 오류, 당시의 혁신, 특정 임상적 문제에 대한 집착, 이론적 관심, 연구 목적의 흥미 등등이 모두 포함된다. 하나 더할 것은 유행도 한몫한다는 점인데, 유행의 발생지는 늘 명료하지도 않고 가끔은 정신분석 이외의 문화적 영향도 강하게 받는 것 같다. 그리고 앞선 경향과 유행을 향한 크고 작은 반감도 영향을 미친다.

분석 과정에 대한 좀 더 엄밀한 정신분석적 고찰로 돌아가자. 근래 들어 환자와 분석가 관계의 복잡성과 미묘함이 집중적으로 연구되고 있다. 이것은 단지 환자의 전이와 저항을 탐구하는 문제만도 아니고, 분석가를 객관적이고도 공감적인 관찰자 혹은 해설자의 자리에 위치시키는 문제만도 아니며, 혹은 어쩌면 있을 역전이와 역전이의 부작용에 대한 문제만도 아니다. 환자와 분석가가 맺는 관계의 성격에 대한 정신분석적 탐색은 오래전으로 거슬러 올라가 Freud, Ferenczi, Federn, Tausk 등이 자기애적 동일시, 내사, 투사, 자아 이상, 자아 경계 등을 연구할 때부터 시작되었다. 우리가 대상 카텍시스라 부르는 것은 소위 동일시라 불리는, 덜 분화된 “감정적 연결”에서 발생한다. 그래서 자기와 대상의 구분 그 자체는 정신분석적 탐구의 유일무이하고 확고한 전제로 이제 당연시되지 않는다. 소위 자기와 대상이라 부르는 것 사이에는 여러 종류의 관계가 있어서 이런 용어들의 보편타당성에 의문을 제기한다. 우리가 알게 된 것은 정신적 기능과 경험에는 여러 단계가 있고, 어떤 단계에서는 이 둘의 구분이 없거나 있다 하더라도 짧고 흐릿하게만 존재한다는 것이다. 이런 것들은 무의식 깊은 곳에 있는 층위로서, 여기에서 심리 간 관계 맺음의 방식이 드러나고, 환자와 분석가 모두의 저변에 흐르는 감정적 연결 방식이 드러나며, 그 관계 맺음 속에서 치료적 가능성을 위한 성분들이 만들어진다. 이렇게 좀 더 깊이 숨겨진 무의식 수준이 갖는 심리적 현실 혹은 심리적 타당성은 무의식의 오이디푸스 충동과 갈등, 그리고 전이에서의 그것들이 표현되는 양상만큼이나 분명하다. 다시 말해, 의식적 정신작용을 넘어서(“메타심리학”의 원래 의미다) 보면 그렇다는 말이다. 하지만 그 낯섦과 찜찜함은 훨씬 크다. 이 수준의 경험들 역시 좀 더 발달한 정신기능, 혹은 정신적 내용물과 공존하며 일생에 걸쳐 그 영향력을 행사하게 된다.

도식적으로 말하자면 고전적 전이 신경증에서는 해결되지 못한 오이디푸스 갈등과 그 부산물이 분석상황이라는 절제되고 한정된 퇴행 안에서 다시 살아나 갈등을 일으킨다. 이때 분석가는 이런 무의식의 내용물과 그 정신작용의 형태를 의식적 내용물과 조직화 형태라는 관점으로 해석한다. 분석가는 유연하고도 견고하게 의식적이고도 객관적인 준거틀을 유지해야 하는데, 반대로 환자는 이 틀을 놓치고 있거나 혹은 여기에 너무 매달리는 경우가 많다. 분석가는 동시에 공감하는 사람으로서 해석을 위해서 환자가 겪고 있는 원초적 기능 수준을 환자와 함께 경험할 필요가 있다. 분석가 자신의 오이디푸스 애착과 그에 내재한 갈등이 반복해서 "숙달"되지 않았거나 그 자신에게 생생히 유효하지 않다면 진정한 공감은 이루어지지 않는다. 이런 경우 분석가의 해석은 추상적 수준에서 맞는 내용이지만 환자에게 다가갈 수 없고 환자는 해석을 자신의 것으로 만들지 못한다. 프로이트는 분명 이런 점을 잘 알고 있었지만 제대로 천착하지는 않았던 듯하다. 오히려 프로이트가 강조했던 부분은 해석을 받아들이는 데 있어서의 보이는 환자들의 자율적 방어였다. 하지만 그 자율성의 타당성과 적절성은 깊은 무의식적 층위로 다가갈수록 흐릿해진다. 그리고 여기 깊은 무의식에서 환자와 분석가의 무의식은 서로 소통하고 의존한다.

고전적 전이 신경증(주된 주제가 오이디푸스 콤플렉스에 연관된)에서 진실인 것은 또한 그 이전 시기와 관련된 병리에서도 타당하다고 볼 수 있다. 다시 한번 더 도식적으로 말하자면, 그리고 세세하고 복잡한 임상적 문제를 생략하고 이야기하면, 이런 병리들(자기애적 인격, 경계선 인격 등)은 내가 말한 더 깊은 무의식에 근거하고 있다고 설명하는 것이 좋을 것 같다. 이 층위에서 나와 타자의 구분은 흐릿하고, 모호하고, 불분명해지고 심지어 없어지기도 한다. 우리가 이런 종류의 정신적 기능에 좀 더 익숙해지고 잘 알게 될수록 주로 오이디푸스기의 심리성적 갈등에 근거하고 있다고 여겨지던 고전적 신경증의 문제들도 역시 적잖은 부분 그 이전 시기의 교란, 왜곡, 억제에 따라 결정된다는 것을 알 수 있다. 이런 문제를 가진 환자들과 분석적으로 작업을 하려면 분석가가 이와 관련한 자기 자신의 문제를 잘 알고 숙달하고 있어야 한다. 이는 분석가가 자신을 이해하는 만큼만, 그리고 무의식의 숙달에 대해 환자보다 앞서 있는 만큼만 환자를 이해하고 도울 수 있다는 원칙의 연장선이다. 자기-대상의 분화에 문제는 그에 내재한 양극단의 이슈들인 개별화와 융합과 더불어 아마도 신경증의 오이디푸스 핵과 관련한 심리성적 갈등보다 더 보편적이고 깊숙이 자리하는 것 같다. 이것은 사람들이 정신증적 핵이라고 부르는 것으로, 오이디푸스 콤플렉스를 신경증의 핵이라고 부르는 것과 비슷한 의미다. 그러니까 병리 그 자체보다는 병원성pathogenicity을 의미하는 셈이다. 말하자면 우리는 모두 정신증적 핵을 갖고 있다. 이 부분이 Melanie Klein이 해낸 작업의 중요한 진실로, 이는 그녀의 강조점, 메타심리학, 추론과 묘사, 기법에 대한 동의 여부와 무관하다.

분석을 찾는 환자 중 많은 이는 초기 발달기의 호의적인 환경 덕택에 이 정신증적 핵을 충분히 숙달했다. 따라서 그들의 분석에서는 딱히 이 부분에 대한 작업이 필요가 없다. 하지만 근래의 많은 분석 환자의 경우 분석작업 상당 부분이 이 문제들의 분석적 재활성화와 훈습으로 이루어진다. 여기서 "근래"의 뜻은 환자와 분석가가 태어나 살아가는 현대사회를 의미한다. 말하자면 환자도 분석가도 과거 50년 전과는 다른 것 같고 분석도 역시 그러한 듯하다. 뭐 별도리가 있겠는가? 그렇다고 인간의 본성이 변하지는 않은 것 같다. 하지만 내적 · 외적 현실의 변화, 그리고 그 상호 작용으로 인해 드러나는 주된 갈등과 부정적 영향의 양상이 달라지면서 이전에는 미처 주목하지 못했던 무의식적 층위와 현상이 드러나고 있다.

나의 정신분석 경험에 의하면 소위 오이디푸스 콤플렉스가 작금의 현실에서 가지는 중요성은 과거와 비교해서 전혀 줄어들지 않았다. 그리고 누가 이 사실을 무시한다면 그건 오이디푸스 콤플렉스에만 몰입해 있는 것에 대한 과잉 반작용일 것이다. 하지만 오늘날 정신분석이 자기-대상의 분화, 개별화의 초기 단계, 응집력 있는 자기와 대상 관계의 형성 등에 관련한 현상과 그에 관련한 병리들이 생기는 발달 단계, 즉 모자간의 양자 관계에 비교되는 것은 별로 놀랍지 않다. 이런 정신기능들과 그 발달 단계의 부산물들이 요즘엔 분석적 탐색과 해석의 초점에 놓인다. 원초적 수준의 정신, 그리고 성인의 그 승화된 등가물들이 오이디푸스 수준의 그것들과 마찬가지로 분석상황, 즉 환자가 분석가와 맺는 분석적 관계의 매개 안에서 전이와 저항을 통해 다시 살아나고 이용할 수 있게 된다. 환자와 분석가가 맺는 총체적 관계는 매우 복잡하며 여러 층위와 측면, 단계를 가진다. 이 점은 잠시 후 다시 이야기하겠다. 한편 지금 논의하고 있는 원초적 수준에서 환자와 분석가의 관계는 보통 의미하는 대상 관계가 아니다. 설명을 위한 과잉 단순화를 무릅쓰자면 이 수준에서 환자는 그 자신을 대상으로서 분석가와 뚜렷이 구분되는 자기로 경험하지 않는다. 그리고 마찬가지로 분석가도 자기로서 환자와 뚜렷이 구분되지 않는다. 코헛은 자기애적 전이 혹은 자기-대상 전이에 대해서 말했는데, 관계 맺음이 없지 않다는 점, 그리고 "리비도를 자아로 다시 철수하지" 않았다는 점에서는 전이라 할 수 있지만 자기와 대상이라고 부를 만한 두 실체 사이의 분화는 부족한 상태라고 볼 수 있다.

만약 분석가가 자신이 현재 환자에게 유효한 심리적 기능 수준인 미분화의 중력장으로 끌려간 상태라는 점을 인지하지 못한다면 그는 전이에 대해 적절하게 해석하지 못하게 된다. 성공적인 해석을 위해서 치료자는 그 자신의 미숙한 정신 수준과 접촉해야 한다. 여기서 분석가도 환자와의 거리와 분리가 줄어들고 유예되는 경험을 한다. 이는 자아 경계, 즉 자기와 대상의 분화를 위한 복잡한 개별적 구조화 전체가 소멸하는 경험이다. 환자와 분석가의 차이는 전자가 (잠식되거나 부인함으로써) 원초적 수준에 머물러 있다면 분석가는 그러하다는 것을 깨닫되 매몰되지 않는다는 점이다. 이 같은 심리적 수준에서 초래되는 미분화는 단어와 그 지시물이 갖는 이차과정도 탈분화시킨다. 즉 단어라는 언어적 실체와 그 "의미", 혹은 언어와 상징되는 것 사이의 차이가 없어지게 된다. 이 같은 탈분화 덕에 언어적 · 비언어적 소통은 특별한 친근함과 강렬함, 절박함을 가지게 되며, 만약 공감이 사라지게 되면 비록 일시적이라 할지라도 완전한 소외alienation가 초래된다(비-인격화, 비-현실화).[1)]

전이 현상에서 익숙하게 관찰되는 것은 분석가도 비록 비교적 조금 더 나은 수준이지만 상당한 시간 동안 환자와 비슷한 수준의 경험을 하게 된다는 점이다. 이 경험 위에서 분석가는 명료하고 직접적인 언어를 통해 경험을 좀 더 분화된 수준으로 번역하고, 그렇게 환자 역시 치료자와 더불어 좀 더 높은 분화와 경험의 명료화를 향해 나아가게 된다.

분석의 태곳적 극단archaic pole을 이야기했으니 이제 잠시 그 전반적인 조건과 목적에 대해서 말하겠다. 그래야만 이 모든 것이 타당성과 정당성을 갖게 될 것이다. 내가 말하려고 하는 것은 분석 관계의 복잡함과 표면적인 모순이다. 하나 강조해 두고 싶은 것이 있다. 분석상황을 초기 부모-자식의 양자관계에 비유하는 것은 다양하게 도움이 되지만 오해와 왜곡의 소지 또한 많다는 점이다. 모든 걸 고려해 볼 때 아무리 정신분석의 범위를 넓힌다지만 그래도 결국 분석은 분석이고, 특히 정신치료 세팅과 관련해서는 다른 치료들과는 달리 전체적으로 어른들의 약속을 전제하기 때문이다(여기서는 성인 분석을 이야기하고 있다). 나는 아동 분석과 관련해서 어떤 수정과 보정이 필요한지는 잘 모른다.[2)] 성인의 정신분석은 그들이 특정 영역에서 아무리 퇴행적이고 미숙하다고 할지라도 분명 성년에 이른 환자가 시도하는 모험이다. 게다가 성인으로서 잠재력이 삶의 여러 중요한 영역에서 분명히 드러날 때만 가능한 모험이다. 여기엔 거의 언어적으로만 이루어지는 표현과 소통, 행동의 억제, 높은 수준으

---

1) 언어와 관련된 일차-이차과정의 논의는 이 책 12장 참고.

2) 아동 분석의 경우 아이의 부모가 "어른들의 약속"에 대해 이해하면서 "협조"하는지가 고려된다. 만약 그런 협조가 이루어지지 않는다면 아동 분석은 어렵거나 불가능하다.

로 요구되는 좌절에 대한 인내와 반성 역량, 그리고 분석적 상황 특유의 유별난 자발성과 자유로운 반응성 등이 포함된다. 비록 이 중 일부는 다소간 부적절할 수 있지만 그래도 정신분석은 분명 어른의 일이다.

그래서 일단은 이성적인 성인의 정신활동이라는 거름망이 있어서 이를 통해 분석 경험이, 특히 그 모든 미숙함과 다양한 형태의 전이가 걸러지는 것이다. 분석은 상대적으로 지속적이고 장기적인 과정으로, 명백한 비이성적 행동으로 인해 계속 방해를 받아서는 안 된다. 따라서 환자 측의 이 같은 합리적 중재 능력이 믿을 만한 나침반과 표지판이 될 수 있어야 한다. 이러한 역량이 시작되고 발달하기 위해서는 분석가 측의 적극적 혹은 암묵적 지지가 필요한 경우가 많다. 하지만 분석가가 그것을 만들어 낼 수는 없다. 그렇다고 전이 해석을 포함한 분석적 방법과 정신분석적 지식, 통찰이 본격 정신분석이 가능하지 않은 예에서는 전혀 쓰일 수 없다는 뜻은 아니다. 그리고 하나 더 강조하면 분석가들은 여러 이유로 장기간의 치료분석에는 잘 맞지 않는 환자들과의 작업을 통해 무의식과 전이에 대해서 많은 것을 배울 수 있고, 실제로 배우고 있다. 그리고 이런 배움은 엄격한 분석작업에도 사용할 수 있다. 이 점은 프로이트를 비롯한 초창기 선구자들이 정신증의 문제를 연구한 이래 늘 진실이었다.

안나 프로이트(1976)는 "정신병리의 이해"와 그 "치유 가능성" 사이의 차이에 대해 "정신분석으로 이해 가능한 정신적 고통은 치료 또한 가능하다"라고 가정할 만한 그 어떤 명백한 이유도 없다고 말했다(p. 260). 나는 수년간 이 주제에 관심을 가졌었는데, 내 생각에 이 문제에 대한 어떤 답이든 정신분석적 이해의 구조와 기능에 관한 더 많은 통찰을 요구한다. 현재로서 우리가 아는 것은 부족하다는 뜻이다. 하지만 내 생각에 전혀 고치거나 변하지 않은 채 지금 있는 그대로 영원히 유효할 정신분석적 이해는 없는 것 같다. 이건 한 시간의 짧은 분석 시간 동안 어떻게 이해라는 행위가 이루어지는지 생각해 보면 금방 알 수 있다. 우리의 이해는 해석을 통해서 환자에게 전달되어야 한다. 하지만 내 생각에 해석은 이해의 결과이기보다는 더 깊은 이해를 위한 수단에 좀 더 가깝다. 이는 사고와 언어 사이의 밀접한 상호 관계와 연관이 있다. 행위로서 이해는 이해를 위한 지식의 저장고와 구분이 되는데, 환자가 스스로 여지를 주지 않거나 우리가 도달한 이해에 개방적이지 않다면 불가능하다. 물론 환자 자신은 자기가 그러하다는 것을 알 수도 모를 수도 있으며 심지어 이해에 맞서 싸울 수도 있다. 그리고 우리가 해석할 때 우리가 말하고 있는 상대는 *환자의 이해 능력*이 된다. 이런 의미에서 이해가 곧 "치유"는 아니다. 그저 치료의 한 단계일 뿐이다. 아마 단순하게 말하면 환자가 이해받는다고 느낀다면, 그리고 그렇게 느낄 때 치료적 전진은 이루어진다고 할 수 있겠다. 그리고 또 하나 신기한 사실은 환자가 이해받는다고 느끼지 못하면 우리도 환자를 충분히 이해했다고 느끼지 못한다는 사실이다. 그래서 이해라는 것은 어쩌면 쌍방의 얽힘 같은 것을 수반하는 행위, 즉 마음들이 만나는 어떤 형태인 것 같다. 이를 자기-이해에 적용해 본다면 이때는 아마 서로 다른 층위의 정신들이 서로 엮이는 것이지 않을까 싶다.

정신분석적 해석은 자기-이해에 기반한다. 그리고 자기-이해는 환자를 향한 해석에서 재활성화된다. 자기-이해는 아기와 아기를 돌보는 부모와의 초기 상호 관계에서 비롯한다. 분석가에게 자기-이해는 그 자신의 교육분석을 통해서 새롭게 시작되고, 넓고 풍요로워지며, 또한 깊어진다. 교육분석 덕택에 우리는 환자가 우리의 해석을 받아들이는지 아닌지 알 수 있게 된다. 그리고 수련을 통해 이 기반은 더욱 견고해지고 풍성해진다. 해석은 분석가가 자기-이해 혹은 그것의 가능성을 환자에게 매개하고 전달하는 행위이다. 그렇게 환자는 그것을 그 자신의 것으로 만들거나 혹은 심리 내적 활동으로 내면화할 수 있게 된다.

정신분석적 해석은 두 마음 사이에 다리를 놓고, 환자의 마음속에 여태 연결되지 않은 영역과 층위들 사이에도 다리를 놓는다. 그 영역들은 전체적인 인격 형성이라는 맥락에 아직 제대로 포섭되지 않은 것들이다. 해석은 무의식적 정신기능이라는 섬들 사이를 잇고, 또한 의식과 무의식을 잇는다. 하지만 해석은 그저 무의식을 의식으로 만들거나 이드가 있던 곳에 자아가 있게 만드는 단순한 번역이 아니다. 해석은 정신의 여러 다른 형태와 내용을 잇고, 그 사이를 오간다. 거기엔 위를 향하는 해석이 있고 아래를 향하는 해석이 있다. 내 생각에는 쌍방의 연결 그 자체가 치료적인데, 그 이유는 이 연결 덕분에 각 요소는 거듭해서 의미를 획득하고 획득된 의미는 풍요로워지기 때문이다. 즉, 의미는 쌍방향 활동의 결과물인 셈이다. 이 과정을 다시 시작하고 부추기는 과정에서 분석가의 해석 행위와 그 특정 내용이 힘을 발휘한다. 말하자면 분석가는 환자를 위해 이런 이음linking이 가능하도록 맥락을 파악하는 것이다.

마지막으로 한마디만 하겠다. 즐거움에 대해서다. 해석은 환자를 만족시킬 수 있다. 우리는 환자들이 본능의 직접적인 만족을 위해 해석을 어떻게 이용하는지 알고 있다. 우리가 아는 또 다른 사실은 환자를 전혀 만족시키지 못하는 해석도 있다는 점이다. 특히 초반에는 그렇다. 하지만 또 달리 생각해 보면 환자가 해석을 받아들이고 그 자신의 것으로 만들기 위해서는 반드시 만족스러워야 한다. 이때 만족은 지극한 소망과 필요의 공감적 이해, 그리고 이것들을 서로 연결하고자 하는 바람의 만족이다. 정신분석에서는 이미 내재한 좌절과 더불어, 바로 이 만족들이 정신 현상의 모든 스펙트럼을 관통해서 공명하게 된다. 비록 종결에 이르러 살짝 불안정해지기는 하지만 오직 이 기초 위에서만 분석가와의 이별과 단념이 가능해진다. 그리고 이것이 분석에 있어 최후의 내적 요구사항이 된다.

참고문헌

Freud, Anna (1976): Change in psychoanalytic practice and experience. IJP 57:257-80.

Green, Andre (1975): The analyst, symbolization, and absence in the analytic setting (On changes in analytic practice and analytic experience). IJP 56:1-22.

Loewald, H. W. (1978): Primary process, secondary process, and language. In: Psychiatry and the Humanities. Joseph H. Smith, ed. Vol. 3, New Haven and London: Yale University Press, 1978.

23

오이디푸스 콤플렉스의 쇠락

(1979)

이 논문의 많은 부분은 이전에도 다른 사람들에 의해 여러 형태로 제시되었다. (몇몇 예외적인 경우를 제외하고) 나는 참고문헌들에 대한 언급을 생략했는데, 그 변명 삼아 「Studies on Hysteria」에서 Breuer가 이론에 관해 쓴 일부를 인용하는 게 좋을 것 같다(Freud, 1893-1895, pp. 185-86).

> 과학이 급속도로 발전할 때 어떤 사람에 의해 처음 발표된 생각들은 급속히 공동의 자산이 된다. 그래서 현재 히스테리에 대해서 어떤 관점을 제시하고 그것의 심리적 기초를 말하려는 사람 중 어떤 사람도 다른 사람들의 생각들을 반복하지 않을 수 없고, 그럼으로써 견해는 개인을 넘어 집단의 소유가 된다. 누가 최초로 언급했는가를 명확히 밝히기는 거의 항상 불가능하고, 그래서 누군가 다른 사람이 이미 말한 것에 대해 자신이 최초였다고 주장할 위험성이 상존한다. 그래서 혹시 이 글에서 인용의 출처가 충분히 밝혀지지 않고, 무엇이 나의 의

1978년 5월 6일 조지아주 애틀랜타에서 열린 미국 정신분석학회에서 발표함. 첫 번째 장은 출판을 위해 추가되었음.

견이고 무엇이 타인의 의견인지가 명확하지 않더라도 이해해 주기 바란다. 아래의 글에 드러난 생각들에 대해 내가 최초라고 주장하고 싶은 생각은 별로 없다.

오이디푸스 콤플렉스는 핵심적이고도 본능적인, 부모 자식 관계의 갈등적 삼각관계다. 오이디푸스 콤플렉스는 잠복기 동안 일시적으로 없어지거나 외견상의 중요성이 감소한다고 여겨진다. 콤플렉스의 소실 혹은 후퇴는 프로이트의 1924년 논문 「Der Untergang des Oedipuskomplexes」의 주제였다. 논문의 제목은 *Collected Papers* 시리즈에서는 「The Passing of the Oedipus Complex」로, 표준 전집에서는 「The Dissolution of the Oedipus complex」로 번역되었다. 프로이트는 이 논문을 비롯한 여러 곳에서(1923, 1925) 파괴destruction, 폭파demolition 같은 한층 더 강하고 적극적인 단어를 사용한다. 독일어의 *Untergang*은 글자 그대로 아래로 간다는 뜻이다. 세계의 "파괴"(슈레버 증례에서)뿐 아니라 해가 지는 것을 표현하기 위해서도 사용된다. 슈펭글러의 유명한 책 『The Decline of the West』(1922)의 독일어 제목은 『Der Untergang des Abendlandes』인데, *Abendland*는 해가 지는 땅, 즉 서쪽 땅을 의미한다.

페렌치는 *Untergang*이 너무 센 단어라고 생각했다. 그래서 짐작하길 아마 프로이트가 "랑크O. Rank가 신경증 등의 핵심적 병인을 오이디푸스 콤플렉스에서 출생의 트라우마로 대체하려고" 한 탓에 긴장한 것이 아닐까 생각했다(Jones, 1957, p. 108). 존스로부터 알 수 있는 또 하나의 사실은 그 논문이 "처음엔 랑크의 출생 트라우마에 대한 미세한 비난을 담고 있었고(나중에 삭제)", 프로이트가 (페렌치에게 쓴 편지에서) "제목의 단어 선택이 랑크의 새로운 생각에 감정적으로 반응한 결과였다는 것을 시인"했다는 거다. 프로이트가 오이디푸스 콤플렉스의 발생적 중요성에 대한 도전을 걱정했던 것은 분명해 보인다.

프로이트는 자신의 논문에서 남근기, 즉 오이디푸스 콤플렉스의 남근기가 명백한 성기기 조직화에 직접 선행하지 않고 잦아들어 잠복기로 대체된다고 했다. 음경에 대한 "자기애적" 흥미와 부모에 대한 애정적 카텍시스 사이의 갈등에서 전자가 이길 때 아이의 자아는 오이디푸스 콤플렉스에서 멀어진다(남자아이의 경우). 프로이트는 거세와 거세불안에 대한 자아의 방어를 강조했다. 오이디푸스 대상 카텍시스가 폐기되고 그 자리에 부모 권위와의 동일시가 들어서면 이것이 초자아의 핵을 형성한다. 즉, 콤플렉스의 애정적 소망이 탈-성애화해서 승화되거나 혹은 목적이 억제되어aim inhibition 좀 덜 격렬한 충동으로 변한다. 그는 이 같은 자아의 물러섬이 "억압 그 이상以上"이라는 점을 강조하는데, 그래서 이런 작업이 이상적으로 수행되면 콤플렉스의 파괴와 소멸dissolution에 이른다고 말한다. 다시 말해 결코 이를 수는 없겠지만 이상적인 경우라면 콤플렉스는 억압에 그치는 것에서 나아가 파괴된다는 뜻이다. 반대로 억압된 상태로 남으면 남을수록 콤플렉스는 이드 안에서 무의식으로 지속되고 차후 병리적 영향을 미치게 된다.

이 글의 제목은 이중의 문제의식을 제기하고 있다. 첫째, 아무리 자아가 작심하고 돌아서더라도, 나아가 억압과 승화, "파괴"의 상대적 비율이 어떤 식으로 이루어진다 치더라도, 사춘기가 되면 오이디푸스 콤플렉스는 또다시 머리를 들고 이후 인생에서도 그러하다는 것이다. 그리고 이건 신경증이나 정상에서나 마찬가지라고 할 수 있다. 그래서 평생 반복적으로 억압, 내면화, 변형, 승화 같은 여러 가지 숙달 형태를 요구한다. 하지만 여기서 전제는 그런 반복된 숙달의 기초가 잠복기에 수립되고, 숙달의 형태는 다양한 경험과 성숙의 정도에 따라 변한다는 것이다.

이런 관점에서 볼 때 억압 그 이상이 이루어진 경우라 하더라도 오이디푸스 콤플렉스의 완전한 파괴라는 건 없고, 그저 콤플렉스의 쇠락과 쇠락의 여러 형태에 대해 말할 수 있을 뿐이란 의미다.

둘째, "오이디푸스 콤플렉스의 쇠락"은 최근 정신분석학의 흥미가 오이디푸스에서 멀어지고 전-오이디푸스기의 발달, 모자母子 관계, 분리-개별화 이슈, 그리고 자기 혹은 자기애로 옮겨가고 있다는 것을 뜻한다. 존스가 쓴 프로이트의 논문과 그 논문에 대한 프로이트와 페렌치 사이의 대화에 관한 이야기를 보면 여기서 이미 그 전조를 볼 수 있다. 근래의 소위 대상 관계 이론은 자기-대상의 분화, 분리-개별화, 대상 관계의 원시적 기원 같은 것들을 강조한다. 나는 오이디푸스 콤플렉스의 "통과passing"나 해소resolution 혹은 그것의 부진한 해소가 발달에 미치는 영향을 논하는 대신 쇠락이란 단어로써 오이디푸스 콤플렉스 자체에 관한 관심의 저하를 지적하려 한다. 정신분석의 흥미가 전이 신경증의 핵심 갈등에서 멀어져 자기애적 신경증(여기서 나는 프로이트의 진단분류를 사용하고 있다)으로 이동하면서 오이디푸스 콤플렉스는 이전의 중심적 지위를 잃고, 고전적 신경증과 성격 신경증에서도 자기애적 측면이 강조되고 있는 게 현실이다.

아래에서 나는 오이디푸스 콤플렉스와 그 해소의 몇몇 측면, 그리고 오이디푸스 콤플렉스에 관한 관심의 저하를 고찰하겠다. 부디 전-오이디푸스기를 더 잘 이해한 결과가 오이디푸스기의 평가절하가 아니라 오이디푸스기에 대한 더 깊은 통찰이 되길 희망한다.

부모살해, 죄책감, 책임감, 속죄

파괴나 폭파같이 프로이트가 오이디푸스 콤플렉스의 소멸을 표현하기 위해 썼던 강한 단어들은 오이디푸스 콤플렉스의 중요한 한 측면, 즉 부모살해, 혹은 아이에 의한 부모 파괴 같은 모습의 반향처럼 들릴 수도 있다.[1)]

부모살해의 사전적 정의는 "가령 아버지, 어머니, 혹은 가까운 친척, (광의의) 지도자 등 성스러운 관계로 맺어진 사람을 죽이는 것. 때로는 반역"을 뜻한다(웹스터 사전). 이 단어의 뜻은 부친살해patricide와 달리 단순히 아버지에게만 한정되지 않는다(프로이트는 "도스토옙스키와 부모살해"로 번역된 1928년 논문의 독일어 제목에서는 부친살해라는 단어를 썼다). 부모살해는 엄밀히 말하면 부모 혹은 가까운 친척을 죽이는 것이다. 여기엔 부모를 표상하거나 상징하는 존재를 죽이는 것, 혹은 부모의 권위를 갖는 무엇을 배반하는 행위도 포함된다. 이때 살해되는 것은 부모의 권위다. 그리고 그에 따라 아이와 부모가 갖는 애착의 성스러움도 훼손된다. 어원학적으로 고찰하면 부모가 지위와 권위를 부여받고 아이와 성스러운 애착을 맺게 만드는 것은 아이를 낳고, 먹이고, 돌보고, 보호하는 행위들이다.[2)] 부모살해는 그런 애착의 성스러움에 대해 저질러지는 범죄라고 할 수 있다. 이 애착의 가장 명백한 예는 생물학적 부모와의 관계다. 그래서 가부장적 사회에서 부친살해는 부모살해의 원형적 예가 된다. 프로이트에게 아버지는 그 자신의 권위가 위협을 받으면 거세하는 사람이지

1) 나는 프로이트의 주된 의도가 오이디푸스 콤플렉스의 "폭파"가 거세 위협의 결과라는 것을 잘 알고 있다. 하지만 부모살해로 인해 저질러진 파괴는 거세에 의한 아이 파괴의 대응물일 뿐이다. 그리고 이제 보게 되겠지만 억압과 콤플렉스 "파괴"의 차이는 단순히 거세 위협에 대한 두 가지 방어에 그치지 않는다. 여기서 내면화, 승화, 대상 관계의 성숙에 대한 부적절한 정신분석 이론이 문제가 된다.

2) "parent"는 단어의 어원은 라틴어의 동사 "parere"(낳다)이고, 역시 라틴어 "parare"(준비)와 연관되며, 영어 "parturition"(분만)과도 연관된다.

만 무엇보다 앞서 부양하는 사람이고 보호하는 사람이기도 하다.

논의를 위해 다음의 짧은 예가 도움이 될 것 같다. 아버지와 같은 영역에서 학위를 위해 준비하고 있는 한 학생이 논문을 완성하는 데 애를 먹고 찾아왔다. 똑똑한 학생이었고 논문도 잘 진행되고 있었다. 그의 아버지는 일 년 전에 돌아가셨다. 환자가 꾸물대기 시작하면서 논문 작업은 느려졌고, 환자의 마음에는 지도교수가 지지나 조언을 해 줬으면 하는 강한 바람이 생겼다. 하지만 그는 한편으로는 자신이 타인의 도움 없이 논문을 충분히 마칠 수 있다는 것을 잘 알고 있었다. 환자는 자꾸 미루는 자기 자신을 나무랐다. 논문을 미루는 핑계 중 하나는 자신이 쓴 논문의 독창성에 대한 깊은 의심이었는데, 사실 이 부분에 대해서는 여태까지 별로 의심하지도 않았고, 할 이유도 없었더랬다. 환자는 분석가에게도 지지와 조언을 원했는데, 그러면서도 논문은 자신의 책임 소관이지 지도교수나 분석가의 책임이 아니라고 말하고 있었다. 의존을 벗어나 자기의 인생과 행동에 대한 분명한 책임을 떠맡는 것이 분석 기간 내내 다루어진 주제였다. 논문이 자신의 책임이고 다른 사람의 책임이 아니라는 점을 여러 시간에 걸쳐 스스로 강변했으나 여전히 그는 집중해서 논문을 쓸 수 없었다. 그때 문득 내게 떠오른 생각은 어쩌면 그가 말하는 책임이라는 단어가 또 다른 의미를 가질 수도 있겠다는 것이었다. 남 탓하지 않기 혹은 자율성이라는 의미의 책임감에 더해 어쩌면 범죄에 대한 책임을 말하고 있는 것 같았다. 그가 미루고, 피하고, 되돌리고 싶었던 것은 범죄일지도 모른다. 이런 맥락의 해석에 따라 아버지와 관계, 부친 살해 충동과 환상, 아버지를 능가하는 것에 대한 소망과 두려움, 그리고 이런 (이미 일부 성취된) 소망에 대한 죄책감과 아버지의 죽음 같은 주제들이 다뤄졌다. 다른 증례에서도 마찬가지지만 여기서도 전-오이디푸스기와 긍정적 · 부정적 오이디푸스 콤플렉스는 아주 복잡하게 얽혀 있었다.

오이디푸스 콤플렉스와 일생에 걸친 오이디푸스 콤플렉스의 변화라는 관점에서 볼 때, 성인의 책임감과 자율성이 얼마나 모호한 것인지 이 증례를 통해 분명히 알 수 있다. 어른이 되는 과정에서 부모와의 특별한 감정적 애착은 끊어진다. 단순히 환경의 힘이나 거세 위협 같은 것 때문에 포기되는 것이 아니다. 물론 이런 것들도 중요한 역할을 하지만 감정적 애착은 능동적으로 뿌리쳐지고 물리쳐져서 다양한 수준으로 파괴되기도 한다. 아마 이런 능동적인 거절이 "기능변화"가 표상하는 것일 텐데, 즉 여태 수동적으로 견뎌오던 걸 능동적으로 받아안는다는 의미다. 소위 말하는 건강한 발달의 과정에서는 이같이 해방에 대한 능동적 욕구가 전면에 나서게 된다(분리-개별화의 초반에 이미 발견된다).

세대 간의 오이디푸스 갈등의 와중에, 즉 젊은 세대가 여태 기성세대가 떠맡아 온 책임과 권위를 주장하게 되며 젊은 세대는 죄책감(물론 죄책감만은 아니겠지만)을 느끼게 된다. 이렇게 놓고 보면 힘과 권력, 자율성, 그리고 잘잘못의 분배를 둘러싼 투쟁의 드라마가 만들어지려면 항상 적이 필요한 것 같다. 분석작업에서, 특히 전이 상황에서 이런 장면을 생생하게 볼 수 있다.

나는 여기서 오이디푸스 콤플렉스의 숙달에 초점을 맞추려고 한다. 숙달은 초자아의 수립을 이끌지만 단순한 억압 이상으로, 억압과는 다르다. 여기서 내가 강조하고 싶은 것은 한 인간이 자신의 행위와 인생을 책임진다는 말은 그의 심리적 현실 안에서 부모를 죽이는 것과 별반 다름없고, 그에 따른 죄책감도 당연하다는 것이다. 이때 부모로부터 권위를 떼어냄으로써 파괴되는 것은 권위상으로서 부모만이 아니다. 이 과정이 철저히 이루어진다면 애정적 대상으로서 부모 또한 파괴된다.

지금까지 부모살해의 죄책감에 대해 다루었다. 초자아의 생성은 오이디푸스 대상 관계의 내면화 혹은 자기애적 변형인데, 부모살해와 그에 대한 속죄이자 변신metamorphosis의 기록이라고 할 수 있다. 초자아가 오이디푸스 관계를 벌충하고 회복한다는 점에서 속죄이고, 오이디푸스 대상 관계의 회복이 심리 내적 구조들의 관계로 변형된다는 점에서 변신이라는 뜻이다. 잔인하고 융통성 없는 기준과 요구를 고집하면서 동시에 무의식적으로는 애정 대상과 근친상간적 관계를 맺으면 맺을수록 우리는 내면화된 속죄를 통해 부모살해의 죄책감을 감내하고 숙달하는 과제를 거절하는 셈이다. 애도의 과정을 통해 속죄와 화해에 도달하지 못하면 끊임없는 처벌의 필요에 시달리게 된다. 반대로 애도의 과정을 통해 마침내 속죄와 화해에 이르면 이에 따라 성숙한 초자아의 형성과 비-근친상간적 대상 관계에 이르게 된다. 여기서 속죄atone는 여러 맥락에서 *하나됨at one* 혹은 화해, 조화 등을 의미한다.

어떤 의미에서 보면 자율성을 발달시키고 비-근친상간적 대상 관계를 맺음으로써 우리의 초자아는 부모를 죽이고 있다. 초자아는 그들의 힘, 능력, 우리에 대한 그들의 책임을 그들로부터 뺏는 것이며 애정 대상으로서 그들을 끊어내고 거절하고 있다. 짧게 말해, 우리가 파괴하고 있는 것은 여태 우리에게 그토록 중요했던 바로 그것들인 셈이다. 부모 또한 아이와 마찬가지로 파괴를 부추기면서 동시에 저항한다. 양쪽 모두 양가적인 것이다. 다행히 일이 그럭저럭 잘 진행되면 관대함, 서로에 대한 신뢰와 존중, 평등 같은 것들이 남게 된다. 이것들은 무엇보다 오이디푸스 콤플렉스를 어떤 모습으로 숙달하는가에 달려 있다.

오이디푸스 콤플렉스의 쇠락이 "억압 이상"에 의해 이루어지면 이루어질수록 콤플렉스는 핵심적 병리로서 그 가치를 잃는다. 물론 이 해소는 단번에, 영원히 이루어지지 않는다. "억압 이상"은 배제와 후퇴 이상의 것을 의미하는 것으로, 프로이트가 말한 일관성 있는 자아 덕분에 이루어진다. 부모살해, 죄책감, 책임감의 관점에서 보면 오이디푸스 콤플렉스의 억압은 해방을 위한 부모살해를 무의식적으로 회피하고 동시에 그들과의 유아기적 애정적-의존적 애착을 유지하는 것이다. 부모살해를 회피하지 않고 실행에 옮기는 활동은 양 갈래로 이루어진다. 하나는 오이디푸스 대상 관계가 자아-초자아 관계로 변형되는 것이다(내면화). 그리고 외부대상과의 근친상간적 대상 관계가 재구성됨으로써 새로운 대상 선택으로 대체된다. 이때 새로운 외부대상의 선택은 내면화의 영향을 받는다. 그렇게 보면 인간이 대상 사랑, 해방, 개별화를 추구하는 한 심리적 부모살해는 필수적이라고 할 수 있다.

이 같은 부모살해가 우리에게 죄책감을 주고 속죄를 요구한다는 것은 당연하다. 하지만 프로이트가 죄책감을 처벌에의 필요성과 같다고 말했을 때, 그는 사태에 대해 너무 피상적인 관점을 가진 것처럼 보인다. 또한 초자아의 발달에는 억압 그 이상이 수반된다는 자신의 깊은 통찰을 고려하지 못하는 것 같다. 처벌을 원하는 것은 죄를 피하거나 혹은 없던 일로 만들기 위해서다. 즉, 처벌이 죄를 없애기를 소망하는 것이다. 하지만 처벌의 효과는 오래 가지 못하고 더 많은 처벌이 필요해진다. 스스로에 의한 것이든 남에 의한 것이든 처벌은 죄책감의 억압을 위해서는 너무 과한 것이다(물론 다른 목적에는 부합할 수 있겠지만). 다른 말로 하면 죄책감이 처벌에 대한 필요를 만든다는 뜻이다. 비슷하게 불안은 종종 여러 형태의 방어를 초래하나 그렇다고 불안 그 자체가 불안을 다스리거나 제거할 필요가 있다는 뜻은 아니다. 게다가 불안의 기본적인 기능은 회피나 억압을 일으키는 신호가 아니라, 다양한 방법으로 다룰 수 있는 내적 갈등과 위험에 대한 신호다. 마찬가지로 의식적이든 무의식적이든 죄책감은 (불안보다는 더 특이한) 내적 불협화음의 신호로서 다양한 내적-외적 행동을 초래하는데, 그중 하나(짧은 회로)가 처벌이다(여기엔 강력한 마조히즘이 동반된다). 이때 강박적으로 행동이 일어나지 않기 위해서 감정은 잠시 견뎌져야 한다("지지적 환경"이 여기서 도움이 된다). 사고와 느낌(정서)은 "지연된 행동"인데, 말하자면 짧게 끝나 버리는 회로가 아니라 "길게" 머무르는 활동이라고 할 수 있다. (여기서 유념할 것이 있다. 짧은 회로가 아닌 행위와 과정을 지연으로 보는 관점은 반사나 직접적인 "에너지 방출"을 표준으로 보는 관점이다.)

죄책감의 부담을 견디면 죄책감을 허둥지둥 억압하거나 처벌로 처리하지 않고 갈등하는 것들의 상호 화해를 통해서 숙달할 수 있게 된다. 내 환자의 경우 논문의 완성은 부모살해와 아버지에 대한 사랑의 화해 결과였다. 이는 한편으로는 해방과 자기-책임의 추구, 다른 한편으로는 아버지 같은 사람이 되고 싶은 동일시에 대한 갈망, 그 사이의 화해이다. 내가 이해한 바에 의하면 (다른 긍정적 결과와 마찬가지로) 내 환자가 시간 내에 논문을 끝낼 수 있었던 것은 서로 갈등하는 요구들이 합쳐지고 통합된 결과이지 갈등의 요소 중 어느 것이 성공적으로 방어되었기 때문은 아니다. 같은 이치에서 나는 승화를 성공적인 형태의 방어로 특징짓고 분류하는 관점에 동의하지 않는다(Fenichel, 1945, p. 141). 물론 모호하지 않은 모습으로 통합이 이루어지는 걸 관찰하기란 매우 어렵겠지만 말이다. 내 환자의 경우 좀 더 안정적인 기분 상태, 쫓기지 않고 행해진 결심의 과정, 여러 요소에 대한 시의적절하고 균형 잡힌 자각을 보였다. 이런 것들에 비추어 볼 때 내 환자는 성공적인 타협을 이루어낸 것 같다. 성공적인 타협이란 결론은 환자를 보면서 추론한 것인데, 우리가 어떤 현상을 보고 억압을 추론하는 것과 하등 다를 것이 없다.

책임감 있게 행동함으로써, 그리고 논문을 마침으로써 내 환자는 부모살해에 유죄가 되었다. 그리고 동시에 심하다 싶을 만큼 아들의 진로에 관심이 많았던 아버지에게 복종한 셈이기도 했었다. 아버지에 대한 복종적이고 "거세된" 태도는 오이디푸스 갈등의 요소다. 하지만 이것은 프로이트가 말하듯 전-오이디푸스 시기 아버지와의 직접적 동일시를 통해 오이디푸스기를 준비하고, 오이디푸스기의 거세 위협으로 인해 직접적 동일시가 다시 한번 강화되고 변형되어 복종이 된 것이다. 복종은 한편 아버지에 대한 수동적-동성애적 자세를 증명하지만 동시에 엄마에 대한 능동적 애정 관계에서 물러난다는 것을 의미하기도 한다. 그리고 때로는 아버지를 향한 엄마의 수동적-수용적 태도를 동일시하는 것이다. 여기에다 아직 충분히 연구되지 않은 여성의 오이디푸스 갈등까지 고려하면 오이디푸스 콤플렉스의 복잡함은 상상을 초월할 것이다. 이 모두를 계속해서, 그리고 억압을 거치지 않고 숙달한다는 것은 인간의 능력을 벗어나는 일 같아 보인다. 반면 신경증에서는 억압과 여타의 방어들이 숙달을 위한 주춧돌이 된다.

부모나 사회로부터 의식적 · 무의식적으로 받아들여진 권위적 규범이라는 맥락에서 자신에 대한 책임감은 내적 주체agency로서 초자아의 핵심이다. 나는 여기서 자기-책임감의 여러 측면 중 일부만 강조하려 한다. 우리는 필요와 충동, 소망을 갖고 태어난다. 그리고 어린 시절 부모와의 상호 작용 속에서 그 꼴들이 만들어진다. 자기-책임감은 이것들을 우리의 것으로 떠안는 과정을 포함한다. 이 같은 떠안음appropriation의 과정은 자기-정체성을 발달시키는 과정에서 일어난다. 그리고 이 과정을 통해, 비록 자유 의지로 생겨나지 않았고 부모를 고르지도 않았지만, 우리는 자신을 주체로 경험하게 된다. 처음부터 우리는 다소간 운 좋은 희생양인 셈이었다. 그리고 우리가 자신과 타인의 본능, 자연과 사회가 갖는 힘의 희생양으로 살아가는 한 아마 계속 그러할 것이다.

충동과 소망의 떠안음, 그리고 그것의 능동적 힘을 논하는 것은 그들을 억압하거나 굴복시키자는 뜻이 아니다. 내가 의미하는 것은 우리의 허락 여부에 상관없이 늘 거기에 있는 그들의 존재를 적극적으로 인정함을 뜻한다. 책임감이라는 단어를 살펴보다 보면, 떠안음은 우리가 자신의 요구에 반응하고, 그들을 우리의 것이라 인정하는 데 있다는 것을 알게 된다. 모질고 완고한 초자아는 반응하지 않고unresponsive, 그래서 무책임하다irresponsible. 변화하지 않는 가혹한 초자아는 자기-파괴 혹은 타락으로 귀결된다. 스스로 초래하거나 "할당한" 처벌은 그런 타락의 한 형태다. 그런 식으로 죄책감이 누그러드는 건 오직 잠시에 불과하다.

자신의 요구에 대해 반응한다는 의미에서 자신에 대한 책임감은 우리가 범죄라 여기는 행동에 대한 죄책감을 포함한다. 오이디푸스 콤플렉스의 부모살해와 근친상간이 그 원형이다. 심리적 현실의 관점에서 봤을 때 이 행동이 환상에 불과한지 혹은 상징적인지는 중요하지 않다(부모살해와 근친상간은 서로 밀접히 관련되어 있고, 모두 기본적인 공격성과 성적 충동에서 저지르기 쉬운 "악"을 상징한다). 부모살해와 근친상간이 사실적 현실에서 벌어지지 않더라도 심리적 현실에는 벌어지는 것이다. 나는 앞서 심리 내적 현실에서 속죄의 의미를 이야기했다. 이때 속죄는 화해 혹은 '하나됨'으로 정의되었다. 이런 범죄에 대한 속죄는 행위의 내부에 자식-부모의 관계를 다시 수립하는데 달려 있다(내면화). 앞서 언급한 것처럼 이 같은 이동과 변화는 파괴이자 회복이며, 메타심리학의 언어로 말하자면 대상 카텍시스가 자기애적 카텍시스로 변하는 것이다.

이제 우리는 이중의 역설과 마주한다. 자기-책임감은 심리적 현실 안에서 상징적 형태로 저질러지는 부모살해를 포함하고, 이는 통상적 윤리관으로 볼 때 범죄다. 하지만 이것은 인간이 속박을 벗어나는 과정에서 어쩔 수 없이 저지르는 범죄이면서 (에덴동산에서의 추방과 원죄를 생각해보라) 동시에 그 범죄를 보상하는 속죄이기도 하다. 부모살해의 범죄 없이는 자율성도 없다는 말이다. 역시 통상적 윤리관으로 보면 (방종과 개인주의가 아닌) 개별성과 개별성의 성숙은 어쨌든 근대 서구사회의 덕이자 지선至善이지 않은가? 우리의 운명은 당분간은 이 같은 역설을 살아야 한다는 것이다.

말하자면 부모살해의 죄를 짓지 않고서는 그 이름에 어울리는 개별화나 그 어떤 발달한 심리적 조직화도 불가능하다. 그렇다면 이제 죄책감과 속죄가 자기self의 중요한 동기적 요소가 된다. 죄책감은 어떻게든 없애버리고 싶은 귀찮은 감정이 아니라 자기를 구성하기 위한 동력이 된다. 그 자율성 안에서 자기는 속죄와 화해의 구조물이 되고, 그 자체로 귀한 성취인 셈이다. 추상적으로 이야기하면 이런 구조의 조직화가 진행되면서 대상 관계로서 혹은 그것의 환상적 표상으로서의 오이디푸스 콤플렉스는 파괴된다. 하지만 셰익스피어의 「템페스트」 중 아리엘의 말을 빌리자면 아무것도 사라지지 않고 다만 "풍요롭고 신비롭게 변할 뿐이다".

성숙한 대상 관계에 이르러 자기는 이상적으로 이제 다른 식으로 조직되고 경험되는 대상과 함께 회귀의 과정에 편입된다. 이 경험은 자기 자신의 풍요로워진 조직화 덕에 가능한데, 바로 이 풍요로워진 자기-조직화가 새로운 양상의 대상 관계를 만들고, 동시에 그 새로움 덕에 자기는 다시 한번 풍요로워진다. 어떤 면에서 보면 바로 그 대상과 새로운 관계가 대상사랑 차원의 변천을 통해 과거의 오이디푸스 관계를 창조적으로 파괴하고 재생하는 것이다. 이것은 성숙한 사랑에서 벌어지는 현상으로, 이 또한 속죄의 한 부분이기도 하다.

요약하면 오이디푸스 콤플렉스의 쇠락은 여러 형태를 가진다. (1) 억압, (2) 내면화에 의한 "파괴"(변형). 여기에는 부모살해, 죄책감, 속죄가 동반된다. 여기서 좀 더 들어가면 애도, 후회, 참회 같은 것들이 나올 것이다. (3) 대상사랑 차원의 "파괴". 이때 근친상간적 애착은 폐기되고, 오이디푸스 애착은 죽음과 애도의 과정을 겪은 다음 새로운 애정 관계로 재창조된다. 지금 나는 일생을 통해 여러 수준에서 반복적으로 벌어지는 심리적 사건을 압축적으로 말하고 있다. 그런 의미에서 오이디푸스 콤플렉스의 완전한 파괴 따위는 없다.

잠깐 부모살해를 조금 다른 각도에서 살펴보자. 사춘기에서 관찰되듯 부모살해는 오이디푸스 관계를 단절하고 새로운 애정 관계를 수립함으로써 상징적으로 수행되고 속죄된다. 만약 사춘기의 의존-해방의 분투가 부모와 사춘기 자녀들(전이 신경증 환자들도 그렇다)에게는 어떻게 경험될까 생각해 보면 이것이 단순한 상징적 행동 이상이라는 점을 알 수 있다. 이 세상의 많은 곳에서는 세대 간의 다툼이 죽기 살기로 벌어지고 있다. 물론 이게 처음은 아니겠지만 넓게는 사회 혹은 가족 구조가 위태로울 정도다. 어쩌면 늘 그렇듯 위기는 생각보다는 작은 것일지도 모른다. 그래도 우리가 매일 듣고 보는 건 그냥 넘어가긴 어려울 정도다. 이런 것들은 가족과 개인의 삶에서는 오이디푸스 콤플렉스로 표상되는, 세대 간의 갈등과 사랑과 미움의 다툼이 좀 더 크고 복잡한 모습으로 드러난 것으로 볼 수 있다. 물론 지금 내가 말하는 것이 사회적 문제들이 오이디푸스 콤플렉스로 단순 환원될 수 있다는 말은 아니다.

세대 간의 다툼은 사춘기에서 가장 뚜렷하지만, 종종 그 후로도 계속되고 그 아이들이 자라 부모가 되면 그들 또한 겪게 된다. 이것은 엄연한 사실적 경험으로, 결국에는 한쪽이 질 수 있고 실제로 지게 된다. 적어도 세대 간의 문제에 관한 한 부모나 아이 중 하나가 무력해지는 경향이 있는 게 사실이다. 만약 아이들이 독립된 개체로 자라난다면 부모살해는 그저 상징적 혹은 심리 내적 재조직화에 그치지 않는다. 거칠게 말하자면 우리는 우리 부모의 자식으로서, 그리고 진정한 독립을 이루어냄으로써 그들 내부의 중요한 무언가를 죽인다. 물론 한 번에 죽이는 것도, 모두 죽이는 것도 아니지만 그들의 죽음에 무언가를 보태는 것은 맞다. 그리고 우리 자식들의 부모로서 또한 같은 운명을 밟고 있다. 마지막에 모종의 균형과 평등, 혹은 초월적 화해가 이루어진다면 자식이나 부모나 운이 좋은 것이다. 안팎으로 두루 위태로운 것은 결국 이러한 균형과 조화라고 할 수 있다. 전이 신경증의 해소라는 관점에서 바라볼 때, 정신분석에 있어 긍정적인 결과는 점증하는, 그리고 위태로운 평등의 수립이라고 할 수 있다. 이것은 결코 단번에 이뤄지지 않으며, 지속적인 내적 활동을 요하고, 종결에서 반드시 뚜렷이 보이는 것도 아니다.

근친상간

근친상간은 부모살해의 뒷면으로, 여기에선 사랑이 우세해 보인다. 반면 부모살해에서는 파괴적 공격성의 영향 아래 사랑과 존경으로 경험되는 부모에 대한 자못 폭력적이고 열정적인 떠안음appropriation이 일어난다. 유사하게 근친상간 또한 단순히 사랑 혹은 결합하고 통일하고자 하는 에로스의 요구가 아니다. 근친상간은 삼각관계의 한쪽을 배제하고 파괴하는 것이기도 하면서 가끔은 자신의 경쟁자를 원하고, 허락하고, 그에 호응하는 근친상간적 대상에 대한 앙심 가득한 보복이기도 하다. 그런데 만약 경쟁자가 위장된 근친상간적 대상이 아니라면 그 경쟁자가 진정 경쟁자일 수 있을까? 나는 지금 아이와 부모, 형제 사이에 벌어지는 동성애적 경향과 행동들도 근친상간에 포함하고 있다.

통상적 윤리에 의하면 근친상간적 대상 관계는 단순히 경쟁자를 물리치고 배제한다는 점에서만 아니라 앞서 언급한 성스러운 애착을 훼손한다는 점에서도 죄악이다. 그러면 이 애착의 어떤 부분이 성스러운가? 내 생각에 그건 최초의 하나임 때문인 것 같다. 이것은 모자 관계의 이원적 단일성에서 명백히 드러나고, 후에도 가족 관계의 가장 내밀한 핵으로 계속해서 군림한다. 동일성identity과 동일시identification는 대상 카텍시스에 선행하며 오이디푸스 콤플렉스라는 최초의 대상 관계를 위한 토대가 된다. 이것들은 흔히 성욕이라 불리는 것에 선행하는 원초적 단일성을 보여 준다. 어쩌면 이런 점이 유아 성욕을 알아차리지 못하는 이유가 되지 않을까 싶기도 하다. 적어도 프로이트 시대의 "남근기" 오이디푸스 성욕에 대한 무지는 여기에 포함되는 것 같다. 다시 말해 원초적 자기애적 단일성과 그 파생물의 "성스러운" 순수함은 개별화와 그에 따른 죄책감과 속죄 이전의 것으로, 부모의 성적 결합으로 말미암은 것인 한편 아이의 성성性性이 여기에서 분화되어 나온 것이다. 원초적 단일성에 대한 우리 자신의 간절한 그리움 때문에 시야가 흐려지는 경향이 있는 듯하다. 그래서 우리는 아이들이 가능한 그 상태를 오래 가지길 원하고, 어른들 또한 아이들과 동일시하고 아이들을 지키는 과정에서 다시 한번 그 경험의 일부를 얻으려고 애쓴다. 반대로 근대의 객관적이고 과학적인 세계관에 암묵적으로 포함된 것은 원초적 단일성과는 정반대 방향의 노력으로, 복잡한 발달 과정을 통해 이러한 단일성의 기원이 가지는 일차적 중요성을 부정하려고 한다.

나의 주장은 전-오이디푸스기 가족 내의 동일시적 애착이 자기애적 동일성의 직접적 파생물로서 성스럽고 순수하게 여겨진다는 것, 그리고 근친상간적 환상과 행동은 그런 성스러운 순수함의 훼손처럼 여겨진다는 것이다. 그리고 그 이유는 지금 대상-리비도 환상과 행동이 향하고 있는 사람에게 강력한 전-오이디푸스, 동일시적 애착 또한 남아 있다는 사실만이 아니다(이 점은 비-근친상간적 대상 관계의 경우에도 마찬가지다). 오히려 근친상간의 경우 리비도 대상이 되는 상대방은 동일시적 애착 혹은 단일성에 참여하던 바로 그 사람이라는 점이 중요하다. 전-오이디푸스 애착을 맺었던 바로 그 사람이 성적 욕망의 대상이 되는 것이다. 오이디푸스 콤플렉스의 *타자*objectum는 전-오이디푸스의 *동일자*identificatum와 동일체이기 때문에, 즉 동일시적 애착이 있었고 지금도 남아 있는 바로 그 몸이기 때문에, 전-오이디푸스 애착이 훼손된다. 나는 여기서 의미를 명료하게 드러내기 위해 라틴어objectum, identificatum를 사용했다. 이런 관점에서 보면 근친상간 금기의 장벽은 동일시와 대상 카텍시스 사이의 장벽이라고 할 수 있는데, 근친상간에서는 이것이 전복된다.

오이디푸스기의 소년과 그의 성적 대상인 엄마에게 적용해 보자. 리비도 대상으로서 엄마는 애초 대상(*타자*)이 아니었으며 공생적 애착 관계에 있었다(지금도 일부 그렇고). 리비도 대상은 이 단계에서 점차 그리고 직접적으로 발달한다. 주체-대상의 구분이 기본적으로 불명료한 전-오이디푸스 시기가 대상 단계로 (엄마의 도움을 받아) 발달하고, 따라서 대상은 근친상간적 특징을 가진다. 이 근친상간적 대상은 중간 단계로서 모호한 성질을 가지며 완전히 발달한 애정적 *타자*도 아니고 명백한 동일자도 아니다. 근친상간적 대상이 처음부터, 그리고 앞으로도 동일자일 바로 그 사람이라는 사실이 근친상간을 죄악으로 만드는 셈이다. 부모와 아이 사이의 동질적 친밀함이 근친상간으로 인해 훼손되고 위협받기 때문이다.

알다시피 근친상간적 대상이 아닌 파트너와 맺어지는 성인의 관계도 오이디푸스 영향을 받는다. 관계에 있어 새로운 측면이 덜하면 덜할수록, 혹은 과거의 오이디푸스 문제의 영향을 많이 받으면 받을수록(가령, 아기가 태어난 뒤 부부 문제가 생기는 경우 같은) 그 관계는 신경증적이라 여겨진다. 실제 근친상간에서 성행위는 일시적·의식적으로 이미 수립된 각자의 개별성을 없애기 위해서 이루어지는 것 같은데, 쌍방이 오이디푸스 관계를 실연한다는 점에서 도착pervert이라 여겨진다. 이 경우 오이디푸스 콤플렉스는 억압되지도, 혹은 원래의 모습을 허무는 변형 덕택에 "쇠락"하지도 않는다. 오히려 실행되어 행동으로 재생된다. 이런 의미에서 근친상간은 개별화 과정 중 중간 단계의 퇴행적 반복으로, 참신한 해소를 위한 창의적 반복이 아니다.

한편 오이디푸스기 그 자체는 여전히 동일시 과정이다. 실제로 *동일자*와 *타자*는 같은 사람이다. 그래서 성인기 성생활에서 근친상간적 오이디푸스 환상의 우세는 콤플렉스가 여태 해소되지 않았다는 것을 뜻한다.

오이디푸스 시기 수립된 조직화의 차원에서 동일시 과정은 초자아 발달이라는 이차적 동일시로 발달한다. 부모 자식 관계에서 부모에 의해 근친상간적 경향이 커지면 초자아 발달이 저해된다. 오이디푸스 관계가 폐기되지 않고 유지된 탓에 과거의 근친상간적 경향에 내재했던 일차적 동일시가 초자아 동일시로 부분적 변화를 겪지 않기 때문이다. 우리가 오이디푸스-근친상간 애착의 폐기, 그리고 오이디푸스 대상과의 해방적-보상적 동일시를 이야기할 때는 일차적 동일시가 이차적 초자아 동일시로 상당 수준 이행된다는 것을 뜻한다. 따라서 오이디푸스 콤플렉스의 불충분한 해소는 단지 오래된 관계가 포기되어 새롭고 성숙한 관계로 대체되는 과정에 실패했다는 뜻만이 아니다. 그것은 일차적 동일시, 즉 일차적 자기애의 직접적 파생물이 초자아 동일시로 충분히 변형되고 대체되지 못했다는 뜻이기도 하다. 왜냐하면 초자아는 오이디푸스 대상 선택을 포기하고 자기애적 변형(내재화)을 통해서 이루어지기 때문이다.

오이디푸스 콤플렉스에 대한 흥미의 쇠락

어쩌면 오이디푸스 콤플렉스가 결코 이전보다 덜 중요하거나 덜 흥미로운 주제는 아니라는 점은 이미 보여 준 것 같다. 근친상간적 대상 관계의 모호하고 중간적인 성격에 초점을 맞춘다면 오히려 흥미와 중요성은 증가할 것이다.

많은 이가 그동안 상대적으로 덜 연구되었던 전-오이디푸스 발달에 관심을 가져 왔다. 말러의 공생기, 코헛의 자기대상 단계와 그 파생물에 관한 연구, 성인 정신증, 경계선 병리, 자기애적 병리가 그러한 주제들이다. 정신분석에서 일차적 전이의 문제, 전이-역전이의 복잡성, 사람들 간의 무의식적 의사소통 등도 이런 이슈들과 관련이 있다. 원시 부족 사람들의 정신세계에서 유사점들을 발견하기도 한다. 내 생각엔 이런 문제 중 일부는 중요하지만 아직은 대답할 수 없는, 여전히 잘 모르고 충분히 연구되지 않은 질문들을 제기하는 것 같다. 말하자면 심리적 현상을 심리 내적 현상과 단순 등치 관계로 보는 것이 정당한가 하는 문제다.

오이디푸스기가 그 핵심에 일차적 동일시와 공생기를 포함하고 있음을 충분히 유념한다면, 프로이트는 비록 알고 있었을지는 몰라도 충분히 유념한 것 같지는 않아 보이는데, 현재의 정신분석학적 풍토에서 오이디푸스 콤플렉스에는 새로운 광채가 더해질 것이다.

마무리하면서 나는 좀 다른 각도에서 이 문제를 보려고 한다. 정신병적 양상을 보이지만 꽤 괜찮고 정돈된 환자들과 분석작업을 시도하는 분석가들은 종종 (묘사하기 어렵지만) 아래와 같은 경험을 하게 된다. 이 환자들은 종종 인생의 아주 기초적이고 일차적인 딜레마들과 씨름하고 있는 인상을 준다. 그 양상과 내용은 대개의 신경증 환자들과 조금 달라서 좀 더 확연히 드러나며, 평범하고 익숙한 인생의 우여곡절에 영향을 덜 받은 모습이다. 물론 오이디푸스 혹은 그 이후의 갈등이 없지는 않다. 하지만 일상의 대인관계나 그 심리 내적 대응물들에 대한 갈등보다는 상대적으로 그런 갈등의 근간이 되는 더 깊은 이슈들이 두드러진다. 좀 더 콕 집어 말하자면 이들에겐 인생 그 자체, 자신의 인생과 개별성 같은 것들이 별로 당연하지 않다. 우리와 그런 환자들은 대상의 객관성과 자기의 주관성에 대해 공통된 인식이 없어 보이기도 한다. 물론 그들의 말을 들어 보면 둘 사이의 구분을 알고 있는 것처럼 들리기도 한다. 하지만 언어 사용에 있어 기묘한 양상이나 심한 경직성 같은 걸 볼 때 그들의 언어 사용 역시 주-객관의 구분에 관한 문제에 영향을 받고 있다는 것을 알 수 있다.

이에 대조적으로 우리가 주로 겪는 신경증적 갈등은 그런 환자들이 필사적으로 찾고 있는 기본적인 어떤 것들의 모호한 반사, 혹은 왜곡된 메아리 같은 것들이다. 그들은 이것들을 단념하려 하지도 않고, 단념할 수도 없고, 혹은 좀 덜 어렵고 복잡한 문제로 돌아설 수도 없고, 그러려고 하지도 않는다. 혹은 돌아가기, 실패, 적응, 포기 같은 방법으로 좀 더 복잡한 발전과 일시적인 해법을 시도하며 조금씩 타협하지도 못하고, 할 수도 없어 보인다. 우리들의 눈에 그런 사람들은 인생의 궁극적 이율배반과 딜레마에 대해 너무나도 심각하고 집요하며, 인간이 저지르는 실수와 실패, 화해와 타협을 위한 시도에 대해서는 너무나 냉소적이다. 그들은 인생의 풍요로움을 찾아 고생스러움을 선택하는 것을 엄청나게 경계한다.

오늘날 분리-개별화 과정에 관한 연구, 그리고 전-오이디푸스 시기의 일차적 자기애에서 자기-대상의 구분이 이루어지는 과정에 대한 이해가 이루어지고 있다. 이에 힘입어 위와 같은 환자들이 다투고 있는 근원적인 문제가 발생적으로 아주 깊고 오래된 것이라고 타당하게 짐작할 수 있다. 분명 그들의 정신에는 아주 오래된 무언가 있다. 여기서 오래되었다는 말은 시간적인 의미도 있지만 더해서 인간 생명의 근원과 생명의 정수 혹은 핵심과도 관련이 있다는 뜻이기도 하다. 오이디푸스 콤플렉스, 즉 신경증적 핵이 쇠락할 뿐 결코 분명히 파괴되지 않는 것처럼, 그래서 인생의 다른 시기에서 다른 모습으로 다시 떠오르는 것처럼, 이 같은 아주 오래된 정신병적 핵도 쇠락할 뿐 항상 우리와 함께하는 것 같다. 사실 오이디푸스 콤플렉스와 그 결과들을 어른의 관점에서 되돌아보는 것이 아니라 아기의 관점에서 내다보게 되면, 이같이 아주 오래되었으나 여전히 유효하고 파괴할 수 없는 인생의 이슈들이 좀 더 나중에 나타난 것이라는 점을 알 수 있다. 정상에서 정신병적 핵은 오이디푸스 콤플렉스보다 더 발견하기 어렵다. 그리고 고전적 신경증에서는 딱히 특별히 분석을 요구하지 않는다.

하지만 정상성이란 것은 우리의 정신분석 선배들이 예전에 생각했던 것보다 훨씬 덜 명료하고 훨씬 가변적인 듯하다. 처신, 행동, 관례, 생각, 합리성, 현실성, 그리고 "자아-동조성" 같은 것들의 규범성은 문명의 안정성에 상호 의존한다. 이 안정성은 윤리와 종교적 교시, 과학적 합리성의 가치에 대한 일반적 수용 같은 것만 포함하는 게 아니다. 이에 더해서 특정 문화 안에서의 삶이, 그리고 지구적 차원의 삶이 상대적으로 변하지 않는다는 것도 포함한다. 특히 지구적 차원의 삶에 대해서 볼 때 오늘날 원자의 분열과 융합, 그리고 우주선의 개발 같은 혁명적 변화가 인간의 사고, 삶의 규준에 초래된 변화와 나란히 나아가고 있다는 점을 부정할 수 있을까? 우리 영역 밖으로 나갈 필요도 없다. 정신분석 그 자체가 우리 세대의 감수성이 많이 달라졌다는 것을 알리는 표식이며, 동시에 우리의 감수성을 크게 변화시키고 있다. 우리가 이차과정의 합리적 생각과 행동에 가치를 두면 두는 만큼 일차과정 사고는 우리 삶의 많은 영역에 부정할 수 없는 긍정적 · 부정적 영향을 미친다. 동시에 그것은 정상성에 대한 우리의 생각을 뒤흔들고, 현실 그 자체에 대한 우리의 개념, 경험, 조직화에 영향을 미칠 것이다. 새로운 심리학으로서 정신분석학은 인간의 마음에 대한 우리의 지식뿐만 아니라 그 앎에 의해 인간의 마음도 바꾸고 있다.

고의든 아니든 정신분석은 이성의 우세와 이성적 규범성의 가치 하락에 공헌해 왔고, 성적 도덕관과 가족의 변화, 가족 구조와 사회 구조의 이완에도 분명 영향을 미쳐 왔다. 하지만 정신분석이 받아야 할 비난은 현대 물리학과 생물학이 초래한 혼돈으로 인해 받았던 비난 정도로 족하다. 그리고 물리학자나 생물학자들이 그랬던 것처럼 우리도 경솔한 행동을 자제하고 새로운 잠재성을 보다 나은 심리적 · 사회적 삶으로 구현하도록 도울 책임이 있다.

개별화의 문제, 개인의 지위와 가치에 대한 문제와 관련해서 정신분석은 상당히 어색한 위치에 있다. 한편으로 정신분석은 상대적으로 자율적인 개인의 출현은 인간의 발달 결과라고 말하는 것처럼 들린다. 이것이 어떻게 이루어지고 방해되어 정신병리를 초래하는지가 정신분석적 연구와 재구성, 치료에서 가장 중요한 측면들이다. 게다가 정신분석은 개별적인 치료다. 정신분석은 두 사람 사이에서 이루어진다. 예를 들어 전이 신경증의 해소라는 개념은 개인의 자율성이 전제되지 않는 한 거의 의미가 없다.

하지만 다른 한편으로는, 그리고 부분적으로 정신분석적 연구의 결과로, 또 다른 힘과 가치에 대한 자각이 생기고 있다. 말하자면 단일성과 공생, 융합, 합일, 혹은 동일시에 대한 것이다. 사실 미분리, 미분화 같은 의미나 그것들에 대한 소망을 표현하고 있다면 어떤 단어라도 상관없다. 나는 오이디푸스-근친상간적 대상 관계가 동일시와 대상 카텍시스의 양극단 사이에, 그리고 합일과 개별성 사이에 위치한다고 말했다. 우리 마음의 깊은 층을 이루는 원초적 정신에 대해 이해하면 할수록 주체와 대상 간의 비합리적 미분화에 대한 미묘한 지각과 그에 대한 요구가 그 나름의 진실을 품고 있다는 것을 수긍하게 된다. 이 진실이 우리의 합리적 세계관이나 객관성에의 요청과는 잘 들어맞지 않아도 어쩔 수 없다. 연속성에 대한 조현병 환자들의 지각, 혹은 자신과 타인의 오싹하고 소중한, 혹은 무시무시한 유사함과 동일성조차도 깊은 무의식적 층위에서 보면 말이 된다.

하지만 어떻게 보면 정신분석은 항상 어정쩡한 위치에 있었는데, 그건 사실 오이디푸스 콤플렉스가 분석의 유일한 관심사였을 때도 그랬다. 정신분석의 목적은 무의식에 대한 합리적 이해를 통해 그 정신작용을 관통하는 것이었지만 의식적이고 합리적인 정신작용들을 추동하고 조직화하는 비합리적인 무의식의 근원과 힘들을 발견하는 것 또한 정신분석의 몫이었고, 현재도 그러하다. 이러한 탐색의 과정에서 무의식적 작용에 대한 합리적 이해에 다다를 수 있었지만 동시에 합리적 사고 그 자체와 "객관적 세계"에 대한 합리적 경험도 문제시되었다. 오이디푸스 콤플렉스, 전이의 개념화와 그 연구에서 밝혀진 것은, 그 객관성이 전이로 인해 흐려지고 왜곡되는 건 비단 신경증 환자가 갖는 애정 대상의 "비현실성"만이 아니라는 점이다. 정상의 경우에서도 오이디푸스기에 수립된 대상 관계가 현재의 애정 대상과의 관계에 영향을 미친다. 다른 말로 하면 비록 신경증에서 관찰되는 것처럼 뚜렷한 전이 왜곡(덕분에 전이의 편재성을 알게 됐다)에서는 벗어났다 치더라도 현재의 애정 대상은 "비현실적"이거나 "비합리적인" 요소를 가진다는 뜻이다. 사태가 이러한 까닭에 이제 객관성, 합리성, 현실성 같은 것들도 우리가 알던 것과는 달라진다. 마음과 세상이 만들어지는 과정으로부터 독립적이고 영향 받지 않는, 절대적 상태의 마음과 세상이 아니란 뜻이다.

오이디푸스기 이전 시기의 연구는 그런 문제들의 숲으로 우리를 이끈다. 그전에도 주체 혹은 자기, 그리고 대상 사이에 뚜렷한 구분이 없는 상태를 모르지 않았다. 하지만 정신분석 덕분에 다시 한번 일깨워진 것은 맞다(그리고 발달 심리학과 인류학 덕도 있다). 비-객관적인 형태의 현실 조직화는 자기애적 장애의 이해와 정상 심리의 이해 모두와 관련이 있다. 예를 들어, 만약 우리가 정상성으로부터 동일시와 공감을 모두 제거해 버린다면 우리가 발견할 정상성은 실제 삶과 거의 닮지 않았을 것이다. 동일시와 공감은 주체-대상의 경계가 일시적으로 유예되고 작동하지 않는 현상으로서, 정신치료자의 일상만이 아니라 모든 종류의 인간관계에서 중요한 역할을 한다고 볼 수 있다.

오늘날 정신성적 삶과 사회적 삶에서 "오래된" 힘들은 더 뚜렷하고, 덜 억압되는 것 같다. 그래서 여러 곤란한 상황들을 만드는데, 종종 "신경증"보다는 "도착perversion"에 가까운 것 같기도 하다. 한편 동성애에 관한 생각처럼 도착에 대한 우리의 생각도 변하고 있다. 현대적 삶은 정신분석 때문에 변화되기도 했고 정신분석을 변화시키고 있기도 하다. 그리고 정상의 경계는 어딘지, 무엇이 오래된 정신이고 무엇이 성숙한 정신인지에 대해서도 새로운 기준을 제시하고 있다.

오이디푸스 콤플렉스는 성인의 정상적인 심리적 삶을 구성하고 그 자체로 반복해서 활성화된다. 일차적 자기애적 단일성과 개별화를 동시에 추구하는 초기 발달기 양가감정의 변천과 관련이 있는 우리의 정신병적 핵도 여전히 정상 심리의 능동적 구성 성분이다. 그 역할은 초기 심리발달에 관한 다양한 연구 덕에 점점 더 뚜렷이 관찰되고 병리와 현대인의 삶 전반에서 점점 우세해지고 있다. 이 같은 더 깊은 무의식의 영향은 이렇게 밝혀지고 다시 현대적 감수성으로 돌아가 우리 마음의 조직화와 경험, 행동에 영향을 미치고 있다.

여태 정상으로 취급되던 현실의 조직화는 내부 혹은 주관, 외부 혹은 객관이 엄격하게 구분되는 것이었다. 하지만 이제 이런 목표는 의문시된다. 우리의 정신병적 핵은 선배들이 이런 해법에 만족했던 만큼 우리 또한 그렇게 하도록 내버려 두지 않는다. 개별화와 개별성에 대한, 그리고 객관적 세계관에 대한 우리의 탐색은 전-오이디푸스기의 "심리적 현실"에 대한 통찰 때문에 수정을 요구받는다. 심지어 프로이트의 심리적 현실과 사실적 · 객관적 현실이라는 구분도 재검토할 필요가 있다. 물론 이런 구분이 소용없다는 말은 아니다. 하지만 그 타당성은 우리가 당연히 여기는 것보다는 제한적인 듯하다. 마치 현대 물리학의 발전으로 뉴턴 물리학이 소용없어지는 것은 아니지만 그 적용은 제한이 되는 것과 마찬가지다.

오이디푸스 콤플렉스에 관한 관심의 쇠락도 이 같은 발전 때문이다. 하지만 또 다른 진실은 오이디푸스 콤플렉스를 바라보는 시각도 변한다는 것이고, 인생의 여러 시기를 통해 다양한 모습으로 드러나는 오이디푸스 콤플렉스의 번성과 쇠락이 새로운 의미를 준다는 것이며, 동일시와 대상 카텍시스 사이의 중간적 성격으로서 근친상간적 관계가 오이디푸스 콤플렉스의 중요성에 새로운 빛을 던진다는 것이다. 나는 오이디푸스 콤플렉스의 상속자인 초자아가 부모살해의 결과로 만들어지는 구조물이고, 이는 권위를 찬탈함에 따른 죄책감과 속죄를 표상한다고 말했다. 오이디푸스 애착, 투쟁, 갈등이 실상 단일성-개별화 사이의 기본적 갈등이 새로운 모습으로 드러난 것으로 이해되어야 한다는 점을 알 수 있다. 이때 개별 심리구조 형성의 최고점인 초자아의 형성은 기본적인 분리-개별화 과정의 궁극적인 그 무엇을 표상하게 된다.

서술 과정에서 비록 불분명하게나마 여러 번 관점을 옮겨 다녔던 걸 잘 알고 있다. 이런 식으로 스케치를 시도하느라 전체적인 그림이 너무 흐릿하지 않았으면 좋겠다.

참고문헌

Fenichel, O. (1945): The Psychoanalytic Theory of Neurosis. New York: W. W. Norton.

Freud, S. (1893-5): Studies on hysteria. S.E. 2:3-305.

Freud, S. (1921): Group psychology and the analysis of the ego. S.E. 18:67-143.

Freud, S. (1923): The ego and the id. S.E. 19:3-66.

Freud, S. (1924): The dissolution of the Oedipus complex. S.E. 19:172-79.

Freud, S. (1925): Some psychical consequences of the anatomical distinction between sexes. S.E. 19:243-58.

Freud, S. (1928): Dostoevski and parricide. S.E. 21:175-94.

Jones, E. (1957): The Life and Work of Sigmund Freud. Vol. 3. New York: Basic Books.

24

서평: 프로이트/융 서한집

Essay on the Freud/Jung Letters

(1977)

프로이트와 융의 서한집에 대한 나의 고찰은 어쩔 수 없이 일방적이다. 왜냐하면 내가 융보다는 프로이트의 작업과 성격에 대해서 비교할 수 없이 훨씬 익숙하기 때문이다. 특히 나는 융의 후기 저작을 읽지 않았는데, 예외가 있다면 『*Memories, Dreams, Reflections*』[1] 정도이다. 사실 프로이트는 융의 후기 저작에 대해 "종교적-리비도의 구름" 뒤에 숨었다고 말했는데, 부분적으로는 이 말 때문에 선뜻 손이 가지 않았다(298F, p. 485).[2]

William McGuire, editor, The Freud/Jung Letters: The Correspondence between Sigmund Freud and C. G. Jung. 번역은 Ralph Mannheim and R. F. C. Hull. Princeton University Press, 1974.

1) Aniela Jaffe에 의해서 기록, 편집. Richard and Clara Winston에 의해서 번역. Pantheon Books, 1963. 이후 Memories로 표시.

2) 미국과 독일판 모두에서 편지는 순서대로 번호가 매겨졌다. F로 끝나는 번호는 프로이트가, J로 끝나는 것은 융이 썼다.

생의 말기에 융은 프로이트에 대해서 이렇게 썼다. “프로이트는 내 인생에서 만난 정말 중요한 사람이었다. 당시까지 나는 그 정도로 중요한 사람을 만나보지 못했다. 그의 태도에는 하나 버릴 것이 없었다. 그는 굉장히 똑똑하고 예민한 사람이며 완전히 독보적인 존재였다. 그리고 아직도 그에 대한 내 첫인상은 제법 혼란스러운데, 나는 그를 이해할 수 없었다”(*Memories*, p. 149). “그는 자신이 발견한 것(“성 중심적 사고” 혹은 “심리성적 사고”)의 희생자였고, 그 이유로 내 눈에 그는 비극의 주인공 같았다. 왜냐하면 그는 위대한 사람이었지만 동시에 그 자신이 만든 귀신의 손아귀에 잡혀 있었기 때문이다”(p. 153).

서한집은 1906년 프로이트가 쓴 것부터 시작한다. 이 편지에서 프로이트는 융이 그의 첫 책 『Diagnostische Assoziationsstudien』을 보내 준 것에 대해 감사를 표하는데, 융은 이 책에서 처음으로 프로이트의 저작과 프로이트가 자신에게 끼친 영향의 중요성을 인정했다. 당시 프로이트는 거의 쉰 살, 융은 서른한 살이었다. 그들이 처음 만난 건 불과 채 일 년도 안 되었는데, 당시 프로이트의 초청으로 융은 아내 엠마와 젊은 동료 빈스방거L. Binswanger와 함께 빈에 갔었다. 그들은 1913년 뮌헨의 정신분석학회에서 마지막으로 만났다. 서한은 1914년 융이 국제정신분석학회 회장에서 물러나겠다는 의사를 밝히는 걸로 끝나는데, 한 번의 예외로 1923년 짧은 편지로 프로이트에게 환자를 의뢰한 적이 있었다. 프로이트가 제안하고 융이 받아들여 이루어진 그들의 실질적인 절교는 1913년 1월의 서신 교환을 통해서 성립되었다. 당시 프로이트는 쉰여섯, 융은 서른일곱이었다.

양쪽 모두 서로를 향한, 존경을 바탕으로 한 강렬한 우정과 친밀함, 그리고 서로에게 원하는 감정적 · 지적 요구의 수준을 잘 알고 있었다. 이 요구는 장기적으로 양쪽 모두에게 견딜 수 없는 것이 되었고, 따라서 서로에 대한 격렬한 거부는 쌍방 불가피한 것이었다. 그들 사이에 적당함 따위는 없었다. 프로이트는 이보다 앞서 Adler, Stekel과도 절교했다. 융도 Bleuler로부터 소외와 환멸을 겪는 중이었다. 하지만 아들러나 슈테켈은 한 번도 융처럼 프로이트와 개인적으로 가까웠던 적이 없었고, 블로일러도 융과 프로이트가 몇 년 동안 함께했던 우정을 나누기에는 너무 조심스럽고 건조한 사람이었다.

1906년에서 1913년에 이르는 기간은 정신분석의 조직화와 성장에 단연 중요한 시기로, 그동안 정신분석은 국제적인 지적 운동과 새로운 심리학적 과학이 되었으며, 신경증과 정신증에 대한 혁명적 접근을 마련하였다. 융이 정신의학 학계와 꽤 열정적이고 긴밀하게 접촉하던 것도 당시 정신분석이 학계 내에서 자리를 잡고, 지역마다 거점을 마련하고, 국제학회를 형성하면서 정기 간행물을 낼 수 있게 된 데 상당한 역할을 했었다. 이런 일을 하기에 당시 프로이트와 빈에 있던 프로이트의 동료들은 너무 숫기가 없었을 것이다. 당시 오스트리아와 독일의 학계에 만연해 있던 편견과 파벌을 고려해 볼 때, 취리히 의과대학의 정신과 교수이자 그 유명한 부르크횔쯜리 병원의 원장이었던 블로일러의 명망은 이제 갓 시작한 정신분석 운동에서 엄청나게 귀중한 것이었다. 그리고 당시 독일과 오스트리아의 학계 분위기에서 융과 블로일러 모두 유대인이 아니라는 점이 어떤 의미를 지니는지 프로이트는 잘 알고 있었다.

게다가 그 시절 프로이트와 융은 빠른 속도로 지적 지평을 넓히며 지적 성장과 생각의 진척을 이루고 있었다. 이는 부분적으로 두 사람이 서로의 생각에 영향을 미치고, 그에 따른 결과로 각자의 입장이 세밀해지고 분명해진 덕분이다. 당시 물리학을 비롯한 과학과 예술에서의 혁명적인 변화를 고려할 때, 이 시절은 대단히 독보적인 시기로 말하자면 현대를 견인한 시절이었다. 그리고 이 모든 흥분, 가치와 사고, 관점, 감수성에 초래된 변화에 이어 1914년, 결국 제1차 세계대전이 발발했다.

적어도 알려지기로는 1913년의 결별 이후 프로이트와 융은 각자의 길을 갔고 노년에 이르러서도 다시 만나지 않았다(프로이트는 1939년에, 융은 1961년에 죽는다). 그들의 지적 · 개인적 성향 차이는 타협할 수 없을 만큼 벌어졌다. 둘은 각자 자신만의 세계를 개척해 나갔으며 최소한 표면적으로는 서로에게 관심을 보이지 않았다.

둘의 관계가 그 가장 내밀한 개인적 차원에서, "아버지 콤플렉스"에 의해 자초되었다는 것을 깨닫는 데는 별다른 정신분석적 통찰이 필요하지 않을 것이다. 두 사람 모두 처음부터 끝까지 강렬한 애착을 느끼고 있었는데, 이 덕분에 감정적으로 굉장히 가까워졌지만 역시 이 덕분에 최후까지의 노력에도 둘의 관계가 갈가리 찢어지기도 한 것이다. 프로이트로서는 훌륭한 인품과 성격을 가진 사랑스러운 젊은이가 보내는 혈기 어린 솔직함과 열정, 열의와 존경, 선망과 호의를 뿌리치기 어려웠을 것이다. 프로이트의 편지에 거듭 드러나듯 프로이트는 융으로부터 영적 아들 혹은 후계자의 면모를 발견하려고 거의 필사적인 애를 쓴다. 이 영적 아들 혹은 후계자는 프로이트가 했던 일생의 노고를 단단한 초석 위에 세우고 전진시킬 사람으로, 프로이트 자신보다 더 자유롭고 빛나며, 덜 암울하고 나약하며 동시에 프로이트와 그의 일에 충성스러운 사람이어야 할 것이다. 하지만 대개 이런 희망은 거의 실현되지 않기 마련이다. 이런 기대와 이상화에 은연 중에 들어 있는 요구에는 거의 항상 그 자신에 대한 사형 선고가 포함되어 있기 때문이다.

사실 융은 그런 아들이었던 적도 없고 그렇게 되겠다고 생각한 적도 없었다. 프로이트를 만났을 때 융은 이미 확립된 성인이었고, 내가 보기엔 프로이트에 대한 선망만큼이나 자신의 운명에 대한 뜨거운 열정을 갖고 있었다. 그리고 융은 프로이트가 처음 생각했던 것보다, 그리고 프로이트 자신보다 훨씬 더 쉽지 않은 영혼의 소유자처럼 보인다. 만약 융이 아버지를 찾는 중이었다면 그가 찾는 아버지는 존경할 만한 어른으로, 지혜로운 조언을 주지만 아들이 제 갈 길을 가게끔 놔두는 사람이었을 것이다.

융은 종교적-신비주의적 성향이 다분했고, 그 자신 그런 면을 계발했다. 하지만 만약 프로이트 본인이 그런 성향을 지녔더라면 그는 계몽주의의 계승자로서 아마 자신의 성향과 싸웠을 것이다. 모든 열의를 다해 그 자신의 종교적-신비주의적 성향을 자신의 임무와 명징한 합리성 아래 굴복시켰을 것이다. 융이 믿은 바처럼 프로이트는 어쩌면 소위 종교적인 힘에 이끌렸을지도 모른다. 여기서 우리가 꼭 생각해 봐야 할 것은 종교와 성性 사이의 저변에는 헤아릴 수 없는 연관과 밀접함이 있으며, 두 남자는 각자의 방법으로 그 연관을 탐색했다는 점이다. 하지만 내 생각에 프로이트가 엄밀하지 못한 신비주의적-몽환적 경향을 단호히 배척했던 것은 옳았던 것 같다. 반면 융은 그런 경향으로 인해 명료한 정신과는 어울리지 않는 흐릿하기 그지없는 연금술과 점성술의 영역으로 들어갔다. 프로이트의 눈에 이런 태도는 너무나 무책임하고 반-계몽적이며, "삶의 다급함"과 인간 존재의 불안을 윤색하는 위선으로, 프로이트가 질색하는 것이다. 정신분석과 융의 치료방식 사이에 생긴 뚜렷한 차이는 — 즉, 프로이트는 개인의 무의식에 집중하고 융은 집단적 무의식과 원형, 종족의 상상을 강조한다 — 두 사람이 가지는 동기와 확신 사이에 얼마나 큰 거리가 있는지를 보여 준다.

프로이트는 베버M. Weber가 세계의 탈-주술disenchantment이라 부른 것에 집착했다. 프로이트는 비록 이것이 모든 지혜의 끝이라 주장하진 않았으나 전체 인류나 개인이 좀 더 성숙하고 이성적인 단계로 발달하기 위해서는 반드시 거쳐야 할 단계라 여겼다. 그는 무의식에 관한 그 어떤 신비주의적 주장도, 혹은 정신분석이 위안의 세계관이라는 그 어떤 주장도 배격했다. 사실 그는 위로와 위안을 거절했다고 볼 수 있다. 반면 융은 그 나름의 주술을 찾고 있었는데, 그 성배聖杯는 세상의 고통, 그리고 인간의 삶과 연약함에 내재한 추함, 비참함, 하찮음을 없애고 보상할 수 있는 치유의 세계관이었다.

편지 안에서 두 사람 모두 열정적이고 상당히 감동적인 인간이 된다. 한동안 둘은 서로를 사랑한다. 물론 주저하지 않았던 건 아니다. 때때로 감정과 의견을 교류하는 데 망설임이 없었고 그 표현은 노골적이었다. 하지만 또 어떨 때 보면 에둘러 조심스럽게 화해를 시도하는 것 같기도 한데, 공통의 이해와 각자의 사생활, 그리고 위태롭게 균형 잡힌 우정을 지키기 위해서다. 결국 균형은 완전히 깨어진다. 서로에 대해 쌓일 대로 쌓인 불신과 환멸이 적개심과 비난으로 터져 나온다. 프로이트의 냉랭한 분노, 그리고 교묘히 계산된 단어 선택은 융의 좀 더 직접적이고 반항적인, 종종 악의에 찬 공격과 대거리보다 결코 덜 잔인하지 않았다. 후반으로 갈수록 둘은 분노로 가득 차서 서로의 행동에 대해 정신분석적 해석을 시도하며 “벨트 밑을 쳤고”, 비록 서로에 대한 진실을 말한다고는 했지만 이미 조심성과 조화를 잃은 터라 그건 이제 진실이 아니었다. 둘 다 똑똑한 분석적 관찰자였으므로 상대방의 약점, 무의식적 동기, 방어적 합리화를 너무 잘 알고 있었는데, 이는 분석적 동지(혹은 적)가 서로를 알아가는 방법, 혹은 때때로 환자와 분석가가 오랜 기간 충분한 분석을 통해 서로를 알아가는 방법이기도 한 듯하다. 그런 경우 누가 환자이고 누가 분석가인지는 확실하지 않다.

막판에 가서 융의 무자비한 솔직함은 점점 잔인해지고 음흉해졌다. 그의 의도는 해석을 통해 프로이트를 깨우치는 것이 아니라 상처 주고 조롱하는 것이었다. 융의 자존심은 상처받았고, 프로이트의 그것보다 훨씬 취약해 보이는 융의 자존감도 프로이트가 그의 작업에 대해 인정하길 거듭 거절하며 위태롭게 흔들렸다. 융이 관찰한 대로 프로이트가 거듭 스스로 아버지다운 염려라고 말했던 건 실상 커 가는 무관심과 적의를 가리려는 시도일 뿐이었다. 융은 프로이트가 자신에게 주는 지속적 관심의 표현이 의사가 가망 없는 환자에게 표하는 "친절"과 다르지 않다는 것을 알게 되었다. 융은 프로이트가 자기 제자들을 끊임없이 분석하며 환자 취급한다고 나무랐다. 이런 관계에서는 꾸짖음을 제대로 이해하기가 어렵다. 물론 프로이트는 아니라고 했으나 정신분석의 창시자였고, 한때 유일한 분석가였던 탓에 그가 이러한 유혹에서 완전히 자유로울 수 없었다고 말하는 것이 그다지 무리는 아닌 것 같다.

둘 중 연하로서 융은 경험도 적고 감정적으로도 불안정한 탓에 분석 환자 혹은 충성스러운 아들로 남기보다 당연히 자신의 독립성을 주장해야 한다고 느꼈던 것 같다. 내 생각에 융은 프로이트와는 다른 세대에 속해 있었던 탓에 프로이트가 가졌던 급진적 합리성이라는 과학 개념과는 다른 생각을 가졌던 것 같다. 융은 남들이 뭐라 하든 프로이트로서는 전혀 알고 싶지 않았던 종교의 긍정적이고 덜 미신적이며 창조적인 측면에 친밀함을 느꼈다. 프로이트는 프로이트 나름대로 그가 선택한 아들이자 후계자의 불충과 배신에 깊은 상처를 받았다. 좀 더 객관적으로 말하면, 프로이트는 융의 이론적 탈선과 지향을 자신의 발견과 통찰에서 가장 중요한 근간이 되는 것에 대한 도전과 부정으로 이해했는데, 후에 증명되듯 이는 옳은 생각이었다.

이들의 교류를 전체적으로 보면 몹시 극적인 면이 있어서 처음에는 재밌다가 종국에는 상당히 혼란스러워져서 인간사와 인간의 열정이 얼마나 거창하면서도 허망한지를 보여 준다. 예외적인 재능을 부여받은 두 헌신적인 남자는 인간의 무의식을 이해하기 위해, 그리고 자기 자신과 환자들, 그리고 제자들의 감정적-지적 인생과 영혼의 고양을 위해 인생을 바쳤지만 결국 사랑과 증오의 막다른 골목길에 이르러 파국적인 우정의 종말을 고한다. 하지만 책의 편집자가 지적하듯 둘 중 아무도 이 때문에 무너지지 않았고, "두 사람은 불가피한 결별에서 창조적인 가치를 끌어냈다".

프로이트와 융은, 페렌치도 여기에 포함되어야 하는데, 전이를 처음 탐색한 사람들이다. 어쩌면 그들은 전이에 대해서 너무 많이, 혹은 너무 조금 알고 있었을지 모르겠다. 그들은 적당할 때 서로를 떠나지 못했다. 둘 다 사랑과 우정의 유지에 필수적인 적당한 거리감, 말하자면 비판적 기운을 유지하지 못했다. 전이를 탐색한 원조들이었지만 전이의 강력한 힘 아래서 그들의 관계는 때로 분석적 관계와 비-분석적 관계를 충분히 구분하지 못하는 듯 보였고, 분석에 고유한 것과 분석 수련의 사제師弟 관계에 고유한 것을 제대로 구분하지 못하는 듯 보였다. 융은 마지막 편지 중 하나에서(338J, p. 534) 그 점을 지적하며 프로이트를 비난한다. 융은 프로이트에게 분석가-아버지 역할을 하며 전세를 역전시켰지만, 정작 그 동기는 자신이 프로이트를 비난했던 것과 별반 다르지 않았다.

정신분석 환자의 역할, 정신분석이라는 예술을 배우는 도제의 역할, 정신분석이라는 과학을 배우는 학생의 역할은 오늘날에 이르러서도 명확하지 않다. 이게 모두 인간의 한계와 경험 부족 탓만은 아닐 것이고, 분석가와 학생, 환자가 가진 신경증적 경향 탓만도 아닐 것이다. 정신분석이 예전에 그러했고 지금도 그러하듯 영혼의 모험에는 반드시 독창성과 모호함이 있기 마련인데, 이들은 매끈한 범주화와 구획을 거부한다. 그것이 과학 대versus 종교 혹은 예술이든, 교육 대 치료든, 제정신 대 미침이든 마찬가지다. 프로이트는 아니라고 강력하게 말했지만 내가 감히 말하고 싶은 점은 정신분석에 관한 한 사제-무당과 의사-연구자의 구분은 그다지 깔끔하지 않다는 점이다. 물론 그 구분의 필요성과 중요성을 부정하거나, 차이를 없애고 모호함을 부추김으로써 초래되는 위험을 모르는 것도 아니다. 정신분석의 초창기에 교육분석가와 선생님, 지도 감독자의 역할은 충분히 나뉠 수가 없었다. 초창기 개척자 중 어떤 이들은 거기서 약간의 이득을 봤을지 모르겠다. 하지만 그로 인한 부작용을 면한 사람은 아마 거의 없었을 것이다.

프로이트의 "멋진 고립"은 부르크횔쯜리에서 그의 이름이 거론되기 시작하면서 끝이 났다. 20세기의 초반 그곳에서는 블로일러, 융, 아브라함, 빈스방거 등 후에 정신분석 운동에서 유명해질 인물들이 함께 일하고 있었다. 1905년부터 융은 저작과 정신의학회 발표에서 프로이트를 위해 "방패를 들었다". 책의 편집자 맥과이어는 그 둘의 관계 흐름의 전반에 대한 인상을 이렇게 간단히 묘사했다.

> 상호 배려, 신뢰, 호의의 점진적 증가, 전문적 정보와 의견의 지속적 교류, 신속하고 공들여 만든 정신분석적 운동이라는 사업, 가족들의 소식을 친하게 주고받음, 종종 동료들과 반대자들에 대한 신랄하고도 재치 있는 관찰, 이윽고 차이, 이견, 오해, 상처받은 느낌들의 출현, 마침내 파국과 이별.

한 부분만 수정하면 되겠다. 둘의 이론적 차이는, 비록 이견까지는 아니더라도 이미 1906년 10월의 첫 편지에서 드러난다(2J, 3F). 융이 "미세한 이론적 질문"이라 말한 대목에서 둘은 중요한 문제를 언급한다. 그건 신경증과 치료적 전이에서 성의 중심적 역할에 대한 것으로, 융은 프로이트에게 보내는 첫 번째 편지에서 이 부분이 그로서는 선뜻 받아들이기 어려운 부분이라고 콕 짚어 말한다. 여기에 대한 프로이트의 대답은 "편지를 보니 당신이 내 심리학을 이해하는 수준은 아직 신경증과 성의 문제에 관한 모든 견해에 이르지는 못한 것 같네요. 하지만 아마 미래에는 지금보다 더 많이 동의할 수 있기를 희망합니다. (…) 내 연구에서 이 지점이 가장 의미 있는 것이 되길 희망합니다"였다. 그리고 당시의 비판자였던 아샤펜부르크Aschaffenburg를 언급하며 이렇게 말한다. "수많은 얼치기 비판자들처럼 이 사람도 성욕을, 그러니까 이 훌륭한 세상에 찾아온 반갑지 않은 골칫덩이를 억누르고자 하는 거예요. 이제 두 세계가 치열하게 싸우게 될 것이고 조만간 무엇이 뜨고 무엇이 지는지 모두가[3] 알게 될 겁니다"(p. 5n). 그는 "진실을 향한 내면의 저항을 이겨낼 수 있는 모든 이들은 이제 그 자신을 저의 추종자로 여기게 될 것이고, 마음속에 있는 마지막 한 올의 비겁함까지 버릴 거예요"라고 쓴다(p. 6). 분명 융에게는 도전이었다. 이어지는 편지에서 양쪽은 서로에 대한 약간의 수긍을 표하지만, 기본적으로 자신들의 입장을 지킨다. 동시에 쌍방은 성에 관련된 이슈들이 가지는 복잡함을 알게 되었다. 여기에는 몇몇 히스테리와 조현병이 가지는 공통점과 차이점, 혹은 조현병의 발생 원인 같은 것들이 포함된다.

어떤 이들은 프로이트가 성욕의 개념을 확장한 것에서, 특히 정신증과 "자가 성애"의 문제에까지 확장한 것으로 미루어 융이 끼친 영향을 찾을 수 있을 것이다. 그들이 교류할 당시에 자가 성애라는 용어는 프로이트가 후에 자기애라고 부르는 개념까지 포함하고 있었다. 아직 구체적인 용어는 없었으나 (대상 리비도에 반하는) 자기애적 리비도 개념이 프로

3) 영어 번역에는 "모두"를 수식하는 독일어 구 "wer im Leben steht"가 빠져 있다. 번역하면 "진짜 세상에 사는 사람"이라는 뜻이다.

이트의 머릿속에서 만들어지고 있었다. 1907년 5월(25F)의 편지에서 융의 오해를 바로잡으며 프로이트가 분명히 한 것은 그의 생각에 조발 치매dementia praecox에서 리비도는 진짜 대상을 떠나서 환상적 대체물에 부착되는 것이 아니라는 점이었다. 그의 설명에 의하면 이건 진정한 의미의 자가 성애적(아마 요즘 말로 "진정한 자기애적") 리비도가 아니다. 왜냐면 그것이 사실이라면 리비도는 여전히 비록 환상적 대상이라고 하더라도 대상을 갖고 있기 때문이다. 대신 조발 치매에서 리비도는 대상 표상에서 완전히 떠난다. 그렇게 자유로워져서 "어린 시절처럼 그 자신을 자가 성애적으로 드러낸다"(p. 46). 즉, 자기애적 리비도가 되는 것이다. 즉, 성욕이 곧 대상 리비도라는 등식을 포기함으로써 (융과 블로일러의 반대에도 불구하고) 성욕의 기본적 지위는 유지된다. 그리고 프로이트는 일차적 자기애 개념을 예고했다. 비슷한 시기(1907년 4월), 프로이트는 「A Few Theoretical Remarks on Paranoia」라는 논문에서 분명히 말한다. "성적 본능은 원래 자가 성애적이고, 오직 나중에 정서적 카텍시스, 즉 대상 사랑을 기억 이미지에 빌려준다".[4)]

내가 인용한 두 편지(22F, 25F)에는 투사에 관한 놀라운 논의가 있다. 그들의 또 다른 논의는 주로 "질quality"에 의해 특징지어지는 외적 현실의 지각, 그리고 주로 "양"(정서적 카텍시스)으로 특징지어지는 안으로부터의 감각, 즉 본능적 표현, 이 둘의 차이, 그리고 마지막에는 이런 내적-외적 경험이 신경증과 정신증적 억압의 영향에 의해 어떤 다양한 경로는 밟는가에 대해서였다.

성욕과 리비도 이론에 프로이트가 부여한 중요성 중에는 오늘날

4) 원주는 독일어 원전이 영어로 번역될 때 생긴 오류에 관한 것이다. 본문과의 직접적 연관성이 적으므로 생략하였다(역주).

충분히 알려지지 않은 측면들이 있다. 여기서는 그중 특히 융과의 논란에 해당하는 부분만 짚어 보겠다. 프로이트가 융에 반해서 성욕의 중심성을 고집한 것은 종교적이고 신학적 색채를 띠는, 신성과 불경 사이의 도덕주의적 구분과 대립에 대한 반대의 의미가 컸다. 그러한 구분과 대립은 땅의 몸과 욕정 대 천상의 영혼과 신의 사랑이라는 구도, 혹은 좀 더 세속적 용어로는 본능적 삶과 영적 삶이라는 구분에도 해당한다. 프로이트가 보기엔 이건 인간의 조건에 대한 신앙적 · 철학적 현실 도피였다. 문명 발달의 관점에서, 특히 유대-기독교적 전통에서 볼 때, 프로이트의 눈에 이런 이분법은 그저 인간의 육체적-본능적 성향에 반하는 방어적-억압적 움직임의 표현일 뿐이었고, 그 과잉이 위선적인 문화적 규범이었으며, 진료실 안팎의 불쌍한 신경증 환자로 귀결되는 것이었다. 융은 프로이트가 자기에게 한 말을 인용한다. “친애하는 융, 성 이론을 절대 버리지 않겠다고 약속해 주게. 그건 무엇보다도 중요한 것이야. 알듯이 우리는 거기서 원칙을 만들어야 해. 절대 흔들리지 않는 보루를”. 이 보루는 “신비주의의 검은 진흙탕을 막기 위해” 세워지는 것이다. 융에 의하면 프로이트가 의미하는 신비주의는 “철학과 신앙, 근래의 초심리학parapsychology 등이 인간의 영혼에 대해서 말하는 거의 모든 것”이다 (『Memories』, p. 150).

융의 관점에서 성욕이 프로이트에게 의미하는 것은 “숨겨진 신神의 역할을 떠맡는 것”이었다. “이제 잃어버린 신을 위에서 찾는 게 아니라 아래에서 찾아야 한다”(프로이트가 꿈의 해석에서 밝힌 구호와 비교해 보라. *Flectere si nequeo superos, Acheronta movebo*. 하늘의 뜻을 굽히지 못한다면 지옥의 힘이라도 빌리겠다). 융은 계속해서 이렇게 말한다. “문제는 여전히 남았다. 말하자면 우리의 불안, 나쁜 양심, 죄책감, 강박, 무의식, 본능을 어떻게 극복할 것인가”(『Memories』, pp. 151-52). 같은 장 뒷부분에서 융은 성배를 향한 그 자신의 여정에 대해서 말한다. "성배의 기사와 그들이 하는 원정의 세계, 그것이야말로 가장 깊은 의미에서 나의 세계이고 프로이트와는 거의 아무런 상관이 없다. 나의 전 존재는 여태 알려지지 않은, 우리 삶의 진부함에 의미를 줄 수 있는 그 무엇을 찾아 헤매고 있다"(p. 165). 그리고 프로이트가 맞서 싸우려고 했던 것은 정확하게 바로 이 원정, 그러니까 우리 삶의 진부함에 의미를 줄 미지의 무언가를 찾음으로써 본능에서 벗어나고자 하는 소망이었다.

후에 프로이트의 원정을 반추하며 융이 받은 느낌은, 프로이트는 기본적으로 "(…) 내적 관점에서 보면 성이 영성spirituality을 포함하거나 혹은 모종의 내재적 의미를 지닌다는 점을 가르치길 원했다.[5] 하지만 그의 경직되기 그지없는 용어는 이런 생각을 표현하기에 너무 협소했다. 궁극적으로 그는 그 자신과 그 자신의 목표에 반해서 움직이는 것 같았다"라는 거였다(p. 152) 융이 강한 인상을 받은 부분은 "프로이트가 자신의 성 이론에 대해 터무니없이 감정적으로 얽혀 있다는 점이었다. 성 이론에 대해 말할 때 그의 목소리는 다급하다 못해 어쩔 줄을 몰랐고, 그가 보통 보이던 비판적이고 비관적 태도는 완전히 사라졌다. 낯설고 걱정스러운 기색이 역력했는데, 나로서는 그 이유를 몰라 당황했다. 직감적으로 그에게 성은 일종의 *신성불가침*numinosum의 것임을 알았다[6]"(p. 150).

나는 여기서 융의 비망록에서 여러 인용을 했는데, 이유는 이 구절들이 두 사람의 이념적 태도와 추구하는 바의 차이를 생생하게 묘사하기 때문이다. 하지만 비록 융 나름의 편견과 편향을 고려하더라도 프로이트

5) 원주 생략. 원주는 독일어 원문과 원문의 좀 더 정확한 해석에 관한 것이다(역주).

6) Numinosum: "표현 불가하고, 신비롭고, 끔찍하고, 직접 경험되며, 오로지 신성에만 어울리는 것"(『Memories』, p. 385). 이는 신성에 대한 개념과 그 경이로운 속성도 포함한다. 융은 독일의 종교 철학자이자 『The Idea of the Holy in the twenties』의 저자인 Rudolf Otto에게서 이 용어를 빌려 왔다.

의 성에 대한 깊은 확신을 바라보는 융의 인상과 "직감"을 그저 아무것도 아니라고 치부해 버릴 수는 없다.

맞다. 프로이트는 요컨대 인간 존재의 생물학적-원시적 뿌리로부터 영성을 전개하려 *시도했었다*. 그리고 융과 결별한 뒤 프로이트는 이 방향으로 더 나아갔다. 그게 아니라면 어떻게 일차적 자기애, 일차적 피학성, 내면화, 죽음, 죄책감, 양심, 그리고 문화의 발달과 관련한 그의 증가하는 관심을 설명하겠나? 그게 아니면 어떻게 초자아 개념의 발생, 구조이론, 자아 발달의 개념("이드가 있는 곳에 자아를"), 그리고 승화를 설명하겠나? 그리고 융의 말마따나 삶과 죽음의 본능이 신성한 힘을 발휘하는 마지막 본능 이론은 어떻게 설명하겠나? "비과학적인" 삶과 죽음의 본능 개념에 대해서만큼은 다수의 정신분석가가 프로이트를 떠나는 이유도 바로 그것이다. 이런 개념들과 더불어 프로이트가 실증적 혹은 합리적 생물학과 심리학의 경계를 명백히 뛰어넘고, 유한한 존재인 인간에 내재하는 동시에 인간을 뛰어넘는 힘을 가정하게 되는 것이 불편한 것이다.

융은 젊은 세대답게 프로이트 시절의 과학개념과 범주를 협소하게 만들었던 실증주의적 철학에 덜 매몰되었다. 그는 무의식을 과학적 연구의 주제로 삼는다는 것 그 자체가 정신분석이라는 새로운 과학이 은연 중에 실증주의적 과학의 경계를 허물도록 만든다는 점을 쉽게 파악해 냈다. 그는 종교에 대한 프로이트의 합리주의적 선입견에도 편승하지 않았다.

융이 프로이트의 경직되기 그지없는 용어 사용, 그리고 무의식에 대한 개인주의적 관점이라고 이름 붙인 것을 보면 프로이트의 생각이 잘 드러난다. 즉, 진정한 초월적transcendental 경험과 통찰("영성")은 인간의 개인사와 그 본능적 뿌리에 기반한다는 것이다. 나는 정신분석이 근대 실존주의와 공유하는 믿음이 있다고 생각한다. 그 믿음은 융이 그토록 강조한 본능과 무의식, 인간 존재의 초-개인적, 초월적 측면들이 현실 도피적 윤색 없이도 설득력 있게 경험되고 통합될 수 있다는 점이다. 즉, 편리한 위안이나 무지개 너머의 세상에 의존하지 않고서도 가능하며, 오히려 그 추함과 부질없음, 허위를 포함한 인생의 구체성 속에서만 가능하다는 것이다. 융의 심리학과 심리치료는 너무나 쉽게 인생의 지금-여기에서, 즉 구체적인 개인의 경험에서 집단적 무의식, 미신, 원형, 종교성, 그리고 "영성"으로 도약해 버린 것 같다. 이런 것들이 피난처와 치유의 전망을 제공함으로써 회피와 위선이 초래되고, 대신 진정한 초월, 혹은 정신분석적 용어로 승화와 진정한 자아의 확장은 이루어지지 않는다.

책에는 융의 아내가 프로이트에게 보낸 일곱 통의 편지가 포함되어 있는데, 그중 네 통은 1911년 가을에 쓴 것으로서 아주 감동적인 편지들이다(pp. 452-53, 455-57, 462-63, 467). 거기서 융의 아내 엠마는 두 사람 사이에 시작되는 소원함에 대해 우려를 표한다. 안타깝게도 프로이트의 답장들은 현재 확인할 수 없는 상태다. 융 부인은 두 사람 사이의 갈등에 대한 가장 예민하고 공감적 관찰자였다. 여성으로서 (즉, 아내이자 엄마였고, 프로이트에게는 딸 같은 존재였으며 그 자신 여성성과 관련한 갈등을 가졌던) 그리고 남자들끼리의 싸움에 직접 얽혀 있지 않은 한 사람으로서 그녀는 사태에 대한 나름의 관점을 가지고 있었다. 그녀의 시각은 두 남자에 대한 애정에 바탕을 두었으나 정작 두 남자는 그걸 인정하지 않았다. 그녀는 또한 여러 두려움과 의혹을 극복할 만큼 용감해서 프로이트에게 그가 가진 방어와 역전이 문제를 직면했는데, 이는 후에 융이 보였던 반항적인 공격이나 비난과는 사뭇 다른 방식이었다. 그녀의 편지에 있는 프로이트의 답장에 대한 언급이나 짤막한 인용에 근거해 볼 때, 프로이트는 그녀가 한 말을 마음에 간직하거나 혹은 적어도 그렇게 할지 말지 이야기한 것 같지는 않다. 그보다 그녀가 스스로 한 일을 편지에 썼던 동기를 분석하고 그녀의 관찰을 부정하는 데 더 열중한 것처럼 보인다. 프로이트의 집안일에 대한 몇몇 언급들은, 둘의 대화 중에 프로이트가 했던 말에 대한 반응이었는데, 진실 같아 보인다. 행간을 읽어 보면 그녀가 진실을 말해도 프로이트가 잘 듣지 않았다는 것을 알 수 있다. 그는 분노에 차서 부자지간에 대한 그녀의 말을 분명 곡해하고 있다(1911년 11월 14일, pp. 462-63). 하지만 같은 기간 융에게 보낸 몇몇 편지를 보면 프로이트가 그녀의 이야기를 염두에 두고 있다는 걸 알 수 있다. 내가 보기에 프로이트는 그녀가 편지로 보여 주길 원했던 마음보다는 편지 자체에 매달리고 있는 것 같다.

원저의 개인적 스타일을 충분히 고려할 때 번역은 아마 더할 나위 없이 좋은 것 같다. 표현상의 약간의 경직성은, 물론 편지의 두 저자들에게는 존경스러울 정도로 없는 것인데, 불가피했다. 자발성과 개인적 풍미 같은 것, 위트, 조심스러움과 뒤섞인 친근함, 후기의 편지들에 있는 날카롭고 대단히 형식적인 톤, 이런 것들은 번역을 통해 사라졌다. 가끔 피할 수 있었던 오류도 있다. 예를 들어 융 부인의 편지에 두 개가 있다. 독일어 erfreut는 pleased로 번역되어야 하지 overjoyed로 번역되어서는 안 된다. 융 부인은 과장법을 사용하지 않는다. Verkappte Huldigung은 "가장된 축복"이 아니다. Huldigung은 경의를 뜻한다. 앞서 Vorstellung을 image로 번역한 데 관해서는 언급을 했다. 이건 딱히 틀렸다고 할 수는 없다. 하지만 idea, presentation, representation 등이 표준적인 번역으로 다양하게 사용될 수 있어 혼동을 주는 것 같다. 그러나 이런 것들은 사소한 것들로, 영어 판본의 훌륭함을 저해하지 않는다. 영어 판본은 여러모로 사려 깊고 꼼꼼한 편집의 모범이다. 독일어 판본도 마찬가지다. 양쪽 판본에 수록된 맥과이어의 개요도 복잡다단한 사건 전개와 협상에 관한 훌륭하고 균형 잡힌 설명을 제공한 덕분에 이 귀한 문건이 더 늦지 않게 이용 가능할 수 있었다.

정신분석과 정신분석 운동에 관심을 가진 우리는 모두 이 책 『Correspondence』의 출판을 허락하고 응원해 준 데 대해 프로이트와 융의 자녀들에게 깊은 감사를 표해야 한다. 죽기 전 융이 출판에 대해 불안과 동요를 보였음에도 그들은 고맙게도 허락을 했다. 사생활과 개인적 관계에 대해서는 워낙 과묵한 탓에 프로이트는 아마 허락하지 않았을 것이다. 그에게 일은 공적인 영역에 있는 것이었다. 당연히 그래야 한다. 하지만 그의 이후에 태어났다는 이유로 그의 업적에 너무 많은 영향을 받은 세상에서 살아가는 이들에겐, 이건 좀 다를 수 있는 문제다.

제2권

승화, 이론 정신분석에 관한 질문들

정신분석 작업의 두 번째 성과는 분석작업 덕택에 드러난 무의식적 본능이 좀 더 쓸모있는 목적에 사용될 수 있다는 점으로, 아마 발달상의 방해가 없었더라면 더 일찍 발견했을 목적이었을 겁니다. 유아적 소망을 완전히 근절하는 것은 전혀 발달상의 이상적 목표가 될 수 없습니다. 억압으로 인해 신경증 환자들은 정신적 에너지의 원천들을 희생하기에 이르렀는데, 이는 아마 억압이 없었더라면 인격의 형성과 일상사에서 중요한 가치를 가졌을 것입니다. 우리는 억압보다 훨씬 더 쓸모있는 발달 과정을 이미 알고 있습니다. 바로 '승화'입니다. 승화에서는 유아적 소망 충동의 에너지가 제거되지 않고 사용처를 기다립니다. 이때 여러 충동이 갖는 실현 불가능한 목적은 좀 더 고차원적인, 아마도 성적이지 않은 목적으로 대체됩니다. 하지만 이러한 승화가 일어날 수 있는 본능은 때마침 성적 본능의 성분들로, 그 성적 목적을 상대적으로 멀리 떨어진 사회적 가치로 바꾸게 됩니다. 아마도 우리가 성취한 최고의 문화적 성공은 이렇게 만들어진 에너지가 정신적 기능에 보탬이 되며 이루어졌을 겁니다. 미숙한 억압은 억압된 충동의 승화를 불가능하게 만듭니다. 그리고 억압이 걷히며 승화로 향하는 통로는 다시 한번 열리게 됩니다.

Sigmund Freud, 「Five Lectures on Psycho-Analysis」

저자 서문

고양이는 뭘 먹고 난 뒤나 사냥감을 아깝게 놓치고 나면 제 혀로 털을 닦고 고른다. 그렇게 보면 내가 지금 이렇게 글을 쓰는 것도 말하자면 제 몸을 닦고 고르는 행동이 승화된 모습이라고 할 수 있는데, 그렇게 생각하니 뭔가 정신이 번쩍 들면서도 묘하게 안도가 된다. 아마 이런 말을 하는 이유는 이 글에 담긴 일방성에 균형을 맞추려는 시도일 테다. 어쩌면 나의 고찰에는 내 짐작보다 더 많은 윤색과 자기-변명이 있을지 모른다. 참고로 윤색과 자기-변명은 프로이트가 승화의 중요한 요소라고 여긴 것들이다.

보다시피 이 책은 두껍지 않지만 그 내용은 7년 이상 쓴 것이다. 그동안 일과 인생살이에서 나의 능력을 넘어가는 상황들이 생기는 바람에 꽤 긴 휴식이 있었다.

1981년에 서부 뉴잉글랜드 정신분석연구소의 찬조를 받아 연구소의 수련생, 졸업생들과 승화에 대해 몇 차례 세미나를 열었다. 그들이 제출한 글과 적극적이고 신선한 참여가 큰 도움이 되었다. 여기 담긴 글 중

몇 개는 몇몇 학회에서 발표되었는데, 마찬가지로 그 토론들도 큰 도움이 되었다. 안타깝게도 여기서는 승화에 대한 정신분석 문헌들을 충분히 다루지 못했다. 하지만 크리스E. Kris의 이름은 특별히 언급하고 싶다. 나는 승화뿐 아니라 다른 여러 주제에 대해서도 그에게 신세를 많이 졌다.

부주제들에 대해 한마디 해야겠다. 이 책에서 소위 메타심리학 개념과 용어들을 사용했다. 하지만 *메타심리학*이라는 단어는 역사적 맥락을 제외하고는 이제 쓸모를 다한 것 같다. 누군가 애당초 프로이트가 사용한 의미, 즉 의식의 심리학을 넘어서는 심리학이라는 의미에 집착한다면 그건 별로 쓸모가 없을 것이다. 왜냐하면 그때와는 달리 이제 심리학이 무의식을 포함한다는 의견은 당연하게 여겨지기 때문이다. 후에 프로이트의 「메타심리학」 논문에 이르면 이 단어는 과학의 한 분야로서 일반 정신분석 이론을 지칭한다. 이런 의미에서 메타심리학은 이론 물리학이나 생물학이 관찰과 실험을 넘어서는 딱 그만큼만 경험과학적 심리학을 넘어선다. 특정 과학의 이론은 그 경험적 지식이 근거하는 기본 가정들을 탐구하고, 그 지식에 영향을 미칠 수 있는 개념적 혁신을 추구한다. 그래서 나는 이론 물리학, 이론 생물학처럼 *이론 정신분석*이라는 용어를 써 볼까 한다. 그렇다고 메타심리학이 정신분석적 심리학에 해롭다거나 정신분석적 심리학이 아니라는 뜻은 전혀 아니다.

뉴헤이븐, 코네티컷

1987년 10월

서론

승화는 정신분석가에게 특별한 것이면서 동시에 수상쩍은 것이다. 먼저 승화가 특별한 이유는 인간이 그 자신의 가치를 평가하기 때문이다. 우리는 우리의 심리 현상과 발달이 당연히 특별하다고 생각한다. 그리고 상상과 사고, 독창성과 문명의 가치를 당연한 것으로 여기며 도덕과 종교, 예술, 과학, 철학을 비롯한 모든 종류의 개인적 · 사회적 자기-반성 행위를 추구한다. 승화는 이 모든 발달과 추구 안에 깃들어 있는 것처럼 보인다.

정신분석에 관한 한 승화는 또한 수상쩍기도 하다. 사실 좀 더 "발달한" 심리적 현상이라는 것도 본능이나 무의식의 관점에서 보면 방어, 그것도 전혀 견고하지 않은 방어에 불과하고, 저변의 깔린 진정한 본능적 무의식이 다소나마 신기하고 깜찍한 모습으로 꾸며진 것일 뿐이다. 그래서 공들여 얻은 이 모든 성취는 궁극적으로 무의식적 소망이 추동한 것으로 이해되는데, 알다시피 무의식이 목적하는 바는 우리의 의식이 기대하는 고귀함과는 거리가 멀다.

1890년대 초반 프로이트는 처음 승화를 언급하는데, 이때부터 이미 모호한 구석이 분명히 드러난다. 거기서 말하길 환상은 "기억으로 가는 길을 막고 있는 심리적 구조물"이다. 여기서 기억은 "원초경primal scene"을 말한다. 그리고 주장하길 "동시에 환상은 기억을 다듬고 승화하는 경향에 보탬이 된다"[Freud 1892-99, Draft L(1897), p. 248]. 같은 날 플리스W. Fliess에게 보내는 편지에서는 환상에 대해 "방어적 구조물, 사실의 승화나 윤색, 그리고 자기-변명"이라고 말했다[같은 책, 61(1897), p. 247]. 같은 편지에서 그는 환상을 방어적 허구라고도 불렀다(p. 248). 그러니까 여기서 기억(특히 원초경)은 사실 그대로의 기억이고, 환상은 그것을 다듬고, 승화하고, 방어하기 위해 동원되는 것이다.

정신분석에서 "사실fact"의 성격을 말하는 것 또한 아주 모호하다. 『The Interpretation of Dreams』에서 프로이트는 심리적 현실과 물적, 혹은 사실적 현실을 구분했다. 하지만 그는 현실을 무의식의 소망으로 분명히 귀착시키지도 않았다. 이들이야말로 (신경생물학적으로) 물적 현실과 가장 가까이 있는데도 말이다. "**현실**을 무의식의 소망으로 귀착시키는 게 맞을지 어떨지는 잘 모르겠다. 물론 현실을 이행기에 있거나 중간적 상태에 있는 사고에 귀착시켜서는 안 될 것 같긴 하지만 말이다. 만약 무의식의 소망을 궁극적으로 끝까지 환원하면 분명 다음과 같은 결론이 나올 것이다. **심리적** 현실은 존재의 한 형태로서 **물적** 현실과는 구분된다"(1900, p. 620, 볼드체는 프로이트). 이렇게 "존재의 한 형태"인 "현실"은 승인되는 동시에 의심받는다. 프로이트가 과학적 유물론, 그리고 "비물질적"인 "존재의 한 형태"의 과학적 연구에 온전히 몰입한 것을 보면 그에게 이 이슈는 단순한 문제가 아니었다는 것을 알 수 있다. 한편 정신분석은 여태까지 중립을 취해 왔으나 이제는 더 이상 과학적 유물론과 아주 떳떳하게 어울리지는 못하게 되었다. 20세기에 초래된 과학적 탐구

와 철학적 사고의 발전 때문이다.[1)]

그리고 또 하나 중요한 부분이 있다. 칸트I. Kant의 관점에서 보면 프로이트의 "현실은 항상 '알 수 없는 것'"이라는 점이다[1940(1938), p. 196]. 그리고 이건 심리적 현실이나 물적 현실이나 마찬가지다. 생애 말년에 「An Outline of Psychoanalysis」에서 프로이트는 이렇게 말한다. "[물리학]이나 우리의 과학이나 다루는 문제는 같다. 관찰하고 있는 대상에서 지각되는 속성(성질)을 넘어, 오감의 특정 자극과 무관한, 사태의 본질이라 생각되는 무언가를 발견하는 것이다. 우리는 본질 그 자체에는 결코 다가갈 수 없다"[1940(1938), p. 196]. 그러니까 무의식-본능의 진정한 심리적 현실은 진정한 객관적 외적 현실의 대척점에 있는 주관적인 무엇으로, 둘 다 그 자체로는 알 수 없는 것이다. 그래서 자아가 보기에 이드는 "두 번째 바깥세상"이 된다(1923b, p. 55). 여기서 현실은 그것이 "물리적"이든 "심리적"이든 무관하게 자아의 바깥에 있는 것으로 정의되며, 자아에 굴복하여 수정modification을 받게 된다. 프로이트가 생각하기에 우리가 "사태의 본질이라 생각되는 무언가"에 근접하면 심리적 현실(본능-무의식)과 물적 현실의 차이는 없어진다. 이런 견해는 프로이트의 초기 저작에서 만년의 저작에 이르기까지 무수히 관찰된다. 한편 자아의 위상, 그리고 자아와 관련한 승화의 위상은 이상의 문제보다 훨씬 알쏭달쏭하다.

프로이트 이후 절대적이고 "객관적"이라는 현실이라는 관념은 그 자체로 문제가 되었다. 하지만 정신분석이라는 과학이 암묵적으로 가정하고 있는 것은 개별 인간의 정신 전체가 실재한다는 것으로, 여기에는

---

1) 여기서 과학적 유물론의 의미는 "세계를 전적으로 물질적 성격으로 이해기 때문에 물질을 넘어서는 아무런 궁극적인 현실이 없다고 설명하는 사고 체계"(New Columbia 백과사전, 4판, 「유물론」)이다.

의식과 무의식 모두가 포함된다. 즉 개별 심리는 편견 없는 체계적 "분석" 연구에 합당한 주제이면서 동시에 그런 연구가 가능한 다른 형태의 존재들과는 구분된다. 궁극적으로 정신이라는 형태의 존재가 인간의 힘과 가치를 만드는 한, 정신분석에 있어 정신은 실재하는 것이라고 할 수 있다.

정신분석에서 전통적으로 승화는 방어로 취급되었다. 그와 반대로 프로이트는 승화를 병적이라고 생각하지 않았다. 페니첼은 성공적인 방어와 그렇지 못한 방어를 구분하고 병리적 방어를 후자와 연결했다. "성공한 방어는 승화라고 부를 수 있는데, 승화는 특정 방어 기제를 의미하는 것은 아니다. (…) 여기서 공통적인 요소는 자아의 영향 아래 충동은 적절히 해소되지만, 목적이나 대상(혹은 둘 다)은 변하는 것이다"(Fenichel 1945, p. 141). 이어지는 대목에서 페니첼은 충동의 인도channel에 대해 말하면서 자아가 "본능의 흐름에 댐을 만드는 것이 아니라 인도한다"라고 말한다(pp. 470-71). 그가 쓴 글을 잘 읽어 보면, 특히 자아 형성, 성격 형성, 승화의 관계를 잘 읽어 보면 자아의 형성과 승화의 구분이 별로 명료하지 않고 방어의 정신분석적 개념도 불분명하다는 것을 알 수 있다(Hartmann, 1955, pp. 16-17 참고).

한편으로 본능적 충동의 해소를 향한 압박pressure이 아닌 모든 것은 방어 개념 안에 포함된다. 소위 정상이라 여겨지는 행로에서 얼마나 벗어나든 상관없다. 그러나 다른 한편에서 좁은 의미의 방어 개념은 본능적 흐름을 가로막고 역행하는, 자아에 의해 형성된 "역-카텍시스counter-" 형태를 가지는 과정 혹은 "기전"만을 일컫는다. 둘 간의 차이는 이렇게 말하면 좀 더 쉽겠다. 후자의 경우, 자아는 이드에 대항해 자아가 쓸 수 있는 여러 기능 중에서 방어기능을 *사용*한다. 이것은 병적일 수도 있고 아닐 수도 있다. 전자의 경우는 좀 더 넓은 방어의 의미로, 자아라는 조직은 그 자체로는 병적일 수도 아닐 수도 있으나 그 자체의 성격과 의도가 이미 이드에 대항하는 방어적 구조다. 여기서 이드에 대한 방어는 자아의 기능 중 하나가 아니다. 오히려 자아는 방어적 구조로 정의된다. 즉, 이드로 표상되는 진정한 심리적 현실을 위장하고 막는 것이다. 요컨대 제한된 방어 개념은 정상과 신경증에서 보이는, 억압을 비롯한 여러 방어 기제의 이해에 합당하다.[2] 반면 포괄적 방어 개념은 고차원적 조직화와 방어를 구분하지 않고 고차원적 조직화도 방어에 포함해 버린다. 궁극적으로 본능의 "목적aim" 같은 선험적 가정이나 무기력 원리 혹은 항상성 원리("불쾌 원칙") 같은 의문투성이의 가정에 기반하는 것이다. 결국에는 프로이트 자신도 거기에 대해 의혹을 품게 되었다. 그는 쾌락의 성격에 대해 재고하며 삶의 본능 개념을 도입했다. 여기서 더 나아가지는 않겠지만 유념해 둘 것은 본능을 막고 역행해서 카텍시스를 만드는 것과 본능을 인도하고 조직화하는 것은 전혀 다르다는 점이다.

승화에서 변하는 것은 무엇인가? 전통적인 정신분석 이론에 따르면 그 대답은 성적 본능 혹은 리비도다(공격성이 또 하나의 기본적 본능이 된 건 비교적 나중의 일이다. 공격성의 승화도 중요한 문제다). 그렇다면 핵심적인 질문은 다음과 같은 것들이다. 본능의 승화는 어떻게 이루어지는가, 어떤 요소가 포함되나, 어떤 "주체"가 작동하나. 애초 정신분석이론에서 승화라는 단어는 본능의 변형을 의미했다. 백과사전식 논문 「The Libido Theory」(1923a)에서 프로이트는 이렇게 말한다. "정신분석이 일찍이 깨달은 것은 정신에서 벌어지는 모든 일은 기초적인 본능의 상호작용들에 근거해 이루어진다는 점이다"(p. 255). 위와 같은 일반적 의미

2) 하지만 꼭 알아 둬야 하는 것은 프로이트를 포함한 정신분석 저작을 보면 방어와 억압의 구분이 모호하다는 것이다. 억압은 종종 방어와 섞어 쓸 수 있고 광의의 방어 개념을 얻는 경향이 있다.

의 리비도 이론이 폐기된다면, 다시 말해 리비도가 아니라 자기self를 중심으로 이론이 전개되면 승화 개념은 사라지고 자칫 창조론과 같은 시각이 득세할 것이다.

프로이트와 이후 이론가들은 승화를 좀 더 고차원적이고 고귀한 인간의 기능과 창조 행위(예술적, 윤리적, 문화적)를 위해 남겨둘 것인가, 아니면 페니첼이 이야기한 "성공적이지 못한 방어"에서처럼 해결되지 않은 갈등과 방어로 인해 본능의 해소가 방해받지 않으면서도, 동시에 직접적 본능의 분출을 넘어서는 모든 정신적 기능을 의미해야 하는가에 대해 열띤 토론을 펼쳤다. 우리는 종종 첫 번째 의미로 승화를 말한다. 하지만 이론적 차원의 명료화를 시도하면 금세 알 수 있는 건 "고차원적" 정신의 행위가 기초적인 본능이 아닌 자아나 초자아의 형성, 혹은 성격 형성에서 관찰되는 것들과 딱히 다르지 않다는 점이다.

승화와 문화, 승화와[3]의 관계는 복잡하다. 프로이트는 종존 문명을 "인류가 거치게 되는 독특한 과정"(1930, p. 96) 혹은 "개별 인간의 성숙에 비유될 수 있는 것"(p. 98)이라 말했다. 다시 말해 진화 과정에서 발견되는 유사 생물학적 과정인 셈이다. 같은 맥락에서 그는 이렇게 쓴다.

> 본능의 승화는 문화의 발달에서 뚜렷하게 볼 수 있다. 그것으로 인해 고차원적 정신적 활동이 가능해지고, 과학적, 예술적 혹은 이념적 행위가 문명사회에서 그렇게 중요해지는 것이다. 누군가 첫인상만으로 판단한다면 문명이 본능을 그렇게 몰아갔다고 생각하겠지만 조금만 더 깊이 생각해 보는 것이 좋을 것 같다(같은 책, p. 97).

3) 프로이트는 독일어 Kultur과 Zivilisation을 구분하지 않았다. 내 생각에 그 주된 이유는 그 당시 독일인들이 갖던 가치 판단에 저항하기 위해서였다. Kultur는 뭐랄까 좀 더 고귀하고 고상한 것으로 예술이나 철학처럼 엘리트적인 그 무엇이다. Zivilisation은 좀 더 세속적이고, 실질적 · 실용적인 것으로 도구나 농업, 기술 같은 성취를 말한다. 영적 가치가 두드러지는 전자와는 비교된다. 그래서 프로이트에게 독일어의 구분은 승화를 미심쩍게 만드는 암묵적 주장을 포함하는 것이었다.

조금 더 생각해 보자고 하는 것은, 한편으로는 문명 그 자체에 "목적의 저지aim inhibition"와 "대상 전치object displacement"라는 승화의 역할이 있었다는 말이다. 이런 행위의 결과가 조금 더 발달한 문명이라는 형태로 나오게 되면, 그것은 그 자체의 동력을 얻어 나아가 개인의 발전에 영향을 미친다. 한편 본능의 승화 그 자체는 부모, 역할 모델, 선생 같은 이들로부터 오는 "문명화"의 속박에도 빚을 지고 있다. 이를테면 교육 말이다. 이런 순환성은 개인과 환경 사이의 상호 촉진, 혹은 상호 방해, 그리고 개인이 그것을 내면화해서 다시 한번 환경을 문명화하는, 개인과 환경 사이의 교호적 상호 관계를 보여준다.

문명화를 인간에 의해 이루어지는 유기체적 과정으로 여기는 것은 인류가 직립보행을 하며 이루어졌던 "기질적organic 억압"에 대한 프로이트의 생각과 관련이 있다(1930, pp. 99-100). 그리고 오이디푸스 콤플렉스의 억압과 파괴는 유전되는 것이고, 인간 성욕의 이상성diphasic 발달과 연관이 있다는 주장과도 관련이 있다(1924b, pp. 173-74). 혹자는 이걸 기질적 억압과 나란히 놓고 "기질적 승화"라고 부를 수도 있다. 주지하듯 생물학적 성적 흥분이 최고조가 되는 시기들인 잠복기와 사춘기에는 억압뿐 아니라 높은 수준의 승화 또한 일어난다. 이렇게 보면 위와 같은 생각도 그다지 터무니없는 생각은 아닌 것 같다. 승화는 잠복기와 사춘기에 처음 뚜렷하게 관찰되는 것 같다.

요약하면 정신분석 이론에서 특별히 인간적인 기능과 창조물, 그리고 그와 관련된 심리적 구조물들을 설명하기 위해 어렵잖게 생각할 수 있는 것이 승화라는 개념이다. 이는 복잡한 수준의 정신적 기능으로서 유의미하나 병적이라고 볼 수는 없다. 프로이트는 승화가 능력, 그것도 인간 대부분에게는 별로 발달하지 않는 능력이라고 말하며, 꼭 필요한 것은 아니지만 정신건강에 도움이 된다고 말했다. 그러니까 이 용어를 어떻게 이해하든 간에 이 용어로써 분명한 것은 인간에게는 아주 중요한 무언가가 있다는 점이다. 그러니까 이것 없이는, 말하자면 원초적인 그 무엇을 좀 더 발달한 형태의 정신작용으로 변화시키는 승화 없이 인간은 인간일 수 없다는 말이기도 하다. 인간의 창조성을 생각하려면 그것이 일상과 직업의 차원이든, 좀 더 높은 수준의 문화적 추구와 사상, 상상의 차원이든, 우리는 늘 승화라는 관념에 의지하게 된다. 정신분석가로서 일, 그리고 치료에서 환자의 일은 승화된 활동을 요구한다. 변화를 잉태하고, 변화를 이끄는 역량과 활동들. 이것들이 우리가 좀 더 잘 이해하고 싶은 주제들이다.

지금까지는 앞으로 논의하게 될 주제들에 대한 간략한 스케치다. 탐색은 진행되다 때로 펼쳐질 것이고 때로는 갈등을 일으킬 것이다. 혹은 새로운 정식의 수립이 요구되거나 불가피하게 기존 개념을 재점검해야 할지도 모른다. 그리고 어떤 임상적 양상과 관찰은 다른 각도에서 검토될 것이다. 하지만 내가 시도하는 방법은 체계적인 것이 아니라서 논리정연한 주장을 하지는 않을 것이다. 대신 여러 각도에서 탐색하고 묘사할 것이며, 여러 관점과 색채의 담론이 동원될 것이다. 이런 접근 방법 때문에 독자들이 내가 자가당착을 하고 있다고 생각하게 된다면 그것도 어쩔 수 없다. 진실은 절대적이지도 일방적이지도 않기 때문이다. 모순, 갈등, 나선의 움직임, 타협과 타협의 소멸, 불일치의 새로운 해소, 이런 것이 삶의 정수이자 마음의 본질이다. 그리고 우리 앞에 놓인 탐구 주제의 핵심이기도 하다.

01

열정의 변화, 그리고 그 변천사

승화는 열정이 변한 것이다. 프로이트는 레오나르도 다 빈치의 정신을 이런 표현들로 묘사했다.

> 그의 감정은 제어되어서 연구를 위한 본능에 포섭되었다. 그는 사랑하거나 미워하기보다는 사랑하고 미워하는 것의 근원과 의미를 물었다. 그래서 처음에는 선악과 미추에 무관심한 것처럼 보였다. 탐구의 과정에서 사랑과 미움은 그 긍정적 · 부정적 의미를 퇴색하고, 더불어 지적 호기심으로 변했다. 현실에서 레오나르도는 열정이 없는 사람이 아니었다. 그 또한 직간접적으로 우리 삶을 몰아가는 신성의 불꽃(il primo motore)을 가진 사람이었다. 그가 한 것은 이러한 열정을 앎을 향한 갈증으로 바꾼 것이었다. 그 후 그는 열정이 변한 끈기와 저돌성, 일관성을 가지고 연구에 임했다. 이윽고 탐구의 절정에서 마침내 결실을 얻어 알고자 했던 것을 알았을 때, 그는 스스로 걸었던 감정의 기나긴 자기 제약을 풀어 멋대로 흘러가게 두었다. 일을 마친 후 막아 뒀던 물길은 다시 제 길을 가도록 허락되는 것이다. 발견의 극치에서, 연구에

> 매진할 때, 그는 감정에 압도되어 열락悅樂의 언어로 자기가 한 발견의 위대함을 칭송해 마지않았다. 혹은 종교적 용어로는, 창조신의 위대함을 칭송했다(1910b, p. 74-75).[1]

또 다른 구절 하나 더.

> 원래 생식기는 살아 있는 것들의 자랑이자 희망이다. 생식기는 신으로 숭배되고, 그 신성한 기능은 인간의 모든 활동으로 옮아 간다. 그 가장 기초적인 성질이 승화하며 무수한 신성들이 생겨나고, 때로 정식 종교와 성性을 잇는 끈이 우리의 의식에서 멀어지면 밀교가 나타나 그 추종자들 사이에서 둘 사이의 연결을 생생히 유지한다. 문화의 발달 과정에 무수한 신성과 성스러움이 궁극적으로 성에서 유래하고, 신성을 소진한 성의 자투리들은 수치가 되어 버린다(1910b, p. 97).[2]

이 구절은 프로이트 프로이트가 말년에 마지막 본능 이론을 제시하기 전까지 잘 드러내지 않았고 이론적으로도 고려하지 않았던 측면을 드러낸다.

삶의 본능 혹은 사랑의 본능인 에로스가 두 구절 모두에서 분명히 호명된다. 첫 번째 구절에서는 신성의 불꽃, 모든 행위의 *il primo motore*. 두 번째 구절에서 프로이트는 성의 신성과 성스러움, 그것들이 인간의 새로운 행위들로 옮아감, 그리고 생명에 있어 생식기가 "자랑이자 희망"이라는 점을 이야기한다. 여기서 신성은 가장 기초적인 성질이 승화되며

1) Standard edition의 번역이 불만족스럽다. (이하 독일어 문장은 생략, 역자) 독일어가 훨씬 생생하고 정확하다. 자유분방하게 쓴 글들이나 프로이트의 개인적 몰입이 좀 더 분명한 글들에서 이런 생생함은 더 두드러진다.

2) 독일어 문장들을 제시하지는 않겠지만 하나 지적하고 싶은 것은 transmitted가 아니라 transferred가 나을 것 같다. (이하 독일어 문법에 관한 이야기는 생략, 역자)

생겨난다. 성에 속한 어떤 요소가 분리되고 격상되어 승화 과정에서도 살아남는 것이다. 이어지는 문장은 문화의 발달에 관한 것이다. 성에서 무수한 신성과 성스러움이 추출되었기 때문에 이제 성은 "소진된 자투리"의 불명예가 되어 더 이상 신성하지 않다는 뜻이다. 프로이트는 말하길, 성과 신성 사이의 연결이 점차 단절되는 이유는 성이 전체로서 온전한 속성을 잃어버리기 때문이라고 한다. 문화 발달의 과정에서 성이 신성을 잃어버리고 그렇게 구체성을 상실하면 그만큼 성과 신성은 모두 가난해진다. 문명 속의 불만은 본능적 삶의 결핍과 모멸만 초래하지 않는다. 신성과 영성도 황폐해지는 것이다. 그리고 나아가 성과 신성의 원초적 단일성도 교란되어 둘 다 의미를 잃게 된다. 죽음의 본능이 침묵 속에서 힘을 드러내는 곳이 바로 여기다. 반면 내 생각에 진정한 승화에서 그 교란은 크지 않거나 아니면 극복되는 것 같다.

프로이트는 성이 수행하는 신성한 기능이 새로운 인간적 행위로 **전이**transfer한다고 말했다. 그가 이 단어를 잘 썼던 것 같지는 않다. 승화와 전이 사이의 연결은 도라Dora 증례의 후기에 이미 나타난다. 그는 초기 발달기의 충동과 환상이 새로운 모습으로 전이되는 것, 그리고 팩시밀리 사이의 유사함을 언급하며 새로운 모습의 내용물은 "조절력, 소위 '**승화**'"에 달려 있다고 말했다(1905, p. 116, 볼드체는 프로이트). 그는 이러한 전이는 재판reprint이 아니라 개정revision이라고 설명했다.

옥스퍼드 영어사전에 의하면 승화의 기본적 의미는 아래와 같다. "화학 작용으로, 고체가 열에 의해 기체가 되는 현상을 말한다. 식히면 다시 고체가 된다". 이런 용례는 14세기에 처음 기록되었다. 화학적 의미를 벗어난 것은 (그러니까 "승화"되었다고나 할까?) 17세기 이후로 옥스퍼드 사전에 의하면 "좀 더 고차원적 존재로 승격되는 것. 좀 더 높고, 순수하고, 고상한 것으로 변하는 것"이다. 승화의 어원이 암시하는 것은 최상의 단계나 한계까지 올라간 후 그 물매를 타는 것이다. 흔히 형용사나 명사로 쓰이지만, 이전에는 화학적 의미의 동사로 쓰였다. 『캔터베리 이야기』 중 「The Canon's Yeoman's Tale」을 보면 초서J. Chaucer는 중세의 연금술사가 시도하는 승화, 즉 금속을 금으로 바꾸려는 시도를 조롱한다. 이야기에서 연금술에 몰입한 수도승은 우스꽝스럽고 타락한 인물로 묘사된다. 이건 사실 승화가 결코 완전히 떨쳐낼 수 없는 낙인이기도 해서, 승화는 분명 가소롭고, 시시하고, 가식적일 가능성 혹은 그런 측면이 있다. 화학적으로나 정신분석학적으로 승화는 좀 더 고차원적이고, 가정하건대 순수한 층위로의 변환이나 변화를 의미한다. 화학에서는 물질이 그러하고, 정신분석에서는 본능이나 그 목적, 대상이 그렇다. 정신분석에서 전환conversion은 반대의 움직임을 의미한다. 정신적 수준에서 육체적 수준으로 변환되는 것이다. 억압이 그 예다. 전환 장애나 다른 형태의 신체화, 예를 들어 정신신체 질환은 승화의 반대로 생각된다.

낮은 수준에서 높은 수준으로의 변화를 생각하면 저절로 떠오르는 이미지는, 조악하고 거친 것이 좀 더 세련되고 고상한 것으로 변하면서 동시에 조악하고 원초적인 것은 없어진다는 것이다. 하지만 레오나르도 연구에 대한 두 번째 인용을 보면 조금 다른 관점을 가질 수 있다. "가장 낮은 것"과 "가장 높은 것"은 원초적 단일성의 경험에서는 하나였다. 하나는 다른 하나이고, 후에 서로는 서로를 나타낼 수 있다. 몸과 몸의 힘은 하느님의 상징이 되고, 신격神格은 살아 있는 성적 육체를 상징하는 것이다. 승화에서 회복되는 것은 원초적 단일성인 것이다. 소위 의미라고 부르는 데 참여하고 있는 상징적인 연결이 있다(나중에 상징에 대해서 좀 더 광범위하게 살펴보겠다). 이런 관점에서 보면 승화를 통한 변화는 본능적-영적 경험의 단일성이 요소要素들로 분화되는 과정이다. 여기서 단일성은 연결을 통해 여전히 유효하다. 승화는 점진적 분화로, 이 같은 원초적 단일성을 새로운 차원에서 합성하고 재조직화하는 것이라고 할 수 있다. 여기서 *본능적인 것과 탈-본능화된 것*은 서로를 잃지 않은 채 자신의 자율성을 유지한다. 이렇게 보면 정신분석은 높은 수준의 경험이라는 허상 뒤에 있는 객관적 현실이라는 진실(가령 신의 상징으로 위장된 것이 생식기와 그 힘이라는 객관적 현실)을 폭로하는 것이 아니다. 대신 원초적 단일성의 두 요소를 나란히 놓아 감춰지고 방어되는 것을 보여 줌으로써 둘 사이의 숨은 연결 고리를 보여 주는 것이 정신분석의 목표다. 처음엔 "이차과정"이 요소들을 구분하며 정신분석은 일차과정과 이차과정 사이의 뗄 수 없는 관계를 드러낸다. 프로이트가 외롭게 고군분투했던 과제는 성性을, 그러니까 문화 발달에서 "소진된 자투리"를 지적 · 도덕적 무관심과 멸시에서 구하는 것이었다. "가장 높은 것"과 "가장 낮은 것" 사이의 연결 고리가 억압되어 태곳적 동일성을 호명해 내지 못하면 승화는 허위가 될 뿐이라는 것을 그는 잘 알고 있었다.

지금까지 개별 인간의 발달이라는 관점에서 본 단일성의 경험을 논했다. 이때 단일성은 심리 발달의 미분화 상태로, 주어진 이드에서 자아가 발달한다는 관점과는 상반된다. 승화를 제대로 이해하기 위해서는 이 최초의 단계에서는 주체와 객체, 자기와 대상의 구분 역시도 없다는 점을 이해하는 것이 중요하다. 분화의 과정이 승화에서 하는 핵심적인 역할이 이제부터 토론할 주제다.

02

이론상의 발전들

이 장에서는 승화와 관련된 정신분석 이론과 메타심리학에 관해서 이야기할 것이다.[1] 모쪼록 이런 시도 덕에 당면한 목표 이외에도 구체와 추상 사이의 상징적 연결을 보존하고 강화하는 데 도움이 되고, 그래서 추상적 이론의 빈약함을 떨쳐낼 수 있길 바란다. 그렇지 않으면 이론은 쉽게 조롱거리가 되고 폐기되어 버린다. 이론 역시도 승화 작업이고 승화의 결과물이다. 이론이 구체적 경험에서 너무 멀어져 생명력을 잃으면, 혹은 과학과 임상에서 추상과 이론의 존재를 이해하려는 노력을 그만두는 바람에 이론이 생명을 잃으면 이론과 함께 연구의 주제도 놓치게 된다.

1) 여기서 메타심리학이라는 용어는 프로이트가 그의 논문 「A Metapsychological Supplement to the Theory of Dreams」(1917a)의 각주에서 밝힌 광의의 뜻으로 사용된다. 그는 이렇게 쓴다. "이어지는 두 논문[이 논문과 「Mourning and Melancholia」]은 먼저 논문들[「Instincts and their Vicissitudes」 「Repression」 and 「The Unconscious」]과 연결되고, 애초 내가 'Preliminaries to a Metapsychology'라는 이름으로 묶으려던 것이다. 나의 의도는 정신분석 체계가 토대로 삼을 수 있는 이론적 가정을 명료히 하고 심화하는 것이다"(Strachey의 번역을 살짝 수정했다. S. E. 14:222). 물론 프로이트와 이후 이론가들이 사용했던 메타심리학의 다른 측면도 있다. 여기서 하지는 않은 것이지만 이 다양한 의미들에 관한 토론은 프로이트 시절부터 시작된, 이론을 구성하기 위한 토대에 내재한 혼란과 복잡함을 보여 준다(Laplanche와 Pontalis 1967 참고).

여타 메타심리학 개념들의 발달에서도 그렇지만 승화 개념의 발달에서 결정적인 지점은 리비도와 본능 이론에 자기애 개념을 도입한 부분이다. 그래서 나는 먼저 승화를 자기애의 관점에서 고찰하고 이후 다른 관점으로 돌아갈 것이다. 자아 심리학은 자기애 개념의 정식화, 정교화와 더불어 제대로 정착하게 되었다. 여기서 말하고자 하는 건 이드 심리학에서 자아 기능, 방어, 적응으로 강조점이 이동되었다는 뜻이 아니다. 나의 강조점은 심리구조 혹은 조직화의 발생적-역동적 형성이라는, 좀 더 본질적인 의미의 자아 분석에 있다. 프로이트는 자아 심리학의 이 같은 측면, 즉 자아의 심층 분석을 주로 「Mourning and Melancholia」(1917b)와 『Beyond the Pleasure Principle』(1920)에서, 그리고 『Group Psychology and the Analysis of the Ego』(1921)와 『The Ego and the Id』(1923)에서 다루었다. 그에 앞서 『Totem and Taboo』(1913b)와 「On Narcissism」(1914)에서 기초작업이 이루어졌다. 『Civilization and Its Discontents』(1930)의 첫 장에서는 원초적 자기애 개념을 더 개진했었다. 리비도 이론과 자아 이론은 분리될 수 없는데, 말하자면 자아의 심층 심리학은 자기애적 리비도와 대상 리비도의 구분, 즉 동일시와 대상 카텍시스를 구분하는 작업과 함께 이루어졌다. 이상의 두 가지 리비도가 구분되고 일차적 자기애가 검토된 후 다른 이론적 변화가 따라왔다.

1. 리비도와 성은 대상 관계뿐만 아니라 개별 심리 내적 구조의 일관성 있는 구성에도 해당한다(에로스의 내적 결합과 통일). 리비도라는 용어는 일찍이 대상 리비도라는 좁은 의미("자가 성애"에 대해서도 마찬가지다)로 사용되었다. 다른 말로 하면 이제 본능적 · 성적-공격적 충동이라는 맥락에서 고찰되는 것은 주체와 대상 사이의 관계나 상호작용에 그치지 않는다. 주체를 심리적 실체나 구조로 조직화하는

내적 관계나 상호 작용도 본능적 · 성적-공격적 충동의 맥락에서 이해된다. 에로스, 혹은 삶의 본능, 사랑의 본능에 이르러 성性의 정의는 최대한으로 넓어진다.

2. 일차적 자기애는 최초 "커다란 리비도 저장고"(Freud 1923, pp. 46, 63)로 정의되고, 여기서 흘러 나가기도 하고 다시 돌아오기도 한다(이차적 자기애). 그리고 흘러 나가지 않은 부분은 항상 저장되어 있다. 프로이트는 이 저장고를 자아("전체 자아" 혹은 자기의 하위구조인)에 할당하기도 했고 이드에 할당하기도 했다. 이런 불명료함은 프로이트의 생각에서 자기애가 자아의 본능적 기초에 얼마나 많은 역할을 하는가를 보여 준다. 저장고로 돌아오는 대상 리비도라는 개념이나 자아 안에 대상의 수립이라는 생각은 자아 발달에 있어 내면화의 특이성이라는 주제로 귀결된다.

『Civilization and Its Discontents』에서 프로이트는 한 걸음 더 나아간다. 말하자면 일차적 자기애를 이드-자아와 외부환경과의 구분이 없는 시기로 생각했다. 자기애적 카텍시스와 대상 카텍시스는 자아와 대상, 그리고 그들의 카텍시스가 서로 구분되지 않는 단계에서부터 분화한다(Freud 1930, pp. 64-73, 특히 p. 68, pp. 72-73). 이런 관점은 프로이트가 썩 좋아하지 않은 것이었고, 『The Ego and the Id』에서 말했던 일차적 자기애의 설명과는 다르다. 거기서 말한 일차적 자기애는 모든 리비도가 자아 안에 담겨 있다가 "대상을 향해서" 발산하는 개념이었다. 나는 분화 과정을 일차적 내면화와 일차적 외면화로 개념화했던 적이 있다[Loewald, (1962)1980, pp. 265-66]. 분화 과정을 통해서 이드-자아와 대상이 수립되고, 둘은 다소간 서로 구분되어 자기애적 리비도와 대상 리비도도 구분된다.[2)]

일차적 내면화와 외면화 다음에는 초자아 발달을 통해 우리에게 익숙해진 것들이 이어진다. 여기서 프로이트는 비록 내면화라는 용어를 쓰지는 않았으나 그에 해당하는 묘사는 했는데, 『Group Psychology and the Analysis of the Ego』(1921)를 보면 "자아는 이제 자아에서 발달한 자아 이상을 향해 대상 관계를 맺는다. 그리고 (…) 외부대상과 전체로서 자아의 상호 작용은 자아 안에서 새롭게 연출된다. 이것이 신경증의 연구를 통해 우리가 알게 된 것이다"라고 말한다(p. 130).

『The Ego and the Id』의 초자아 형성에 관한 토론을 보면 이렇게 내면의 장으로 옮겨 가는 현상을 "성애적 대상-선택이 자아의 개조로 변해 가는 과정"이라고 말한다(1923b, p. 30). 이어 말하길,

> 대상-리비도가 자기애적 리비도로 변한다는 뜻은 분명 성적 목적을 포기했다는 뜻으로 탈-성애화, 즉 일종의 승화다. 실제로 잘 살펴봐야 하는 질문은 과연 이것이 승화의 일반적 경로는 아닌지, 모든 승화는 자아의 매개를 통해 일어나는 것이 맞는가 하는 것이다. 즉, 승화는 성적 대상-리비도를 자기애적 리비도로 바꾸며 시작되고, 바뀐 리비도에 다른 목적을 부여하면서 진행하느냐다.

그래서 내면화는 초자아 형성의 수준에서 성애적 대상-선택(오이디푸스 관계)이 자아의 개조로 변하는 과정, 즉 대상 리비도가 자기애적 리비도

2) 주, 객관의 구분이 없는 상태를 일차적 자기애라고 명명하는 것이 부정확하고 혼란스럽다는 점은 인정한다. 대개 자기애적이라는 용어는 주체 안에 위치하는 리비도를 칭한다. 주관과 객관의 구분이 없으면 자기애적 카텍시스도, 대상 카텍시스도 없다. 그럼에도 미분화 단계를 자기애적이라는 단어로 명명하는 이유는 이 단계에서 비롯되는 것이 대상 세계라기보다는 자아나 자기라는 의미가 크다. 유사하게 비록 초기 발달 단계에는 대상 카텍시스와 동일시가 서로 구분되지 않지만, 동일시를 대상 관계에 포함한다. 이렇듯 분화와 분리에 대해 완전히 중립적인 단어가 없는 탓에 용어상의 혼란이 생겼다.
자기애적이라는 단어의 불명확함은 이 단어가 갖는, 자기나 전체로서 자아를 향하는 리비도 혹은 "흥미"라는 뜻의 쓰임새로 인해 가중된다. 두 경우 모두 이성적 언어와 개별성의 심리학에 내재한 문제들이 아직 충분하게 이해되지 못했다는 것을 드러낸다.

로 변하는 현상이라 할 수 있다. 이는 "탈-성애화" 과정을 포함하는데, 이제 갈망의 대상은 "바깥"이나 환상 속의 외부대상이 아니다. 이를테면 대상을 통한 만족이라는 목적이 포기되는 것, 다시 말해 목적이 바뀌는 것이다. 이것이 프로이트가 탈-성애화라고 부른 일종의 승화다. 하지만 분명 기억해 둘 것은 자기애적 리비도도 결국은 리비도라는 점이다. 다만 대상-카텍시스처럼 좁은 의미가 아닌, 사랑의 본능 혹은 삶의 본능, 에로스 같은 넓은 의미의 리비도일 뿐이다. 그의 의인화를 보면 이 부분이 명료하게 드러난다. "자아가 대상의 모습을 가지게 되면 자아는 이드를 향해 자신을 애정-대상으로 삼을 것을 강요하며 이드가 겪은 상실을 보상하려고 한다. 자아는 이렇게 말한다. '봐, 이제 너는 나를 사랑하면 돼. 그 대상이랑 나는 완전히 같아졌어.'"(1923b, p. 30).

이것이 프로이트의 생각이었다. "전체로서 자아"(하트만의 자기와 같은 것)는 리비도-성애적 애착으로 묶여 있는데, 이 애착은 기본적으로 대상 관계에서 쓰이는 것과 다르지 않다. 사실, 자기애적 애착과 대상 애착은 비록 분화한 이후라 하더라도 종종 서로 섞여 있거나 섞이고 서로에 의해서 강하게 영향을 받는다. 두 "활동의 장"은 다소간 항상 상호 작용을 하고 있다.[3] 이런 관점에서 보면 승화는 대상 리비도가 자기애적 리비도로 변하면서 열정과 갈망을 내면화함으로써 이루어진다. 개별 정신 내부와 정신들 사이의 관계가 분화된 이후, 대상 관계가 정신 내적 관계로 변화해 이루어지는 것이다. 그래서 승화의 일반 경로는 내면화라고 할 수 있다. 내면화를 통해 대상과 대상 관계의 성격이 변한다. 마찬가지로 외부세계에서 목표하고 추구하는 것("목적")의 성격이 변하고 "대

3) 프로이트의 내적 자기애적 애착에 관한 토론을 위해서는 『Beyond the Pleasure Principle』(1920) 참고. 특히 pp. 50, 52. 본능 이론의 발달에 관한 토론은 pp. 52-55와 n. 1, pp. 60-61. 나의 발표도 결코 작은 부분이 아니며 이상의 중요한 텍스트들에 기반해 있다.

체물"이 "자아의 매개를 통해" 외적 활동의 장과 상호 작용을 할 수 있게 된다. 말하자면 대상, 대상 관계, 목표가 이러한 상호 작용을 통해 재인식되고 재창조되는 것이다. 문명과 교육이 승화에서 하는 핵심적 부분이자, 승화와 자아의 매개가 문명의 탄생과 진보에서 하는 핵심적 역할이 이런 관점에서 이해된다. 프로이트는 "탈-성애화된 에로스"(1923b, p. 44)를 이야기하는데, 이는 에로스의 결합과 통일이 이제 내적으로 펼쳐진다는 의미다. 또 다른 의미는 이런 과정을 통해 외부세계의 대상과 목적이 가진 성질이 변한다는, 즉 변화된 카텍시스가 부착되어 "탈-성애화"된다는 의미다. 변화된 카텍시스는 이제 애초의 대상-리비도 카텍시스가 아니다.

일차적 자기애가 자기애적 리비도와 대상 리비도로 분화해 가는 중에 생긴 양극화는 승화에 의해 서로 균형이 맞춰지고 조절, 순화된다. 외부대상과의 관계는 내적, "자기애적" 관계로 바뀌고, 이렇게 탈-성애화된 애정적 애착이 목적이나 외부대상과의 관계 형성을 위한 도구로 사용된다. 그런 식으로 외부대상과의 관계도 탈-성애화되는 것이다. 프로이트는 대상의 그림자가 자아에 드리운다고 말했다. 마찬가지로 이제 변화된 자아의 그림자가 대상과 대상 관계에 드리우게 된다. 승화는 주체-대상의 이분법에 대한 일종의 타협점으로 양극화를 위한 보상이자(atone은 at one에서 유래했다), 대상 리비도와 자기애적 리비도 사이의 골을 좁히는 것이다.[4]

하트만은 「Notes on the Theory of Sublimation」에서 중성화와 중성화된 에너지라는 개념을 논의의 중심에 두었다(1955). 내가 위에

---

4) 나는 「The Waning of the Oedipus Complex」[(1979)1980, pp. 387-95]에서 속죄(atonement), 화해, 죄책감에 대해서 논했다. 조금 뒤 이어지는 장에서 이 문제들을 다룰 것이다.

서 제시한 화해로서의 승화도 이런 "경제학" 개념과 연관이 있다. 하지만 나의 접근은 하트만과 중요한 지점에서 조금 다르다. 하트만은 "순수한 본능적 소망"과 "그 분출 양상"을 자아의 에너지 양상과 대립하는 것으로 생각했다(p. 24). 하지만 나는 자기애, 그리고 자기애적 리비도의 조직화 결과인 자아 모두 그 기원과 속성은 본능적이라고 생각하며, 자기애적 리비도도 대상 리비도 못지않게 본능적이라고 말하고 있다. 성적 본능과 자아 본능의 이원론을 포기하면서 프로이트는 확장되고 단일한 리비도 개념을 선택했는데, 그 이유는 부분적으로 성과 영성의 기본적인 단일성을 강조하기 위해서였다(앞 장의 레오나르도에 관한 토론을 참고하라). 한 번 더 강조해 두고 싶은 부분은 삶과 죽음본능의 이원성은 조금 다른 차원이라는 점이다. 심리적 에너지라는 개념을 생각해 보면 자아와 이드의 차이점은 그 에너지의 속성이나 원천이 아니고 오히려 에너지의 조직화 수준의 차이라고 할 수 있다. 본능적 에너지를 제어하고 조절하는 자아라는 형태의 중성적 에너지를 전제하는 것은 자아와 이드가 원래 나뉘어 있다고 말하는 것과 같다. 하지만 하트만이 말하는 즉각적인 본능 방출의 지연은 기본적으로 이드와는 구분된 자율적인 에너지의 원천을 가지는 "자아에 의한 조절" 덕택이 아니다(하트만은 그의 *일차적 자아 자율성* 개념에서 이 점을 인정한다). 오히려 이러한 지연은 우리가 자아라고 부르는 본능의 조직화 덕분에 가능하다.

나중에 위니캇의 공헌을 이야기할 때 다시 이 점을 논하겠다. 내 의도는 승화에서 중성화 개념을 없애는 것이 아니다. 오히려 딱딱한 경제학적 개념을 넘어 좀 더 풍성한 의미를 부여하고, 나아가 승화와 관련한 에너지가 본능이 아니라거나 비-본능적 에너지 원천에 의해 조절된다는 의미를 떨쳐내기 위한 것이다. Greenacre와 Kris는 중성화가 비-본능적인 무언가를 의미한다는 뜻에서 승화와 같은 걸로 취급되는 데 우려를 표했었다. 프로이트가 다 빈치에 관해서 이야기하듯이 승화에서 열정은 사라지지 않는다. 열정은 과학, 예술, 치료, 종교 등 모든 창조적 행위에서 생생하게 작동하고 느껴진다.

자기애적 리비도와 대상 리비도, 동일시와 대상 카텍시스는 일차적 자기애가 분화한 결과물이다. 말하자면 엄마-아기의 심리적 매트릭스에서 분화한 결과물인 셈이다. 이런 관점에서 보면 승화는 내면에서 이루어지는 재-창조적인 매트릭스로의 귀환이고, 개별화와 성적 분화의 과정에서 생긴 양극화된 요소들의 화해이다. 그래서 승화는 떨어졌던 것을 모아낸다고 볼 수 있다. 승화는 "현실의 숙달에 결정적인 역할을 한다"(하트만, 1955). 이때 숙달은 지배가 아니라 화해라서 물적 현실을 심적 현실 안에 두고 심적 현실을 물적 현실 안에 둔다. 그래서 축제는 가장 창조적인 승화 행위의 하나가 된다. 여기서 승화의 "광적manic" 요소는 단일성의 부정이 아니라 긍정인 셈이다. 자아의 조직화는 억압되지 않을수록 그런 의미에서 축제인 셈이다.

위니콧이 승화에 대해 생각한 것을 보면 내 생각과 아주 가깝다. 그 역시 엄마-아기의 매트릭스에서 시작한다. 「Transitional Objects and Transitional Phenomena」(1953)를 바탕으로 그는 그가 "문화적 경험의 자리The Location of Cultural Experience"라 부르는 것을 놀이와의 관련성 아래 검토한다(1967). 이 논문은 이렇게 시작한다.

> 프로이트의 지형 이론에는 문화적 경험을 위한 자리가 없다. 프로이트는 내적 심리적 현실에 새로운 가치를 부여했고, 여기에서 실재할뿐더러 전적으로 외부적인 무엇을 위한 새로운 가치가 생겨난다. 프로이트는 '승화'라는 단어를 통해 문화적 경험이 의미를 얻는 길을 제시했다. 하지만 그는 마음 안에서 문화의 자리는 어디인지 말하지는 않았다(p. 368).

위니콧은 “놀이는 사실 완전히 내부의 것도, 완전히 외부의 것도 아니다”라고 말했다. 우리가 문화적 경험이라 부르는 것은 놀이와 같은 곳이거나 혹은 그 연장선에 있다. 그는 이행기 대상은 “엄마와 아기가 만드는 합일의 상징이다”라고 말한다. 이 맥락에서 “상징”의 의미는 이행기 대상이 그 합일의 구체적 형상화라는 것이다. 이어서 말한다. “대상을 사용하는 것은 이제 떨어진 둘, 엄마와 아기가 **분리를 시작할 무렵에 갖던** 합일을 상징한다”(p. 369, 볼드체는 위니콧). 그는 “분리가 아닌 합일의 한 형태인 분리”에 대해서 말하고 있다.

「Transitional Objects and Transitional Phenomena」에서 그는 이렇게 강조한다. “이행기 대상에 대해 우리와 아이는 ‘이게 진짜 외부의 어떤 것, 그러니까 바깥에서 온 거니?’라는 질문을 절대 하지 않기로 일종의 합의를 한 상태라고 할 수 있다. 중요한 건 이 점에 대해서는 아무런 결정이 내려지지 않았다는 점이다. 아예 질문조차 하지 않는 거다”(p. 95). 조금 후 이렇게 말한다.

> 내적 현실과 외적 현실을 잇는 데 어려움을 겪지 않는 인간은 어디에도 없다. 그리고 (…) 이 같은 어려움에서 잠시 놓여나는 곳이 중간적 영역이다(예술, 종교, 등). 이 중간 영역은 놀이에 ‘빠진’ 아이가 머무르는 곳과 바로 맞닿아 있다. (…) 우리는 아이에게 주관성과 객관성을 따지지 않는데, 바로 여기에 이행기 대상이 있다.

위니콧은 이렇게 요약한다. “이 같은 중간적 영역은 내부현실에 속하는지 외부의 (공유되는) 현실에 속하는지 추궁당하지 않는데, 아이의 경험에서 큰 부분을 차지하고, 일생을 통해서 예술과 종교, 혹은 상상과 창작을 통해 강력하게 경험된다”(p. 97).

위니콧은 문화적 경험의 자리와 승화를 이행기 현상의 관점에서 생각하는데, 아이가 갖는 이행기 대상은 그 대표적인 예로, "분리는 분리가 아니라 일종의 합일"이라는 것을, 그리고 "분리가 시작할 무렵의 상태"를 표상한다. 나는 좀 더 발전된 형태의 승화를 언급하며 이 같은 합일이 양극성 혹은 분리됨의 화해라고 말했다. 분리가 시작되는 지점은 분화가 시작되는 바로 "그곳"이라고 할 수 있다. 분화가 시작되는 그곳은 단일성의 장으로, 아기의 경우는 엄마-아기 사이의 심리적 매트릭스다. 좀 더 자란 어린이나 어른의 경우는 그들이 속한 환경의 장場으로, 그들은 거기에서 소외되고 스스로 그것을 소외시킨다. 소외를 통한 분화가 합일의 행위를 통해 새로운 단일성을 창조해 내어 역전되는 것이 진정한 의미의 승화라고 할 수 있다. 이 같은 역전, 즉 단일성의 회복에서 소위 분화된 단일성(다양성)이 생겨난다. 이는 합일 안의 나뉨이고, 나뉨 안의 단일성이라고 말할 수 있다. 다음 장의 상징에 관한 논의에서 다시 이행기 현상을 고찰하겠다.

「The Location of Cultural Experience」에서 위니콧은 이행기 현상에는 "절정이 없다. 이 부분이 본능에 토대한 현상과는 다르다. 본능에 기반한 현상에서는 쾌락적 요소가 중요한 역할을 하고, 만족은 절정과 보통 연결된다. 여기서 하트만의 중성화 개념이 생각난다. 하지만 이런 이행기 현상은 (…) **대상과 관계한 경험**에 달려 있다"(1967)라고 말한다(볼드체는 위니콧). "본능에 기반"한 절정은 대략 대상 카텍시스와 관련이 있고, 절정에 이르지 않는 건 자기애적 카텍시스와 관련이 있다고 볼 수 있다. 혹자는 내가 "광적"인 요소라고 언급한 축제의 절정 또한 다른 형태의 절정이 아니냐고 물을지도 모르겠지만 그래도 위니콧의 구분처럼 절정의 도달 여부는 승화를 이해하는 데 중요한 부분인 것 같다. 위니콧은 옛날 리비도 개념으로 후퇴했는데, 이 맥락에서 리비도는 대상 리비도이고 분출을 통해 만족을 얻는다는 의미다.

위니콧이 강조하는 건 절정을 갖지 않는 현상이 대상과의 관계 맺음의 경험에 속한다는 점이다. 만약 이런 현상이 주관성과 객관성의 관점에서 별문제가 없다면, 즉 "주관적인가, 객관적인가?"라는 문제가 제기되지 않는다면, 여기서 말하는 "대상과의 관계 맺음"은 코헛이 말하는 자기대상의 관계 맺음 같은 것이라고 할 수 있다. 위니콧은 이런 관계 맺음은 일종의 "전류"에 비유될 수 있어서, "의미 있고 친밀한 접촉 안에서 만들어지는 것 같고, 사랑에 빠질 때 일어나는 모습이기도 하다"(1967, p. 369)라고 말한다. 무언가를 분출하는 현상이라기보다는 자기장의 파동이나 진동 같은 것인 셈이다. 그는 "무수한 다양성을 가진 놀이 현상"에 대해 이러하다고 말하면서, 비교적 전형적인 형태를 보이는 분출 현상과 비교했다(pp. 369-70). 그는 여기시 하트만의 *중성화* 개념을 호출하는데, 이로써 어쩌면 "주관성 혹은 객관성" 여부를 문제 삼지 않는 중립성 개념을 제안하는 것일지도 모르겠다(neuter는 "not either"에서 유래했다). 하지만 이 중립성 개념에는 분출도 역시 포함되지 않는다. 이런 식으로 중립성을 생각해 보면 자연스럽게 본능의 목적, 목적의 저지, 만족의 성격 같은 이슈에 이르게 된다.

*목적의 저지*는 고전적 의미에서 승화의 핵심적 요소다. 프로이트가 부드럽고-애정 어린 "목적-제한적" 충동을 말했을 때, 그의 마음속에는 위니콧이 비-절정nonclimactic 현상이라 불렀던 것이 있었다. 프로이트는 이런 것들을 승화라는 이름 아래 두었는데, 이는 특히 목적 저지라는 요소 때문이었다. "부드러운" 충동과 "성적" 충동의 차이는 동일시와 대상 카텍시스의 차이, 혹은 자기애적 리비도와 대상 리비도의 차이와 비슷하다. 이 모든 구분과 용어의 사용은 비교적 발달한 심리 발달 단계에 근거하

고 있다. 『Group Psychology and the Analysis of the Ego』(1921)의 후기에서 프로이트는 직접적 성적 본능과 목적이 저지된 성적 본능의 차이에 대해 논한다. 그는 상당히 확신에 차서 말하길, 부드럽고-애정 어린 충동은 직접적인 성 충동의 이차적인 것으로, 이런 충동들도 최초의 성적 목적에서 유래한 것이라고 했다. 또한 오이디푸스 콤플렉스를 형성하게 되는 "최초의 유아기 애정의 형성", 그리고 최초의 유아기 애정과 나란히 혹은 연이어 관찰되는 부드러운 충동과 감정적 애착에 대해서도 말한다. 그는 논의의 중간에 흥미로운 이야기를 하는데, "아이가 부모나 양육자에게 갖는 모든 감정은 중단 없이 쭉 이어져 아이의 성적 욕망을 드러내는 소망이 된다. 아이는 이런 사람들에게 자신이 아는 모든 종류의 애정을 원한다". 프로이트가 여기서 말하는 것은 아이가 품는 소망들, 즉 뽀뽀하고, 만지고, 부모를 보고 싶고, 부모의 성기를 보고 싶고, 엄마와 결혼하고 싶다는 것들이다. 애정과 질투, 성적인 의도가 모두 합쳐지게 된다는 게 그의 설명이다. 여기서 그가 앞서 말한 주장과는 사뭇 어울리지 않는 뉘앙스가 드러나는데, 앞서 프로이트는 부드럽고-애정 어린 충동은 "성적 목적"에서 생겨나지만, 성적 목적으로부터 멀어지면서 만들어진다고 말했었다. "성적 목적으로부터 멀어지는 현상을 메타심리학과 어울리도록 묘사하려니 조금 어렵다"라고 말한 것으로 봐서 그도 마냥 편하지는 않았던 것 같다(1921, pp. 137, 138).[5]

「Instincts and Their Vicissitudes」(1915a)에서 프로이트는 본

5) 독일어판 프로이트 전집과 비교해 보라(G. W. 13:154, 155). ""아이가 부모나 양육자에게 갖는 (…)" 이렇게 시작되는 문장은 내가 번역한 것이다. 그 이유는 스트레이치의 번역이 프로이트의 의도에 완전히 충실하지 않았다고 느끼기 때문이다. 특히 "중단없이 쭉 이어져 (…) 소망이 된다"라는 부분은 반드시 보존되어야 한다. 왜냐하면 이 문장으로써 최초의 애정 대상의 형성에서 근친상간에 대한 장벽의 부재, 그리고 후에 두 갈래로 나뉠 힘이 애초 분화되지 않았다는 점이 드러나기 때문이다. 나중에 후기의 뒷부분에서도 명료해지겠지만 프로이트는 여기서 주로 오이디푸스, 혹은 오이디푸스기 이후의 발달에 대해서 논하고 있지, 오이디푸스기 이전의 애정에 대해서는 큰 관심을 두지 않고 있다.

능의 목적에 대해 다음과 같이 정의한다. "본능의 목적은 항상 만족이다. 그리고 만족은 본능의 원천에서 생긴 자극을 제거함으로써 이루어진다"(p. 122). 이 정식으로 이해하면 만족은 본능의 제거, 긴장의 발산, 만족의 원형인 절정과 유사한 경험 같은 것들이 된다. 나아가 프로이트는 본능에서 최종적인 목적이 바뀌지 않은 채 어떻게 중간의 목적들이 생겨나는지 설명한다. 그리고 한동안 만족의 방향으로 가다가 저지되거나 방향이 전환되는 과정도, 즉 목적이 저지된 본능이 있다고 말한다.

프로이트의 정의에 따르면 본능은 본능적 긴장의 발산이므로 비-절정 현상 혹은 발산 자체가 핵심적 요소가 아닌 과정은 *그 정의상* 목적이 저지된 본능, 방향이 전환된 본능, 혹은 중간 목적 같은 것들이 된다. 만약 비-절정 현상이 그 자신의 고유한 지위를 가지고 있어서, 즉 분출 과정에서 유래했나고 말할 수 없으면 그 정의상 이제 본능이 아니게 된다. 아마 이 부분이 "자아"가 비-본능적 에너지를 사용한다는 생각(자아의 일차적 자율성 개념)이 나온 지점인 것 같다. 앞서 언급했듯이 프로이트는 목적의 전환이나 저지를 메타심리학으로 기술하기가 어렵다고 말했는데, 이는 일차적 자기애나 자기애적 리비도가 대상 리비도에 근거한 본능의 목적과 잘 어울리지 않는다는 나중의 깨달음을 예고하는 것 같다. 우리는 "만족"(글자 그대로 "기쁘게 하기", "달래기")이 자극의 제거나 감소가 아닌 다른 방법으로 얻어질 수 있다는 점을 반드시 고려해야 한다. 만약 삶의 본능이란 것이 있다면 그것의 "목적"은 좀 더 높고 분화된 단일성을 통해서 만족을 얻는 것일 테다. 이때 긴장은 제거되기보다는 "결합"한다. 즉, 새로운 부류의 만족인 셈이다. *항상성*은 오로지 휴면 상태와 자극의 제거를 통해서 얻어진다는 전제(항상성 혹은 불쾌 원칙) 아래서만, 그러한 가정 아래서만 "모든" 본능의 궁극적 목적은 "절정"에 의한 만족이라고 말할 수 있다.

「Instincts and Their Vicissitudes」보다 거의 10년 정도 늦게 발표된 「The Economic Problem of Masochism」에서 프로이트는 조금 다른 결론에 도달한다.

> 쾌락과 불쾌는 (…) 그 양('자극으로 인한 긴장')의 증감으로 정의할 수 없다. 물론 그것은 중요한 요소이긴 하다. 하지만 쾌락과 불쾌는 이런 양적인 요소보다는 질적이라고 할 수 있는 것에 달린 것 같다. 만약 이 질적인 요소들이 무엇인지를 말할 수 있다면 아마 좀 더 발전된 심리학을 만들 수 있을 것 같다. 어쩌면 이건 리듬이나 변화의 시간적 추이, 자극량의 등락 같은 것일지도 모르겠다. 하지만 아직은 모르겠다(1924a, pp. 159-60).

그는 이 논문에서 항상성 혹은 니르바나 원리, 그리고 쾌락-불쾌 원칙을 구분한다. 그가 어떻게 이러한 새로운 구분에 이르게 되는가에 대해서 충분한 인용을 할 필요가 있어 보인다.

> 우리는 여태 별다른 고민 없이 쾌락-불쾌 원칙과 니르바나 원리를 같은 것으로 여겨 왔다. 그래서 모든 불쾌는 자극으로 인한 정신적 긴장의 높아짐, 쾌락은 낮아짐과 같은 것이었다. 그러면 니르바나 원리(그리고 그것과 같은 것으로 여겨진 쾌락원칙도)는 모두 죽음본능을 위한 것이 된다. 죽음본능의 목적은 삶의 활동성을 무생물 상태로 만드는 것이고, 그 기능 중 하나는 삶의 본능이 하는 요구에 경고를 보내는 것이다. 삶의 본능, 리비도는 우리 삶의 예정된 순서를 방해하기 때문이다. 하지만 이런 관점은 옳지 않다. 여러 가지 긴장의 느낌에서 우리는 자극의 증감을 직접 느낄 수 있는데, 이 중 쾌락을 주는 긴장의 증가와 불쾌함을 주는 긴장의 감소가 있는 것이 확실하기 때문이다(1924a, pp. 159-60).[6]

그런 다음 프로이트는 세 개의 *목적*을 제시하는데, 이들은 다양하게 섞이고, 겹치고, 서로 갈등한다. 그리고 각각은 세 개의 조절 원리와 대응한다. 바로 니르바나 원리, 쾌락원칙(여기서는 니르바나 원리와 같지 않다), 현실원칙이다. 그들의 목적은 다음과 같이 묘사된다. "첫 번째[니르바나 원리]에서는 축적된 자극의 양적 감소, 다음[쾌락원칙]에서는 축적된 자극의 질적質的 성격의 획득, 마지막의 경우[현실원칙]에서는 자극 분출의 시간적 유예와 불편한 긴장의 일시적 묵인"(같은 책, p. 161)이다.[7] 마지막 목적은 외부적 영향을 표상하는 현실원칙의 지배 아래 소위 목적의 저지(또는 전환)라 불리는 것을 드러낸다. "축적된 자극의 질적 성격"의 대표적인 예는 성적 흥분의 증가에 따른 쾌락의 경험이다(프로이트는 분명 대상-리비도 긴장을 염두에 두고 있다). 하지만 그가 말한 것처럼 "이것이 분명 유일한 예는 아니다"(1924a, p. 160).

그래서 1924년에 이르면 프로이트는 모든 경우에서 본능의 목적은 자극의 제거라고 말하지 않는다. 나아가 승화는 모종의 목적을 저지하는 것이라고 딱히 가정하지도 않는다. 그리고 현실원칙이 반드시 자극 제거라는 목적의 저지만을 의미하는지도 의문에 부쳐진다. 이를테면 현실원칙은 *재검토된* 쾌락원칙의 수정판으로, 두 번째 목적인 "축적된 자극의 질적 성격"의 획득을 위해 봉사할 수도 있다. 만약 현실원칙이 니르바나 원리나 기존의 쾌락-불쾌 원칙의 단순한 수정이 아니라 일종의 새로운 쾌락원칙이나 리비도의 요구, 혹은 삶의 본능으로 이해되면 이제 "현실", 즉 외부세계의 영향력은 상당히 달라져서 자극 분출의 저지나 유예만을 초래하지는 않는다. 이 경우 외부세계 또한 축적된 자극

---

6) "자극의 증감을 직접적으로 느낄 수"라는 표현을 통해 프로이트는 편안함이나 불편함의 경험과는 별 상관없이 양적 다양함을 느낄 수 있다고 말하고 있는 것 같다.

7) G. W. 13:373(나의 번역, 스트레이치의 것은 정확하지 않다).

의 질적 성격을 만들어 가는 요소가 될 수 있고 기본적으로 분출의 저지와는 관계가 없어진다. 여기서 프로이트의 *과*$_{hyper}$-카텍시스 개념이 필요하다. 과-카텍시스는 "사물 표상"과 "언어 표상"을 연결하는 것이다(1915, pp. 201-02). 앞선 논문에서[Loewald (1978) 1980, pp. 181ff] 나는 환경으로부터 아기에게 언어가 주어지는 건 바로 이 사물 표상과 언어 표상이 연결되는 과-카텍시스 안에서라고 말했다. 말하자면 환경에 있는 특별한 요소와 영향에 의해서 언어가 주어지는 것이다. 그리고 정신분석에서 *해석*이라 불리는 것에 내재한 근본적 현상도 과-카텍시스라는 점을 잊지 말아야겠다. 프로이트가 「The Unconscious」(1915b)에서 지적했듯이 과-카텍시스는 좀 더 높은 심리적 조직화를 이끌고, 그렇게 축적된 자극의 성격을 바꾼다.

내 논점은 이거다. 프로이트가 현실원칙의 목적은 자극 방출을 유예하고 불쾌한 자극 속에 머무는 것이라고 말하는 바람에 우리는 길을 잃었다(1924a, p. 161). 그러니까 이 정식화에서 그는 이전에 폐기된 개념, 즉 쾌락은 자극의 감소나 부재이고 현실원칙은 기존의 불쾌 원칙의 수정이라는 개념으로 돌아간 셈이다. 하지만 내 생각에 진짜로 중요한 부분은 (다양한 쾌락과 쾌락원칙을 포괄하는) 삶의 본능 개념의 도입으로, 그것이야말로 정신분석 이론에 진정 혁신을 가져왔다고 생각된다. 프로이트는 이 혁신을 회피하지는 않았지만 죽음의 본능에 대해서보다는 훨씬 덜 편안해했던 것 같다(두 본능에 대한 프로이트의 요약은 1923, p. 258-59).

이런 맥락에서 위니캇의 비-절정 현상은 축적된 자극의 질적 성질이라는 "목적"을 보여 주는 것 같다. 어쩌면 중성화라는 개념이 말하는 건 긴장의 감소나 그 과정이 비-본능적이라는 의미가 아니라 흥분의 조직화로 인해 자극 방출이 이제는 중요한 요소가 아니게 된다는 뜻으로 생각해 볼 수도 있다. 그 예로 고양된 성적 흥분(물론 여기서는 절정에 대한 예상이 중요할 수 있다)이나 사랑의 친밀함에서 느끼는 즐거움, 혹은 높은 수준의 정신적 조직화에서 초래되는 긴장의 결합 같은 것들이 있을 수 있다. 심리 내적인 흥분의 결합은 위니콧의 비-절정 현상과 같은 것으로 여겨진다. 그가 묘사하는 비-절정 현상은 대상과의 관계에서 경험하는 것으로 우리가 봤듯이 "주관이나 객관이냐"는 질문에서는 반드시 면제된다. 그리고 이 같은 긴장의 결합이 갖는 최종 목표는 발산이나 대상을 통한 자극의 제거라는 만족이 아니다(1915a, p. 122). 그렇다면 그것은 생물에 내재한 긴장과 흥분의 지속인가? 현대 물리학이 가리키는 것처럼 무기물과 그것을 구성하는 분자, 원자들은 상대적으로 일정한 양과 형태의 결합 에너지를 가진다. 상대적으로 일정하다는 표현이 적당한 이유는 그것이 보통의 인간적인 것과는 사뭇 다른 규모의 시간적 지평에 속하기 때문이다. 항상성 원리나 불쾌 원칙이 말하는 휴면은 절대적이지 않고 상대적인 것으로, 우주적 혹은 원자 규모의 시간 지평에서 보면 그 역시 "삶"이라고 볼 수 있다.[8] 그리고 개개인의 본능적 삶에서 개체 간의, 혹은 심리 내적 결합을 통해 긴장을 유지하고자 하는 건 죽음의 본능이나 완전한 휴면이라는 불변의 목적보다는 불멸을 향한 인간적 소망에 더 가까운 것 같다.

8) 「An Outline of Psycho-Analysis」에서 프로이트는 말하길, "만약 생물이 무생물보다 늦게 생겼고 무생물에서 유래했다면 죽음본능은 앞서 제시한 바처럼 이전 상태로 돌아가는 것이 맞다. 에로스(사랑의 본능)의 경우는 이 정식과 잘 맞지 않는다. 그렇게 되려면 생물은 한때 단일체였다가 찢어진 것이고, 그래서 후에 이전 상태로 다시 통합되어 돌아가려는 것이어야 한다"(1940, pp. 148-49). 「Analysis Terminable and Interminable」에서는 엠페도클레스의 사랑과 투쟁이라는 두 개의 원리에 관계된 "우주적 환상"을 언급한다. 사랑과 투쟁은 "우주의 삶과 마음의 삶 안의 모든 사건"을 관장한다(Freud 1937, pp. 245-47). 「Outline」에서도 말하길, "두 기본적 본능의 유비는 생물을 넘어 상반된 두 힘으로 확장한다. 인력과 척력은 무생물의 세계를 관장한다". 그리고 각주에서 한 번 더 엠페도클레스를 언급한다(1940, p. 149).

요약하면 여기에서는 분출을 압박하지 않는 본능적 과정의 존재[9], 자극 감소와 무관한 쾌락과 만족, 혹은 자극의 증가와 무관하며 오히려 자극 감소와 관계있는 불쾌를 가정한다. 나아가 질적 변화와 관련된 불쾌도 있는 것 같은데, 이 경우 본능의 조직화 수준은 낮은 쪽으로 향한다 (이렇게 되면 긴장의 증가가 초래될 수 있다).

우리는 높은 수준의 조직화에서 초래되는 쾌락과 낮은 수준의 조직화에서 경험되는 불쾌를 아직 제대로 이해할 수 없는 듯하다. 그 이유는 부분적으로 이론가들이 양적 요소에만 집착한 나머지 *공명*resonance이라는 현상을 무시하고 오로지 에너지의 증감에만 관심을 가지기 때문이다. "자극"은 단순히 흥분량의 증가로만 이해되어서는 곤란하다. 많은 경우에서 자극은 이웃한 시스템과의 "파장"과 공명하는 현상이기도 하다. 말하자면 자극은 이웃한 시스템의 결합 수준이나 조직화 활동에 개방된 결과일 수도 있다. 과-카텍시스의 경우, 이웃한 시스템은 스스로 "받아들이는" 시스템에 자신을 열고 조율을 한다. 이같이 공명의 경우 자극은 모종의 질적 변화를 빚어 내는데, 이에 따라 받아들이는 시스템에 존재하던 긴장의 조직화 수준이 변한다. 프로이트가 쾌락과 불쾌의 질적 성격에 대해서 말한 것처럼 공명도 리듬이나 시간과 관련이 있는 현상이다. 하지만 그 관련성은 아직 분명하지는 않다. 그러나 분명 "자극량의 증감"이라는 개념이 도움이 될 것 같지는 않다.

명료화를 위해 이상의 논의가 고전적 정신분석 이론과는 다른 두 가지

---

9) 물론 압박, 혹은 압박의 행사가 모든 본능의 특성이라는 것은 당연하다. "사실", 프로이트는 말한다. "그 핵심. 모든 본능은 활동의 한 부분이다"(1915a, p. 122). 하지만 이 말이 분출이나 휴면을 향한 압박이라는 뜻은 아니다.

지점을 짚어 보겠다.

1. 정신분석적 심리학의 첫 번째 가정은 상호 관계적 장場이라는 것으로, 그 가장 기본적인 형태는 엄마-아기의 심리적 매트릭스다. 리비도-공격성, 애정적-파괴적, 삶과 죽음 등 그 이름과 무관하게 우리가 소위 본능이라고 부르는 것은 애당초 분리된 아기의 정신 안에 있는 것이 아니다. 초기 발달에서 *본능(혹은 본능적 욕동)*은 심리적 활동(상호작용)으로, 이 매트릭스 안에서 일어난다. 그리고 개별화라는 심리적 분화 과정에서 본능은 아기의 내면에서 추동력이 된다. 아이의 내면에는 이미 그 기원에서부터 양육자의 동기가 깃들어 있다. 아이가 태생적으로 지니는 자율적 정신의 표현이 아니라는 뜻이다. 아동 분석가들의 최근 작업이나 "소아 정신과"의 연구를 봐도 그런 것 같다. *일차적 자기애*는 이제 엄마-아기가 만드는 매트릭스의 이름이 된다. 한편 성적 본능을 지칭하는 정신분석학적 용어인 *리비도*와 (비록 별도의 고찰이 필요하지만) 공격성은 처음에는 서로 분화되어 있지도 않고, "대상"과 "자기"를 구분하지도 않는다. *대상 리비도와 자기애적 리비도*라는 용어들은 일차적 자기애 상태에서 벌어지는 분화 과정을 개념화한다. 위니콧의 표현을 빌리자면 일차적 자기애 단계에서는 대상 리비도와 자기애적 리비도 사이의 양자택일적 질문이 면제되는 셈이다. 나중에 다시 논의하겠지만 위니콧이 사용한 문화적 경험의 자리라는 개념에 암묵적으로 포함된 생각은 이 "단계"가 발달의 과정 중에 없어지고 폐기되는 것이 아니라 좀 더 복잡한 조직화 수준으로 어른의 정신적 매트릭스 안에서도 다양한 모습으로 존재한다는 의미다.
2. 승화는 본능과 이드, 열망과 열정, 무의식에 대한 "성공적"인 방어가 아니다. 승화는 자아 발달의 과정이며, 방어와 구분되는 내면화의 한 부분이다. 나는 승화의 역동적 성격을 대략 화해reconciliation라 개념 짓는다.

덧붙여: 생물학적, 정신분석학적 담론에 대해서

여기를 포함한 여러 곳에서 나는 본능이 정신분석적 개념이어야 하지 생물학적-생리학적(혹은 인성학적) 개념이 되어서는 안 된다고 말했다. 이 말은 종종 잘못 이해되어서 마치 내가 본능이 몸이나 육체와 무관하다고 말하는 것처럼 말하는 것 같다. 그렇게 들으면 프로이트가 확고히 말한 경계로서의 본능 개념, 즉 본능은 몸과 정신의 중간에 있다, 과 정면으로 배치되는 이야기를 하는 것처럼 보인다. 프로이트는 본능을 유기체의 자극으로 보는 관점, 즉 심리 기관에 영향을 미치는 "필요need"로 보는 관점, 그리고 유기체적 필요-자극의 심리적 표상으로 보는 관점 사이에서 동요했었다. 이렇게 프로이트주의적 관점에서 보자면 나는 본능을 전자보다는 후자, 즉 유기체의 필요가 심리적으로 표상된 것이라는 의견에 동의하는 편이다. 물론 여기에서도 *표상*representative과 *표상물*representation의 모호한 구분이 아쉽기는 하다. *표상*에 대한 담론은 표상되는 것에 대한 담론과는 다른 수위에 위치한다. *표상물*이라는 용어는 인과관계에 있지 않은 둘 이상의 실체가 맺는 연관성을 지칭한다. 예컨대 유기체의 자극은 원인이고 심리적 현상은 결과라고 말할 수 있다. 하지만 이때 만약 욕동을 정신에 미치는 신체적 자극이라 가정하게 되면 몸과 마음 사이에는 인과관계가 설정되어 버린다. 실상 몸과 마음은 겉에서 보이는 것처럼 두 개의 서로 다른 현실이 아니라 두 가지 경험 양상이자 현실을 조직하는 두 가지 방법인데도 말이다. 실제로 우리는 종종 이 둘을 동시에 쓰거나 섞어서 쓰는데, 말하자면 이런 식의 이해가 둘 사이에 인과관계를 설정해 버리거나 하나가 다른 하나보다 덜, 혹은 더 현실적이라는 주장보다 설득력이 있다. 하지만 우리가 물적 현실과 심적 현실의 구분이라는 현대 자연과학적 구도 안에 있는 한, 비록 단일한 경험 자료가 서로 다른 방식으로 조직되고 통합된 것이라 하더라도 생물학적 영역과 심리학적 영역은 엄연히 구분된다. 그리고 이러한 맥락 아래 정신분석 역시도 비록 생물학적 관점과의 연관성을 알고 있지만, 그 자신의 경험치를 "심리적"인 것으로 다루게 되었다. 그 결과 현대 과학의 전통에 복무하고 있는 정신분석가들 역시 우리의 경험을 소위 신체적 현실이 아닌 심리적 현실로 통합하게 되었다. 나는 이런 구도에 대해서 회의적이지만 그 또한 어쩔 수 없이 비록 불안정하게나마 한동안은 우리의 지적 현실로 남을 것이다.[10)]

10) 나는 「On Motivation and Instinct Theory」[(1972) 1980, pp. 124-26]에서 이 문제를 좀 더 다루었다. 독자들은 참고하길 바란다.

03

승화와 방어에 관한 전통적 이론

앞선 논의에서 내가 승화를 논한 관점은 주로 자기애와 내면화 개념을 정신분석적 이론에 도입하면서 뚜렷해진 관점이었다. 프로이트가 이러한 개념들을 자신의 이론에 도입한 건 비교적 후기에 이르러서였다. 자아의 형성과 발달에 관한 커가는 관심이 이러한 변화를 초래한 중요한 경험적 토대였는데, 이런 문제들은 주로 유아乳兒의 원초적 정신과 정신증, 그리고 공격성과 죄책감과 관련한 문제들서 발견되었다. 나는 그의 본능 이론이 왜, 어떤 식으로 변했고, 그 결과로 성, 리비도, 에로스, 공격성과 파괴본능 개념을 더 넓은 현상들에 적용할 수 있다는 점을 기술했다.

하지만 승화에는 여전히 방어 기제 이슈와 관련해서, 그리고 보통 리비도는 대상 리비도를 가리킨다는 정신분석적 상식의 관점 아래서 더 효과적으로 토론할 수 있는 부분들이 있다. 나는 승화가 방어라는 제목 아래 포함되지 않는다는 결론에 도달했다(물론 이 말이 동일시 기전이 종종 방어 목적으로 사용된다는 것을 부정하지는 않겠다). 그러나 대개 전통적인 정신분석적 선입견 때문에 승화는 방어, 혹은 "성공적인" 방어로 여겨졌는데, 보통의 기본적 방어들과 비교해 보면 시사하는 바가 있을 것이다. 이제부터 이어질 토론에서 본능이라는 용어는 자기애 이론이 나오기 이전처럼, 대상과 관련한 리비도와 공격성을 지칭하는 것으로 사용될 것이다.

억압의 경우와 대조적으로 승화에서 본능적 충동은 즉각적 방출을 통한 만족을 회피하는 것이 아니라 우회하게 된다. 각각에 해당하는 지각, 기억, 환상은 역-카텍시스에서 관찰되듯 억압되는 것이 아니라 가장과 윤색을 통해 조금 더 받아들일 만한 것으로 바뀐다. 충동의 우회는 지연 혹은 목적의 저지로 묘사되며 이를 통해 원래의 목적을 대체하는 곳에 이를 수도 있다. 프로이트는 승화를 가능케 하는 억압의 "부주의", 혹은 억압의 가역성에 대해 말한 적이 있다. 강연에서 그가 어떻게 둘을 비교했는지 보면 시사하는 바가 있다. 아래는 매사추세츠의 클라크 대학에서 한 강연 일부다.

> 정신분석 작업의 결과(중 하나)는 억압으로 인한 교란이 없었으면 애당초 가능했을 일인, 유용한 목적에 무의식적 본능을 사용할 수 있게 된다는 겁니다. 유아적 소망의 근절은 당연히 발달의 이상적 목표가 아닙니다. 억압으로 인해 신경증 환자들은 정신적 에너지의 많은 부분을 희생하게 되는데, 그렇지 않았다면 정신적 에너지는 성격의 형성과 삶의 여러 활동에 보탬이 되었을 것들입니다. 우리는 발달에 있어 이보다 훨씬 쓸모있는 과정을 알고 있는데, 소위 '**승화**'라 불리는 것으로 여기서는 유아적 소망의 에너지가 끊기는 게 아니라 쓸모를 위해 남겨집니다. 그래서 여러 가지 충족되지 못하는 목적이 좀 더 고상하고 성적이지 않은 목적으로 대체되는 것입니다. 승화를 위해 사용되는 것은 **성적** 본능의 일부이고, 이때 성적 목적은 상대적으로 덜 성적인 것으로, 그리고 사회적으로 가치를 인정받는 것으로 대체됩니다. 아마도 고상한 문화적 성취는 이런 식으로 만들어진 에너지 덕택일 것입니다.

한편 미숙한 억압은 억압된 본능의 승화를 불가능하게 만들지만, 억압이 걷히면 승화로 향하는 길이 다시 한번 열리게 됩니다(1910a, pp. 53-54, 볼드체는 프로이트).

반복하면 승화는 억압과 다르게 반본능적인 것이 아니라 본능적 힘을 좀 더 높은 가치 혹은 널리 받아들여질 수 있는 가치를 위해 조절해서 사용하는 것이라고 할 수 있다. 반면 억압은 반본능적인 것으로 승화를 방해하는 까닭에 억압을 없애면 승화가 촉진된다. 말하자면 진정한 승화에서 열정은 완벽한 숙달이라는 형태로 표현되는 것이다. 프로이트 후기의 용어를 쓰면 이렇게도 표현할 수 있겠다. 억압은 일관성 있는 자아로부터 본능적 힘이 배제된 상태로, 자아의 제한과 궁핍이 초래된다. 반면 승화에서는 이런 본능적 힘이 인도channeling와 조직화 과정에 의해 자아 조직화로 포섭된다.

앞 단락에서 나는 "진정한" 승화를 이야기했는데, 말하자면 반대로 제대로 된 게 아닌 승화도 있다는 뜻이다(1장 참고). 프로이트는 분석 기법에 관한 논문에서 이를 언급한 적이 있다. 거기에는 마음에 새겨 둘 만한 다른 관찰도 있다.

정신분석 치료를 하다 보면 치료자로서는 전혀 의도하지 않았으나 교육적 행위를 하고 싶은 유혹이 치료자를 압박할 때가 있다. 발달상의 억제가 해결되면 억제에서 풀려난 힘들을 위한 새로운 목적이 저절로 드러나기 마련이다. 그렇게 신경증을 벗어난 사람이 무언가 그에게 특별한 성취를 하려고 애쓰고 좀 더 높은 이상을 갖는 것은 통상의 자연스러운 야망과 전혀 다르지 않다. 하지만 여기서 (…) 치료자는 스스로 자제해 환자의 가능성과 소질을 따라야 하지, 자신이 원하는 것을 내세우면 안 된다. 모든 신경증 환자가 다 승화에 재주를 가지는 것은 아니다. 그들이 승화를 할 수 있었더라면 신경증에 걸리지 않았을지도

> 모른다. 만약 치료자가 부당하게 그들을 승화로 내몰고 그들에게 쉽고 가용한 본능의 만족을 차단해 버리면 우리는 그들의 인생을 더 힘들게 만들어 버릴 수 있다. 치료자로서 우리는 무엇보다도 환자의 약점을 견딜 수 있어야 하고, 그들이 적당히 일하고 즐길 수 있으면 만족해야 할 것이다. (…) 마음에 새겨 둬야 할 것은 많은 이가 능력 이상으로 승화를 하려다 보니 병에 걸린다는 것, 그리고 승화할 수 있는 능력이 있는 사람은 분석 덕분에 억제가 극복되면 스스로 승화를 할 것이라는 점이다(1912a, pp. 118-19).

이 구절의 마지막 문장에서 프로이트는 가짜 승화에 대해 말하며 인위적인 승화는 그 자체로 병리적 효과를 가진다고 한다. 프로이트는 정신분석의 두 가지 교육적 행위를 구분한다. 첫 번째 행위는 분석가의 목적인 발달상의 억제 해소에 암묵적으로 포함되어 있다. 만약 분석 덕택에 해방이 일어나면 그 해방의 효과로 환자 안에 있는 본능적 힘에 대해 새로운 목표를 가리키게 된다. 두 번째 행위는 좀 더 형식적이고 직접적인 형태인데, 프로이트는 이것을 굳이 부정하지는 않았으나 환자의 성향과 승화에의 소질을 고려해서 제한적으로 주의해서 사용할 것을 권했다. 분석가가 *교화*civilizing라는 단어가 갖는 최선의 의미에서 교화하는 사람이라면, 억지로 환자를 높은 목표로 향하게 만들어 분석가는 자신이 한 작업을 지워 버리게 되고 진정한 발달보다는 추가적인 불행과 "불만족"에 공헌하게 된다는 뜻이다. 여기서 승화라는 단어는 좁은 의미로, 좀 더 높은 문화적 발달이란 뜻이다. 반면 승화가 좀 더 기초적이고 넓은 의미로 사용되면 자아 발달 그 자체가 승화 과정이 된다. 특정한 높은 문화적 가치가 강조되기 시작하면 승화는 극히 적은 수의 사람들만 가진 재능이나 "예술"이 되어 버린다.

억압에 관한 관점과는 대조적으로 프로이트는 반동형성이라는 방어 메커니즘을, 특히 성격 형성의 관점에서 일종의 승화로 기술했다(이 책 서론에 있는 페니첼의 토론을 보라). 가령 깔끔함이나 정리 습관은 항문기 충동을 숙달해서 자아 조직화에 사용한 것이라 볼 수 있다. 임상 상황에서 이것이 반동형성인지 아니면 승화인지를 결정하는 것은 이런 경향의 유연성과 적응성이다(반동형성이라면 융통성도 없고 완전히 도착적일 것이다). 물론 정상 성격 경향과 성격 신경증의 경계는 유동적이다. 한편 이러한 심리적 과정의 방향과 결과에서 가치라는 이슈가 여기서 나오는데, 적응적 가치와 성격 특성의 범위가 우리의 관점을 결정하는 것 같다. 이론적 용어를 쓰자면 반동형성은 해당하는 본능적 충동에 대한 반대와 역counter-카텍시스를 포함하고, 그것들을 반대 방향으로 돌리거나 부인disavowal하는 반면 승화는 그렇지 않다. 많은 분석작업이 힘의 불균형을 바로잡는데 사용된다. 밀하자면 본능적 충동을 적절하게 사용하는 것과 그에 저항하는 것 사이의 균형을 잡는 것이다. 가령 지식화는 방어적 측면, 그리고 정신의 진보와 확장이라는 두 측면을 갖는데[Anna Freud(1946, pp. 172-80)], 이는 반동형성과 승화를 오가는 좋은 예가 된다.

여기서 우리에게 익숙한 문제가 다가온다. 억압이나 여타 방어를 느슨하게 만들거나 없애는 것이 승화의 영역에, 예를 들어 예술적 혹은 과학적 추구에 어떤 영향을 미치나? 적당한 환경에서라면 이는 승화를 방해하는 것이 아니라 기존에 막혀있던 통로를 열어 좀 더 광범위한 본능적 에너지를 사용할 수 있도록 한다. 이런 현상은 특히 분석작업에서 볼 수 있다. 예를 들어 강박적인 방어가 해소되면 전이 안에서 분석가로 향했던 애정적-공격적 충동이 분석 과정 그 자체를 위해 사용되거나 자아의 확장을 위해 사용된다. 하지만 많은 경우 승화는 위협적인 본능적 충동으로부터 승화를 지키는 방어들 덕분에 보호되거나 보강되기도 한다. 즉 방어의 탄력성이 승화를 방해하기도 하고 보호하기도 하는 것이다. 이런 경우 방어가 없으면 승화는 일시적으로라도 취약해지거나 사라질 수도 있다.

살아 있는 유기체의 심리적 현상과 심리 상태가 항상 유동적이고 복잡하다는 사실 때문에 개념적 구분을 짓지 못하면 곤란하다. 요컨대 반동형성은 원래의 충동에 대항하고 반항하는 힘의 요소다. 이에 반해 승화는 역-카텍시스라기 보다는 **과-카텍시스**이므로 원래 충동과 같은 결을 따라 조화롭게 작동한다. 이런 종류의 과-카텍시스는 충동의 강도를 키우지 않고, 오히려 그 조직화 수준과 범위를 넓힌다. 나는 여기서 프로이트가 「The Unconscious」[1915b]에서 이차과정과 전의식의 형성을 토론하며 사용했던 과-카텍시스 개념을 이야기하고 있다. 앞서 2장에서 나는 과-카텍시스를 공명현상과 연결했는데, 이는 자극의 양적 증가와는 대비되는 개념이었다. 한편 충동을 거스르기보다 조화롭게 작용하는 요소는 양육 환경과 관련이 있다. 프로이트는 1897년에 이것을 언급했다. "[환상은] **들었던 것**으로부터 만들어지고, **차후에야** 사용된다. 그래서 환상은 들은 것과 경험한 것을 묶고, 부모와 조상의 역사에서 온 과거의 사건과 자신이 관찰한 것을 묶는다"(프로이트 1892-99, 「Draft L」 p. 248, 볼드체는 프로이트).

방어의 원형인 억압과 승화의 차이를 다시 한번 정리해 보자. 승화의 자기애 이론과 구조이론(이드, 자아, 초자아)이 나오기 전에, 그리고 프로이트의 후기 저작에서도 승화는 방어의 일종으로 분류되었다. 억압은 방어 기제로, 덕분에 자아는 긴장과 갈등에서 상대적으로 자유로운 상태에 놓인다. 자아는 억압을 통해 불편한 무의식적 충동과 그 부산물을 무의식에 두어 피한다. 반면 승화는 자아에 의해 조장되는 또 다른 방어의 하나로 여겨진다. 승화에서 본능적 충동은 그 직접적 분출을 우회한다. 말하자면 방해하고 튕겨 내면서 대체물 혹은 어정쩡한 만족을 만들어 내고, 아니면 기존에 수립된 만족을 이용하게 된다. 이때 충동의 분출에 의한 (쾌락-불쾌 원칙에 따르는) 만족이라는 근원적 목적은 포기되지도 막히지도 않는다. 대신 본능적 충동의 인도와 "결합"으로 인한 우회로 때문에 좀 더 멀어질 뿐이고, 우회로는 일단 잠정적으로 그 자체의 가치를 가지게 된다.[1] 이렇듯 승화는 방어적이고 성공적인 타협형성으로 여겨진다. 하지만 비록 자아에 의해 버려지고 막히긴 했지만 억압된 충동은 결코 오랫동안 완전히 사라지지 않는다. 오히려 꿈과 증상이라는 타협형성을 통해 대체 만족과 표현을 찾는다("억압물의 귀환"). 그렇다면 이런 타협형성들과 승화는 어떻게 다른가? 여기서 우리는 승화의 핵심적 요소는 특정 목적과 대상에 깃든 더 높은 가치라는 생각으로 다시 돌아가야 한다. 그리고 여기에는 자아가 그 자체로 좀 더 높은 수준의 심리적 구조물이자 인간 발달의 성취라는 점도 포함된다. 요컨대 꿈과 증상에는 고차원적 가치라는 특성을 부여할 수 없다. 또 하나 기억할 건 이드의 형성과는 달리 자아의 형성은 승화 과정으로 묘사될 수 있고, 승화와 자아 형성은 잘 구분되지 않는다는 점이다(서론 참고). 그래서 승화에서는 목적이나 대상, 혹은 둘 다 "자아의 영향 때문에" 변한다고 말했던 페니첼에게 동의하기가 어려운 것이다(Fenichel 1945, p. 141).

승화에 높은 가치라는 속성을 부여하는 것은 어쩌면 인류나 특정 종족이 공유하고 있는 착각에 불과할지도 모른다. 인간의 본능이라는 앙상한 현실과 그 직접적 만족을 가로막는 외적 장애물을 의식에서 지워 버리고 덮어 버리기 위한 방어적 산물인 착각 말이다. 한편 불쾌 원칙이 궁극의 조절 원리라는 점을 인정하면 이러한 승화 개념은 그 자체의 내적 논리를 갖게 된다. 즉, 승화 행위에서 우리는 종종 생생한 육체

1) 방어 개념과 "우회로"의 지위에 관한 토론을 위해서는 내 글 「내면화」[(1973) 1980, 특히 pp. 71-72, 73-80]를 참고하라.

적 즐거움이 없어진 느낌을 받는다. 본능적 요구와 감각적 목적, 그리고 만족을 주는 대상이 모두 일치되었을 때 얻는 강렬함과 짜릿함 같은 것들 말이다. 또 하나 부정할 수 없는 건, 우리가 추켜세우는 승화의 행위와 성취, 문화적 가치가 얼마간의 자기-기만과 위선 또한 갖는다는 점이다. 마치 육체적 쾌락의 신선함과 직접성이 속담 속의 신 포도와 같이 취급되는 것이다. 프로이트가 높은 도덕과 문화적 가치에 대해 경계했던 이유가 바로 여기에 있다. 그러면서도 동시에 그는 견디기 어려운 삶의 다급함에 대응하고 문명을 증진하는 수단으로서 승화를 긍정하지 않을 수 없었다. 모든 걸 고려할 때 그는 결국 승화가 우리가 매달릴 수 있는 모든 것이라고 말하는 듯하다. 프로이트에게 있어 과학은 비록 분명히 승화 행위이고, 어쩌면 궁극적으로 또 다른 신화일지는 몰라도 그나마 착각과 윤색을 밝혀 줄 가장 성숙한 길이라서, 모든 현실을 있는 그대로 명료하게 보여 주면서 현실을 어느 정도 숙달하게끔 해 준다. 말하자면 그에게 과학은 진정한 성숙을 도모하기 위해 꼭 필요한, 냉정한 환멸과 탈-주술화를 위한 시도였던 셈이다. 한편 정신분석이라는 과학 안에서 승화는 자신을 돌아보며, 자신에게 맞서 자신을 드러낸다.

승화를 정의하기 위해서 가치와 고차원적 목적은 없어서는 안 되는 것이다. 과학적 심리학에서 가치 판단의 문제를 배제하고 싶은 우리의 소망과는 별개로 말이다. 우리가 “고차원적” 발달이라는 관점에서 생각하기 시작하고 심리라는 것에 특별한 지위를 부여하는 순간 가치 판단의 문제에 개입하게 된다. 만약 승화가 공유된 착각에 근거한다면 심리학적 존재로서 우리의 운명은 착각의 손에 달린 셈이다. “내가 확실히 아는 것이 하나 있는데, 그건 인간의 가치 판단은 정확하게 행복에 대한 소망을 따른다는 것이다. 그래서 가치 판단이란 건 결국 자신의 착각을 떠받치기 위한 주장이다”. 프로이트가 이 구절을 쓴 것은 “문명의 가치에 대한 의견을 피력하고자 하는 의도"를 모두 포기하고 난 뒤였다(1930, 「Civilization and Its Discontents」의 마지막 두 페이지).

이 장을 끝내기 전에 승화에 관해 주목해 주길 바라는 부분이 하나 있다. 프로이트의 성적 본능과 자기-보존의 본능, 혹은 자아 본능의 구분과 관계있는 부분이다. 요컨대 성적 본능이 자기-보존의 본능에 "의지"한다는 점이다. 이는 심리-성적 발달의 초기 시절에 뚜렷이 보이는 것으로, 이후에도 지속되며 성적 본능이 점차 그리고 나중에는 완전히 비의존적이 되는 과정에서 조금씩 줄어들 뿐이다(「On Narcissism」, 1914, p. 87을 참고). 이 표현은 영어로는 anaclitic이라고 번역되었는데, 이것은 본능 자체를 지칭하는 것이지 아기가 엄마나 이외 보호자에게 보이는 애착을 지칭하는 것이 아니었다. 특히 프로이트는 「Instincts and Their Vicissitudes」에서 이것을 승화와 연관 지었다.

> 그중(성적 본능) 일부는 일생을 통해 자아-본능과 연결된 채 남아 있으면서 자아-본능에 리비도를 제공한다. (…) 그들의 특징은 상당한 범위 안에서 서로를 대신해서 작용할 수 있다는 점, 그리고 대상을 쉽게 바꿀 수 있다는 점이다. 대상을 쉽게 바꿀 수 있어서 생기는 결과는 그들이 애초 목적했던 행동에서 멀찌감치 떨어진 기능을 할 수 있다는 것이다. 말하자면 승화가 가능한 것이다(1915a, p. 126).

우리는 앞서 일차적 자기애를, 그리고 자아 리비도와 대상 리비도가 갈라지기 전의 근원적 분리 불가능성에 관해 이야기했다. 그 논의의 연장선에서 나는 프로이트의 서술을 조금 수정하고 싶은데, 요컨대 애초 본능적 현상은 이분법적으로 나뉘어 있지 않았다고 말하고 싶다. 그리고 본능이 두 개의 가지로 나누어진 된 이후에도 이 둘은 평생을 통해 동반자처럼 연결되어 있다(위의 인용에서 독일어 *gesellt*는 "associated"로 번역되었다). 승화에서 여전히 자아의 영향력이 존재하는 이유는 애초 자아 리비도와 대상 리비도는 같은 것이었기 때문이다.

04

상징

앞서 프로이트의 레오나르도에 관한 논문의 구절(1장의 도입부)과 관련해서 나는 분화의 경험으로 대체되는 단일성의 경험에 대해 말했다. 반면 승화에서는 단일성의 경험이 유지되거나 아니면 적어도 상징적 연결을 통해 단일성의 경험이 일깨워진다고 말했다. 따라서 상징에 대한 더 깊은 논의가 필요해 보인다. 향후 착각의 문제 또한 이 맥락에서 다루어질 것이다.

상징화는 상상적 행위로 묘사될 수 있을 것 같다. 이때 마음속에서 두 개의 서로 다른 것이 연결되면서 하나가 다른 하나를 대표할 수 있게 된다. 이런 표상적 관계는 다른 부류의 관계 맺음, 즉 시간적, 공간적, 인과적, 논리적 연관과는 다르다. 이런 여타 부류의 관계 맺음은 상징 관계의 수립과 각성에 영향을 주거나 상징적 관계를 만들 수도 있다. 물론 전혀 영향을 주지 않을 수도 있다. 특히 유사성이라는 측면이 상징화에 많은 공헌을 하는 것 같지만, 어떤 것이 다른 무엇을 닮았다고 해서 반드시 그것의 상징이 되지는 않는다. 내가 언급한 비-상징적 관계는 이를테면 자연으로부터 이미 주어진 것으로 여겨진다. 반면 상징적 관계는 우리가 손을 가진 존재, 즉 인류라는 문화적 집단의 구성원이라는 것을 의미한다. 상징은 항상 특수한 것으로 *우리를 위한* 상징이다. 대상, 사건, 과정, 활동뿐 아니라 이들 사이의 비-상징적 관계는 물적 · 심리적 현실에서 존재하는 현상으로 지각되는데, 즉 자율적인 사실fact, 사건, 관계인 것이다. 하지만 *상징*개념이 일부 의미하는 것은, 현실에 존재하는 어떤 것이 다른 무언가의 상징이 될 때는 오로지 우리의 상상이 그것으로 하여 다른 무엇을 대표하고 표상하게끔 할 때뿐이라 것이다. 아마도 우리의 상상력은 서로 다른 두 가지 물체를 이제는 흐릿해진 그 옛날의 동일성에 비추어 연결하고 있을지도 모른다. 심리적 · 물질적적 형상을 가진 모든 존재는 다른 무언가를 표상할 수 있다. 이러한 표상적 관계 맺음은 한 사건이 객관적 시간 안에서 다음 사건과 연결되어 지각된다는 뜻에서 "객관적"이지는 않다. 말하자면 그건 "주관적"인데, 다시 말해 인간의 상상력이 상징과 상징물 사이의 표상적 연결을 만들어 왔고 지금도 만들고 있다는 것을 자각한다는 의미다. 이 연결은 종종 상상적 도약처럼 보인다.

미리 언급해 둘 것이 조금 더 있는데, 내가 여기서 이야기하고 있는 상징은 징표sign나 신호signal, 도상icon과 초상imitative portrayal 같은 것과는 다르다. 여기서 징표의 정의는 무언가를 지칭하고 추억recall하게 만드는 것이다(예를 들어 열은 질병의 징표고, 젖은 길은 비가 왔다는 징표다). 신호는 무언가를 주목하고 알아채게끔 하는데, 가령 어떤 행위를 암시하거나 미래에 생길 일을 고지告知한다. 상징화를 가능케 하는 정신적 행위를 통해 징표와 신호는 무언가를 지칭하거나 주목하는 수준을 넘어 *표상represent*할 수도 있다. 즉 징표와 신호는 압축되어 앞서 언급한 상징화를 위해 사용될 수도 있다.

상징과 상징의 형성에 대해서는 많은 저작이 있었지만, 상대적으로 정신분석가들의 관심은 미미했다. 최근 심리학계의 공헌은 Piaget(1945), Werner와 Kaplan(1963)의 글이 눈에 띈다. 나는 워너와 카플란의 책에서 큰 도움을 받았다. Freud, Jung, Stekel, Silberer, Sachs와 Rank, 그리고 Jones의 초기 연구를 제외하면, 내 생각에 상징의 문제에 관한 가장 유의미한 정신분석적 공헌은 Melanie Klein을 위시한 영국의 정신분석가들에 의해서 이루어졌다. 존스의 1916년 논문은 아마도 상징의 문제에 대해 시도된 가장 체계적이고 광범위한 정신분석적 이론화일 테다(Jones, 1948). 물론 이 논문은 클라인의 작업보다 먼저 발표되었고 자기애와 구조이론보다도 이른 것이었다. 이 논문에서 존스는 아주 협소한 이론적 개념에 머물렀는데, 자세한 것은 잠시 후 상론하도록 하겠다. 나로서는 철학, 인류학, 미학, 인어학, 문학 비평 등의 영역에서 발표된 상징에 대한 방대한 문헌들을 접하지 못했다. 그리고 심리학과 정신분석적 저작들도 아주 선택적으로만 접할 수 있었다. 그래서 이 주제에 관한 나의 논의는 꽤 제한적이다. 하지만 나의 논의도 분명히 이 주제를 탐구한 여러 저자들의 관찰과 사고의 중력장 안에 있는 것일 테다. 나는 포괄적이고 체계적이기보다는 내게 흥미로운 몇몇 관점 안에서 이 주제를 검토하도록 할 것이다.

상징화에 대한 예를 들면서 시작해 보자. 글을 쓰는 동안(혹은 말을 하는 동안) 나는 내 생각에 시각적(혹은 청각적) 형태를 부여한다. 이렇게 쓰기와 읽기라는 감각-운동 행위를 통해 내 사고의 흐름은 이전에는 가지지 못했던 물질성을 얻게 된다. 그런 식으로 이전에는 지각할 수 없었기 때문에 실체를 갖지 못했던 내 생각은 이제 물질성을 얻게 되고, 물질성을 얻는 과정에서 나로부터 멀어져 나를 둘러싼 세계의 일부가 된다. 내 생각은 이러한 감각-운동적 행위를 통해 나 자신에게 "소통되고" 남들에게도 소통된다. 또한 말과 글은 내가 처음부터 만든 것이 아니다. 짧은 선을 하나 그어 놓고 이게 "말馬"을 의미한다고 주장할 수는 없는 노릇이다. 단어와 문장은 내가 그 일부로 참여하고 있는 언어적 전통으로 이미 주어진 것이고, 나는 이것들을 다른 사람들과 공유할 뿐이다. 이것들이 상징으로 사용될 수 있고 소통을 위해 사용 가능한 이유는 예전부터 내려오는 전통에 근거한다. 그래서 우리의 생각, 느낌 등을 표상할 수 있고 오감으로 지각할 수 있는 상징들은 우리 안에 계승되고 있는 언어적 전통 덕택에 표상 능력을 지닌다. 그리고 그 형태와 그것들이 나타내는 것들은 대부분 이미 결정되어 있다.

나는 지금 내가 사용하고 있는 단어들이 내 생각을 진짜 표상하고 있는지 점검할 수 있다. 내 머릿속의 생각은 상징으로 표상되는 과정을 통해서 변화를 겪고, 나는 그것을 감지할 수 있다. 생각들은 좀 더 분명해지거나 흐릿해지기도 하고, 때로는 흐름이 바뀌기도 한다. 그리고 상징으로 표상된 모든 것은 상징화를 거치기 이전과는 달라지는 것 같다. 아마 이것은 상징의 일반적 성격인 듯하다. 게다가 전통에 의해 이미 결정된 상징도 조금씩 변하는 것 같다. 특정 맥락에서 특정한 무엇을 표상하기도 하고, 비록 아주 미약하게나마 매번 적히고 읽힐 때마다 그 표상적 가치도 변한다.

비록 내적 과정과 상태를 표현하지만 앞선 두 단락에서 설명한 의미의 상징이라고 말할 수 없을 때도 있다. 슬픔과 분노는 흐느낌과 절규로 표현될 수 있다. 이러한 감정적 분출은 내적 긴장을 상징이라는 매개를 거치지 않고 직접적으로 표출한다. 우리가 생각이라고 부르는 정신적 과정은 느낌과는 달리 상징적 표현을 요구하는 것 같고, 실제로 그 표현 가능성에 의존하는 것 같다. 정신분석에서 우리는 환자에게 그들의 감정을 말이라는 상징으로 표현해 달라고 요청하며, 우리 또한 말을 통해 무인가를 표현한다. 이렇게 상징적 표현을 사용하려면 표현하고자 하는 내적 상태에 대해 어느 정도 거리를 둘 수 있어야 하고, 반대로 상징적 표현을 통해 거리를 둘 수 있게 된다. 상징으로 매개되지 않은 표현은 우연히 무언가를 전달할 수 있을지는 몰라도 기본적으로 그 일차적 기능은 긴장의 완화다. 그것들은 이차적으로, 때로는 아주 적절한 소통의 수단이 될 수 있다. 가령 울음은 달래 달라고 하는 소망의 표현이고, 분노에 찬 고함은 상대의 분노를 유발하는 수단이 될 수 있다. 생애 초기 이런 감정 분출을 통한 표현은 상호 작용의 맥락과 소통에 사용되었다. 그때 그것들의 기능은 신호signal로서, 가령 오줌 누기와 똥 싸기 같은 것들도 종종 일종의 신호로 작용한다.

지금 논의하고 있는 상징은 언어를 통한 표상에 대한 것이다. *사물*과 *단어* 사이에는 상징 관계가 성립한다. 단어는 상징이 아니라면 그 자체로는 아무것도 아니다. 하지만 정신분석에서 흔히 사용되는 상징개념은 그 자체로 "실재real하는" 개별 항목들 사이의 표상적 관계를 의미한다. 그러니까 다른 무엇을 상징하는 것은 어떤 것의 일차적이고 유일한 기능이 아닌 셈이다. 흔히 쓰이는 예로 페니스와 뱀의 상징 관계를 생각해 보자. 우리는 두 개의 사물이 정서적으로 서로 상당히 닮았다고 느끼고, 그래서 하나가 다른 하나를 표상할 수 있다고 말한다. 정신분석가들은 두 가지 상징을 구분하는데, 하나는 "언어적 사고 이전의 원초적 상징"이고, 다른 하나는 "의식적인 상징을 통한 억압된 관념의 왜곡적 표상"이다. (…) 페니스라는 관념이 뱀이라는 관념을 통해 위장되고 회피되는 것은 왜곡이라고 할 수 있다. 반면 언어 이전의 사고에서 뱀과 페니스는 하나이고 같은 것이다"(Fenichel, 1945, p. 48). 원초적 상징이 소위 말하는 상징의 발생적 전 단계라는 점은 존스도 인정한 것이지만 그가 말하는 진정한 상징은 억압의 개입으로 특징지어진다. 뱀과 페니스는 언어적 사고 이전에서는 하나이고 같은 것이지만, 그 외에는 각각 분리된 실체인 셈이다. 존스와 그 추종자들의 주장은, 개별 항목들 사이의 상징 관계는 정서적으로 받아들일 수 없는 둘 간의 유사성으로 인해 가령 페니스라는 관념이 억압될 때야 비로소 성립된다는 것이다. 따라서 상징은 억압된 관념을 표상하는 의식상의 무엇을 의미하게 된다. 말하자면 정신분석적으로 무언가를 상징이라고 말하려면 그것은 의식에 있으면서 동시에 무의식 안의 억압된 무언가를 대신하는 것이어야 한다.

이런 상징개념은 여태 우리가 이야기하던 상징과는 확연히 다르다. 단어-상징은 아마도 다른 무언가를 표상하는 것 외에 다른 기능은 없으며, 그 자체로는 의미를 갖지 않는다. 마찬가지로 단어와 이름은 그것이 지칭하고 표상하는 것을 드러낸다. 비록 가끔 부수적으로 그런 경우가 있긴 하지만 상징의 기본적인 기능은 감추는 것이 아니다. 모든 정신분석가가 아는 것처럼 비록 위장되거나 분명치 않을지라도 언어는 언어로 상징되는 것들을 떠올려 의식으로 불러온다. 하지만 더불어 유념할 필요가 있는 것은 뱀과 페니스가 그렇듯, 언어와 "사물"도 원시적 정신 상태 안에서는 때로 같은 것으로 취급된다는 점이다. 아마 언어의 상징 기능도 어쩌면 궁극적으로는 이 같은 원시적 기원에서 유래한 것일지 모른다. 존스를 비롯한 여러 저자는 *상징적 등가성*symbolic equivalency이라는 개념을 통해 이 같은 원시적 동일성, 혹은 상징과 상징되는 것 사이의 상호 교환 가능성을 표현했다. 워너와 카플란의 용어로는 *원상징*元象徵, protosymbolism이라고 볼 수 있다. 하지만 상징과 상징되는 것이 서로 구분되는 진정한 상징에 대해 논하기 시작하면 두 상징개념 사이에는 건널 수 없는 간격이 있어 보인다. 여기서 말하는 두 개념은 언어와 같은 상징, 그리고 정신분석에서 사용되고 있는 상징개념이다. 만약 위장이 상징적 표상의 핵심 기능이 되거나, 혹은 오직 억압된 것만이 상징화가 필요하다면 정신분석을 제외한 여타 영역에서 상징이라 부르는 것들은 "진정한 상징"이 아니라고 말하는 셈이다. 하지만 좀 더 찬찬히 생각해 보면 여타 영역에서 상징화라고 부르는 것도 이미 그 자체로 소망 어린 위장과 왜곡에 도달한 것 같다. 전통적으로 정신분석 이론이 기본적 가정으로 삼고 있는 생각이 있는데, 요컨대 표상은 그 자체로 진정한 심리적 · 물질적 현실의 가공되지 않은 자료를 위장하고 있다는 것이다. 그래서 정신분석은 다른 학문은 알아채지 못하는 그 가면을 벗겨 상징의 진정한 의미를 드러낸다고 주장할 수 있는 것이다. 한편 앞서 언급한 광의의 상징개념에서 보면 승화는 일종의 방어로 정의되며, 상징을 비롯한 표상은 미리 가정된 객관적 현실의 표상으로 결국 방어적 왜곡에 불과한 것이 된다.[1] 만약 우리가 객관적 현실의 성격과 관련해서 이상의 기본적인 이론적 가정을 받아들이게 되면 위의 주장을 지탱하는 내적 논리가 생긴다. 하지만 나는 이런 기본 가정을 받아들이지 않기 때문에 당장은 더 논의를 진행하지는 않을 것이며, 향후 정신분석적 상징개념의 문제로 다시 돌아오겠다.

어떤 물건, 관념, 환상, 사건, 혹은 활동은 마음 안에서 또 다른 물건, 관념, 환상, 사건, 활동과 연결되어 그들을 표상하는 관계를 맺는다. 분석가와 섹스를 하는 환상은 부모와 섹스를 상징하는 것일 수 있다(혹은 반대도 가능하다). 이런 의식적 환상은 무의식적 환상을 나타낸다. 존스처럼 이야기하면 이때 분석가는 일종의 상징이 되면서, 받아들일 수 없는 근친상간의 환상을 방어하는 기능을 갖는다. 한편 조현병 같은 원시적 정신에서는 분석가와 섹스하는 것은 정확하게 부모와 섹스하는 것과 같

1) 여기에서 가정된 객관적 현실은 소위 물적 현실과 "진정한 심리적 현실"인 무의식으로 구성된다. 프로이트의 생각에 의하면 정신분석으로 알게 된 무의식의 가공되지 않은 자료들이 객관적 심리적 현실을 구성한다.

다. 이차과정 정신에서야 두 사건과 두 대상은 구분된다. 여기서 반드시 강조할 부분은 방어에서 일어나는 현상은 단순히 두 사건과 대상의 구분이나 분화가 아니라 분절disjunction이라는 점이다. 둘은 의식에서 그저 나란히 존재할 뿐이다. 방어에서 핵심은 둘의 관계가 무의식 안에서 끊어졌다는 점으로, 원시적 정신, 즉 동일성을 이어받은 이차과정의 상속자로서 그동안 유지해 온 유의미한 연결이 끊어진 것이다.

내 생각에는 상징이 상징으로서 자격을 유지하면서도 상징과 상징물의 연결인 표상적 관계는 의식적으로 인식될 수 있다. 오히려 환자는 이렇게 명확해진 관계를 이제야 진정한 상징 관계로 받아들일 수 있다. 즉, 상징과 상징물의 정서적 중요성이 환자의 마음 안에서 활성화되는 것이다. 방어 도구로서 상징, 즉 위장된 상징은 무언가가 결핍된 상징화로서, 특히 신경증과 꿈을 이해하는 데 있어 중요성을 지니는 까닭에 정신분석적으로는 타당한 것이라 할 수 있겠다. 가령 어떤 환자가 자신의 분석가가 꿈이나 환상에서 부모를 상징한다는 통찰을 얻더라도 상징적 연관성과 상징으로서의 분석가 모두 여전히 의미를 잃지는 않는다. 오히려 상징 관계에 대한 의식적 자각이 생기면 두 요소 모두 의미를 얻게 된다.

그래서 어쩌면 상징과 상징되는 것이 뚜렷이 구분될 때만 진정한 상징이라고 볼 수도 있다. 원시적 정신작용에서는 이것이 가능하지 않다. 그러나 상징과 상징물의 분화는 방어와 억압 덕택이라고 주장하는 것은 *전혀* 옳지 않다. 그리고 억압이 관련되지 않으면, 그리고 상징물과 상징의 표상적 관계가 망가지지 않으면 정신분석적 의미의 진정한 상징도 존재하지 않는다고 말하는 것도 옳지 않다. 상징이라는 용어를 정신분석적 맥락으로만 한정하는 것은 언어에 대한 폭력일 뿐이다. 혹은 이러한 제한적 용어 사용은 모종의 믿음의 결과일 수도 있는데, 그 믿음은 인간의 모든 고차원적 정신기능이 무의식과 본능, 삶의 다급함에 대한 방어적 표현일 뿐이라는 것이다. 승화를 방어의 일종으로 이해하는 데도 똑같은 전제가 내포되어 있다. 하지만 상징은 인간의 정신세계 전반을 아우르는 기능이자 활동이다. 상징은 또한 마음이란 것이 무엇인지 말하기도 한다. 존스를 비롯한 여러 사람에 의해 정신분석 이론 형성의 초창기부터 견지되어 온 상징 정의의 협소함은 정신분석 개념 그 자체의 협소함을 대변하고 있다. Marion Milner(1952) 협소한 정신분석적 개념에 집착함으로써 얻는 불이익에 대해 아래와 같이 말했다.

> 이 중 하나는 예를 들어 인식론, 미학, 과학 철학 같은 관련 학문의 종사자들과 이야기를 할 때 불필요한 혼돈을 초래한다는 점이다. 덕분에 사고思考와 관련한 불명료한 이슈들을 정리하기 위한 소중한 협동의 기회에 방해가 초래된다. 용어 사용의 협소함으로 인해 초래된 정신분석의 고립은 정신분석의 초창기 그 위상을 정립하기 위한 고군분투의 과정에서는 불이익을 초래하지 않았을 수 있으나, 오늘날에 이르러서는 그 고립으로 인해 정신분석적 사고의 빈곤을 초래할 수 있다. 상징이라는 단어를 방어기능에 한정하지 않음으로써 얻는 또 하나의 이득은 이론을 임상 실재에 맞춰 명료하게 만들 수 있다는 점이다. 정신분석에서 환자는 자각하는 모든 것을 언어로 표현해야 한다. 이렇게 보면 상징화는 미숙함을 위한 것이기도 하지만 성숙을 위해서도 중요한 것 같다. 다시 말해 언어라는 상징은 세상을 이해할 수단이 되는 것이다(p. 194).

명료한 발성 언어의 구성 요소인 단어는 그 물리적 실체와 별개로 다른 무엇을 표상하기 위해 인간이 만들어 낸 것들 속에서 단연 두드러져 보인다. 다른 한편, 뱀도, 인간으로서 정신분석가도 다른 무엇을 표상하지 않을 수도 있다(여기서 나는 분석가가 전이 안에서 환자에게 자신을 다양한 대상관계의 잠재적 상징으로 제공하는, 말하자면 기술적 의도를 다루지는 않겠다. 이는 환자가 상징화를 위한 능력을 이미 갖추었을 때 가능하다).[2)]

분명히 두 종류의 상징에는 차이가 있다. 하지만 두 가지 개념 모두 상징과 상징물의 표상 관계로 특징지어진다. 상징과 상징물 사이의 연결은 방어의 개입으로 인해 와해되거나 상당 부분 약해진다. 그리고 상징화의 도구인 언어도 방어에 영향을 받고, 따라서 단어의 의미와 상징적 가치가 감소하거나 심지어 완전히 없어지기도 한다. 방어가 어떤 식으로 작동하든 상관없이, 그리고 그것이 사물(뱀이나 분석가)이든 언어든 상관없이, 방어로 인해 상징은 상징으로서 가치를 잃고 그 자신이 되어 버린다. 하지만 존스의 제한적 정의에 따르면 그제야 상징이 되었다고 말할 수 있다.

이런 모순을 어떻게 이해해야 할까? 존스의 개념이 의미하는 것은 상징은 감추어진 어떤 것과 가깝고, 상징되는 것은 무의식 속에서 이리저리 떠돌아다니다가 어떤 식으로 상징의 출현에 영향을 준 셈이다. 그 상징(분석가들이 말하는 상징)을 이용하는 사람에게 상징적 연결은 의식도 "분별conscient"[3]도 아니며, 오직 비밀스러운 방식으로 작동하는 것에 불과하다. 이러한 비밀스러운 연결이 없으면 상징하는 것은 상징의 순간에 의식으로 떠오르지 않을 것이며 방어적 목적으로 사용될 수도 없다. 그래서 최선의 정식화는 억압되는 것은 상징적 연결이라고 말하는 것이다. 하지만 억압은 상징과는 거리가 먼 것으로, 상징적 연결을 방해하고 상징의 상징 기능을 감춰 상징으로 위장한다. 방어는 상징을 만드는 게 아니라 상징을 교란시키고, 위장하고, 왜곡한다.

나는 앞서 사물, 관념, 환상, 이미지 같은 상징은 억압이 해소된 후에도 상징으로 기능을 잃지 않는다고 말했다. 분석에서 이런 일이 일어

---

2) 이렇게 보면 분석가는 의도적으로 영(零, cipher)으로 기능한다고 말할 수 있다. 그러니까 환자에 의해서 그 의미를 부여받는 상상의 존재인 셈이다.

3) 이 용어와 관련해서 Loewald[(1976) 1980, p. 169]를 참고. 이 단어는 전의식을 대체한다.

나면 환자는 상징과 상징물 사이의 유의미한 상응을 알아챌 수 있게 된다. 이제 과거와 달리 상징은 그를 *위한* 상징이 된다. 문제의 상징이 갖는 상징-기능을 분석가가 짐작할 수 있는 이유는 분석가는 그 연결을 억압하지 않기 때문이다. 분석가와 섹스를 하는 꿈을 꾼 환자는 꿈의 상징적 의미가 의식화되면서 두 환상 사이의 명확한 연결을 수립할 수 있다. 무의식 속의 환상(부친과의 섹스)은 단순히 또 다른 생각(분석가와의 섹스)과 나란히 의식 속에 떠오른다고 억압이 해소되는 것은 아니다. "나와 섹스하는 당신의 꿈은 사실 당신 부친과의 섹스를 상징한다"라는 해석이 의도하는 것이기도 하고, 여러모로 호의적인 환경 아래서 기대되는 효과이기도 한 것은 아래와 같다. 그것은 두 환상이 원시적 심층 심리에서 갖는 무의식적인 동일성과 등가성을 다시 한번 살려 내는 것으로, 이 작업은 의식적인 연결 경험을 동해 이루어지는데, 이때 최초의 동일성이 다시 한번 또렷하게 드러나고 회복된다.

프로이트는 「The Unconscious」에서 이렇게 말한다. "여태 억압되었지만 이제 분석가가 발견한 어떤 관념을 환자에게 알려주면 처음에는 아무런 변화를 일으키지 않는다. 무엇보다 그렇게 말한다고 억압이 사라지거나 줄어들지 않는 것이다. 이전에 무의식적 관념이었던 것이 이제 의식이 되었는데도 말이다". 몇 줄 뒤에는 이렇게 쓴다. "사실 저항이 극복되어 의식의 관념이 무의식적 기억-흔적memory-trace과 **연결되기** 전에는 억압은 걷히지 않는다"(볼드체는 로왈드). 이어서 말하길, "환자에게 해 준 설명과 환자의 억압된 기억은 같아 보일 뿐이다. 무언가를 듣는 것과 무언가를 경험하는 것은 심리적으로 전혀 다르다. 비록 그 내용물은 같더라도 말이다"(1915b, pp. 175-76). 조금 뒤엔 이렇게 쓴다. "이제 (…) 우리는 전이 신경증에서 억압이 거절하고 있는 것이 무엇인지 정확하게 말할 수 있게 되었다. (…) 그 사물과 붙어 있는attached 단어로의 번역이다"(같은 책, p. 202). 현재 맥락에서 마지막 문장의 독일어를 제대로 번역하는 것은 상당히 중요해 보인다. 다시 번역하면 이렇다. "그 사물과 **연결된**connected 단어로의 번역이다"(볼드체는 로왈드).[4] 상징은, 그것이 단어든 환상이든 꿈이든 상징 관계의 연결이 억압되면 상징물을 위장하게 된다. 이것이 결핍 양상deficient mode의 상징이다. 반대로 이 연결이 재건되면 상징도 완전해진다.

우리는 스펙트럼의 반대쪽 끝에서 또 다른 "결핍 양상"의 상징을 만나는데, 바로 "논리 이전의 사고 체계로서 원시적 상징" Fenichel에서 보이는 상징적 등가물이다. 이것은 내가 앞서 언급한 워너와 카플란의 원상징과 비슷하다. 원상징, 혹은 원시적 상징은 여러 종류의 미숙한 정신활동에서 중요한 역할을 한다. 여기서 결핍된 것은 상징과 상징물의 분화다. 억압에서처럼 표상적 연결이 잘리는 바람에 연결되지 않은 두 개의 요소가 되어 버리는 게 아니다. 대신 이 같은 원시적 정신활동에서는 연결을 위한 사전 조건이 형성되지 않았다고 볼 수 있다. 진보한 정신에서는 구분된 두 요소로 인식되는 것이 아직 분화되지 않거나, 혹은 다시 합쳐지는 바람에 서로 구분하지 못하는 것이다. 하나가 다른 하나를 표상하지 않고, 하나는 "상당히 실재적으로in substantial actuality" 다른 하나와 *같아진다*(Ferenczi, 1911, p. 137). 우리는 조현병에서 보이는 심하게 경직된 사고나 언어, 그리고 정신병적 전이에서 이런 양상의 사고를 발견한다. 그리고 좀 약한 형태로는 아이나 신경증적 성인이 갖는, 말과 생각의 마술적 힘에 대한 걱정에서도 발견한다. 조현병에서는 경험을 이루는 분화된 요소들 사이의 연결이라는 느낌도, 연결의 와해도 없다. 오히려 경험의

4) 독일어 문장은, "Die Uebersetzung in Worte, welche mit dem Objekt verknuepft bleiben sollen"(1940-68, G.W. 10:300).

태곳적 단일성이 유지되거나 쉽게 재건되며, 심지어 의식화될 수도 있다.

나와 정신치료를 하는 조현병 환자가 어느 날 자기 아버지와의 오래된 성적 관계에 대해서 말했다. 그러다가 뭔가 의미 있는 눈빛으로 나를 흘깃 보더니 이내 침묵에 빠졌다. 내가 무슨 생각을 하느냐고 물어봐도 그냥 조용히, "이리 와요"라고 (우린 마주 보는 상태였다) 말하며 손짓을 할 뿐이었다. 그 순간 그녀에겐 나와 자신의 아버지가 구분되지 않았다. 바로 그 순간, 내가 뭐라 말할 새도 없이 내 사무실의 문이 불쑥 열리더니 제약회사 영업 사원이 머리를 들이밀고는 판촉물을 좀 두고 가도 되겠냐고 말했다. 나는 의자에서 일어나서 그에게 당장 나가라고 말하고는 다시 돌아왔다. 환자와 나는 그제야 안도의 웃음을 웃을 수 있었다. 말하자면 일종의 정신병적 주문呪文이 사라진 것이다. 그녀에게 바로 직전까지의 상황은 두 상황 혹은 환상의, 혹은 기억과 실재의, 혹은 과거와 현재의, (상징적) 연결의 문제가 아니었다. 둘은 하나이자 같은 것으로, 혹은 하나가 다른 하나에 완전히 융합되는 상태였다. 나에게는 서로 유의미하게 관련되어 있지만 분명 별개로 여겨지는 것이 그녀에게는 구분되지 않는 것으로 여겨진 탓에 생각 속에서 둘을 연결할 수 없었다고 말할 수 있다. 비록 후에 그녀는 상징적 연결을 다시 회복할 수 있었지만 바로 그 순간에는 내가 그녀의 내밀한 사생활의 파트너가 되었고, 그 순간은 상당한 수준의 실재성을 가졌다. 그리고 두 경험 사이의 상징적 관계는 허물어져 하나의 경험이 되어 버렸다. 당시에는 그녀의 상징화 능력이 작동하지 않았는데, 이는 두 경험 사이의 연결이 방어적으로 교란된 것이 아니라 원시적 합일로 인해 하나가 되었기 때문이다.[5)]

치료로서 정신분석이 목표하는 것도 상징화 능력의 계발이다. 정신분석을 통해 상징화는 억압된 상징에서부터 진보해서 여태 분리되었던 경험과 생각 사이의 생생한 상징적 연결을 구현하게 된다. "변화를 일으키는mutative" 전이 해석이라는 개념이 특히 이런 관점에 잘 어울린다(Strachey, 1934). 신경증 환자가 전이 해석을 통해 정서적 통찰에 이르면 분석가의 언어라는 상징적 교량에 의해 두 경험이 연결된다. 단어(그리고 문장도 마찬가지다)가 뱀이나 분석가 같은 상징물과 다른 점은 언어는 그저 "무엇"에 대한 상징의 체계가 아니라 상징을 가능케 하는 도구로서, 이것을 통해 "무엇"(그러니까 모종의 실체)의 상징적 잠재성이 전면에 드러난다는 것이다. 단어는 상징이라고 말할 때, 이는 단어가 듣고 읽을 수 있으며 동시에 무언가를 표상하는 객관적 단위라는 뜻만을 의미하지 않는다. 그것들 자체가 상징적 연결로, 여러 경험 사이의 연결을 반복적으로 수립하게 된다. 단어는 이러한 상징 활동이 목소리나 글자로 구현된 것이다. 그러니까 경험의 한 요소만이 아니라 경험 활동의 요소도 된다는 뜻이다. 언어는 상징에서 이토록 특별한 지위를 갖는데, 그 이유는 언어의 가장 기본적 기능이자 의도는 경험 사이에 다리를 놓고, *다리가 되고*, 그 연관을 드러내는 것이기 때문이다. 억압이 경험의 요소들 사이에 있는 연결을 교란하는 것이라면 말은 이런 교란을 제거하는 잠재력을 가진다. 상징화의 다리로서 말은 차이를 연결하고, 그렇게 접점으로서 기능하게 된다(articulate는 라틴어 *artus*, "joint"에서 유래했다). 말은 차이와 개별성을 가리키는 동시에 이음이나 관련됨을 의미하기도 한다.[6]

원시적 사고에서는 분화가 부족하면 부족한 만큼 단어는 그 상징 기능을 잃는다. 이때 단어는 애초 상징하려 했던 것과 같은 것이 되어 버

5) 이 일화에 대한 나의 설명이나 원시적 정신활동 전반에서 보이는 결핍 양상의 상징에 대한 설명도 당시 환자의 저항이 작동하고 있었다는 설명과 모순되지 않는다. 대략 말하자면 이들은 프로이트가 이드 저항으로 부르며 반복하려는 강박으로 설명했던 것에 속한다(1926, pp. 159-60). 많은 증례에서 보이듯 환자는 원시적 양상의 정신활동으로 돌아가려는 모습을 보이는데, 이는 미분화 수준에 매달리려는 모습으로 이해할 수 있다. 이드 저항과 반복강박에 관해서는 내 책『Papers on Psychoanalysis』를 참고하길 바란다.

6) 단어에 대해서는 프로이트의 짧은 논문「The Antithetical Meaning of Primal Words」(1910c, pp. 155-61) 참고.

려 원상징이 된다. 사람들 사이의 대화에서도 역시 언어는 차이 안에서도 연관성을 강조한다. 무의식적, 혹은 강렬한 비언어적 의사소통에서 단어는 별 소용이 없다. 예를 들어 조현병의 경우 환자의 언어나 치료자의 언어 모두 원상징이 되고 만다. 혹은 환자에게 치료자의 언어는 의미를 지니지 못하고, 아무것도 연결할 수 없으며, 연결의 주체로서 치료자의 노력에도 불구하고 둘 사이의 유의미한 연결을 유지하지 못할 것이다. 여기서 단어는 의사소통을 위한 상징이라는 기능을 멈춘다.

요약하면, 단어-상징은 그 진보한 형태에서 경험의 요소들을 분화하고 연결(통합)하는 기능을 갖는다. 대화에서도 단어는 대화 당사자들을 구분하고 연결하며, 화자와 청자 사이에 상징적 교량을 놓는다. 즉, 단어 수준의 상징만이 아니라 대화 참여자들 사이의 원근감도 상징하는 것이다.

아주 심하게 퇴행한 조현병의 경우 인어는 분화-연결의 상징화를 위한 주된 매개로서 충분하지 못할 것이다. 그래서 때로 좀 더 실질적이고 덜 불안정한 다리가 요구될 수 있다. M. -A. Séchehaye의 「symbolic realization」(1951a, 1951b)이 여기에 합당해 보인다. 그녀는 한 조현병 환자의 정신치료에서 환자에게 사과를 한 개 주었는데, 이때 사과는 엄마 같은 치료자의 젖가슴을 상징한다. 여기서 사과는 원상징이며, 원상징에 대해서는 위니콧의 이행기 대상처럼 그 정체가 무엇인지 캐묻지 않아야 한다. 말하자면 이 사과가 우리가 상징으로서 의도한 바로 그것인지, 아니면 그것을 표상하는지 묻지 말아야 한다. 이렇게 둘 중 하나를 고르라는 건 적절치 않다. 한편 사과는 이러한 모호한 기능을 수행하는 데 특히 적절해 보이는데, 이를테면 구체적으로 엄마/치료자가 주는 아주 영양가 있는 선물이 되는 듯하다. 사과는 *젖가슴*처럼 생겼고, 즙이 흘러나오며, 입으로 먹는 것이다. 이제 사과는 젖가슴이라는 단어와도 일치하지 않는 사과-젖가슴이 된다. 여기서는 당연히 치료자가 엄마의 상징이나 표상으로 작동하는지, 아니면 때로는 엄마가 *되는지* 하는 질문도 별로 적절하지 않다. 우리가 반드시 고려할 것은 아주 원시적 수준의 정신활동에서 엄마와 아기의 분화, 젖가슴과 그것을 빠는 입의 구분은 확실치 않다는 점이다. 이제 사과는 이러한 뭔가 아주 불확실한 성격을 지니므로 상황이 괜찮으면 환자가 젖가슴과 사과, 치료자와 엄마, 환자와 치료자를 구분할 수 있도록 도울 수 있다.[7] 정신분석의 경우에서는 말할 나위도 없고 주로 언어적 수준에서 이루어지는 정신치료에서도 치료자가 환자에게 하는 말은 상당히 진보한 것으로, 유아기 시절처럼 엄마와 아이 사이의 구체적인 신체적 상호 작용 안에 담긴 언어와 같지 않다[언어에 대한 나의 글 참고, 1980(1978), pp. 178-206]. 분석가의 언어와 언어적 해석은 이런 매트릭스에서 분리되어, 퇴행한 조현병 환자로서는 이용할 수 없었던, 그래서 의미와 색채를 지니지 못한 빈 껍데기 같던 연결점으로 작용할 수 있다.

말하자면 두 가지 극단이 있는 셈이다. 그 한쪽 끝에서 단어는 의미가 결여한 소리에 불과하다. 반대 끝에서 단어는 지시물referent을 표상하지 못하고 그것과 합쳐진다. 발달 단계의 모든 것이 그러하듯 여기서도 상징적 등가물, 원상징, 진정한 상징의 경계는 모호하고 유동적이다. 그리고 단어의 상징적 성격과 단어의 무의미함의 경계도 모호하다. 진정한 상징과 나머지 두 형태의 결핍 양상의 상징 사이의 경계 또한 유동적이고, 모호한 것은 당연히 비단 단어-상징에 그치지 않고 이는 상징 일

---

7) 성체(聖體)는 비슷한 부류의 상징적 구현이라 볼 수 있다. 성체는 교회의 종류에 따라 신학적으로 다양하게 해석할 수 있는데(성체 변화설, 성체 공재설, 단순 상징설) 여기서 관건이 되는 것은 이러한 의식이나 빵과 포도주 같은 물질이 진짜 예수의 피와 살인지 아니면 그것을 표상하는 것인지다. 더불어 정신분석에서 전이나 전이 신경증 또한 비슷한 모호성을 보인다고 말해도 무리는 아닐 것이다. 정신분석가는 전이를 오래된 애착과 갈등의 상징적 반복으로 해석하겠으나 환자는 현재의 실재성을 갖춘 경험으로 느낀다. 프로이트가 「The Dynamics of Transference」(1912a)에서 "없는 것이나 허상을 파괴할 수는 없다"라고 했을 때, 그는 상징적 구현에 대해서 말하고 있다.

반에도 해당한다. 하나 유념해야 할 것은 여기서 두 가지 형태의 결핍 양상의 상징은 정상에 대비해서 결핍이라는 뜻으로, 정상에서도 “정신증적”(원상징) 극단과 “신경증적”(방어) 극단 둘 사이를 적당히 오가며 쉽게 왕래한다는 점이다. 여기서 결핍은 그 자체로 전체 정신 현상에서 가치나 중요성을 갖지 않는다는 이야기가 아니다. 반복하지만 이들 또한 정상적인 정신 현상의 중요한 일부다.

특별한 형태의 정신치료로서 정신분석은 언어라는 매질 안에서 작동한다. 그리고 분석가와 환자가 공유하는 공유지는 그들이 사용하는 언어가 원상징보다는 상징에 가깝다는 것에 대한 상호 동의이며, 감추기보다는 드러내는 기능을 갖는다는 것에 대한 상호 동의라고 할 수 있다. 하지만 여기서도 경계는 단단하지 않고 균형과 동의는 쉽게 흐트러진다. 상징의 특성에 대한 암묵적인 동의는 열정과 방어의 열기 아래서 환자에 의해 쉽게 깨어지며, 다시 회복되기 위해서는 분석가의 도움이 필요하다. 이는 우리가 전이와 저항의 변천사를 통해 알 수 있듯 분석에서의 여타 비언어적 상호 작용에 대해서도 마찬가지고, 환자의 환상, 기억, 사고의 상징적 중요성에 대해서도 마찬가지다.

워너와 카플란은 상징의 형성에 관한 책에서(1963), **상징**symbol이라는 단어에 대해서 아래와 같이 짧게 토론한다.

> ‘상징’이라는 단어와 관련해서 (…) 우리는 통상적 용례에서 이 단어가 갖는 포괄적 의미에 주목한다. 이러한 용례들에서 중요한 지점은 그것에 내재한 이원성duality이다. (…) 상징은 필연적으로 “매개체”를 가지며, 그것은 그 고유한 형태와 성질을 통해서 “지시물”을 표상하는데, 지시물은 물체나 개념 혹은 관념일 수도 있다. 여기서 “표상”은 매개체에 의해 드러나는 단순하고 직접적인 의미의 표현 이상을 뜻한다. 그 의미는, 비록 아주 모호하다 하더라도 매개체와 지시물이 같지 않

으며, 오히려 그 실체나 형태에서 서로 완전히 다른 두 실체라는 점이다. 그래서 마치 마술에서처럼 이름이 그 통상적 표상물처럼 다루어지게 되면, 그때는 이미 "상징"이 아니고 사물 그 자체가 되어 버린다. 유사하게 기쁨이나 역겨움 같은 감정이 직접적이고 충동적인 몸짓으로 표현되면 상징적이라 말할 수 없다. 몸짓이나 태도는 그것을 해석하는 사람에게는 소위 "상징"이 될 수 있을지 몰라도 그것을 행하는 사람에게는 상징이 아니다. 더불어 꿈 이미지의 "잠재 사고latent thought"는 그것을 해석하는 치료자가 보기에는 꿈을 상징처럼 이용하지만 꿈을 꾼 당사자에게 꿈 이미지는 그 자체로 받아들여질 뿐 상징이 아니다. 진정한 상징과 달리 (…) 이러한 것에서는 그 매개체가 되는 구조(이미지, 시각 혹은 언어적 패턴, 몸짓 등)는 의미를 "재현represent"하기보다 "현전present"한다. 이들을 원상징이라고 부를 수도 있겠다. 비록 피상적으로는 진정한 상징과 구분되지 않을지라도 **원상징**에서는 진정한 상징과 달리 매개체가 지시물을 표상하는 것이 **의도적 행위**가 아니다. 하지만 원상징은 상징화에 있어 아주 중요한 과정이다. 원상징은 매개체와 지시물의 분화를 통해 진정한 상징으로 변화할 수 있다. 그리고 진정한 상징도 매개체와 지시물의 탈-분화과정을 통해 다시 원상징으로 퇴행할 수 있다(pp. 16-17, 볼드체는 원저).

선호하는 이론가가 누구인지에 따라 원상징, 혹은 상징과 상징물 사이의 방어적 분절이 "진정한 상징"으로 여겨질 수도 있다. 하지만 나의 견해로 둘은 결핍 양상의 상징으로 분류되며, 이들을 통해 상징화에 대해 많은 것을 이해할 수 있다.

프로이트는 짧은 논문 「An Evidential Dream」(1913a)에서 강박신경증에서는 "나의 관찰에 의하면 꿈-상징을 이해하기가 상당히 어려워지고, 조발 치매demential praecox에서는 쉬워진다"라고 쓴다(p. 275). 내 생각에 이것은 사실인데, 강박증에서는 주로 상징과 상징물 사이가 방어적으로 분절되고, 조발 치매에서는 상징과 상징물이 하나가 되어 버리기 때문이다. 프로이트는 1914년 『The Interpretation of Dreams』에 추가된 「Representation by Symbols in Dreams」라는 장에서 "상징개념에서 아직 상당 부분 미해결 상태에 있는 문제들"에 대해서 언급한다. 이어 말하길 "상징과 그것에 의해 표상(은닉)되는 것 사이의 공통점이 궁극적으로 상징 관계의 의미에 대해 가르쳐 줄 텐데, 그건 발생적 성격이라고 할 수 있다. 오늘날 상징적으로 연결된 것들은 아마 선사시대에는 개념적 · 언어적 동일성에 의해 하나였을 것이다. 상징 관계는 이전의 동일성이 남긴 유물이나 표식 같은 것으로 보인다". 더해서, "꿈은 상징을 이용해 잠재 사고를 위장한 채로 표상한다"라고 쓴다(pp. 351-52).

헬렌 켈러Helen Keller의 『The Story of My life』(1903)를 보면 행동을 통한 상징화와 그것이 그녀의 정서적-인지적 측면에 주는 영향이 아주 생생하고도 감동적으로 묘사되어 있다. 워너와 카플란(1963) 덕택에 나는 그녀의 설명에 주목하게 되었는데, 이는 E. Rodrigué의 「Notes on Symbolism」(1956)에도 언급되어 있다. 알려져 있듯 이 당시 헬렌 켈러는 두 살 때부터 맹아이자 농아였고, 설리번Anne Sullivan 선생님에게 언어를 배웠다.

> 어느 날 나는 새로 산 인형이랑 놀고 있었다. 설리번 선생님은 커다란 인형을 내 무릎 위에다 올려 둔 뒤, "d-o-l-l"이라고 쓰며, 그것이 둘 모두를 의미한다는 것을 내가 이해할 수 있도록 애를 썼다. 그날 우리는 이미 "m-u-g", "w-a-t-e-r" 때문에 한바탕 난리를 치른 상태였다. 설리번 선생님은 "m-u-g"는 컵이고 "w-a-t-e-r"는 물이라는 것을 이해시키려 했지만 나는 계속 둘을 혼동했다. 그녀는 낙심해서 잠시 쉬었다가 이내 처음부터 다시 시작했다. 나는 그녀의 반복에 짜증이 났고, 결

국 화가 난 나머지 새로 산 인형을 움켜잡아 바닥에다 던져 버렸다. 망가진 인형이 밟혔을 때 나는 아주 기뻤다. 슬픔이나 후회 같은 건 전혀 없었다. 나는 그 인형을 전혀 사랑하지 않았다. 내가 살았던 그 조용하고 어두운 세상에는 강렬한 연민이나 감상 같은 건 없었다(…).

[같은 날의 나중에] 우리는 우물로 가는 오솔길을 걸었다. 우물가를 덮고 있는 넝쿨의 향이 매혹적이었다. 누군가 물을 길었고 설리번 선생님이 내 손을 물에 갖다 대었다. 시원한 물줄기가 내 손을 씻어 내려갈 때 선생님은 다른 손에 물이라는 단어를 썼다. 처음엔 천천히 나중엔 빨리. 나는 꼼짝없이 서 있었다. 나의 온 집중은 그녀의 손가락이 움직이는 데 있었다. 갑자기 무언가 잊고 있던 것이 어렴풋이 떠올랐다. 잊었던 생각이 되돌아올 때의 그 짜릿함. 그리고 문득 언어의 신비가 드러났다. 그때 나는 "w-a-t-e-r"가 내 손 위를 흐르는 멋지고 시원한 그 무엇이라는 것을 깨달았다. 그 생생한 단어가 나의 영혼을 깨우고, 빛과 희망과 기쁨을 주고 자유롭게 만들었다. 물론 여전히 장벽은 있었다. 하지만 이제 그 장벽은 언젠가 걷혀 없어질 수 있는 것이었다. (…) 나는 수업을 위해 즐거운 마음으로 우물을 떠났다. 모든 것은 이름을 갖고 있고, 모든 이름은 새로운 생각을 가져다주었다. 우리가 집으로 돌아왔을 때 내 손에 닿는 모든 물건이 생명으로 떨리는 듯 느껴졌다. 그런 내가 그것들을 전혀 새로운 시각에서 보기 시작했기 때문이었다(pp. 36-37).

이상의 두 에피소드는 여러 가지 면에서 아주 인상적이지만 여기서는 상징이라는 이슈에만 집중하도록 하겠다. 워너와 카플란의 말을 빌리면, "헬렌 켈러의 회고가 갖는 독특한 가치는 이름이 무언가를 의미하고 표상하고 묘사하는 상징이며, 어떤 물체나 행위를 명명하기 위한 징표와는 어마어마한 차이가 있다는 것을 분명히 보여 주는 데 있다. (…) 헬렌 켈러의 설명은 상징과 그 지시물을 묶는 것은 인접성이라고 하는 주장이 얼마나 수박 겉핥기인지를 증명한다. 그녀의 아름다운 묘사는 징표에서 상징으로의 *기능의 이행*을 보여 준다". 그리고 이어서,

> 여기서 나아가 이런 질문이 가능하다. 우물가의 사건에서 그녀가 갑자기 상징이라는 기능을 이해하게 만든 결정적인 요인이 뭘까? 확실한 대답이 가능할 것 같지는 않다. 하지만 (…) 어쩌면 그 사건에 내재한 잠재적 요인에 대한 얼마간의 추측은 가능하지 않을까 싶다. (…) "mug" 상황을 돌아보면, 가만히 있는 물체와 모종의 촉각적 징표 사이의 연결은 온전히 외적인 연결이다. 하지만 "water" 상황에서 지시되는 것은 물체가 아니라 시원한 물이 손 위로 흐르는 **사건**이었다. 그리고 설리번 선생님이 촉각적 징표를 헬렌의 손에 "붓는" 동안 시원한 물은 헬렌의 손 위를 흘렀고, 어쩌면 그 순간 두 가지 촉각적 경험이 아이의 마음속에서 연결되는 경험이 일어났을지도 모른다. 그러니까 공통적인 역동적 요소에 근거한 연결인 셈이다. 이제 "water"는 "손 위를 흐르는 시원한 무엇"을 의미하게 된 것이다(pp. 110-12, 볼드체는 원저).

덧붙여 하나 더 지적하고 싶은 건 우물가의 사건이 전체적으로 향기로운 냄새와 평화로움 안에서 일어난 것이 전체 경험에서 또 하나 중요한 요소일 수 있다는 점이다. 앞서 컵과 인형의 예에서 헬렌과 설리번 선생님은 둘 다 참을성이 없었고 짜증이 났었다. 그리고 *water*라는 단어는 그녀가 아프기 전에 알고 있던 몇 안 되는 단어 중 하나였다는 점도 중요하다(Keller, 1903, p. 19). 위의 글에서 넌지시 암시하듯 오래된 기억과의 연결이 현재 상황에서 벌어진 것이다. 물이 헬렌의 한쪽 손 위를 흐르는 동안 설리번 선생님이 다른 손 위에 촉각적 징표를 "붓는다"라고 표현한 것은 정말 훌륭한 묘사로, 두 개의 강렬한 감각이 하나가 되는 것을 보여 준다. 말하자면 한 종류의 신체 기관이 두 경험을 동시에 경험하는데, 이 신체 기관은 대칭적이고 밀접하게 연결되지만 서로 다르다. 대칭적인 감각들,

(물에 대한) 어릴 적 기억, 설리번 선생님과 환경의 조화, 이 모든 것들이 만드는 복잡한 흐름 덕에 헬렌은 이질성 안의 동일성, 그리고 동일성 안의 이질성에 대한 상징적 연결을 파악할 수 있었다고 추측할 수 있다.

헬렌 켈러는 "그 생생한 단어가 나의 영혼을 깨우고, 빛과 희망과 기쁨을 주고 자유롭게 만들었다"라고 말한다. 그리고 일반화하며 "모든 것은 이름을 갖고 있고, 모든 이름은 새로운 생각을 가져다주었다. (…) 내 손에 닿는 모든 물건이 생명으로 떨리는 듯 느껴졌다. 내가 그것들을 전혀 새로운 시각에서 보기 시작했기 때문이었다"라고 말한다. 여기서 프로이트의 *과-카텍시스*를 떠올리게 되는 건 어쩔 수 없다. 그것은 "사물-표상"과 "그에 해당하는 단어-표상"을 잇는다. 과-카텍시스는 "좀 더 높은 심리적 조직화를 구현하고, 그에 따라 일차과정이 이차과정으로 이어지는 것이 가능해진다"(1915b, p. 202). 이것이 헬렌이 말하는 "전혀 새로운 시각"이다.[8)]

8) 나의 글 「Primary Process, Secondary Process, and Language」[(1978) 1980, pp. 178-206]에서 나는 사물 표상과 단어 표상 사이의 상응 — 이 상응 덕에 두 요소의 연결이 타당성을 얻는데 — 은 "사물"과 "단어" 사이에 존재하는 태곳적 단일성의 경험(엄마를 통해 경험한 단어의 소리)에 근거한다고 말했다. 그 논문에서 상징과 관련한 여러 주제, 그리고 과-카텍시스 개념이 논의되었다.

05

착각

잠시 돌아가 내가 말하는 상징화가 "상상 행위, 즉 서로 다른 경험의 요소들이 마음 안에서 연결되어 하나가 다른 하나를 표상하는" 것이라는 점을 분명하게 하고 싶다. 여기서 내가 강조하는 부분은 표상적 관계의 "주관적" 성격으로, 대상이나 사건 혹은 그것들이 맺는 비-상징적 관계 같은 것들은 모종의 객관적 세계 안에 존재하는 것으로 인지되는 데 비해 상징은 항상 *우리를 위한* 상징이라는 점이다. 하지만 동시에 우리는 가령 사물들의 시-공간적 관계 같은 것들 또한 객관적 세계에 편입시킨다는 점도 기억해야 한다. 사실 그것들의 시-공간적 관계는 우리의 마음이 경험치에 부여하는 도식인데도 말이다. 상징의 문제에 관한 한, 우리는 우리의 주관성이 다소나마 작동하고 있다는 것을 알고 있다. 하지만 지각 일반의 문제나 시공간적 관계의 지각이라는 문제에 이르면 우리는 대개 마음의 "도식(schematism, 칸트의 용어)"을 잘 인지하지 못한다. 이러한 무지는 상당히 모순적으로 보이는데, 이런 일이 생기는 이유는 우리의 일상적 지각과 사고가 이차과정에 지배되기 때문이다. 우리는 이러한 좀 더 고차원적 형태의 정신작용을 당연한 것으로 여기고 그에 따른 결과들을 "객관적" 세계로 여긴다. 하지만 실상은 이는 세상을 객관적이라는 방식으로 조직화하는 것에 불과하다. 반면 상징은 일차과정과 좀 더 밀접한 관계를 맺는 까닭에 이차과정에 의한 객관적 세계에 대비되어 주관적인 것으로 여겨진다.

착각. 상징화에 내재한 상상 행위는 좀 특별한 방식의 주관성으로 여겨진다. 그것이 일개 개인으로부터 비롯한 것이든 특정 문화 집단이나 인류 전체의 집단적 주관성에서 유래한 것이든 막론하고 말이다. 인간은 상상의 나래 속에서 금세 갈피를 잃고 관찰과 사실이라는 단단한 근거를 쉬이 놓친다. "순수한 상상"은 착각이나 망상과 비슷하다. 그러니까 "오직 우리의 상상 안에서만" 존재하는 것이다. 만약 상징화를 상상 행위라 부른다면 이 말은 상징을 통해 우리가 다루는 것은 오로지 상상의 산물일 뿐이라는 것이다. 다른 한편 이미지는 어떤 외적 대상에 대한 다소나마 신뢰할 만한 모상模像, 현현presentation, 혹은 표상representation이다. 그러니까 외부세계의 어떤 사물에 대한 정신적 이미지(독일어 Vorstellung의 뜻 중 하나로 "표상"으로 번역되었다)는 그 대상에 대한 내적 · 주관적 닮은꼴인 셈이다. 그래서 우리는 상상을 통해 외부대상의 내적 이미지를 만들고 유지할 수 있으며, 그래서 상상은 외부의 대상-세계를 다루기 위해 신뢰할 만한 길잡이가 된다(Rapaport의 "inner map" 개념을 보라, 1967, n. 17, p. 696). 한편 상상은 양날의 칼이라서 객관 현실과 긴밀히 접촉해 그에 맞도록 변형되기도 하고, 반대로 현실을 완전히 떠나거나 왜곡하기도 한다.

모든 분석가는 해석이나 재구성에 내재한 위험천만한 진퇴양난의 순간들을 알고 있다. 우리의 해석과 재구성은 환자의 경험이나 동기와는 별 상관이 없는, 우리만의 상상에 불과할 수도 있다. 하지만 상상력 없이 우리는 결코 환자의 경험에 닿을 수 없다. 상상력 없이 우리는 환자들의 경험과 연상이 갖는 상징적 의미를 끌어낼 수 없으며, 그렇게 되면 결과로 환자의 심리적 현실과 그 상징적 세상과는 유리된 채 머무를 것이다. 그래서 분석가의 상상은 환자의 심리적 현실과 세계를 인지하기 위해 필수 불가결한 도구다. 다시 말해 우리가 환자의 상징 세계의 윤곽을 그릴 수 있고, 그것을 "시험"할 수 있는 것은 우리의 상징 활동 덕분이라고 할 수 있다. ("공감"에 대해서도 마찬가지라고 할 수 있다.)

상징이라는 상상적 행위 덕에 우리는 환자의 상징 세계에 접촉할 수 있고 이를 연구의 주제나 치료 대상으로 삼을 수 있다. 심리적 현실이 체계적인 과학적 탐구의 타당한 주제가 될 수 있다면, 그리고 탐구자의 적절한 상징 활동을 통해 다른 인간의 상징 활동과 그 결과물들에 접근할 수 있다면, 이 과정에서 과학적이지 않은 것도 그리고 객관적이지 않은 것도 없다고 할 수 있다. 물리적 세계를 탐구하는 방법도 같다. 거기에서도 인간은 연구하고자 하는 물리학적-생물학적 세계의 힘과 운동에 적절한, 자기 자신의 물리학적-생물학적 행위와 그 연장을 도구로 삼는다.

만약 환자의 상징 세계가 탐구하려는 심리적 현실의 중요한 자료 중 일부라면 이때 심리적 현실의 자료는 물적 현실의 자료와 대등한 지위를 갖는다. 여하한 이유로 탐구자의 상상이 자료를 오독하고 "상상하게끔" 만들면 착각이 들어서게 된다. 상상은 정신적 이미지를 만들고 심적 혹은 물적 실재를 재생reproduction하는 능력이므로, 그래서 상상은 이러한 현실들을 다소나마 믿을 만하게 재생한다. 반면 우리의 정신적 이미지가 별로 믿음직하지 않거나 혹은 왜곡된 재생, 심지어 외적 세계와는 하등의 상관없이 지각 당사자의 순수 주관에 의해 "만들어진" 것일 때 착각이 생겨날 수 있다.

하지만 착각에 대해 또 다른 문제가 제기될 수 있는데, 우리는 (그 상징 세계를 포함한) 심리적 현실이 사물의 물적 현실과 상응하는지, 상응한다면 대체 어느 정도 상응하는지 물어볼 수 있다. 가령 우리의 주관적 시간 감각이라는 심리적 현실은 여러 다양한 상태에서 물리적 시간 경험과 달라진다. 객관적 시간이라는 관점에서 보면 우리는 종종 시간의 경과에 대해 착각에 시달린다. 우리의 "주관적" 경험에서 시간의 경과는 "객관적" 시간 경과보다 길거나 짧을 수 있다. 이는 그 당시 감정적 상태에 의해 비롯될 수도 있다. 예를 들어 지루함을 느끼면 시간은 상대적으로 길어진다. 그리고 무언가에 몰입하면 시간이 짧아지는 것처럼 느낀다. 하지만 양쪽 경우 모두에서 시간에 대한 착각 상태에 있다고 말할 수 있다. 누군가가 부재한 상태에서 그의 얼굴이나 목소리는 환각의 형태로 생생하게 구현될 수 있다. 생생한 꿈에서 깨어나 외부세상과 접촉을 회복하고 나면 우리가 망상delusion에 빠져 있었다는 것을 알게 된다. 존재들과 기준을 공유하는 세상으로 돌아가면서, 혹은 현실의 지표들을 공유하면서 현실 검증 능력이 회복된다(여기서는 글의 목적상 착각과 망상을 명확히 구분하지 않을 것이다). 시간이 빨리 흘러갔다는 착각은 정서적으로 혹은 주관적으로 추동된 착각이라고 부를 수 있고, 이런 경험은 같은 활동에 몰입한 다른 사람들에 의해 공유되기도 한다. 하지만 우리는 조금 다른 부류의 착각에 대해서도 아는데, 이를테면 광학적 착각 같은 것이다. 신기루는 특정 시간, 특정 장소에서 모든 사람에게 관찰될 수 있는데, 이는 개인의 내적 감정 상태와는 무관하다. 어떤 경우 신기루는 환각처럼 생생하게 경험되어 객관적으로 존재한다는 확신에까지 이를 수도 있다. 이런 경우에는 지형에 대한 제대로 된 기억만이 내가 지금 보고 있는 것이 착각이라는 확신을 줄 수 있다. 이 경우 감각 지각의 증거보다 기억을 더 믿는 것이다. 우리는 이런 현상이 특정한 기후 상태에 의해 가능해진다는 것을 알고 있다. 그리고 사막을 헤매는 지친 방랑자의 눈에 비친 오아

시스처럼 주관적 소망과 필요가 그 현실성을 배가시키기도 하는데, 이때는 갈증이 합당한 기후 요건 없이도 오아시스의 환각을 만드는 것이다. 반면 소망 성취라는 요소는 착각의 형성에서 중요하지 않을 수도 있다.

「The Future of an Illusion」에서 프로이트는 소망-성취의 동기를 착각의 결정적 기준으로 제시했다. 나아가 그는 착각이 반드시 사실관계에서 어긋날 필요는 없다고 말하며 종교적 신념을 예로 내세웠다. 물론 문제의 종교적 신념이라는 게 대개 오류이긴 하지만 소망 충족이라는 압도적인 주관적 동기를 착각의 결정적 특성이라고 했다. 다시 말해 프로이트에게 있어 착각은 주관적으로 결정된 외부세계에 대한 믿음으로, 객관 현실과의 일치 여부는 중요하지 않다(Freud 1927, pp. 30-31). 하지만 나는 반대로 어떤 현실에 대해 기만당하는 것이 착각의 핵심이라고 생각한다. 그리고 기만이 내적 요인에 의한 것인지 외적 요인에 의한 것인지는 중요하지 않다. 우리가 절대적이라고 받아들이는 진실의 기준에 비추어 볼 때 착각은 오류의 한 형태다. 만약 우리가 오류라고 생각했던 믿음이 사실 진실의 기준에 부합한다면 궁극적으로 그것은 착각이 아니다. 하지만 이는 프로이트에게는 여전히 착각인데, 왜냐하면 그 믿음이 생겨나고 옹호되었던 이유가 그 당시 진실처럼 보이던 것에 반대되는 소망이나 방어적 목적이었기 때문이다.

이와 같은 이유로 정신분석은 상징과 착각에 대해서 협소하고 자의적인 기준에 집착하는 경향이 있으며, 여기서 공통된 것은 방어와 소망 성취라는 개념이다.

상징과 착각에 대한 위니콧은 견해는 상당히 독창적이지만 완전히 만족스럽지는 않다. 그의 글 「Transitional Objects and Transitional Phenomena」(1953)를 보면 내적-외적 현실에 덧붙여 "인생의 제3지대"에 대한 일종의 권리를 주장하는 듯 보인다. 이러한 제3지대는 "**경험**의 중간 영역으로, 내적 현실과 외적 현실 모두 여기에 참여한다. 이 영역은 도전받지 않는 부분인데, 왜냐하면 그 자신에 대해서 아무런 주장도 하지 않기 때문이다. 예외가 있다면 이 중간 지대는 일생을 통해 내적-외적 세계를 분리하면서 동시에 서로 연결된 것으로 유지하려는, 인생의 끝없는 과제를 위한 쉼터가 되어야 한다는 점이다"(볼드체는 위니콧). 이행기 대상은 이러한 중간 지대, 혹은 아기의 무능함과 현실을 깨닫고 받아들이는 아기의 점증하는 능력 사이에 위치하는 중간 영역의 예이자 구체화다. 여기서 현실은 분리되었지만 동시에 연결된 안과 밖이라는 현실이다. 그는 이렇게 말한다.

> 그래서 나는 **착각**의 실체에 관해 탐구하고 있다. 착각은 아기에게 허용되며 성인의 삶에서도 예술과 종교에 내재한다. 하지만 누군가 타인에게 믿음을 너무 강요하여 그들 자신의 것이 아닌 착각을 억지로 공유하도록 요구하면 광증의 징표가 된다. 우리는 **착각 경험**에 대한 존중을 나누어 가질 수도 있다. 그리고 원한다면 우리는 착각 경험의 유사성에 기반해서 일련의 집단을 만들 수도 있다. 이것이 인간이 무리를 짓게 되는 자연스러운 근간이 된다(p. 90, 볼드체는 위니콧).

위니콧에 따르면 "인생의 제3지대", "주관성과 객관적으로 지각된 것의 중간 영역"(같은 책)은 "착각의 실체"에 속한다. 하지만 여기서 이러한 질문이 가능하다 — (위니콧의 의미로) 경험은 착각의 실체인가, 아니면 경험이라는 것이 현실과 착각 모두의 근원이자 활동 영역인가? 실제로 이러한 "중간 영역"이 안팎의 경험 사이의 혼돈뿐 아니라 구분 또한 가능하게 만든다고 할 수 있다. 위니콧이 주장하려는 것은 경험이라는 것이 안팎의 중간 어디쯤에서 일어난다는 것, 그래서 안팎 모두 경험에 참여하고, 나아가 착각이 일어나는 장소가 바로 이 세 번째 영역이라는 점이다. 하지만 반대로 "현실"과 "착각"을 가능케 하는 것은 안팎의 분리이기도 하다. 안팎의 현실을 구분하기 전에는 제3의 중간 영역을 위한 "자리"도 없다. 착각과 현실을 구분하고 대비시킬 공간이 가능하지 않은 것이다. 위니콧은 문화적 경험의 장소를 어린 시절의 이행기 경험이 확대되고 확장된 것이라고 묘사한다. 내 생각에는 타당한 정식이다. 성인의 정신활동의 관점에서 보면 흔히들 하듯 "장소"라는 단어를 써서 생각할 수 있다. 하지만 문화적 경험의 장소에서 내적-외적 현실의 이분법은 제대로 작동하지 않으며, 따라서 여기에는 착각과 현실을 구분하기 위한 "공간"은 없다.

이행기 현상에서 관찰되듯 경험은 착각이나 착각 아닌 것으로 양분되지 않는다. 이행기 현상은 이분법 이전에도 있었고 이후에도 있는 까닭에 이 같은 양자택일의 문세가 될 수 없다. 위니콧은 이행기 대상과 상징 사이의 관계에 흥미를 보였다.

> 상징이란 개념이 사용되면 아기는 이미 환상과 사실, 내적 대상과 외부대상, 원초적 창조primary creativity와 지각perception 사이를 명료히 구분하는 셈이 된다. 하지만 나의 제안대로 이행기 대상이라는 개념을 사용하면 차이와 유사성을 받아들일 수 있게 되는 과정이라는 측면이 두드러진다. 내 생각에는 시간이라는 단어 안에 상징의 근원에 대해 말할 수 있는 용례가 있을 것 같다. 순수 주관성에서 객관성으로 나아가는 아기의 여정을 그리는 단어인 셈이다. 그리고 이행기 대상이라는 것도 (…) 이 여정에서 보게 되는 것이다 (…)(1953, p. 92).

그 후 그는 상징이라는 단어의 여러 의미를 언급하고 상징적 등가물 혹은 원상징에서 진정한 상징에 이르는 개별 인간의 성장을 이야기한다. 이 맥락에서 그는 성체의 밀전병과 그리스도의 육신 사이의 상징에 관해 이야기한다. 로마 가톨릭에서 밀전병은 그 자체로 예수의 육신인 데 비해 개신교에서는 위니콧의 표현처럼 그 대체물에 불과할 뿐 몸 그 자체는 아니다. 독실한 로마 가톨릭교도는 상징적 등가물에 머무르는 데 비해 개신교도들의 경험은 좀 더 발달한 상징에 기반하고 있는 셈이다. 위니콧의 생각에 이행기 대상은 상징적 등가물에서 진정한 상징으로 가는 여정, "순수 주관성에서 객관성으로 가는 여정" 중에 보는 뚜렷한 이정표인 셈이다.

위니콧의 관찰은 존경스러우리만큼 독창적이고 적절하다. 하지만 내 생각에 그가 사용하는 용어와 개념적 정식화 일부는 그 관찰의 참신함에 비해 부족해 보인다. 예를 들어 그는 이행기 대상에 대해서 우리가 "순수 주관성에서 객관성으로 나아가는 아기의 여정 중에" 보게 되는 것이라고 했다. 여기서 그가 사용하는 용어들은 내 생각에 그 당시 발달 수준에 적합하지 않아 보인다. 여정은 주관성에서 시작하지 않는다. 여정은 주관-객관의 미분화 단계에서 주관-객관이 생성되는 단계로 나아간다. 이행기가 이행기인 이유는 주관과 객관의 이행이라서가 아니다. 이행은 불확정성에서 확정성으로의 이행이고, 형용 불가능에서 형용 가능으로의 이행이라고 할 수 있다.

> 이행기 대상에 대해서 우리와 아기들은 서로 일종의 동의를 한 상태라고 할 수 있다. 우리는 아기에게 "네가 보기에 이것들은 너의 바깥에 있는 것이냐?"고 절대 묻지 않고, 아기도 이 지점에 대해서는 아무런 결정을 하지 않는다. 질문 자체가 만들어지지 않는 것이다(위니콧은 이 구절 모두를 이탤릭으로 처리했다. 1953, p. 95).

이런 질문들이 중간 기착지인 이행기 대상에게도 주어지지 않는다면 아기가 엄마의 가슴을 "지각"하는 단계에서는 "주관성과 객관성"에 대한 질문은 더더욱 주어지지 않을 것이다. 하지만 위니콧이 가정한 여행의 출발지인 순수 주관성의 단계는 이런 함의를 갖는다. 이상의 정식화에서는 아기의 "원초적 창조"가 주관적 현상이라 "결론지었다". 여기서 원초적 창조는 엄마가 아기에게 젖을 물리는 순간 아기는 엄마의 젖을 창조한다는 것이다(Winnicott, 1953, p. 95). 여기서 딜레마가 발생한다. 사실 이 단계에는 주관성도 객관성도 없는 중립이 특징인데 과학적 용어를 사용하다 보니 어느새 양단간 결론을 전제해 버리게 되는 것이다. 그래서 다시 한번 주지하는 바와 같이 과학적 용어는 여기에 별로 적당하지 않다. 묘사와 개념화는 종종 자가당착적이고 장황한 표현을 빌릴 수밖에 없고, 유사성과 비유, 부정적negative[1] 용어의 도움을 받아야 한다. 이런 대체 요법도 만족스럽지 않을 수 있는 마당에 하물며 아이의 원초적 창조를 순수하게 주관적이라 말하는 것은 불필요한 오해를 일으킨다.

위니콧은 착각에 대해 이렇게 쓴다. "엄마가 아기의 필요에 맞추어 조율해 나가는 능력이 충분하면 아기는 **착각**을 일으키는데, 자신의 창조 능력에 따라 만들어지는 외부세계가 있다는 착각이다"(같은 책, p. 95, 볼드체는 위니콧). 더불어 말하길, "엄마는 처음에는 거의 완벽하게 아기의 필요에 호응하며 아기에게 엄마의 젖가슴이 자기 자신의 것이라고 **착각**할 기회를 준다. (…) 엄마의 궁극적 임무는 아기가 서서히 환멸disillusion을 할 수 있도록 하는 것이다. 하지만 애당초 아기가 착각에 빠질 충분한 기회를 얻지 못한다면 성공할 희망은 없는 것이다"(같은 책. pp. 94-95. 볼드체는 위니콧). 그는 이 논문에서 초기 발달 단계와 그 역동, 그리고 착각이 하는 역할에 관한 다양한 묘사를 한다. 그 요지는 이렇다. 아기는 엄마의 젖가슴("외부환경")이 자신에 의해 창조되었다고 착각하도록 허용된다. 그

1) 중립적이라는 단어 자체가 무의식이라는 단어처럼 이미 부정(negation)을 사용한다.

리고 엄마는 아기가 자신의 창조물이라는 착각을 하도록 허용된다. 이것이 양쪽 모두에게 존재하는 주관적 창조라는 착각이다. 이유기를 거치며 점진적이면서도 필수적인 환멸이 아기뿐 아니라 엄마에게도 일어난다 (위니캇은 엄마에 대해서는 말하지 않았다). 양자의 "원초적 창조"(전능함)는 점차 줄어들어 현실적인 수준이 되어 가는데, 이때 좌절과 슬픔이 동반되는 동시에 주관성 및 객관성의 감각이 생겨나고, 기쁨과 슬픔을 동시에 느낀다. 우리가 초기 발달기의 마음을 착각이라 부를 수 있는 것은 바로 그 후에 이르게 되는 현실적 수준에 비교해서다. 옥스퍼드 영어 사전에 보면 착각은 우리를 우롱하는 기만이라고 되어 있다. 아기와 엄마가 그 자신과 상대방을 속이고 있나? 공유된 착각인가? 아니면 심층의 정신 상태에서는 이 또한 진실인데 우리가 착각이라고 부르는 것뿐일까? 이차과정과 주관-객관이 분화된 관점에서 보면 착각이라 여겨지는 것이 창조성의 진실이며, 여기서는 "안"과 "밖"이라는 망령은 없다. 그리고 일차과정과 단일성의 관점에서 보면 주관성-객관성의 진실 또한 착각일 뿐이다. 아마 우리는 양쪽 눈을 동등하게 사용하며 한쪽 눈만으로 보는 것보다 좀 더 분명히 볼 수 있을 것이다. 우리가 착각에 대해 일-이차과정의 관점에서 이야기하고 있다는 사실이 인간의 마음과 언어가 얼마나 온전치 못한지를 반증하는데, 그래서 우리는 이것으로 저것을 가늠할 도리 외에는 없어 보인다.

위니캇은 아기가 원하는 바로 그 순간, 바로 거기에서 엄마의 젖가슴을 창조한다고 말한다. 이러한 묘사는 유사하게 예술과 예술가에게도 적용할 수 있다. 시인은 시어의 소리와 모양이 떠오르는 바로 그 순간 새로운 언어를 창조한다. 나는 다른 곳에서 이렇게 말한 적이 있다. "거기서도 역시 다음 (예술 창작) 단계를 만들어 내는 건 이전 단계들에 의해 방향 지어진, 적극적인 상상의 모멘텀인 것이다. 이러한 방향 지시적 긴장은 예술적 상상의 결과물이자 예술가가 사용하는 매체에 내재한 것이기도 하다. 단어, 소리, 색깔, 형상, 극예술의 경우에는 연기, 혹은 이들이 만드는 일련의 연쇄는 한 번 결정되면 강력한 힘으로 다음 단계를 암시한다"(Loewald 1980, 「Psychoanalysis as an Art」, p. 369). 그리고 썩 훌륭하게 이루어진 분석 시간에 대해서 말하길, "환자와 분석가는 제각각 각자의 수준과 방식으로 예술가가 되고 서로를 위한 매체가 되어 준다. 분석가라는 예술가에게 매체는 환자의 심리 현상이 되고 환자라는 예술가에게는 분석가가 매체가 된다. 하지만 그 매체가 살아 있는 인간인 탓에 매체는 그 자체의 창조적 역량으로 창조자가 된다"(같은 책). 그러니까 엄마의 젖가슴은 아기의 창조적 힘이 작용할 수 있는 매체가 되고 아기의 창조적 힘은 엄마의 창조적 젖가슴이 작용하는 매체라고 말할 수도 있다. 이러한 상호 엮임의 역동이 예술 창작이나 내밀한 인간관계에만 적용된다고 말하는 것은 아니다. 비록 다소 흐릿하고 덜 분명한 형태로나마 이러한 관계는 일상에서도 작동하고 있으며, 예술 창작에 못지않게 과학적 작업에서도 큰 역할을 한다.[2)]

2) 시, 교향곡, 그림, 조각, 연극, 소설 같은 예술 작업들은 일단 완성되면 그 자신의 존재를 얻는데, 이는 유아기의 이행기 대상과 다르지 않다. 예술 작품은 그것을 만들어 낸 힘들이 형상화된 것이다. "예술 대상"으로서 작품은 예술가와 그것을 감상하는 사람이 공유하는 세상의 요소와 표현을 얻으며, 이제 예술가의 전능함에만 국한되지 않는 나름의 삶을 갖기 시작한다. 작품은 그 자신의 역사뿐 아니라 자연 속의 사물의 성격도 얻는다. 작품과 헤어지기 어려워하는 예술가들이 있는데, 이는 자신의 담요나 인형으로부터 헤어지기 싫어하는, 혹은 자신의 것을 다른 아이들과 나누기 어려워하는 어린이들과 마찬가지다. 주관성과 객관성의 분화라는 여정은 쉬운 것이 아니다. 이는 그저 자기와 남을 구분하는 것에 그치지 않고, 이제 전능한 마술적 조절 아래 제 마음대로 되지 않는 물건들의 세상과 자기를 분화하는 과정이기도 하기 때문이다. 작가가 이러한 객관화에 충분히 동의하게 되면 이제 그는 다른 작품에 관심을 기울일 수 있게 되고, 작품은 자기 길을 가게 되는 것이다. 위니콧이 말하는 착각-환멸(1953, pp. 95-96), 그리고 이행기 대상의 "운명"(같은 책, p. 91)이 이에 적당하다. 하지만 내가 말하는 착각의 관점에서 보면 착각-환멸의 구도보다는, 주술화(enchantment)와 탈-주술화(dis-)가 더 적당한 것 같다(이 부분은 다시 논의하겠다).

06

주관성

다시 한번 반복하겠다. 나는 아기가 자신이 젖가슴("외부현실")을 창조했다고 착각한다고 생각하지 않는다. 그러니까 아기가 원하는 시간과 장소에 엄마가 젖가슴을 갖다 준 덕에 아기는 세상이 자신의 주관적 산물이라고 착각한다고 생각하지 않는다. 왜냐하면 아직 착각하고 말고 할 주관성이나 객관성이 없기 때문이다. 아마 여기서 *발명*invention이라는 개념을 쓰는 것이 나을지도 모르겠다. 엄마와 아기는 입-젖가슴의 만남을 통해 서로를 발명한다고 할 수 있다. 그들은 필요와 소망 덕분에 어딘가에 이르러 서로 협동해서 그 쓰임새를 발명한다. 웹스터 사전에 의하면 "무언가를 완전히 새로운 방식으로 조합하거나, 혹은 이 조합이 예전에는 몰랐던 수단으로 목표를 이루는 경우, 무언가를 발명했다고 말할 수 있다. 예전부터 존재했으나 몰랐던 것을 알아내는 경우는 발견이라고 부른다". 아기는 젖가슴을 창조했다고 착각하도록 허용되지 않으며, 예전부터 존재했으나 여태 몰랐던 젖가슴을 발견하는 것도 아니다. 오히려 아기/엄마는 입-젖가슴의 "조합"을 발명하고, 그런 식으로 이 조합은 새롭게 발명된 도구로서 존재하게 된다. 나는 발명이라는 개념을 도입하고 있는데, 이는 발견이나 창조와는 대비되는 것으로, 그렇게 한 이유는 주체와 "사물" 사이의 상보적 힘과 준비 상태를 강조하기 위해서다. (창조라는 개념이 부적당한 이유는 창조가 무에서 유를 만들어 낸다는 것을 의미하기 때문인데, 위니콧의 아기는 무에서 엄마의 젖가슴을 창조했다는 착각이 허용된다.)

흔히 사용되는 *주관성*이라는 단어는 개별 주체를 지칭하는 것으로, 이때 주체는 대상 세계에 의해 작동하고 동시에 대상 세계를 다루게 된다. 그리고 여기서 대상 세계는 주체와는 상대적으로 독립적인 상태다. 프로이트에서 시작해서 클라인, 하트만, 위니콧, 코헛 등의 대부분 저자들이 암묵적 · 명시적으로 가정하는 것은 아기의 내부에 이미 분리되어 내재하고 있는 개별적인 본능적 핵심, 혹은 핵심적인 자기self가 있다는 것이다.[1] 프로이트는 『Civilization and Its Discontents』(1930)에서 초기 자아에 대해서 이렇게 말한다. 자세히 들여다볼 필요가 있다.

> 자아는 외부세계로부터 그 자신을 떼어 낸다. 혹은 좀 더 정확히 말해서, 원래 자아는 모든 것을 다 포함하고 있었는데, 차차 외부세계를 그 자신으로부터 분리하게 된다. 성인의 자아-기분ego-feeling은 그러니까 훨씬 더 포괄적인, 사실 모든 것을 에워싸고 있는, 느낌이 쪼그라든 흔적에 불과하다. 모든 것을 에워싸고 있는 느낌은 자아와 자아에 대한 세상(독일어 Umwelt의 번역이다) 사이의 좀 더 긴밀한 연결에 상응한다. 만약 성년이 되어서도 이 같은 원초적 자아-기분을 다소나마 유지하고 있는 사람들이 많다고 가정하면, 그 옆에는 좀 더 축소되고 세밀하게 구분된, 성숙한 자아-기분이 나란히 짝을 지어 존재할 것이다.

---

1) 나는 1982년 William Alanson White Psychoanalytic Society of New York에서 승화에 관한 논문 일부를 발표했다. 미첼(S. Mitchell)은 토론을 통해 위니콧과 내가 소위 아기의 심리학적 출생(Mahler 등. 1975)에 관하여 접근하는 방식의 유사점과 차이점에 대해서 언급했다. 비록 이런 문제들은 오랫동안 내가 관심을 가져왔던 이슈들이지만 미첼 덕택에 다시 한번 곰곰이 생각해 볼 기회와 힘을 얻었다.

> 이런 경우 그에 딸린 관념적 내용물은 필시 무한함이나 우주와의 연결 같은 것일 테다. 내 친구 로망 롤랑R. Rolland이 말한 '대양적oceanic' 기분과 같은 것이다(p. 68).

"자아는 외부세계로부터 그 자신을 떼어 낸다". 혹은 "원래 자아는 모든 것을 다 포함하고 있었는데, 차차 외부세계를 그 자신으로부터 분리하게 된다". 두 표현 모두 프로이트로서는 성에 차지 않았던 것 같다. 나는 이게 사실이라고 믿는데, 이유는 어느 쪽이 되었든 주체와 대상의 분화를 의미하기 때문이다. 프로이트는 무한함이나 자아와 세상 간의 경계 없음이 원초적 자아-기분과 상응한다고 생각했는데, 이것은 모든 것을 에워싸고, 동시에 온통 에워싸인 그 무엇이다. 이런 "기분"과 "그에 딸린 관념적 내용물"은 좀 더 "성숙한" 정신과 나란히 놓인 단계나 수준에 해당하는 것이다. 위니콧의 이행기 현상, 그리고 나아가 아기의 입-젖가슴 경험에서 우리는 "거의 실체가 없는 그 무엇"을 다루고 있는 셈이다(Freud 1930, p. 72). 위니콧이 말하는 "문화적 경험"에서는 바로 그런 수준의 정신이 되살아나고, 이후의 좀 더 성숙한 정신과 서로 맞물리게 된다. 그래서 이러한 초기 단계를 논할 때는 대상과 대비되는 주관적인 본능적 자아, 혹은 자기의 핵이라는 개념을 논하면 절대 안 된다.

『Civilization and Its Discontents』의 1장에서 여러 번, 특히 1장의 마지막에서 가장 확실하게, 프로이트는 이런 "모호한 상태의 정신"을 다루는 데 대한 불편함을 호소한다(p. 73). 이와 같은 정신의 영역을 연구하는 데 대한 불편함은 이 책에서 다루고 있는 주제인 문명화 과정의 불만족과 묘한 균형을 이루고 있다. 그래서 이같이 모호하고 뭐라고 말하기 어려운 영역에 대해 고찰하고 그것을 언어화하는 작업이 우리의 몫으로 남아 있는데, 사실 이는 프로이트가 무의식 개념을 발명한 이후 쭉 해

왔던 작업이기도 하다. 어쨌든 여기엔 두 겹의 불편함이 분명히 존재하며 여기에 대해서는 추후 고찰이 필요하다.[2)] 대상 세계를 마주하고 있는 개별 인간의 내적 경험이라는 이해와 대조적으로 주관성은 자연의 창조적-파괴적 자발성이나 힘으로 이해될 수 있다. 그러니까 예전 철학자들이 말하는 *창조하는 자연natura naturans*으로, *창조되는 자연natura naturata*과 대비되는 것이다. 데카르트의 *사유하는 것res cogitans*을 개별 인간의 사고라는 맥락에서 분리해서 좀 더 넓은 의미로 재해석해 보면 활동으로서의 현실, 혹은 자연이 된다. 이와 대비되는 그의 또 다른 개념은 *연장된 것res extensa*으로, 이것은 객관적인 현실, 혹은 (기본적으로 측정 가능한) 공간 안에 연장된 "물체"들의 세상으로서 자연을 의미한다. 다소 역설적인 정식이 성립하는데, 말하자면 *사유하는 것=연장하는 것res extendens*, *연장된 것=사유된 것res cogitata*이다. 첫 등식의 현재형 라틴어들은 활동을 가리킨다. 두 번째 등식의 과거 완료형 라틴어들은 적극적 자발성에 대비되는 창조의 수동적 양상, 즉 "물체성"을 가리킨다. 개별 인간의 정신은 엄마-아기의 매트릭스에서부터 발달하는 것으로, 창조하는 자연, 혹은 자연의 "주관성"이 드러나는 하나의 표현일 뿐이다. 이러한 자연의 주관성은 개별 인간의 정신과 비교하면 훨씬 클뿐더러 "모든 것을 에워싸는" 것이다. 역동적 무의식(프로이트가 말하는 "진정한 심리적 현실")은 자연의 활동(롤랑과 프로이트의 "대양적 기분")이라는 주관성과 유사하며, 자연의 주관성과 연결된 것으로

---

2) 나는 여기서 책 제목인 『Civilization and Its Discontens』Das Unbehagen in der Kultur와 관련한 일화를 소개하지 않고는 못 배기겠다(이 이야기는 몇 해 전 Ernst Kris가 개인적으로 해 준 것이다). 이 책이 처음 나올 무렵 프로이트 주변의 장난기 넘치는 몇몇 사람이 책 제목을 『Das Behagen in der Unkultur』로 바꾸어 불렀다고 한다. Behagen은 만족이라는 뜻이다. Unkultur는 그저 문화나 문명이 없는 상태만을 지칭하는 것이 아니라 야만과 저열함이란 뜻도 있다(그러니까 공공장소에서 욕을 하거나 침을 뱉고 방귀 뀌는 것이 Unkultur다). 그러니까 문명화되지 않은 행위이며 아이나 "하층민"들이 쾌락을 위해 하는 행동이다. 그러니까 이러한 말장난을 통해서 원래 제목은 반대의 뜻이 되어 세련되지 않고 조악한 행위(혹은 승화되지 않은?) 안에 있는 만족이나 즐거움을 뜻하게 된다. 즉, Discontents of civilization인 셈이다.

서 개별 정신과 의식이 작동하게끔 만든다. 궁극적으로 대상 세계와 세계의 객관성이 주체에게 드러나는 곳은 개별 인간의 의식 안이다. 주관 없이 객관은 불가능하고, 그 반대도 마찬가지다. 과학적 유물론으로 바라본 기계적 관점의 자연은 객관주의를 터무니없는 극단으로 끌고 가, 위에서 묘사한 객관성을 완전히 말소해 버린다. 정신분석 이론 또한 여전히 이러한 전통과 씨름 중이며 동시에 현대 과학에 내재한 창조되는 자연이라는 주도적 현실 해석을 앞장서서 무너뜨리고 있다.

이쯤에서 프로이트의 마지막 본능 이론을 언급해 볼 가치가 있을 듯하다. 삶(사랑)의 본능, 그리고 죽음(파괴)의 본능 말이다. 이 본능 이론은 *창조하는 자연*이라는 자연 해석과 맞닿아 있다. 그는 욕동Trieb 개념을 확장해서 이제 욕동은 우주의 자발적 활동, 그중에서도 인간의 정신-신체적 활동을 의미하고, 무의식은 그 한 표현 양식이 된다. 그의 결론은 이렇다. 소크라테스 이전의 철학자였던 엠페도클레스가 가정했던 *사랑과 다툼*이라는 두 개의 근원적 원리는 "우주의 모든 생명과 마음을 관장"하고, 그것들은 "그 이름과 기능 모두에서 우리가 가정한 두 개의 원초적 본능인 에로스, 파괴성과 같은 것이다".[3]

"전능한 창조성"과 특히 멜라니 클라인이 우리에게 보여 준 아기의 파괴성은 원시적 개별 자기 혹은 개별 본능의 핵심에 존재하는 것이 아니라 좀 더 넓은 "주관성" 안에 있는 것으로, 이 주관성에는 양친의 창조적-파괴적 힘 또한 포함된다. 이때 양친은 능동적 힘이라는 의미의 자

3) 인용의 출처는 「Analysis Terminable and Interminable」(1937, p. 246; pp. 244-47에는 엠페도클레스와 그의 이론에 대한 좀 더 자세한 토론이 담겨 있다)이다. 프로이트가 아인슈타인에게 보낸 편지인 「Why War?」에도 인용할 만한 구절이 있고, 「An Outline of Psycho-Analysis」(1940, p. 149)의 각주에도 있다. 각주는 이렇게 말한다. "원초적 힘이나 본능에 대한 이런 그림은 정신분석가들에게는 아마 반발을 상당히 초래하겠지만, 아크라가스의 철학자인 엠페도클레스에게는 이미 익숙한 것이었다". 이상의 논의에 대한 좀 더 상세한 고찰은 곧 발표될 나의 글 「Psychoanalysis in Search of Nature」를 보라(『Annual of Psychoanalysis』).

연이 나름 특화되고 개별화된 주체로, 이 양친의 활동을 통해 아기는 발달의 과정에서 그 자신 이러한 개별화된 주체가 되어가며, 호의적인 환경 아래서는 이윽고 "그 자신의 마음" 혹은 자기self를 발달시키게 된다. 그래서 내 생각에 아기의 "순수 주관성"이 의미하는 바는 아기는 주체고 객체인 *젖가슴*을 창조하는 착각을 하도록 용인된다는 뜻이 아니다. 내 생각에는 위니캇도 주관성에 대한 이 같은 좀 더 포괄적이고 약간은 다른 해석에 크게 반대하지는 않을 것 같다. 그리고 그가 말한 착각의 의미도 아마 좀 덜 전통적인 개념화의 맥락이지 않을까 싶다.

마지막은 인간의 상상이 만들어 내는 것들에 대해서다. 과학, 예술, 철학, 종교와 그 의식들은 탁월한 승화이며, 그리고 애초 승화라는 단어가 만들어진 유래처럼 보인다. 이것들은 우리가 우러러보는 것들이며, 동시에 우리를 매혹하고, 어리둥절하게 만들며, 우리 안에 있으면서 우리를 둘러싸고 있는 "자연의 비밀스러운 힘"을 호명하거나 제압하는 마술을 부린다.[4] 오늘날 우리는 예술이라는 위대한 마술을 기꺼이 인정하고 그에 투항한다. 어쩌면 우리는 이런 마술이 일종의 화해가 이루어진 것이라는 의견에 동의할 수 있지 않을까? 그러니까 어린 시절의 마술적인 생각, 몸짓, 낱말, 이미지, 감정, 환상으로 돌아가긴 하되, 좀 더 고차원적 조직화 수준에서 이루어지는 퇴행일 수 있다는 뜻이다. 그렇게 이러한 어린 시절의 마술은 반성, 상기, 표상, 상징을 통해 일상의 비-마술적 경험과 다시 한번 결합하는 것일지도 모른다. 그래서 승화라는 것이 결국은 잃어버린 그 옛날의 동일성oneness을 애도하는 동시에 그것을 되찾게 되었다는 것을 축하하는 행위 같은 것은 아닐까?

4) 웹스터 사전, "마술(magic)".

에필로그

이 작업은 아직 끝나지 않았으며 이 책은 그 작은 일부일 뿐이다. 본문의 여러 구절에서 나는 승화와 관련한 어떤 측면들이나 중요한 문제들이 실제로는 훨씬 길게 다루어져야 한다는 점을 이해시키려고 했다. 내 생각에 승화와 죄책감, 속죄, 혹은 보상의 관련성, 승화와 축제, 혹은 자기-해방과의 관련성이 그중 중요한 주제들인 것 같다. 물론 승화와 사랑, 미움과의 관련성은 당연하다. 말하자면 좀 더 "고차원적인" 감정들과의 관련성이라고 말할 수 있다. 이들은 승화된 정신적 과정이라고 말할 수 있으나 역설적으로 이들이 승화를 만들어 낸다고 할 수도 있다. 불충분하게 다루어지거나 전혀 다루어지지 않은 측면들로는 공격적 충동의 승화의 문제, 그리고 성행위를 통한 절정의 충족과 승화의 양립 불가능성에 대한 문제다. 이와 무관하지 않은 문제가 동성애 혹은 양성애 경향과 창조성이 적잖은 경우에서 동반된다는 점이다. 승화는 잉여 에너지와 어떤 관계가 있나? 생존을 위한 싸움에 투자되지 않아도 되는 에너지 말이다. 이 모든 문제가 추후 다루어져야 할 부분들이다.

우리 자신, 우리와 같은 세계를 살아가고 있는 또 다른 존재들, 그리고 이 세상을 이해하는 것은 행동을 통한 승화다. 환자와 분석가가 함께 하는 정신분석 작업 또한 승화다. 승화에 대해 무언가를 이해하려는 것은 자신의 구두끈을 당겨 공중으로 오르려는 시도와 비슷하다. 지극히 간절한 요구 같아 보이기도 하고 불가능한 임무처럼 보이기도 한다. 열정이 사그라지면 열정의 내적 변형, 즉 승화도 줄어들기 마련이다. 나의 바람은 비록 제법 파편적이었다 할지라도 이 책이 이성과 비이성의 변증법을, 우리 삶에서 협잡과 진정성의 변증법을 조금이나마 보여 주었으면 하는 것이다.

참고문헌

아래에서 괄호에 들어 있는 숫자는 영어로 번역되기 이전에 원어로 출판되었거나, 아니면 인용된 모음집에 포함되기 이전의 원래 출판 연도이다. 다만 프로이트의 참고문헌은 좀 다르다. 연도는 독일어 출판 연도이다. 하지만 책 편수는 Hogarth Press의 표준판을 따른다.

Fenichel, Otto. 1945. The Psychoanalytic Theory of Neurosis, New York: W. W. Norton.

Ferenczi, Sándor. (1911) 1950. On Obscene Words. In Sex in Psychoanalysis. New York: Brunner.

Freud, Anna. (1936) 1946. The Ego and the Mechanism of Defense. New York: International Universities Press.

Freud, Sigmund. The Standard Edition of the Complete Psychological Works of Sigmund Freud. 24 vols. Ed. James Strachey. London: Hogarth Press, 1953-74. (아래부터 S.E.)

Freud, Sigmund. 1892-99. Extracts from the Fliess Papers. S.E.1.

Freud, Sigmund. 1900. The Interpretation of Dreams. S.E.5.

Freud, Sigmund. 1905. Fragment of an Analysis of a Case of Hysteria. S.E.7.

Freud, Sigmund. 1910a. Five Lectures on Psycho-Analysis. S.E.11.

Freud, Sigmund. 1910b. Leonardo da Vinci and a Memory of his Childhood. S.E.11.

Freud, Sigmund. 1910c. The Antithetical Meaning of Primal Words. S.E.11.

Freud, Sigmund. 1912a. The Dynamics of Transference. S.E.12.

Freud, Sigmund. 1912b. Recommendations to Physicians Practising Psycho-Analysis. S.E.12.

Freud, Sigmund. 1913a. An Evidential Dream. S.E.12.

Freud, Sigmund. 1913b. Totem and Taboo. S.E.13.

Freud, Sigmund. 1914. On Narcissism: An Introduction. S.E.14.

Freud, Sigmund. 1915a. Instincts and Their Vicissitudes. S.E.14.

Freud, Sigmund. 1915b. The Unconscious. S.E.14.

Freud, Sigmund. 1917a. A Metapsychological Supplement to the Theory of Dreams. S.E.14.

Freud, Sigmund. 1917b. Mourning and Melancholia. S.E.14.

Freud, Sigmund. 1920. Beyond the Pleasure Principle. S.E.14

Freud, Sigmund. 1921. Group Psychology and the Analysis of the Ego. S.E.18.

Freud, Sigmund. 1923a. The Libido Theory. S.E.18.

Freud, Sigmund. 1923b. The Ego and the Id. S.E.19.

Freud, Sigmund. 1924a. The Economic Problem of Masochism. S.E.19.

Freud, Sigmund. 1924b. The Dissolution of the Oedipus complex. S.E.19.

Freud, Sigmund. 1926. Inhibitions, Symptoms and Anxiety. S.E.21.

Freud, Sigmund. 1927. The Future of an Illusion. S.E.21.

Freud, Sigmund. 1930. Civilization and Its Discontents. S.E.21.

Freud, Sigmund. 1933. Why War? S.E.22.

Freud, Sigmund. 1937. Analysis Terminable and Interminable. S.E.23.

Freud, Sigmund. 1940. An Outlie of Psycho-Analysis. S.E. 23.

Freud, Sigmund. 1940-69. Gesammelte Werke. 18 vols. London: Imago.

Greenacre, Phyllis. 1957. The Childhood of the Artist. The Psychoanalytic Study of the Child 12:47-72.

Hartmann, Heinz. 1955. Notes on the Theory of Sublimation. The Psychoanalytic Study of the Child 10:9-29.

Jones, Ernest. (1916) 1948. The Theory of Symbolism. In Papers on Psychoanalysis. 5th ed. Baltimore: Willliams and Wilkins.

Jung, C.G. (1961) 1963. Memories, Dreams, Reflections. Trans. Richard and Clara Winston. New York:Pantheon Books.

Keller, Helen. 1903. The Story of my Life. New York: Doubeday, Page.

Kris, Ernst. 1955. Neutralization and Sublimation: Observations on Young Children. The Psychoanalytic Study of the Child 10:30-46.

Laplanche, J., and Pontalis, J. B. (1967) 1973. The Language of Psychoanalysis. Trans. Donald Nicholson-Smith. New York: W. W. Norton.

Loewald, Hans W. (1955) 1980. Hypnoid State, Repression, Abreaction, and Recollection. In Papers on Psychoanalysis, New Haven and London: Yale University Press.

Loewald, Hans W. (1962) 1980. Internalization, Separation, Mourning, and the Superego. In Papers on Psychoanalysis.

Loewald, Hans W. (1971) 1980. Some Consideration on Repetition and Repetition Compulsion. In Papers on Psychoanalysis.

Loewald, Hans W. (1972) 1980. On Motivaion and Instinct Theory. In Papers on Psychoanalysis.

Loewald, Hans W. (1973) 1980. On Internalizatin. In Papers on Psychoanalysis.

Loewald, Hans W. (1975) 1980. Psychoanalysis as an Art and the Fantasy Character of the Psychoanalytic Situation. In Papers on Psychoanalysis.

Loewald, Hans W. (1976) 1980. Perspectives on Memory. In Papers on Psychoanalysis.

Loewald, Hans W. (1978) 1980. Primary Process, Secondary Process, and Language. In Papers on Psychoanalysis.

Loewald, Hans W. (1970) 1980. The Waning of the Oedipus Complex. In Papers on Psychoanalysis.

Loewald, Hans W. Psychoanalysis in Serach of Nature. In Annual of Psychoanalysis.

Mahler, M., Pine, F., and Bergman, A. 1975. The Psychological Birth fo the Human Infant. New York: Basic Books.

Miler, Marion. 1952. Aspects of Symbolism in Comprehension of the Not-self. IJP 33:181-95.

Piaget, Jean. 1945. La Formation du Symbole ches l'Enfant. Neuchatel and Paris: Delachaux & Niestlé.

Rank, Otto, and Sachs, Hans. (1913) 1916. The Significance of Psychoanalysis for the Mental Science. Trans. Charles R. Payne. New York: Nervous and Mental Diseases Publishing Co.

Rapaport, David. 1967. A Theoretical Analysis of the Superego Concept. In The Collected Papers of David Rapaport. Ed. Merton Gill. New York and London: Basic Books.

Rodrigué, E. 1956. Notes on Symbolism. IJP 37:147-58.

Séchehaye, Marguerite-A. (1947) 1951a. Symblic Realization. New York: International Universities Press.

Séchehaye, Marguerite-A. (1950) 1951b. Reality Lost and Regained: Autobiography of a Schizophrenic Girl. New York: Grune and Stratton.

Silberer, Herbert. (1912) 1951. On Symbol Formation: In Organization and Pathology of Thought: Selected Sources: Translation and commentary by David Rapaport. New York: Columbia Universities Press.

Strachey, James. 1934. The Nature of the Therapeutic Action of Psychoanalysis. IJP 15:127-59.

Webster's New International Dictionary of the English Language. 2nd ed. 1958. Springfield, Mass.: G. and C. Merriam Co.

Werner, Heinz, and Kaplan, Bernard. (1963) 1964. Symbol Formation. New York: John Wiley and Sons.

Winnicott, Donald W. 1953. Transitional Objects and Transtional Phenomena. IJP 34:89-97.

Winnicott, Donald W. 1967. The Location of Cultural Experience. IJP 48:368-72.

제3권

정신분석과 개별 인간의 역사

예일 대학교의 프로이트 강의는 1974년 Mark Kanzer에 의해 마련된 Mark and Viva Kanzer Fund의 지원을 받고 있으며 정신분석과 인문학의 학술 교류를 목적으로 한다.

저자 서문

이 강의를 요청해 주신 Kanzer Fund에게 깊은 감사를 드린다. 정신분석과 인문학, 예일 대학에 대한 Mark Kanzer 박사의 헌신에 힘입어 만들어진 Mark and Viva Kanzer Fund는 정신분석과 인문학 사이에 활발하고 통찰력 있는 관계를 만들기 위해 마련되었다. 이 같은 관계는 정신분석의 탄생 그 자체에 이미 내재한 것일 뿐 아니라 인간의 앎이 원래 가진 단일성과 인간의 마음에 대한 공통된 관심에서 기원한 것이기도 하다.

나로서는 다양한 학제의 독자들에게 정신분석적 연구와 이론의 단면을 소개할 기회를 가져서 반갑다. 이 작업은 정신분석을 전공한 사람들을 대상으로 한 발표보다는 좀 덜 기술적인 언어의 사용을 요구한다. 희망컨대 부디 그 언어가 기술적 개념과 용어의 의미를 왜곡하기보다는 명료히 하고 독자들이 정신분석적 발견과 의견을 좀 더 넓은 맥락에 위치시키는 데 도움이 되길 바란다. 동시에 나로서는 넓은 폭의 청중들 덕에 정신분석의 인문학적 · 철학적인 의미, 그 현대적 영향과 동시대의 감수성에 관심을 두게 되었고, 그 연관을 궁리하게 되었다.

몇몇 일반적 관찰에 이어, 첫 두 강의에서 나는 윤리적 주체로서의 인간과 인간의 애정에 대해 다루겠다. 세 번째 장에서는 여태 정신분석이 잘 다루지 않거나 혹은 오도해 온, 종교적 체험의 측면을 토론하려고 한다.

예일 대학교 출판부, 특히 훌륭한 편집을 해 준 Jane Isay에게 감사 드린다.

01

윤리적 주체로서 인간

이 강의는 프로이트를 기념하기 위해 마련되었습니다. 마음의 고통을 탐구하고 치료하는 의사로서, 그리고 개혁가로서 그는 여전히 우리 안에 영감을 불러일으킵니다. 여기엔 비단 심리학적 연구 방법론으로 정신분석을 선택한 사람들이나 정신과 의사 혹은 관련 직종에 국한되지 않고, 나아가 인문학 영역의 수많은 연구자도 포함됩니다. 프로이트의 발견과 생각이 전 세계에 끼치고 있는 영향력에 대해서는 굳이 말할 필요도 없겠습니다.

국립 인문학 진흥위원회의 발표에 의하면 인문학은 다음과 같은 영역을 포함한다고 합니다. "역사, 철학, 언어, 언어학, 문학, 고고학, 법학, 역사적 예술 비평, 윤리학, 비교 종교학, 그리고 철학적 역사적 접근을 허용하는 사회과학들". 그리고 다음과 같이 언급합니다.

> 인간의 경험이 기본적으로 책과 예술 작품, 그 밖의 문화재를 통해 보존되는 탓에 인문학은 종종 특정 학문 체계의 입장으로 정의된다. 하

> 지만 인문학적 관심은 교실과 도서관, 매체를 넘어 일련의 사회적, 윤리적, 문화적 질문에 이른다. 이 질문들은 인류가 각각의 삶을 통해 마주치게 되는 것들이다. 그래서 인문학은 무엇이 인간을 인간답게 만드는가, 어떻게 가치를 판단하고, 좀 더 지혜롭게 행동할 것인가에 대한 지식으로 이루어진다. 이 작업은 기본적으로 인간의 경험을 살펴보고, 그것이 현재와 미래에 갖는 의미를 점검하며 성취된다.[1]

여러 학제의 청중이 모인 자리에서 때때로 여러 종류의 언어와 용어를 오가며 서로 이질적인 단어와 개념이 새로운 의미를 얻고, 서로를 분명하게 만들길 바라는 마음은 타당할 뿐 아니라 바람직하기까지 할 것입니다. 하지만 그럼으로써 현상이 단일 시야에서 볼 때보다 복잡해지고 모호해질 위험도 동시에 존재합니다.

지금까지 "인문학"이라 불리는 것의 범위와 조망에 대해 언급했습니다. 정신분석학은 인간과 성격 장애를 탐구하고 치료하는 심리학적 방법으로, 혹은 개별 인간의 마음과 그 발달에 대한 일군의 지식, 혹은 독특한 종류의 인적 상호 작용으로 묘사할 수 있습니다. 정신분석의 주요 관심사는 "인간됨이란 무엇인가", 혹은 "경험과 경험이 갖는 현재, 미래적 의미의 탐구"입니다. 이것이 진실이라면 정신분석은 이러한 질문을 다루는 일군의 지식에 속하는 것이고, 따라서 인문학에 속하게 됩니다. 그러나 프로이트를 비롯한 그 후예들은 정신분석이 자연 과학이라고 주장했습니다. 그리고 정신분석은 그 기원과 특화된 사회적 기능으로 미루어 볼 때 의학적, 혹은 치료적 예술이라고 할 수도 있지요.

그러면 당분간은 정신분석이 조금은 분명치 않은 학문이며, 제 갈

1) National Endowment for the Humanities, Program Announcement, 1975-1976, pp. 1f. U.S. Government Printing Office, 1976.

길을 모색하는 중이라 해둡시다. 이는 부분적으로는 그 짧은 역사 탓으로, 80년 남짓의 시간은 아무래도 새로운 학문이 자리 잡기에는 짧을 겁니다. 하지만 나는 정신분석의 이런 말끔하지 않음이 말끔하게 구획된 여타 학문과 비교해서 정신분석 특유의 진로라고 믿습니다. 말하자면 정신분석은 오늘날 과학과 여타 학문이 추구하는, 새로우면서도 아주 오래된 지식의 덩어리라고 할 수 있습니다. 즉, 복합성 안에 계획된 단일성으로, 여기에서는 이론과 실천, 몸과 마음, 자연 과학과 정신과학이라는 전통적인 이분법이 의문시됩니다.

여기서 나는 정신분석적 탐구와 치료를 구분하지 않겠습니다. 그런 뜻에서 정신분석 과정, 정신분석적 발견, 정신분석 이론은 윤리적 존재로서 인간에 대해 특별한 관심을 둡니다. 이건 몇몇 개념들만 생각해 보면 됩니다. 가령 내적 갈등, 불안, 죄책감과 수치심, 초자아, 사회적 삶과 본능적 삶 사이의 첨예한 대립 같은 것들 말입니다. 그리고 동시에 정신분석은 인간의 애정 생활에 크게 관여하는데, 성생활에 대한 정신분석의 강조와 다양한 전이적 의미를 생각해 보면 됩니다. 프로이트는 비록 신앙에 대해 편협한 오류투성이의 관점을 가졌지만, 여전히 중요한 정신분석적 탐구의 주제입니다. 이 같은 주제들을 보면 정신분석이라는 그물이 얼마나 넓은 영역의 연구 주제를 포괄하는지 알 수 있습니다. 따라서 정신분석이 전통적 의미의 "생물학"에 걸맞은 과학이라는 주장은 오류에 불과합니다.

정신분석이 바라보는 인간의 본성은 개별 인간의 구체적인 존재와 그 가능성을 오롯이 품어 내는 것으로, 다양한 이유에 근거해서 특히 그 역사성에 관심을 둡니다. 시간이라는 차원은 인간의 현실 조직화, 숙달, 이해에서 헤아릴 수 없이 큰 역할을 합니다. 그 현실이 물리학, 화학, 천문학, 지질학 같은 물적 현실이든, 생물학적 현실이든, 혹은 인간의 역사적 현실이든, 문명화와 사회에 대한 것이든, 개별 인간에 대한 것이든 마찬가지입니다. 이런 경향은 과정적 현실이라는 지극히 근대적 관심과 연관된 것으로, 과거의 실재적 · 정적 이해와는 상반됩니다. 그리고 또한 영속적이고 고정된 구조로 보이는 것을 생성의 역동으로, 즉 구조의 재구조화로 이해하는 경향과도 관련이 있습니다.

정신분석은 개별 인간을 그 충만한 인간적 가능성 안에서 다룹니다. 전통적으로 육체적 현상과 인간의 기능은 생물학과 생리학의 영역에서 다루어졌습니다. 하지만 정신분석학은 그것들을 다른 관점이나 혹은 좀 더 포괄적인 구도에서 다루려고 합니다. 이것들은 심리적 조직화의 주요 구성 요소들로, 그 자체로 조직화의 영향을 받습니다.

프로이트는 「Some Elementary Lessons in Psychoanalysis」(1938년 런던에서 씀)에서 심리학은 자연 과학이라고 반복해서 말했습니다. 그는 이렇게 묻습니다.[2] 그게 아니라면 대체 무엇이겠는가? 똑같은 형태의 질문이 다른 곳에서도 나오는데, 꿈 내용에 대한 도덕적 책임감을 토론하는 구절에서입니다. 물론, 그는 말합니다, 악마적 꿈 충동에 대해서도 스스로 책임져야 한다. 달리 어찌하겠나?(1925)[3] 그는 양쪽 경우 모두에서 달리 방법이 없다는 점을 당연시합니다. 하지만 프로이트가 만든 심리학이 자연 과학이라면, 우리는 "자연"에 대한 과학적 탐구 주제의 하나로 그 생물학적 기능과 과정을 다루는 것과 마찬가지로 인간의 윤리적 성격에 대한 자연 과학적 개념을 다루게 되는 것입니다. 나중에 인간이 자신의 무의식적 충동에 책임을 진다는 뜻이 무엇을 의미하는 것인지 보게 될 것입니다. 하지만 정신분석적 윤리적 책임감 개념은 의식

2) The Standard Edition of the Complete Psychologial Works of Sigmund Freud(이하 S.E.). 23:282.
3) S.E., 19:133.

적 행위와 사고, 의도에 근거한 전통적 개념과는 다른 것 같습니다.

프로이트는 윤리나 영적 영역처럼 소위 인간의 고위 기능이라 불리는 현상들도 마치 과학처럼 (물리학 연구처럼 냉담한 객관성과 편견 없는 호기심으로) 관찰하고 탐구하는 것이 가능하고 필수적이라고 생각했습니다. 이러한 기능과 행위들은 전통적으로 과학적 탐구의 대상이 되기에는 너무나 고차원적이고 심오한 것으로 여겨지는 것으로서, 인간을 동물과 구분하는 측면들처럼 보였습니다. 프로이트가 과학적 정신과 방법론으로 규정했던 것은 바로 이러한 편견 없고 객관적인 태도였지 실험이나 측정 방법 그 자체가 아니었습니다. 그래서 정신분석의 연구 대상, 즉 개별 인간이 과학적으로 연구되려면 바로 이런 방법론이 인간의 윤리와 애정에도 적용될 수 있고, 적용되어야만 하는 것입니다.

프로이트에게 정신분석은 자연 과학이었고, 그 가장 중요한 첫 번째 이유는 인간의 정신이 인간의 몸이라고 하는 생리학적-생물학적 현상에 기반하고 있기 때문이었습니다. 그가 보기에 본능, 욕동Triebe은 생물학적 힘이었습니다. 하지만 때로는 본능과 욕동을 생물학적 힘의 정신적 표상mental representative이라고 기술하기도 했습니다. 물론, 정신적 표상의 존재론적 지위는 불명확한 채 남았지요.

프로이트는 마음에 현실성을 부여하기를 주저하여 정신적인 것을 "존재의 특정한 형태"라고 부르는 정도로 만족했습니다. 물적 혹은 "사실적" 현실과의 혼동을 피하기 위해서였을 테지요. 그는 심리적 현실이라는 문제를 좇고 싶지 않다고 말했습니다.[4] 그의 관점에서 볼 때, 무의식적 힘이라는 부정할 수 없는 사실이 심리적 삶에 거의 현실과 유사한 성격을 부여하는 것이었습니다.

---

4) 『The Interpretation of Dreams』(1900). S.E. 5:620.

우리는 여기서 다시 한번 책임감의 문제에 봉착합니다. 여기서 책임감은 좋고 나쁨이나 도덕적 가치와는 무관하고, 오히려 무의식도 자기 자신의 일부이며, 이드가 성스러운 근원을 가지거나 외부에서 온 것이 아니라는 사실과 관련이 있습니다. 하지만 이드에는 여전히 뭔지 모를 귀기鬼氣, daemonic가 있는데, 이는 역동적 무의식과 관련된 무엇으로, 그리스어 *daimon*처럼 인격신에게 부여된 힘도 아니고 의식적 존재인 개별 인간의 힘도 아닙니다. 오히려 그 둘 사이 어딘가에 있는 것으로, 비-인격적 성격을 갖는다고 볼 수 있죠. 프로이트에게는 진정한 심리적 현실이 되는 역동적 무의식은 의식적 정신 현상에 앞서고 의식적 인격을 초월합니다. 역동적 무의식은 의식적 정신 현상을 만들어 낼 뿐 아니라 한 인간의 인생, 행위, 사고의 의식적 측면을 결정하기도 하지요.

근대적 의미의 과학 개념은 자연에 대한 객관적이고 냉담한 시선과 어울립니다. 그래서 인간이 스스로에 대해 거리를 둘 수 있으면 있는 만큼 그 자신의 의식적 행위와 의식 작용과 더불어 그것들을 규정하는 저변의 무의식적 작용 또한 객관적으로 연구할 수 있습니다. 그리고 정신분석은 그만큼 자연 과학이 되는 것일 테지요. 그리고 프로이트에게 본능과 생물학의 밀접한 연관은 정신분석이 자연 과학이라고 주장할 수 있는 아주 강력한 논거가 되는데, 심지어 자아 심리학에서처럼 무의식으로부터 거리가 먼 현상들을 연구할 때도 그러합니다.

이런 관점에서 보면 무의식 현상은 물리학적 구조와 현상 아래에 있는 원자나 양자들의 작용에, 혹은 생물학을 규정하는 생화학이나 생물물리학에 비견될 수 있습니다. 실제로 무의식에 대한 지식은 원자 물리학이나 생화학만큼이나 파괴적이고 창조적인 가능성을 갖는 것 같습니다. 그리고 다른 한편으로는, 앞으로 살펴보게 되겠지만 (다시 한번 더 근대 물리학의 문제와 유사하게) 무의식에 대해 좀 더 많이 이해한 덕택에 객관성 그 자체에 대해서도 복잡한 문제들이 발생하게 되었습니다. 그러니까 객관적 거리, 혹은 과학적 객관성이라는 개념과 그 가능성은 의식적 정신 현상과 뗄 수 없이 얽혀 있습니다.

다음으로는 그 자신의 무의식에 대한 책임감이라는 문제, 그리고 내가 정신분석의 윤리적 함의라고 부르는 문제에 대해 논하겠습니다. 요지는 정신분석이 도덕성의 근원, 초자아, 죄책감 등의 이해에 어떻게 공헌했나 하는 것이 아닙니다. 나의 주된 관심은 정신분석적으로 본 인간의 윤리란 무엇인가입니다.

프로이트는 정신분석적 치료의 목적과 방향에 대해 꽤 이질적인 두 가지 정식을 이야기했습니다. 하나는 무의식을 의식으로 만드는 것이고, 그리고 다른 하나는 "이드가 있는 곳에 자아가 오도록" 하는 것입니다. 그러니까 정신분석적 과정은 인간의 윤리적 성향에 대한 개념입니다. 한 사람의 의식성을 증진하고 그의 자아 발달을 돕는 것은, 의식성과 자아 발달을 달리 어떤 식으로 개념 짓든 간에 스스로에 대한 책임감을 증진한다는 뜻입니다. 무의식적 삶에서 의식적 삶으로, 이드의 본능적 삶에서 자아의 반성적이고 목적-지향적인 삶으로 옮겨 가는 것은 여태 살아 오고 이제 살아갈 자신의 역사에 책임을 진다는 뜻입니다. 하지만 정신분석에서 강조점은 과거의 의식적 기억과 추억에만 있지 않습니다. 정신분석은 주로 무의식적 역사에 관심을 둡니다. 기억에서 사라진 어린 시절과 과거의 사건들을 의미하는 것만이 아니라, 거기에 더해 자각하지 못한 채 살아온 과거의 삶과 경험, 그리고 어쩌면 이게 더 중요할 수 있는데, 자아의 매개 없이 벌어진 삶과 경험을 말하는 것입니다. 자아의 조직화 활동은 반드시 의식적으로 자각되는 것이 아니어서, 사실 자아는 많은 시간 동안 의식 바깥에서 활동합니다. 자아는 날것 그대로의 경험을 정신의 여러 요소 안으로 통합해 내며 의미 있는 맥락을 짓습니다. 그러니까 가장 기본적인 의미에서 책임감의 뜻은 날것의 경험에 반응한다는 것입니다. 이것이 자아의 표식이고 날것의 경험을 또 다른 차원으로 옮겨가는 것입니다.

그에 반해 억압은 더 오래된 경험의 차원으로 역행하는 것입니다. 바람직하지 않고 반갑지 않은 기억과 생각, 환상은 자아의 조직화에서 쫓겨나 역동적 무의식 혹은 이드라 불리는 조악한 형태의 정신으로 가라앉게 됩니다.

그러니까 여기서 과거의 역사는 과거의 "객관적" 사건이나 정신적 "내용물"이라기보다는 좀 더 이전의 원시적 형태나 그러한 정신 수준을 의미하는 것으로, 이 분화되지 않은 형태의 경험은 발달의 초기에 우세하지만 그 이후 나이가 들어서도 여전히 작동합니다.

논의를 이어나가기 전에 한 번만 더 강조하겠습니다. 여기서 나의 관심사는 도덕적 가치와 기준, 옳고 그름이 아닙니다. 물론 그런 것들도 정신분석적 연구의 주제가 될 수 있고, 분석가 자신의 도덕적 기준이 환자의 치료에 영향을 주거나 정신분석을 이해하는 데 영향을 미칠 수 있습니다. 하지만 나는 거기에 대해 말하고 있지 않습니다. 나는 환자나 분석가가 가지는 특정한 윤리적 · 도덕주의적 편견과 태도에 말하는 것이 아닙니다. 오히려 역동적 무의식 혹은 이드는 발전할 수 있으므로(혹은 그런 경향이 있으므로) 무의식적 정신은 좀 더 고차원적인 정신적 조직화로 통합되거나 분화된 수준의 정신적 위계 안으로 조직화 될 수 있다는 사실입니다. 이러한 발전은 의식적 반성을 증진하며 촉진되고, 어쩌면 그런 식으로 처음 만들어지는 것 같습니다.

의식적 반성reflection에 대해 몇 가지 축약된 언급을 하겠습니다. 어쩌면 이 단어는 동어반복이라고 할 수 있습니다. "의식적"이란 말이 이미 능동적 수동적 자기-반성 상태를 의미하며, 반성은 *함께 앎*con-scire, *a knowing-together*입니다. 반성은 아기와 주 양육자 사이에서 이루어지던 상호 작용의 내면화된 표상으로서, 보통 엄마와 시작한 이런 상호 작용은 다른 여러 관계에서 반복하게 됩니다. 정신분석가들은 이 같은 엄마에 대해서 늘 말해 왔는데, 원초적 모자간 심리 단위에서 엄마라는 거울은 아이를 알아보기 시작하고, 그렇게 인식되는 경험을 통해 아이는 자신을 알아 갑니다. 이런 과정은 소위 말하는 인지적 수준을 한참 뛰어넘는 것으로, 아이의 신체적 · 본능적 현상과 관계한 다양한 엄마 측의 활동과 상호 작용을 통해 자라나는 아이에게 매개됩니다. 아이에 대해 알고 이해한 것만이 아니라 부족하고 온전치 못한 이해도 이 상호 작용 안에 녹아들지요. 이러한 원초적 반성과 재인recognition이 모자간의 심리적 매트릭스 안에 함께 앎을 만들어 내고, 나아가 개별적 인간으로 분화해 가는 아이의 경험과 정신에 중요한 성분이자 가능성이 됩니다. 양육자와의 지속적인 상호 작용을 통해 한층 복잡한 발달이 이루어지면 정돈되고 명시적인 함께 앎인 언어의 사용이 이루어지고, 나아가 마침내 양심이 만들어집니다. 양심이라는 현상은 내가 심리 발달의 도덕성이라 부르는 것이 완전히 발달하고 특화된 결과물입니다. conscire의 접두사 con은 conscious와 conscience 모두의 어근으로, "날raw" 경험과 내 안의 또 다른 나에 의한 그 반성적 재인이 함께 있음, 혹은 둘 간의 내적 마주침을 의미합니다. 정신분석 이론에서 이 "내 안의 나"는 관찰 자아나 초자아라는 용어로 표현되지요. 하지만 이 같은 내적 타자는 복잡한 분화의 최종 산물로서, 조금 다른 관점에서 보자면 자기-소외의 과정으로 그 시작은 모자간의 심리적 매트릭스라는 일차적 단일성에서 비롯됩니다. 이러한 발달이 개인의 개별화를 구성합니다.

이 과정의 한 요소는 좀 더 분명히 언급할 필요가 있어 보입니다. 양육자의 알아보고-보살피는 활동이 아이의 심리 발달에 중요한 역할을 하는 이유는 양육자가 아기의 조직화 단계보다 더 앞서 있기 때문입니다. 아이와의 상호 작용 안에 녹아 있는 부모의 보살핌과 알아챔, 이해는 아이의 전반적 요구와 미래의 발달에 대한 맥락과 전망 속에서 이루어집니다. 물론 부모의 지각은 당연히 옳을 수도, 틀릴 수도 있지요. 하지만 부모가 아이에게 비추는 것은 아이가 보는 것 이상으로, 좀 더 고차원의 조직화를 매개합니다. 이런 세대 차이와 간격은 필수적이라고 할 수 있습니다. 유사하게 내적인 함께 앎이 발달한다는 것은 단순한 "반복"이라는 의미에서의 내적 반성 이상을 의미합니다.

이드 혹은 역동적 무의식은 우리가 보통 의식적 · 이성적 삶에서 흔히 보게 되는 형태의 정신 현상보다 오래된 것이라는 의미에서 개인의 과거라고 말했습니다. 이러한 원시적 형태는 어린이들이나 미개인들, 혹은 정신증에서 관찰되며, 정상적인 정신 상태, 신경증적 증상, 꿈에서도 그 증후나 요소를 발견할 수 있습니다.

하지만 이러한 "태곳적archaic" 정신작용은 우리 문화 안에서 새롭게 재발견되고 평가되는 것으로서, 현재의 우리 문화 안에서도 그 가치와 힘을 갖습니다. 이 발견은, 정신분석이 가한 일격이자 그 주창자의 의식적 의도에는 거의 완전히 역행하는 것이기도 한데, 비이성적 무의식에 새로운 가치를 부여하는 데 공헌했습니다. 현대의 미술, 문학과 철학에서, 그리고 젊은 세대의 감성, 포부, 삶의 방법에서 우리는 그 오래되고 깊숙한 인간의 경험이 다시 한번 생생하게 피어나고, 그렇게 좀 덜 경직되고, 좀 덜 얼어붙은, 좀 더 인간적인 합리성을 발견합니다. 프로이트는 너무나 귀하지만 동시에 불안정하고 쉬이 사그라드는 의식성의 형성에 비해 역동적 무의식은 파괴되지 않는다고 말했습니다. 물론 이드가 있는 곳에 자아가 와야 합니다. 하지만 너무나 쉽게 자주 보는 것은, 자아를 경직되고 융통성 없는 완고한 합리성 같은 것으로 취급하는 것입니다.

그래서 오늘 우리는 한 가지를 더해야 할 것 같습니다. 자아가 있는 곳에 이드가 다시 한번 와야 하고 그렇게 자아와 이성은 새로운 생명력을 얻어야 합니다.

정신분석 이론은 역동적 무의식과 전의식을 구분하고, 전의식을 의식과 엄밀히 구분합니다. 여기서 기준은 의식적 자각입니다. 내가 함께 앎을 말할 때, 내가 염두에 둔 것은 의식적 자각이 아니라 전의식의 정신작용이었습니다. 그러니까 그 내적 조직화는 분별이되, 그 정신작용 형태는 종종 의식적 자각이 아닐 수 있습니다. 반드시 의식적으로 지각될 필요가 없는 것이란 말입니다. 전의식이라는 용어가 의식적 자각과의 근접성과 접근성을 강조하므로, 그리고 내 생각에 전의식이라 이름 붙은 정신작용이 반드시 그럴 필요는 없는 것 같으므로, 나는 전의식이라는 용어보다는 *분별*conscient이라는 용어를 선호합니다. 분별이라는 용어를 쓰는 이유는 내재한 함께 앎의 구조를 강조하기 위해서입니다. 분별하는(전의식) 정신작용은 무의식의 맹목성을 잃고, 대신 단일성의 분화와 이분법을 포함하는 내적 반응성responsiveness이라는 새로운 차원을 획득합니다. 이 같은 분화는 단일성에 이원성과 다원성을 도입하는 것으로서, 단일성을 유지하기보다는 방해하는데, 그 기원은 양육 환경의 능동적 비춤mirroring에 있습니다. 나는 앞서 이런 비춤은 아이가 보여 주는 것보다 더 많은 것을 되비춘다고 말했습니다. 그 안에는 아이의 활동과 경험을 그 존재의 시공간적 총체성 안에서 조직화하는 엄마의 행위가 있기 때문입니다. 이것이 일관된 조직화로서 자아라 불리게 되는 것의 원형이 됩니다. 아이의 일원적unitary 행위, 다르게 표현하면 앞뒤 가리지 않는 행위가 그러한 총체성 안으로 통합이 되면 되는 만큼 내적 비춤이 만들어질 것입니다. 그러니까 이 총체성과 일관된 조직화는 일종의 불명확한 계획인 엄마의 선견지명이 있어야만 시작될 수 있다는 뜻입니다. 이런 식으로 아이의 단일한 정신작용은 분화를 얻게 됩니다.

무의식적 정신작용은 이런 분화를 갖지 않습니다. "무의식"의 무無가 이 같은 결핍을 가리킵니다. 하지만 이런 결핍은 분별에 대해서만 결핍입니다. 만약 분화되지 않은 정신작용을 그 자체로 고려한다면 "이드"가 좀 더 어울리는 단어일 것입니다. 왜냐하면 이드라는 단어는 함께 앎과 상관이 없기 때문입니다. 하지만 이런 분화되지 않은 정신작용도 비록 함께 앎은 아니라 할지라도 앎으로, 일종의 "마음 씀minding"입니다. 무의식을 정신 현상의 하나로 포함했을 때, 프로이트는 일종의 결정을 내렸어요. 그는 한동안 망설였지요. 무의식적 정신작용은 생물학적인가, 아니면 심리학적인가? 어느 쪽이든 가정을 *해야만* 했습니다. 왜냐하면 최초의 가정이 있어야만 그 이후의 정신병리가 이해될 수 있기 때문이었죠. 프로이트는 이런 기본적 과정의 존재에 대해 의심하지 않았습니다. 그의 초기 저작에서 의심의 대상이 된 것은(그리고 그의 이론화에 지속해서 영향을 미치는 것은) 과학적 연구의 위계에서 그들의 지위였습니다. 그는 무의식을 *심리적* 현상이라고 말했고, 그렇게 그가 선택한 것은 인간의 총체적 정신세계와 윤리적 존재로서 인간이라는 관점이었으며, 근대 자연 과학의 환원주의적 관점이 아니었습니다. 하지만 그가 이런 결정에 완전히 편안했던 적은 없는 것 같습니다.

일찍이 프로이트는 무의식과 억압물을 동일시했는데, 이유는 최면과 분석을 통해 무의식의 환상과 기억이 한때는 의식에 있었다는 것을 관찰했기 때문이었습니다. 하지만 당시 그는 아직 역동적 무의식과 전의식을 구분하지는 않았고, 자각 여부에 따른 정신활동만 구분하고 있었습니다. 주목할 만한 것은, 아주 초창기에 그는 말할 나위 없이 분명 윤리적 힘인 환자의 의지를 억압을 시작하게 하는 힘이라고 여겼다는 점입니다. 나중에야 역동적 무의식이 분별(전의식)과 의식 이전에 발달하는 정신상태이고, 이후의 좀 더 성숙한 정신 과정을 위한 능동적이고 항구적인 기원이자 원천으로 남는다는 점을 알게 되었습니다. 억압물은 그것이 비롯한 곳으로부터 떨어져 나와 원시적 정신활동의 영역으로 돌아간 것으로, 거기에는 도덕이 없지만, 억압물이 인격화될 수는 있습니다.

다시 한번 더 돌아가 보겠습니다. Wo Es war, soll Ich werden. 이드가 있는 곳에 자아가 있어야 한다. Werden은 되다, 있게 되다는 뜻이고, soll은 "해야 한다"로 책무라는 걸 가리킵니다. 만약 자아와 분별이 진화적으로 좀 더 높은 정신적 조직화를 의미한다면, 이드는 아직 맹아 단계in statu nascendi에 있는 자아일 것입니다. 좀 더 고차원의 조직화, 즉 더 복잡하고 풍성한 정신이 만들어지는 것은 이드로 표상되는 가능성이 구현되는 것으로, 요컨대 진화의 법칙에 따라 이미 예견된 것으로 보입니다. 정신분석에서 인간은 조금 더 높은 조직화와 좀 더 발전된 무의식을 향하는 것으로 이해됩니다. 하나의 인간이 되는 것이죠. 좀 더 발달한 의식적 삶을 위해서는 계속해서 무의식 수준의 기능을 전유專有, appropriation할 필요가 있습니다. 즉, 그것들을 오롯이 잠재적인 나, 자아로 떠안는 것 말입니다. 전유, 떠안음은 이드를 개별 인간으로서 자신의 삶 안에 통합해 내는 과정으로 발달상의 임무이자, 다른 구도에서는 실존적 책무라고 할 수 있습니다. 나는 하이데거의 개념들인 피투披投, Geworfenheit(스스로 계획되거나 의도되지 않은 채 세상에 던져진 인간)와 기투企投, Entwerfen(이러한 사실을 받아안고 능동적으로 그 가능성을 계발하는 인간) 또한 같은 맥락으로 이해하고 있습니다.[5)]

5) 이상은 하이데거의 개념이 갖는 광범위한 설명을 굉장히 단순화시킨 것이다. 그의 담론 수준과 인간 존재(현존재)의 철학적 명료화를 위한 탐색의 의도는 심리학으로서 정신분석의 그것과는 상당히 다르다. 하이데거가 말하는 인간 존재의 사실성[피투성(彼投性)]은 정신분석의 이드와는 다른 차원에 있으며 하이데거는 의식과 무의식의 분화에 관해서는 관심을 두지 않는다. 나의 비교는 두 사람의 생각에 공통점(너 자신이 되어라)이 있다는 것을 언급하는 수준이다. 마르틴 하이데거의 『존재와 시간(Sein und Zeit)』을 참고하라. Halle: Max Niemeyer Verlag, 1927.

자신의 역사를 전유하는 것, 혹은 떠안는 것이 치료로서 정신분석의 임무라고 할 수 있습니다. 정신분석은 그 자체로 심리적 발달을 재개합니다. 이 과정에서 중요한 한 측면이 과거를 회고remembering하는 것이지요. 하지만 이는 단순히 과거를 상기recollection하는 것보다 훨씬 많은 것을 포함하는데, 상기는 보통 회고를 향한 중요한 디딤돌이 됩니다.

프로이트는 과거를 회고하는 것과 반복하는 것을 구분했습니다. 그러면서 이내 과거를 반복하는 것이 과거를 회고하는 것의 한 형태라고 주장했습니다. 말하자면 무의식적 형태의 회고인 셈이죠.[6] 과거의 경험을 현재에서 재연re-enacting한다는 의미에서 반복은 사고의 형태가 아닌 행동과 정서에 의한 회고입니다. 예를 들어 어린 시절 아버지와의 경험은 어른이 되어 "아버지상"의 인물과 더불어 재연됩니다. 아버지상과의 관계에서 유사하거나 똑같은 행동으로 회고되지만, 거기엔 사고라는 형태의 상기가 없는 것입니다. 사고에 의한 상기는 언어로 표현될 수 있어서 유아기적 기억을 좀 더 높은 수준의 정신활동으로 구조화합니다. 그러니까 그저 행동으로 표현될 뿐인 무의식의 기억이 무의식에서 끌어올려져 의식을 획득한다고 말할 수 있습니다. 이 과정을 매개하는 것이 분석가의 해석입니다. 환자의 행동은 분명 어린 시절 경험의 반복이라는 분석가의 해석은 지금-여기에서 재생된 무의식적 기억에 맥락을 부여하고 의식적 사고의 수준으로 끌어올립니다. 호의적인 환경 아래서라면 이를 통해 환자는 두 가지 수준의 정신활동을 연결하고 스스로 경험을 다시 구조화할 수 있습니다. 분석가의 해석은 일종의 능동적인 비춤으로, 환자에게 환자의 행위를 좀 다른 각도에서 되비추는 것으로서, 좀 더 넓고 정돈된 조직화라는 의미에서 아이에게 부모가 해 주는 반영의 기능과

6) 「Remembering, Repeating and Working Through」(1914), S.E. 12:147-56.

유사합니다. 거칠게 말해서 환자는 이제 분석가/아버지상과 두 가지 수준에서 상호 작용을 경험하고, 퇴행적 수준의 정신작용이 그를 마치 과거로 돌아간 것처럼 재연하도록 만듦을 알아 낼 수 있습니다.

자기 자신의 역사를 전유한다는 것은, 우리의 무의식에 반응한다는 것은 무의식적 경험을 좀 더 성숙하고 명료한 어른의 마음으로 데려간다는 중요한 의미가 있습니다. 우리의 욕동, 기초적인 필요는 그러한 변형을 통해서 없어지지 않으며, 유년의 상처와 왜곡된 경험도 폄훼되고 무효화되기 위해 의식에 올라오는 것이 아닙니다. 그것들 또한 분명 우리 인생의 일부입니다. 오로지 가능한 것은 그렇게 우리의 인생에 의미를 부여해 왔던 유년의 아픈 기억을 능동적으로 재-조직화하고, 다시 연습하고, 창조적으로 바꾸는 일일 것입니다. 우리가 하려는 작업이 무엇인지 잘 알면 알수록 우리는 우리의 역사를 좀 더 짜임새 있게 만들게 되어, 결국 우리의 유년을 부단한 변화와 변형 속에서 재-창조할 수 있습니다. 어른이 된다는 것이 동심을 떠난다는 의미가 되어서는 곤란합니다.

이드와 자아는 일방통행이 아닙니다. 비이성적인 힘은 우리를 반복해서 사로잡기만 하는 게 아닙니다. 반대로 우리가 그것들을 없애려고 하면 우리도 같이 길을 잃을 것입니다. 이드라는 인간 경험의 무의식적 양상과 내용물은 반드시 사용될 수 있어야 합니다. 우리의 "지성"이 얼마나 완벽한 상태에 놓여 있든 관계없이, 만약 그것들이 무용지물의 위기에 놓이게 되거나 그것들에 반응할 수 없는 상태가 되면, 그때 역사적 존재로서 우리의 임무는 다시 그것들이 얼어붙은 자아로부터 자유로워지고 변화할 수 있도록 다시 한번 역사를 재개하는 길을 발견하는 것이어야 합니다. 내 생각에는 바로 이것이 정신분석 고유의 본연적 임무이자, 근대사에서 정신분석이 갖는 중요성인 것 같습니다.

서구의 근대를 살아가는 우리는 직선적 진보가 "진보"라는 발달 개념에 사로잡혀 있는 것 같습니다. 진보가 아닌 것은 정체 혹은 퇴보인 셈이지요. "자아를 위한 퇴행regression in the service of the ego"[7)]이라는 정신분석 개념이 의미하는 통찰은 자아의 발달이 직선으로 이루어지지 않으며, 이드로부터 멀어지는 것만을 의미하지는 않는다는 것입니다. 시간은, 그 물리학적 의미가 아닌 인간적 의미에서 화살처럼 날아가지 않고, 시시각각 측정되지 않습니다. 시간은 과거, 현재, 미래의 해석과 상호 관련성 안에서 존재한다고 말하는 것이 좀 더 인간적인 시간 경험에 좀 더 가까울 것입니다. 인간의 역사는 내적-외적 시간에 따른 사건의 순서대로 해석되는 것이 아니라 위와 같은 세 가지 시간 양상의 상호 침투와 상호 결정에 따라 구성되며 삶을 만들어 냅니다.

물리적 · 공간-운동적으로 시각화한다면, (직선운동보다는 더 적절하게) 개개인의 발달은 상승하는 나선의 양상으로, 기본적으로 같은 기본적 주제가 서로 다른 수준의 정신과 행위에서 재-경험되고 행동화됩니다. 승화 또한 이러한 이미지에서 가장 잘 이해될 수 있습니다.

초자아를 정신분석의 윤리적 이슈에서 배제할 수는 없을 것입니다. 이드와 자아가 각각 심리적 과거와 현재를 표상한다면 초자아는 미래의 표상으로 볼 수 있습니다. 초자아는 내적 기준과 요구, 이상, 희망, 질책, 처벌의 주체로 개념화될 수 있습니다. 우리는 초자아가 양심의 목소리라는 것을 알고 있고 그와 관련해서 죄책감, 수치심, 자부심, 자기-수긍을 경험하기도 합니다. 초자아는 스스로에 대한 과거와 현재의 염려, 보살핌을 표상하고 이것은 다가올 미래로 이어집니다. 초자아의 특징은 자아에서 분화한 것differentiating grade it the ego입니다.[8)] 심리적 시간의

7) E. Kris, 「The Psychology of Caricature」. In 『Psychoanalytic Explorations in Art』. New York: International Universities Press, 1952, p. 177.

8) S. Freud, 「Group Psychology and the Analysis of the Ego」(1921). S.E. 18:129.

관점에서 보자면 이것은 정신적 발달에서 내적 현재와 내적 미래 사이의 분화라고 할 수 있습니다. 이 분화는 한편으로는 현재의 나와 현재 내가 하는 행동, 그리고 다른 한편으로는 미래의 내가 자신에게 요구하고, 희망하고, 기대하는 나의 모습과 가능성, 해야 할 일과 하지 않아야 할 일 사이의 차이에 대한 증가하는 재인식이라고 할 수 있습니다. 이러한 분화의 기초는 발달의 초기 엄마가 아이에게 제공한, 아이가 보여 주는 것 "이상"을 비추는 살아 있는 거울 역할에서 시작되었습니다. 엄마는 아이에게 반응하면서 아이의 잠재적 성장과 발달 가능성에 대해 알게 되고, 아이에게 이를 가르칩니다.

초자아는 자아에서 분화한 것으로서 미래를 가늠하고 예시하는 부모의 행위가 내면화된 것입니다. 한편 프로이트는 초자아와 이드의 밀접한 관계를 강조했습니다. 현재의 논의와 관련된 한 측면만 짚어 보겠습니다. 프로이트는 사후에 발간된 미완성의 저작 「An Outline of Psychoanalysis」(1938)[9]에서 이를 언급했는데, 초자아와 이드의 관계를 논하며 그는 괴테의 『파우스트』를 인용합니다. "그대가 아버지로부터 물려받은 것, 그것을 획득하여 그대의 것으로 만들어라". 과거는 물려받은 것, 우리의 유전자에 포함된 가능성, 그리고 선대로부터의 역사적, 문화적, 윤리적 전통, 마지막으로 무의식 혹은 이드라 불리는 원시적 형태의 정신활동과 이 같은 원시적 형태로 경험되는 우리 삶의 "내용물"들로 구성되어 있습니다. 미래의 창조적 발달 속에서 과거는 획득되고, 전유되고, 우리의 것이 됩니다.

한 개인이 그 자신의 이드를 전유하지 못하고 얽히면 얽힌 만큼, 혹은 자신의 이드를 방임한 만큼 그는 자기 안의 제어되지 못한 무의식의

9) S.E. 23:207.

힘에 휘둘리게 됩니다. 억압이 바로 그러한 경우고, 우리 대부분은 어느 정도 그러한 경향이 있습니다. 그리고 우리가 이드에 개방적이면 개방적인 만큼, 그래서 다양한 수준에서 반복적으로 우리의 무의식적 힘을 이용하는 만큼 자유롭게 발달하고 미래를 만들어 낼 수 있습니다. 프로이트에게 이러한 무의식적 힘은 진실로 심리적 현실이었습니다. 그는 주장하길, 우리에게 요청되는 것은 이러한 인간 존재의 비인간적 토대를 인간적인 것으로 만들고 각자의 방식으로 하나의 인격으로 만드는 것이라고 말했습니다.

프로이트의 마지막 본능 이론은 에로스와 타나토스를 가정합니다. 이들은 사랑, 혹은 삶의 본능과 파괴, 혹은 죽음본능으로서 비인격적이고 비윤리적인 힘으로, 인간의 삶 안에서 다소나마 인격화됩니다. 프로이트는 종교적 인간이 아니었으며 분명 신비주의자도 아니었습니다. 하지만 삶의 신비와 인간의 개별성, 그리고 과학적 설명과 해석의 명료함을 넘어서는 수수께끼에 열린 마음을 가지기 위해서 반드시 신비주의자가 될 필요는 없습니다. 삶과 죽음의 본능이라는 이론은 하나의 인간을 만들고, 하나의 인간에 의해 만들어지는 창조적-파괴적 힘을 일컫는 프로이트만의 방식이라고 할 수 있습니다.

마지막으로 Samuel Butler를 인용하면서 마치고자 합니다. 그 또한 무의식에 사로잡혔던 또 하나의 과학 정신이었습니다.

> 우리가 스케이트를 타고 있는 얼음을 두껍게 만들기 위한 거라면 그건 아무 문제 없다. 만약 물 아래 바닥의 단단한 땅을 찾으려 하는 거라면, 혹은 찾은 체하는 거라면 그건 터무니없다. 우리의 (그러니까 과학자

10) 『The Note-Books of Samuel Butler』, selections arranged and edited by Henry Festing Jones. New York: Dutton, 1917, p. 329.

의) 임무는 추위에 얼음이 얼 듯 지식을 위에서부터 아래로 두텁게 만드는 것이다. 바닥에서부터 위로 얼음을 얼릴 수는 없는 것이다.[10]

02

전이와 사랑

정신분석은 인간의 애정 생활, 특히 그 발생과 발달, 무쌍한 변화의 이해에 공헌했습니다. 일반적인 관점에서 볼 때 발생과 발달은 개별 인간의 역사가 됩니다. 개별화의 과정에서 인간은 역사성을 갖게 됩니다. 여기서 역사성은 인간 경험의 특질로서, 과거, 혹은 그 자신의 무의식적 추동력과 삶의 "소여所與"를 전유하고 떠안는다고 표현으로 설명하는 것이기도 합니다. 하지만 자신의 과거를 능동적으로 받아안으며 자신의 것으로 온전히 만든다는 것이 과거로 돌아가 그 안에서 매몰된다는 뜻은 아니겠지요. 과거는 현재, 미래의 관점과 연결 선상에서 중요합니다. 유년의 기억에 대한 향수鄕愁, 아팠던 과거의 상처에 대한 쓰디쓴 회상, 슬프고 노여운 불평과 질책들, 혹은 귀중한 경험과 행동에 대한 행복했던 기억들. 우리는 이들을 포함한 여러 다른 형태로 과거를 불러일으켜 과거를 자신의 것으로 만들고, 그렇게 미래로 나아가게 됩니다. 그제야 미래는 다른 누군가의 삶의 모방이나 타인의 들러리, 혹은 반항과 복종의 연속이 아닌, 나 자신의 미래가 되지요.

여기서 내가 말하는 과거는 소위 말하는 과거의 경험과 사건에 대한 마음의 내용물이나 기억, 혹은 정신적 표상 같은 추억recall할 수도 있고 아닐 수도 있는 것들에 그치지 않습니다. 내가 논하고 싶은 마음의 과거는 사랑과 역사성에 관련된 것으로, 첫 번째 강의의 주제와 연결된 것입니다. 내가 염두에 두고 있는 것은 경험을 조직화하는 양상으로, 소위 말하는 전의식, 혹은 분별, 의식적 정신활동과 구별되는 것입니다. 역동적 무의식 혹은 이드는 원시적, 혹은 선사先史의 기억이 보존되고 억압된 기억이 정박하고 있는, 의식이 다소간 접근하기 어려운 "정신적 내용물"의 영역으로만 이해되기엔 무리가 있습니다. 근본적으로 무의식은 경험과 정신활동의 양상에 붙은 이름으로서, 일생을 통해 지속해서 좀 더 분화되고 복잡한 정신활동의 근간과 원천으로 활동하게 됩니다. 내가 나의 무의식적 기억이나 충동이라 부르는 것은 그것들이 새로운 수준의 정신활동으로 승격되는 만큼, 그리고 분별을 갖춘 경험의 양상이라는 맥락에 포섭되는 한에서 잠재적으로 내 것이 됩니다. 이러한 전유는 인간 발달상의 진화적 분투로 여겨지지요. 이 과정은 개별 인간의 발달에서 결국 그치는 것이 아니라 계속되는 활동으로, 반복해서 다시 시작됩니다.

하지만 의식성을 향한 이행만 강조한 채, 서로 다른 정신활동 수준 간의 상호 작용과 순환성을 무시하고 간과한다면 그것은 삶의 복잡성과 풍요로움에 대한 올바른 처사가 아닐 것입니다. 전유의 관점에서 정식화해 본다면 무의식적 경험을 분별 갖춰 전유(와 그에 해당하는 정신적 내용물)하는 것만 필요해 보이지는 않아요. 나아가 분별이라는 정신활동의 양상이 무의식적 정신활동으로 나아갔다가 다시 의식으로 돌아오는 재-전유도 필요해 보입니다. 중요한 것은 여러 수준의 정신활동 사이의 의사소통, 상호 규정과 보정일 것입니다. 풍요로운 정신일수록 여러 수준의 층위에서 경험하고, 무의식과 의식 사이에는 더 많은 번역이 오가게 됩니다. 무의식을 의식으로 만드는 것만으로는 부족한 셈이죠. 인간의 삶을 만드는 것은, 삶을 인간적으로 만드는 것은 그것들 사이의 *전이*입니다.

바로 이 현상, 전이 개념이 사랑에 대한 정신분석적 이해의 핵심입니다. 하지만 나는 여태 이드와 자아 사이의, 무의식과 분별 사이의 정신 내적 전이만 이야기했습니다. 보통 전이는 사람들 사이에 이루어지는 것으로, 특히 정신분석적 상황에서는 환자에서 분석가로 향하는 전이를 말합니다. 흔히 환자가 분석가와 "사랑에 빠지는" 것을 의미하며, 이렇게 보면 어이가 없도록 단순하고 소박해 보이지만 사랑과 전이의 관련성을 암시하기도 하네요.

앞으로 내가 전개할 주장은 전이 개념이 인간의 애정사에 역사적 차원을 부여하는 동시에 인간의 개별화와 역사성, 그리고 소위 자기self라는 것에 내포된 애정적 차원을 열었다는 것입니다.

전이 개념은 사랑이라는 현상에 과학적 접근을 허용합니다. 이를 통해 우리는 사랑의 발생과 변천에 대해 더 깊이 이해할 수 있고, 인생에서 벌어지는 동성애-이성애적인 열정과 애착의 복잡다단한 뿌리와 동기를 알 수 있습니다. 전이 개념은 그 유아적이고 무의식적인 기원을 드러내 성인의 애정 생활이 근거한 역사적 결정 요인을 밝히기도 합니다. 동시에 전이 개념은 심리 내적 얼개에 적용되어 (자기애적) 애정적 애착을 드러내는데, 이 애착은 내면화되어 개별 인간을 자기-전유하는 존재로, 즉 역사적 존재로 역동적으로 조직화하는 것에 공헌하게 됩니다. 프로이트는 전이에 대해서 대상-리비도 애착의 관점으로만 이야기하지 않았습니다. 더불어 "전의식과 무의식 시스템 사이 흥분의 상호 작용"[1)]의 관점, 즉 심리 내적 상호 작용의 맥락으로도 논했습니다.

1) 『The Interpretation of Dreams』. S.E. 5:564, 562-63.

정신분석은 두 가지 형태의 리비도, 즉 대상 리비도와 자기애적 리비도를 구분합니다. 정신분석이 처음 생겨나던 시절, 관심은 오롯이 대상 리비도, 그리고 인간의 애정사에 있어 그 변천에 모였습니다. 프로이트는 유아 성욕설을 주장해 동시대(우리 시대도 별반 다르지 않다)에 불편감을 줬지요. 아동기에도 육체적-색정적 열정을 포함한 흥분, 자극, 관여가 있다는 것은 논란의 여지가 없습니다. 그리고 또 하나 당연히 받아들여야 할 것은 소위 심리 성적 발달의 오이디푸스기에 최초로 대상-사랑이 꽃피고, 그 대상은 주로 가까운 가족인 부모나 형제로 향하며, 이것이 추후 경험할 애정 관계나 대상 관계의 원형으로 작용한다는 점입니다. 오이디푸스기와 더불어 시작되는 것은 부모와 형제들이 그 이전보다 더 자신과 분리되고 다른 사람으로 경험된다는 것입니다. 나는 여기서 "오이디푸스기"라는 용어를 단순히 본능적 정서적 발달만이 아니라 인지적 발달의 의미로도 사용하고 있습니다. 하지만 그 둘은 당시에 서로 긴밀하게 엮여 있고 상호 의존적이라서 발달상 서로 다른 경로라고 부를 수 없어요. 어쨌든 아이는 애정 대상을 자신으로부터 분리되고 자신과 다른 존재로 인식하기 시작합니다. 그리고 부분적으로 그들을 원하는 이유는 그들이 자신과 다르기 때문입니다. 어쩌면 열망의 강렬함이 대상에게 다름을 부여하는 것이라 말할 수도 있겠지요.

대상 리비도는 자기애적 리비도와는 구분되는 것으로, 단순히 자기가 아닌 *다른 사람*을 열망한다는 뜻이 아닙니다. 중요한 것은 이 다른 사람이 다른 사람이라는 점입니다. 대상-애정적 행위에서 타인은 자신이 관계를 맺는 대상으로 구성되고 경험됩니다. 이런 관계 맺음에서 수립되는 것이 주체로서 자신과 대상으로서 타자입니다. 엄밀히 말하면, 이것이 의미하는 바는 자신과 타인의 필요, 소망, 느낌 사이에 다소간의 차이가 있다는 최소한의 자각이 있다는 것입니다. 필요와 느낌을 그 자신의 것으로 경험하는 것, 즉 대상과 구분되는 주체로 나 자신을 지각하는 감각은, 타인의 필요와 느낌은 *타인의* 것이라는 점을 지각하는 감각과 함께 발달합니다. 같은 발달 단계지요.

엄마의 젖을 빠는 아기가 있습니다. 이 장면을 외부의 관찰자 같은 성인의 객관적 정신작용으로 바라보면 아마 아기가 맺는 첫 번째 대상 관계라고 기술할 수 있을지도 모릅니다. 하지만 아기의 미숙한 정신과 심리적 현실로 바라볼 때도 그러할까요? 이 경우 성인의 객관적 시각은 목적에 별로 부합하지 않는 방법이자 도구일 것입니다. 하지만 어른의 정신작용이 반드시 항상 객관화 수준에서 작용하는 것이 아니라면, 그리고 우리가 좀 덜 분화되고 복잡한 정신 수준에서 기능하는 것도 가능하다면(실제로 드물지 않게 그러하기도 하고), 아마 우리는 기초적인 수준으로 조직된 정신작용에 접근할 방법을 가질 수 있고 그에 대한 통찰을 얻을 수 있을지도 모르겠습니다. 우리는 이런 비-객관적 종류의 앎을 공감empathy이라 부릅니다. 제 생각에 실제로 우리는 일상적인 관계와 타인을 이해하기 위해 늘 공감을 사용하고 있습니다. 물론 우리가 늘 공감을 자각하는 것도 아니고, 공감이라는 현상이 잘 연구된 것도 아닙니다. 그런 탓에 공감은 실제보다 더 신비롭고 덜 미더워 보이기도 합니다. 물론 공감이란 단어가 별로 과학적으로 들리지 않은 탓에 분석가들은 별로 열성적으로 그에 대해 논하지는 않지만, 분석작업에서 항상 사용되고 있습니다. 모든 지식은 단점과 오류를 가집니다. 전통적인 과학적 관찰은 비록 많은 영역에서 성공적으로 사용되나 무의식적 정신작용에 관해서는 꼭 알맞다고 말하기가 어렵습니다. 이러한 관찰에 내재한 특유의 정신작용으로 인해 객관적인 관찰은 이해하고 싶은 현상을 왜곡하게 됩니다. 그렇다고 공감적 이해에 작용하고 있는 무의식적 정신작용이 무오류의 도구라는 뜻이라거나, 그것의 작용에 대해서 많은 것을 알고 있다는 뜻은 아닙니다. 하지만 모든 분석가는 공감의 필요불가결함을 잘 알고 있지요.

다시 한번 아이의 미숙한 정신작용으로 돌아가 봅시다. 젖을 빨고 있는 아기는 이런 이른 시기에도 "내적" 경험을 갖는다고 말할 수 있을까요? 이 질문이 의미하는 것은 내적인 경험과 외적인 경험의 구분 여부입니다. 다른 일련의 구분들과 더불어 (가령 과거와 현재, 거기와 여기, 육체적인 것과 심리적인 것), 내적 경험과 외적 경험의 구분도 일종의 단일하고 전체적인 경험에서 진화한다고 볼만한 근거들이 있습니다. 이러한 단일한 경험은 *존재*being라고 부르는 것이 아마 최선일 듯하네요. 만약 지금 당장 "지속having been", "생성becoming", "소유having", 또는 "행위doing" 같은 것들과 대비할 필요가 없다면 말이죠.

우리는 동일시identification 상태에 대해 알고 있습니다. 동일시에서 자기와 대상의 세계, 본인과 타자의 경계는 흐려지고 없어지는 것 같습니다. 인간 발달의 초기에는 아직 그런 경계가 만들어지지 않는 것 같습니다. 우리는 그런 구분을 지니고 태어나지 않았어요. 그것들은 조금씩 발달해서 유아기를 지나면서 다소간 분명히 확립되는 것 같습니다. 미분화의 오래된 경험의 방식은 좀 더 진보한 경험의 형태가 나타난 이후에도 지속됩니다. 그것들은 어떤 예외적인 상황에서 관찰됩니다. 가령 정신증, 아주 내밀한 인간관계, 약물이나 절정에 이른 상태 같은 것들인데, 모자간의 단일성과 애착이 그 원형이지요. 엄마는 서로 다른 시간에 각각 다른 여러 수준의 경험치에서 기능할 수 있는데 비해 이 시기 아기는 기본적으로 동일시 수준의 경험치에서 기능하는 것 같습니다. 객관적으로 보면 엄마와 아기 사이에는 동일성identity이 없습니다. 태어나면서 이미 엄마의 몸은 아기와 완전히 분리되었다는 말입니다. 그래서 이러한 동일성과 동일시는 정신적, 혹은 상상적 행위라고 말해야 할 것 같습니다. 이 같은 정신적 행위는 보통 별다른 변형 없이 이루어지고, 분화가 결여한다는 의미에서 본능적이라 할 수 있습니다.

적당히 잘 반응하는 엄마를 전제할 때, 엄마와 아기 모두 이런 경험에 참여하고 경험을 공유합니다. 어느 한쪽만 이런 경험을 하는 것도 아니고 이러한 공유의 경험이 방해를 받으면 심리적 혼란이 초래된다는 증거도 있습니다. 동일시와 동일성이 작동하는 한, 객관적으로 타인이라 할지라도 주체에게는 타자가 아닙니다. 여기에는 관계는 존재하지 않고 같음만 있을 뿐이지요. 엄마와 아기가 만드는 매트릭스 안에서 이러한 원초적 경험은 특별한 것이 아닙니다. 성인의 경험에서도 이 같은, 혹은 그 직접적 파생물이 여러 형태로 관찰됩니다. 하지만 보통은 좀 더 고차원적으로 조직된 경험 때문에 가려지는 경우가 많고, 종종 불안이 발생하는 바람에 부인되거나 흐트러지지요. 그런 경험들은 종종 개별성, 혹은 자아의 응집성과 안정에 대한 위협으로 느껴지기도 하고 때로는 지복至福의 순간으로 경험되기도 합니다. 진정한 창조적 경험에서도 그런 경험을 하는 것 같습니다. 유사한 정신의 형태가 민족 심리학적 연구나 비교 심리학, 혹은 발달 심리학에서 알려져 있습니다. 그것들의 공통점은 무엇보다 무-시간적 · 무-역사적 성격으로, 이렇게 보면 우리가 역사나 역사성이라 부르는 것들은 신화와는 다르게 좀 더 복잡한 형태의 정신작용이라는 분화된, 위계적 구조화와 연관된 것 같기도 합니다.

정신분석 초창기, 관심은 대상 리비도와 그 변천 과정에 집중되었습니다. 그리고 그 원형은 정신성적 발달의 오이디푸스기에 보이는 아이의 애정 생활입니다. 앞서 기술한 발달의 초창기에 보이는 엄마-아기의 애정을 고려하면 아마도 애정-매트릭스라고 부르면 적당할 듯한데, 대상 리비도가 비교적 후기의 형태라는 것을 수긍할 수밖에 없습니다. 좀 더 초기의 동일시적 애정 형태와 대비되어 대상 리비도는 카텍시스의 대상이나 필요의 대상이 객관화된 상태의 행위를 일컫는 것 같습니다. 대상 리비도는 객관화 리비도인 셈이지요. 바로 이러한 애정적 행위 때문에 그리고 이 행위 안에서, 원해지는 것은 타자로 구조화되고, 소망 혹은 소망하는 주체와는 다른 대상이 됩니다. 이런 객관화와 대비되어 초기 유아기에는 입과 젖, 필요와 필요한 것, 엄마의 존재와 아기의 존재, 엄마의 만족과 아기의 평온, 엄마의 긴장과 아기의 불안은 구분되지 않는 것 같습니다. 그리고 어른이 되어서도 감정과 기분은 여전히 "전염성"을 가집니다.

여기서부터는 자기애적 리비도의 영역입니다. 엄밀한 의미에서 자기애적 리비도는 그런 구분을 알지 못합니다. 자아와 다른 "대상들" (대상들 간의 구분을 포함해서) 사이의 좀 더 엄격한 구분은 좀 더 복잡한 정신으로의 진보로서, 본능적-정서적 측면을 오이디푸스기로 이끕니다. 이 과정을 보강하고 촉진하는 것이 아이를 향한 부모의 적당히 잘 조율된 태도와 감정이라고 할 수 있습니다.

프로이트는 리비도가 아직, 말하자면 미분화의 자아 안에 들어 있는, 일차적 자기애 단계 '개념'을 가정했습니다. 대상 관계의 발달은 아이와 부모가 경험을 통해 변하고 교류하는 접점에서 생겨나는 과정으로, 이때 이 자기애적 리비도가 부분적으로 "전이해서" 대상으로 향하게 됩니다. 그리고 원래 자기애적 리비도였던 것의 일부는 자아 안에 남게 됩니다.

하지만 최초의 단계에서는 아직 자아와 대상의 구분이 이루어지지 않은 관계로, 일차적 자기애는 소위 자아 안의 리비도 부착이나 분포라는 개념과는 무관하게 이루어져야 합니다. 물론 대상으로의 리비도 부착은 말할 나위도 없습니다. 아직 자아도 대상도 없는 단계니까요. 오직 추후 자아와 대상으로 분화할 미분화의 중력장에 대해서만 말할 수 있을 뿐입니다.[2)]

이제 우리는 우리의 사랑이 어떻게 발달하게 되었는지 이해할 수 있게 되었습니다. 중심이 되는 한 갈래는 다른 이들을 욕망의 대상으로 삼아 그들을 원하고 갈구하지만, 좀 더 오래된 나머지 하나의 갈래는 여전히 자아와 대상의 경계를 인시하지 못하며, “자기애적”으로 남아서 둘 간의 동일성을 초래하게 됩니다. 이러한 동일시에서 주체와 대상의 구분은 유예되거나 작동하지 않습니다. 이것이 자아가 자신을 풍요롭게 만들고 타인의 특정 측면을 “받아들이는” 방식입니다. 초기 아동기 시절, 자아의 형성과 공고화는 주로 이러한 과정을 통해 이루어지는 것 같습니다. 하지만 그 후의 발달 시기에도 이 과정은 복잡한 형태로 여전히 계속되며, 특히 초자아 발달에서 그러합니다.

이제 사랑은 단순히 여러 사람을 모이게 만들고 서로 좋아하게 만드는 힘에 그치지 않습니다. 사랑은 동일시를 통해서 한 인간을 온전히 하나의 개별 인간으로 만드는 힘이기도 합니다. 일단 정신적 수준에서 자아와 대상의 구분이 적당히 잘 수립되면, 그리고 타인의 동일성과 구분되는 자기-동일성이 생겨나면, 이제 우리는 타인을 사랑하듯이 우리 자신을 사랑할 수 있게 됩니다. 둘은 서로 다른 사람이고, 그래서 대상-사랑과 자기-사랑(미움도 마찬가지다)은 함께 발달하는 것이라고 할 수 있습니다.

종종 자기애라 불리는 자기-사랑은 앞서 내가 표현했듯 동일시적 사랑, 즉 인간을 하나의 개별 인간으로 만드는 것과 반드시 구분되어야 합니다. 즉 자기 자신에 *대한* 사랑에서는 발달의 수준이 자신을 애정 대상으로 삼는 수준에까지 이르렀기 때문입니다. 자기가 자기 자신에게 반응하고 자신을 보살필 수 있다는 이야기입니다. 여기서는 자아-대상의

2) 자기애적 대상 선택이라는 역설적인 개념(「On Narcissism: An Introduction」, S.E. 14:69-102)은 후일의 애정사로서, 여기서 애정 대상의 선택 기준은 자기 자신과의 닮음 여부다(14:88).

분리split와 유사한 주체 *내부의* 분리가 일어나게 됩니다. 대상-사랑의 발달 과정을 보면, 갈망과 보살핌의 대상은 점차 하나의 자아로 인정됩니다. 그러니까 그 나름의 필요와 관심사를 가지는, 나와 동등한 자격을 가진 주체로 여겨지는 것입니다. 마찬가지로 자기 자신에 대한 사랑의 발달 과정에서, 자신의 자아는 점차 그 나름의 필요와 관심사를 가진, 스스로에 대한 하나의 대상으로 인식되며, 대상으로서 원해지고 보살펴지게 됩니다. 초자아의 발달이 이것과 연관이 있습니다.

자기 자신에 대한 사랑은 이차적 자기애로 기술될 수 있습니다. 그러니까 자아의 *형성*을 이끄는 일차적 · 동일시적 사랑에 기반해 발생하는 과정이란 의미에서 이차적입니다. 그리고 주체 내부의 분리와 그로 인한 자신에 대한 사랑이 가능한, 이원성duality이 생긴다는 의미에서 또한 이차적이라고 할 수 있습니다.

첫 번째 강의해서 했던 이야기를 기억해 봅시다. 전의식 혹은 분별의 발달 또한 유사한 분리에 기반합니다. 이때 일원적unitary · 무의식적 정신 현상이 분리되고 분화하여 상호 반응하는, 내적 *함께 앎*이 생겨납니다. 정신분석 이론에서 무의식과 전의식의 정신 현상은 일차과정과 이차과정으로 나뉩니다. 다시 한번, 여기서도 일차과정과 이차과정은 발달의 시간적 추이를 말하는 것이면서 동시에 일-이원적 정신 현상의 차이를 지칭하는 것이기도 합니다. 분리, 이원성, 다원성으로 인해 *함께 앎*이 가능해지는 것이지요.

이제 우리는 무의식 혹은 이드를 자기애적 리비도나 동일시적 리비도와 연결할 수 있게 되었습니다. 말하자면 이러한 리비도는 일원적인데, 무의식적 정신 과정이 일원적이라는 뜻과 같은 의미입니다. 마찬가지로 의식 혹은 자아를 대상 리비도와 연결할 수도 있습니다. 여기서 사랑의 의미는 객관화시키는 것이고, 사랑의 행위에서 사랑하는 것과 사랑

받는 것은 구분됩니다. 내 생각에 자아가 소외의 구조라는 라캉의 개념은 이원성의 수립을 가능하게 만드는 분리 개념과 연관된 것 같습니다.

자기애적 리비도와 대상 리비도, 동일시와 대상-카텍시스, 무의식과 의식, 위의 쌍雙들은 이제 인간의 애정사를 전개하고 조직하는 두 개의 흐름, 혹은 인간이 세상과 그 자신을 대하는 두 개의 흐름처럼 보입니다. 한쪽 측면에서 보면 인지cognition나 관념ideation, 혹은 지각perceiving과 지식knowing으로 불리는 것들이, 다르게 보면 인간의 감정적 본능이며 사랑인 셈이지요. 관념과 정서를 구분하는 것은 우리가 가진 이차적 사고인 분별일 뿐이라고 할까요? 나는 지금 정신작용mentation 혹은 경험이라 말하면서 둘을 동의어처럼 취급하고 있는데, 두 가지 형태의 심리적 활동이 갖는 근원적 단일성을 강조하려는 의도입니다. 추후 생겨나는 이차적 구분은 이 같은 단일성에 근거합니다. 행위 안에서 두 측면이 다시 한번 만나게 되는 것이지요.

요약하자면, 이상의 논의에서 자기애는 기본적으로 타인에 대한 사랑과 대비되는, 자기 자신에 대한 사랑을 지칭하지 않습니다. 여기서 말하는 자기애란 안과 밖, 너와 나, 주체와 대상의 양극으로 나뉘거나 구조화되지 않은, 원초적 사랑-정신작용을 일컫는 것으로, 이것이 바로 역동적 무의식이 작용하는 방식입니다. 이것이 이차과정 혹은 대상-사랑에 의해 순화되지 않고 그대로 남아 있으면 혼돈과 자기-파괴를 초래하게 됩니다.

대상-사랑과 자기 자신에 대한 사랑은 자기애에 근거해서 발달하는 사랑의 형태입니다. 내가 자기애에 대해서 논한 이유는 사랑의 발생과 역사 중 한 측면을 보여 주기 위해서였습니다. 그리고 이는 한 인간이 어떻게 하나의 개별 인간이 되는가에 대한 역사를 논하지 않고서는 불가능한 일입니다. 왜냐하면 개별화 과정이란 것이 어떻게 보면 아기-엄마라는 원초적 단일성의 근원에서 어떻게 아기의 사랑이 발달하는가 하는 이야기이기 때문이지요. 이러한 단일성의 리비도 중력장과 관련하여, 그리고 그 내부의 상호 작용이라는 관점에서 "원초적(일차적) 전이"라는 용어를 사용할 수 있습니다. 그러니까 이 장場 안에서 발생하는 리비도의 교류라는 의미에서 전이를 말하는 것입니다. 말하자면 아주 일반적인 용어의 사용법인 셈이랄까요? 마찬가지로 아주 일반적인 의미에서, 하지만 이번에는 대상 리비도의 수준에서, 대상 관계와 혹은 환자-의사의 라포르라는 측면으로 전이를 이야기할 수 있습니다. 여기서도 교류의 장이 성립되는 것입니다.

좀 더 좁은 의미의, 그리고 특수한 의미의 전이 개념은 사랑의 역사적 차원을 지칭하는 것으로, 애정 관계의 역사적 결정과 중층화 stratification를 뜻합니다. 내가 여기서 말하는 애정 관계나 애정사는 그 모든 다양한 변이와 추이, 분지分枝를 포함하며, 나아가 미움을 포함한 그 모든 형태의 부정적이고 파괴적인 강렬한 감정과 행동을 아우르는 것입니다. 지금 논의의 맥락에서는 만년의 프로이트가 생각했던 복잡한 공격성 개념을 논할 수 없습니다. 다만 이전과 달리 공격성은 (리비도의 파생물이 아니라) 리비도와 거의 동등한 지위를 갖게 되었고, 이는 그의 후기 본능 이론에 큰 영향을 주게 된다는 정도만 말하겠습니다. 소위 부정적 전이의 문제도 이와 관련된 이슈입니다.

전이는 정신분석적 치료 상황에서 처음 발견되었습니다. 환자가 분석가를 향해 발달시키는 광의의 전이는 대개 초기의 사랑-미움 관계로 구성되고 결정됩니다. 그리고 이러한 초기의 사랑-미움은 궁극적으로 오이디푸스 시기에 최초로 만개하는 대상 관계입니다. 많은 경우 환자들의 신경증적 증상은 오이디푸스 시기의 대상 관계에서 처음 시작하는 감정적 갈등과 그 갈등에 대한 방어들로 귀결됩니다. 만약 이러한 초기의 대상 관계가 여러 가지 이유로 차후 오이디푸스 시기 이후나 사춘기의 발달을 놓치게 되면 성년의 애정 관계도 오이디푸스기의 원형이 갖는 조야한 힘의 영향에 따라 고스란히 결정됩니다. 정신분석 상황이라는 특수한 조건에서는 이런 현상을 아주 뚜렷이 볼 수 있습니다. 이때 전이 안에서 분석가는 환자의 오이디푸스 시기 부모를 재현하는 인물이 됩니다.

내가 말한 것은 좀 더 이전의 사랑인 자기애적 사랑으로, 여기서는 자아와 대상 간의 경계가 잘 포착되지 않거나 흐릿해집니다. 이 흐름의 시작은 일차적 자기애 단계라고 할 수 있습니다. 자기애에 대한 이해가 증가하면서 우리는 인간의 애정사가 어떻게 역사적으로 결정되고 그 층들이 나뉘게 되는지에 대해 좀 더 넓은 시각을 갖게 되었습니다. 초기의 자기애적 사랑, 엄마-아기를 그 원형으로 갖는 사랑에 비해 오이디푸스 시기의 사랑, 대상-사랑은 후기의 것으로, 정상적인 심리-성적 발달에서 점점 짙게 드리우며 우세한 심리적 현상이 됩니다. 하지만 원래의 흐름이 없어지지는 않아요. 사실 그것은 오이디푸스기 이후의 발달과 대상 관계에도 핵심적인 영향을 끼치는데, 프로이트는 이러한 발달을 오이디푸스 콤플렉스의 소멸이라 칭했고, 이를 통해 초자아가 만들어진다고 했습니다. 그러니까 성인의 삶에서 좀 더 성숙한 애정 관계를 맺는 것이 가능한 이유는 이렇게 오이디푸스 관계 맺음의 요소들이 내면화되며 복잡하게 풍성해진 정신세계 때문이라고 할 수 있습니다. 초자아 발달과 관련된 내면화는 대상 관계의 자기애적 변형이라고 기술할 수 있습니다. 오이디푸스 시기의 아이와 부모의 상호 작용이 내면의, 즉 정신 내적 상호 작용과 관계로 변형되는 것이지요. 물론 그렇다고 부모를 비롯한 다른 대상들과의 관계가 멈춘다는 이야기는 아니고, 내적 재구조화 덕분에 대상 관계와 대상들의 세계가 한층 깊어지고 새로운 차원을 얻는다는 말입니다.

내적 삶과 내적 세계의 구조화, 그리고 발달 과정에서 재구조화는 지금 당장으로서는 다룰 수 없는 부분입니다. 대신 한마디만 한다면 초자아 발달에서 일어나는 내면화인 대상 관계의 자기애적 변형은, 최소한 부분적으로는, 아이와 부모가 점점 멀어지면서 시작되고 촉진됩니다. 서로로부터의 분리와 해방은 쌍방 모두에게 일어나며, 쌍방이 함께 결정한 단계에서 일어납니다. 애도는 친밀한 대상 관계를 단념하고, 동일시 과정을 통해 그 대상 관계의 요소들을 내면에 다시 수립하는 정신적 활동입니다. 애도 과정에서 대상 관계는 아픔과 괴로움 속에서 점차 단념됩니다. 그리고 대상 관계와 공명하는 내적 세계의 재구조화로 대체되지요. 이 과정에서 비록 잃어버린 사람의 기억은 남지만 아픔과 괴로움은 결국 사라질 수 있게 됩니다. 부모와 자식 간의 거리가 멀어지고 헤어지는 것은 정상적인 발달의 한 부분이며, 비록 상실만 동반하는 것은 아닐지라도 항상 상실을 동반하게 됩니다. 하지만 부모나 부모상으로부터의 해방에 동반되는, 내적 자유가 커지는 느낌은 자기애적 · 내적 재형성과 관련됩니다. 이러한 상실은 지속적인 개별화에 의해서만 치유될 수 있습니다. 이런 의미에서 개별 인간의 개별화는 분리 과정의 상실 덕택에 가능하다고 말할 수도 있겠습니다. 프로이트가 오이디푸스 콤플렉스의 파괴라고 명명한 경로를 통해 초자아가 발달하는 과정이 그 대표적인 예가 됩니다.

정신분석 상황에서 전이는 특별한 양상을 갖는데, 부분적으로 정신분석의 독특한 형태와 의도 때문이기도 하고, 또 한편 환자들의 다양한 병리 때문이기도 합니다. 하지만 공통적인 것은 그 모든 인간이 갖는 애정사의 역사적 결정성과 중층성이라고 말할 수 있습니다. 가장 변화무쌍한 것은 어린 시절의 사랑이 자기애와 대상-사랑의 차원에서 얼마나 성숙한 형태와 표현으로 발달하게 되는가, 혹은 얼마나 고착되는가, 혹은 얼마나 쉽게 퇴행하는가 하는 것들입니다.

이상의 논의를 통해 분명히 전달하고 싶은 것이 있습니다. 발달의 과정에서 초기 발달 단계는 사라지지 않는다는 점, 그리고 비록 방어적 목적에서 그렇게 보일 수는 있겠지만 성숙한 단계가 그저 초기 단계의 위장된 형태로 이해되어서는 곤란하다는 점입니다.

하지만 종종 억압적-방어적 경향이나 필요가 진정한 심리적 발달을 저해하며 생겨난다는 것은 사실입니다. 그런 경우 성숙으로 여겨지는 것은 억압된 유아성이라고 할 수 있습니다. 이러한 위장은 때로 명료한 신경증적 증상은 아닐지라도 성격적 경향으로, 모든 사람 안에서 작동하는 것 같습니다.

방금 내가 *모든 사람 안에서 작동한다*고 말한 것을 눈치챘을 겁니다. 이것이 의미하는 바는 방어하는 것이 우리가 아니고, 어떤 것, 그러니까 방어*기전*이라는 비인간적 힘이라는 뜻입니다. 나는 아래의 생각들과 함께 처음 주제로 돌아가겠습니다. 그러니까 한 인간의 윤리적 경향을 형성하는 것이자 동시에 정신분석적 해석이 이용하는 것은, 바로 이런 "기전" 혹은 힘이 바로 나의 것이라는, 혹은 내 것이 될 것이라는, 그리고 온전히 내가 떠안게 되는 것이라는 재인식 혹은 인정입니다. 다시 말해 전유의 가능성이라고 할 수 있습니다. 정신분석은 비인격적인 시작점과 비인간적인 수준의 심리상태를 인정합니다. 그리고 이것들을 내 것으로 온전히 떠안는 것이 인간의 발달상 과제가 됩니다. 이러한 비인격적 · 비인간적 출발선을 받아안고 개별적 삶-연속 안으로 편입시켜 자기 자신을 하나의 인간으로 창조해 내는 것이지요. 자아의 관점 혹은 삶의 관점에서 볼 때, 비인간적으로 보이는 심리적 힘들은 어쩌면 우리 자신의 것일지도 모릅니다. 방어를 예로 들면, 요는 인생의 다급함과 절박함 앞에서 우리가 그것들에 의해 지배될 것인가, 아니면 우리가 융통성 있게 그것들을 사용할 것인가입니다. 무의식적 방어는 무의식인 까닭에 무의식적 본능의 힘에 정확히 반대로 작용합니다. 그것들은 같은 곳에 기반합니다. 내가 말한 도덕적 움직임 안에서 그것들은 둘 다 인격화되고, 인간으로 재-창조됩니다. 이렇게 곰곰이 생각해 보면 우리의 책임은 소위 비도덕적 충동이나 애정적 필요를 세상과 우리들의 통상적 윤리에 어긋나지 않게 만들고 억압하는 것이 아닙니다. 우리의 책임은 그것들을 우리 삶의 맥락에 맞게 고양하고 성인의 자아-조직화 수준에 맞게 통합해 내는 것입니다. 책임감 있는 행위와 사고는 아마 그런 의미를 지닐 것입니다. 이렇게 보면 우리는 우리 자신의 역사를 만들어 내도록 요청 받고 있습니다.

일생을 통해 생애 초기의 애정사는 되풀이됩니다. 우리가 눈치채든 아니든 상관없이, 다소간 유아적인 변장과 위장을 덧입힌 채, 혹은 좀 더 성숙한 형태로 되풀이되며, 때로는 한꺼번에 둘 다 보이기도 하고 연이어서 나타나기도 합니다. 반복은 때로 초기의 관계가 자동적 재연으로 내몰려 정확히 똑같은 모습으로 되풀이되는 것일 수도 있습니다. 이게 신경증적 혹은 병리적 전이입니다. 하지만 반복은 또한 재-창조로서, 생애 초기의 생명력 넘치는 사랑의 경험이, 비록 그 대부분은 탈 많고 실망스러우며 온통 갈등으로 가득할 것이지만, 풍부한 상상력 안에서 재조직화되고 섬세하게 다듬어지는 과정일 수도 있습니다. 키에르케고르는 "반복의 변증법"에 대해서 이야기합니다. "지금 반복되고 있는 것은 여태 그러해 온 것인데, 만약 그렇지 않다면 반복될 수 없을 것이다. 하지만 지금껏 그러해 왔다는 바로 그 사실이 *반복에* 새로움이라는 성격을 부여한다"[3]. 이런 식으로 반복을 이해할 때 과거의 새로움, 그리고 과거가 현재 안에서 능동적으로 재-창조된다는 것이 강조됩니다. 그리고 이것은 이드가 자아가 된다는 정식이 암묵적으로 의미하는 것이기도 하고,

심리적 성장과 발달의 역동이 되는 비-병리적 의미의 전이 개념이기도 합니다. 이런 전이 개념은 발달과 변화에 내재한 인간의 역사적 연속성을 강조하며, 환원주의와는 거리가 멉니다.

하지만 전이 반복이 무의식적으로 추동된 되풀이에 머물거나 돌아가는 만큼, 딱 그만큼 한 인간의 애정사와 여타의 정신적 차원은 줄어들게 되는데, 그 사람이 아무리 똑똑해도 그러합니다. 전이는 아무 생각 없이 초기의 애정 관계를 되풀이한다는 비난과는 다릅니다. 그리고 자동적 반복과 무의식적 전이 현상을 이해하고 있어도 전이를 없애지는 못합니다. 전이를 의식하고 있다는 말이 의미하는 것은 내적 과거와 현재 사이의 활발한 상호 침투가 재개될 수 있다는 것입니다. 프로이트는 『The Interpretation of Dreams』에서 무의식과 의식 사이의 애착attachment, 둘 사이의 "놀이"에 대해 이야기합니다.[4] 바로 이 무의식과 의식 사이의, 과거와 현재 사이의, 미분화하고 정돈되지 않은 경험의 강렬한 혼탁함과 의식적이고 정돈된 경험의 명료함 사이의 상호 작용이 우리의 삶에 의미를 줍니다. 이같이 의미를 부여하는 놀이 없이는 우리 자신의 미래도 없는 것인 셈이죠. 아마 인간의 상징이 그런 놀이일 것입니다.

가장 엄밀한 의미에서 정신분석의 해석은 다름 아닌 바로 이 상징-형성의 애정적 불꽃을 환자의 내부에서 켜고 부추기는 행위입니다. 때로 사랑하고, 때로 미워하는 분석가와의 상호 작용 안에서, 자기애와 대상 리비도의 범벅 안에서, 괜찮은 기회의 순간에 환자는 들었던 해석을 생생한 내적 통찰로 바꾸어 낼 수 있습니다. 환자와 분석가 사이의 의사소통을 통

---

3) S. Kierkegaard, 『Repetition: An Essay in Experimental Psychology』(1843). Princeton, N.J.: Princeton University Press, 1946, p. 34. 이어서 나오는 문장은 아래와 같다. "그리스인들이 모든 지식은 상기recollection라고 말했을 때, 그 뜻은 지금 그러한 것이 과거에도 그러했음을 확인한다는 의미다. 그러니까 누군가 인생은 반복이라고 말한다면 그건 여태 존재했던 것들이 지금 생성되고 있음을 확인한다는 뜻이다".

4) S.E. 5:564, 562-63.

해 둘은 서로에게 감동하고, 프로이트가 무의식과 전의식 사이의 전이라 기술했던 내적 움직임과 의사소통을 다시 한번 활성화할 수 있습니다.

정신분석은 전이라는 원칙 아래에서 우리에게 이렇게 말합니다. 성인의 애정 관계는 바로 그 발생적 핵심에 초기 발달기의 애착(그리고 애착에 내재한 좌절과 혼란도)을 품고 있으며, 바로 이 애착을 통해 인간의 마음이 생겨나고 처음 발달한다. 이런 연결과 층위에 대한 명료한 이해를 통해 우리는 내적 역사를 구성할 수 있고, 미래에서도 능동적인 주체가 될 수 있다고 말입니다. 내적 역사는 단순히 과거의 객관적 사건이나 주관적 경험을 재구성한다는 의미가 아닙니다. 그것은 의식적 · 무의식적 양식의 정신작용과 소망 사이의 상호 작용, 의사소통을 똑똑히 전유한다는 의미입니다. 정신분석은 우리의 개별성을 이루는 심적 얼개의 짜임새를 더욱 또렷하게 만들어 우리의 역사성에 새로운 차원과 새로운 힘, 새로운 목적성을 더합니다.

03

종교적 체험에 대해서

앞선 두 개의 강의에서 나는 개별 인간의 역사성을 설명하려고 했습니다. 나는 인간의 개별화는 일차적 매트릭스로부터의 점증적인 분화와 해방을 통해 이루어진다는 관점을 취했으며, 일차적 매트릭스의 전형은 원초적 엄마-아이라는 심리적 단위라고 말했습니다. 우리가 객관화된 현실에서 살 수 있는 것은 기본적으로 이차과정 정신작용의 발달 덕분으로, 이는 분화과정과 분리라는 사건과 밀접히 관련됩니다. 유아기의 정신적 현실은 우리가 세상을 조직화하고 그렇게 조직된 세계 안에서 지향점을 갖도록 도와주는 다양한 구분과 구별을 갖지 않습니다. 실제로 우리를 포함한 세상은 무형의 단일성에서 차츰 분리되고 분화되며 우리 자신의 세상이 된다고 말할 수 있는데, 우리가 아는 한 최초의 분리와 분화는 출생이라는 사건에 의해서 생깁니다. 정신의 발달에 따라 우리는 이러한 사건들과 그 광범위한 파장을 모두 떠안고 전유하게 됩니다. 성적인 분화, 즉 남자이거나 여자로 태어난다는 사실, 그리고 생명의 시작이 암수의 성적 교접이며, 남자와 여자로 이루어진 세상과 가족 내에서 자란다는 사실은 또 하나의 주어진 사실로서, 그 사실을 떠안고 그에 반응하는 것이 발달상의 과제 중 하나입니다.

일차과정과 이차과정의 구분이 근본이 됩니다. 이 구분은 어떤 사실에 대한 근대적 자각이 점차 커지며 생겨난 것입니다. 그것이 어떤 사실인가 하면, 작금의 과학 세대가 익숙하고 편안하게 느끼는 분별적 정신작용이 실은 오래된 것에 근거하고, 오래된 것에서부터 분화되어 나왔다는 것입니다. 이것은 종족과 개별 인간의 발달 중 본능적이고 맹목적인 단계의 심리적 기원과 가깝습니다. 이들은 생각하는 존재로서 우리의 과거이거나 과거를 표상합니다. 하지만 그것들은 단순히 극복하거나 묻어 둬야 할 "과거지사"에 그치지 않습니다. 오히려 이러한 무의식적 형태의 정신작용과 경험은 여전히 우리와 함께 있습니다. 무의식은 말하자면 안식처 같은 곳이며, 무의식적 경험의 형태는 다원성과 차이보다는 일원성과 동일성을 보입니다. 아마 이 안식처를 잃어버리면 무의식이나 이드의 형태 없음과는 또 다른 혼돈인 파편화의 혼돈 속에 빠져 버리게 될 것입니다. 우리는 제어되지 않는 합리성이라는 광기에 대해 알고 있습니다. 분명 이차과정 정신작용은 높은 수준의 성취입니다. 하지만 이는 연속된 마음의 활동으로 이해되어야지, 일단 다다르면 영원히 머물게 되는 정적 상태가 되어서는 곤란합니다. 합리적인 사고는 일차과정으로 돌아가고, 거기서부터 다시 반복해서 발달하는 과정을 되풀이해야 합니다. 만약 이 과정에 실패하면 그 생명의 기원을 무시하는 격이 되어 합리적인 사고는 황폐해지고 삶을 파괴하게 될 것입니다.

내 생각에 종교적 경험의 어떤 측면은 무의식적 정신 현상과 관련이 있습니다. 종교적 경험이나 사고의 또 다른 측면들은 무의식과 분별작용 사이의, 거칠게 말해 비합리성과 합리성의 변증법으로 해석하는 것이 가능합니다. 이 맥락에 대한 나의 논의는 임의적인데다 파편적이라 더 나아가지는 않을 것입니다. 하지만 나의 바람은 이를 기회로 여태까지 정신분석이 해 온 종교의 이해(와 오해)에서 벗어나 한 걸음 더 나아가는 것입니다. 정신분석의 다른 영역과 마찬가지로 여기서도 프로이트가 초석을 놓았습니다. 하지만 그는 더 깊은 고찰을 의도적으로 피했고, 그의 권위에 눌려 정신분석에서 종교는 대체로 인간 정신의 미숙함을 드러내는 징표이자, 삶의 위협과 좌절로부터 자신을 보호해 줄 부모상에 대한 유아적 의존성을 도맡을 확실한 대체물에 대한 필요를 의미하는 것이 되어 버렸습니다. 프로이트가 생각하기에 전능한 아버지가 제공하는 보호에 대한 필요는 종교가 만들어지게 되는 기초적인 조건이었습니다. 그는 고백하길, 고대 신앙에서 아버지 신의 존재에 앞서 존재한 것으로 여겨지는 모성적 신의 존재에 대해 설명하기가 어렵다고 했습니다.

잘 알려진 프로이트의 종교관은, 종교는 일종의 착각으로, 우리 안의 아이를 달래며, "보통 인간들"에게 위안을 주는 것으로, 인간이 전능한 부모에 대한 유아적 필요를 극복하며 포기되어야 할 착각이었습니다. 그에게 "신", 혹은 영원한 삶이라는 관념은 그 본질상 위안이나 방어였습니다. 위급함과 좌절에서 인간을 구해주고 인간이 삶의 덧없음을 견딜 수 있도록 하는 것이었죠. 『Civilization and Its Discontents』(1930)에서 프로이트는 말하길, "평범한 인간이 신앙을 통해 이해하는 것은"

> 그 교의와 약속의 체계들은 한편으로 이 세상의 수수께끼를 흠잡을 데 없이 완전하게 설명해 주고, 다른 한편으로는 자애로운 신이 자신의 삶을 굽어보는 중이며 현세에서 겪는 그 어떤 좌절도 내세에서는 보상될 것이라고 안심시킨다. 평범한 인간으로서는 이 신을 엄청나게 숭고해진 아버지 이외에는 달리 어떻게 상상할 도리가 없다. 오직 그러한 존재만이 인간의 아이가 갖는 필요를 이해할 수 있고, 그들의 기도에 누그러지며, 그들의 후회 어린 참회에 노여움을 풀 것이다. 이 모든

> 것이 완전히 유아적이고 현실과는 완전히 동떨어진 탓에, 인간성에 익숙한 사람들에게는 우리 인간들이 삶에 대해 결코 이 이상으로 고양될 수 없다는 생각은 그저 고통스럽기만 하다.[1)]

하지만 존경하는 친구였던 프랑스 작가 로망 롤랑 덕분에 프로이트는 같은 책에서 말하길, 어쩌면 자신이 "신앙심의 가장 깊은 근원"에 대해서는 잘 모르고 있을지도 모른다고 인정했습니다. 롤랑은 프로이트의 책 『The Future of an Illusion』(1927)에 대해 프로이트가 말한 것처럼 착각이나 유아 신경증으로서 신앙을 이해하는 것은 편협한 의견이라며 반박했었지요. 프로이트의 책 『Civilization and Its Discontents』의 첫 장의 설명에 따르면 롤랑은 이렇게 주장합니다.

> 종교적 감성의 진정한 기원은 (…) 독특한 느낌에 있다. 그(롤랑) 역시 이것을 갖고 있고, 그가 여태 많은 이들 안에서 발견했으며, 그의 짐작으로는 무수한 사람들 안에 존재하는 느낌이다. 이 느낌은 롤랑이 "영원성eternity"이라 부르는 감각으로서, 무언가 끝이 없고 경계도 없는, 말하자면 "대양적oceanic" 기분이다. 그는 더해서 말하길 이런 느낌은 순전히 주관적인 요소로서, 믿고 말고 할 것이 아니다. 이 느낌만으로는 개인의 불멸에 대해 아무런 확신을 주지 않는다. 하지만 이것은 기독교와 여타의 신앙 체계가 품고 있는 신앙적 에너지의 근원으로, 개별 신앙은 이것을 특정한 통로로 인도하고, 이들은 또한 의심에 여지없이 신앙에 의해 소진되기도 한다. 그의 생각으로는 누군가 그 모든 믿음과 착각을 모두 부정하더라도 이러한 대양적 기분 하나만 있으면 그 자신을 신앙적이라고 부르는 것이 정당하다는 것이다.[2)]

1) S.E. 21:74.

2) 같은 책, p. 64.

프로이트는 이어서 말하길 본인에게는 이러한 대양적 기분이 없으며, 그래서 이러저러한 이유로 자신으로서는 이 문제에 대해 의혹과 망설임을 떨쳐 버릴 수 없다고 합니다. 그 자신의 묘사에 의하면 종교적 감성은 아마도

> 절대 없어지지 않을 연결의 느낌으로, 이 세상과 더불어 온전한 하나가 되는 느낌일 것이다. (…) 인간이 처음부터 환경Umwelt을 지향하며, 즉각적인 느낌을 통해 자신을 둘러싼 세계와 연결되었다는 근접성을 받아들인다는 생각은 굉장히 낯설게 들리며 우리의 정신분석적 심리학이 그리는 얼개와는 거의 맞지 않는다. 그래서 우리로서는 이러한 기분의 정신분석적, 그러니까 발생적 기원을 찾는 시도가 정당화될 수밖에 없다.[3]

그는 이제 요컨대 엄마-아기 간의 심리적 매트릭스라는 일차적 자기애의 단일성에서부터 이 기분의 유래를 추적하고, 성인의 자아 기분의 유아기적 발달에 대해 그 원초적 기원이 이 매트릭스 안에 있다고 말합니다. 여기서 초점은 자아, 즉 내부와 외부 세계 사이의 점증하는 분화에 맞추어집니다. 그는 "사랑의 극치에서 자아와 대상 사이의 경계는 녹아 없어질 위기에 처하고", 여러 병리적 상태에서도 자아와 외부세계 사이의 경계가 없어지거나 왜곡되는 경향이 있다고 말하기도 합니다.[4] 프로이트는 이렇게 결론 내립니다.

3) 같은 책, p. 65(번역에 약간의 수정을 가함).

4) 같은 책, p. 66.

> 그래서 현재의 자아-기분은 훨씬 더 많은 것을 포함하고 있던 — 사실, 모든 것을 포함하고 있던 — 기분이 쪼그라든 잔재물 같은 것이다. 이 기분은 자아와 그를 둘러싼 환경 사이의 좀 더 밀접한 연결에 해당한다. 세상에는 이러한 일차적 자아-기분이 다소간 지속되고 있는 사람들이 많은 것 같은데, 그런 경우 아마도 이러한 기분과 더불어 좀 더 잘 구획된 성숙한 자아-기분도 함께 있을 것이다. 말하자면 일종의 쌍을 이루고 있는 셈이다. 이런 경우 그에 걸맞은 관념적 내용물은 정확하게 한계가 없음이나 세상과의 연결 같은 것이 테다. 내 친구(롤랑)가 "대양적" 기분을 말하며 끌어들였던 것과 같은 관념이다.[5)]

여기서 프로이트는 원초적 정신 발달 단계와 성숙한 발달 단계가 공존하고 있는 현상에 관해서 이야기하고 있습니다. 우리가 앞서 전유와 전이를 논하면서 다루었던 주제지요. 그리고 나는 인생의 너비와 풍요로움이 이러한 여러 정신적 수준과 층위 사이의 상호 반응성에 직접적으로 비례한다는 의견을 제안하기도 했습니다. 여기에 하나 더해져야 할 것은, 따로 떼 놓고 보지 않거나 혹은 분별이나 합리성이라는 관점에서 보는 거라면 이러한 초기 발달의 원초적 · 태곳적 것들은 그 특성을 잃어버린다는 것입니다. 분별과 합리성은 분명 이후의 발달이지만 만약 이것이 그것들에 생명력을 부여하며 동시에 어쩌면 최종 목적지일지도 모르는 그 기원과 지속해서 호응하고 교류하지 않는다면, 아마도 분별과 합리성은 인간의 행위, 느낌, 사고에 있어 다양한 폭의 이해와 관점을 제한하고 잃어버리게 될 것입니다. 프로이트가 말한 쪼그라든 흔적처럼 말이죠. 인간의 객관화 정신작용이 중요한 요소이거나 중간 과정이기보다는 궁극적 목적지가 되어야 하고, 실제로 그러하다고 말하는 것은 전혀 기

5) 같은 책, p. 68.

정사실이 아닙니다.

"자아-기분"의 발달을 일차적 자기애에서 유래하는 것으로 설명하면서 프로이트는 자아와 외부세계 사이의, 혹은 내부와 외부 사이의 구분이 발달하는 것에 초점을 맞춥니다. 하지만 이보다 결코 덜 중요하지 않은 분화 또한 생겨나는데, 바로 시간 양식의 분화입니다. 영원성의 개념은 롤랑과 프로이트가 "대양적" 기분과 관련하여 언급한 것으로, 이것은 시간과 관련이 있습니다.

영원성[6] 은 보통 종교적 개념으로 받아들여집니다. 영원성은 역사성이나 시간의 대척점에 있는 것으로, 모든 것을 아우르는, 초월적이며, 소멸로 이끄는 시간입니다. 그래서 시간과 영원성은 서로 연관된 개념으로, 궁극적으로는 어느 한쪽 없이는 다른 한쪽도 사고할 수 없는 개념들입니다. 여기서 시간과 영원성의 철학에 대해서 논하고자 하는 것은 아니고요. 두 개념 모두 인간의 마음에서 비롯한 개념입니다. 우리는 비록 시간에 대해 잘 모르지만 시간 개념을 다양한 경험과 연결할 수 있으며, 나아가 모종의 시간 개념 없이는 이차과정의 정신작용 자체가 불가능하다고 가정할 수 있습니다. 칸트는 의식적 정신작용의 조직화를 연구하면서 시간에 대해 다음과 같은 견해를 가졌습니다. 요컨대 시간은 우리 지각들에 대해 도식으로 작용해 경험의 자료들에 기본적인 구조의 틀을 제공한다는 것입니다. 시간은 비록 요해 가능성과 이해 가능한 것들의 저변을 이루는 까닭에 잘 포착되지는 않지만 그래도 여러모로 우리에게 아주 낯익은 현상이며, 또한 우리는 시간 경험에 대해 어렵잖게 생각할 수 있습니다. 하지만 영원성은 어떤가요? 인간의 삶에서 영원성의 경험 같은 것이 또 있을까요?

6) 영원성에 대한 추가적인 논의를 위해서는, Loewald, 「The Experience of Time」, The Psychoanalytic Study of the Child. New York: Quadrangle Books, 1972, 27:401-410.

영원성은 끝없는 지속everlastingness과는 구분됩니다. 끝없는 지속은 무제한의, 종결 없는 시간을 의미합니다. 거기서 아마 시간은 시작도 끝도 없을 것입니다. 지루함에 빠져 있을 때 겪는 시간 경험은 끝나지 않는 시간입니다. 한 개인의 삶이 뚜렷한 시작과 끝을 가지는 데 비해 종족의 생애나 역사에는 뚜렷한 시작도 명확한 끝도 없습니다. 끝없는 지속이라는 개념을 가장 명료하게 드러내는 예는 별의 영고성쇠와 우주의 움직임이겠지요. 인간의 시간 차원과 측정을 벗어나는 모든 것들은, 설사 그것이 인간의 경험적 응축물이라 할지라도 끝없는 지속으로 경험되어 왔고 지금도 그러합니다.

반면 영원성은 끝없는 시간을 뜻하는 것이 아닙니다. 여기서 시간이라는 범주는 대비對比의 목적을 제외하고는 적용되지 않습니다. 영원성의 경험에서 시간은 소멸합니다. 인간의 경험에서 과거, 현재, 미래라는 시간 양상이나 지속, 변화, 연속, 동시성 같은 의미의 시간 경험이 항상 존재하는 것은 아닙니다. 아이들을 잘 관찰해 보면 아이들은 "시간 안에서" 경험하는 것이 아니고, 시간을 경험하지도 않는다는 것을 알 수 있습니다. 비록 그들의 경험, 이동, 행위가 객관적으로 시간 안에서 일어나는데도 말이지요. 발달의 초기에 과거, 현재, 미래 따위는 없는 것 같습니다. 윌리엄 제임스의 표현을 빌리자면, 경험은 웅성거림과 지독한 혼돈일 뿐일 것입니다. 이런 경험을 여러 시간 양상으로 직조해 낸 것이 고차원적 이차과정의 정신작용이 시작되는 지점인 것 같습니다. 소위 진보한 정신작용이라고 부르는 것은 이러한 분화를 의미하는 것으로, 공간의 구분보다 일찍 시작하고 좀 더 중요한 것 같습니다.

우리는 시간 감각이 "멈추는", 예외적이거나 병적인 상태를 알고 있습니다. 신비주의자들이 이런 종류의 경험을 기술해 왔고, 특정 약물에 취한 상태의 자기-관찰자들도 비슷한 상태를 묘사합니다. 이렇게 예외적인 강렬한 감정적 경험에서, 혹은 오르가슴의 경험에서, 혹은 천상의 행복이나 지옥 같은 절망 안에서 경험의 시간적 속성은 사라집니다. 오로지 "지금"이라는, 피상적 시간만 남게 됩니다.

이런 순간과 기간들은 돌아보면 측정될 수 있는 특정 시간 동안 벌어진 일이지만 마치 시간이 정지된 것처럼 무-시간적 경험으로 묘사되는 경향이 있습니다. 만약 이런 경험을 착각이라 부른다면 그건 이차과정의 정신작용인 성숙한 시간성의 관점에서 말하는 것일 테지요. 이런 관점이 우리가 깨어 있는 동안의 경험들 대부분을 지배합니다. 그리고 꿈을 꾸는 동안 우리는 무-시간성을 식별하지만 정작 꿈을 보고할 때는 성숙한 시간성이 우세하게 됩니다. 무-시간성의 관점, 즉 꿈 자체의 관점에서 보면 의식적 정신이 꿈 내용의 실제 순서라고 부르는 것은 허위처럼 느껴집니다. 우리의 논증적 언어는 시간이 붕괴하는 곳인 꿈에서 벌어지는 압축을 묘사하기에는 굉장히 부적당해 보입니다. 내 느낌에는 느껴지는 꿈도 언어로 표현되는 꿈도 모두 착각이라 불러서는 안 될 것 같습니다. 우리가 만약 분화하지 않은 무의식을 진정한 정신작용의 하나로 여기고, 여기서부터 이차과정의 정신작용이 전개(동시에 위장된 상태로 공존하면서)된다는 걸 인정한다면 우리는 좀 더 확대된 관점을 가지게 됩니다. 비록 그 나름의 한계가 없지는 않겠지만 말이지요. 즉 이런 관점이 의미하는 것은 새로운 수준의 의식성으로서, 일차과정과 이차과정을 함께 알게to know together 된다는 것입니다.

철학자들과 신학자들은 영속하는 찰나nunc stans에 대해서 말해 왔습니다. 여기서 시간의 연결은 없어지며, 지금과 조금 전, 조금 후의 구분은 사라지거나 애초 생기지 않습니다. 내 생각에 우리는 모두 이러한 무-시간성의 통렬한 순간을 알고 있습니다. 독특하고 비길 데 없으며, 그 자체로 완전하고 그 모든 것을 품는 경험들 말입니다. 인생에서 경험이 많아지고 축적되며 이런 찰나의 순간들은 특정 시간의 경험이 아닌 전체 시간 안에서 점점 더 많은 의미를 품게 되고, 이 의미들은 영속하는 찰나로 모이며, 그 안에서 시간을 비롯한 여타의 분화는 소멸하여 하나로 뭉쳐지게 됩니다. 시간의 흐름을 통과해 온 것들, 그리고 이차과정의 정신작용에 해당하는 것은 모두 사라지고 하나의 찰나 안으로 붕괴합니다. 여기서 하나의 경험은 비록 "그때 한 번뿐이었을지라도" 경험 전체를 대표하게 됩니다.

여기서 압축condensation의 개념이 나오는 것은 별로 놀랍지 않습니다. 정신분석적 이론에서 압축은 일차과정의 대표적인 특징입니다. 내 생각에 순순한 형태의 일차과정은 영원성의 경험에 내재합니다.

전이에 대해 논하는 과정 중 나는 정신분석 과정의 강렬한 몰입 안에서 어린 시절 부모와 겪었던 어떤 것이 분석가와의 관계 안에서 재-경험되는 경우들을 이야기했습니다. 이때 기억은 너무 생생해서 과거와 현재는 구분되지 않습니다. 물론 정신분석의 바깥에서도 비슷한 현상이 생길 수 있습니다. 우리는 돌아가신 소중한 사람과의, 혹은 친구, 부모님, 아내, 아이와의 옛 기억에 흠뻑 빠질 때가 있습니다. 종종 그런 기억들은 현재의 경험 덕분에 촉발되지요. 우리가 자신을 좀 더 이러한 기억에 영향을 받도록 허용하면 할수록 기억은 사건의 발생 순서대로 기억하는 경향을 떠나게 되고, 우리는 점점 더 과거와 구분되지 않는 현재라는 지금 안에서 그것들을 다시 살아내게 되는 것 같습니다.

나는 무의식적 기억에 대해 말하면서 회고remembering와 반복repeating을 구분했습니다. 가슴 저린 통렬한 회고의 순간에 상기recollect와 반복의 차이는 사라집니다. 그러한 기억 안으로 침잠하면서, 우리는 말하자면 시공간의 감각을 잃고, 내적 세계와 상상 안에서 오직 과거의 일로만 추억recall하고 싶던 사건들을 반복하고 다시 살아내게 됩니다. 그리고 비록 우리가 시간 순서대로 반복해도, 그리고 이 경험을 조금씩 조금씩 헤쳐 나가도, 과거의 표식은 흐려지고 사라지게 됩니다. 이러한 회고에서 종종 경험은 전형으로서의 중요성을 획득합니다. 비록 마치 이 경험들이 모든 경험을 대표하고, 그 안에서 우리의 총체적 인생이라는 본질이 오래된 모습으로 재현되고 충족되는 것처럼 보이지요.

우리는 아름다운 경치, 얼굴, 그림, 음악, 시, 노래 안에 흠뻑 빠져듭니다. 우리는 성적 열정의 흥분 안에서 정신을 잃습니다. 우리는 건축물과 조각의 조화 안에서, 연극과 영화의 감동 안에서, 과학이론과 실험의 아름다움에, 혹은 짐승의 아름다움에, 인간적 조우의 친밀함 안에 녹아듭니다. 이 모든 경험 안에서, 비록 우리의 이성은 여전히 작용하고 경험의 조각들을 연결할 것이지만 동시에 우리의 마음은 또 다른 층위에서 감동하고 움직이며, 여기서는 이성이라는 이차과정 정신활동은 그 중요성을 잃을 것입니다. 무의식의 무-시간성과 일차과정이 배어들어 그 빛이 무색해지는 것이지요. 물론 그 경험이 끝나면 우리는 그 경험을 붙잡아 이차과정 정신활동이라는 관점에서 유지할 수 있게 됩니다.

이런 경험들로 미루어 영속하는 찰나를 생각해 보면 끝없는 시간, 끝없는 지속 같은 유비적analogical 단어로 그 내구성이 표현되는 것 같습니다. 영원성의 개념은 종종 종교적으로 융통성 없이 해석되는 바람에 사후의 영생이라는 의미가 되어 버리는 듯합니다. 내 생각에 영원성이 그런 식으로 표상되어 버리는 이유는 역시 이차과정의 영향 때문인 것 같습니다. 우리가 흔히 그러하듯 이차과정을 동원해 이해하면 "사후의 영생"이라는 표현은 우리가 근접할 수 있는 영원성의 표상에 가장 가까운 듯합니다. 개별 인간의 삶은 시작과 끝이 있고 시간 안에서 일어나는 일입니다. 시간에 대한 우리의 생각과 우리가 시간 경험을 직조하는 방식은 죽음에 대한 지식과 상당히 밀접한 모종의 연관을 맺는 것처럼 보입니다. 반면, 프로이트는 무의식은 죽음이라는 개념을 갖지 않고, 이드에는 "시간이 없다"라고 말했었지요.

시간이 없다는 뜻은 그 경험들이 다른 방식으로 구조화된다는 의미로, 시작과 끝, 시간적 순차성과 동시성은 그 경험의 일부가 아니라는 뜻일 겁니다. 그 경험의 내적 성질은 시간을 가로지릅니다. 지속, 끝없는 지속 따위는 존재하지 않는 것이지요.

그러니까 내가 말하는 영원성의 개념은 시간 개념의 대립 쌍이지, 무한히 연장된 시간이라는 개념이 아닙니다. 내 생각에 이 개념은 연관된 경험에서 생겨났을 것 같습니다. 앞서 인용한 책에서 프로이트는 이런 개념의 기원에 대해서 말하면서 롤랑의 주장을 부정하지 않았는데, 프로이트의 표현으로는 그러한 자아 기분ego feeling이 종교적 체험의 근저에 있는 것 같다고 했습니다.

이런 종류의 상태나 경험은 일차과정과 이차과정이 혼합된 형태로 보입니다. 성인의 정신활동에서는 순수한 형태의 일차과정은 거의 관찰되지 않습니다. 아동기에는 좀 더 흔히 보이고 잘 보이는 것 같습니다. 보통은 시어詩語의 형태로 가장 잘 묘사되는데, 여기서는 이차과정 정신활동에 지배되는 우리의 생활 언어와 과학적 언어가 일차과정의 중력장 안으로 포섭됩니다. 이런 점을 고려하면, "단어 표상"이 "무의식의 사물 표상"과 연결되어 일차과정을 이차과정으로 변환시킨다는 프로이트의 개념은 언어의 잠재성과 기원을 충분히 고려한 것 같지 않습니다.

정신분석가들은 영원성의 개념과 그와 관련한 종교적 체험, 그리고 앞서 언급한 "무-시간성"의 경험을, 요긴하고 필수적인 방어라는 다분히 실용주의적 관점에서 보는 경향이 있습니다. 그러니까 인간이 죽음과 거세의 공포, 심판과 고난, 삶의 무상함을 견디기 위한 일종의 정신적 대피처인 셈이지요. 나는 이런 관점이 일말의 진실을 품고 있다는 것을 부정하지 않습니다. 하지만 그게 진실 전부는 아니라고 생각합니다. 내 생각에 "영원성의 암시"는 우리를 존재의 층위로 인도하는 것 같습니다. 그 층위는 그 자체로는 혼란스럽기 그지없는, 일상의 통상적 합리성에 불안을 초래하는 형태의 경험이자 현실입니다. 그들은 경험에 거리를 두고 객관화하려는 인간의 습성에 역행해 우리의 경험과 세상을 좀 더 견딜 만한 것으로 만들려고 합니다. 자라면서 우리가 점점 더 세상사에 부대끼면서 책임감 있게 행동하고 이성적인 삶을 영위할수록 우리는 안전함을 더 많이 누리게 됩니다. 이때 안전함은 질서와 개인적 영향력이란 의미로서 비교적 성공적인 삶을 향한 능동적 처신과 지향이 줄 수 있는 것들입니다. 의식적 정신작용은 성공과 성취, 자연적 본성에 대한 우세, 자신과 타인에 대한 조절 능력을 위한 일차적 요구 조건이 됩니다. 최소한 겉으로는 그래 보입니다. 이런 관점에서 보면 우리의 무의식적 정신작용은 비-형이상학적 의미에서 속세와 무관한 것으로, 그것들은 또 다른 양상의 현실을 내비치고 있습니다. 나는 지금 이 세상 너머에 있는 존재의 영역에 대해서, 저 너머 어딘가에 있는 영적 세계에 대해서 말하고 있는 것이 아닙니다. 반대로 경험을 직조織造하는 또 다른 형태의 현실에 관해서 이야기하고 있습니다. 이러한 현실 형태는 협소한 과학주의적 관점에 가려 서구 사상사에서 적잖이 무시되어 온 것이기도 합니다.

이즈음에서 1950년대 초반 물리학자 오펜하이머가 런던에서 했던 연설의 한 구절을 인용하고자 합니다. 연설의 제목은 「비상식Uncommon sense」입니다.

> 무상함이란 것은 인류의 발전, 지식의 성장, 지배력의 증진, 타락과 부분적 구원이라는 연극 무대의 배경 그림이다. 우리의 문명은 사멸하고 있다. 조각품, 문학 작품, 영웅적인 행위 들은 기억의 기억으로 흐릿해

져 가고 결국 없어질 것이다. 인류가 없어지는 날도 올 것이다. 해가 가면서 언젠가는 우리의 집, 지구가 인간이 서식棲息하기에 알맞지 않은 장소가 될 것이다.

하지만 아직 어떤 인간도 온전히 이런 식으로 생각하고 있는 것 같지는 않다. 그가 불가지론자든, 불교도든, 아니면 기독교인이든 말이다. 그의 행위, 생각, 그가 주변에서 보는 것 — 떨어지는 나뭇잎 혹은 아이의 우스갯소리 혹은 달이 뜨는 것 — 모두가 역사의 일부다. 하지만 그것들이 역사의 일부인 것만은 아니다. 그리고 그것들은 생성과 과정의 부분이지만 꼭 그런 것만도 아니다. 그것들은 시간 밖의 세계에 일조一助하고 있다. 그리고 영원성이라는 빛에도 일조하고 있다.[7)]

여러분들 중 일부는 내가 이렇게 종교나 영원성에 관심을 두는 것이 나이를 먹어 가는 증거라고 여길 것입니다. 거기에 대해 몇 마디만 하지요. 나 자신을 포함해 상당히 많은 이가 나이를 먹어 갈수록 그런 주제에 점점 더 관심을 많이 보인다는 점은 의심의 여지가 없습니다. 대개 나이는 인간의 관심사, 관찰, 사고의 영역과 범위에 영향을 미치게 마련입니다. 인생의 매 국면에서 다른 영역보다 좀 더 많은 관심을 두는 경험과 지식의 영역이 있기 마련이고, 어떤 주제에는 깊이 개입하지만 다른 주제에는 별로 그렇지 않기도 합니다. 그전에는 별 흥미를 끌지 못하던 주제가 관심의 중심에 들어오기도 하고 반대가 되기도 하는 거지요. 하지만 내가 관찰한 바에 의하면 거기엔 법칙이 없는 것 같습니다. 오늘날 많은 수의 젊은이가, 어쩌면 중년들보다 더 많은 젊은이가 방금 내가 제기한 문제에 관심을 보입니다. 오늘 밤 내가 꺼내 든 문제들은 사실 오랜

7) J. R. Oppenheimer, 「Science and the Common Understanding」. New York: Simon & Schuster, 1954, pp. 68-82.

세월 동안 내 마음에 있던 것들입니다. 나이를 먹어 갈수록 이런 이야기를 공공연히 할 수 있다는 장점은 있는 것 같기는 합니다. 하지만 나이에 따른 관심사의 변화가 어떠하든 간에, 그것이 인간사의 매 국면과 경험들에서 무엇이 중요한지에 대한 일반적 타당성을 의미하는 건 아닌 것 같습니다.

의식과 무의식적 정신작용, 좀 더 정확하게는 전의식 혹은 분별과 무의식적 정신작용 사이의 구분을 제대로 이해함으로써 정신분석적 심리학은 종교적 체험의 중요성에 새로운 빛을 비출 수 있습니다. 프로이트의 종교관이 여태 득세를 하는 바람에 정신분석은 여태 이 임무에서 벗어나 있었습니다. 프로이트는 종교가, 인생의 다른 것들이 그러하듯, 예를 들어 인간의 사랑보다 결코 덜하지 않게, 성숙한 기능과 표현으로 발달할 수 있다는 것을 인지하지 못했습니다(혹은 인지하길 거부했습니다). 이러한 성숙을 이해한다는 것은 의식과 무의식적 지식 사이의 상호작용에 대한 깊은 이해를 포함합니다. 내가 앞서 인용한 『Civilization and Its Discontents』에서 보여 주듯 프로이트는 그 문제에 엮여 들었다가 이내 포기했습니다. 정신분석의 주류는 신앙 체험, 일차적 자기애, 그리고 무의식이 서로 얽혀 있는 일련의 사고들을 발달시키지 못했습니다. 내가 아는 바에 의하면 융Jung 또한 한 때 프로이트가 편지에서 "당신의 신앙적-리비도의 구름"이라 불렀던 것에 함몰되는 바람에 종교에 대한 더 넓은 이해는 이루어지지 않았고, 이 측면에 대해서는 이성적 자아라는 안전지대에 머무르게 되었습니다. 물론 그가 신앙의 비이성적 기원과 측면을 명료히 하기 위해서 많이 노력했던 것은 사실이지만요.

프로이트는 이런 주제들에 대해 대체로 아주 갈등이 컸다고 말할 수 있습니다. 융이 보기엔 프로이트의 무의식 개념에는 아주 신실한 신앙적 요소가 있었습니다. 이것은 프로이트가 인정할 수 없었던 부분으로, 아마 그 부분을 강박적으로 억압했다고 말할 수도 있는데, 이유는 부분적으로 체계화되고 제도화된 종교에 대한 반감과 불신 때문이었을 겁니다. 융은 프로이트에게 무의식의 원천이자 근원인 정신-성 psychosexuality이 숨어 있는 신, 혹은 하늘의 신을 대신할 지상의 신과 같은 지위를 가진다고 생각했습니다. 여기서 우리는 『The Interpretation of Dreams』의 구호를 다시 한번 떠올리게 됩니다. "하늘의 힘을 굽히지 못한다면, 저승의 힘이라도 빌리겠다".

만약 본능과 신앙 모두 의식적이고 개인적인 형태의 정신작용 아래에 있으면서 동시에 그것들을 초월하는 경험의 형태라는 것에 우리가 적극적으로 동의한다면, 즉 우리가 정신과 세상에 질서를 부여하는 방식을 넘어서는 것이자 거기에 인생의 정말 많은 것이 걸려 있다는 점을 인정한다면 어떨까요? 아마 바로 그 지점에서 정신분석은 여태까지 그랬듯 그 본연적 가치를 배척하고 무시하며 종교를 인간 미숙함의 징표처럼 다루는 것이 아니라, 그 나름의 방식으로 종교적 체험의 이해에 공헌할 수 있을 겁니다.

정신분석은 심층 심리학입니다. 비록 그 자신의 이성적 자아를 점차 강조하고 선호했음에도 프로이트는 자신의 심리학에 대한 이 이름을 절대 버리지 않았습니다. 심층 심리학으로서 정신분석은 이중의 임무를 가집니다. 하나는 의식의 분화시키고 객관화하는 정신작용을 이용하여 반대편의 무의식적 정신작용을 이해하는 것입니다. 무의식적 정신작용은 좀 더 복잡한 정신이 유래하는 기반이 되고, 우리의 정신적 생명력의 원천이자 한 부분입니다. 정신분석의 임무 중 다른 하나는 반대 방향의 것으로, 무의식적 정신 현상의 이해에 근거하여 이성적 정신이 어떤 복잡다단한 변화를 거쳐 조직화되는지 이해하는 것입니다. 다시 말해 무의식적 리비도의 힘, 동기, 목적이 자아의 조직화를 이루어 개별 인간의 삶을 가능케 하는 방식을 이해하는 것입니다. 이것은 임상 정신분석의 목표를 고도로 추상화한 정식이기도 합니다.

내가 언급했던 어떤 형태의 종교적 경험은 무의식적 정신작용의 측면들로, 이들은 근대 문명에서 "성욕"보다 더 심하게 억압되고 있습니다. 오늘날 상당 부분 정신분석 덕택에 성은 빅토리아 시대처럼 배척되지는 않고 있습니다. 반면 종교라고 부르는 삶의 차원은 오늘날에도 상당 부분 무의식에 있습니다. 여기서 무의식적이라는 의미는 종교가 과학의 영향을 받은 정신의 표피 아래에 있다는, 일반적이고 비특이적인 뜻입니다. 하지만 내 생각에 여기서도 변화의 조짐은 있는데, 이는 성과 종교 사이의 깊은 공동 근원 때문입니다.

신비주의자들과 다양한 종교의 시인들이 나름의 방식으로 신앙적 극치의 순간을 표현하거나 묘사한 것은 잘 알려진 사실이며, 거기에 사용된 언어는 설사 똑같지는 않을지라도 열정적인 섹스나 내밀한 애정 경험의 언어와 유사합니다. 이런 현상에 대한 공통적인 정신분석적 이해는 억압된 성적 소망과 환상이 표면으로 올라와 자유로운 표현을 얻었다는 것입니다. 이때 자아가 이들을 종교적 수준으로 고양하거나, 방어적 목적에서 받아들여질 수 있는 맥락에 위치시킨다는 것이지요. 아마 찰리 채플린의 영화에서 유명한 한 장면이 도움이 될 것 같습니다. 찰리 채플린은 그림 가게 앞에 서서 누드 조각상을 뚫어지게 쳐다보고 있었습니다. 그는 마치 전문가인 양 자세를 취하고 있습니다. 행인들이 그가 관음증적 즐거움이 아닌 예술적 흥미로 누드를 바라보고 있다고 생각하는 한, 그는 전혀 위축되지 않고 누드를 바라볼 수 있었습니다. 물론 영화에서는 금지된 즐거움에 대한 단죄가 금세 이루어지지요. 그가 황홀해하며 좀 더 자세히 보기 위해, 혹은 더 높은 미적 즐거움을 음미하기 위해 뒷걸음을 치는 순간 그는 뒤에 있던 석탄 구덩이에 빠져 버립니다. 이 장면에 대해 더 많은 정신분석적 해석이 가능하지만 이쯤에서 멈추도록 하겠습니다.

종교적 연가戀歌를 유비적 관점에서 해석하는 것, 그러니까 승화라는 방어의 관점에서의 해석하는 것은 분명 나름의 타당성을 가집니다. 앞서 언급한 영화 속의 장면은 흔히 승화라고 여겨지는 것 안에 얄팍하게 감추어진 위선을 꼬집기 위한 걸로 보입니다. 승화는 정신분석에서 가장 모호하고 흐릿한 개념 중 하나입니다. 승화는 종종 용납하기 어려운 충동에 대한 성공적인 방어로 여겨지는데, 이를테면 예술이나 종교, 과학적 활동을 통해 문화적 용인을 획득해 애초의 "수준 낮은" 기원과 다른 새로운 가치를 얻게 된다는 것입니다. 이런 식의 관점은 항상 환원주의의 냄새가 나기 마련이에요. 그리고 이런 관점이 의미하는 또 하나의 측면은 우리 사회에서 고귀하게 여기는 행위에는 항상 허위와 가식의 요소가 있다는 것입니다. 그러니까 노력과 성취라는 고귀함의 이면을 까발리는 데도 나름의 진실이 있다는 건 부정해 본들 소용이 없지요.

여기서 승화를 더 논하지는 않겠습니다. 승화 개념은 앞서 오펜하이머가 언급한, 인간 존재의 타락 가능성과 관련한 모호함과 함정으로 가득한 탓에 명료화가 필요해 보입니다. 그래서 여기서 다루기에는 맥락에서 너무 벗어납니다. 그리고 승화에 대해 적절히 토론하려면 방어라는 복잡한 정신분석 개념도 포함되어야 할 것입니다. 나는 방어로서 승화와 소위 진정한 전유專有라는 의미의 승화 사이에는 가늘지만 분명한 구분이 있다고 믿습니다. 진정한 전유라는 용어는 이드와 자아가 서로 호응하며 상호 작용한다는 의미입니다. 내 생각에는 종교적 연가와 성욕에는 같은 종류의 본능적 생명력이 사용되고 있습니다. 그리고 미적 즐거움과 모든 형태의 창조성, 특히 모든 형태의 예술적 창조성에서도 마찬가지입니다. 성은, 만약 그 충만한 생명력이 인위적으로나 방어적으로 격리되고 소진되지 않았다면, 이 같은 고차원적 정신적 활동의 도래를 예견할 수 있다고 봅니다. 하지만 안타깝게도 우리 문화권에서는 어린 시절부터 격리와 소진이 시작되는 것 같습니다. 본능적 측면과 정서-관념적 측면 사이에는 지속적인 상호 작용이 벌어집니다. 정서-관념적 측면은 본능적 측면에서 분화되어 나오고, 종교적 연가 같은 경우 두 경험의 층위는 서로를 상징화하고 서로에게 더 많은 의미를 부여하게 됩니다.

지금까지 개별 인간의 내적 역사와 역사성에 관해서 이야기해 보았고, 마지막 강의에서는 이런 역사성을 인생의 무-역사적, 무-시간적 차원과 병치시켜 보았습니다. 물론 신앙적 삶과 사고는 신비주의나 여타의 무-시간적 경험에만 국한되지 않습니다. 한편으로는 역사성 혹은 시간성, 그리고 다른 한편으로는 영원성, 둘 간의 변증법은 그 자체로 모든 기성 종교와 신학의 중요한 질문입니다. 이런 시각에서 보면 떠안음이라는 관점에서 내가 반응함responsiveness과 책임감responsibility의 도덕성이라 말한 것, 무의식적 경험 양상과 분별적 경험 양상이 서로를 전유한다는 의미의 도덕성은 종교적이라 볼 수도 있습니다. 그리고 이드와 자아/초자아 사이의 변증법도 영원성과 시간성의 철학적-신학적, 혹은 신앙적 변증법과 나란히 이해될 수 있습니다.

이상의 강의들은 어쩌면 애초 의도보다 훨씬 더 애매한, 정신분석의 철학적 고찰이 되어 버린 것 같습니다. 하지만 그중 일부는 오랫동안 한 번쯤 이야기해 보고 싶었던 것들입니다. 이렇게 강의할 기회를 주신 것에 대해, 그리고 여러분들의 관심에 깊이 감사 드립니다.

저자 소개

한스 로왈드(Hans W. Loewald, 1906~1993)는 독일에서 태어난 정신과 의사다. 젊은 시절 하이데거에게 철학을 배웠으며, 독일에서 의사가 된 후 이탈리아에서 정신과 수련을 받았다. 나치의 발호로 미국으로 건너간 뒤에는 볼티모어와 뉴잉글랜드에서 정신과 의사 생활을 하면서 정신분석 수련을 받았다. 이후에는 주로 예일대학교 병원 정신과와 서부 뉴잉글랜드 정신분석 연구소를 중심으로 활동했다. 당대 프로이트주의와 자아심리학 안에서 사고하는 동시에, 고답적 프로이트주의와 자아심리학을 넘어 클라인과 위니콧 등 다양한 이론가들의 생각을 받아들였다. 스스로 자아심리학자라 여겼으나 당시 일부 고전주의 정신분석가들에게는 격렬한 비판의 대상이었고, 반대로 후대 이론가 중에는 로왈드를 관계주의 정신분석의 선구자로 여기는 사람도 있다. 철학과 의학 사이에서 정신분석을 고민한 사람이라고 말할 수 있다.

역자 소개

김승업은 부산의대를 졸업하고 국립 서울병원(현 국립정신건강센터)에서 정신건강의학과 전문의 수련을 받았다. 대한분석치료학회에서 정신분석적 정신치료를 수련한 뒤 뉴욕으로 건너가 IPTAR(Institute for Psychoanalytic Training And Research)에서 정신분석 수련을 받았다. 현재 부산에서 사이 정신건강의학과 의원을 운영하고 있다.

한스 로왈드 정신분석

초판 1쇄 인쇄 2023년 2월 1일
초판 1쇄 발행 2023년 2월 8일

지은이 | 한스 로왈드
옮긴이 | 김승업
펴낸이 | 소정영

펴낸곳 | 도서출판 하나의학사
출판신고 | 1988년 4월 1일 제2022-000082호

주소 | 서울특별시 송파구 동남로 159, 302호(한흥빌딩)
전화 | 02-730-2555, 2556 **팩스** | 02-730-2557
이메일 | hanampc1@naver.com
홈페이지 | www.hanampc.co.kr

ISBN 979-11-91658-23-1 93180